TRADUÇÃO DA SEGUNDA EDIÇÃO

Visualização de Dados com Python e JavaScript

Raspe, Limpe, Explore e Transforme Seus Dados

Kyran Dale

ALTA BOOKS
GRUPO EDITORIAL
Rio de Janeiro, 2024

Visualização de Dados com Python e JavaScript - Tradução da 2ª Edição

ISBN: 978-85-508-2173-3

Impresso no Brasil — 1ª Edição, 2024 — Edição revisada conforme o Acordo Ortográfico da Língua Portuguesa de 2009.

Dados Internacionais de Catalogação na Publicação (CIP)
(BENITEZ Catalogação Ass. Editorial, MS, Brasil)

D141v
1 ed. Dale, Kyran
Visualização de dados com Python e JavaScript: raspe, limpe, explore e transforme seus dados / Kyran Dale ; tradução Aline Amaral. - 1.ed. - Rio de Janeiro: Alta Books, 2024.

544 p.; il.; 15,7 x 23 cm.
Título original: Data visulization with Python and JavaScript.
ISBN 978-85-508-2173-3

1. Ciência da computação. 2. Dados - Análise. 3. Dados (Processamento). 4. JavaScript(Linguagem de programação para computadores). 5. Python (Linguagem de programação para computadores). 6. Website.
I. Amaral, Aline. II. Título.

06-2024/115 CDD 005.13

Índice para catálogo sistemático:
1. Python e JavaScript : Linguagem de programação : Computadores : Processamento de dados 005.133

Aline Graziele Benitez - Bibliotecária - CRB-1/3129

Produção Editorial: Grupo Editorial Alta Books
Diretor Editorial: Anderson Vieira
Vendas Governamentais: Cristiane Mutüs
Gerência Comercial: Claudio Lima

Produtora Editorial: Isabella Gibara
Tradução: Aline Amaral
Copidesque: Leandro Menegaz
Revisão: Denise Himpel
Diagramação: Joyce Matos
Revisão Técnica: Jhonatan Pereira (Desenvolvedor de Software)

ALTA BOOKS
GRUPO EDITORIAL

Rua Viúva Cláudio, 291 — Bairro Industrial do Jacaré
CEP: 20.970-031 — Rio de Janeiro (RJ)
Tels.: (21) 3278-8069 / 3278-8419
www.altabooks.com.br — altabooks@altabooks.com.br
Ouvidoria: ouvidoria@altabooks.com.br

Editora **afiliada à:**
ASSOCIADO

Sobre o Autor

Kyran Dale é programador experiente, ex-cientista, hacker recreativo, cientista-pesquisador independente, empreendedor ocasional, corredor de cross-country e pianista de jazz em constante aperfeiçoamento. Durante cerca de 15 anos como cientista pesquisador, ele hackeou muitos códigos, aprendeu sobre muitas bibliotecas e escolheu algumas ferramentas favoritas. Hoje em dia, acredita que o Python, o JavaScript e um pouco de C++ são as que resolvem a maioria dos problemas existentes. Ele é especialista em prototipagem rápida e estudos de viabilidade com algoritmo escalável, mas fica feliz em apenas construir coisas legais.

Sumário

Parte IV. Entregando os Dados

Parte V. Visualizando Seus Dados com D3 e Plotly

Prefácio

A principal ambição deste livro é descrever um conjunto de ferramentas de visualização de dados (dataviz) que, na era da internet, começa a predominar. O princípio orientador deste conjunto de ferramentas é que qualquer informação que você tenha conseguido extrair dos seus dados merece um lar no seu navegador web. Estar na web significa que podemos facilmente escolher distribuir seu dataviz para poucas pessoas (usando autenticação ou restringindo a uma rede local) ou para o mundo todo. Esta é a grande ideia da internet, que o dataviz está adotando rapidamente. E isto significa que o futuro do dataviz envolve o JavaScript, a única linguagem de primeira linha do navegador web. Mas o JavaScript ainda não tem a stack de processamento de dados necessária para refinar dados brutos, o que significa que a visualização de dados é inevitavelmente uma questão de multilinguagem. Espero que este livro proporcione o suporte para a minha crença de que o Python é a linguagem complementar natural para o monopólio de visualizações de navegador do JavaScript.

Embora este livro seja grande (fato sentido mais intensamente pelo autor agora), ele foi muito seletivo, deixando de fora muitas ferramentas legais de dataviz de Python e JavaScript e focando aquelas que fornecem os melhores blocos de construção. O número de bibliotecas úteis que não cobri aqui reflete a enorme vitalidade dos ecossistemas de ciência de dados do Python e do JavaScript. Mesmo enquanto escrevia o livro, novas e incríveis bibliotecas de Python e JavaScript estavam sendo apresentadas, e a evolução continua.

Toda visualização de dados é essencialmente transformativa, e mostrar a jornada de uma reflexão de um conjunto de dados (tabelas e listas HTML) para uma mais moderna, cativante, interativa, e, fundamentalmente, baseada em navegador proporciona uma boa forma de introduzir ferramentas-chave de visualização de dados em um contexto de trabalho. O desafio é transformar uma lista básica da Wikipédia de ganhadores do Prêmio Nobel em uma visualização moderna, interativa e baseada em navegador. Assim, o mesmo conjunto de dados é apresentado de forma mais acessível e envolvente.

A jornada de dados não processados para uma visualização bastante rica e orientada pelo usuário informa a escolha das melhores ferramentas. Primeiro, precisamos pegar nosso conjunto de dados. Frequentemente, quem nos passa os dados é um colega ou cliente, mas para aumentar o desafio e aprender algumas habilidades vitais de dataviz no caminho, aprendemos a *raspar* o conjunto de dados da web (as páginas do Prêmio Nobel da Wikipédia) usando a poderosa biblioteca Scrapy do Python. Este conjunto de dados não processados precisa então ser refinado e explorado, e não há um ecossistema muito melhor para isso do que o pandas do Python. Junto com o Matplotlib no suporte e orientada por um Jupyter notebook, o pandas está se tornando o padrão de ouro para este tipo de trabalho de dados forenses. Com dados limpos armazenados (para SQL com SQLAlchemy e SQLLite) e explorados, as histórias de dados selecionadas podem ser visualizadas. Falo sobre o uso do Matplotlib e do Plotly para inserir gráficos estáticos e dinâmicos do Python para uma página web. Mas para algo mais ambicioso, a suprema biblioteca dataviz para a web é o D3 baseado em JavaScript. Falamos sobre os aspectos essenciais do D3 enquanto os utilizamos para produzir nossa visualização de dados do Nobel.

Este livro é uma coleção de ferramentas que formam uma corrente, com a criação da visualização Nobel fornecendo uma narrativa orientadora. É possível mergulhar em capítulos relevantes quando e se a necessidade surgir; as diferentes partes do livro são autônomas, então é possível revisar rapidamente o que foi aprendido sempre que necessário.

Este livro é dividido em cinco partes. A primeira parte introduz um kit de ferramentas básico de Python e JavaScript, e as outras quatro partes mostram como recuperar dados brutos, limpá-los, explorá-los e, finalmente, transformá-los em uma visualização web moderna. Vamos resumir as principais lições de cada parte.

Parte I: Caixa de Ferramentas Básica

Nossa caixa de ferramentas básica consiste de:

- Uma ponte de aprendizado de linguagem entre o Python e JavaScript. Ela é projetada para suavizar a transição entre as duas linguagens, destacando suas muitas semelhanças e definindo o cenário para o processo bilíngue do dataviz moderno. Com o advento do JavaScript mais recente,[1] Python e JavaScript têm ainda mais em comum, tornando a alternância entre eles muito menos estressante.
- Ser capaz de ler e escrever nos principais formatos de dados (por exemplo, JSON e CSV) e bancos de dados (SQL e NoSQL) com facilidade é um dos grandes pontos fortes do Python. Vemos como é fácil transmitir dados em Python, traduzindo formatos e alterando bancos de dados à medida que avançamos. Este movimento fluido de dados é o principal lubrificante de qualquer kit de ferramentas dataviz.
- Falamos sobre as habilidades básicas de desenvolvimento web (webdev) necessárias para começar a produzir dataviz moderno, interativo e baseado em navegador. Ao focar o conceito de aplicação de página única em vez de construir sites inteiros, minimizamos o webdev convencional e colocamos a ênfase na programação de suas criações visuais em JavaScript. Uma introdução ao Scalable Vector Graphics (SVG), o principal componente das visualizações D3, define o cenário para a criação da nossa visualização do Prêmio Nobel na Parte V.

[1] Há muitas versões do JavaScript baseadas no ECMAScript, mas a versão mais significativa, que fornece a maior parte das novas funcionalidades, é o ECMAScript 6.

Parte II: Obtendo Seus Dados

Nesta parte do livro, vemos como obter dados da web usando Python, presumindo que um arquivo de dados limpo e agradável não tenha sido fornecido ao visualizador de dados:

- Se você tiver sorte, um arquivo limpo em um formato de dados facilmente utilizável (ou seja, JSON ou CSV) está em um URL aberto, a uma simples requisição HTTP de distância. Alternativamente, pode haver uma API web dedicada para o seu conjunto de dados, talvez com sorte uma RESTful. Como exemplo, vemos o uso da API do Twitter (via biblioteca Tweepy do Python). Também vemos como usar planilhas do Google, um recurso de compartilhamento de dados amplamente usado no dataviz.
- As coisas ficam mais envolvidas quando os dados de interesse estão presentes na web de forma legível, muitas vezes em tabelas HTML, listas ou blocos de conteúdo hierárquico. Nesse caso, você tem que recorrer à *raspagem*, obtendo o conteúdo HTML bruto e usando um analisador sintático para disponibilizar seu conteúdo incorporado. Vemos como usar a biblioteca leve de raspagem Beautiful Soup do Python e o Scrapy, mais atraente e pesado, que é a maior estrela no firmamento de raspagem do Python.

Parte III: Limpando e Explorando Dados com o pandas

Nesta parte, utilizamos a melhor das ferramentas, o pandas, a poderosa planilha programática do Python, para resolver o problema da limpeza e depois exploramos os conjuntos de dados. Primeiro, vemos como o pandas faz parte do ecossistema NumPy do Python, que aproveita o poder de bibliotecas de processamento de array de baixo nível muito rápidas enquanto as torna acessíveis. O foco é usar o pandas para limpar e depois explorar nosso conjunto de dados do Prêmio Nobel:

- A maior parte dos dados, mesmo os que vêm de APIs oficiais da web, é sujo. E torná-los limpos e utilizáveis ocupará muito mais do seu tempo como um visualizador de dados do que provavelmente pensava. Tomando o conjunto de dados Nobel como exemplo, nós o limpamos progressivamente, procurando por datas duvidosas, tipos de dados anômalos, campos ausentes e toda a sujeira comum que precisa ser limpa antes que possamos começar a explorar e transformar seus dados em uma visualizaçao.
- Com o nosso conjunto de dados limpo (tanto quanto possível) do Prêmio Nobel em mãos, vemos como é fácil usar pandas e Matplotlib para explorar dados de forma interativa, criando facilmente gráficos em linha, cortando os dados de todas as maneiras e, geralmente, entendendo como ele funciona, enquanto procuramos aquelas pepitas interessantes que queremos entregar com a visualização.

Parte IV: Entregando os Dados

Nesta parte, vemos como é fácil criar uma API de dados mínima usando o Flask, para entregar dados tanto estaticamente como dinamicamente para o navegador web.

Primeiro, vemos como usar o Flask para servir arquivos estáticos e, em seguida, como implementar sua própria API básica de dados, servindo dados de um banco de dados local. O minimalismo do Flask permite que você crie uma camada muito fina de fornecimento de dados e sua eventual visualização no navegador.

A glória do software de código aberto é que muitas vezes é possível encontrar bibliotecas robustas e fáceis de usar que resolvem seu problema melhor do que você mesmo seria capaz. No segundo capítulo desta parte, vemos como é fácil usar as melhores bibliotecas Python (Flask) para criar uma API RESTful robusta e flexível, pronta para servir seus dados online. Também cobrimos a fácil implantação online deste servidor de dados usando o Heroku, um favorito dos Pythonistas.

Parte V: Visualizando Seus Dados com D3 e Ploty

No primeiro capítulo desta parte, vemos como pegar os frutos de sua exploração orientada pelo pandas, na forma de gráficos ou mapas, e colocá-los na web, onde eles devem estar. O Matplotlib pode produzir gráficos estáticos padrão de publicação, enquanto o Plotly traz controles de usuário e gráficos dinâmicos para a tabela. Vemos como pegar um gráfico Plotly diretamente de um Jupyter notebook e colocá-lo em uma página da web.

A parte do livro que aborda o D3 é uma das mais desafiadoras, mas você pode acabar sendo empregado para construir o tipo de visualizações multielementar que ele produz. Uma das alegrias do D3 é o grande número de exemplos que podem ser facilmente encontrados online, mas a maioria deles demonstra uma única técnica e há poucos mostrando como orquestrar vários elementos visuais. Nesses capítulos do D3, vemos como sincronizar a atualização de uma linha do tempo (com todos os Prêmios Nobel), um mapa, um gráfico de barras e uma lista, à medida que o usuário filtra o conjunto de dados do Prêmio Nobel ou altera a métrica ganhadora do prêmio (absoluto ou per capita).

O domínio dos temas centrais demonstrados nesses capítulos deve permitir que você solte sua imaginação e aprenda fazendo. Recomendo escolher alguns dados dos quais goste e projetar uma criação D3 em torno deles.

A Segunda Edição

Fiquei um pouco relutante quando a editora me ofereceu a oportunidade de escrever uma segunda edição deste livro. A primeira edição acabou maior do que o previsto, e atualizá-la e aumentá-la daria muito trabalho. No entanto, depois de analisar o status das bibliotecas abordadas e as alterações no ecossistema dataviz Python e JavaScript, ficou claro que a maioria das bibliotecas usadas (por exemplo, Scrapy, NumPy, pandas) ainda eram escolhas sólidas e precisavam de atualizações bastante pequenas.

A D3 foi a biblioteca que mais mudou, mas essas mudanças a tornaram mais fácil de usar e de ensinar. Os módulos JavaScript também estavam solidamente no lugar, tornando o código mais limpo e mais familiar para um Pythonista.

Algumas poucas bibliotecas Python já não pareciam ser escolhas sólidas e algumas haviam se tornado obsoletas. A primeira edição abordou de modo bastante extensivo o MongoDB, um banco de dados NoSQL. Agora, acho que o bom e velho SQL é mais adequado para o trabalho de dataviz e que o SQLite mínimo baseado em arquivos e sem servidor representa um ponto ideal de dataviz se um banco de dados for necessário.

Em vez de substituir o obsoleto servidor de dados RESTful por outra biblioteca Python, pensei que seria particularmente instrutivo construir uma simples do zero, demonstrando o uso de algumas bibliotecas Python incríveis, tais como a marshmallow, que são úteis em muitos cenários dataviz.

Com o tempo disponível para atualizar o livro, tomei a decisão de usar o conjunto de dados do primeiro livro para demonstrar a exploração e análise com Matplotlib e pandas, com foco na atualização de todas as bibliotecas para suas versões atuais (a partir de meados de 2022). Isso permitiu que o tempo fosse gasto em material novo, cujo carro-chefe é um capítulo dedicado à biblioteca Plotly do Python, que permite transferir facilmente o trabalho exploratório de um Jupyter notebook para uma apresentação na web com interações do usuário. Um ponto forte dessa abordagem é a disponibilidade de mapas Mapbox, um ecossistema rico em mapeamento.

O principal estímulo para a segunda edição foi:

- Atualizar todas as bibliotecas.
- Remover e/ou substituir bibliotecas que não haviam resistido ao teste do tempo.
- Adicionar material novo sugerido por mudanças no mundo de rápido desenvolvimento do dataviz do Python e JavaScript.

A metáfora do conjunto de ferramentas dataviz ainda é boa, acredito, e o pipeline transformador, de dados brutos da web e não processados por meio de análise exploratória orientada por dataviz para uma visualização da web polida, continua sendo uma boa maneira de aprender as principais ferramentas do trabalho.

Convenções Utilizadas Neste Livro

As seguintes convenções tipográficas são utilizadas neste livro:

Itálico

Indica novos termos, URLs, endereços de e-mail, nomes de arquivos e extensões de arquivo.

`Fonte monoespaçada`

Utilizada para as listagens de programa, assim como em parágrafos para se referir a elementos do programa, como nomes de variável ou função, bases de dados, tipos de dados, variáveis de ambiente, instruções e palavras-chave.

`Fonte monoespaçada em negrito`

Mostra comandos ou outros textos que devam ser digitados literalmente pelo usuário.

`Fonte monoespaçada em itálico`

Mostra texto que deve ser substituído por valores fornecidos pelo usuário ou por valores determinados pelo contexto.

Este elemento significa uma dica ou sugestão.

Este elemento significa uma nota geral.

Este elemento significa um aviso ou alerta.

Usando Exemplos de Código

Materiais suplementares (exemplos de código, exercícios etc.) estão disponíveis para download em *https://github.com/Kyrand/dataviz-with-python-and-js-ed-2* [conteúdo em inglês]. O leitor encontrará os materiais suplementares no site da editora em www.altabooks.com.br, basta buscar pelo ISBN ou nome do livro.

O propósito deste livro é ajudá-lo a alcançar seus objetivos. Em geral, se um código de exemplo for apresentado, você poderá utilizá-lo em seus programas e documentações. Não é necessário entrar em contato conosco para obter permissão de uso, a menos que esteja reproduzindo uma parte significativa do código. Por exemplo, escrever um programa que utiliza vários blocos de código deste livro não requer permissão. Vender ou distribuir um CD-ROM com exemplos dos livros da Alta Books exigirá permissão. Responder a uma pergunta citando este livro e mencionando um exemplo de código não requer permissão. Mas a inserção de uma quantidade substancial de exemplos de código referente a esta obra na documentação do seu produto exige permissão.

Agradecemos, mas não exigimos que você use citações ou referência. Uma referência geralmente inclui nome do autor, título, local de publicação, editora e ano da publicação. Por exemplo: DALE, Kyran. *Visualização de Dados com Python e JavaScript:* raspe, limpe, explore e transforme seus dados. 2ª edição. Rio de Janeiro: Alta Books, 2024.

Agradecimentos

Primeiramente, obrigado a Meghan Blanchette, que deu o pontapé inicial e conduziu a bola através de seus primeiros capítulos difíceis. Em seguida, Dawn Schanafelt assumiu o comando e fez a maior parte da edição necessária. Kristen Brown fez um trabalho brilhante, guiando o livro durante a produção, auxiliada pela impressionante e tenaz edição de texto de Gillian McGarvey. Trabalhar com profissionais tão talentosos e dedicados tem sido uma honra, um privilégio — e um aprendizado: o livro teria sido muito mais fácil de escrever se eu soubesse o que sei agora. Não é sempre assim?

Muito obrigado a Amy Zielinski por fazer o autor parecer melhor do que merece.

O livro foi beneficiado por feedbacks muito úteis. Muito obrigado a Christophe Viau, Tom Parslow, Peter Cook, Ian Macinnes e Ian Ozsvald.

Também gostaria de agradecer aos valentes caçadores de bugs que responderam ao meu apelo durante o lançamento antecipado deste livro. No momento da escrita, eles são Douglas Kelley, Pavel Suk, Brigham Hausman, Marco Hemken, Noble Kennamer, Manfredi Biasutti, Matthew Maldonado, and Geert Bauwens.

Segunda Edição

Meus primeiros agradecimentos devem ir para Shira Evans pela orientação no livro, desde a concepção até sua realização. Gregory Hyman fez um ótimo trabalho mantendo-me a par dos lançamentos antecipados e fornecendo feedback. Mais uma vez, tive a sorte de ter Kristen Brown auxiliando na produção do livro.

Também gostaria de agradecer a meus revisores de tecnologia Jordan Goldmeier, Drew Winstel e Jess Males por seus ótimos conselhos.

Introdução

Este livro tem como objetivo deixá-lo a par do que é, na minha opinião, a stack de visualização de dados mais poderosa: Python e JavaScript. Você aprenderá o suficiente sobre grandes bibliotecas como pandas e D3 para começar a criar suas próprias visualizações de dados da web e refinar seu próprio conjunto de ferramentas. A experiência virá com a prática, mas este livro apresenta uma curva de aprendizado superficial para a competência básica.

> Se você estiver lendo isto, adoraria receber qualquer feedback que tiver. Envie para *pyjsdataviz@kyrandale.com*. Muito obrigado.
>
> Você também encontrará uma cópia de trabalho da visualização Nobel que o livro literalmente e figurativamente constrói em meu site.

A maior parte deste livro conta uma das inúmeras histórias de visualização de dados, cuidadosamente selecionada para mostrar algumas bibliotecas e ferramentas poderosas de Python e JavaScript que juntas formam um conjunto de ferramentas. Esse conjunto de ferramentas reúne dados brutos e não refinados em seu início e oferece uma visualização da web rica e envolvente em seu final. Como todas as histórias de visualização de dados, é uma história de transformação — neste caso, transforma uma lista básica da Wikipédia de ganhadores do Prêmio Nobel em uma visualização interativa, dando vida aos dados e tornando a exploração da história do prêmio fácil e divertida.

Quaisquer que sejam os dados que você tenha e qualquer que seja a história que queira contar com eles, o lar natural para as visualizações nas quais você os transforma é a web. Como uma plataforma de entrega, são ordens de grandeza mais poderosas do que a que veio antes, e este livro visa facilitar a passagem da análise e processamento de dados baseados em desktop ou servidor para a web.

Trabalhar com essas duas linguagens poderosas não só oferece visualizações poderosas da web, mas também é divertido e envolvente.

Muitos potenciais programadores dataviz presumem que há uma grande divisão entre o *desenvolvimento web* e fazer o que eles gostariam, que é programar em Python e JavaScript. O desenvolvimento da web envolve muito conhecimento arcano sobre linguagens de marcação, scripts de estilo e administração, e não pode ser feito sem ferramentas com nomes estranhos como *Webpack* ou *Gulp*. Hoje em dia, essa grande divisão pode ser reduzida a uma membrana fina e muito permeável, permitindo que você se concentre no que faz bem: programar coisas (ver Figura I-1) com o mínimo de esforço, relegando os servidores da web à entrega de dados.

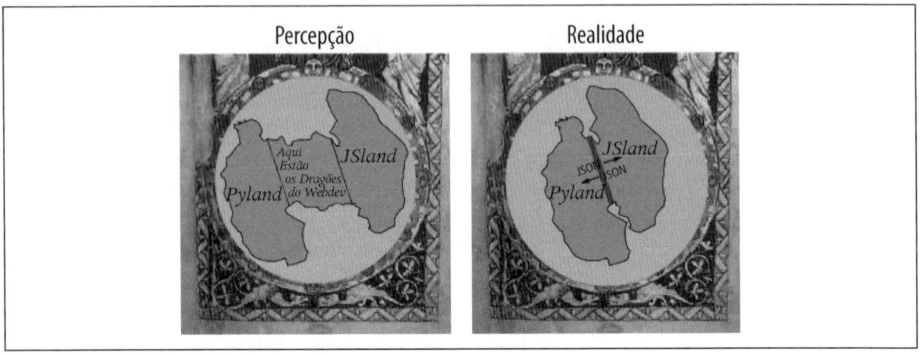

Figura I-1. Aqui estão os dragões da webdev

Para Quem é este Livro

Em primeiro lugar, este livro é para qualquer pessoa com uma compreensão razoável de Python ou JavaScript que queira explorar uma das áreas mais interessantes no ecossistema de processamento de dados no momento: o campo explosivo da visualização de dados para a web. Trata-se também de abordar alguns desafios específicos que, na minha experiência, são bastante comuns.

Quando você é contratado para escrever um livro técnico, é provável que seu editor o avise sensatamente para pensar sobre *pontos problemáticos* que seu livro poderia abordar. Os dois pontos críticos principais deste livro são melhor ilustrados por meio de algumas histórias, incluindo uma minha e uma que me foi contada de várias formas pelos JavaScripters que conheço.

Há muitos anos, como pesquisador acadêmico, me deparei com o Python e me apaixonei. Estivera escrevendo algumas simulações bastante complexas em C++, e a simplicidade e o poder do Python foram um sopro de ar fresco de todos os Makefiles, declarações, definições e similares. A programação tornou-se divertida. O Python era a cola perfeita, brincando muito bem com minhas bibliotecas C++ (Python não era então e ainda não é superveloz) e fazendo, com facilidade consumada, todas as coisas que são complicadas em linguagens de baixo nível (por exemplo, E/S de arquivos, acesso ao banco de dados e serialização). Comecei a escrever todas as minhas interfaces gráficas de usuário (GUIs) e visualizações em Python, usando wxPython, PyQt e uma carga inteira de outros conjuntos de ferramentas incrivelmente fáceis. Infelizmente, embora algumas dessas ferramentas sejam muito legais e fosse adorar compartilhá-las com o mundo, o esforço necessário para empacotá-las, distribuí-las e garantir que elas ainda funcionem com as bibliotecas modernas representa um obstáculo que é improvável que eu supere.

Na época, existia o que, teoricamente, era o sistema de distribuição universal perfeito para o software que eu havia criado com tanto carinho — ou seja, o navegador da web. Os navegadores da web estavam (e estão) disponíveis em praticamente todos os computadores da Terra, com sua própria linguagem de programação interpretada e integrada: escrever uma vez, executar em qualquer lugar. Mas o Python não brincava na caixa de areia dos navegadores da web, e os navegadores eram incapazes de gráficos e visualizações ambiciosos, sendo praticamente limitados a imagens estáticas e à transformação do jQuery. O JavaScript era uma linguagem de "brinquedo" amarrada a um interpretador muito lento que era bom para pequenos truques DOM, mas certamente nada que se aproximasse do que eu poderia fazer no desktop com o Python. Então essa rota foi descartada, fora de mão. Minhas visualizações queriam estar na web, mas não havia nenhuma rota para lá.

Cerca de uma década depois, e graças a uma corrida armamentista iniciada pelo Google e seu mecanismo V8, o JavaScript agora está muito mais rápido; na verdade, agora é muito mais rápido que o Python.[1] O HTML também melhorou bastante, sob o disfarce do HTML5. É muito melhor trabalhar com ele, com muito menos código clichê. O que eram protocolos vagamente seguidos e claramente instáveis, como o Scalable Vector Graphics (SVG), se firmaram muito bem, graças às poderosas bibliotecas de visualização, em particular a D3. Os navegadores modernos são obrigados a trabalhar bem com SVG e, cada vez mais, 3D na forma de WebGL e seus filhos, como THREE.js. As visualizações que eu estava fazendo em Python agora são possíveis em seu navegador local, e a recompensa é que, com muito pouco esforço, elas podem ser disponibilizadas para todos os computadores, laptops, smartphones e tablets do mundo.

Então, por que os Pythonistas não estão se reunindo para divulgar seus dados da forma que eles ditam? Afinal, a alternativa a criá-lo sozinho é deixá-lo para outra pessoa, algo que a maioria dos cientistas de dados que conheço não acharia ideal. Bem, primeiro há o termo *desenvolvimento web*, conotação de marcação complicada, folhas de estilo opacas, uma série de novas ferramentas para aprender, IDEs para dominar. E depois há o JavaScript em si, uma linguagem estranha, considerada como pouco mais do que um brinquedo até recentemente e não sendo pertencente a nenhuma categoria específica. Pretendo encarar esses pontos problemáticos de frente e mostrar que você pode criar visualizações modernas da web (geralmente aplicações de página única) com uma quantidade mínima de HTML e CSS, permitindo que se concentre na programação, e que o JavaScript é um salto fácil para o Pythonista. Mas você não precisa saltar; o Capítulo 2 é uma ponte de linguagem que visa ajudar Pythonistas e JavaScripters a superar a divisão entre as linguagens, destacando elementos comuns e fornecendo traduções simples.

A segunda história é comum entre os visualizadores de dados JavaScript que conheço. O processamento de dados em JavaScript está longe de ser ideal. Existem poucas bibliotecas pesadas e, embora as recentes melhorias funcionais da linguagem tornem a coleta de dados muito mais agradável, ainda não há um ecossistema real de processamento de dados. Assim, há uma assimetria distinta entre as imensamente poderosas bibliotecas de visualização disponíveis (D3, como sempre, é a biblioteca primordial), e a capacidade de limpar e processar quaisquer dados entregues ao navegador. Tudo isso exige que você limpe, processe e explore seus dados em outra linguagem ou com um kit de ferramentas como o Tableau, e isso geralmente se transforma em incursões fragmentadas em Matlab vagamente lembrado, a curva de aprendizado íngreme que é o R, ou uma ou duas bibliotecas Java.

Os kits de ferramentas como o Tableau, embora muito impressionantes, muitas vezes são frustrantes para os programadores. Não há como replicar em uma GUI o poder expressivo de uma boa linguagem de programação de uso geral. Além disso, e se você quiser criar um pequeno ser-

[1] Consulte o site do Benchmarks Game para obter uma comparação de cair o queixo.

vidor web para entregar seus dados processados? Isso significa aprender pelo menos uma nova linguagem com capacidade de desenvolvimento web.

Em outras palavras, os JavaScripters que estão começando a ampliar sua visualização de dados estão procurando uma stack de processamento de dados complementar que exija o menor investimento de tempo e tenha a curva de aprendizado mais superficial.

Requisitos Mínimos para Usar este Livro

Sempre me sinto relutante em colocar restrições nas explorações das pessoas, particularmente no contexto da programação e da web, que é repleto de autodidatas (de que outra forma alguém aprenderia com os salões da academia estando anos-luz atrás das tendências?), aprendendo rápida e furiosamente, gloriosamente desinibidos pelas restrições formais que se aplicavam à aprendizagem. O Python e o JavaScript são tão simples quanto parecem, em termos de linguagem de programação, e ambos são os principais candidatos para a melhor primeira linguagem. Não há uma enorme carga cognitiva na interpretação do código.

Nesse espírito, há programadores experientes que, sem qualquer experiência em Python e JavaScript, poderiam consumir este livro e escrever bibliotecas personalizadas dentro de uma semana.

Para programadores iniciantes, novatos em Python ou JavaScript, este livro é provavelmente muito avançado e recomendo aproveitar a infinidade de livros, recursos da web, screencasts e afins que tornam o aprendizado tão fácil nos dias de hoje. Concentre-se em um problema pessoal que queira resolver e aprenda a programar na prática — é a única maneira.

Para quem já programou um pouco em Python ou JavaScript, meu limite de entrada recomendado é que você tenha usado algumas bibliotecas juntas, entenda as expressões básicas da sua linguagem, e possa olhar para um pedaço de código novo e geralmente ter uma ideia sobre o que está acontecendo — em outras palavras, Pythonistas que podem usar alguns módulos da biblioteca padrão, e JavaScripters que usaram a biblioteca e entenderiam algumas linhas de seu código-fonte.

Por Que Python e JavaScript?

Por que JavaScript é uma pergunta fácil de responder. Por enquanto e no futuro próximo, há apenas uma linguagem de programação baseada em navegador de primeira classe. Houve várias tentativas de estender, aumentar e usurpar, mas o bom e velho JS ainda é proeminente. Se quiser criar visualizações modernas, dinâmicas e interativas e, com o toque de um botão, entregá-las ao mundo, em algum momento você vai se deparar com o JavaScript. Não é necessário dominá-lo completamente, mas a competência básica é um preço fundamental para entrar em uma das áreas mais interessantes da ciência de dados moderna. Este livro vai te dar uma noção básica.

Por Que Não Python no Navegador?

Houve iniciativas recentes para executar uma versão limitada do Python no navegador. Por exemplo, o Pyodide é uma porta do CPython para o WebAssembly. Eles são impressionantes e interessantes, mas agora a principal maneira de criar gráficos da web em Python é convertê-los automaticamente por uma biblioteca intermediária.

Existem atualmente algumas iniciativas muito impressionantes destinadas a permitir visualizações produzidas em Python, muitas vezes construídas em Matplotlib, para serem executadas no navegador. Elas conseguem isso convertendo o código Python em JavaScript com base nos contextos de desenho `canvas` ou `svg`. Os mais populares e maduros são Plotly e Bokeh. No Capítulo 14, veremos como usar o Plotly para gerar gráficos em um notebook Jupyter e transferi-los para uma página da web. Para muitos casos de uso, esta é uma ótima ferramenta dataviz de se ter em sua caixa de ferramentas.

Embora haja uma codificação genial por trás destes conversores JavaScript e muitos casos de uso sólidos, eles têm grandes limitações:

- A conversão automatizada de código pode muito bem fazer o trabalho, mas o código produzido geralmente é bastante impenetrável para um ser humano.
- Adaptar e personalizar os gráficos resultantes usando o poderoso ambiente de desenvolvimento JavaScript baseado em navegador pode ser algo doloroso. Veremos como essa dor pode ser mitigada no Capítulo 14 usando a API JS do Plotly.
- Você está limitado ao subconjunto de tipos de plotagem atualmente disponíveis nas bibliotecas.
- A interatividade é muito básica até o momento. É melhor personalizar os controles do utilizador em JavaScript, usando as ferramentas de desenvolvimento do navegador.

Tenha em mente que as pessoas que constroem essas bibliotecas têm que ser especialistas em JavaScript, então se quiser entender qualquer coisa que elas estejam fazendo e eventualmente se expressar, você terá que aprender o mínimo necessário sobre o JavaScript.

Por Que o Python para Processamento de Dados

Explicar por que o escolher Python para suas necessidades de processamento de dados é um pouco mais difícil. Para começar, existem boas alternativas no que diz respeito ao processamento de dados. Vamos lidar com alguns candidatos para esse trabalho, começando pelo gigante corporativo Java.

Java

Dentre as outras principais linguagens de programação de uso geral, apenas o Java oferece o rico ecossistema de bibliotecas que o Python oferece, com uma velocidade consideravelmente mais nativa também. Mas, embora o Java seja muito mais fácil de programar do que linguagens como o C++, ele não é, na minha opinião, uma linguagem particularmente agradável de programar, tendo muitos códigos clichês tediosos e um palavreado excessivo. Esse tipo de coisa começa a pesar muito depois de um tempo e faz com que o trabalho seja desnecessariamente árduo. Quanto à velocidade, o interpretador padrão do Python é lento, mas o Python é uma ótima linguagem de *colagem* que funciona bem com outras linguagens. Essa capacidade é demonstrada pelas grandes bibliotecas de processamento de dados Python, como NumPy (e seu dependente, o pandas), SciPy e similares, que usam bibliotecas C++ e Fortran para fazer o trabalho pesado, proporcionando a facilidade de uso de uma linguagem de script simples.

R

O venerável R tem sido, até recentemente, a escolha para muitos cientistas de dados e é provavelmente o principal concorrente do Python no espaço. Como o Python, o R se beneficia de uma comunidade muito ativa, algumas ótimas ferramentas como a biblioteca de plotagem ggplot2 e uma sintaxe especialmente criada para a ciência de dados e estatística. Mas esta especialidade é uma faca de dois gumes. Como o R foi desenvolvido para um propósito específico, isso significa que, se, por exemplo, você deseja escrever um servidor da web para servir seus dados processados pelo R, é preciso passar para outra linguagem com todas as despesas gerais de aprendizado do atendente ou tentar dar um jeito de como encaixar um pino quadrado em um buraco redondo. A natureza de propósito geral do Python e seu rico ecossistema significam que é possível fazer praticamente tudo o que é necessário de um pipeline de processamento de dados (com recursos visuais JS à parte) sem ter que sair de sua zona de conforto. Pessoalmente, é um pequeno sacrifício a pagar por um pequeno desajuste sintático.

Outros

Existem outras alternativas para fazer seu processamento de dados com o Python, mas nenhuma delas chega perto da flexibilidade e do poder proporcionado por uma linguagem de programação de propósito geral e fácil de usar com um rico ecossistema de bibliotecas. Por exemplo, ambientes de programação matemática como o Matlab e o Mathematica têm comunidades ativas e uma infinidade de grandes bibliotecas, mas eles dificilmente contam como propósito geral, pois são projetados para serem usados dentro de um jardim fechado. Eles também são proprietários, o que significa um investimento inicial significativo e uma vibe diferente do ambiente de código aberto do Python.

Ferramentas dataviz orientadas por GUI como o Tableau são ótimas criações, mas rapidamente frustram alguém acostumado à liberdade na programação. Eles tendem a trabalhar muito bem, desde que você não improvise ou saia do caminho, por assim dizer. Os desvios do caminho designado tornam-se dolorosos muito rapidamente.

O Python Está Sempre Melhorando

Do jeito que as coisas estão, acho que há ótimos argumentos para o Python ser a linguagem de escolha do cientista de dados. Mas as coisas não estão paradas; na verdade, as capacidades do Python nesta área estão crescendo a um ritmo surpreendente. Para colocar em perspectiva, programo em Python há mais de 20 anos e fico surpreso se não consigo encontrar um módulo Python para ajudar a resolver um problema, mas me surpreendo com o crescimento das habilidades de processamento de dados do Python, com novas bibliotecas poderosas aparecendo semanalmente. Para dar um exemplo, o Python tem sido tradicionalmente fraco em bibliotecas de análise estatística, com o R estando muito à frente. Recentemente, vários módulos poderosos, como os statsmodels, começaram a fechar essa lacuna rapidamente.

O Python é um ecossistema de processamento de dados próspero com um propósito geral praticamente incomparável, e fica melhor a cada semana. É compreensível que tantos na comunidade estejam empolgados — isso é muito emocionante.

Quanto à visualização no navegador, a boa notícia é que há mais no JavaScript do que seu lugar privilegiado, ou melhor, exclusivo no ecossistema da web. Graças a uma corrida armamentista de intérpretes que viu o desempenho aumentar em um ritmo impressionante e algumas bibliotecas de visualização poderosas, como o D3, que complementariam qualquer linguagem por aí, o JavaScript agora tem várias competências.

Em suma, o Python e o JavaScript são complementos maravilhosos para visualização de dados na web, cada um precisando do outro para fornecer um componente vital ausente.

O que Você Aprenderá

Existem algumas grandes bibliotecas Python e JavaScript em nosso conjunto de ferramentas dataviz, e uma cobertura abrangente de todas elas exigiria vários livros. No entanto, acho que os fundamentos da maioria das bibliotecas, e certamente as abordadas aqui, podem ser compreendidas bastante rapidamente. A experiência leva tempo e prática, mas o conhecimento básico necessário para ser produtivo é, por assim dizer, fácil de ser alcançado.

Nesse sentido, este livro visa fornecer uma espinha dorsal sólida de conhecimentos práticos, forte o suficiente para assumir o peso do desenvolvimento futuro. Meu objetivo é tornar a curva de aprendizado o mais rasa possível e fazer você superar a subida inicial com as habilidades práticas necessárias para começar a refinar sua arte.

Este livro enfatiza o pragmatismo e as melhores práticas. Vai cobrir uma boa quantidade do terreno, e não há espaço suficiente para muitos desvios teóricos. Abordo os aspectos das bibliotecas no conjunto de ferramentas que são mais comumente utilizado e aponto recursos para as outras questões. A maioria das bibliotecas tem um núcleo rígido de funções, métodos, classes e similares que são o subconjunto principal e funcional. Com estes à sua disposição, você pode realmente fazer muito. Eventualmente, encontrará um problema que não poderá resolver com eles, e é aí que entram bons livros, documentação e fóruns online.

A Escolha das Bibliotecas

Eu tinha três coisas em mente ao escolher as bibliotecas utilizadas neste livro:

- Código aberto e de graça — você não deve ter que investir nenhum dinheiro extra para aprender com este livro.
- Longevidade — geralmente bem estabelecida, impulsionada pela comunidade, e popular.
- A melhor disponível (presumindo um bom suporte e uma comunidade ativa), no ponto ideal entre popularidade e utilidade.

As habilidades que aprenderemos aqui devem ser relevantes por um longo tempo. Geralmente, os candidatos óbvios foram escolhidos — bibliotecas que fazem o que querem, por assim dizer. Quando apropriado, vou destacar as escolhas alternativas e dar uma justificativa para a minha seleção.

Preliminares

Alguns capítulos preliminares são necessários antes de começar a jornada transformadora de nosso conjunto de dados Nobel por meio do conjunto de ferramentas. Eles abrangem as competências básicas necessárias para tornar o resto dos capítulos do conjunto de ferramentas mais fluidos. Os primeiros capítulos abordam o seguinte:

Capítulo 2, "Uma Ponte de Aprendizado de Linguagens entre o Python e o JavaScript"
: Construindo uma ponte de linguagem entre o Python e o JavaScript

Capítulo 3, "Lendo e Escrevendo Dados com o Python"
: Como transmitir dados com o Python por meio de vários formatos de arquivos e bases de dados

Capítulo 4, "Introdução ao Webdev"
: Abordando o desenvolvimento de redes básico exigido pelo livro

Estes capítulos são parte tutorial, parte referência, e é uma boa ideia pular direto para o início do conjunto de ferramentas, voltando onde necessário.

O Conjunto de Ferramentas Dataviz

A parte principal do livro demonstra o conjunto de ferramentas de visualização de dados, seguindo a jornada de um conjunto de dados de ganhadores do Prêmio Nobel, desde dados brutos e recém-raspados até visualizações interativas de JavaScript. Durante o processo de coleta, o refinamento e a transformação de uma série de grandes bibliotecas são demonstrados, resumidos na Figura I-2. Essas bibliotecas são os tornos industriais do nosso conjunto de ferramentas: ferramentas ricas e maduras que demonstram o poder da stack Dataviz Python+JavaScript. As seções a seguir contêm uma breve introdução aos cinco estágios do nosso conjunto de ferramentas e suas principais bibliotecas.

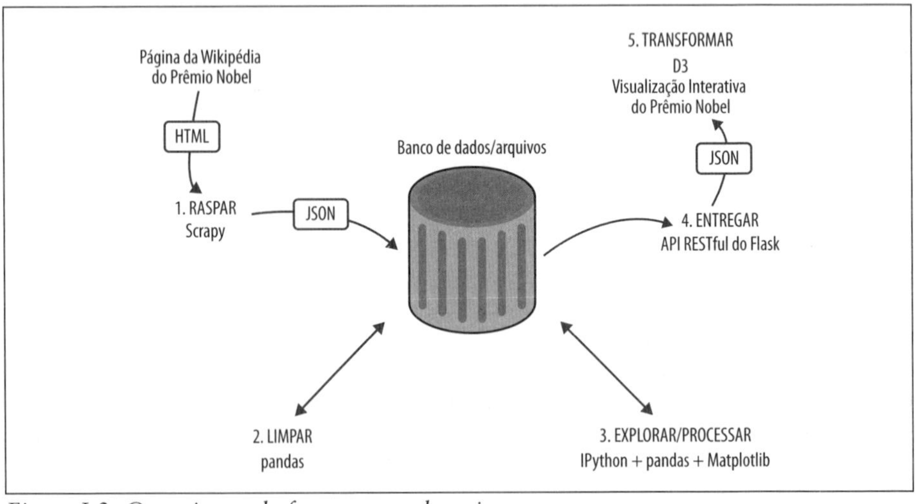

Figura I-2. O conjunto de ferramentas dataviz

1. Raspando Dados com o Scrapy

O primeiro desafio para qualquer visualizador de dados é obter os dados de que ele precisa, seja inspirado por um pedido ou para satisfazer uma vontade pessoal. Se tiver muita sorte, isso será entregue de forma intocada, mas na maioria das vezes é necessário correr atrás. Abordarei as várias maneiras de usar o Python para obter dados da web (por exemplo, APIs da web ou planilhas do Google). O conjunto de dados do Prêmio Nobel para a demonstração do conjunto de ferramentas é raspado de suas páginas da Wikipédia usando o Scrapy.[2]

O Scrapy do Python é um raspador de resistência industrial que faz toda a otimização de dados e pipelining de mídia, que são indispensáveis se você planeja raspar quantidades significativas de dados. A raspagem é muitas vezes a única maneira de obter os dados nos quais você esteja interessado e, depois de dominar o fluxo de trabalho do Scrapy, todos os conjuntos de dados anteriormente fora dos limites ficam a apenas uma aranha de distância.[3]

2. Limpando Dados com o pandas

O segredinho do dataviz é que praticamente todos os dados estão sujos, e transformá-los em algo que você possa usar pode ocupar muito mais tempo do que o previsto. Este é um processo nada glamoroso que pode roubar facilmente mais da metade do seu tempo, o que é mais uma razão para se tornar bom nisso e usar as ferramentas certas.

O *pandas* é um grande player no ecossistema de processamento de dados Python. É uma biblioteca de análise de dados Python cujo componente principal é o DataFrame, essencialmente uma planilha programática. O pandas estende o NumPy, a poderosa biblioteca numérica do Python, para o reino de conjuntos de dados heterogêneos, o tipo de informação categórica, temporal e ordinal com a qual os visualizadores de dados têm que lidar.

Além de ser ótimo para explorar de maneira interativa seus dados (usando seus plots Matplotlib embutidos), o pandas é bem adequado para o trabalho de limpeza de dados, facilitando a localização de duplicatas de registros, corrigir sequências de datas duvidosas, encontrar campos ausentes e assim por diante.

3. Explorando Dados com pandas e Matplotlib

Antes de começar a transformação de seus dados em uma visualização, é preciso entendê-la. Os padrões, tendências e anomalias ocultos nos dados informarão as histórias que você está tentando contar com eles, seja explicando um aumento recente nas vendas de widget ano a ano ou demonstrando a mudança climática global.

Junto com o *IPython*, o mais impressionante interpretador Python, pandas e Matplotlib (com adições como Seaborn) fornecem uma ótima maneira de explorar seus dados de forma interativa, gerando gráficos ricos e em linha a partir da linha de comando, fatiando e cortando seus

---

[2] A raspagem web é uma técnica de software de computador para extrair informações de sites, geralmente envolvendo a obtenção e análise de páginas da web.

[3] Os controladores do Scrapy são chamados de aranhas [spiders].

dados para revelar padrões interessantes. Os resultados dessas explorações podem ser facilmente salvos em um arquivo ou banco de dados para serem passados para sua visualização JavaScript.

4. Entregando seus Dados com Flask

Depois de explorar e refinar seus dados, você precisará servi-los no navegador da web, onde uma biblioteca JavaScript como a D3 pode transformá-los. Um dos grandes pontos fortes do uso de uma linguagem de propósito geral como o Python é que é tão confortável implementar um servidor web em algumas linhas de código quanto é cruzar grandes conjuntos de dados com bibliotecas de propósito especial como NumPy e SciPy.[4] O Flask é o servidor leve mais popular do Python e é perfeito para criar pequenas APIs RESTful[5] que podem ser usadas pelo JavaScript para obter dados do servidor, em arquivos ou bancos de dados, para o navegador. Como vou demonstrar, você pode implementar uma API RESTful em algumas linhas de código, capaz de fornecer dados de bancos de dados SQL ou NoSQL.

5. Transformando Dados em Visualizações Interativas com Plotly e D3

Uma vez que os dados são limpos e refinados, temos a fase de visualização, onde os reflexos selecionados do conjunto de dados são apresentados, talvez permitindo que o usuário os explore interativamente. Dependendo dos dados, isso pode envolver gráficos convencionais, mapas ou novas visualizações.

O Plotly é uma brilhante biblioteca de gráficos que permite desenvolver seus gráficos em Python e transferi-los para a web. Como veremos no Capítulo 14, ele também tem uma API JavaScript que imita a do Python, oferecendo uma biblioteca de gráficos JS nativa gratuitamente.

O *D3* é a poderosa biblioteca de visualização do JavaScript, sem dúvida uma das ferramentas de visualização mais potentes, independentemente da linguagem. Usaremos o D3 para criar uma nova visualização do Prêmio Nobel com vários elementos e interação com o usuário, permitindo que as pessoas explorem o conjunto de dados para itens de interesse. O D3 pode ser desafiante de aprender, mas vou atualizar você rapidamente e prepará-lo para começar a aprimorar suas habilidades na prática.

Bibliotecas Menores

Além das grandes bibliotecas sobre as quais falamos, há um grande elenco de apoio de bibliotecas menores. Estas são as ferramentas menores indispensáveis, os martelos e chaves do conjunto de ferramentas. O Python em particular tem um ecossistema incrivelmente rico, com bibliotecas pequenas e especializadas para quase todos os trabalhos que se possa imaginar. Entre o forte elenco de apoio, alguns que merecem a menção são:

---

[4] A biblioteca científica Python, parte do ecossistema NumPy.

[5] REST significa Transferência de Estado Representacional [Representational State Transfer], o estilo dominante para APIs web baseadas em HTTP e muito recomendado.

Requests
: A biblioteca HTTP do Python, totalmente merecedora de seu lema "HTTP para humanos." O Requests é muito superior ao urllib2, um dos componentes incluídos do Python.

SQLAlchemy
: O melhor kit de ferramentas SQL e mapeador objeto-relacional (ORM) do Python que existe. É rico em recursos e facilita muito o trabalho com os vários bancos de dados baseados em SQL.

seaborn
: Uma grande adição à poderosa plotagem do Python, a Matplotlib, adiciona alguns tipos de plotagem muito úteis, incluindo alguns estatísticos de uso particular para visualizadores de dados. Ele também adiciona uma estética indiscutivelmente superior, substituindo os padrões Matplotlib.

Crossfilter
: Embora as bibliotecas de processamento de dados do JavaScript sejam um trabalho em andamento, algumas realmente úteis surgiram recentemente, com o Crossfilter sendo um destaque. Ele permite a filtragem muito rápida de conjuntos de dados linha-coluna e é ideal para o trabalho de dataviz, o que não é surpreendente porque um de seus criadores é Mike Bostock, o pai do D3.

marshmallow
: Uma biblioteca brilhante e muito útil que converte tipos de dados complexos como objetos de e para tipos de dados nativos do Python.

Usando o Livro

Embora as diferentes partes do livro sigam um processo de transformação de dados, este livro não precisa ser lido de capa a capa. A primeira parte fornece um conjunto de ferramentas básicas para dataviz web baseado em Python e JavaScript e inevitavelmente terá conteúdos que são familiares para muitos leitores. Escolha as coisas que você não conhece e volte conforme necessário (haverá links mais adiante, conforme necessário). A ponte de aprendizagem de linguagens entre Python e JavaScript será desnecessária para aqueles experientes em ambas as linguagens, embora ainda possa haver algumas pepitas úteis.

As partes restantes do livro, seguindo nosso conjunto de ferramentas à medida que ele transforma uma lista da web pouco inspiradora em uma visualização D3 interativa e completa, são essencialmente independentes. Se você quiser mergulhar imediatamente na Parte III e em alguma limpeza e exploração de dados com o pandas, vá em frente, mas esteja ciente de que ela assume a existência de um conjunto de dados sujo do Prêmio Nobel. Você pode ver como isso foi produzido pelo Scrapy mais tarde, se isso se encaixar na sua agenda. Igualmente, se você quiser mergulhar diretamente na criação da aplicação Nobel em partes na Parte IV e Parte V, esteja ciente de que eles assumem um conjunto de dados limpo do Prêmio Nobel.

Seja qual for o caminho que tomar, sugiro que você acabe adquirindo todas as habilidades básicas abordadas no livro, se pretende fazer do dataviz sua profissão.

Um Pouco de Contexto

Este é um livro prático e pressupõe que o leitor já tenha uma ideia muito boa do que deseja visualizar e como essa visualização deve ser, bem como um desejo de começar a trabalhar logo, sem muita teoria. No entanto, uma base em história da visualização de dados pode esclarecer os temas centrais do livro e adicionar um contexto valioso. Também pode ajudar a explicar por que agora é um momento tão emocionante para entrar em campo, já que a inovação tecnológica está impulsionando novas formas de dataviz, e as pessoas estão lidando com o problema de apresentar a quantidade crescente de dados multidimensionais gerados pela internet.

A visualização de dados tem um corpo teórico impressionante por trás dela, e existem alguns grandes livros por aí que eu recomendo que você leia (consulte "Livros Recomendados" na página xxviii para uma pequena seleção). O benefício prático de entender a maneira como os seres humanos coletam informações visualmente não pode ser exagerado. Pode ser facilmente demonstrado, por exemplo, que um gráfico de pizza é quase sempre uma maneira ruim de apresentar dados comparativos e um gráfico de barras simples é muito preferível. Ao conduzir experimentos psicométricos, agora temos uma boa ideia de como enganar o sistema visual humano e tornar os relacionamentos nos dados mais difíceis de entender. Por outro lado, podemos mostrar que algumas formas visuais estão próximas do ideal para amplificar o contraste. A literatura, no mínimo, fornece algumas regras práticas úteis que sugerem bons candidatos para qualquer narrativa de dados em particular.

Em essência, um bom dataviz tenta apresentar dados, coletados a partir de medições no mundo (empíricas) ou como o produto de explorações matemáticas abstratas (por exemplo, os belos padrões fractais do conjunto de Mandelbrot), de modo a extrair ou enfatizar quaisquer padrões ou tendências que possam existir. Esses padrões podem ser simples (por exemplo, peso médio por país) ou o produto de uma análise estatística sofisticada (por exemplo, agrupamento de dados em um espaço dimensional superior).

Em seu estado não transformado, podemos imaginar esses dados flutuando como uma nuvem nebulosa de números ou categorias. Quaisquer padrões ou correlações são totalmente obscuros. É fácil esquecer, mas a humilde planilha (Figura I-3 a) é uma visualização de dados — a ordenação dos dados em forma de linhas e colunas é uma tentativa de domá-los, facilitar sua manipulação e destacar discrepâncias (por exemplo, escrituração atuarial). Claro, a maioria das pessoas não é adepta de identificar padrões em fileiras de números, então formas visuais mais acessíveis foram desenvolvidas para se envolver com nosso córtex visual, o principal canal humano para informações sobre o mundo. Insira o gráfico de barras, gráfico de pizza[6] e gráfico de linhas. Formas mais imaginativas foram empregadas para destilar dados estatísticos de uma forma mais acessível, sendo uma das mais famosas a visualização de Charles Joseph Minard da desastrosa campanha russa de Napoleão em 1812 (Figura I-3 b).

O fluxo de cor bronzeada mais clara na Figura I-3 b mostra o avanço do exército de Napoleão em Moscou; a linha preta mostra a retirada. A espessura da corrente representa o tamanho do exército de Napoleão, diminuindo à medida que as baixas aumentavam. Um gráfico de temperatura abaixo é usado para indicar a temperatura em locais ao longo do caminho. Observe a

[6] O *Statistical Breviary* de William Playfair, de 1801, tem a duvidosa distinção de ter originado o gráfico de pizza.

maneira elegante pela qual Minard combinou dados multidimensionais (estatísticas de vítimas, localização geográfica e temperatura) para dar uma impressão da carnificina, o que seria difícil de entender de qualquer outra maneira (imagine tentar saltar de um gráfico de baixas para uma lista de locais e fazer as conexões necessárias). Eu diria que o principal problema do dataviz interativo moderno é exatamente o mesmo que o enfrentado por Minard: como ir além dos gráficos de barras unidimensionais convencionais (perfeitamente bons para muitas coisas) e desenvolver novas maneiras de comunicar padrões interdimensionais de forma eficaz.

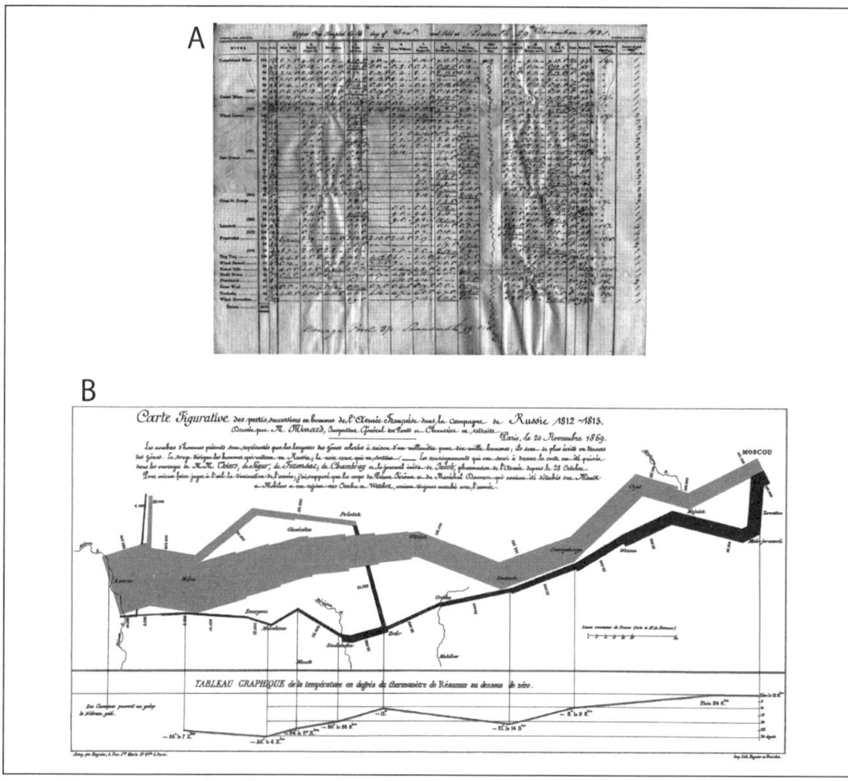

Figura I-3. (a) Uma planilha antiga e (b) A visualização de Charles Joseph Minard da campanha russa de Napoleão de 1812

Até muito recentemente, a maior parte da nossa experiência de gráficos não era muito diferente das do público de Charles Joseph Minard. Eles foram pré-renderizados e inertes, e mostravam um reflexo dos dados, espero que um importante e esclarecedor, mas, mesmo assim sob total controle do autor. Nesse sentido, a substituição de pontos de tinta reais por pixels de tela de computador foi apenas uma mudança na escala de distribuição.

O salto para a internet acabou de substituir o papel de jornal por pixels, a visualização ainda sendo inclicável e estática. Recentemente, a combinação de algumas bibliotecas de visualização poderosas (D3 sendo proeminente entre elas) e uma melhoria maciça no desempenho do JavaScript abriram o caminho para um novo tipo de visualização, que é facilmente acessível e dinâmico, e que realmente incentiva a exploração e descoberta. A distinção clara entre exploração de dados e apresentação é confusa. Este novo tipo de visualização de dados é o foco deste livro e a razão pela qual o dataviz para a web é uma área tão empolgante. As pessoas estão tentando criar novas formas de visualizar os dados e torná-los mais acessíveis/úteis para o usuário final. Isto é nada menos que uma revolução.

Resumo

O dataviz na web é um lugar emocionante para se estar agora, com inovações em visualizações interativas vindo em grande volume e rapidamente, e muitos (se não a maioria) deles sendo desenvolvidos com D3. O JavaScript é a única linguagem baseada em navegador, então os visuais legais são, por necessidade, codificados nele (ou convertidos nele). Mas o JavaScript não tem as ferramentas ou o ambiente necessários para o elemento menos dramático, mas igualmente vital do dataviz moderno: a agregação, a curadoria e o processamento dos dados. É aqui que o Python domina, fornecendo uma linguagem de programação de propósito geral, concisa e eminentemente legível, com acesso a uma estabilidade crescente de ferramentas de processamento de dados de primeira classe. Muitas dessas ferramentas aproveitam o poder de bibliotecas muito rápidas e de baixo nível, tornando o processamento de dados Python rápido e fácil.

Este livro apresenta algumas dessas ferramentas pesos-pesadas, bem como uma série de outras ferramentas menores, mas igualmente vitais. Ele também mostra como o Python e o JavaScript juntos representam a melhor stack Dataviz para quem deseja entregar suas visualizações para a internet.

A seguir está a primeira parte do livro, cobrindo as habilidades preliminares necessárias para o conjunto de ferramentas. Você pode trabalhar com isso agora ou pular para a Parte II e o início do conjunto de ferramentas, voltando quando necessário.

Livros Recomendados

Aqui estão alguns livros-chave de visualização de dados para abrir o apetite, abrangendo desde painéis interativos até infográficos bonitos e perspicazes.

- Bertin, Jacques. *Semiology of Graphics: Diagrams, Networks, Maps*. Esri Press, 2010.
- Cairo, Alberto. *The Functional Art*. New Riders, 2012.
- Few, Stephen. *Information Dashboard Design: Displaying Data for At-a-Glance Monitoring*, 2nd Ed. Analytics Press, 2013.
- Rosenberg, Daniel e Anthony Grafton. *Cartographies of Time: A History of the Timeline*. Princeton Architectural Press, 2012.
- Tufte, Edward. *The Visual Display of Quantitative Information*, 2nd Ed. Graphics Press, 2001.
- Wexler, Steve. *The Big Book of Dashboards*. Wiley, 2017.
- Wilke, Claus. *Fundamentals of Data Visualization*. O'Reilly, 2019. (Versão online gratuita.)

PARTE I

Caixa de Ferramentas Básica

Este primeira parte do livro fornece uma caixa de ferramentas básica para o conjunto de ferramentas que virá, e é parte tutorial, parte referência. Dada a ampla gama de conhecimentos do público-alvo, provavelmente haverá tópicos abordados já conhecidos. Meu conselho é escolher o que estudar para preencher as lacunas de conhecimento e só dar uma lida rápida naquilo que você já sabe para revisar.

Se você está certo de que já tem o kit de ferramentas básico à mão, fique à vontade para pular para o início da nossa jornada ao longo do conjunto de ferramentas na Parte II.

É possível encontrar o código para esta parte do livro no repositório GitHub do livro.

CAPÍTULO 1

Configuração de Desenvolvimento

Este capítulo aborda os downloads e as instalações de software necessários para usar este livro e esboça um ambiente de desenvolvimento recomendado. Como veremos, isso não é tão trabalhoso quanto era no passado. Abordarei as dependências do Python e do JavaScript separadamente e darei uma breve visão geral dos IDEs entre linguagens.

O Código de Acompanhamento

Há um repositório de GitHub para a maioria dos códigos abordados neste livro, incluindo a visualização completa do Prêmio Nobel. Para obtê-los, basta executar um clone do git em um diretório local adequado:

```
$ git clone https://github.com/Kyrand/dataviz-with-python-and-js-ed-2.git
```

Isso deve criar um diretório local *dataviz-with-python-and-js-v2* com o código-fonte principal abordado no livro.

Python

A maior parte das bibliotecas abordadas no livro é baseada em Python, mas o que poderia ter sido uma tentativa desafiadora de fornecer instruções de instalação abrangentes para os vários sistemas operacionais e suas peculiaridades ficou muito mais fácil com a existência do Anaconda, uma plataforma Python que reúne a maioria das bibliotecas analíticas populares em um pacote conveniente. Este livro pressupõe que você esteja usando o Python 3, que foi lançado em 2008 e que agora já está firmemente estabelecido.

Anaconda

A instalação de algumas das maiores bibliotecas Python costumava ser um desafio por si só, especialmente aquelas como a NumPy, que dependem de pacotes complexos de baixo nível em C e Fortran. Isso é muito mais fácil agora e a maioria será instalada tranquilamente usando o `easy_instal` do Python com um comando `pip`:

```
$ pip install NumPy
```

Mas algumas das grandes bibliotecas de processamento de números ainda são difíceis de instalar. O gerenciamento de dependência e o versionamento (você pode precisar usar versões diferentes do Python na mesma máquina) podem tornar as coisas ainda mais complicadas, e é aí que o Anaconda se sai bem. Ele faz todas as verificações de dependências e instalações binárias para que você não tenha que fazer. Também é um recurso muito conveniente para um livro como este.

Para obter a instalação gratuita do Anaconda, basta entrar no site do Anaconda, escolher a versão para o seu sistema operacional (idealmente, pelo menos Python 3.5) e seguir as instruções. O Windows e o OS X obtêm um instalador gráfico (basta transferir e fazer duplo clique), enquanto o Linux requer que execute um pequeno script bash:

```
$ bash Anaconda3-2021.11-Linux-x86_64.sh
```

Aqui estão as instruções de instalação mais recentes:

- Para o Windows
- Para o macOS
- Para o Linux

Recomendo manter as predefinições ao instalar o Anaconda.

O guia de verificação oficial pode ser encontrado no site do Anaconda. Os usuários do Windows e do macOS podem usar a GUI Navigator do Anaconda ou, juntamente com os usuários do Linux, usar a interface de linha de comando Conda.

Instalando Bibliotecas Extras

O Anaconda contém quase todas as bibliotecas Python abordadas neste livro (consulte a documentação do Anaconda para ver a lista completa de pacotes de bibliotecas do Anaconda). Quando precisamos de uma biblioteca que não seja do Anaconda, podemos usar o `pip` (abreviação de Pip Installs Python), o padrão de fato para a instalação de bibliotecas Python. Usar o `pip` para instalar é muito fácil. Basta chamar `pip install` seguido do nome do pacote na linha de comando e ele será instalado ou, com sorte, apresentará um erro sensato:

```
$ pip install dataset
```

Ambientes Virtuais

Os ambientes virtuais proporcionam uma maneira de criar um ambiente de desenvolvimento em sandbox com uma versão específica do Python e/ou um conjunto de bibliotecas de terceiros. O uso desses ambientes virtuais evita poluir seu Python global com essas instalações e oferece muito mais flexibilidade (é possível brincar com diferentes versões de pacotes ou alterar sua versão do Python, se necessário). O uso de ambientes virtuais está se tornando uma prática recomendada no desenvolvimento do Python, e sugiro enfaticamente que você a siga.

O Anaconda vem com um comando de sistema `conda` que facilita a criação e o uso de ambientes virtuais. Vamos criar um ambiente especial para este livro, com base no pacote completo do Anaconda:

```
$ conda create --name pyjsviz anaconda
...
#
# Para ativar esse ambiente, use:
# $ source activate pyjsviz
#
# Para desativar esse ambiente, use:
# $ source deactivate
#
```

Como diz a mensagem final, para usar esse ambiente virtual, é só executar o comando [`source activate`] (para máquinas Windows, pode deixar o comando `source` de fora):

```
$ source activate pyjsviz
discarding /home/kyran/anaconda/bin from PATH
prepending /home/kyran/.conda/envs/pyjsviz/bin to PATH
(pyjsviz) $
```

Observe que você recebe uma dica útil na linha de comando para informá-lo sobre qual ambiente virtual está usando.

O comando `conda` pode fazer muito mais do que apenas facilitar ambientes virtuais, combinando a funcionalidade do instalador `pip` e do comando `virtualenv` do Python, entre outras coisas. Pode-se obter um resumo completo na documentação do Anaconda.

Se estiver confiante com os ambientes virtuais padrão do Python, ficou muito mais fácil trabalhar com eles com sua incorporação na Biblioteca Padrão do Python. Para criar um ambiente virtual a partir da linha de comando:

```
$ python -m venv python-js-viz
```

Isso cria um diretório `python-js-viz` que contém os vários elementos do ambiente virtual. Isso inclui alguns scripts de ativação. Para ativar o ambiente virtual com macOS ou Linux, execute o ativar o script:

```
$ source python-js-viz/bin/activate
```

Em máquinas Windows, execute o arquivo *.bat*:

```
$ python-js-viz/Scripts/activate.bat
```

Em seguida, você pode usar o `pip` para instalar as bibliotecas do Python no ambiente virtual, evitando poluir sua distribuição global do Python:

```
$ (python-js-viz) pip install NumPy
```

Para instalar todas as bibliotecas exigidas pelo livro, você pode usar o arquivo *requirements.txt* no repositório do GitHub do livro:

```
$ (python-js-viz) pip install -r requirements.txt
```

Você pode encontrar informações sobre o ambiente virtual na documentação do Python.

JavaScript

A boa notícia é que você não precisa de muito software JavaScript. O único software obrigatório é o navegador da web Chrome/Chromium, que é usado neste livro. Ele oferece o conjunto mais avançado de ferramentas de desenvolvimento de qualquer navegador atual e é multiplataforma.

Para baixar o Chrome, basta acessar a página inicial e baixar a versão para o seu sistema operacional. Isso deve ser detectado automaticamente.

Todas as bibliotecas JavaScript usadas neste livro podem ser encontradas no repositório de GitHub que as acompanha, mas geralmente há duas maneiras de entregá-las ao navegador. Podemos usar uma *rede de fornecimento de conteúdo* (CDN), que armazena em cache de forma eficiente uma cópia da biblioteca recuperada da rede de distribuição. Como alternativa, é possível usar uma cópia local da biblioteca servida ao navegador. Esses dois métodos usam a tag `script` em um documento HTML.

Redes de Fornecimento de Conteúdo

Com as CDNs, em vez de ter as bibliotecas instaladas em seu computador local, o JavaScript é recuperado pelo navegador na web, a partir do servidor disponível mais próximo. Isso deve tornar as coisas muito rápidas — mais rápidas do que se você mesmo servisse o conteúdo.

Para incluir uma biblioteca via CDN, usamos a tag `<script>` usual, normalmente colocada na parte inferior da página HTML. Por exemplo, a chamada a seguir adiciona uma versão atual do D3:

```
<script
 src="https://cdnjs.cloudflare.com/ajax/libs/d3/7.1.1/d3.min.js"
 charset="utf-8">
</script>
```

Instalando Bibliotecas Localmente

Se precisar instalar as bibliotecas JavaScript localmente porque, por exemplo, pretende fazer algum trabalho de desenvolvimento offline ou porque não pode garantir uma conexão com a internet, há várias maneiras bastante simples de fazer isso.

Você pode simplesmente baixar as bibliotecas separadas e colocá-las na pasta estática do servidor local. Esta é uma estrutura de pastas típica. As bibliotecas de terceiros vão para o diretório *static/libs* fora da raiz, desta forma:

```
nobel_viz/
└── static
    ├── css
    ├── data
    ├── libs
    |     └── d3.min.js
    └── js
```

Se você organizar as coisas dessa forma, para usar o D3 em seus scripts agora é necessária uma referência de arquivo local com a tag `<script>`:

```
<script src="/static/libs/d3.min.js"></script>
```

Bancos de Dados

O banco de dados recomendado para projetos de dataviz de pequeno e médio porte é o brilhante, sem servidor, baseado em arquivos e em SQL, `SQLite`. Esse banco de dados é usado em toda a cadeia de ferramentas de visualização de dados demonstrada no livro e é o único banco de dados que você realmente precisa.

O livro também aborda as interações básicas do Python com o MongoDB, o banco de dados não relacional mais popular ou o banco de dados NoSQL:

SQLite
: O SQLite deve vir como padrão nas máquinas macOS e Linux. Para Windows, siga este guia.

MongoDB
: Você pode encontrar instruções de instalação para os vários sistemas operacionais na documentação do MongoDB.

Observe que usaremos a biblioteca SQL SQLAlchemy do Python diretamente ou por meio de bibliotecas que se baseiam nela. Isso significa que podemos converter qualquer exemplo de SQLite em outro backend SQL (por exemplo, MySQL ou PostgreSQL) alterando uma ou duas linhas de configuração.

Colocando o MongoDB para Funcionar

A instalação do MongoDB pode ser um pouco mais complicada do que a de alguns bancos de dados. Conforme mencionado, você pode seguir este livro perfeitamente bem sem passar pelo incômodo de instalar o MongoDB baseado em servidor, mas se quiser experimentá-lo ou precisar usá-lo no trabalho, aqui estão algumas notas de instalação:

Para usuários do OS X, consulte a documentação oficial para obter instruções de instalação do MongoDB.

Este guia específico para Windows da documentação oficial deve colocar seu servidor MongoDB em funcionamento. Você provavelmente precisará usar privilégios de administrador para criar os diretórios de dados necessários e assim por diante.

Na maioria das vezes, hoje em dia, você instalará o MongoDB em um servidor baseado em Linux, mais comumente uma variante do Ubuntu, que usa o formato de arquivo deb para entregar seus pacotes. A documentação oficial do MongoDB faz um bom trabalho com a instalação do Ubuntu.

O MongoDB usa um diretório de *dados* para armazenar e, dependendo de como é instalado, talvez seja necessário criá-lo você mesmo. Nos sistemas OS X e Linux, o padrão é um diretório de *dados* fora do diretório raiz, que pode ser criado usando `mkdir` como superusuário (`sudo`):

```
$ sudo mkdir /data
$ sudo mkdir /data/db
```

Em seguida, você deverá definir a propriedade para si mesmo:

```
$ sudo chown 'whoami' /data/db
```

No Windows, ao instalar o MongoDB Community Edition, você pode criar o diretório de dados necessário com o seguinte comando:

```
$ cd C:\
$ md "\data\db"
```

O servidor MongoDB geralmente será iniciado por padrão em caixas Linux; caso contrário, no Linux e no OS X, o seguinte comando iniciará uma instância do servidor:

```
$ mongod
```

No Windows Community Edition, o seguinte, executado em um prompt de comando, iniciará uma instância do servidor:

```
C:\mongodb\bin\mongod.exe
```

MongoDB fácil com o Docker

A instalação do MongoDB pode ser complicada. Por exemplo, as variantes atuais do Ubuntu (> versão 22.04) têm bibliotecas SSL incompatíveis. Se você tiver o Docker instalado, um banco de dados de desenvolvimento em funcionamento na porta padrão 27017 está a apenas um comando de distância:

```
$ sudo docker run -dp 27017:27017 -v local-mongo:/data/db
             --name local-mongo --restart=always mongo
```

Isso evita incompatibilidades com bibliotecas locais e coisas do gênero.

Ambientes de Desenvolvimento Integrados

Como explico em "O Mito dos IDEs, Frameworks e Ferramentas" na página 82, não é necessário um IDE para programar em Python ou JavaScript. Com as ferramentas de desenvolvimento fornecidas pelos navegadores modernos, especialmente o Chrome, você só precisa de um bom editor de código para ter a configuração praticamente ideal.

Uma ressalva aqui é que, atualmente, o JavaScript intermediário a avançado tende a envolver frameworks como React, Vue e Svelte, que se beneficiam dos recursos fornecidos por um IDE decente, especialmente o manuseio de arquivos multiformato (em que HTML, CSS e JS estão todos incorporados). A boa notícia é que o Visual Studio Code (VSCode), disponível gratuitamente, tornou-se o padrão para o desenvolvimento moderno da web. Ele tem plug-ins para praticamente tudo e uma comunidade muito grande e ativa, de modo que as perguntas tendem a ser respondidas e os bugs são encontrados rapidamente.

Para o Python, experimentei alguns IDEs específicos, mas eles nunca funcionaram. O principal problema que eu estava tentando resolver era encontrar um sistema de depuração decente. Definir pontos de interrupção em Python com um editor de texto não é particularmente elegante, e usar o depurador de linha de comando `pdb` parece um pouco antiquado demais. No entanto, o Python tem um sistema de registro de log muito bom incluso, o que ameniza a depuração padrão um tanto desajeitada. O VSCode é muito bom para a programação em Python, mas há alguns IDEs específicos para Python que são, sem dúvida, um pouco melhores.

Sem nenhuma ordem específica, aqui estão alguns que experimentei e não achei ruins:

PyCharm
: Essa opção oferece assistência de código sólida e boa depuração, e provavelmente estaria no topo de uma pesquisa de IDEs favoritos de pythonistas experientes.

PyDev
: Se você gosta do Eclipse e consegue tolerar seu tamanho um tanto grande, esse pode ser o ideal.

Wing Python IDE
: Esta é uma aposta sólida, com um ótimo depurador e melhorias incrementais ao longo de uma década e meia de desenvolvimento.

Resumo

Com distribuições gratuitas e empacotadas de Python, como o Anaconda, e a inclusão de ferramentas sofisticadas de desenvolvimento de JavaScript em navegadores da web disponíveis gratuitamente, os elementos necessários de Python e JavaScript de seu ambiente de desenvolvimento estão a alguns cliques de distância. Adicione um editor favorito e um banco de dados de sua preferência[1] e estará pronto para começar. Existem bibliotecas adicionais, como node.js, que podem ser úteis, mas não são consideradas essenciais. Agora que já estabelecemos nosso ambiente de programação, os próximos capítulos ensinarão as preliminares necessárias para iniciar nossa jornada de transformação de dados ao longo do conjunto de ferramentas, começando com uma ponte de linguagem entre Python e JavaScript.

[1] O SQLite é excelente para fins de desenvolvimento e não precisa de um servidor em execução em sua máquina.

CAPÍTULO 2

Uma Ponte de Aprendizado de Linguagem entre o Python e o JavaScript

Provavelmente o aspecto mais ambicioso deste livro é que ele lida com duas linguagens de programação. Além disso, só requer que você seja competente em uma delas. Isso só é possível porque o Python e o JavaScript (JS) são linguagens bastante simples com muito em comum. O objetivo deste capítulo é extrair esses pontos em comum e usá-los para fazer uma ponte de aprendizado entre as duas linguagens, de modo que as habilidades essenciais adquiridas em uma possam ser facilmente aplicadas à outra.

Depois de mostrar as principais semelhanças e diferenças entre as duas linguagens, mostrarei como configurar um ambiente de aprendizagem para Python e JS. A maior parte deste capítulo lidará com as principais diferenças sintáticas e conceituais, seguidas por uma seleção de padrões e expressões idiomáticas que uso com frequência ao fazer o trabalho de visualização de dados.

Semelhanças e Diferenças

Para além das diferenças de sintaxe, o Python e o JavaScript têm muito em comum. Depois de algum tempo, alternar entre eles pode ser algo quase perfeito.[1] Vamos comparar os dois da perspectiva de um visualizador de dados:

Estas são as principais semelhanças:

- Ambos funcionam sem precisar de uma etapa de compilação (ou seja, são interpretados).
- Podemos usar ambos com um interpretador interativo, o que significa que é possível digitar linhas de código e ver os resultados imediatamente.

[1] Uma pegadinha particularmente irritante é que, enquanto o Python usa `pop` para remover um item da lista, ele usa `append` — e não `push` — para adicionar um item. O JavaScript usa `push` para adicionar um item, enquanto `append` é usado para concatenar arrays.

- Ambos têm coleta de lixo, o que significa que eles gerenciam a memória do programa automaticamente.
- Nenhuma linguagem tem arquivos de cabeçalho, pacote padrão, e assim por diante, em comparação com linguagens como o C++, Java etc.
- Ambos podem ser perfeitamente desenvolvidos com um editor de texto ou IDE leve.
- Em ambos, as funções são cidadãos de primeira classe, que podem ser passadas como argumentos.

Estas são as principais diferenças:

- Possivelmente, a maior diferença é que o JavaScript é de encadeamento único e sem bloqueio, usando E/S assíncrona. Isso significa que coisas simples como acesso a arquivos envolvem o uso de uma função callback passado para outra função e chamado na conclusão de algum código, geralmente de forma assíncrona.
- O JS é usado essencialmente no desenvolvimento web e até há relativamente pouco tempo era vinculado ao navegador,[2] mas o Python é usado em quase todos os lugares.
- O JS é a única linguagem de primeira classe em navegadores web, excluindo o Python.
- O Python tem uma biblioteca padrão abrangente, enquanto o JS tem um conjunto limitado de objetos de utilidade (por exemplo, JSON, Math).
- O Python tem classes orientadas a objetos bastante clássicas, enquanto o JS usa objetos de protótipo.
- O JS não possui bibliotecas pesadas de processamento de dados de propósito geral.[3]

As diferenças aqui enfatizam a necessidade deste livro ser bilíngue. O monopólio do JavaScript no navegador dataviz precisa do complemento de uma stack de processamento de dados convencional. E o Python tem a melhor que existe.

Interagindo com o Código

Uma das grandes vantagens do Python e do JavaScript é que, como eles são interpretados em tempo real, podemos interagir com eles. O interpretador do Python pode ser executado a partir da linha de comando, enquanto o JavaScript é geralmente acessado a partir do navegador da web por meio de um console, geralmente disponível nas ferramentas de desenvolvimento integradas. Nesta seção, veremos como iniciar uma sessão com o interpretador e começar a testar seu código.

---

[2] A ascensão do node.js estendeu o JavaScript para o servidor.

[3] Isso está mudando com bibliotecas como TensorFlow.js e Danfo.js (um JavaScript semelhante ao pandas baseado em TensorFlow), mas o JS ainda está bem atrás do Python, R e outros.

Python

De longe, o melhor interpretador Python de linha de comando é o IPython, que vem em três nuances: a versão básica do terminal, uma versão gráfica aprimorada e um notebook baseado em navegador. Desde a versão 4.0 do IPython, os dois últimos foram transformados no projeto Jupyter. O Jupyter notebook é uma inovação bastante inteligente e razoavelmente recente, fornecendo um ambiente computacional interativo baseado em navegador. A grande vantagem do notebook é a persistência da sessão e a possibilidade de acesso à web.[4] A facilidade com que se pode compartilhar sessões de programação, completadas com visualizações de dados incorporados, torna o notebook uma ferramenta de ensino fantástica, bem como uma ótima maneira de recuperar o contexto de programação. É por isso que os capítulos Python deste livro têm Jupyter notebooks que os acompanham.

Para iniciar um Jupyter notebook, basta executar jupyter na linha de comandos:

```
$ jupyter notebook
[I 15:27:44.553 NotebookApp] Serving notebooks from local
directory:
...
[I 15:27:44.553 NotebookApp] http://localhost:8888/?token=5e09...
```

Em seguida, abra uma guia do navegador na URL especificada (*http://localhost:8888* neste caso) e comece a ler ou escrever notebooks Python.

JavaScript

Existem muitas opções para testar códigos JavaScript sem iniciar um servidor, embora este último não seja tão difícil. Como o interpretador JavaScript vem incorporado em todos os navegadores web modernos, há vários sites que permitem experimentar pedaços de JavaScript junto com HTML e CSS e ver os resultados. O CodePen é uma boa opção. Esses sites são ótimos para compartilhar códigos e testar snippets, e geralmente permitem que você adicione bibliotecas como a *D3.js* com alguns cliques do mouse.

Se você quiser experimentar os códigos de uma linha ou questionar o estado do código ao vivo, os consoles baseados em navegador são sua melhor aposta. Com o Chrome, podemos acessar o console com a combinação de teclas Ctrl-Shift-J (Command + Option + J em um Mac). Além de testar pequenos snippets do JS, o console permite explorar qualquer objeto no escopo, revelando seus métodos e propriedades. Esta é uma ótima maneira de testar o estado de um objeto ao vivo e procurar por bugs.

Uma desvantagem do uso de editores JavaScript online é perder o poder do seu ambiente de edição favorito, com linting, atalhos de teclado familiares e coisas do gênero (consulte o Capítulo 4). Editores online tendem a ser rudimentares, para dizer o mínimo. Se você antecipar uma sessão extensa de JavaScript e quiser usar seu editor favorito, a melhor aposta é executar um servidor local.

[4] Isso implica executar um interpretador Python no servidor.

Primeiro, crie um diretório de projeto — chamado *sandpit*, por exemplo — e adicione um arquivo HTML mínimo que inclua um script JS:

```
sandpit
├── index.html
└── script.js
```

O arquivo *index.html* só precisa ter algumas linhas, com um espaço reservado opcional de `div` para começar a criar a sua visualização ou apenas experimentar um pouco de manipulação DOM:

```
<!-- index.html -->
<!DOCTYPE html>
<meta charset="utf-8">

<div id='viz'></div>

<script type="text/javascript" src="script.js" async></script>
```

Você poderá então adicionar um pouco de JavaScript ao seu arquivo *script.js:*

```
// script.js
let data = [3, 7, 2, 9, 1, 11];
let sum = 0;
data.forEach(function(d){
    sum += d;
});

console.log('Sum = ' + sum);
// outputs 'Sum = 33'
```

Inicie seu servidor de desenvolvimento no diretório do projeto usando o módulo `http` do Python:

```
$ python -m http.server 8000
Serving HTTP on 0.0.0.0 port 8000 ...
```

Em seguida, abra seu navegador em *http://localhost:8000*, pressione Ctrl-Shift-J (Cmd--Opt-J no OS X) para acessar o console e verá a Figura 2-1, mostrando a saída registrada do script (consulte o Capítulo 4 para obter mais detalhes).

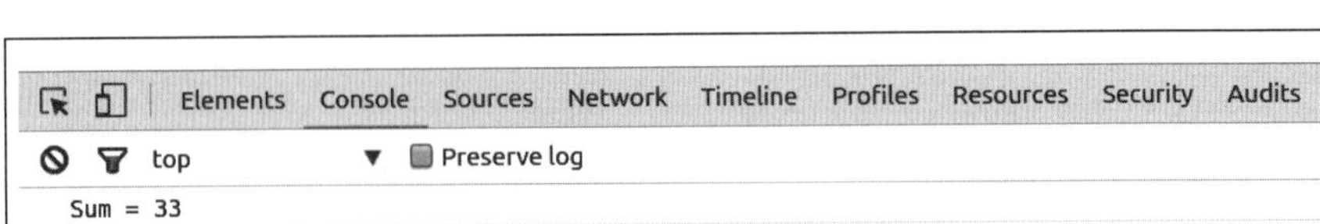

Figura 2-1. Saída para o console do Chrome

Agora que estabelecemos como executar o código de demonstração, vamos começar a construir uma ponte entre o Python e o JavaScript. Primeiro, abordaremos as diferenças básicas de sintaxe. Como veremos, elas são bem menores e facilmente absorvidas.

Trabalho Básico de Ponte

Nesta seção, contrastarei os detalhes básicos sobre a programação nas duas linguagens.

Guias de Estilo, PEP 8, e uso restrito

Enquanto as diretrizes de estilo do JavaScript são meio que um vale tudo (com as pessoas geralmente adotando como padrão aquelas usadas por uma grande biblioteca como o React), o Python tem uma *Proposta de Aprimoramento do Python* (PEP) exclusiva. Recomendo que você se familiarize com a PEP-8, mas não se submeta totalmente à sua liderança. Ela está certa na maioria dos casos, mas ainda há espaço para escolhas pessoais. Há um prático verificador online chamado PEP8 Online, que detectará qualquer infração ao PEP-8. Muitos Pythonistas estão recorrendo ao formatador de código Black Python, que assume as tarefas de formatação de acordo com a PEP-8.

No Python, você deverá usar quatro espaços para recuar um bloco de código. O JavaScript é menos restrito, mas dois espaços é o recuo mais comum.

Uma adição recente ao JavaScript (ECMAScript 5) é a diretiva `'use strict'`, que impõe o modo restrito. Este modo aplica algumas boas práticas de JavaScript, que incluem a captura de declarações globais acidentais, e recomendo fortemente o seu uso. Para usá-lo, basta colocar o texto no topo da sua função ou módulo:

```
(function(foo){
  'use strict';
  // ...
}(window.foo = window.foo || {}));
```

CamelCase Versus Underscore

O JS convencionalmente usa o CamelCase (por exemplo, `processStudentData`) para suas variáveis, enquanto o Python, de acordo com a PEP-8, usa sublinhados (por exemplo, `process_student_data`) em seus nomes de variáveis (ver Seção B nos Exemplos 2-3 e 2-4). Por convençao, (e convenção é mais importante no ecossistema Python do que em JS), o Python usa CamelCase capitalizado para declarações de classe (veja o seguinte exemplo), maiúsculas para constantes, e sublinhados para todo o resto:

```
FOO_CONST = 10
class FooBar(object): # ...
def foo_bar():
    baz_bar = 'some string'
```

Importando Módulos, Incluindo Scripts

Usar outras bibliotecas em seu código, seja sua ou de terceiros, é fundamental para a programação moderna, o que torna ainda mais surpreendente que até recentemente o JavaScript não tivesse uma maneira própria de fazê-los.[5] O Python tem um sistema de importação simples que, no geral, funciona muito bem.

A boa notícia no caso do JavaScript é que desde o ECMAScript 6, o JavaScript resolveu esse problema, com a adição de instruções `import` e `export` para módulos encapsulados. Agora temos módulos JavaScript (normalmente com o sufixo `.mjs`) que podem importar e exportar funções e objetos encapsulados, um grande passo adiante. Na Parte V, veremos quão fácil é trabalhar com eles.

Ao se familiarizar com o JS, você provavelmente desejará importar bibliotecas de terceiros usando a tag `script`, que normalmente serão adicionadas ao namespace global como um objeto. Por exemplo, para usar D3 você adiciona a seguinte tag de script ao seu arquivo de entrada HTML (tipicamente *index.html*):

```
<!DOCTYPE html>
<meta charset="utf-8">
  <script src="http://d3js.org/d3.v7.min.js"></script>
```

Agora você pode usar a biblioteca D3 assim:

```
let r = d3.range(0, 10, 2)
console.log(r)
// out: [0, 2, 4, 6, 8]
```

O Python vem com "baterias incluídas" um conjunto de bibliotecas que abrange tudo, desde contêineres de dados estendidos (coleções) para trabalhar com a família de arquivos CSV (csv). Se quiser usar um destes, basta importá-lo usando a palavra-chave `import`:

```
In [1]: import sys

In [2]: sys.platform
Out[2]: 'linux'
```

Se não quiser importar a biblioteca inteira ou quiser usar um alias, poderá usar as palavras-chave `as` e `from`:

```
import pandas as pd
from csv import DictWriter, DictReader
from numpy import * ❶

df = pd.read_json('data.json')
reader = DictReader('data.csv')
md = median([12, 56, 44, 33])
```

[5] A restrição de ter que entregar scripts JS pela web via HTTP é em grande parte responsável por isso.

❶ Isso importa todas as variáveis do módulo para o namespace atual e é quase sempre uma má ideia. Uma das variáveis poderia mascarar uma existente, e vai contra as boas práticas de Python de que é melhor ser explícito do que implícito. Uma exceção a essa regra é se você estiver usando o interpretador Python de maneira interativa. Neste contexto limitado, pode fazer sentido importar todas as funções de uma biblioteca para reduzir pressionamentos de teclas; por exemplo, importar todas as funções matemáticas (`from math import *`) se estiver fazendo algum truque matemático em Python.

Se você importar uma biblioteca não padrão, o Python usa `sys.path` para tentar encontrá-la. O `sys.path` consiste:

- Do diretório que contém o módulo de importação (diretório atual)
- Da variável `PYTHONPATH`, contendo uma lista de diretórios
- Do padrão dependente da instalação, onde as bibliotecas instaladas usando `pip` ou `easy_install` geralmente serão colocadas

As bibliotecas grandes são muitas vezes empacotadas, divididas em submódulos. Estes submódulos são acessados pela notação de ponto:

```
import matplotlib.pyplot as plt
```

Os pacotes são construídos a partir do sistema de arquivos via arquivos *_init_.py*, geralmente vazios, como mostrado no Exemplo 2-1. A presença de um arquivo init torna o diretório visível para o sistema de importação do Python.

Exemplo 2-1. Construindo um pacote Python

```
mypackage
├─ __init__.py
...
├─ core
|   └─ __init__.py
|   ...
...
└─ io
    ├─ __init__.py
    └─ api.py
    ...
    └─ tests
        └─ __init__.py
        └─ test_data.py
        └─ test_excel.py ❶
        ...
...
```

❶ Você importaria este módulo usando `from mypackage.io.tests import test_excel`.

Você pode acessar pacotes no sys.path do diretório raiz (que é mypackage no Exemplo 2-1) usando notação de ponto. Um caso especial de import é referências intrapacote. O submódulo test_excel.py no Exemplo 2-1 pode importar submódulos do pacote mypackage tanto de maneira absoluta quanto relativa:

```
from mypackage.io.tests import test_data❶
from . import test_data❷
import test_data ❷
from ..io import api❸
```

❶ Importa o módulo test_data.py de maneira absoluta, do diretório principal do pacote.

❷ Uma importação explícita (. import) e implícita relativa.

❸ Uma importação relativa de um pacote de tests irmãos.

Módulos JavaScript

O JavaScript agora tem módulos com importação e exportação de variáveis encapsuladas. O JS escolheu sua sintaxe de importação, usando um monte de coisas que serão familiares para os Pythonistas, mas, na minha opinião, melhorando-as. Aqui está um breve resumo:

Digamos que temos um módulo de entrada JS index.js, que deseja usar algumas funções ou objetos de um módulo de biblioteca libFoo.js em um diretório lib. A estrutura do arquivo é assim:

```
.
├── index.mjs
└── lib
    └── libFoo.mjs
```

No libFoo.mjs, exportamos uma função fictícia e podemos usar export default para exportar um único objeto para o módulo, tipicamente uma API com, por exemplo, métodos utilitários:

```
// lib/libFoo.mjs
export let findOdds = (a) => {
  return a.filter(x => x%2)
}

let api = {findOdds}❶

export default api
```

❶ Um exemplo de criação de objeto com nome de propriedade abreviado, equivalente a {findOdds: findOdds}

Para importar as funções e objetos exportados do nosso módulo de índice, usamos a instrução `import`, que nos permite importar a API predefinida ou selecionar as variáveis exportadas pelo nome, usando chaves:

```
// index.mjs
import api from './lib/libFoo.mjs'
import { findOdds } from './lib/libFoo.mjs'

let odds = findOdds([2, 4, 24, 33, 5, 66, 24])
console.log('Odd numbers: ', odds)

odds = api.findOdds([12, 43, 22, 39, 52, 21])
console.log('Odd numbers: ', odds)
```

As importações de JS também suportam aliasing, o que pode ser um ótimo desinfetante de código:

```
// index.mjs
import api as foo from './lib/libFoo.mjs'
import { findOdds as odds } from './lib/libFoo.mjs'
// ...
```

Como você pode ver, as importações e exportações de JavaScript são muito semelhantes às do Python, embora um pouco mais fáceis de usar pela minha experiência. Você pode ver mais detalhes na documentação do Mozilla para exportações e importações.

Mantendo Seus Namespaces Limpos

As variáveis definidas nos módulos Python são encapsuladas, o que significa que, a menos que você as importe explicitamente (por exemplo, `from foo import baa`), você as acessará do namespace do módulo importado usando notação de ponto (por exemplo, `foo.baa`). Esta modularização do namespace global é muito bem vista como uma coisa boa e joga com um dos princípios-chave do Python: a importância de instruções explícitas sobre implícitas. Ao analisar o código Python de alguém, você deverá ser capaz de ver exatamente de onde veio uma classe, função ou variável. Tão importante quanto isso, preservar o namespace limita a chance de variáveis conflitantes ou mascaradas — um grande problema potencial à medida que as bases de código aumentam.

No passado, uma das principais críticas ao JavaScript, e uma justa, era que ele nao era muito criterioso com convenções de namespace. O exemplo mais notório disso é que variáveis declaradas fora de funções ou faltando a palavra-chave[6] `var` são globais em vez de confinadas ao script em que são declaradas. Com o JavaScript moderno e modular, você obtém encapsulamento semelhante ao Python com variáveis importadas e exportadas.

Os módulos JS são uma inovação relativamente recente — um padrão comum usado no passado e que você pode muito bem encontrar é a criação de uma função de autochamada

6 Você pode eliminar a possibilidade de uma var ausente usando a diretiva ECMAScript 5 `'use strict'`.

para isolar variáveis locais do namespace global. Isso torna todas as variáveis declaradas via `var` local para o script/função, impedindo que poluam o namespace global. A palavra-chave do JavaScript `let`, que tem escopo de bloco, é sempre preferível a `var`. Quaisquer objetos, funções e variáveis que você deseje disponibilizar para outros scripts podem ser anexados a um objeto que faz parte do namespace global.

O Exemplo 2-2 demonstra um padrão de módulo. A cabeça e a cauda do padrão (rotuladas ❶ e ❸) criam eficazmente um módulo encapsulado. Este padrão está longe de ser uma solução perfeita para o JavaScript modular, mas foi a melhor concessão que encontrei até que o sistema de importação exclusivo do ECMAScript 6 fosse adotado por todos os principais navegadores.

Exemplo 2-2. Um padrão de módulo para o JavaScript

```
(function(nbviz) { ❶
    'use strict';
    // ...
    nbviz.updateTimeChart = function(data) {..} ❷
    // ...
}(window.nbviz = window.nbviz || {})); ❸
```

❶ Recebe o objeto global `nbviz`.

❷ Anexa o método `updateTimeChart` ao objeto global `nbviz`, *exportando*-o efetivamente.

❸ Se um objeto `nbviz` existir no namespace global (janela), passe-o para a função module; caso contrário, adicione-o ao namespace global.

Gerando "Hello World!"

De longe, a demonstração inicial mais popular de qualquer linguagem de programação é fazê-la imprimir ou comunicar "Hello World!" de alguma forma, então vamos começar obtendo essa saída no Python e do JavaScript.

A saída no Python não poderia ser mais simples:

```
print('Hello World!')
```

O JavaScript não tem função de impressão, mas poderá registar o resultado para o console do navegador:

```
console.log('Hello World!')
```

Processamento de Dados Simples

Uma boa maneira de obter uma visão geral das diferenças de linguagem é ver a mesma função escrita em ambos. Os exemplos 2-3 e 2-4 mostram um pequeno exemplo artificial de data munging em Python e JavaScript, respectivamente. Vamos usá-los para comparar as sintaxes do Python e JS e rotulá-los com letras maiúsculas (A, B...) para permitir a comparação dos blocos de código.

Exemplo 2-3. Transformação de dados simples com o Python

```python
# A
student_data = [
    {'name': 'Bob', 'id':0, 'scores':[68, 75, 56, 81]},
    {'name': 'Alice', 'id':1,  'scores':[75, 90, 64, 88]},
    {'name': 'Carol', 'id':2, 'scores':[59, 74, 71, 68]},
    {'name': 'Dan', 'id':3, 'scores':[64, 58, 53, 62]},
]

# B
def process_student_data(data, pass_threshold=60,
                         merit_threshold=75):
    """ Execute algumas estatísticas básicas sobre alguns dados dos alunos. """

    # C
    for sdata in data:
        av = sum(sdata['scores'])/float(len(sdata['scores']))

        if av > merit_threshold:
            sdata['assessment'] = 'passed with merit'
        elif av >= pass_threshold:
            sdata['assessment'] = 'passed'
        else:
            sdata['assessment'] = 'failed'
        # D
        print(f"{sdata['name']}'s (id: {sdata['id']}) final assessment is:\
        {sdata['assessment'].upper()}")
        # Para versões do Python anteriores à 3.7, a formatação de string no estilo antigo é equivalente
        # print("%s's (id: %d) avaliação final é: %s"%(sdata['name'],\
        # sdata['id'], sdata['assessment'].upper()))     sdata['name'], sdata['id'],\
        # sdata['assessment'].upper()))
        print(f"{sdata['name']}'s (id: {sdata['id']}) final assessment is:\
         {sdata['assessment'].upper()}")

        sdata['average'] = av

# E
if __name__ == '__main__':
    process_student_data(student_data)
```

Exemplo 2-4. Data munging simples com o JavaScript

```
let studentData = [
    {name: 'Bob', id:0, 'scores':[68, 75, 76, 81]},
    {name: 'Alice', id:1, 'scores':[75, 90, 64, 88]},
    {'name': 'Carol', id:2, 'scores':[59, 74, 71, 68]},
    {'name': 'Dan', id:3, 'scores':[64, 58, 53, 62]},
];

// B
function processStudentData(data, passThreshold, meritThreshold){
    passThreshold = typeof passThreshold !== 'undefined'?\
    passThreshold: 60;
    meritThreshold = typeof meritThreshold !== 'undefined'?\
    meritThreshold: 75;

    // C
    data.forEach(function(sdata){
        let av = sdata.scores.reduce(function(prev, current){
            return prev+current;
        },0) / sdata.scores.length;

        if(av > meritThreshold){
            sdata.assessment = 'passed with merit';
        }
        else if(av >= passThreshold){
            sdata.assessment = 'passed';
        }
        else{
            sdata.assessment = 'failed';
        }
        // D
        console.log(sdata.name + "'s (id: " + sdata.id +
          ") final assessment is: " +
            sdata.assessment.toUpperCase());
        sdata.average = av;
    });

}

// E
processStudentData(studentData);
```

❶ Observe a inconsistência deliberada e válida nas chaves de objeto com algumas entre aspas e outras sem aspas.

Construção de Strings

As seções D nos Exemplos 2-3 e 2-4 mostram a maneira padrão de imprimir a saída no console ou no terminal. O JavaScript não tem instrução de impressão, mas registrará no console do navegador por meio do objeto `console`:

```
console.log(sdata.name + "'s (id: " + sdata.id +
  ") final assessment is: " + sdata.assessment.toUpperCase());
```

Observe que a variável inteira `id` é coagida a uma string, permitindo a concatenação. O Python não executa essa coerção implícita, portanto, ao tentar adicionar uma string a um inteiro dessa maneira, gera um erro. Em vez disso, a conversão explícita para forma de string é obtida através de uma das funções `str` ou `repr`.

Na seção A do Exemplo 2-3, a string de saída é construída com uma formatação do tipo C. Os espaços reservados de texto (%s) e inteiro (%d) são fornecidos por uma tupla final (`%(...)`):

```
print("%s's (id: %d) final assessment is: %s"
  %(sdata['name'], sdata['id'], sdata['assessment'].upper()))
```

Hoje em dia, raramente uso a instrução `print` do Python, optando pelo módulo `logging` muito mais poderoso e flexível, que é demonstrado no bloco de código a seguir. É preciso um pouco mais de esforço para usar, mas vale a pena. O registro em log oferece a flexibilidade de direcionar a saída para um arquivo e/ou a tela, ajustando o nível de registro para priorizar determinadas informações e toda uma carga de outras coisas úteis. Confira os detalhes na documentação do Python.

```
import logging
logger = logging.getLogger(__name__) ❶
//...
logger.debug('Some useful debugging output')
logger.info('Some general information')

// IN INITIAL MODULE
logging.basicConfig(level=logging.DEBUG)❷
```

❶ Cria um logger com o nome deste módulo.

❷ Definir o nível de log para "debug" fornece as informações mais detalhadas disponíveis (veja a documentação do Python para mais detalhes).

Espaço em Branco Significativo Versus Chaves

A característica sintática mais associada com o Python é o espaço em branco significativo. Enquanto linguagens como C e JavaScript usam o espaço em branco para legibilidade e podem ser facilmente condensadas em uma linha,[7] em Python, os espaços principais são usados para indicar blocos de código e removê-los muda o significado do código. O esforço extra necessário para manter o correto alinhamento de código é mais do que compensado pelo aumento da legibilidade — você gasta muito mais tempo lendo do que escrevendo código, e a leitura fácil do Python é provavelmente a principal razão pela qual o ecossistema de bibliotecas Python é tão saudável. Quatro espaços é praticamente obri-

[7] Isso é na verdade feito por compressores JavaScript para reduzir o tamanho do arquivo de páginas da web baixadas.

gatório (consulte PEP-8) e minha preferência pessoal é para o que é conhecido como guias flexíveis, onde seu editor insere (e exclui) vários espaços em vez de um caractere tab.[8]

No código seguinte, o recuo da instrução de `return` deve ser de quatro espaços por convenção:[9]

```
def doubler(x):
    return x * 2
#   |<-este espaçamento é importante
```

O JavaScript não se preocupa com o número de espaços entre instruções e variáveis, usando chaves para demarcar blocos de código; as duas funções duplicadoras neste código são equivalentes:

```
let doubler = function(x){
  return x * 2;
}

let doubler=function(x){return x*2;}
```

Muito é feito do espaço em branco do Python, mas a maioria dos bons codificadores que conheço criou seus editores para impor blocos de código recuados e uma aparência consistente. O Python apenas reforça esta boa prática. E, para reiterar, acredito que a extrema legibilidade do código Python contribui tanto para o ecossistema extremamente saudável do Python quanto sua sintaxe simples.

Comentários e Doc-Strings

Para adicionar comentários ao código, o Python usa hashtags (ou jogo da velha), #:

```
# ex.py, um único comentário informativo

data = {} # Nosso principal data-ball
```

Por outro lado, o JavaScript usa a convenção de linguagem C de barras invertidas duplas (//) ou /*... */ para comentários de multilinhas:

```
// script.js, um único comentário informativo
/* Um bloco de comentários multilinhas para
descrições de funções, cabeçalhos de scripts
de biblioteca e similares */
let data = {}; // Nosso principal data-ball
```

8 O debate do soft versus hard tab gera controvérsia, com muito calor e pouca luz. O PEP-8 estipula espaços, o que é bom o suficiente para mim.

9 Podem ser dois ou até três espaços, mas esse número deve ser consistente em todo o módulo.

Além de comentários, e de acordo com sua filosofia de legibilidade e transparência, o Python tem strings de documentação (doc-strings) por convenção. A função `process_student_data` no Exemplo 2-3 tem uma linha de texto com aspas triplas no topo que será automaticamente atribuída ao atributo `_doc_` da função. Poderá também usar 'doc- strings' multilinhas:

```
def doubler(x):
    """Esta função retorna o dobro de sua entrada."""
    return 2 * x

def sanitize_string(s):
    """Esta função substitui quaisquer espaços de string
    por '-' após remover qualquer espaço em branco
    """
    return s.strip().replace(' ', '-')
```

Os doc-strings são um ótimo hábito de se adquirir, especialmente se você estiver trabalhando de forma colaborativa. Eles são compreendidos pela maioria dos conjuntos de ferramentas de edição Python decentes e também são usados por bibliotecas de documentação automatizadas como o Sphinx. A string-literal doc-string é acessível como a propriedade `doc` de uma função ou classe.

Declarando Variáveis Usando let ou var

O JavaScript usa o `let` ou o `var` para declarar variáveis. Em geral, `let` é quase sempre a escolha correta.

Estritamente falando, as instruções do JS devem ser terminadas com um ponto e vírgula em oposição à nova linha do Python. Você verá exemplos em que o ponto e vírgula é dispensado, e os navegadores modernos geralmente fazem a coisa certa aqui. Existem alguns casos extremos que podem exigir o uso de um ponto e vírgula (por exemplo, ao disparar minificadores de código e compressores que removem espaços em branco), mas geralmente acho que a perda de desordem e melhoria na legibilidade são uma concessão razoável para a codificação sem os ponto e vírgula.

O JavaScript tem *hoisting variável*, o que significa que variáveis declaradas com `var` são processadas antes de qualquer outro código. Isto significa que declará-las em qualquer parte da função é equivalente a declará-las no topo. Isto poderá resultar em erros estranhos e confusão. Colocar vars explicitamente no topo evita isso, mas é melhor usar o `let` moderno e ter declarações com escopo.

Strings e Números

As strings *name* usadas nos dados do aluno (consulte a Seção A dos Exemplos 2-3 e 2-4) serão interpretadas como UCS-2 (o pai do unicode UTF-16) em JavaScript[10] e Unicode (UTF-8 por padrão) em Python 3.[11]

Ambas as linguagens permitem aspas simples e duplas para strings. Se você quiser incluir aspas simples ou duplas no texto, então fique com a segunda opção, assim:

```
pub_name = "The Brewer's Tap"
```

As pontuações na Seção A do Exemplo 2-4 são armazenadas como um tipo numérico do JavaScript, números de ponto flutuante de precisão dupla de 64 bits (IEEE 754). Embora o JavaScript tenha uma função de conversão `parseInt`, quando usada com floats,[12] é apenas um operador de arredondamento, semelhante ao piso. O tipo do número analisado continua a ser número:

```
let x = parseInt(3.45); // 'cast' x para 3
typeof(x); // "number"
```

O Python tem dois tipos numéricos: o `int` de 32 bits, para o qual as pontuações dos alunos são convertidas, e um `float` equivalente (IEE 754) ao número do JS. Isto significa que o Python pode representar qualquer número inteiro, enquanto o JavaScript é mais limitado.[13] A conversão do Python muda o tipo:

```
foo = 3.4 # type(foo) -> float
bar = int(3.4) # type(bar) -> int
```

A coisa boa sobre os números do Python e JavaScript é que eles são fáceis de trabalhar e geralmente fazem o que você quer. Se precisar de algo mais eficiente, o Python tem a biblioteca NumPy, que permite um controle detalhado de seus tipos numéricos (aprenderemos mais sobre o NumPy no Capítulo 7). No JavaScript, além de alguns projetos de ponta, você está praticamente preso a flutuadores de 64 bits.

---

10 A suposição bastante justa de que o JavaScript usa UTF-16 tem sido a causa de muito sofrimento causado por bugs. Consulte este post do blog de Mathias Bynens para uma análise interessante.

11 A mudança para strings Unicode no Python 3 é grande. Dada a confusão que muitas vezes aparece no Unicode/encoding, vale a pena ler um pouco sobre isso. O Python 2 usou strings de bytes.

12 `parseInt` pode fazer muito mais do que arredondar. Por exemplo, `parseInt(12.5px)` dá 12, primeiro removendo o *px* e depois convertendo a cadeia de caracteres em um número. Ele também tem um segundo argumento `radix` para especificar a base da conversão. Consulte a documentação do Mozilla para obter informações específicas.

13 Como todos os números no JavaScript são de ponto flutuante, ele só pode suportar números inteiros de 53 bits. O uso de números inteiros maiores (como os comumente usados de 64 bits) pode resultar em números inteiros descontínuos. Consulte esta postagem do blog da 2ality para obter mais informações.

Booleanos

O Python é diferente das linguagens JavaScript e de classe C no que se refere ao uso de operadores Booleanos nomeados. Fora isso, eles funcionam praticamente como o esperado. Esta tabela mostra uma comparação:

Python	`bool`	`True`	`False`	`not`	`and`	`or`
JavaScript	`boolean`	`true`	`false`	`!`	`&&`	`||`

As letras maiúsculas de `True` e `False` do Python podem facilmente confundir um programador JavaScript e vice-versa, mas qualquer destaque de sintaxe adequado deve identificar isso, assim como seu linter de código.

Em vez de sempre retornar verdadeiro ou falso booleanos, tanto o Python quanto o JavaScript retornam o resultado de um dos argumentos em expressões de `and/or`, que também podem ser um valor Booleano. A Tabela 2-1 mostra como isso funciona, usando o Python para demonstrar.

Tabela 2-1. Operadores Booleanos do Python

Operação	Resultado
x ou y	se x for falso, então y, senão x
x e y	se x for falso, então x, senão y
não x	se x for falso, então `True`, senão `False`

Isso permite algumas atribuições de variáveis ocasionalmente úteis:

```
rocket_launch = True
(rocket_launch == True and 'All OK') or 'We have a problem!'
Out:
'All OK'

rocket_launch = False
(rocket_launch == True and 'All OK') or 'We have a problem!'
Out:
'We have a problem!'
```

Contêineres de Dados: dicionários, objetos, listas, Arrays

A grosso modo, `objects` JavaScript podem ser usados como `dicts` Python e `lists` Python como arrays JavaScript. O Python também tem um contêiner chamado tupla, que funciona como uma lista imutável. Aqui estão alguns exemplos:

```
# Python
d = {'name': 'Groucho', 'occupation': 'Ruler of Freedonia'}
l = ['Harpo', 'Groucho', 99]
t = ('an', 'immutable', 'container')

// JavaScript
d = {'name': 'Groucho', 'occupation': 'Ruler of Freedonia'}
l = ['Harpo', 'Groucho', 99]
```

Como mostrado na Seção A dos Exemplos 2-3 e 2-4, as chaves do `dict` Python devem ser string estre aspas (ou tipos passíveis de hash), enquanto o JavaScript permite que você omita as aspas se a prioridade for um identificador válido (ou seja, não contiver caracteres especiais como espaços e traços). Então, em nossos objetos `studentData`, o JS converte implicitamente a propriedade `'name'` para o formato de string.

As declarações de dados de estudante parecem praticamente iguais e, na prática, são usadas de forma muito semelhante também. A diferença principal a ser observada é que, embora os contêineres entre chaves do `studentData` em JavaScript se pareçam com `dicts` Python, eles são na verdade uma declaração abreviada de objetos JS, um tipo de contêiner de dados um pouco diferente.

Na visualização de dados em JS, costumamos usar arrays de objetos como o principal contêiner de dados, e aqui os objetos JS funcionam de maneira semelhante ao que um Pythonista espera. Na verdade, como demonstrado no código a seguir, temos a vantagem de usar a notação de ponto e o acesso por meio de strings, sendo a notação de ponto preferida sempre que possível (as chaves com espaços ou traços precisando ser strings entre aspas):

```
let foo = {bar:3, baz:5};
foo.bar; // 3
foo['baz']; // 5, same as Python
```

É bom estar ciente de que, embora possam ser usados como dicionário Python, os objetos JavaScript são muito mais do que apenas contêineres (além dos primitivos, como strings e números, praticamente tudo em JavaScript é um objeto).[14] Mas na maioria dos exemplos de visualização de dados, eles são usados de maneira muito semelhante a `dicts` Python.

A Tabela 2-2 apresenta operações básicas em listas.

[14] Isso torna a iteração sobre suas propriedades um pouco mais complicada. Consulte este tópico do Stack Overflow para obter mais detalhes.

Tabela 2-2. Listas e arrays

JavaScript array (a)	Python list (l)
`a.length`	`len(l)`
`a.push(item)`	`l.append(item)`
`a.pop()`	`l.pop()`
`a.shift()`	`l.pop(0)`
`a.unshift(item)`	`l.insert(0, item)`
`a.slice(start, end)`	`l[start:end]`
`a.splice(start, howMany, i1, ...)`	`l[start:end] = [i1, ...]`

Funções

As seções B dos Exemplos 2-3 e 2-4 mostram a declaração de uma função. O Python usa `def` para indicar uma função:

```
def process_student_data(data, pass_threshold=60,
                         merit_threshold=75):
    """ Executa algumas estatísticas básicas sobre alguns dados dos alunos. """
    ...
```

Enquanto o JavaScript usa `function`:

```
function processStudentData(data, passThreshold=60, meritThreshold=75){
    ...
}
```

Ambos têm uma lista de parâmetros. No JS, o bloco de código da função é indicado pelas chaves {...}; no Python, o bloco de código da função é definido por dois pontos e recuo.

O JS tem uma forma alternativa de definir uma função chamada *expressão de função (function expression)*, que você pode ver neste exemplo:

```
let processStudentData = function( ...){...}
```

Agora há uma forma abreviada, que está se tornando mais popular:

```
let processStudentData = ( ...) => {...}
```

As diferenças são sutis o suficiente para você não precisar se preocupar por enquanto.[15]

Os parâmetros de função são uma área em que o tratamento do Python é mais sofisticado do que o do JavaScript. Como podemos ver na função `process_student_data` (Seção B do Exemplo 2-3),

O Python permite argumentos padrão para os parâmetros. No JavaScript, todos os parâmetros não utilizados na chamada da função são declarados como *indefinidos*.

[15] Para os curiosos, há uma ótima síntese em um post no blog de Angus Croll.

Iterando: Loops for e Alternativas Funcionais

As seções C nos Exemplos 2-3 e 2-4 mostram a primeira diferença chave entre Python e JavaScript — o tratamento de seus loops `for`.

Os loops `for` do Python são simples, intuitivos e eficientes em qualquer iterador, como arrays e `dicts`. Um ponto de atenção com os `dicts` é que a iteração padrão é feita por chave não por itens. Por exemplo:

```
foo = {'a':3, 'b':2}
for x in foo:
    print(x)
# outputs 'a' 'b'
```

Para iterar sobre os pares chave-valor, utilize o método itens do `dict` da seguinte forma:

```
for x in foo.items():
    print(x)
# outputs key-value tuples ('a', 3) ('b' 2)
```

Você pode atribuir os valores-chave na instrução `for` por conveniência. Por exemplo:

```
for key, value in foo.items():
```

Como o loop `for` do Python funciona em qualquer coisa com a estrutura de iterador correta, você pode fazer coisas legais como percorrer as linhas de um arquivo:

```
for line in open('data.txt'):
    print(line)
```

Vindo do Python, o loop `for` do JS é algo horrível e não intuitivo. Aqui está um exemplo:

```
for(let i in ['a', 'b', 'c']){
  console.log(i)
}
// outputs 1, 2, 3
```

O `for .. in` do JS retorna o índice dos itens do array, não os itens em si. Para complicar as coisas, para o Pythonista, a ordem de iteração não é garantida, então os índices podem ser retornados em ordem não consecutiva.

Alternar entre os loops `for` do JavaScript não é tão simples, exigindo que você fique atento. A boa notícia é que você dificilmente precisa usar os loops `for` do JS hoje em dia. Na verdade, quase nunca sinto necessidade. Isso ocorre porque o JS adquiriu recentemente algumas habilidades funcionais de primeira linha muito poderosas, que têm mais poder de expressão e menos margem para confusão com o Python e, uma vez que você se acostuma com elas, rapidamente se tornam indispensáveis.[16]

[16] Esta é uma área onde o JS é muito melhor que o Python e onde muitos de nós gostaríamos que houvesse uma funcionalidade similar no Python.

A Seção C do Exemplo 2-4 demonstra o `forEach()`, um dos métodos *funcionais* disponível para arrays modernos do JavaScript.[17] O `forEach()` itera sobre os itens do array, enviando-os, por sua vez, para uma função callback anônima definida no primeiro argumento, onde podem ser processados. O verdadeiro poder expressivo desses métodos funcionais vem do encadeamento deles (mapas, filtros etc.) mas já temos uma iteração mais limpa e elegante, sem nenhuma das desajeitadas escriturações de antigamente.

A função callback recebe o índice e o array original como um segundo argumento opcional:

```
data.forEach(function(currentValue, index){...})
```

Até recentemente, mesmo iterar os pares chave-valor de um objeto era bastante complicado. Ao contrário dos dicionários do Python, os objetos poderiam ter propriedades herdadas da cadeia de prototipagem, então era necessário usar um método `hasOwnProperty` para filtrá-las. Você pode muito bem encontrar um código como este:

```
let obj = {a:3, b:2, c:4};
for (let prop in obj) {
  if( obj.hasOwnProperty( prop ) ) {
    console.log("o." + prop + " = " + obj[prop]);
  }
}
// out: o.a = 3, o.b = 2, o.c = 4
```

Enquanto os arrays do JS possuem um conjunto de métodos iteradores funcionais nativos (`map`, `reduce`, `filter`, `every`, `sum`, `reduceRight`), `objects` — em sua forma de pseudodicionários — não possuem. A boa notícia é que a classe `object` adquiriu recentemente alguns métodos adicionais úteis que preenchem essa lacuna. Assim, você pode iterar pelos pares chave-valor usando o método `entries`:

```
let obj = {a:3, b:2, c:4};
for (const [key, value] of Object.entries(object1)) {
  console.log(`${key}: ${value}`); ❶
}
// out: a: 3
//      b: 2 ...
```

❶ Observe a forma de template de string `${foo}` para imprimir variáveis.

Condicionais: if, else, elif, switch

A Seção C dos Exemplos 2-3 e 2-4 mostra condicionais em Python e JavaScript em ação. Além do uso de colchetes no JavaScript, as instruções são muito semelhantes; a única diferença real é a palavra-chave `elif` adicional do Python, uma conjunção conveniente do `else if`.

[17] Incluso com o ECMAScript 5 e disponível em todos os navegadores modernos.

Embora muito solicitado, o Python não possui a instrução `switch`, encontrada na maioria das linguagens de alto nível. O JS tem, permitindo que se faça isso:

```
switch(expression){
  case value1:
    // execute if expression === value1
    break; // optional end expression
  case value2:
    //...
  default:
    // if other matches fail
}
```

A boa notícia para os Pythonistas é que, a partir do Python 3.10, ele ganha um condicional de correspondência de padrões muito poderoso que pode funcionar como uma instrução `switch`, mas com muito mais recursos. Assim, podemos fazer isso para alternar entre casos:

```
for value in [value1, value2, value3]:
    match value:
        case value1:
            # do foo
        case value2:
            # do baa
        case value3:
            # do baz
```

Entrada e Saída de arquivos

O JavaScript baseado em navegador não possui um equivalente real de entrada e saída de arquivos (E/S), mas o do Python é tão simples quanto possível:

```
# LENDO UM ARQUIVO
f = open("data.txt") # abrir arquivo para leitura

for line in f: # iterar sobre linhas de arquivo
    print(line)

lines = f.readlines() # pegar todas as linhas do arquivo no array
data = f.read() # ler todo o arquivo como uma única string

# ESCREVENDO UM ARQUIVO
f = open("data.txt", 'w')
# usar 'w' para escrever, 'a' para anexar ao arquivo
f.write("this will be written as a line to the file")
f.close() # fecha o arquivo explicitamente
```

Uma prática muito recomendada é usar o `with` do Python como gerenciador de contexto ao abrir arquivos. Isso garante que eles sejam fechados automaticamente ao sair do bloco, essencialmente fornecendo um "açúcar sintático" para um `try, except, finally block`. Veja como abrir um arquivo usando `with, as`:

```
with open("data.txt") as f:
    lines = f.readlines()
    ...
```

No entanto, o JavaScript possui o método `fetch`, que é de certa forma análogo para obter um recurso da rede com base em sua URL. Então, para obter um conjunto de dados do servidor do site, no diretório *static/data*, você faz isso:

```
fetch('/static/data/nobel_winners.json')
  .then(function(response) {
  console.log(response.json())
})
Out:
[{name: 'Albert Einstein', category: 'Physics'...},]
```

O API Fetch está bem documentado no Mozilla.

Classes e Protótipos

Possivelmente a causa de mais confusão do que qualquer outro tópico é a escolha de protótipos pelo JavaScript em vez de classes clássicas como seu principal elemento de programação orientada a objetos (POO). Isso requer que o Pythonista se adapte um pouco, onde as classes são ubíquas, mas, na prática, essa curva de aprendizado é, na minha experiência, curta e bastante superficial.

Lembro-me de quando comecei minhas incursões em linguagens mais avançadas, como C++, acreditando na promessa da POO, especialmente na herança baseada em classes. O polimorfismo estava em alta e classes de formas estavam se tornando subclasses de retângulos e elipses, que por sua vez se tornaram subclasses de quadrados e círculos mais especializados.

Não demorou muito para perceber que as divisões claras de classe encontradas nos livros didáticos raramente eram encontradas na programação real e que tentar equilibrar APIs genéricas e específicas rapidamente se tornava algo tenso. Nesse sentido, acredito que a composição e integrações sejam conceitos de programação muito mais úteis do que as tentativas de criação de subclasses estendida, e muitas vezes evito tudo isso usando técnicas de programação funcional, especialmente em JavaScript. No entanto, a distinção entre classe/protótipo é uma diferença óbvia entre as duas linguagens, e quanto mais você entender suas nuances, melhor será seu código.[18]

As classes do Python são bastante simples e, como na maior parte da linguagem, fáceis de usar. Atualmente, costumo pensar nelas como uma maneira prática de encapsular dados com uma API conveniente e raramente estendo a criação de subclasses além de uma geração. Aqui está um exemplo simples:

---

18 Mencionei a um amigo programador talentoso que eu enfrentava o desafio de explicar os protótipos para programadores de Python, e ele ressaltou que boa parte dos JavaScripters também precisavam de algumas dicas. Há muita verdade nisso e vários JavaScripters conseguem ser produtivos utilizando protótipos de forma *elegante*, criando seu próprio caminho nos casos extremos.

```python
class Citizen(object):

    def __init__(self, name, country): ❶
        self.name = name
        self.country = country

    def __str__(self): ❷
        return f'Citizen {self.name} from {self.country}'

    def print_details(self):
        print(f'Citizen {self.name} from {self.country}')

groucho = Citizen('Groucho M.', 'Freedonia') ❸
print(groucho) # or groucho.print_details()
# Out:
# Citizen Groucho M. from Freedonia
```

❶ As classes do Python possuem vários métodos especiais com dois sublinhados, sendo o mais comum o `_init_`, chamado quando a instância da classe é criada. Todos os métodos de instância têm um primeiro argumento explícito `self` (você até poderia nomeá-lo de outra forma, mas é uma ideia muito ruim), que se refere à instância. Neste caso, usamos o self para definir as propriedades name e country.

❷ É possível substituir o método string da classe, que é usado quando a função `print` é chamada em uma instância.

❸ Cria uma nova instância de `Citizen`, inicializada com name e country.

O Python segue um padrão de herança de classe bastante clássico. É fácil de fazer, o que provavelmente é o motivo pelo qual os Pythonistas o utilizam tanto. Vamos personalizar a classe `Citizen` para criar uma classe (Prêmio Nobel) `Winner` com algumas propriedades extras:

```python
class Winner(Citizen):

    def __init__(self, name, country, category, year):
        super().__init__(name, country) ❶
        self.category = category
        self.year = year

    def __str__(self):
        return 'Nobel winner %s from %s, category %s, year %s'\
        %(self.name, self.country, self.category,\
        str(self.year))

w = Winner('Albert E.', 'Switzerland', 'Physics', 1921)
w.print_details()
# Out:
# Nobel prizewinner Albert E. from Switzerland, category Physics,
# year 1921
```

❶ Queremos reutilizar o método `_init_` da superclasse `Citizen`, usando esta instância Winner como self. O método super percorre a árvore de herança um ramo a partir de seu primeiro argumento, fornecendo o segundo como instância para o método da instância de classes.

Acredito que o melhor artigo que já li sobre a diferença fundamental entre protótipos do JavaScript e classes clássicas seja o "OOP, JavaScript, and so-called Classes", de Reginald Braithwaite. Esta citação resume a diferença entre classes e protótipos de forma bastante clara:

> A diferença entre um protótipo e uma classe é semelhante à diferença entre uma casa-modelo e a planta de uma casa.

Quando você instancia uma classe em C++ ou Python, uma planta é seguida, criando um objeto e chamando seus vários construtores na árvore de herança. Em outras palavras, você começa do zero e constrói uma nova instância de classe, bonita e imaculada.

Com protótipos do JavaScript, você começa com uma casa-modelo (objeto) que possui cômodos (métodos). Se você deseja uma nova sala de estar, pode substituir a antiga por algo com cores melhores. Se deseja uma nova varanda, é só construir uma extensão. Mas, em vez de construir do zero com uma planta, está adaptando e estendendo um objeto existente.

Com essa necessária teoria explicada e o lembrete de que a herança de objetos é útil de se saber, mas não é tão comum em visualização de dados, vamos ver um exemplo simples de objeto protótipo em JavaScript no Exemplo 2-5.

Exemplo 2-5. Um objeto JavaScript simples

```
let Citizen = function(name, country){ ❶
  this.name = name; ❷
  this.country = country;
};

Citizen.prototype = { ❸
  logDetails: function(){
    console.log(`Citizen ${this.name} from ${this.country}`);
  }
};

let c = new Citizen('Groucho M.', 'Freedonia'); ❹

c.logDetails();
Out:
Citizen Groucho M. from Freedonia

typeof(c) # object
```

❶ Essa função é essencialmente um inicializador, invocada pelo operador `new`.

❷ `this` é uma referência implícita ao contexto de chamada da função. Por enquanto, ele se comporta como esperado, e mesmo que pareça um pouco com o `self` do Python, os dois são bastante diferentes, como veremos.

❸ Os métodos especificados aqui irão substituir quaisquer métodos prototípicos na cadeia de herança e serão herdados por quaisquer objetos derivados de `Citizen`.

❹ `new` é usado para criar um novo objeto, definir seu protótipo como o da função construtora `Citizen` e, em seguida, chamar a função construtora `Citizen` no novo objeto.

Recentemente, o JavaScript adquiriu um pouco de açúcar sintático (syntactic sugar), permitindo declarar classes. Isso essencialmente envolve a forma baseada em objetos (veja o Exemplo 2-5) em algo mais familiar para programadores vindos de linguagens baseadas em classes, como o Java e o C#. Acredito que seja justo dizer que as classes não decolaram no JavaScript baseado em navegador, tendo sido um pouco usurpadas por novos frameworks com ênfase em componentes reutilizáveis (por exemplo, React, Vue, Svelte). Aqui está como implementaríamos o objeto `Citizen` mostrado no Exemplo 2-5:

```
class Citizen {
  constructor(name, country) {
    this.name = name
    this.country = country
  }

  logDetails() {
    console.log(`Citizen ${this.name} from ${this.country}`)
  }
}

const c = new Citizen('Groucho M.', 'Freedonia')
```

self Versus this

À primeira vista, seria mais fácil supor que o `self` do Python e o `this` do JavaScript sejam essencialmente iguais, sendo este último uma versão implícita do primeiro, que é fornecido a todos os métodos de instância de classe. Na verdade, `this` e `self` são significativamente diferentes. Vamos usar nossa classe bilíngue `Citizen` para demonstrar.

O `self` do Python é uma variável fornecida a cada método de classe (você pode chamá-la como quiser, mas não é aconselhável), representando a instância da classe. Mas `this` é uma palavra-chave que se refere ao objeto que chama o método. Esse objeto chamador pode ser diferente da instância do objeto do método, e o JavaScript fornece os métodos de função `call`, `bind` e `apply` para permitir que você explore esse fato.

Vamos usar o método `call` para alterar o objeto de chamada de um método `print_details` e, portanto, a referência para `this`, usada no método para obter o nome de Citizen:

```
let groucho = new Citizen('Groucho M.', 'Freedonia');
let harpo = new Citizen('Harpo M.', 'Freedonia');

groucho.logDetails.call(harpo);
// Out:
// "Citizen Harpo M. from Freedonia"
```

Portanto, o `this` do JavaScript é um proxy muito mais maleável do que o `self` do Python, oferecendo mais liberdade, mas também a responsabilidade de rastrear o contexto de chamada e, caso você o utilize, garantir que `new` seja sempre usado na criação de objetos.[19]

Incluí o Exemplo 2-5, que mostra o uso de `new` na instanciação de objetos JavaScript, porque você encontrará seu uso com bastante frequência. Mas a sintaxe já é pouco estranha e piora ainda mais quando você tenta fazer herança. O ECMAScript 5 introduziu o método `Object.create`, uma forma melhor de criar objetos e implementar herança. Eu recomendo usá-lo em seu próprio código, mas o `new` provavelmente surgirá em algumas bibliotecas de terceiros.

Vamos usar o `Object.create` para *criar* um `Citizen` e sua classe herdeira `Winner`. Para enfatizar, o JavaScript possui muitas maneiras de fazer isso, mas o Exemplo 2-6 mostra a maneira mais limpa que encontrei e meu padrão pessoal.

[19] Esta é outra razão para usar a injunção do ECMAScript 5 `'use strict;'`, que chama a atenção para tais erros.

Exemplo2-6. Herança prototípica com `Object.create`

```
let Citizen = {❶
    setCitizen: function(name, country){
        this.name = name;
        this.country = country;
        return this;
    },
    printDetails: function(){
        console.log('Citizen ' + this.name + ' from ',\
        + this.country);
    }
};

let Winner = Object.create(Citizen);

Winner.setWinner = function(name, country, category, year){
    this.setCitizen(name, country);
    this.category = category;
    this.year = year;
    return this;
};

Winner.logDetails = function(){
    console.log('Nobel winner ' + this.name + ' from ' +
    this.country + ', category ' + this.category + ', year ' +
    this.year);
};

let albert = Object.create(Winner)
    .setWinner('Albert Einstein', 'Switzerland', 'Physics', 1921);

albert.logDetails();
// Out:
// Nobel winner Albert Einstein from Switzerland, category
// Physics, year 1921
```

❶ `Citizen` é agora um objeto em vez de uma função construtora. Pense nisso como a base para qualquer novo edifício, como `Winner`.

Para reiterar, a herança prototípica não é tão comum na dataviz em JavaScript, particularmente no pesado D3, com sua ênfase em padrões declarativos e funcionais, onde dados *brutos* não encapsulados são usados para carimbar sua impressão na página da web.

A complicada comparação entre classe/protótipo conclui esta seção sobre diferenças sintáticas básicas. Agora vamos ver alguns padrões comuns observados no trabalho de dataviz com Python e JS.

Diferenças na Prática

As diferenças sintáticas entre JS e Python são importantes de saber e, felizmente, são superadas pelas suas similaridades sintáticas. A essência da programação imperativa, loops, condicionais, declaração e manipulação de dados são muito semelhantes. Isso é ainda mais evidente no domínio especializado do processamento e visualização de dados, em que as funções de primeira classe das linguagens permitem expressões idiomáticas comuns.

O que se segue é uma lista não muito abrangente de alguns padrões e expressões idiomáticas importantes vistos no Python e no JavaScript, sob a perspectiva de um visualizador de dados. Sempre que possível, uma tradução entre as duas linguagens é fornecida.

Encadeamento de Métodos

Uma prática comum em JavaScript é o encadeamento de métodos, popularizado por sua biblioteca mais utilizada, o jQuery, e amplamente usada no D3. O encadeamento de métodos envolve retornar um objeto a partir do próprio método para chamar outro método no resultado, usando a notação de ponto:

```
let sel = d3.select('#viz')
    .attr('width', '600px') ❶
    .attr('height', '400px')
    .style('background', 'lightgray');
```

❶ O método `attr` retorna a seleção D3 que o chamou, que então é usada para chamar outro método `attr`.

O encadeamento de métodos não é muito comum em Python, que geralmente defende uma instrução por linha, em conformidade com a simplicidade e legibilidade.

Enumerando uma Lista

Muitas vezes é útil iterar por uma lista enquanto acompanhamos o índice de cada item. O Python possui a função interna muito útil chamada `enumerate` exatamente para esse propósito:

```
names = ['Alice', 'Bob', 'Carol']

for i, n in enumerate(names):
    print(f'{i}: {n}')

Out:
0: Alice
1: Bob
2: Carol
```

Os métodos de lista do JavaScript, como o `forEach` e os funcionais `map`, `reduce` e `filter`, fornecem o item iterado e seu índice para função callback:

```
let names = ['Alice', 'Bob', 'Carol'];

names.forEach(function(n, i){
    console.log(i + ': ' + n);
});
Out:
0: Alice
1: Bob
2: Carol
```

Desempacotamento de Tuplas

Um dos primeiros truques legais que o Python introduz é o desempacotamento de tuplas para alternar variáveis:

```
(a, b) = (b, a)
```

Observe que os parênteses são opcionais. Isso pode ser usado com um propósito mais prático, como em uma função de Fibonacci, para reduzir as variáveis temporárias:

```
def fibonacci(n):
    x, y = 0, 1
    for i in range(n):
        print(x)
        x, y = y, x + y
# fibonacci(6) -> 0, 1, 1, 2, 3, 5
```

Se você deseja ignorar uma das variáveis desempacotadas, use um sublinhado:

```
winner = 'Albert Einstein', 'Physics', 1921, 'Swiss'

name, _, _, nationality = winner ❶
print(f'{name}, {nationality}')
# Albert Einstein, Swiss
```

❶ O Python 3 possui um operador * que significa, nesse caso, que podemos desempacotar nossas variáveis da seguinte maneira: `name, *_, nationality = winner`

A linguagem JavaScript está se adaptando rapidamente e recentemente adquiriu algumas capacidades de desestruturação muito poderosas. Com a adição do *operador de propagação* (...), isso permite uma manipulação de dados muito concisa:

```
let a, b, rem ❶

[a, b] = [1, 2]
// trocar variáveis
[a, b] = [b, a]
// usando o operador spread
[a, b, ...rem] = [1, 2, 3, 4, 5, 6,] // rem = [3, 4, 5, 6]
```

❶ Ao contrário do Python, você ainda precisa declarar quaisquer variáveis que pretenda usar.

Collections

Um dos "recursos inclusos" mais úteis do Python é o módulo `collections`. Ele fornece alguns tipos de contêiner especializados para complementar o conjunto padrão do Python. Ele possui um deque, que fornece um contêiner semelhante a uma lista com anexos e remoções rápidas em ambos os extremos; um OrderedDict, que lembra a ordem em que as entradas foram adicionadas; um defauldict, que fornece uma função de fábrica para definir o padrão do dicionário; e um contêiner `Counter` para contar objetos passíveis de hash, entre outros. Eu me pego usando muito os últimos três. Aqui estão alguns exemplos:

```
from collections import Counter, defaultdict, OrderedDict

items = ['F', 'C', 'C', 'A', 'B', 'A', 'C', 'E', 'F']

cntr = Counter(items)
print(cntr)
cntr['C'] -=1
print(cntr)
Out:
Counter({'C': 3, 'A': 2, 'F': 2, 'B': 1, 'E': 1})
Counter({'A': 2, 'C': 2, 'F': 2, 'B': 1, 'E': 1})


d = defaultdict(int) ❶

for item in items:
    d[item] += 1 ❷

d
Out:
defaultdict(<type 'int'>, {'A': 2, 'C': 3, 'B': 1, 'E': 1, 'F': 2})


OrderedDict(sorted(d.items(), key=lambda i: i[1])) ❸
Out:
OrderedDict([('B', 1), ('E', 1), ('A', 2), ('F', 2), ('C', 3)]) ❹
```

❶ Define o padrão do dicionário como um inteiro, com valor 0 por padrão.

❷ Se a chave do item não existir, seu valor é definido como o padrão 0 e 1 e é adicionado a ele.

❸ Obtém a lista de itens do dicionário d como pares de tupla chave-valor, classifica usando o valor inteiro e, em seguida, cria um OrderedDict com a lista ordenada.

❹ O `OrderedDict` lembra a ordem (ordenada) dos itens conforme foram adicionados a ele.

Você pode obter mais detalhes sobre o módulo `collections` na documentação do Python.

Se você deseja replicar algumas das funções de coleções do Python usando bibliotecas JavaScript mais convencionais, o Underscore (ou seu substituto funcionalmente idêntico, o Lodash[20]) é um bom ponto de partida. Essas bibliotecas oferecem utilitários aprimorados de programação funcional. Vamos dar uma rápida olhada nessa ferramenta muito útil.

Underscore

O Underscore é provavelmente a biblioteca JavaScript mais popular depois da onipresente jQuery e oferece uma série de utilidades de programação funcional para o programador de dataviz em JavaScript. A maneira mais fácil de usar o Underscore é carregá-lo remotamente por meio de uma rede de entrega de conteúdo (CDN) (esses carregamentos serão armazenados em cache pelo seu navegador, tornando as coisas muito eficientes para bibliotecas comuns), desta forma:

```
<script src="https://cdnjs.cloudflare.com/ajax/libs/
            underscore.js/1.13.1/underscore-min.js"></script>
```

O Underscore possui muitas funções úteis. Há, por exemplo, um método `countBy`, que tem o mesmo propósito do contador de coleções do Python que acabamos de discutir:

```
let items = ['F', 'C', 'C', 'A', 'B', 'A', 'C', 'E', 'F'];

_.countBy(items)❶
Out:
Object {F: 2, C: 3, A: 2, B: 1, E: 1}
```

❶ Agora você entende porque a biblioteca se chama Underscore.

Como veremos a seguir, a inclusão de métodos funcionais nativos (`map`, `reduce`, `filter`) e um iterador `forEach` para arrays em um JavaScript moderno tornou o Underscore um pouco menos indispensável, mas ainda possui algumas ótimas utilidades para aprimorar o JS comum. Com um pouco de encadeamento, é possível produzir um código extremamente conciso, porém muito poderoso. O Underscore foi minha introdução à programação funcional em JavaScript, e as expressões ainda são muito atrativas hoje em dia. Confira o repertório de utilidades do Underscore em seu site.

[20] Minha escolha pessoal por motivos de desempenho.

Vamos dar uma olhada no Underscore em ação, abordando uma tarefa mais complexa:

```
journeys = [
  {period:'morning', times:[44, 34, 56, 31]},
  {period:'evening', times:[35, 33],},
  {period:'morning', times:[33, 29, 35, 41]},
  {period:'evening', times:[24, 45, 27]},
  {period:'morning', times:[18, 23, 28]}
];

let groups = _.groupBy(journeys, 'period');
let mTimes = _.pluck(groups['morning'], 'times');
mTimes = _.flatten(mTimes);❶
let average = function(l){
  let sum = _.reduce(l, function(a,b){return a+b},0);
  return sum/l.length;
};
console.log('Average morning time is ' + average(mTimes));
Out:
Average morning time is 33.81818181818182
```

❶ Nosso array de horários matutinos (`[[44, 34, 56, 31], [33...]]`) precisa ser *achatado* em um único array de números.

Métodos Funcionais de Array e Compreensão de Listas

Tenho usado o Underscore com muito menos frequência desde a adição, com o ECMAScript 5, de métodos funcionais para arrays de JavaScript. Acho que não usei um loop for convencional desde então, o que, dada a feiura dos loops `for` do JS, é uma coisa muito boa.

Depois que você se acostuma a processar arrays de maneira funcional, é difícil cogitar voltar atrás. Combinado com as funções anônimas do JS, essa prática resulta em uma programação fluida e expressiva. Também é uma área em que o encadeamento de métodos parece muito natural. Vejamos um exemplo altamente artificial:

```
let nums = [1, 2, 3, 4, 5, 6, 7, 8, 9, 10];

let sum = nums.filter(x => x%2)❶
  .map(x -> x * x)❷
  .reduce((total, current) => total + current, 0);❸

console.log('Sum of the odd squares is ' + sum);
```

❶ Filtra a lista para números ímpares (ou seja, retorna `1` para a operação `modulus` (%) `2`).

❷ `map` produz uma nova lista, aplicando uma função a cada membro (ou seja, `[1, 3, 5...]` → `[1, 9, 25...]`).

❸ `reduce` processa a lista mapeada resultante em sequência, fornecendo o atual (neste caso, somado) valor (`total`) e o valor do item (`current`). Por padrão, o valor inicial do primeiro argumento (`total`) é `0`, mas o fornecemos explicitamente aqui como o segundo argumento.

As poderosas compreensões de lista do Python podem emular facilmente o exemplo anterior:

```
nums = range(10)❶

odd_squares = [x * x for x in nums if x%2]❷
sum(odd_squares)❸
Out:
165
```

❶ O Python possui uma prática função `range` embutida, que também pode receber um início, fim e passo (por exemplo, range(2, 8, 2) → (2, 4, 6)).

❷ A condição `if` verifica se x é ímpar, e quaisquer números que passem por esse filtro são elevados ao quadrado e inseridos na lista.

❸ O Python também possui uma instrução de soma embutida e que é frequentemente utilizada.

> As compreensões de lista do Python podem usar estruturas de controle recursivas, como aplicar uma segunda expressão for/if aos itens iterados. Embora isso possa criar linhas de código concisas e poderosas, vai contra a natureza legível do Python e não encorajo seu uso. Mesmo as compreensões de lista simples são menos intuitivas e, por mais que agrade ao hacker de elite que há em todos nós, você corre o risco de criar um código incompreensível.

As compreensões de lista do Python funcionam bem para filtragem e mapeamento básicos. Elas não possuem a conveniência das funções anônimas do JavaScript (que são plenamente desenvolvidas, com seu próprio escopo, blocos de controle, tratamento de exceções etc.), mas há argumentos contra o uso de funções anônimas. Por exemplo, elas não são reutilizáveis e, por não terem nome, tornam o acompanhamento de exceções e o depuramento difíceis. Consulte o Ultimate Courses para alguns argumentos mais convincentes. Dito isso, para bibliotecas como o D3, substituir as pequenas e descartáveis funções anônimas usadas para definir atributos e propriedades do DOM por funções com nomes seria muito trabalhoso e apenas aumentaria o padrão.

O Python possui expressões lambda funcionais, que veremos na próxima seção, mas para processamento funcional completo em Python por necessidade e JavaScript para as melhores práticas, podemos usar funções nomeadas para aumentar nosso escopo de controle. Para nosso exemplo simples de quadrados-ímpares, as funções nomeadas são um artifício

— mas observe que, à primeira vista, elas aumentam a legibilidade da compreensão de lista, o que se torna muito importante à medida que suas funções ficam mais complexas:

```
items = [1, 2, 3, 4, 5]

def is_odd(x):
    return x%2

def sq(x):
    return x * x

sum([sq(x) for x in items if is_odd(x)])
```

Com o JavaScript, um artifício semelhante também pode aumentar a legibilidade e facilitar o código DRY:[21]

```
let isOdd = function(x){ return x%2; };

sum = l.filter(isOdd)
...
```

Map, Reduce, e Filter com Lambdas em Python

Embora o Python não tenha funções anônimas, ele possui *lambdas*, que são expressões sem nome que recebem argumentos. Embora não possuam os recursos das funções anônimas em JavaScript, elas são uma adição poderosa ao repertório de programação funcional do Python, especialmente quando combinadas com seus métodos funcionais.

> Os recursos funcionais embutidos do Python, (métodos `map`, `reduce`, `filter` e expressões lambda) têm um passado conturbado. Não é segredo que o criador do Python queria removê-los da linguagem. O clamor de desaprovação levou a uma relutante preservação deles. Com a recente tendência à programação funcional, isso parece ser algo ótimo. Eles não são perfeitos, mas são melhores do que nada. E, dada a forte ênfase funcional do JavaScript, eles são uma boa maneira de aproveitar as habilidades adquiridas nessa linguagem.

As lambdas do Python recebem vários parâmetros e retornam uma operação com base neles, usando separador de dois pontos para definir o bloco de função, de maneira muito semelhante às funções padrão do Python, apenas simplificadas ao essencial e com um retorno implícito. O exemplo a seguir mostra algumas lambdas utilizadas na programação funcional:

[21] Don't Repeat Yourself (DRY) é uma convenção de codificação sólida.

```
from functools import reduce # if using Python 3+

nums = [0, 1, 2, 3, 4, 5, 6, 7, 8, 9]

odds = filter(lambda x: x % 2, nums)
odds_sq = map(lambda x: x * x, odds)
reduce(lambda x, y: x + y, odds_sq)❶
Out:
165
```

❶ Aqui, o método `reduce` fornece dois argumentos para a lambda, que os utiliza para retornar a expressão após os dois pontos.

Closures em JavaScript e o Padrão Module

Um dos conceitos-chave em JavaScript é o de fechamento (*closure*), que é essencialmente uma declaração de função aninhada que utiliza variáveis declaradas em um escopo externo (mas não global) que são *mantidas* vivas após a função ser retornada. Os closures permitem uma série de padrões de programação muito úteis e são uma característica comum da linguagem.

Vamos dar uma olhada na aplicação que possivelmente é a mais comum dos closures, que já vimos explorada em nosso padrão de módulo (Exemplo 2-2): expondo uma API limitada ao mesmo tempo em que se tem acesso a variáveis de membro essencialmente privadas.

Um exemplo simples de fechamento é este pequeno contador:

```
function Counter(inc) {
  let count = 0;
  let add = function() {❶
    count += inc;
    console.log('Current count: ' + count);
  }
  return add;
}

let inc2 = Counter(2);❷
inc2();❸
Out:
Current count: 2
inc2();
Out:
Current count: 4
```

❶ A função `add` tem acesso às variáveis essencialmente privadas do escopo externo, `count` e `inc`.

❷ Isso retorna uma função `add` com as variáveis de fechamento, `count` (`0`) e `inc` (`2`).

❸ Chamando `inc2`, a função `add` é chamada, atualizando a variável `count` *fechada*.

Podemos estender o `Counter` para adicionar uma pequena API. Essa técnica é a base dos módulos JavaScript e muitas bibliotecas simples, especialmente quando se usa JavaScript baseado em scripts.[22] Em essência, ela expõe seletivamente métodos públicos, enquanto oculta métodos e variáveis privadas, o que é geralmente considerado uma boa prática no mundo da programação:

```
function Counter(inc) {
  let count = 0
  let api = {}
  api.add = function() {
    count += inc
    console.log('Current count: ' + count);
  }
  api.sub = function() {
    count -= inc
    console.log('Current count: ' + count)
  }
  api.reset = function() {
    count = 0;
    console.log('Count reset to 0')
  }

  return api
}

cntr = Counter(3);
cntr.add() // Current count: 3
cntr.add() // Current count: 6
cntr.sub() // Current count: 3
cntr.reset() // Count reset to 0
```

Closures têm todos os tipos de usos em JavaScript e eu recomendaria que você se familiarizasse com eles — você os verá muito quando começar a investigar o código de outras pessoas. Estes são três artigos da web particularmente bons que fornecem muitos casos de uso para closures:

- Introdução da Mozilla
- "JavaScript Module Pattern: In-Depth" por Ben Cherry
- "Use Cases for JavaScript Closures" por Juriy Zaytsev

O Python também possui closures, mas eles não são usados tanto quanto os do JavaScript, talvez por causa de algumas peculiaridades que, embora superáveis, resultam em um código um pouco estranho. Para demonstrar, o Exemplo 2-7 tenta replicar o contador anterior em JavaScript.

22 O JavaScript moderno tem módulos próprios que podem importar e exportar variáveis encapsuladas. Há uma sobrecarga ao usá-las, pois elas atualmente necessitam uma base de construção para ficarem prontas para o navegador.

Exemplo 2-7. Uma primeira tentativa de fechamento de contador em Python

```
def get_counter(inc):
    count = 0
    def add():
        count += inc
        print('Current count: ' + str(count))
    return add
```

Se você criar um contador com `get_counter` (Exemplo 2-7) e tentar executá-lo, obterá um `UnboundLocalError`:

```
cntr = get_counter(2)
cntr()
Out:
...
UnboundLocalError: local variable 'count' referenced before
assignment
```

Curiosamente, embora possamos ler o valor de `count` dentro da função `add` (comente a linha `count += inc` para experimentá-la) tentativas de alterá-lo causam um erro. Isso ocorre porque tentativas de atribuir um valor a algo em Python presumem que o escopo dele é local. Não há uma variável `count` local para a função `add`, e por isso ocorre um erro.

No Python 3, podemos contornar o erro do Exemplo 2-7 usando a palavra-chave `nonlocal` para informar ao Python que `count` está em um escopo não local:

```
...
def add():
    nonlocal count
    count += inc
...
```

Se você for obrigado a usar o Python 2+ (por favor, tente atualizar), podemos usar um pequeno truque com dicionário para permitir a mutação de nossas variáveis fechadas:

```
def get_counter(inc):
    vars = {'count': 0}
    def add():
        vars['count'] += inc
        print('Current count: ' + str(vars['count']))
    return add
```

Esse truque funciona porque não estamos atribuindo um novo valor a `vars`, mas sim mutando um contêiner existente, o que é perfeitamente válido mesmo que esteja fora do escopo local.

Como você pode ver, com um pouco de esforço, os desenvolvedores JavaScript podem transferir suas habilidades de fechamento para o Python. Os casos de uso são semelhantes, mas o Python, sendo uma linguagem mais rica com muitos componentes úteis incluídos, possuem mais opções para se aplicar ao mesmo problema. Provavelmente, o uso mais comum de closures está nos decoradores do Python.

Os *decoradores* são basicamente envoltórios de funções que estendem a utilidade da função sem precisar alterar a função em si. Eles são um conceito relativamente avançado, mas você pode encontrar uma introdução amigável no site The Code Ship [conteúdo em inglês].

Isso conclui minha seleção de padrões e truques que eu mesmo uso muito no trabalho de dataviz. Sem dúvida, você irá adquirir os seus próprios, mas espero que estes lhe deem uma vantagem.

Guia de Consulta Rápida

Como guia de referência útil, as Figuras 2-2 a 2-7 incluem um conjunto de guias de consulta para traduzir operações básicas entre Python e JavaScript.

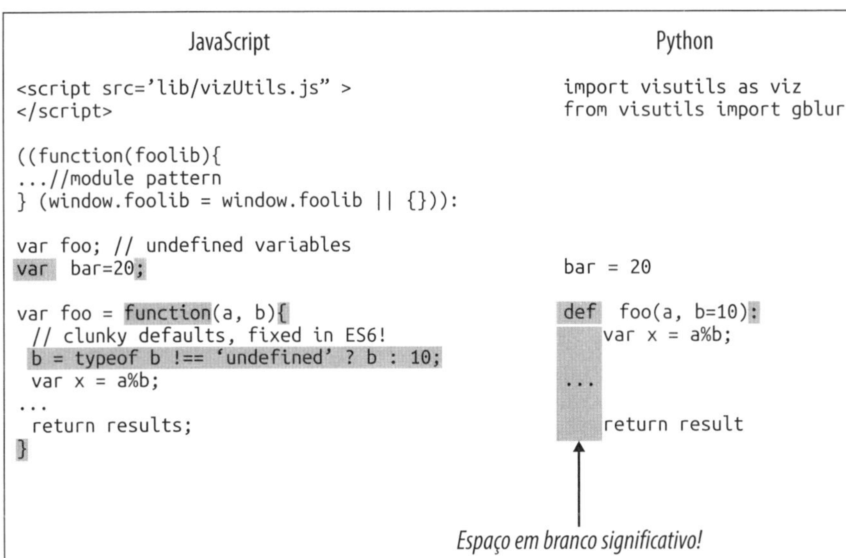

Figura 2-2. Um pouco de sintaxe básica

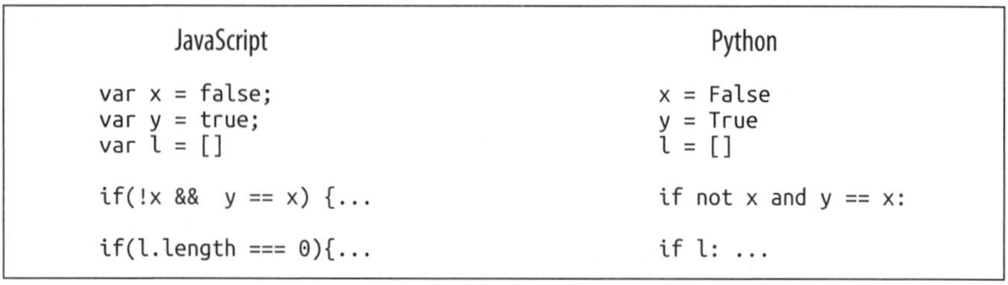

Figura 2-3. Valores booleanos

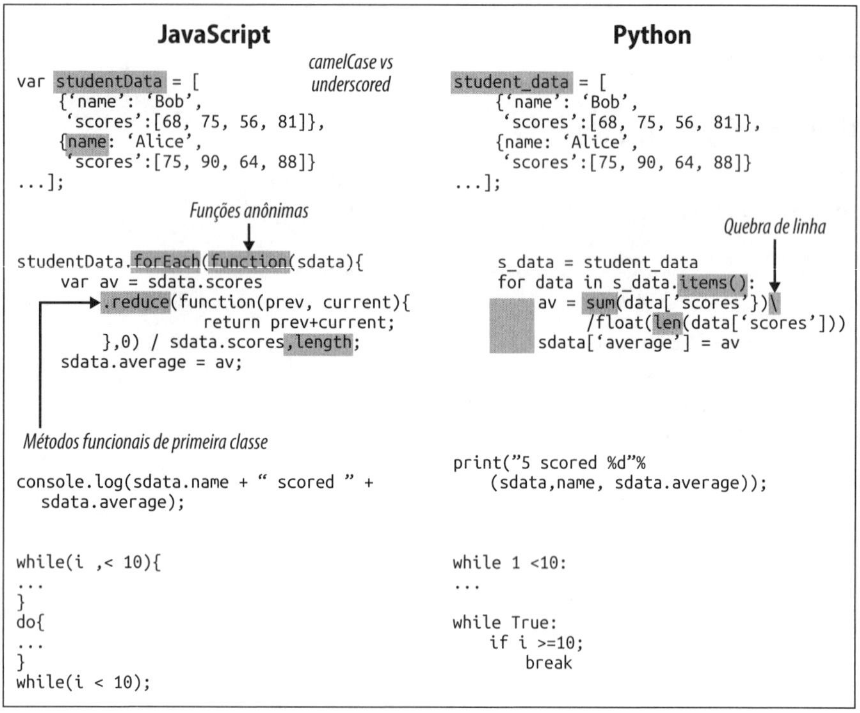

Figura 2-4. Loops e iterações

JavaScript

```
if(x === 'foo'){
    ...}
else if(x === 'bar'){
    ...}
else{
    ...}

if(x === foo && y !== bar){...

if(['foo', 'bar', 'baz']
    .indexOf(s) != -1){...

switch(foo){
  case bar:
    ...
    break;
  case baz: ...
  default:
    return false;
}
```

Python

```
if x === 'foo':
    ...
elif x === 'bar':
    ...
else:
    ...

if x === foo and y !== bar:
    ...
if s in ['foo', 'bar', 'baz']:
    ...
```

Figura 2-5. Condicionais

JavaScript

```
va1 l = [1, 2, 3, 4]:
l.push('foo'): // [...4, 'foo']
l.pop(); // 'foo', l=[..., 4]
l.slice(1,3) // [2,3]
l.slice(-3, -1) // [2, 3]

l.map(function(o)[ return o*o;})
// [1, 4, 9, 16]

d = {1:1, b:2, c:3};
d.a === d[1'] // 1
d.z // undefined

// NAVEGADORES ANTIGOS
for(key in d){
  if(d.hasOwnProperty(key){
    var item = d[key]:

// NOVO E MELHORADO
Object.keys(d).forEach(key, i){
  var item - d[key];
```

Python

```
l = [1, 2, 3, 4]
l.append('foo') # [...4, 'foo']
l.pop() # 'foo', l=[..., 4]
l[1,3] # [2,3]
l[-3, -1] # [2, 3]
1[0:4:2] # [1, 3] (stride of 2)

[o*o for o in l]
// [1, 4, 9, 16]

d = {'a':1, 'b':2, 'c':3};
d['a'] # 1
d.get['z'] # NoneType
d['z'] # KeyError!

for key, value in d.items(): ...
for key in d:
for value in d.values(): ...
```

Figura 2-6. Contêineres

JavaScript

```
var Foo = {
  initFoo: function(bar){
    this.bar = bar;
    return this:
  }
};

var Baz = Object.create(Foo);

Baz.initBaz = function(bar, qux){
  this.initFoo(bar);
  this.qux - qux;
  return this;
};

var baz = Object.create(Baz)
          .initBaz('answer'. 42);
```

Python

```
class Foo(object):
    def __init__(self, bar):
        self.bar = bar

class Baz(Foo):
    def __init__(self, bar, qux):
        self.qux = qux

baz = Baz('answer', 42)
baz.bar # 'answer'
```

Figura 2-7. Classes e protótipos

Resumo

Espero que este capítulo tenha mostrado que o JavaScript e o Python têm muita sintaxe em comum e que a maioria das expressões e padrões em comum podem ser expressadas um no outro sem muito problema. O arroz com feijão da programação — iteração, condicionais, e manipulação de dados básicos — é simples nas duas linguagens, e a tradução de funções é direta. Se você souber programar em uma delas em qualquer nível de competência, o limite de entrada para a outra é baixo. Esse é o grande apelo dessas linguagens de script simples, que têm muita herança comum.

Eu forneci uma lista de padrões, truques e expressões que eu uso com frequência no trabalho dataviz. Tenho a certeza de que esta lista tem as suas idiossincrasias, mas tentei deixar assinaladas aquelas mais óbvias.

Trate isto como parte de tutorial, parte referência para os capítulos por vir. Tudo o que não for abordado aqui será tratado quando for apresentado.

CAPÍTULO 3
Lendo e Escrevendo Dados com Python

Uma das habilidades fundamentais de qualquer visualizador de dados é a capacidade de movimentar dados. Quer seus dados estejam em um banco de dados SQL, em um arquivo de valores separados por vírgula (CSV) ou em alguma forma mais esotérica, você deve se sentir confortável lendo os dados, convertendo-os e escrevendo-os em um formato mais conveniente, se necessário. Uma das grandes vantagens do Python é a facilidade com que ele permite manipular dados dessa maneira. O foco desde capítulo é atualizá-lo com esse aspecto essencial de nossa ferramenta de dataviz.

Este capítulo é parte tutorial, parte referência, e algumas seções serão referenciadas em capítulos posteriores. Se você conhece os fundamentos da leitura e escrita de dados em Python, pode selecionar partes do capítulo para revisão.

Vamos com Calma

Lembro-me de quando comecei a programar (usando linguagens de baixo nível como C), como a manipulação de dados era desajeitada. Ler e escrever arquivos era uma irritante mistura de códigos repetitivos, improvisações caseiras e coisas do tipo. Ler bancos de dados era igualmente difícil, e quanto à serialização de dados, as lembranças ainda são dolorosas. Descobrir o Python foi um sopro de ar fresco. Não era um foguete em termos de velocidade, mas abrir um arquivo era tão simples quando poderia ser:

```
file = open('data.txt')
```

Naquela época, o Python tornava a leitura e escrita de arquivos surpreendentemente fáceis, e seu sofisticado processamento de strings tornava a análise dos dados nesses arquivos igualmente fáceis. Ele até tinha um módulo incrível chamado Pickle que podia serializar praticamente qualquer objeto Python.

Nos anos seguintes, o Python adicionou módulos robustos e maduros à sua biblioteca padrão que tornam a manipulação de arquivos CSV e JSON, o padrão para trabalho de dataviz, na web simples assim. Existem também algumas bibliotecas excelentes para interagir com bancos de dados SQL, como SQLAlchemy, que recomendo enfaticamente. Os bancos de dados NoSQL mais recentes também são bem atendidos. O MongoDB é o mais popular desses bancos de dados baseados em documentos mais recentes, e a biblioteca

PyMongo do Python, que é demonstrada mais adiante neste capítulo, torna a interação com ele relativamente simples.

Passando Dados

Uma boa maneira de demonstrar como usar as principais bibliotecas de armazenamento de dados é passar um único pacote de dados entre elas, lendo e escrevendo conforme avançamos. Isso nos dará a oportunidade de ver em ação os formatos de dados e bancos de dados principais utilizados pelos visualizadores de dados.

Os dados que passaremos provavelmente são os mais comumente usados em visualizações da web, uma lista de objetos semelhantes a dicionários (veja o Exemplo 3-1). Esse conjunto de dados é transferido para o navegador no formato JSON que, como veremos, pode ser facilmente convertido a partir de um dicionário Python.

Exemplo 3-1. Nossa lista-alvo de objetos de dados

```
nobel_winners = [
 {'category': 'Physics',
  'name': 'Albert Einstein',
  'nationality': 'Swiss',
  'gender': 'male',
  'year': 1921},
 {'category': 'Physics',
  'name': 'Paul Dirac',
  'nationality': 'British',
  'gender': 'male',
  'year': 1933},
 {'category': 'Chemistry',
  'name': 'Marie Curie',
  'nationality': 'Polish',
  'gender': 'female',
  'year': 1911}
]
```

Começaremos criando um arquivo CSV a partir da lista Python mostrada no Exemplo 3-1 como uma demonstração de leitura (abertura) e gravação de arquivos de sistema.

As seções a seguir pressupõem que você está em um diretório de trabalho (raiz) com um subdiretório de dados à disposição. Você pode executar o código a partir de um interpretador Python ou de um arquivo.

Trabalhando com Arquivos de Sistema

Nesta seção, criaremos um arquivo CSV a partir de uma lista Python de dicionários (Exemplo 3-1). Normalmente, você faria isso usando o módulo `csv`, que demonstraremos após esta seção, então esta é apenas uma maneira de demonstrar a manipulação básica de arquivos em Python.

Primeiro, vamos abrir um novo arquivo, usando w como um segundo argumento para indicar que estaremos escrevendo dados nele.

```
f = open('data/nobel_winners.csv', 'w')
```

Agora, criaremos nosso arquivo CSV a partir do dicionário nobel_winners (Exemplo 3-1):

```
cols = nobel_winners[0].keys()❶
cols = sorted(cols)❷

with open('data/nobel_winners.csv', 'w') as f:❸
    f.write(','.join(cols) + '\n')❹

    for o in nobel_winners:
        row = [str(o[col]) for col in cols]❺
        f.write(','.join(row) + '\n')
```

❶ Obtém as colunas de dados a partir das chaves do primeiro objeto (ou seja, [categoria', 'nome'...]).

❷ Classifica as colunas em ordem alfabética.

❸ Usa a instrução with do Python para garantir que o arquivo seja fechado ao sair do bloco ou se ocorrerem exceções.

❹ join cria uma string concatenada a partir de uma lista de strings (cols aqui), unidas pela string inicial (ou seja, "categoria, nome,...").

❺ Cria uma lista usando as chaves das colunas para os objetos em nobel_winners.

Agora que criamos nosso arquivo CSV, vamos usar o Python para lê-lo e verificar se está tudo correto:

```
with open('data/nobel_winners.csv') as f:
    for line in f.readlines():
        print(line)

Out:
category,name,nationality,gender,year
Physics,Albert Einstein,Swiss,male,1921
Physics,Paul Dirac,British,male,1933
Chemistry,Marie Curie,Polish,female,1911
```

Como a saída anterior mostra, nosso arquivo CSV está bem formatado. Vamos usar o módulo csv embutido do Python para primeiro lê-lo e, em seguida, criar um arquivo CSV da maneira correta.

Formatos de Dados CSV, TSV e Linha-Coluna

Valores separados por vírgula (CSV) ou seus primos separados por tabulação (TSV) são provavelmente os formatos de dados baseados em arquivos mais ubíquos e, como visualizador de dados, essas serão frequentemente as formas que você receberá para fazer sua mágica. Ser capaz de ler e escrever arquivos CSV e suas diversas variantes peculiares, como os separados por pipe- ou ponto e vírgula, ou aqueles que usam ` no lugar das aspas duplas padrão, é uma habilidade fundamental; o módulo `csv` do Python é capaz de fazer praticamente todo o trabalho pesado aqui. Vamos colocá-lo em prática lendo e escrevendo nossos dados `nobel_winners`:

```
nobel_winners = [
 {'category': 'Physics',
  'name': 'Albert Einstein',
  'nationality': 'Swiss',
  'gender': 'male',
  'year': 1921},
  ...
]
```

Escrever nossos dados `nobel_winners` (veja o Exemplo 3-1) em um arquivo CSV é algo bem simples. O `csv` possui uma classe dedicada chamada `DictWriter` que transformará nossos dicionários em linhas CSV. A única tarefa de manutenção explícita que precisamos fazer é escrever um cabeçalho em nosso arquivo CSV, usando as chaves de nossos dicionários como campos (ou seja, "categoria, nome, nacionalidade, gênero"):

```
import csv

with open('data/nobel_winners.csv', 'w') as f:
    fieldnames = nobel_winners[0].keys()❶
    fieldnames = sorted(fieldnames)❷
    writer = csv.DictWriter(f, fieldnames=fieldnames)
    writer.writeheader()❸
    for w in nobel_winners:
        writer.writerow(w)
```

❶ Você precisa informar explicitamente ao escritor quais são os nomes dos campos a serem usados (neste caso, as chaves 'categoria', 'nome' etc.).

❷ Ordenaremos os campos do cabeçalho CSV ("categoria, nome,...").

❸ Escreve o cabeçalho do arquivo CSV ("categoria, nome,...").

Provavelmente, você estará lendo arquivos CSV com mais frequência do que os escrevendo.[1] Vamos ler o arquivo *nobel_winners.csv* que acabamos de escrever.

[1] Recomendo usar o JSON em vez do CSV como o seu formato de dados favorito.

Se você deseja usar o csv apenas como um leitor de linhas de arquivo superior e altamente adaptável, algumas linhas de código produzirão um iterador prático, que pode fornecer as linhas CSV como listas de strings:

```
with open('data/nobel_winners.csv') as f:
    reader = csv.reader(f)
    for row in reader:❶
        print(row)

Out:
['category', 'name', 'nationality', 'gender', 'year']
['Physics', 'Albert Einstein', 'Swiss', 'male', '1921']
['Physics', 'Paul Dirac', 'British', 'male', '1933']
['Chemistry', 'Marie Curie', 'Polish', 'female', '1911']
```

❶ Itera sobre o objeto `reader`, consumindo as linhas do arquivo.

Observe que os números são lidos em forma de strings. Se deseja manipulá-los numericamente, precisará converter quaisquer colunas numéricas para o respectivo tipo, que são anos inteiros neste caso.

Uma maneira mais conveniente de consumir dados CSV é converter as linhas em dicionários Python. Esta forma de registro também é a que estamos usando como nosso objetivo de conversão (uma lista de dicionários). O `csv` possui um prático `DictReader` exatamente para esse propósito:

```
import csv

with open('data/nobel_winners.csv') as f:
    reader = csv.DictReader(f)
    nobel_winners = list(reader)❶

nobel_winners

Out:
[OrderedDict([('category', 'Physics'),
              ('name', 'Albert Einstein'),
              ('nationality', 'Swiss'),
              ('gender', 'male'),
              ('year', '1921')]),
 OrderedDict([('category', 'Physics'),
              ('name', 'Paul Dirac'),
              ('nationality', 'British'),
              ... ])]
```

❶ Insere todos os itens do leitor em uma lista.

Como a saída mostra, só precisamos converter os atributos de ano dos dicionários em inteiros para que `nobel_winners` esteja em conformidade com os dados de destino do capítulo (Exemplo 3-1), assim:

```
for w in nobel_winners:
    w['year'] = int(w['year'])
```

Para obter mais flexibilidade, podemos facilmente criar um objeto de data e hora em Python a partir da coluna de ano:

```
from datetime import datetime

dt = datetime.strptime('1947', '%Y')
dt
# datetime.datetime(1947, 1, 1, 0, 0)
```

Os leitores de `csv` inferem os tipos de dados do seu arquivo e, em vez disso, interpretam tudo como uma string. O pandas, a principal biblioteca de manipulação de dados do Python, tentará adivinhar o tipo correto das colunas de dados, geralmente com sucesso. Veremos isso em ação nos próximos capítulos dedicados ao pandas.

O `csv` possui alguns argumentos úteis para ajudar a analisar membros da família CSV:

`dialect`
: Por padrão, '`excel`'; especifica um conjunto de parâmetros específicos do dialeto. O `excel-tab` é uma alternativa utilizada às vezes.

`delimiter`
: Os arquivos geralmente são separados por vírgula, mas também podem usar |, : ou `' '`.

`quotechar`
: Por padrão, são usadas aspas duplas, mas ocasionalmente você pode encontrar | ou `.

Você pode encontrar o conjunto completo de parâmetros do `csv` na documentação online do Python.

Agora que escrevemos e lemos com sucesso os nossos dados de destino utilizando o modo `csv`, vamos passar nosso dicionário `nobel_winners` derivado do CSV para o módulo `json`.

JSON

Nesta seção, escreveremos e leremos nossos dados `nobel_winners` usando o módulo `json` do Python. Vamos nos lembrar dos dados que estamos usando:

```
nobel_winners = [
 {'category': 'Physics',
  'name': 'Albert Einstein',
  'nationality': 'Swiss',
  'gender': 'male',
  'year': 1921},
  ...
]
```

Para tipos de dados primitivos como strings, inteiros e floats, os dicionários Python são facilmente salvos (ou *dumped*, no vernáculo JSON) em arquivos JSON, usando o módulo `json`. O método `dump` recebe um contêiner Python e um ponteiro de arquivo, salvando o primeiro no último:

```
import json

with open('data/nobel_winners.json', 'w') as f:
    json.dump(nobel_winners, f)

open('data/nobel_winners.json').read()

Out: '[{"category": "Physics", "name": "Albert Einstein",
"gender": "male", "year": 1921,
"nationality": "Swiss"}, {"category": "Physics",
"nationality": "British", "year": 1933, "name": "Paul Dirac",
"gender": "male"}, {"category": "Chemistry", "nationality":
"Polish", "year": 1911, "name": "Marie Curie", "gender":
"female"}]'
```

Ler (ou carregar) um arquivo JSON é simples assim. Basta passar o arquivo JSON aberto para o método `load` do módulo `json`:

```
import json

with open('data/nobel_winners.json') as f:
   nobel_winners = json.load(f)

nobel_winners
Out:
[{'category': 'Physics',
  'name': 'Albert Einstein',
  'nationality': 'Swiss',
  'gender': 'male',
  'year': 1921},❶
... }]
```

❶ Observe que, ao contrário da conversão no nosso arquivo CSV, o tipo inteiro da coluna de ano é preservado.

O `json` tem os métodos `loads` e `dumps`, que são equivalentes aos métodos de acesso a arquivos, carregando strings JSON em contêiners em Python e despejando contêiners Python em strings JSON.

Lidando com Datas e Horários

Ao tentar realizar dump de um objeto `datetime` em `json`, ocorre um `TypeError`:

```
from datetime import datetime

json.dumps(datetime.now())
Out:
...
TypeError: datetime.datetime(2021, 9, 13, 10, 25, 52, 586792)
is not JSON serializable
```

Ao serializar tipos de dados simples, como strings ou números, os codificadores e decodificadores `json` padrões funcionam bem. Mas para dados mais especializados, como datas, você precisará fazer sua própria codificação e decodificação. Isso não é tão difícil quanto parece e rapidamente se torna algo rotineiro. Vamos primeiro analisar a codificação de seus objetos Python contendo datas em strings JSON adequadas.

A maneira mais fácil de codificar dados Python contendo datas é criar um codificador personalizado, como mostrado no exemplo 3-2, que é fornecido ao método `json.dumps` como um argumento `cls`. Esse codificador é aplicado a cada objeto em seus dados, convertendo datas ou datetimes em suas strings de formato ISO (consulte "Lidando com Datas, Horários e Dados Complexos" na página 76).

Exemplo 3-2. Codificando um objeto datetime Python em JSON

```
import datetime
import json


class JSONDateTimeEncoder(json.JSONEncoder):❶
    def default(self, obj):
        if isinstance(obj, (datetime.date, datetime.datetime)):❷
            return obj.isoformat()
        else:
            return json.JSONEncoder.default(self, obj)

def dumps(obj):
    return json.dumps(obj, cls=JSONDateTimeEncoder)❸
```

❶ Subclassifica um `JSONEncoder` para criar um manipulador de datas personalizado.

❷ Verifica se o objeto é do tipo `datetime` e, se verdadeiro, retorna o `isoformat` de qualquer data ou datetime (por exemplo, 2021-11-16T16:41:14.650802).

❸ Usa o argumento `cls` para definir um codificador de datas personalizado.

Vamos ver como nosso novo método `dumps` lida com alguns dados de `datetime`:

```
now_str = dumps({'time': datetime.datetime.now()})
now_str
Out:
'{"time": "2021-11-16T16:41:14.650802"}'
```

O campo `time` é convertido corretamente em uma string de formato ISO, pronta para ser decodificada em um objeto `Date` JavaScript (consulte "Lidando com Datas, Horários e Dados Complexos" na página 76 para uma demonstração).

Embora seja possível escrever um decodificador genérico para lidar com strings de data em arquivos JSON[2] arbitrários, isso provavelmente não é aconselhável. As strings de data vêm em tantas variedades estranhas e maravilhosas que essa é uma tarefa melhor feita manualmente em um conjunto de dados conhecido.

O venerável método `strptime`, parte do pacote `datetime.datetime`, é bom para transformar uma string de tempo em um formato conhecido em uma instância de `datetime` Python:

```
In [0]: from datetime import datetime

In [1]: time_str = '2021/01/01 12:32:11'

In [2]: dt = datetime.strptime(time_str, '%Y/%m/%d %H:%M:%S') ❶

In [3]: dt
Out[2]: datetime.datetime(2021, 1, 1, 12, 32, 11)
```

❶ O `strptime` tenta combinar a string de tempo a uma string de formato usando várias diretivas, como `%Y` (ano com século) e `%H` (hora como número decimal preenchido com zero). Se for bem-sucedido, cria uma instância de `datetime` Python. Consulte a documentação do Python para obter uma lista completa das diretivas disponíveis.

Se o `strptime` receber uma string de tempo que não corresponda ao seu formato, ele gera um útil `ValueError`:

```
dt = datetime.strptime('1/2/2021 12:32:11', '%Y/%m/%d %H:%M:%S')
-----------------------------------------------------------
ValueError                    Traceback (most recent call last)
<ipython-input-111-af657749a9fe> in <module>()
----> 1 dt = datetime.strptime('1/2/2021 12:32:11',\
    '%Y/%m/%d %H:%M:%S')
...
ValueError: time data '1/2/2021 12:32:11' does not match
            format '%Y/%m/%d %H:%M:%S'
```

2 O módulo `dateutil` do Python tem um analisador que analisará a maioria das datas e horas de forma sensata e pode ser uma boa base para isso.

Portanto, para converter campos de data de um formato conhecido em `datetimes` para uma lista de dicionários de dados, você pode fazer algo assim:

```
data = [
    {'id': 0, 'date': '2020/02/23 12:59:05'},
    {'id': 1, 'date': '2021/11/02 02:32:00'},
    {'id': 2, 'date': '2021/23/12 09:22:30'},
]

for d in data:
      try:
          d['date'] = datetime.strptime(d['date'],\
            '%Y/%m/%d %H:%M:%S')
      except ValueError:
          print('Oops! - invalid date for ' + repr(d))
# Out:
# Oops! - invalid date for {'id': 2, 'date': '2021/23/12 09:22:30'}
```

Agora que lidamos com os dois formatos de arquivo de dados mais populares, vamos passar para a artilharia pesada e ver como ler e gravar nossos dados em bancos de dados SQL e NoSQL.

SQL

Para interagir com um banco de dados SQL, o SQLAlchemy é a biblioteca Python mais popular e, na minha opinião, a melhor. Ele permite que você use instruções SQL brutas se velocidade e eficiência forem um problema, mas também fornece um poderoso mapeamento objeto-relacional (ORM) que permite que você opere em tabelas SQL usando uma API Python de alto nível, tratando-as essencialmente como classes Python.

Ler e escrever dados usando o SQL, permitindo que o usuário trate esses dados como contêiner Python, é um processo complicado, e embora o SQLAlchemy seja consideravelmente mais amigável ao usuário do que um mecanismo SQL de baixo nível, ele ainda é uma biblioteca bastante complexa. Vou abordar o básico aqui, usando nossos dados como alvo, mas recomendo que você reserve um pouco de tempo para ler parte da excelente documentação do SQLAlchemy. Vamos nos lembrar do conjunto de dados `nobel_winners` que pretendemos escrever e ler:

```
nobel_winne\rs = [
 {'category': 'Physics',
  'name': 'A\nstein',
'nationality': 'Swiss',
  'gender': 'male',
  'year': 1921},
  ...
]
```

Vamos primeiro gravar nossos dados-alvo em um arquivo SQLite usando o SQLAchemy, começando com a criação do mecanismo do banco de dados.

Criando o Mecanismo de Banco de Dados

A primeira coisa que você precisa fazer ao iniciar uma sessão do SQLAlchemy é criar um mecanismo de banco de dados. Esse mecanismo estabelecerá uma conexão com o banco de dados em questão e executará quaisquer conversões necessárias nas instruções SQL genéricas geradas pelo SQLAchemy e nos dados que estão sendo retornados.

Existem mecanismos para praticamente todos os bancos de dados populares, além de uma opção de memória, que armazena o banco de dados na RAM, permitindo acesso rápido para testes.[3] A grande vantagem desses mecanismos é que eles são intercambiáveis, o que significa que você pode desenvolver seu código usando o conveniente banco de dados SQLite baseado em arquivo e depois alternar durante a produção para algo um pouco mais industrial, como o PostgreSQL, apenas alterando uma única string de configuração. Consulte o SQLAlchemy para obter a lista completa de mecanismos disponíveis.

A forma de especificar a URL do banco de dados é:

```
dialect+driver://username:password@host:port/database
```

Portanto, para se conectar a um banco de dados MySQL `'nobel_winners'` em execução no localhost, é necessário algo como o seguinte. Observe que `create_engine` não faz requisições SQL neste momento, apenas configura o framework para fazê-las:[4]

```
engine = create_engine(
            'mysql://kyran:mypsswd@localhost/nobel_winners')
```

Usaremos um banco de dados SQLite baseado em arquivo, definindo o argumento `echo` como True, o que exibirá quaisquer instruções SQL geradas pelo SQLAlchemy. Observe o uso de três barras invertidas após os dois pontos:

```
from sqlalchemy import create_engine

engine = create_engine(
            'sqlite:///data/nobel_winners.db', echo=True)
```

O SQLAlchemy oferece várias maneiras de interagir com bancos de dados, mas recomendo usar o estilo declarativo mais recente, a menos que haja bons motivos para optar por algo mais de baixo nível e granular. Em essência, com o mapeamento declarativo, criamos subclasses das classes de tabela SQL do Python a partir de uma base, e o SQLAlchemy analisa sua estrutura e relacionamentos. Consulte o SQLAlchemy para obter mais detalhes.

---

3 Como advertência, provavelmente é uma má ideia usar configurações de banco de dados diferentes para testes e produção.

4 Veja detalhes sobre essa *inicialização* preguiçosa no SQLAlchemy.

Definindo as Tabelas do Banco de Dados

Primeiro, criamos uma classe `Base` usando `declarative_base`. Essa base será usada para criar classes de tabela, a partir das quais o SQLAlchemy criará os esquemas das tabelas do banco de dados. Você pode usar essas classes de tabela para interagir com o banco de dados de uma maneira bastante Pythonica:

```
from sqlalchemy.ext.declarative import declarative_base

Base = declarative_base()
```

Observe que a maioria das bibliotecas SQL exige que você defina formalmente os esquemas das tabelas. Isso é diferente de variantes NoSQL sem esquema, como o MongoDB. Vamos dar uma olhada na biblioteca Dataset mais adiante neste capítulo, que permite o uso de SQL sem esquema.

Usando essa Base, definimos nossas várias tabelas — no nosso caso, uma única tabela `Winner`. O Exemplo 3-3 mostra como criar uma tabela de esquema usando subclasses de `Base` e os tipos de dados do SQLAlchemy. Observe o membro `_tablename_`, que será usado para nomear a tabela SQL e como palavra-chave para recuperá-la, e o método `_repr_` personalizado opcional, que será usado ao imprimir uma linha da tabela.

Exemplo 3-3. Definindo uma tabela de banco de dados SQL

```
from sqlalchemy import Column, Integer, String, Enum
// ...

class Winner(Base):
    __tablename__ = 'winners'
    id = Column(Integer, primary_key=True)
    category = Column(String)
    name = Column(String)
    nationality = Column(String)
    year = Column(Integer)
    gender = Column(Enum('male', 'female'))
    def __repr__(self):
        return "<Winner(name='%s', category='%s', year='%s')>"\
%(self.name, self.category, self.year)
```

Depois de declarar nossa subclasse `Base` no Exemplo 3-3, fornecemos seu método `create_all` com o mecanismo de banco de dados para criar nosso banco de dados.[5] Como definimos o argumento `echo` como `True` ao criar o motor, podemos ver as instruções SQL geradas pelo SQLAlchemy a partir da linha de comando:

[5] Isso presume que o banco de dados não exista. Se existe, a `Base` será usada para criar novas inserções e interpretar recuperações.

```
Base.metadata.create_all(engine)

2021-11-16 17:58:34,700 INFO sqlalchemy.engine.Engine BEGIN (implicit)
...
CREATE TABLE winners (
        id INTEGER NOT NULL,
        category VARCHAR,
        name VARCHAR,
        nationality VARCHAR,
        year INTEGER,
        gender VARCHAR(6),
        PRIMARY KEY (id)
)...
2021-11-16 17:58:34,742 INFO sqlalchemy.engine.Engine COMMIT
```

Com nossa nova tabela `winners` declarada, podemos começar a adicionar instâncias de ganhadores a ela.

Adicionando Instâncias com uma Sessão

Agora que criamos nosso banco de dados, precisamos de uma sessão para interagir com ele:

```
from sqlalchemy.orm import sessionmaker

Session = sessionmaker(bind=engine)
session = Session()
```

Podemos agora usar nossa classe `Winner` para criar instâncias e linhas de tabela e adicioná-las à sessão:

```
albert = Winner(**nobel_winners[0]) ❶
session.add(albert)
session.new ❷
Out:
IdentitySet([<Winner(name='Albert Einstein', category='Physics',
             year='1921')>])
```

❶ O prático operador `**` do Python desempacota nosso primeiro membro `nobel_winners` em pares chave valor: (`name='Albert Einstein', category='Physics'...`).

❷ `new` é o conjunto de quaisquer itens que foram adicionados a esta sessão.

Observe que todas as inserções e exclusões no banco de dados ocorrem no Python. Somente quando usamos o método `commit` é que o banco de dados é alterado.

> Use o menor número possível de commits, permitindo que o SQLAlchemy trabalhe nos bastidores. Quando você faz um commit, suas várias manipulações de banco de dados devem ser resumidas pelo SQLAlchemy e comunicadas de maneira eficiente. Commits envolvem o estabelecimento

de um handshake de banco de dados e a negociação de transações, o que geralmente é um processo lento e que você deseja limitar o máximo possível, aproveitando as capacidades de controle do SQLAlchemy ao máximo.

Como o método `new` mostra, adicionamos um `Winner` à sessão. Podemos remover o objeto usando expunge, deixando um `IdentitSet` vazio:

```
session.expunge(albert)❶
session.new
Out:
IdentitySet([])
```

❶ Remove a instância da sessão (há também um método `expunge_all` que remove todos os novos objetos adicionados à sessão).

Neste ponto, nenhuma inserção ou exclusão no banco de dados ocorreu. Vamos adicionar todos os membros da nossa lista `nobel_winners` à sessão e fazer o commit deles no banco de dados:

```
winner_rows = [Winner(**w) for w in nobel_winners]
session.add_all(winner_rows)
session.commit()
Out:
INFO:sqlalchemy.engine.base.Engine:BEGIN (implicit)
...
INFO:sqlalchemy.engine.base.Engine:INSERT INTO winners (name,
category, year, nationality, gender) VALUES (?, ?, ?, ?, ?)
INFO:sqlalchemy.engine.base.Engine:('Albert Einstein',
'Physics', 1921, 'Swiss', 'male')
...
INFO:sqlalchemy.engine.base.Engine:COMMIT
```

Agora que fizemos o commit de nossos dados `nobel_winners` no banco de dados, vamos ver o que podemos fazer com eles e como recriar a lista de destino no Exemplo 3-1.

Consultando o Banco de Dados

Para acessar os dados, você usa o método de consulta da sessão `query`, cujo resultado pode ser filtrado, agrupado e interseccionado, permitindo a gama completa de recuperação de dados padrão do SQL. Você pode verificar os métodos de consulta disponíveis na documentação do SQLAlchemy. Por enquanto, vou percorrer rapidamente algumas das consultas mais comuns em nosso conjunto de dados Nobel.

Vamos primeiro contar o número de linhas em nossa tabela winners:

```
session.query(Winner).count()
Out:
3
```

Em seguida, vamos recuperar todos os ganhadores suíços:

```
result = session.query(Winner).filter_by(nationality='Swiss')❶
list(result)
Out:
[<Winner(name='Albert Einstein', category='Physics',\
  year='1921')>]
```

❶ filter_by usa expressões de palavras-chave; seu equivalente em expressões SQL é filter — por exemplo, filter(Winner.nationality == Swiss). Observe a equivalência booleana == usada no filtro.

Agora, vamos pegar todos os ganhadores em física não suíços:

```
result = session.query(Winner).filter(\
             Winner.category == 'Physics', \
             Winner.nationality != 'Swiss')
list(result)
Out:
[<Winner(name='Paul Dirac', category='Physics', year='1933')>]
```

Aqui está como obter uma linha com base no número do ID:

```
session.query(Winner).get(3)
Out:
<Winner(name='Marie Curie', category='Chemistry', year='1911')>
```

Agora, vamos recuperar os ganhadores ordenados por ano:

```
res = session.query(Winner).order_by('year')
list(res)
Out:
[<Winner(name='Marie Curie', category='Chemistry',\
year='1911')>,
 <Winner(name='Albert Einstein', category='Physics',\
year='1921')>,
 <Winner(name='Paul Dirac', category='Physics', year='1933')>]
```

Reconstruir nossa lista de destino requer um pouco de esforço ao converter os objetos Winner retornados por nossa consulta da sessão em dicionários Python. Vamos escrever uma pequena função para criar um dicionário a partir de uma instância SQLAlchemy. Usaremos uma pequena introspecção de tabela para obter os rótulos das colunas (veja o Exemplo 3-4).

Exemplo 3-4. Converte uma instância do SQLAchemy em um `dicionário`

```
def inst_to_dict(inst, delete_id=True):
    dat = {}
    for column in inst.__table__.columns:❶
        dat[column.name] = getattr(inst, column.name)
    if delete_id:
        dat.pop('id')❷
    return dat
```

❶ Acessa a classe da tabela da instância para obter uma lista de objetos de coluna.

❷ Se `delete_id` for verdadeiro, remove o campo de ID primário do SQL.

Podemos usar o Exemplo 3-4 para reconstruir nossa lista de destino `nobel_winners`:

```
winner_rows = session.query(Winner)
nobel_winners = [inst_to_dict(w) for w in winner_rows]
nobel_winners
Out:
[{'category': 'Physics',
  'name': 'Albert Einstein',
  'nationality': 'Swiss',
  'gender': 'male',
  'year': 1921},
  ...
]
```

Você pode atualizar linhas do banco de dados facilmente alterando a propriedade de seus objetos refletidos:

```
marie = session.query(Winner).get(3)❶
marie.nationality = 'French'
session.dirty❷
Out:
IdentitySet([<Winner(name='Marie Curie', category='Chemistry',
year='1911')>])
```

❶ Recupera Marie Curie, nacionalidade polonesa.

❷ `dirty` mostra quais instâncias alteradas ainda não passaram pelo processo de commit no banco de dados.

Vamos fazer o commit das alterações de Marie e verificar se sua nacionalidade mudou de polonesa para francesa:

```
session.commit()
Out:
INFO:sqlalchemy.engine.base.Engine:UPDATE winners SET
nationality=? WHERE winners.id = ?
INFO:sqlalchemy.engine.base.Engine:('French', 3)
...

session.dirty
Out:
IdentitySet([])

session.query(Winner).get(3).nationality
Out:
'French'
```

Além de atualizar linhas do banco de dados, você pode excluir os resultados de uma consulta:

```
session.query(Winner).filter_by(name='Albert Einstein').delete()
Out:
INFO:sqlalchemy.engine.base.Engine:DELETE FROM winners WHERE
winners.name = ?
INFO:sqlalchemy.engine.base.Engine:('Albert Einstein',)
1

list(session.query(Winner))
Out:
[<Winner(name='Paul Dirac', category='Physics', year='1933')>,
 <Winner(name='Marie Curie', category='Chemistry',\
 year='1911')>]
```

Você também pode excluir toda a tabela, se necessário, usando o atributo `_table_` da classe declarativa:

```
Winner.__table__.drop(engine)
```

Nesta seção, lidamos com uma única tabela winners, sem chaves estrangeiras ou relação com outras tabelas, semelhante a um arquivo CSV ou JSON. O SQLAlchemy adiciona o mesmo nível de conveniência no tratamento de relacionamentos de tabela muitos-para-um, um-para-muitos e outros relacionamentos de bancos de dados, conforme faz na consulta básica usando junções (*joins*) implícitas, fornecendo ao método de consulta mais de uma classe de tabela ou usando explicitamente o método `join` da consulta. Confira os exemplos na documentação do SQLAlchemy para mais detalhes.

SQL Mais Fácil com Dataset

Uma biblioteca que tenho usado bastante recentemente é o Dataset, um módulo projetado para tornar o trabalho com bancos de dados SQL um pouco mais fácil e Pythonico do que as poderosas bibliotecas existentes, como o SQLAlchemy.[6] O Dataset tenta fornecer o mesmo grau de conveniência que você obtém ao trabalhar com bancos de dados NoSQL sem esquema, como o MongoDB, removendo grande parte da estrutura formal exigida pelas bibliotecas mais convencionais. O Dataset é construído em cima do SQLAlchemy, o que significa que funciona com praticamente todos os principais bancos de dados e pode explorar o poder, a robustez e a maturidade dessa biblioteca de ponta. Vamos ver como ele lida com a leitura e escrita de nosso conjunto de dados de destino (do Exemplo 3-1).

Vamos usar o banco de dados SQLite *nobel_winners.db* que acabamos de criar para testar o Dataset. Primeiro, vamos nos conectar ao nosso banco de dados SQL, usando o mesmo formato de URL/arquivo do SQLAlchemy:

```
import dataset

db = dataset.connect('sqlite:///data/nobel_winners.db')
```

Para obter nossa lista de ganhadores, pegamos uma tabela de nosso banco de dados `db`, usando seu nome como chave, e então usamos o método `find` sem argumentos para retornar todos os ganhadores:

```
wtable = db['winners']
winners = wtable.find()
winners = list(winners)
winners
#Out:
#[OrderedDict([(u'id', 1), ('name', 'Albert Einstein'),
# ('category', 'Physics'), ('year', 1921), ('nationality',
# 'Swiss'), ('gender', 'male')]), OrderedDict([('id', 2),
# ('name', 'Paul Dirac'), ('category', 'Physics'),
# ('year', 1933), ('nationality', 'British'), ('gender',
# 'male')]), OrderedDict([('id', 3), ('name', 'Marie
# Curie'), ('category', 'Chemistry'), ('year', 1911),
# ('nationality', 'Polish'), ('gender', 'female')])]
```

Observe que as instâncias retornadas pelo método `find` do Dataset são OrderedDicts. Esses contêineres úteis são uma extensão da classe `dict` do Python e se comportam como dicionários, exceto que eles lembram a ordem em que os itens foram inseridos, o que significa que podemos garantir o resultado da iteração, remover o último item inserido e muito mais. Esta é uma funcionalidade adicional muito útil.

[6] O lema oficial do Dataset é "Bancos de dados para pessoas preguiçosas" Ele não faz parte do pacote padrão do Anaconda, portanto, você deverá instalá-lo usando o `pip` na linha de comando: `$ pip install dataset`.

Um dos "componentes" Python mais úteis para manipuladores de dados é o "collections", de onde vêm os OrderedDicts do Dataset. As classes `defaultdict` e `Counter` são particularmente úteis. Confira o que está disponível na documentação do Python.

Vamos recriar nossa tabela de ganhadores com o Dataset, primeiro excluindo a existente:

```
wtable = db['winners']
wtable.drop()

wtable = db['winners']
wtable.find()
#Out:
#[]
```

Para recriar nossa tabela de ganhadores excluída, não precisamos definir um esquema como fazemos com o SQLAlchemy (consulte "Definindo as Tabelas do Banco de Dados" na página 64). O Dataset irá inferir isso a partir dos dados que adicionamos, fazendo toda a criação SQL de maneira implícita. Essa é a conveniência à qual estamos acostumados ao trabalhar com bancos de dados NoSQL baseados em coleções. Vamos usar nosso conjunto de dados `nobel_winners` (Exemplo 3-1) para inserir alguns dicionários de ganhadores. Usamos uma transação de banco de dados e a instrução `with` para inserir eficientemente nossos objetos e, em seguida, fazermos o commit:[7]

```
with db as tx:❶
    tx['winners'].insert_many(nobel_winners)
```

❶ Use a instrução `with` para garantir que a transação `tx` seja confirmada no banco de dados.

Vamos checar se tudo ocorreu bem:

```
list(db['winners'].find())
Out:
[OrderedDict([('id', 1), ('name', 'Albert Einstein'),
('category', 'Physics'), ('year', 1921), ('nationality',
'Swiss'), ('gender', 'male')]),
...
]
```

Os ganhadores foram inseridos corretamente e a ordem de inserção foi preservada pelo OrderedDict.

O Dataset é ótimo para trabalhos básicos baseados em SQL, principalmente para recuperar dados que você deseja processar ou visualizar. Para manipulações mais avançadas,

[7] Veja esta documentação para maiores detalhes de como usar transações para atualizações de grupo.

ele permite que você acesse a API central do SQLAlchemy usando o método de consulta (método query).

Agora que cobrimos os conceitos básicos de como trabalhar com bancos de dados SQL, vamos ver como o Python torna o trabalho com o banco de dados NoSQL mais popular ficar igualmente simples.

MongoDB

Datastores centrados em documentos como o MongoDB oferecem muita conveniência para manipuladores de dados. Assim como todas as ferramentas, existem casos de uso bons e ruins para bancos de dados NoSQL. Se você tiver dados que já foram refinados e processados e não prevê a necessidade da poderosa linguagem de consulta SQL baseada em junções otimizadas de tabelas, o MongoDB provavelmente será mais fácil de trabalhar inicialmente. O MongoDB é especialmente recomendado para visualização de dados da web porque usa o formato de dados JSON binário (BSON). Uma extensão do JSON, o BSON pode lidar com dados binários e objetos de data e hora, e se integra muito bem com o JavaScript.

Vamos nos lembrar do conjunto de dados de destino que pretendemos escrever e ler:

```
nobel_winners = [
 {'category': 'Physics',
  'name': 'Albert Einstein',
  'nationality': 'Swiss',
  'gender': 'male',
  'year': 1921},
  ...
]
```

Criar uma coleção MongoDB com Python requer apenas algumas linhas de código:

```
from pymongo import MongoClient

client = MongoClient()❶
db = client.nobel_prize❷
coll = db.winners❸
```

❶ Cria um cliente Mongo, usando o host e as portas padrão.

❷ Cria ou acessa o banco de dados nobel_prize.

❸ Se a coleção winners existir, ela será recuperada; caso contrário (como em nosso caso), ela será criada.

Usando Constantes para Acesso ao MongoDB

Acessar e criar um banco de dados MongoDB com Python envolve a mesma operação, usando a notação de ponto e acesso de chave entre colchetes:

```
db = client.nobel_prize
db = client['nobel_prize']
```

Isso é muito conveniente, mas significa que um único erro de digitação, como `noble_prize`, pode criar um banco de dados indesejado e fazer com que operações futuras falhem em atualizar o banco correto. Por essa razão, aconselho o uso de strings constantes para acessar seus bancos de dados e coleções do MongoDB:

```
DB_NOBEL_PRIZE = 'nobel_prize'
COLL_WINNERS = 'winners'

db = client[DB_NOBEL_PRIZE]
coll = db[COLL_WINNERS]
```

Os bancos de dados MongoDB são executados na porta localhost 27017 por padrão, mas podem estar em qualquer lugar na web. Eles também podem receber um nome de usuário e senha opcionais. O Exemplo 3-5 mostra como criar uma função utilitária simples para acessar nosso banco de dados, com valores padrão.

Exemplo 3-5. Acessando um banco de dados MongoDB

```
from pymongo import MongoClient

def get_mongo_database(db_name, host='localhost',\
                       port=27017, username=None, password=None):
    """ Get named database from MongoDB with/out authentication """
    # faz a conexão Mongo com/sem autenticação
    if username and password:
        mongo_uri = 'mongodb://%s:%s@%s/%s'%\ ❶
        (username, password, host, db_name)
        conn = MongoClient(mongo_uri)
    else:
        conn = MongoClient(host, port)

    return conn[db_name]
```

❶ Especificamos o nome do banco de dados no URI (Identificador de Recurso Uniforme) do MongoDB, já que o usuário pode não ter privilégios gerais para o banco de dados.

Agora podemos criar um banco de dados Nobel Prize e adicionar nosso conjunto de dados de destino (Exemplo 3-1). Vamos primeiro obter uma coleção winners, usando as constantes de string para acesso:

```
db = get_mongo_database(DB_NOBEL_PRIZE)
coll = db[COLL_WINNERS]
```

Inserir nosso conjunto de dados do Nobel Prize fica, então, muito fácil:

```
coll.insert_many(nobel_winners)
coll.find()
Out:
[{'_id': ObjectId('61940b7dc454e79ffb14cd25'),
  'category': 'Physics',
  'name': 'Albert Einstein',
  'nationality': 'Swiss',
  'year': 1921,
  'gender': 'male'},
 {'_id': ObjectId('61940b7dc454e79ffb14cd26'), ... }
 ...]
```

O array resultante de ObjectIds pode ser usando para recuperação futura, mas o MongoDB já deixou sua marca em nossa lista `nobel_winners`, adicionando uma propriedade oculta de `id`.[8]

> Os ObjectIds do MongoDB têm muitas funcionalidades ocultas, sendo muito mais do que um simples identificador aleatório. Por exemplo, você pode obter o horário de geração do ObjectID, o que permite acessar um carimbo de data e hora útil:
>
> ```
> import bson
> oid = bson.ObjectId()
> oid.generation_time
> Out: datetime.datetime(2015, 11, 4, 15, 43, 23...
> ```
>
> Consulte a documentação completa de BSON do MongoDB para obter mais detalhes.

Agora que temos alguns itens em nossa coleção winners, o MongoDB facilita muito a localização deles, com o método `find` que recebe uma consulta em formato de dicionário:

[8] Uma das coisas mais legais do MongoDB é que os `ObjectIds` são gerados no lado do cliente, eliminando a necessidade de consultar o banco de dados para obtê-los.

```
res = coll.find({'category':'Chemistry'})
list(res)
Out:
[{'_id': ObjectId('55f8326f26a7112e547879d6'),
  'category': 'Chemistry',
  'name': 'Marie Curie',
  'nationality': 'Polish',
  'gender': 'female',
  'year': 1911}]
```

Existem vários operadores especiais com prefixo de dólar que permitem consultas sofisticadas. Vamos encontrar todos os ganhadores após 1930 usando o operador `$gt` (greater-than):

```
res = coll.find({'year': {'$gt': 1930}})
list(res)
Out:
[{'_id': ObjectId('55f8326f26a7112e547879d5'),
  'category': 'Physics',
  'name': 'Paul Dirac',
  'nationality': 'British',
  'gender': 'male',
  'year': 1933}]
```

Você também pode usar uma expressão Booleana, por exemplo, para encontrar todos os ganhadores após 1930 ou todas as mulheres que já ganharam:

```
res = coll.find({'$or':[{'year': {'$gt': 1930}},\
{'gender':'female'}]})
list(res)
Out:
[{'_id': ObjectId('55f8326f26a7112e547879d5'),
  'category': 'Physics',
  'name': 'Paul Dirac',
  'nationality': 'British',
  'gender': 'male',
  'year': 1933},
 {'_id': ObjectId('55f8326f26a7112e547879d6'),
  'category': 'Chemistry',
  'name': 'Marie Curie',
  'nationality': 'Polish',
  'gender': 'female',
  'year': 1911}]
```

Você pode encontrar a lista completa de expressões de consulta disponíveis na documentação do MongoDB.

Como teste final, vamos transformar nossa nova coleção winners de volta em uma lista de dicionários em Python. Vamos criar uma função utilitária para essa tarefa:

```
def mongo_coll_to_dicts(dbname='test', collname='test',\
                        query={}, del_id=True, **kw): ❶

    db = get_mongo_database(dbname, **kw)
    res = list(db[collname].find(query))

    if del_id:
        for r in res:
            r.pop('_id')

    return res
```

❶ Um dicionário de consulta vazio {} encontrará todos os documentos na coleção. `del_id` é uma sinalização para remover os ObjectIds do MongoDB dos itens por padrão.

Agora podemos criar nosso conjunto de dados de destino:

```
mongo_coll_to_dicts(DB_NOBEL_PRIZE, COLL_WINNERS)
Out:
[{'category': 'Physics',
  'name': 'Albert Einstein',
  'nationality': 'Swiss',
  'gender': 'male',
  'year': 1921},
  ...
]
```

Os bancos de dados sem esquema do MongoDB são ótimos para prototipagem rápida em trabalho individual ou equipes pequenas. Provavelmente, em algum momento, principalmente com grandes bases de código, um esquema formal se tornará uma referência e uma verificação de sanidade útil; ao escolher um modelo de dados, a facilidade de adaptação dos documentos é uma vantagem. Poder passar dicionários Python como consultas para o PyMongo e ter acesso a ObjectIds gerados no lado do cliente são algumas das conveniências adicionais.

Agora que passamos pelos formatos de arquivo e bancos de dados necessários para nossos dados do `nobel_winners` no Exemplo 3-1, vamos considerar o caso especial de lidar com datas e horários antes de fazer um resumo.

Lidando com Datas, Horários e Dados Complexos

A habilidade de lidar confortavelmente com datas e horários é fundamental para o trabalho de visualização de dados, mas pode ser um tanto difícil. Existem muitas maneiras de representar uma data ou data e hora como uma string, cada uma exigindo uma codificação ou decodificação separada. Por esse motivo, é bom estabelecer um formato em seu próprio trabalho e incentivar os outros a fazerem o mesmo. Recomendo usar o formato de data ISO da International Standard Organization (ISO 8601) como representação em string para datas e horários, e usar o Tempo Universal Coordenado (UTC)[9]. Aqui estão alguns exemplos de strings de data e data e hora no formato ISO 8601:

2021-09-23	**Uma data (código de formato Python/C '%Y-%m-%d')**
2021-09-23T16:32:35Z	**Data e hora ('T%H:%M:%S') no formato UTC (Z após o horário)**
2021-09-23T16:32+02:00	**Um deslocamento positivo de duas horas (+02:00) em relação ao UTC (por exemplo, Horário da Europa Central)**

Observe a importância de estar preparado para lidar com fusos horários diferentes. Eles nem sempre estão em linhas de longitude (consulte a entrada de Fuso Horário da Wikipédia), e muitas vezes a melhor maneira de obter uma hora precisa é usar a hora UTC e uma localização geográfica.

O ISO 8601 é o padrão usado pelo JavaScript e é fácil de trabalhar no Python. Como visualizadores de dados da web, nossa preocupação principal é criar uma representação em string que possa ser passada entre Python e JavaScript usando JSON, e ser codificada e decodificada facilmente em ambos os lados.

Vamos pegar uma data e hora na forma de um objeto datetime do Python, convertê-lo em uma string e depois ver como essa string pode ser usada pelo JavaScript.

Primeiro, produzimos o objeto datetime em Python:

```
from datetime import datetime

d = datetime.now()
d.isoformat()
Out:
'2021-11-16T22:55:48.738105'
```

Em seguida, essa string pode ser salva em JSON ou CSV, lida pelo JavaScript e usada para criar um objeto `Date`:

```
// JavaScript
d = new Date('2021-11-16T22:55:48.738105')
> Tue Nov 16 2021 22:55:48 GMT+0000 (Greenwich Mean Time)
```

[9] Para obter a hora local real a partir do UTC, podemos armazenar um deslocamento de fuso horário ou, melhor ainda, derivá-lo de uma coordenada geográfica; isso ocorre porque os fusos horários não seguem as linhas de longitude com muita exatidão.

Podemos retornar a data e hora para a forma de string ISO 8601 usando o método `toISOString`:

```
// JavaScript
d.toISOString()
> '2021-11-16T22:55:48.738Z'
```

Finalmente, podemos ler a string de volta para o Python.

Se você souber que está lidando com uma string de hora no formato ISO, o módulo `dateutil` do Python deve resolver o problema.[10] Mas você provavelmente vai querer verificar a sanidade o resultado:

```
from dateutil import parser

d = parser.parse('2021-11-16T22:55:48.738Z')
d
Out:
datetime.datetime(2021, 11, 16, 22, 55, 48, 738000,\
tzinfo=tzutc())
```

Observe que perdemos um pouco de precisão na viagem de Python para JavaScript e de volta, e este último trabalhando em milissegundos, não microssegundos. Isso provavelmente não será um problema em nenhum trabalho de dataviz, mas é bom ter em mente, caso ocorram erros temporais estranhos.

Resumo

Este capítulo tinha como objetivo fazer com que você se sentisse confortável usando o Python para mover dados entre vários formatos de arquivo e bancos de dados com os quais um visualizador de dados pode se deparar. Usar bancos de dados de forma eficaz e eficiente é uma habilidade que leva tempo para ser aprendida, mas agora você deve se sentir à vontade com as operações básicas de leitura e escrita na grande maioria dos casos de uso de dataviz.

Agora que temos a lubrificação vital para nosso conjunto de ferramentas de dataviz, vamos nos atualizar nas habilidades básicas de desenvolvimento web de que precisará nos próximos capítulos.

---

[10] Para instalar, basta executar `pip install python-dateutil`. O `dateutil` é uma extensão bastante avançada do `datetime` do Python; confira-o em Read the Docs.

CAPÍTULO 4

Introdução ao Webdev

Este capítulo introduz o conhecimento fundamental de desenvolvimento web que você precisará para entender as páginas web das quais extraímos os dados e para estruturar aquelas que queremos fornecer como o esqueleto de suas visualizações JavaScript. Como você verá, um pouco de conhecimento o levará longe no webdev moderno, especialmente quando seu foco é a construção de visualizações autônomas e não sites inteiros (consulte "Aplicações de Página Única" na página 80 para mais detalhes).

As advertências usuais se aplicam: este capítulo é parte referência, parte tutorial. Provavelmente haverá coisas aqui que você já conhece, então sinta-se à vontade para pular e ir para o novo material.

O Quadro Geral

A humilde página web, o bloco de construção básico da World Wide Web (WWW) — aquela fração da internet consumida por humanos — é construída a partir de arquivos de vários tipos. Além dos arquivos multimídia (imagens, vídeos, sons etc.) os elementos-chave são textuais, consistindo em Hypertext Markup Language (HTML), Cascading Style Sheets (CSS) e JavaScript. Esses três, juntamente com quaisquer arquivos de dados necessários, são entregues usando o Hypertext Transfer Protocol (HTTP) e usados para construir a página com que você interage em sua janela do navegador, que é descrita pelo Document Object Model (DOM), uma árvore hierárquica na qual seu conteúdo é baseado. Uma compreensão básica de como esses elementos interagem é vital para a construção de visualizações web modernas, e o objetivo deste capítulo é atualizá-lo rapidamente.

O desenvolvimento web é um campo amplo, e o objetivo aqui não é transformar você em um desenvolvedor web pleno. Presumo que você queira limitar a quantidade de desenvolvimento web o máximo possível, concentrando-se apenas na fração necessária para construir uma visualização moderna. A fim de construir os tipos de visualizações demonstradas em *d3js.org*, publicadas no *New York Times* ou incorporadas em painéis de dados interativos básicos, você, na verdade, precisa de pouco conhecimento de desenvolvimento web. O resultado do seu trabalho deve ser fácil de adicionar a um site maior por alguém dedicado a essa tarefa. No caso de sites pequenos e pessoais, é bastante fácil incorporar a visualização por conta própria.

Aplicações de Página Única

Aplicações de Página Única (SPAs) são aplicações da web (ou sites inteiros) que são montados de maneira dinâmica usando JavaScript, muitas vezes construídos sobre uma estrutura HTML leve e estilos CSS que podem ser aplicados dinamicamente usando atributos de classe e ID. Muitas visualizações modernas de dados se enquadram nessa descrição, incluindo a visualização do Prêmio Nobel para a qual este livro se destina.

Frequentemente autossuficientes, a pasta raiz do SPA pode ser facilmente incorporada em um site existente ou autônomo, exigindo apenas um servidor HTTP, como Apache ou NGINX.

Ao pensar em nossas visualizações de dados em termos de SPAs, eliminamos uma grande parte da complexidade do webdev das visualizações JavaScript, permitindo que nos concentremos nos desafios da programação. As habilidades necessárias para colocar a visualização na web ainda são bastante básicas e rapidamente absorvidas. Frequentemente, será o trabalho de outra pessoa.

Preparação de Ferramentas

Como veremos, o webdev necessário para criar visualizações modernas de dados requer apenas um bom editor de texto, um navegador moderno e um terminal (Figura 4-1). Abordarei o que considero como requisitos mínimos para um editor preparado para webdev, além de recursos não essenciais, mas úteis de se ter.

Minhas ferramentas de desenvolvimento de navegador preferidas são o kit de desenvolvedor web do Chrome, disponível gratuitamente em todas as plataformas. Ele possui uma variedade de funcionalidades separadas por guias, das quais cobrirei as seguintes neste capítulo:

- A guia *Elementos*, que permite explorar a estrutura de uma página web, estilos CSS e apresentação do DOM
- A guia *Fontes*, onde ocorrerá a maior parte da depuração do JavaScript

Você precisará de um terminal para exibição de saída, iniciar seu servidor web local e também esboçar ideias com o interpretador IPython. Hoje em dia, costumo usar Jupyter notebooks baseados no navegador como meu bloco de rascunho para dataviz em Python — sendo uma das principais vantagens o fato de a sessão persistir na forma de um arquivo notebook (*.ipynb*), que você pode usar para reiniciar a sessão em datas posteriores. Além disso, você pode explorar iterativamente seus dados com gráficos incorporados. Vamos aproveitar isso bem na Parte III.

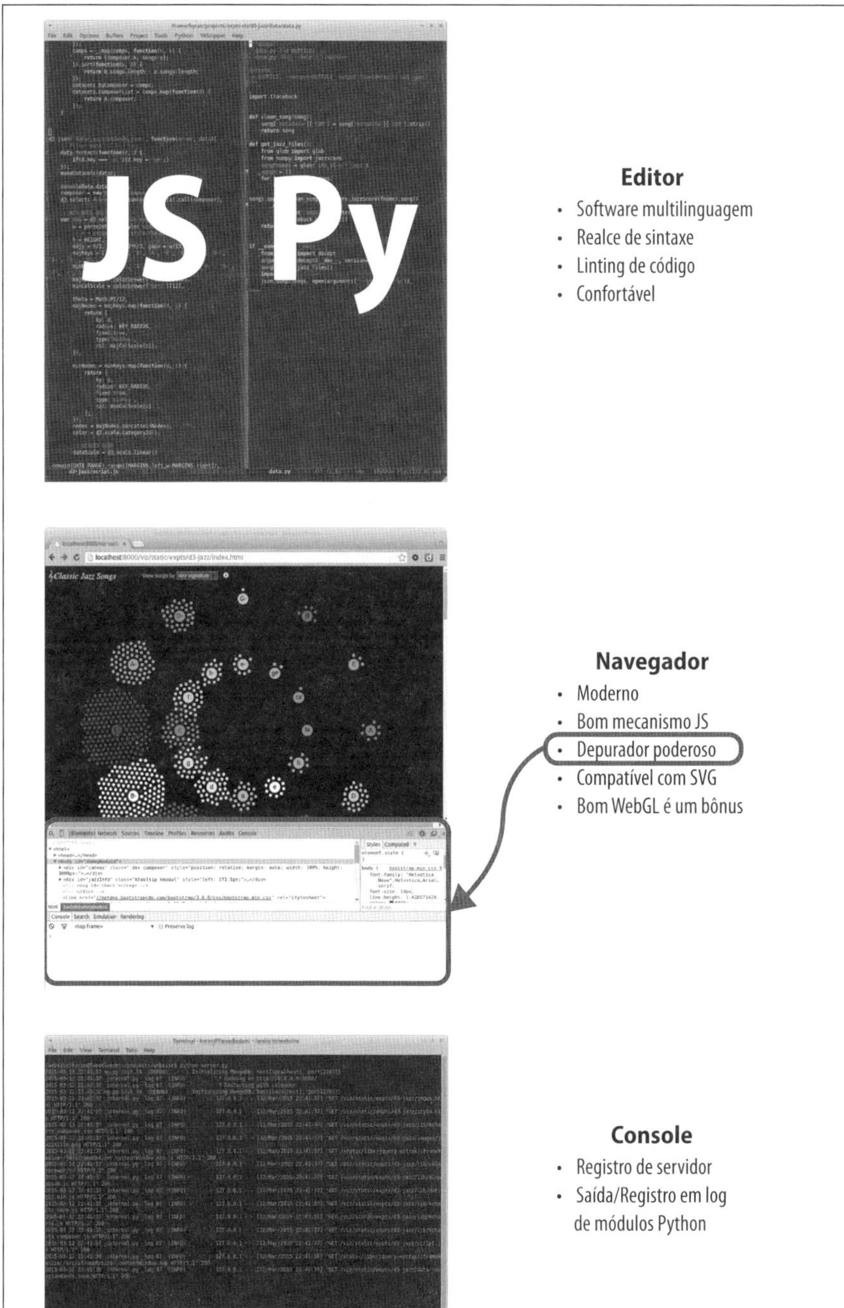

Figura 4-1. Principais ferramentas de webdev

Antes de lidar com o que precisa, vamos tratar de algumas coisas de que você não precisa ao sair, deixando alguns mitos de lado pelo caminho.

O Mito das IDEs, Frameworks e Ferramentas

Existe uma suposição comum entre os futuros programadores JavaScript de que programar para a web requer um conjunto de ferramentas complexo, principalmente um Ambiente de Desenvolvimento Inteligente (IDE), usado por empresas e outros programadores em todo lugar. Isso pode ser caro e apresentar uma curva de aprendizado adicional. A boa notícia é que você pode criar visualizações de dados web de nível profissional usando apenas um bom editor de texto. Na verdade, até você começar a lidar com os frameworks JavaScript modernos (e eu recomendaria esperar um pouco enquanto adquire experiência em desenvolvimento web), um IDE não oferece muita vantagem, enquanto geralmente é menos eficiente. Mais uma boa notícia é que o Visual Studio Code (VSCode), um IDE leve e gratuito, se tornou o padrão de fato para o desenvolvimento web. Se você já usa o VSCode ou deseja alguns recursos adicionais, ele é uma boa ferramenta para acompanhar este livro.

Também existe o mito comum de que não é possível ser produtivo em JavaScript sem usar algum tipo de framework.[1] No momento, diversos desses frameworks estão competindo pelo controle do ecossistema JS, a maioria patrocinada por grandes empresas que os criaram. Esses frameworks surgem e desaparecem em uma velocidade impressionante, e meu conselho para quem está começando em JavaScript é ignorá-los completamente enquanto desenvolve suas habilidades básicas. Use bibliotecas pequenas e direcionadas, como as do ecossistema jQuery ou as extensões de programação funcional do Underscore, e veja o quanto consegue fazer antes de precisar de um framework que *imponha seu próprio caminho*. Prenda-se a um framework somente quando houver uma necessidade clara e imediata, não porque o consenso atual do JS esteja falando o quanto ele é ótimo.[2] Outra consideração importante é que o D3, a principal biblioteca de visualização de dados web, não funciona muito bem com nenhum dos maiores frameworks que conheço, especialmente aqueles que desejam controlar o DOM. Tornar o D3 compatível com frameworks é uma habilidade avançada.

Outra coisa que você encontrará ao frequentar fóruns de desenvolvimento web, listas do Reddit e o StackOverflow é uma enorme variedade de ferramentas constantemente clamando por atenção. Existem minificadores e observadores de JS+CSS para detectar automaticamente as alterações nos arquivos e recarregar as páginas da web durante o desenvolvimento, entre outros. Embora algumas dessas ferramentas tenham seu espaço, na minha experiência, muitas delas são instáveis e provavelmente consomem mais tempo em frustração do que ganham em produtividade. Para enfatizar, você pode ser muito produtivo sem essas coisas e só deve recorrer a elas para resolver uma necessidade urgente. Algumas delas são úteis, mas poucas são realmente essenciais para o trabalho de visualização de dados.

1 Existem algumas alternativas interessantes para frameworks inteiros gerando um frisson no momento, como o Alpine.js e o htmx, que funcionam bem com servidores web do Python como o Django e o Flask.

2 Carrego as cicatrizes para que você não precise.

Uma Ferramenta de Edição de Texto Poderosa

A primeira e mais importante entre suas ferramentas de desenvolvimento web é um editor de texto com o qual você se sinta confortável e que, no mínimo, possua destaque de sintaxe para várias linguagens — no nosso caso, HTML, CSS, JavaScript e Python. É possível se virar com um editor simples, sem destaque de sintaxe, mas no longo prazo isso se mostrará um incômodo. Recursos como o destaque de sintaxe, verificação de código, indentação inteligente e outros aliviam significativamente a carga cognitiva do processo de programação, a ponto de considerar sua ausência um fator limitante. Esses são meus requisitos mínimos para um editor de texto:

- Destaque de sintaxe para todas as linguagens que você usa
- Níveis e tipos de indentação configuráveis para as linguagens (por exemplo, 4 espaços em Python, 2 espaços em JavaScript)
- Múltiplas janelas/painéis/abas para facilitar a navegação em seu código
- Um verificador de código decente (veja a Figura 4-2)

Se estiver usando um editor de texto relativamente avançado, todos os itens acima devem ser padrão, com exceção da verificação de código, que pode exigir um pouco de configuração.

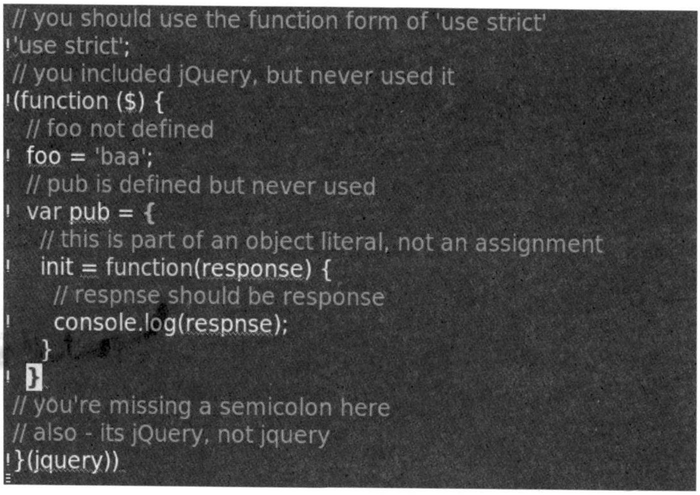

Figura 4-2. Um linter de código em execução analisa o JavaScript continuamente, destacando os erros de sintaxe em vermelho e adicionando um ! à esquerda da linha incorreta

Navegador com Ferramentas de Desenvolvimento

Uma das razões pelas quais um IDE completo é menos vital no webdev moderno é que o melhor lugar para depurar é o próprio navegador web, e a velocidade das mudanças nesse contexto torna qualquer IDE que tente emular isso uma tarefa árdua. Além disso, os navegadores web modernos evoluíram para oferecer um conjunto poderoso de ferramentas de depuração e desenvolvimento. A melhor delas é o Chrome DevTools, que oferece uma enorme quantidade de funcionalidades, desde depuração (para um Pythonista, certamente) sofisticada (pontos de interrupção (breakpoints) paramétricos, observação de variáveis etc.), até perfis de otimização de memória e processador, emulação de dispositivos (quer ver como sua página web fica em um smartphone ou tablet?), e muito mais. O Chrome DevTools é minha ferramenta de depuração preferida e será usada neste livro. Assim como tudo o que foi mencionado, seu uso é gratuito.

Terminal ou Prompt de Comando

O terminal ou linha de comando é onde você inicia os vários servidores e provavelmente obtém informações úteis de registro. Também é onde você experimentará módulos Python ou executará um interpretador Python (sendo o IPython, de muitas maneiras, o melhor).

Construindo uma Página da Web

Existem quatro elementos para uma visualização web típica:

- Um esqueleto HTML, com espaços reservados para nossa visualização programática
- Cascading Style Sheets (CSS), que definem a aparência (por exemplo, larguras de borda, cores, tamanhos de fonte, posicionamento de blocos de conteúdo)
- JavaScript para construir a visualização
- Dados a serem transformados

Os três primeiros são apenas arquivos de texto, criados usando nosso editor favorito e entregues ao navegador pelo servidor web (consulte o Capítulo 12). Vamos examinar cada um deles.

Servindo Páginas com HTTP

A entrega dos arquivos HTML, CSS e JS que são usados para criar uma página da web específica (e quaisquer arquivos de dados relacionados, multimídia etc.) é negociada entre um servidor e um navegador usando o Protocolo de Transferência de Hipertexto. O HTTP fornece vários métodos, sendo o mais comumente usado o GET, que solicita um recurso da web, recuperando dados do servidor se tudo correr bem ou lançando um erro se algo der errado. Vamos usar o GET, juntamente com o módulo requests do Python, para extrair o conteúdo de algumas páginas no Capítulo 6.

Para negociar as requisições HTTP geradas pelo navegador, você precisará de um servidor. Durante o desenvolvimento, você pode executar um pequeno servidor localmente usando o servidor web incorporado do Python (um dos componentes inclusos), parte do módulo `http`. Você inicia o servidor na linha de comando, com um número de porta opcional (padrão 8000), assim:

```
$ python -m http.server 8080
Serving HTTP on 0.0.0.0 port 8080 (http://0.0.0.0:8080/) ...
```

Agora, este servidor está fornecendo conteúdo localmente na porta 8080. Você pode acessar o site que ele está servindo indo para o URL *http://localhost:8080* em seu navegador.

O módulo `http.server` é bom para demonstrações e coisas do tipo, mas ele carece de muitas funcionalidades básicas. Por essa razão, como veremos na Parte IV, é melhor dominar o uso de um servidor de desenvolvimento (e produção) adequado, como o Flask (o servidor de escolha deste livro).

O DOM

Os arquivos HTML que você envia por meio do HTTP são convertidos no final do navegador em um Document Object Model (ou Modelo de Objeto de Documento), ou DOM, que pode ser adaptado pelo JavaScript porque esse DOM programático é a base de bibliotecas de dataviz como o D3. O DOM é uma estrutura de árvore, representada por nódulos hierárquicos, sendo o nódulo superior a página da web ou documento principal.

Essencialmente, o HTML que você escreve ou gera com um modelo é convertido pelo navegador em uma hierarquia de nódulos, cada um representando um elemento HTML. O nódulo superior é chamado de *Objeto de Documento* e todos os outros nódulos descendem em uma relação pai-filho. Manipular programaticamente o DOM está no cerne de bibliotecas como o jQuery e a poderosa D3, portanto, é vital ter um bom modelo mental do que está acontecendo. Uma ótima maneira de entender o DOM é usar uma ferramenta web, como o Chrome DevTools (minha ferramenta recomendada), para inspecionar os ramos da árvore.

Tudo o que você vê renderizado na página web, o registro do estado do objeto (exibido ou oculto, transformação de matriz etc.) é feito com o DOM. A poderosa inovação do D3 foi anexar dados diretamente ao DOM e usá-los para gerar alterações visuais (Documentos Orientados a Dados).

A Estrutura HTML

Uma visualização web típica utiliza uma estrutura HTML e constrói a visualização sobre ela usando JavaScript.

O HTML é a linguagem utilizada para descrever o conteúdo de uma página web. Foi proposta inicialmente pelo físico Tim Berners-Lee em 1980 enquanto ele trabalhava no complexo acelerador de partículas do CERN, na Suíça. Ela utiliza tags como <div>, <img>

e <h> para estruturar o conteúdo da página, enquanto o CSS é usado para definir a aparência e o estilo.[3]

O surgimento do HTML5 reduziu consideravelmente o código redundante, mas a essência permaneceu essencialmente inalterada ao longo desses trinta anos.

O HTML totalmente especificado costumava envolver muitas tags de cabeçalho bastante confusas, mas com o HTML5, foi dedicado um pensamento em direção a um minimalismo mais amigável ao usuário. Essencialmente, esses são os requisitos mínimos para um modelo inicial:[4]

```
<!DOCTYPE html>
<meta charset="utf-8">
<body>
    <!-- conteúdo da página -->
</body>
```

Portanto, só precisamos declarar o documento HTML, nosso conjunto de caracteres como Unicode de 8 bits e uma tag <body> abaixo da qual adicionaremos nosso conteúdo de página. Isso representa uma grande melhoria em relação à burocracia exigida anteriormente e oferece uma barreira de entrada muito baixa para a criação dos documentos que se tornarão páginas web. Observe o formato da tag de comentário: <!-- `comentário` -->.

De forma mais realista, provavelmente gostaríamos de adicionar um pouco de CSS e JavaScript. Você pode adicionar ambos diretamente a um documento HTML usando as tags <style> e <script> da seguinte maneira:

```
<!DOCTYPE html>
<meta charset="utf-8">
<style>
/* CSS */
</style>
<body>
    <!-- conteúdo da página -->
    <script>
    // JavaScript...
    </script>
</body>
```

Esse formulário HTML de página única é frequentemente usado em exemplos, como as visualizações em *d3js.org*. É conveniente ter uma única página para lidar ao demonstrar código ou controlar arquivos, mas, em geral, eu sugeriria separar os elementos HTML, CSS e JavaScript em arquivos separados. A grande vantagem aqui, além da navegação mais fácil à medida que a base de código cresce, é que você pode aproveitar ao máximo as melhorias específicas de linguagem do seu editor, como realce de sintaxe sólida e verifica-

[3] Você pode codificar o estilo em tags HTML usando o atributo style, mas isso geralmente é uma prática ruim. É melhor usar classes e IDs definidos em CSS.

[4] Conforme demonstrado por Mike Bostock, com uma menção a Paul Irish.

ção de código (basicamente verificação de sintaxe em tempo real). Embora alguns editores e bibliotecas afirmem lidar com CSS e JavaScript incorporados, ainda não encontrei um que seja adequado.

Para usar arquivos CSS e JavaScript, basta incluí-los no HTML usando as tags `<link>` e `<script>` desta forma:

```
<!DOCTYPE html>
<meta charset="utf-8">
<link rel="stylesheet" href="style.css" />
<body>
    <!-- conteúdo da página -->
    <script type="text/javascript" src="script.js"></script>
</body>
```

Marcação de Conteúdo

As visualizações frequentemente utilizam um pequeno subconjunto das tags HTML disponíveis, geralmente construindo a página de forma pragmática ao anexar elementos à árvore DOM.

A tag mais comum é a `<div>`, que marca um bloco de conteúdo. As `<div>`s podem conter outras `<div>`s, permitindo uma hierarquia em árvore, cujos ramos são usados durante a seleção de elementos e para propagar eventos de interface do usuário (UI), como cliques do mouse. Aqui está uma hierarquia simples de `<div>`:

```
<div id="my-chart-wrapper" class="chart-holder dev">
    <div id="my-chart" class="bar chart">
        this is a placeholder, with parent #my-chart-wrapper
    </div>
</div>
```

Observe o uso dos atributos id e class. Eles são usados quando você seleciona elementos DOM e aplica estilos CSS. IDs são identificadores únicos; cada elemento deve ter apenas um e deve haver apenas uma ocorrência de qualquer ID específico por página. A classe pode ser aplicada a vários elementos, permitindo seleção em massa, e cada elemento pode ter várias classes.

Para conteúdos textuais, as principais tags são `<p>`, `<h*>`, e `<br>`. Você as usará muito. Este código produz a Figura 4-3:

```
<h2>A Level-2 Header</h2>
<p>A paragraph of body text with a line break here..</br>
and a second paragraph...</p>
```

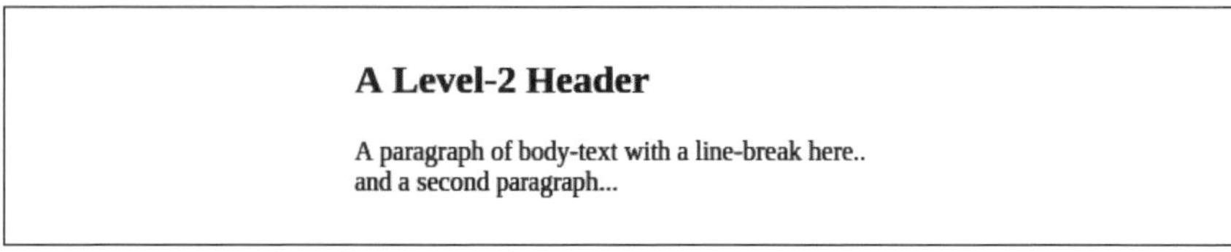

Figura 4-3. Um cabeçalho e texto h2

As tags de cabeçalho são ordenadas de forma inversa pelo tamanho, começando pelo maior `<h1>`.

`<div>`, `<h*>`, e `<p>` são o que chamamos de *elementos de bloco*. Eles normalmente começam e terminam com uma nova linha. A outra classe de tag são os *elementos inline*, que são exibidos sem quebras de linha. Imagens `<img>`, hiperlinks `<a>` e células de tabela `<td>` estão entre eles, que incluem a tag `<span>` para texto inline:

```
<div id="inline-examples">
    <img src="path/to/image.png" id="prettypic"> ❶
    <p>This is a <a href="link-url">link</a> to
        <span class="url">link-url</span></p> ❷
</div>
```

❶ Observe que não precisamos de uma tag de fechamento para imagens.

❷ O span e o link são contínuos no texto.

Outras tags úteis incluem listas ordenadas `<ol>` e não ordenadas `<ul>`:

```
<div style="display: flex; gap: 50px"> ❶
  <div>
    <h3>Ordered (ol) list</h3>
    <ol>
      <li>First Item</li>
      <li>Second Item</li>
    </ol>
  </div>
  <div>
    <h3>Unordered (ul) list</h3>
    <ul>
      <li>First Item</li>
      <li>Second Item</li>
    </ul>
  </div>
</div>
```

❶ Aqui aplicamos um estilo CSS diretamente (em linha) na tag `div`. Consulte "Posicionamento e Dimensionamento de Contêineres com Flex" na página 98 para uma introdução à propriedade de exibição flexível.

A Figura 4-4 mostra as listas renderizadas.

Figura 4-4. Listas HTML

O HTML também possui uma tag dedicada `<table>`, útil se você quiser apresentar dados brutos em sua visualização. Este HTML produz o cabeçalho e a linha na Figura 4-5:

```
<table id="chart-data">
  <tr> ❶
    <th>Name</th>
    <th>Category</th>
    <th>Country</th>
  </tr> ❷
  <tr>
    <td>Albert Einstein</td>
    <td>Physics</td>
    <td>Switzerland</td>
  </tr>
</table>
```

❶ A linha do cabeçalho

❷ A primeira linha de dados

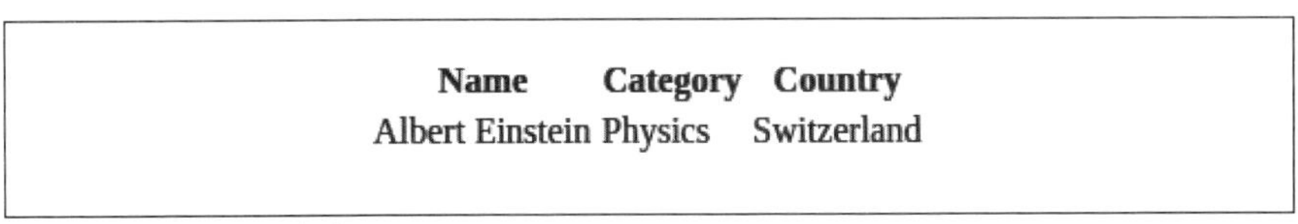

Figura 4-5. Uma tabela HTML

A criar visualizações web, as tags anteriores mais comumente usadas são as tags de texto, que fornecem instruções, caixas de informações e assim por diante. Mas a essência de nossos esforços em JavaScript provavelmente será dedicada à construção de ramos do DOM com base nas tags Scalable Vector Graphics (SVG) `<svg>` e `<canvas>`. Na maioria dos navegadores modernos, a tag `<canvas>` também suporta um contexto *WebGL* 3D, permitindo que visualizações *OpenGL* sejam incorporadas na página.[5]

[5] O OpenGL (Open Graphics Language) e seu equivalente na Web, o WebGL, são APIs de plataforma cruzada para renderização de gráficos vetoriais 2D e 3D (consulte a página da Wikipédia para obter detalhes).

Lidaremos com o SVG, o foco deste livro e o formato usado pela poderosa biblioteca D3, em "Gráficos Vetoriais Escaláveis (SVG)" na página 105. Agora, vamos ver como adicionamos estilo aos nossos blocos de conteúdo.

CSS

CSS, abreviação para Cascading Style Sheets, é uma linguagem para descrever a aparência e o estilo de uma página web. Embora possamos codificar atributos de estilo diretamente no HTML, isso geralmente é considerado uma má prática.[6] É muito melhor rotular sua tag com um `id` ou `classe` usar isso para aplicar estilos na folha de estilo.

A palavra-chave no CSS é *cascading* (cascata). O CSS segue uma regra de precedência de forma que, em caso de conflito, o estilo mais recente substitui os anteriores. Isso significa que a ordem de inclusão das folhas de estilo é importante. Geralmente, queremos que a folha de estilo seja carregada por último para poder substituir as configurações padrão do navegador e os estilos definidos por qualquer biblioteca que você esteja utilizando.

A Figura 4-6 mostra como o CSS é usado para aplicar estilos aos elementos HTML. Primeiro, você seleciona o elemento usando o símbolo de cerquilha (#) para indicar um ID único e pontos (.) para selecionar membros de uma classe. Em seguida, define um ou mais pares de propriedade/valor. Observe que a propriedade `font-family` pode ser uma lista de alternativas, em ordem de preferência. Aqui, queremos substituir a fonte padrão do navegador, `serif` (traços com serifa), pela mais moderna `sans-serif`, com `Helvetica Neue` como nossa primeira escolha.

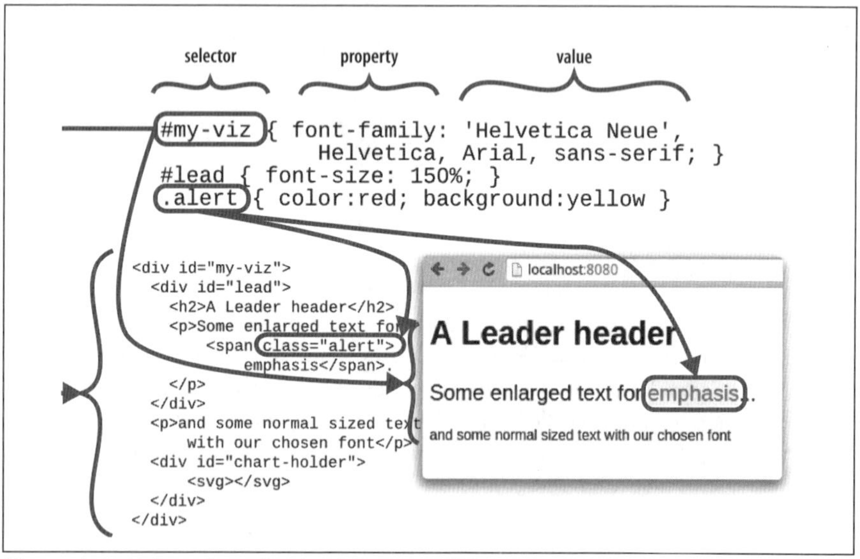

Figura 4-6. Aplicando estilos à página com CSS

[6] Isso não é o mesmo que definir estilos de forma programática, que é uma técnica extremamente poderosa e permite que os estilos se adaptem à interação do usuário.

Compreender as regras de precedência do CSS é fundamental para aplicar estilos com sucesso. Resumidamente, a ordem é a seguinte:

1. `!important` sobrescreve todas as propriedades CSS.
2. Quanto mais específico, melhor (ou seja, IDs sobrescrevem classes).
3. A ordem de declaração: a última declaração vence, sujeita a 1 e 2.

Por exemplo, digamos que temos um `<span>` com a classe `alert`:

```
<span class="alert" id="special-alert">
something to be alerted to</span>
```

Incluir o seguinte em nosso arquivo *style.css* tornará o texto do alerta vermelho e em negrito:

```
.alert { font-weight:bold; color:red }
```

Se adicionarmos o seguinte ao *style.css*, o ID color black substituirá a classe color red, enquanto a classe `font-weight` permanecerá em negrito:

```
#special-alert {background: yellow; color:black}
```

Para aplicar a cor vermelha aos alertas, podemos usar a diretiva `!important`:[7]

```
.alert { font-weight:bold; color:red !important }
```

Se adicionarmos outra folha de estilo, *style2.css*, após *style.css*:

```
<link rel="stylesheet" href="style.css" type="text/css" />
<link rel="stylesheet" href="style2.css" type="text/css" />
```

com *style2.css* contendo o seguinte:

```
.alert { font-weight:normal }
```

então o peso da fonte do alerta será revertido para o `normal` porque a nova classe foi declarada por último.

JavaScript

JavaScript é a única linguagem de programação baseada em navegador, com um interpretador incluído em todos os navegadores modernos. Para fazer qualquer coisa avançada de maneira remota (e isso inclui todas as visualizações web modernas), você deve ter um conhecimento básico de JavaScript. TypeScript é um superconjunto do JavaScript que

7 Em geral, isso é considerado uma prática ruim e geralmente é uma indicação de CSS mal estruturado. Use com extremo cuidado, pois isso pode dificultar muito a vida dos desenvolvedores de código.

fornece tipagem forte e está ganhando muita popularidade atualmente. O TypeScript é compilado para JavaScript e pressupõe conhecimento em JavaScript.

De todos os exemplos de visualização web codificados, 99% daqueles você deve aprender, estão em JavaScript, e as alternativas modernas têm uma tendência a desaparecer com o tempo. Em essência, ter um bom conhecimento (se não domínio) de JavaScript é um pré-requisito para visualizações web interessantes.

A boa notícia para o Pythonistas é que o JavaScript é na verdade uma linguagem bastante agradável assim que você domine algumas de suas peculiaridades mais estranhas.[8] Como mostrei no Capítulo 2, JavaScript e Python têm muitas coisas em comum e geralmente é fácil traduzir de um para o outro.

Dados

Os dados necessários para alimentar sua visualização web serão fornecidos pelo servidor da web como arquivos estáticos (por exemplo, arquivos JSON ou CSV) ou dinamicamente por meio de algum tipo de API da web (por exemplo, APIs RESTful), geralmente recuperando os dados do servidor de um banco de dados. Abordaremos todas essas formas na Parte IV.

Embora muitos dados costumassem ser entregues em formato XML, a visualização web moderna é predominantemente baseada em JSON e, em menor medida, em arquivos CSV ou TSV.

JSON (abreviação para JavaScript Object Notation) é o padrão de dados de visualização web e recomendo que você aprenda a gostar dele. Obviamente, ele se integra muito bem com o JavaScript, mas sua estrutura também será familiar para os Pythonistas. Como vimos em “JSON” na página 58, ler e escrever dados JSON com Python é muito fácil. Aqui está um pequeno exemplo de alguns dados em JSON:

```
{
  "firstName": "Groucho",
  "lastName": "Marx",
  "siblings": ["Harpo", "Chico", "Gummo", "Zeppo"],
  "nationality": "American",
  "yearOfBirth": 1890
}
```

Chrome DevTools

A corrida armamentista nos mecanismos de JavaScript nos últimos anos, que resultou em enormes aumentos de desempenho, foi acompanhada por uma variedade cada vez mais sofisticada de ferramentas de desenvolvimento integradas nos vários navegadores. O Firebug do Firefox liderou por um tempo, mas o Chrome DevTools o superou e está adi-

[8] Essas questões são discutidas de forma sucinta no famoso e curto livro JavaScript de Douglas Crockford: *O Melhor do JavaScript* (Alta Books).

cionando funcionalidades o tempo todo. Agora, há uma quantidade enorme de coisas que você pode fazer com as ferramentas em guias do Chrome, mas apresentarei aqui as duas guias mais úteis, a *Elementos* focada em HTML+CSS e a *Fontes* focada em JavaScript. Ambas funcionam em complemento ao console de desenvolvedor do Chrome, demonstrado em "JavaScript" na página 13.

A Guia Elementos

Para acessar a guia Elementos, selecione Mais Ferramentas→Ferramentas de Desenvolvimento no menu de opções à direita ou use o atalho de teclado Ctrl-Shift-I (Cmd-Option-I no Mac).

A Figura 4-7 mostra a guia Elementos em ação. Você pode selecionar elementos DOM na página usando o ícone de lupa à esquerda e ver o código HTML deles no painel esquerdo. O painel direito permite ver os estilos CSS aplicados ao elemento e verificar quaisquer ouvintes de eventos que estejam anexados ou propriedades DOM.

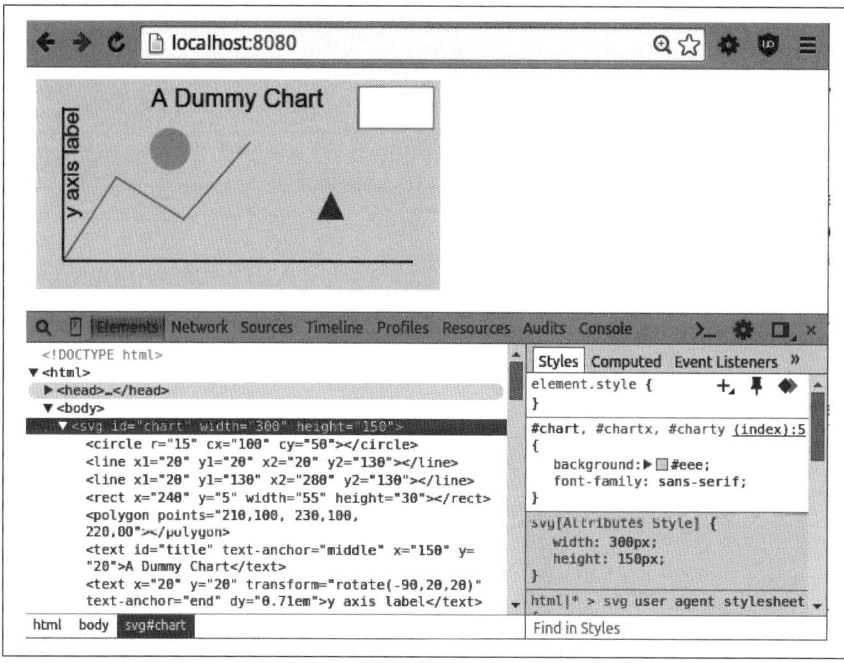

Figura 4-7. Guia Elementos do Chrome DevTools

Uma característica muito legal da guia Elementos é que você pode alterar de maneira interativa o estilo do elemento tanto para estilos CSS quanto para atributos.[9] Isso é uma ótima maneira de refinar a aparência das suas visualizações de dados.

A guia Elementos do Chrome fornece uma ótima maneira de explorar a estrutura de uma página, descobrindo como os diferentes elementos estão posicionados. Essa é uma boa maneira de entender como posicionar blocos de conteúdo com as propriedades `position` e `float`. Ver como os profissionais aplicam estilos CSS é uma ótima maneira de melhorar suas habilidades e aprender alguns truques úteis.

A Guia Fontes

A guia Fontes permite que você veja qualquer JavaScript incluído na página. A Figura 4-8 mostra a guia em funcionamento. No painel esquerdo, você pode selecionar um script ou um arquivo HTML com JavaScript incorporado em tabs `<script>`. Como mostrado, você pode colocar um ponto de interrupção no código, carregar a página e, na interrupção, ver a stack de chamadas e quaisquer variáveis locais ou globais. Esses pontos de interrupção são parametrizados, então você pode definir condições para que eles sejam acionados, o que é útil se quiser capturar e percorrer uma configuração específica. Na interrupção, você tem os comandos padrão para avançar, sair e pular de funções, e assim por diante.

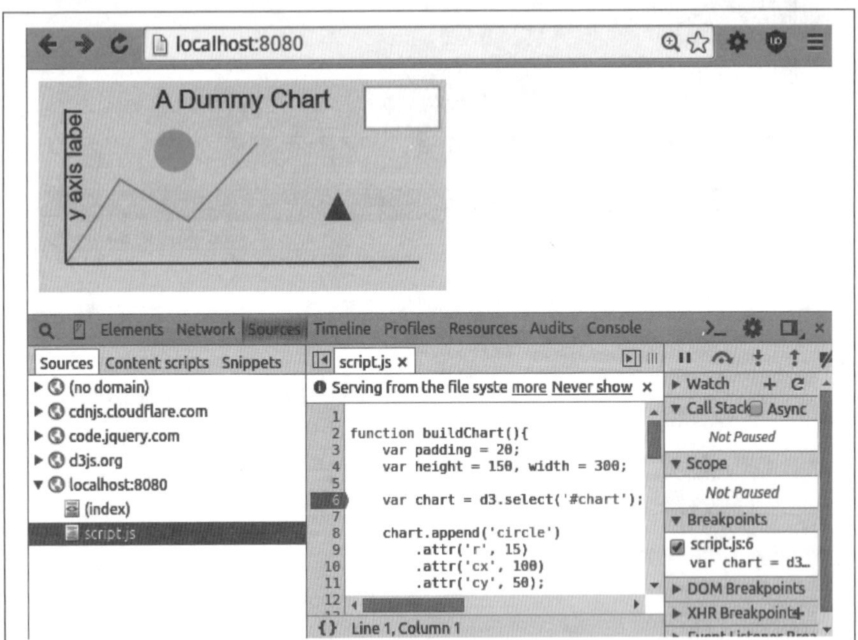

Figura 4-8. Guia Fontes do Chrome DevTools

9 A possibilidade de brincar com os atributos é particularmente útil quando se tenta fazer com que os SVG (Scalable Vector Graphics) funcionem.

A guia Fontes é um recurso fantástico e reduz bastante a necessidade de registrar mensagens no console[10] ao depurar JavaScript. Na verdade, onde a depuração de JS costumava ser um grande ponto de dor, agora é quase um prazer.

Outras Ferramentas

Há uma enorme quantidade de funcionalidades nessas guias do Chrome DevTools, e elas vêm sendo atualizadas quase diariamente. Você pode criar cronogramas e perfis de memória e CPU, monitorar os downloads da rede e testar suas páginas em diferentes formatos. Mas você passará a maior parte do seu tempo como visualizador de dados nas guias Elementos e Fontes.

Uma Página Básica com Marcadores de Posição

Agora que falamos sobre os principais elementos de uma página web, vamos juntá-los. A maioria das visualizações web começa como esqueletos HTML e CSS, com elementos marcadores de posição prontos para serem preenchidos com um pouco de JavaScript e dados (consulte "Aplicações de Página Única" na página 80.

Primeiro, precisaremos do nosso esqueleto HTML, usando o código do Exemplo 4-1. Isso consiste em uma árvore de blocos de conteúdo `<div>` definindo três elementos de gráfico: um cabeçalho, seção principal e barra lateral. Salvaremos este arquivo como *index.html*.

Exemplo 4-1. O arquivo index.html, nosso esqueleto HTML

```
<!DOCTYPE html>
<meta charset="utf-8">

<link rel="stylesheet" href="style.css" type="text/css" />

<body>

  <div id="chart-holder" class="dev">
    <div id="header">
      <h2>A Catchy Title Coming Soon...</h2>
      <p>Some body text describing what this visualization is all
      about and why you should care.</p>
    </div>
    <div id="chart-components">
      <div id="main">
        A placeholder for the main chart.
      </div><div id="sidebar">
        <p>Some useful information about the chart,
          probably changing with user interaction.</p>
      </div>
    </div>
  </div>

  <script src="script.js"></script>
</body>
```

10 O registro é uma ótima maneira de rastrear o fluxo de dados na sua aplicação. Recomendo a adoção de uma abordagem consistente aqui.

Agora que temos nosso esqueleto HTML, queremos estilizá-lo usando um pouco de CSS. Isso usará as classes e IDs dos nossos blocos de conteúdo para ajustar tamanho, posição, cor de fundo etc. Para aplicar nosso CSS, no Exemplo 4-1, importamos um arquivo *style.css*, mostrado no Exemplo 4-2.

Exemplo 4-2. O arquivo style.css, fornecendo nossos estilos CSS

```
body {
    background: #ccc;
    font-family: Sans-serif;
}

div.dev { ❶
    border: solid 1px red;
}

div.dev div {
    border: dashed 1px green;
}

div#chart-holder {
    width: 600px;
    background :white;
    margin: auto;
    font-size :16px;
}

div#chart-components {
    height :400px;
    position :relative; ❷
}

div#main, div#sidebar {
    position: absolute; ❸
}

div#main {
    width: 75%;
    height: 100%;
    background: #eee;
}

div#sidebar {
    right: 0; ❹
    width: 25%;
    height: 100%;
}
```

❶ Esta classe `dev` é uma maneira prática de visualizar a borda de qualquer bloco visual, o que é útil para o trabalho de visualização.

❷ Torna os `chart-components` o pai relativo.

❸ Torna as posições principais e de barra lateral relativas aos `chart-components`.

❹ Posiciona este bloco alinhado com a parede direita dos `chart-components`.

Usamos o posicionamento absoluto dos elementos de gráfico principal e de barra lateral (Exemplo 4-2). Existem várias maneiras de posicionar os blocos de conteúdo com CSS, mas o posicionamento absoluto oferece controle explícito sobre o posicionamento deles, o que é essencial se você quiser obter o visual correto.

Depois de especificar o tamanho do contêiner dos componentes de gráfico, os elementos filhos principais e de barra lateral são dimensionados e posicionados usando porcentagens de seus pais. Isso significa que qualquer alteração no tamanho dos `chart-components` de gráfico será refletida em seus filhos.

Com nosso HTML e CSS definidos, podemos examinar o esqueleto inicializando o servidor HTTP de uma linha do Python no diretório do projeto contendo os arquivos *index.html* e *style.css* definidos nos Exemplos 4-1 e 4-2, desta forma:

```
$ python -m http.server 8000
Serving HTTP on 0.0.0.0 port 8000 ...
```

A figura 4-9 mostra a página resultante com a guia Elementos aberta, exibindo a árvore DOM da página.

Os blocos de conteúdo do gráfico estão agora posicionados e dimensionados corretamente, prontos para que o JavaScript adicione algum conteúdo interessante.

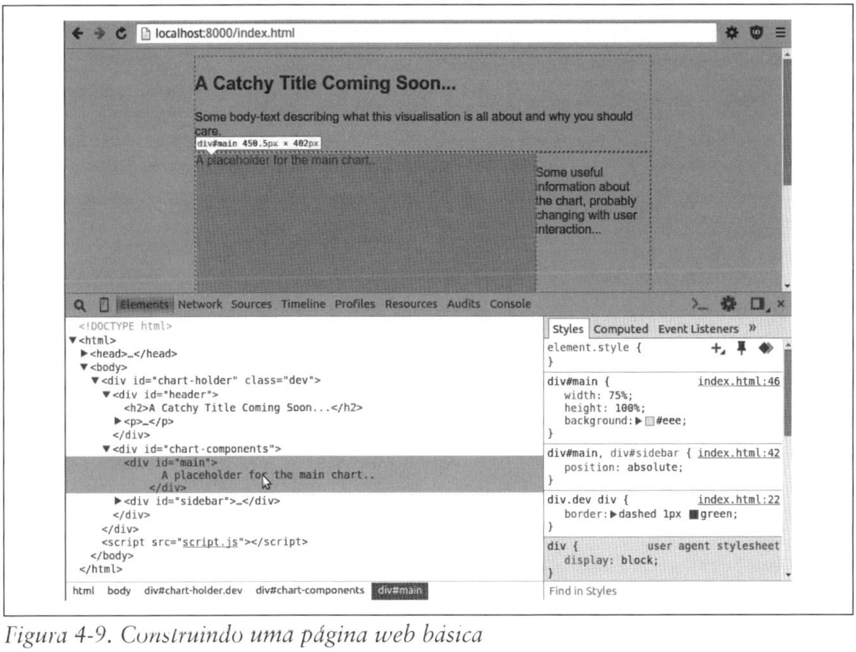

Figura 4-9. Construindo uma página web básica

Posicionamento e Dimensionamento de Contêineres com Flex

Historicamente, o posicionamento e o dimensionamento de conteúdo (geralmente contêineres `<div>`) com CSS eram algo um tanto obscuro. Não ajudava o fato de haver muitas incompatibilidades entre navegadores e discordâncias sobre o que constituía preenchimento ou margens. Mas mesmo considerando tudo isso, as propriedades CSS usadas pareciam bastante ad hoc. Muitas vezes, alcançar o que parece ser uma posição ou dimensionamento razoável acaba exigindo conhecimentos arcanos de CSS, escondidos nas profundezas de algum tópico do Stack Overflow. Um exemplo disso é centralizar uma `div` na horizontal e vertical.[11] Isso mudou completamente com o surgimento do flex-box CSS, que usa algumas propriedades CSS novas e poderosas para fornecer praticamente todo o dimensionamento e posicionamento de que você precisa.

Os flex-boxes não são exatamente uma única propriedade CSS para governar todas elas — o posicionamento absoluto demonstrado na seção anterior ainda tem seu lugar, especialmente em visualizações de dados — mas eles são um conjunto de propriedades muito poderosas que, na maioria das vezes, representam a maneira mais simples e, às vezes, a única de atingir uma posição/dimensionamento específico. Efeitos que costumavam exigir conhecimento de CSS agora estão ao alcance de um relativo novato, e a cereja do bolo é que os flex-boxes funcionam muito bem com proporções variáveis de tela — o poder do flex. Com isso em mente, vamos ver o que pode ser feito com o conjunto básico de propriedades flex.

Primeiro, usaremos um pouco de HTML para criar uma `div` de contêiner com três `divs` filhas (caixas). As caixas filhas terão a classe `box` com um ID para permitir a aplicação específica de CSS:

```
<div class="container" id="top-container">
  <div class="box" id="box1">box 1</div>
  <div class="box" id="box2">box 2</div>
  <div class="box" id="box3">box 3</div>
</div>
```

O CSS inicial define uma borda vermelha, largura e altura (600x400) para o contêiner. As caixas têm 100 pixels de largura e altura (80 pixels mais 10 pixels de preenchimento) e têm uma borda verde. Uma propriedade CSS interessante é o `display` do contêiner: flex, que estabelece um contexto de exibição flex. O resultado disso pode ser visto na Figura 4-10 (`display: flex`), que mostra as caixas dispostas em uma linha em vez da coluna padrão, onde cada caixa ocupa sua própria linha:

[11] Aqui está um tópico que mostra as muitas e variadas soluções para o problema, nenhuma das quais poderia ser chamada de elegante.

```
.container {
  display: flex;
  width: 600px;
  height: 400px;
  border: 2px solid red;
}
.box {
  border: 2px solid green;
  font-size: 28px;
  padding: 10px;
  width: 80px;
  height: 80px;
}
```

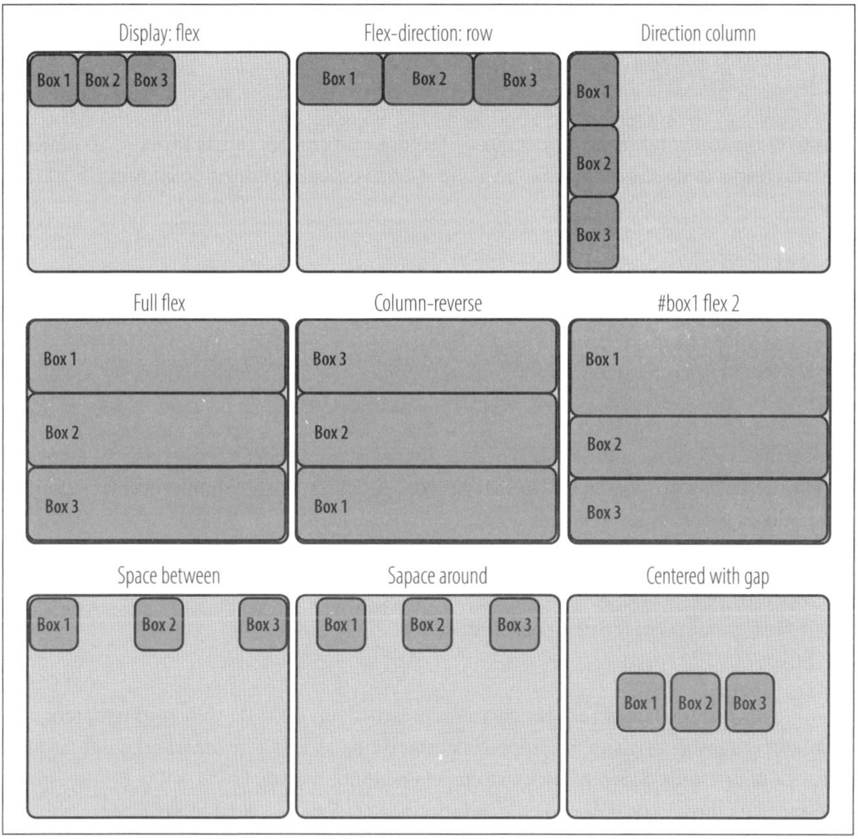

Figura 4-10. Posicionamento e dimensionamento com flex-boxes

Os displays flex respondem às filhas com a propriedade `flex` expandindo seu tamanho para caber o espaço disponível. Se tornarmos as caixas flexíveis, elas responderão expandindo-se para preencher a linha do contêiner. A Figura 4-10 (flex-direction: row) mostra o resultado. Observe que a propriedade `flex` substitui a propriedade de largura das caixas, permitindo que elas se expandam:

```
.box {
  /* ... */
  flex: 1;
}
```

A propriedade `flex-direction` é definida como `row` por padrão. Ao definir como `column`, as caixas são colocadas em uma coluna e a propriedade de altura é substituída para permitir que elas se expandam para ajustar a altura do contêiner. A Figura 4-10 (direction column) mostra o resultado:

```
.container {
  /* ... */
  flex-direction: column;
}
```

Remover ou comentar as propriedades de largura e altura das caixas torna-as totalmente flexíveis, capazes de se expandir na horizontal e na vertical, produzindo a Figura 4-10 (full flex):

```
.box {
  /* ... */
  /* width: 80px;
  height: 80px; */
  flex: 1;
}
```

Se você deseja reverter a ordem das caixas flex, existem as opções `row-reverse` e `column-reverse` para a propriedade `flex-direction`. A Figura 4-10 (column reverse) mostra o resultado da reversão das colunas:

```
.container {
  /* ... */
  flex-direction: column-reverse;
}
```

O valor da propriedade `flex` das caixas representa um peso de dimensionamento. Inicialmente, todas as caixas têm um peso de um, o que as torna de tamanho igual. Se atribuirmos um peso de dois à primeira caixa, ela ocupará metade (2 / (1 + 1 + 2)) do espaço disponível na direção de linha ou coluna especificada. A Figura 4-10 (#box1 flex 2) mostra o resultado de aumentar o valor de flex da `box1`:

```
#box1 {
  flex: 2;
}
```

Se restaurarmos as restrições de altura e largura de 100 pixels (incluindo preenchimento) para as caixas e removermos sua propriedade `flex`, podemos demonstrar o poder do posicionamento display flex. Também precisaremos remover a diretiva flex de `box1`:

```
.box {
  width: 80px;
  height: 80px;
  /* flex: 1; */
}

#box1 {
  /* flex: 2; */
}
```

Com conteúdo de tamanho fixo, os displays flex têm várias propriedades que permitem posicionar o conteúdo de maneira precisa. Esse tipo de manipulação costumava envolver uma série de truques complicados de CSS. Primeiro, vamos distribuir as caixas igualmente em seu contêiner, usando espaçamento com base em linhas. A propriedade mágica é `justify-content` com o valor `space-between`; a Figura 4-10 (space between) mostra o resultado:

```
.container {
  /* ... */
  flex-direction: row;
  justify-content: space-between;
}
```

Existe um complemento `space-around` para o `space-between`, que espaça o conteúdo adicionando preenchimento igual à esquerda e à direita. A Figura 4-10 (space around) mostra o resultado:

```
.container {
  /* ... */
  justify-content: space-around;
}
```

Ao combinar as propriedades `justify-content` e `align-items` podemos alcançar o Santo Graal do posicionamento em CSS, centralizando o conteúdo vertical e horizontalmente. Vamos adicionar um espaço de 20 pixels entre as caixas usando a propriedade `gap` do display flex:

```
.container {
  /* ... */
    gap: 20px;
    justify-content: center;
    align-items: center;
}
```

A figura 4-10 (centered with `gap`) mostra nosso conteúdo perfeitamente centralizado em seu contêiner.

Outra grande vantagem do flex display é que ele é totalmente recursivo. `divs` podem *ter* tanto a propriedade display flex quanto *serem* conteúdo flex. Isso facilita a criação de layouts complexos de conteúdo. Vamos ver uma pequena demonstração de flex-boxes aninhados para entender melhor.

Primeiro, usaremos HTML para criar uma árvore aninhada de caixas (incluindo a caixa do contêiner principal). Daremos a cada caixa e contêiner um ID e uma classe:

```
<div class="main-container">

  <div class="container" id="top-container">
    <div class="box" id="box1">box 1</div>
    <div class="box" id="box2">box 2</div>
  </div>

  <div class="container" id="middle-container">
    <div class="box" id="box3">box 3</div>
  </div>

  <div class="container" id="bottom-container">
    <div class="box" id="box4">box 4</div>
    <div class="box" id="box5">
      <div class="box" id="box6">box 6</div>
      <div class="box" id="box7">box 7</div>
    </div>
  </div>

</div>
```

O CSS a seguir atribui ao contêiner principal uma altura de 800 pixels (ele preencherá a largura disponível por padrão), um display flex e uma direção flex de coluna, fazendo com que ele empilhe seu conteúdo flex.

Há três contêineres a serem empilhados, que são flexíveis e fornecem um display flex para seu conteúdo. As caixas têm uma borda vermelha e são totalmente flexíveis (nenhuma largura ou altura especificada). Por padrão, todas as caixas têm um peso flex de um.

O contêiner do meio tem uma caixa de largura fixa (largura de 66%) e usa `justify-content: center` para centralizá-la.

O contêiner inferior tem um valor flex de 2, fazendo com que seja duas vezes mais alto que seus irmãos. Ele possui duas caixas de peso igual, uma das quais (caixa 5) contém duas caixas empilhadas (`flex-direction: column`). O layout um tanto complexo (veja a Figura 4-11) é alcançado com um CSS impressionantemente pequeno e pode ser facilmente adaptado alterando algumas propriedades de display flex:

```
.main-container {
  height: 800px;
  padding: 10px;
  border: 2px solid green;
  display: flex;
  flex-direction: column;
}

.container {
  flex: 1;
  display: flex;
}

.box {
  flex: 1;
  border: 2px solid red;
  padding: 10px;
  font-size: 30px;
}

#middle-container {
  justify-content: center;
}

#box3 {
  width: 66%;
  flex: initial;
}

#bottom-container {
  flex: 2;
}

#box5 {
  display: flex;
  flex-direction: column;
}
```

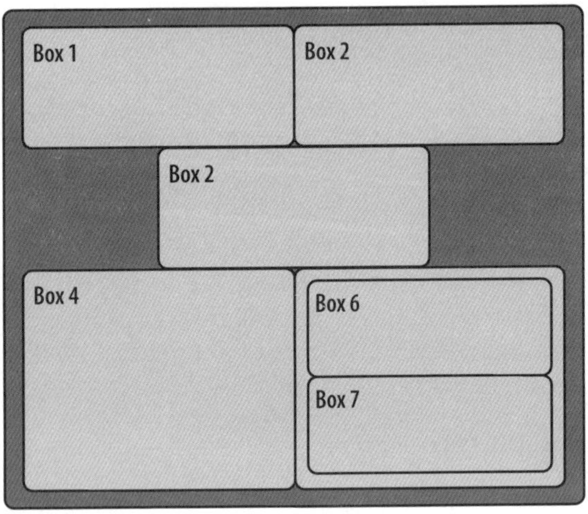

Figura 4-11. Flex-boxes aninhadas

Flex-boxes fornecem um contexto muito poderoso de dimensionamento e posicionamento para o conteúdo HTML, que responde ao tamanho do contêiner e pode ser facilmente adaptado. Se você deseja que seu conteúdo esteja em uma coluna em vez de uma linha, uma única alteração de propriedade torna isso possível. Para um controle de posicionamento e dimensionamento mais preciso, há o layout de grade CSS, mas eu recomendaria concentrar suas energias iniciais no display flex — ele representa o melhor retorno sobre seu investimento de aprendizado em CSS no momento. Para mais exemplos, consulte o artigo do CSS-Tricks sobre flex-boxes e esta prática folha de referência.

Preenchendo os Espaços Reservados com Conteúdo

Com nossos blocos de conteúdo definidos em HTML e posicionados com CSS, uma visualização de dados moderna usa JavaScript para construir seus gráficos interativos, menus, tabelas e coisas do tipo. Existem muitas maneiras de criar conteúdo visual (além das tags de imagem ou multimídia) em seu navegador moderno, sendo as principais:

- Gráficos Vetoriais Escaláveis (SVG) usando tags HTML especiais.
- Desenho em um contexto de `canvas` 2D.
- Desenho em um contexto de `canvas` 3D WebGL, permitindo um subconjunto de comandos OpenGL.
- Usando CSS moderno para criar animações, primitivas gráficas, e muito mais.

Por ser a linguagem de escolha do D3, em muitos aspectos a maior biblioteca de visualização de dados em JavaScript, o SVG é usado na construção de muitas visualizações de dados na web, como as do *New York Times*. Em termos gerais, a menos que preveja ter muitos (> 1.000) elementos móveis em sua visualização ou precise usar uma biblioteca específica baseada em tela, o SVG é provavelmente o melhor caminho a seguir.

Ao usar vetores em vez de pixels para expressar suas primitivas, o SVG geralmente produz gráficos mais limpos que respondem suavemente às operações de dimensionamento. Ele também lida muito melhor com texto, consideração crucial para muitas visualizações. Outra vantagem importante do SVG é que a interação do usuário (por exemplo, passar o mouse ou clicar) é nativa do navegador, fazendo parte do tratamento padrão de eventos do DOM.[12] Um último ponto a favor é que, como os componentes gráficos são construídos no DOM, você pode inspecioná-los e adaptá-los usando as ferramentas de desenvolvimento do seu navegador (consulte "Chrome DevTools" na página 92). Isso pode facilitar a depuração e o aprimoramento de suas visualizações, muito mais do que tentar encontrar erros na caixa relativamente preta do `canvas`.

Os contextos gráficos `canvas` se destacam quando você precisa ir além de primitivas gráficas simples, como círculos e linhas, por exemplo, ao incorporar imagens como PNGs e JPGs. O `canvas` é, de maneira geral, consideravelmente mais eficiente em termos de desempenho do que o SVG, portanto, qualquer coisa com muitos elementos em movimento[13] é melhor renderizada em um canvas. Se quiser ser realmente ambicioso ou ir além dos gráficos 2D, você pode até liberar o incrível poder das modernas placas de vídeo usando uma forma especial de contexto do `canvas`, o contexto WebGL baseado em OpenGL. Apenas tenha em mente que o que seria uma interação simples do usuário com o SVG (por exemplo, clicar em um elemento visual) geralmente precisa ser derivado manualmente das coordenadas do mouse, o que adiciona uma camada de complexidade.

A visualização dos dados do Prêmio Nobel realizada no final do fluxo de trabalho deste livro é construída principalmente com o D3, portanto os gráficos SVG são o foco deste livro. Estar familiarizado com o SVG é fundamental para a moderna dataviz baseada na web, então vamos explorar um pequeno resumo disso.

Gráficos Vetoriais Escaláveis (SVG)

Todas as criações do SVG começam com a tag raiz `<svg>`. Todos os elementos gráficos como círculos e linhas, e seus grupos, são definidos nesses ramos da árvore do DOM. O Exemplo 4-3 mostra um contexto básico do SVG que usaremos nas próximas demonstrações, um retângulo cinza claro com o ID chart. Também incluímos a biblioteca D3, carregada de *d3js.org*, e um arquivo JavaScript *script.js* na pasta do projeto.

[12] Com um contexto gráfico `canvas`, você geralmente precisa criar seu próprio tratamento de eventos.

[13] Esse número muda com o tempo e com o navegador em questão, mas, como regra geral, o SVG geralmente começa a se desgastar na casa dos milhares.

Exemplo 4-3. Um contexto básico do SVG

```
<!DOCTYPE html>
<meta charset="utf-8">
<!-- A few CSS style rules -->
<style>
  svg#chart {
  background: lightgray;
  }
</style>

<svg id="chart" width="300" height="225">
</svg>

<!-- Third-party libraries and our JS script. -->
<script src="http://d3js.org/d3.v7.min.js"></script>
<script src="script.js"></script>
```

Agora que temos nossa pequena tela SVG no lugar, vamos começar a fazer alguns desenhos.

O Elemento <g>

Podemos agrupar formas dentro do nosso elemento `<svg>` usando o grupo de elemento `<g>`. Como veremos em "Trabalhando com Grupos" na página 115, as formas contidas em um grupo podem ser manipuladas juntas, incluindo a alteração de sua posição, escala ou opacidade (opacity).

Círculos

A criação de visualizações SVG, desde o mais simples gráfico de barras estático até obras de arte geográficas interativas completas, envolve a combinação de elementos de um conjunto bastante pequeno de primitivas gráficas, como linhas, círculos e os caminhos bastante poderosos.

Cada um desses elementos terá sua própria tag DOM, que será atualizada à medida que muda.[14] Por exemplo, seus atributos *x* e *y* mudarão para refletir quaisquer traduções dentro do contexto de seu `<svg>` ou grupo (`<g>`).

Vamos adicionar um círculo ao nosso contexto `<svg>` para demonstrar:

```
<svg id="chart" width="300" height="225">
  <circle r="15" cx="100" cy="50"></circle>
</svg>
```

[14] Você deve ser capaz de usar as ferramentas de desenvolvimento do seu navegador para ver os atributos de tag se atualizando em tempo real.

Com um pouco de CSS para fornecer a cor de preenchimento do círculo:

```
#chart circle{ fill: lightblue }
```

Isto produz a Figura 4-12. Observe que a coordenada y é medida a partir do topo do contêiner `<svg>` `'#chart'`, uma convenção gráfica comum.

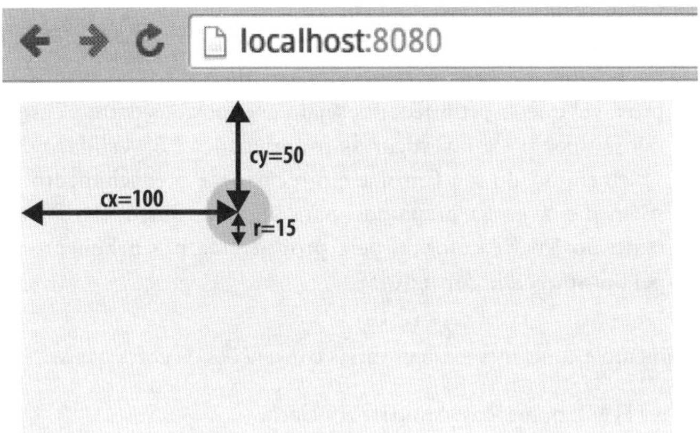

Figura 4-12. Um círculo SVG

Agora, vamos ver como aplicamos estilos aos elementos SVG.

Aplicando Estilos CSS

O círculo na Figura 4-12 está preenchido com azul-claro, usando regras de estilo CSS:

```
#chart circle{ fill: lightblue }
```

Nos navegadores modernos, você pode definir a maioria dos estilos visuais do SVG usando CSS, incluindo preenchimento (`fill`), contorno (`stroke`), largura do contorno (`stroke-width`) e opacidade. Portanto, se quiséssemos uma linha verde espessa e semitransparente (com ID total), poderíamos usar o seguinte CSS:

```
#chart line#total {
    stroke: green;
    stroke-width: 3px;
    opacity: 0.5;
}
```

Você também pode definir os estilos como atributos das tags, embora o CSS seja geralmente preferível:

```
<svg>
  <circle r="15" cx="100" cy="50" fill="lightblue"></circle>
</svg>
```

> Quais recursos do SVG podem ser definidos pelo CSS e quais não podem são fonte de confusão e muitas armadilhas. A especificação do SVG faz uma distinção entre propriedades e atributos dos elementos, sendo mais provável que as propriedades sejam encontradas entre os estilos CSS válidos. Você pode investigar as propriedades CSS válidas usando a guia "Elementos" do seu Chrome e o recurso de preenchimento automático. Além disso, esteja preparado para algumas surpresas. Por exemplo, o texto do SVG é colorido pela propriedade preenchimento (`fill`), não pela propriedade cor (`color`).

Para preenchimento e contorno, existem várias convenções de cores que você pode usar:

- Cores HTML nomeadas, como o azul-claro.
- Usando códigos hexadecimais HTML (#RRGGBB); por exemplo, o branco é #FFFFFF.
- Valores RGB; por exemplo, vermelho = rgb(255, 0, 0).
- Valores RGBA, onde A é um canal alpha (0–1); por exemplo, azul semitransparente é rgba (0, 0, 255, 0.5).

Além de ajustar o canal alpha da cor com RGBA, você pode suavizar os elementos SVG usando a propriedade de opacidade. A opacidade é muito utilizada em animações D3.

A largura do contorno é medida em pixels por padrão, mas também pode ser medida em pontos.

Linhas, Retângulos e Polígonos

Adicionaremos mais alguns elementos ao nosso gráfico para produzir a Figura 4-13.

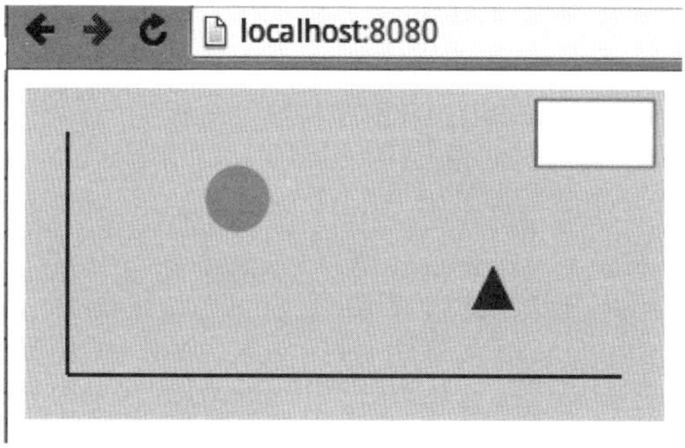

Figura 4-13. Adicionando alguns elementos ao nosso gráfico fictício

Primeiro, adicionaremos algumas linhas de eixo simples ao nosso gráfico, usando a tag `<line>`. As posições de linha são definidas por uma coordenada de início (x1, e y1) e uma coordenada de fim (x2, y2):

```
<svg>
  <line x1="20" y1="20" x2="20" y2="130"></line>
  <line x1="20" y1="130" x2="280" y2="130"></line>
</svg>
```

Também adicionaremos uma caixa de legenda fictícia no canto superior direito usando um retângulo SVG. Retângulos são definidos por coordenadas *x* e *y* em relação ao seu contêiner pai, e uma largura e altura:

```
<svg>
  <rect x="240" y="5" width="55" height="30"></rect>
</svg>
```

Você pode criar polígonos irregulares usando a tag `<polygon>`, que recebe uma lista de pares de coordenadas. Vamos criar um marcador triangular no canto inferior direito do nosso gráfico:

```
<svg>
  <polygon points="210,100, 230,100, 220,80"></polygon>
</svg>
```

Vamos estilizar os elementos com um pouco de CSS:

```
#chart circle {fill: lightblue}
#chart line {stroke: #555555; stroke-width: 2}
#chart rect {stroke: red; fill: white}
#chart polygon {fill: green}
```

Agora que temos algumas primitivas gráficas estabelecidas, vamos ver como adicionar texto ao nosso gráfico fictício.

Texto

Uma das principais vantagens do SVG em relação ao contexto do `canvas` rasterizado é como ele lida com texto. O texto baseado em vetores tende a ficar muito mais nítido do que seu equivalente pixelizado e se beneficia de uma escala suave também. Além disso, você pode ajustar as propriedades de contorno e preenchimento, assim como qualquer elemento SVG.

Vamos adicionar um pouco de texto ao nosso gráfico fictício: um título e um eixo y com rótulo (veja a Figura 4-14).

Figura 4-14. Texto SVG

Posicionamos o texto usando coordenadas *x* e *y*. Uma propriedade importante é o `text-anchor`, que estipula onde o texto é posicionado em relação à sua posição x. As opções são `start`, `middle` e `end`; `start` é o padrão.

Podemos usar a propriedade `text-anchor` para centralizar o título do nosso gráfico. Definimos as coordenadas *x* em metade da largura do gráfico e, em seguida, definimos o `text-anchor` como `middle`:

```
<svg>
  <text id="title" text-anchor="middle" x="150" y="20">
    A Dummy Chart
  </text>
</svg>
```

Assim como todas as primitivas SVG, podemos aplicar transformações de escala e rotação ao nosso texto. Para rotular nosso eixo y, precisaremos girar o texto verticalmente (Exemplo 4-4). Por convenção, as rotações são no sentido horário por grau, então queremos uma rotação no sentido anti-horário de –90 graus. Por padrão, as rotações estão em torno do ponto (0,0) do contêiner do elemento (<svg> ou grupo <g>). Queremos girar nosso texto em torno de sua própria posição, então primeiro transladamos o ponto de rotação usando os argumentos adicionais para a função `rotate`. Também queremos definir previamente o `text-anchor` como o final da string de rótulo do eixo `y` para girar em torno de seu ponto final.

Exemplo 4-4. Rotacionando texto

```
<svg>
  <text x="20" y="20" transform="rotate(-90,20,20)"
      text-anchor="end" dy="0.71em">y axis label</text>
</svg>
```

No Exemplo 4-4, utilizamos o atributo `dy` do texto que, juntamente com `dx`, pode ser usado para fazer ajustes finos na posição do texto. Neste caso, queremos abaixá-lo para que, quando rotacionado no sentido anti-horário, fique à direita do eixo y.

Elementos de texto SVG também podem ser estilizados com CSS. Aqui definimos a família de fontes do gráfico como `sans-serif` e o tamanho da fonte como 16px, usando o ID do título para deixá-lo um pouco maior:

```
#chart {
background: #eee;
font-family: sans-serif;
}
#chart text{ font-size: 16px }
#chart text#title{ font-size: 18px }
```

Observe que os elementos de texto herdam a família de fontes e o tamanho da fonte do CSS do gráfico; você não precisa especificar um elemento de texto.

Caminhos

Os caminhos são os elementos SVG mais complicados e poderosos, permitindo a criação de caminhos de componentes multilinhas e multicurvas que podem ser fechados e preenchidos, criando praticamente qualquer forma que você desejar. Um exemplo simples é adicionar uma pequena linha de gráfico ao nosso gráfico fictício para produzir a Figura 4-15.

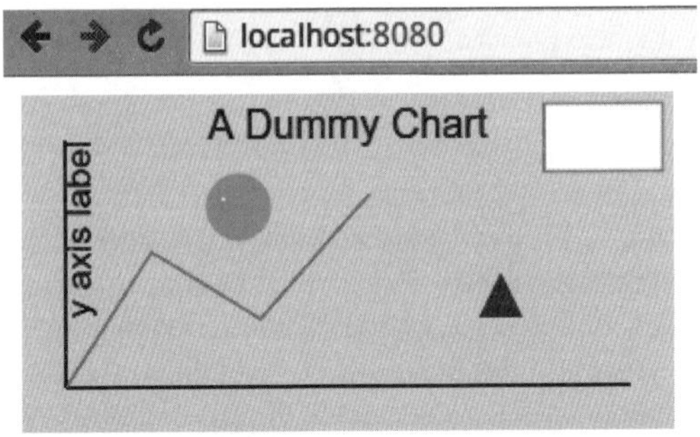

Figura 4-15. Um caminho de linha vermelha a partir do eixo do gráfico

O caminho vermelho na Figura 4-15 é produzido pelo seguinte SVG:

```
<svg>
  <path d="M20 130L60 70L110 100L160 45"></path>
</svg>
```

O atributo `d` do caminho especifica a série de operações necessárias para criar a linha vermelha. Vamos analisar:

- "M20 130": move para a coordenada (20, 130)
- "L60 70": desenha uma linha até (60, 70)
- "L110 100": desenha uma linha até (110, 100)
- "L160 45": desenha uma linha até (160, 45)

Você pode imaginar o `d` como um conjunto de instruções para uma caneta se mover para um ponto, com M levantando a caneta do canvas.

Um pouco de estilo CSS é necessário. Observe que o preenchimento é definido como none; caso contrário, para criar uma área preenchida, o caminho seria fechado, desenhando uma linha de seus pontos finais para iniciais, e quaisquer áreas contidas seriam preenchidas com a cor preta padrão:

```
#chart path {stroke: red; fill: none}
```

Assim como o `moveto 'M'` e `lineto 'L'`, o caminho tem vários outros comandos para desenhar arcos, curvas Bézier e similares. Os arcos e curvas SVG são comumente usados em trabalhos de dataviz, e muitas das bibliotecas do D3 fazem uso deles.[15] A Figura 4-16 mostra alguns arcos elípticos criados pelo seguinte código:

[15] O diagrama de acordes de Mike Bostock é um bom exemplo e usa a função de acordes do D3.

```
<svg id="chart" width="300" height="150">
  <path d="M40 40
           A30 40 ❶
           0 0 1 ❷
           80 80
           A50 50  0 0 1  160  80
           A30 30  0 0 1  190  80
">
</svg>
```

❶ Ao mover-se para a posição (40,40), desenhe um arco elíptico com raio-x de 30, raio-y de 40 e ponto final (80,80).

❷ A primeira flag (0) define a rotação do eixo-x, neste caso o convencional zero. Consulte o site de desenvolvedores da Mozilla para uma demonstração visual. As duas últimas flags (0,1) são a `large-arc-flag`, especificando qual arco da elipse usar, e a `sweep-flag`, que especifica qual das duas elipses possíveis definidas pelo ponto de início e fim usar.

Figure 4-16. Alguns arcos elípticos SVG

As flags-chave usadas no arco elíptico (`large-arc-flag` e `sweep-flag`) são, como na maioria das coisas geométricas, melhor demonstradas do que descritas. A Figura 4-17 mostra o efeito de alterar as flags para o mesmo ponto de início e fim relativo, da seguinte forma:

```
<svg id="chart" width="300" height="150">
  <path d="M40 80
          A30 40  0 0 1  80 80
          A30 40  0 0 0  120  80
          A30 40  0 1 0  160  80
          A30 40  0 1 1  200  80
">
</svg>
```

Figura 4-17. Alterando as flags de arco elíptico

Além de linhas e arcos, o elemento de caminho oferece uma série de curvas de Bézier, incluindo quadráticas, cúbicas e combinações das duas. Com um pouco de trabalho, é possível criar qualquer caminho de linha desejado. Há um bom tutorial no SitePoint com boas ilustrações.

Para obter a lista definitiva de elementos de caminho e seus argumentos, consulte a fonte do World Wide Web Consortium (W3C). E para um resumo interessante, veja a introdução de Jakob Jenkov.

Escalando e Rotacionando

Conforme sua natureza vetorial, todos os elementos SVG podem ser transformados por operações geométricas. As mais comumente usadas são rotação (rotate), translação (translate) e escala (scale), mas também é possível aplicar inclinação usando `skewX` e `skewY`, ou utilizar a transformação de *matriz* poderosa e multifuncional.

Vamos demonstrar as transformações mais populares usando um conjunto de retângulos idênticos. Os retângulos transformados na 4-18 são obtidos da seguinte maneira:

```
<svg id="chart" width="300" height="150">
  <rect width="20" height="40" transform="translate(60, 55)"
        fill="blue"/>
  <rect width="20" height="40" transform="translate(120, 55),
        rotate(45)" fill="blue"/>
  <rect width="20" height="40" transform="translate(180, 55),
        scale(0.5)" fill="blue"/>
  <rect width="20" height="40" transform="translate(240, 55),
        rotate(45),scale(0.5)" fill="blue"/>
</svg>
```

Figura 4-18. Algumas transformações SVG são: rotação(45), escala(0.5), escala(0.5), e então rotação(45)

> A ordem em que transformações são aplicadas é importante. Uma rotação de 45 graus no sentido horário, seguida de uma translação ao longo de eixo x, fará com que o elemento seja movido para o sudeste, enquanto a operação reversa o moverá para a esquerda e depois o rotacionará.

Trabalhando com Grupos

Muitas vezes, quando você está construindo uma visualização, é útil agrupar os elementos visuais. Alguns usos específicos são:

- Quando você precisa de esquemas de coordenadas locais (por exemplo, se você tem um rótulo de texto para um ícone e deseja especificar sua posição em relação ao ícone, não ao canvas completo `<svg>`).
- Se você deseja aplicar uma transformação de escala e/ou rotação a um subconjunto dos elementos visuais.

O SVG possui a tag de grupo `<g>` para isso, que pode ser pensada como um mini canvas dentro do canvas `<svg>`. Os grupos podem conter grupos, permitindo mapeamentos geométricos muito flexíveis.[16]

O Exemplo 4-5 agrupa formas no centro da tela, produzindo a Figura 4-19. Observe que a posição dos elementos de círculo, retângulo e caminho é relativa ao grupo da translação.

[16] Por exemplo, um grupo de corpo pode conter um grupo de braço, que pode conter um grupo de mão, que pode conter elementos de dedo.

Exemplo 4-5. Agrupando formas SVG

```
<svg id="chart" width="300" height="150">
  <g id="shapes" transform="translate(150,75)">
    <circle cx="50" cy="0" r="25" fill="red" />
    <rect x="30" y="10" width="40" height="20" fill="blue" />
    <path d="M-20 -10L50 -10L10 60Z" fill="green" />
    <circle r="10" fill="yellow">
  </g>
</svg>
```

Figura 4-19. Agrupando formas com a tag SVG <g>

Se aplicarmos uma transformação ao grupo agora, todos os elementos dentro dele serão afetados. A Figura 4-20 mostra o resultado da escala da Figura 4-19 por um fator de 0,75 e, em seguida, a rotação de 90 graus, o que é alcançado adaptando o atributo de transformação, assim:

```
<svg id="chart" width="300" height="150">
  <g id="shapes",
     transform = "translate(150,75),scale(0.5),rotate(90)">
     ...
</svg>
```

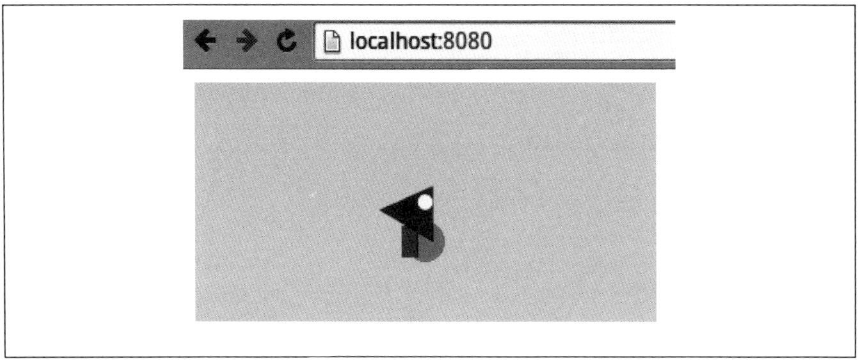

Figura 4-20. Transformando um grupo SVG

Camadas e Transparência

A ordem em que os elementos SVG são adicionados à árvore DOM é importante, sendo que os elementos posteriores têm precedência, sobrepondo-se a outros. Na Figura 4-9, por exemplo, o caminho do triângulo oculta o círculo vermelho e o retângulo azul, e por sua vez é ocultado pelo círculo amarelo.

Manipular a ordem do DOM é uma parte importante da visualização de dados em JavaScript (por exemplo, o método `insert` do D3 permite inserir um elemento SVG antes de um existente).

A transparência do elemento pode ser manipulada usando o canal alpha das cores `rgba(R,G,B,A)` ou a propriedade da opacidade mais conveniente. Ambos podem ser definidos usando CSS. Para elementos sobrepostos, a opacidade é cumulativa, como demonstrado pelo triângulo de cores na Figura 4-21, produzido pelo seguinte SVG:

```
<style>
  #chart circle { opacity: 0.33 }
</style>

<svg id="chart" width="300" height="150">
  <g transform="translate(150, 75)">
    <circle cx="0" cy="-20" r="30" fill="red"/>
    <circle cx="17.3" cy="10" r="30" fill="green"/>
    <circle cx="-17.3" cy="10" r="30" fill="blue"/>
  </g>
</svg>
```

Os elementos SVG demonstrados aqui foram codificados manualmente em HTML, mas no trabalho de visualização de dados eles são quase sempre adicionados programaticamente. Assim, o fluxo de trabalho básico do D3 é adicionar elementos SVG a uma visualização, usando arquivos de dados para especificar seus atributos e propriedades.

Figura 4-21. Manipulando opacidade com SVG

SVG JavaScriptado

O fato de os gráficos SVG serem descritos por tags DOM tem várias vantagens em relação a uma caixa preta como o contexto `<canvas>`. Por exemplo, permite que não programadores criem ou adaptem gráficos e é um benefício para a depuração.

Na dataviz da web, praticamente todos os elementos SVG serão criados com JavaScript, por meio de uma biblioteca como o D3. Você pode inspecionar os resultados dessa programação usando a guia Elementos do navegador (consulte "Chrome DevTools" na página 92), que é uma ótima maneira de aprimorar e depurar seu trabalho (por exemplo, corrigir um problema visual irritante).

Como uma pequena amostra do que está por vir, vamos usar o D3 para espalhar alguns círculos vermelhos em um canvas SVG. As dimensões do canvas e dos círculos estão contidas em um objeto de dados enviado para uma função `chartCircles`.

Usamos um pequeno espaço reservado em HTML para o elemento `<svg>`:

```
<!DOCTYPE html>
<meta charset="utf-8">

<style>
  #chart { background: lightgray; }
  #chart circle {fill: red}
</style>

<body>
  <svg id="chart"></svg>

  <script src="http://d3js.org/d3.v7.min.js"></script>
  <script src="script.js"></script>
</body>
```

Com nosso elemento de gráfico SVG de referência no lugar, um pouco de D3 no arquivo *script.js* é usado para transformar alguns dados nos círculos dispersos (veja a Figura 4-22):

```
// script.js

var chartCircles = function(data) {

    var chart = d3.select('#chart');
    // Define a altura e largura do gráfico a partir dos dados
    chart.attr('height', data.height).attr('width', data.width);
    // Cria alguns círculos usando os dados
    chart.selectAll('circle').data(data.circles)
        .enter()
        .append('circle')
        .attr('cx', function(d) { return d.x })
        .attr('cy', d => d.y) ❶
        .attr('r', d => d.r);
};

var data = {
    width: 300, height: 150,
    circles: [
        {'x': 50, 'y': 30, 'r': 20},
        {'x': 70, 'y': 80, 'r': 10},
        {'x': 160, 'y': 60, 'r': 10},
        {'x': 200, 'y': 100, 'r': 5},
    ]
};

chartCircles(data);
```

❶ Esta é a função anônima moderna baseada em setas, equivalente à forma longa na linha anterior. O D3 usa muitas delas para acessar as propriedades de objetos de dados vinculados, portanto, essa nova sintaxe é uma grande vitória.

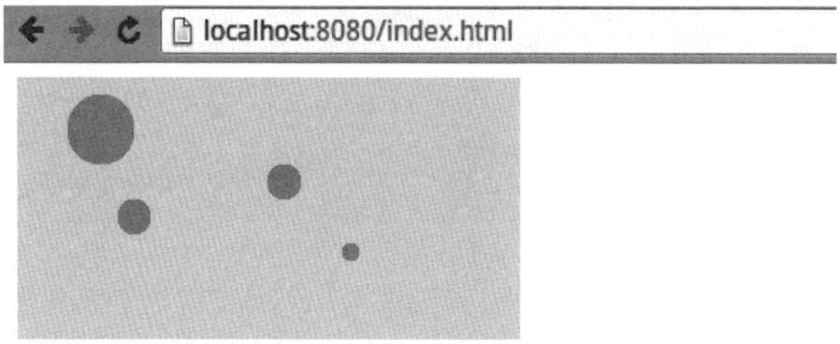

Figura 4-22. Círculos gerados pelo D3

Veremos exatamente como o D3 faz sua mágica no capítulo 17. Por enquanto, vamos resumir o que aprendemos neste capítulo.

Resumo

Este capítulo forneceu um conjunto básico de habilidades modernas de desenvolvimento da Web para o visualizador de dados em início de carreira. Ele mostrou como os vários elementos de uma página da Web (HTML, CSS folhas de estilo, JavaScript, e arquivos de mídia) são fornecidos por HTTP e, ao serem recebidos pelo navegador, combinados para se tornarem a página da Web que o usuário vê. Vimos como os blocos de conteúdo são descritos, usando tags HTML como `div` e `p`, e depois estilizados e posicionados usando CSS. Também abordamos as guias Elementos e Recursos do Chrome, que são as principais ferramentas de desenvolvimento do navegador. Por fim, tivemos uma pequena introdução ao SVG, a linguagem na qual a maioria das visualizações modernas de dados da Web é expressa. Essas habilidades serão ampliadas quando nosso conjunto de ferramentas chegar à visualização D3 e novas habilidades serão introduzidas no contexto.

PARTE II

Obtendo Seus Dados

Nesta parte do livro, começaremos nossa jornada no conjunto de ferramentas de dataviz (ver Figura II-1), começando com dois capítulos sobre como obter seus dados se eles não foram fornecidos a você.

No Capítulo 5, veremos como obter dados da web, usando a biblioteca Requests do Python para pegar arquivos baseados na web e consumir APIs RESTful. Também veremos como usar duas bibliotecas do Python que englobam APIs da web mais complexas, a saber o Twitter (com o Tweepy do Python) e o Google Docs. O capítulo termina com um exemplo de raspagem de web leve com a biblioteca Beautiful Soup.

No Capítulo 6, usaremos o Scrapy, o raspador da web de força industrial, para obter o conjunto de dados do Prêmio Nobel que usaremos na visualização web. Com esse conjunto de dados sujos em mãos, estamos prontos para a próxima parte do livro, a Parte III.

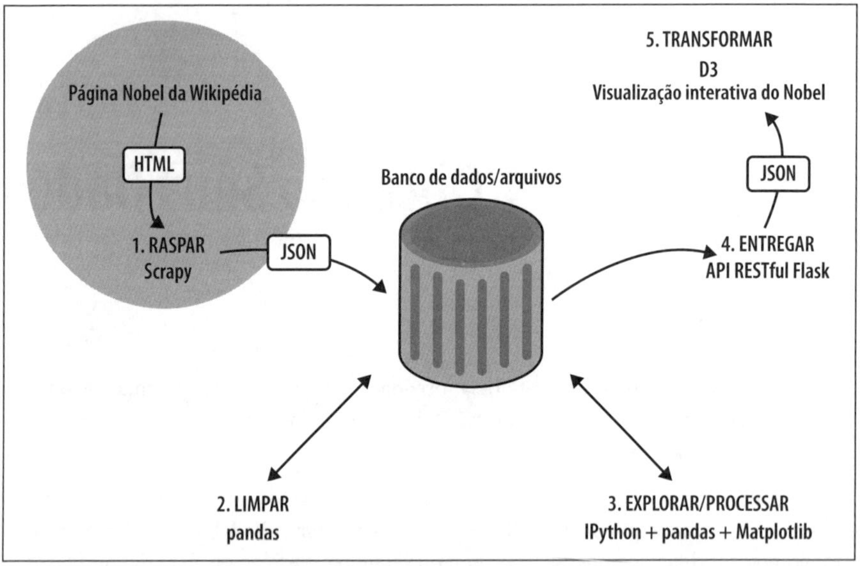

Figura II-1. Nosso conjunto de ferramentas dataviz: obtendo os dados

Você pode encontrar o código para esta parte do livro no repositório GitHub do livro [conteúdo em inglês].

CAPÍTULO 5

Obtendo Dados da Web com o Python

Uma parte fundamental das habilidades de um visualizador de dados é obter o conjunto de dados correto, na forma mais limpa possível. Às vezes, você receberá um conjunto de dados agradável e limpo para analisar, mas muitas vezes terá a tarefa de encontrar os dados e/ou limpar os dados fornecidos.

E, mais frequentemente do que nunca nos dias de hoje, obter dados envolve pegá-los da web. Existem várias maneiras de fazer isso, e o Python fornece algumas ótimas bibliotecas que facilitam a obtenção dos dados.

As principais maneiras de obter dados da web são:

- Obter um arquivo de dados bruto em um formato de dados reconhecido (por exemplo, JSON ou CSV) por HTTP.
- Usar uma API específica para obter os dados.
- Raspar os dados obtendo páginas da web via HTTP e analisando-as localmente em busca dos dados necessários.

Este capítulo lidará com essas formas, mas primeiro vamos conhecer a melhor biblioteca HTTP em Python: a Requests.

Obtendo Dados da Web com a Biblioteca Requests

Como vimos no Capítulo 4, os arquivos usados pelos navegadores web para construir páginas da web são comunicados por meio do Protocolo de Transferência de Hipertexto (HTTP), desenvolvido por Tim Berners-Lee. Obter o conteúdo da web para analisá-lo em busca de dados envolve fazer requisições HTTP.

Negociar requisições HTTP é uma parte vital de qualquer linguagem de propósito geral, mas obter páginas da web com Python costumava ser um processo bastante complicado. A antiga biblioteca urllib2 raramente era intuitiva, com uma API muito desajeitada. A Requests, cortesia de Kenneth Reitz, mudou isso, tornando o HTTP relativamente fácil e estabelecendo-se rapidamente como a biblioteca HTTP em Python mais utilizada.

A Requests não faz parte da biblioteca padrão do Python[1], mas faz parte do pacote Anaconda (ver o Capítulo 1). Se você não estiver usando o Anaconda, o seguinte comando `pip` deve resolver:

```
$ pip install requests
Downloading/unpacking requests
...
Cleaning up...
```

Se você estiver usando uma versão do Python anterior à 2.7.9 (recomendo fortemente o uso do Python 3+ sempre que possível), o uso da Requests pode gerar alguns avisos do Secure Sockets Layer (SSL). Atualizar para bibliotecas SSL mais recentes deve resolver isso:[2]

```
$ pip install --upgrade ndg-httpsclient
```

Agora que você tem a Requests instalada, está pronto para realizar a primeira tarefa mencionada no início deste capítulo e obter alguns arquivos de dados brutos da web.

Obtendo Arquivos de Dados com Requests

Uma sessão do interpretador Python é uma boa maneira de testar a Requests, então encontre um prompt de comando local amigável, inicialize o IPython e importe `requests`:

```
$ ipython
Python 3.8.9 (default, Apr  3 2021, 01:02:10)
...

In [1]: import requests
```

Para demonstrar, vamos usar a biblioteca para baixar uma página da Wikipédia. Usamos o método `get` da biblioteca Requests para obter a página e, por convenção, atribuímos e resultado a um objeto `response`:

```
response = requests.get(\
"https://en.wikipedia.org/wiki/Nobel_Prize")
```

1 Na verdade, essa é uma política deliberada dos desenvolvedores.

2 Há algumas dependências de plataforma que ainda podem gerar erros. Este thread do Stack Overflow é um bom ponto de início se ainda tiver problemas.

Vamos usar o método `dir` do Python para obter uma lista dos atributos do objeto `response`:

```
dir(response)

Out:
...
 ['content',
 'cookies',
 'elapsed',
 'encoding',
 'headers',
 ...
 'iter_content',
 'iter_lines',
 'json',
 'links',
 ...
 'status_code',
 'text',
 'url']
```

A maioria desses atributos é autoexplicativa e fornecem muitas informações sobre a resposta HTTP gerada. Geralmente, você usará um pequeno subconjunto desses atributos. Primeiro, vamos verificar o status da resposta:

```
response.status_code
Out: 200
```

Como todo bom desenvolvedor web minimalista sabe, 200 é o código de status HTTP para OK, indicando uma transação bem-sucedida. Além de 200, os códigos mais comuns são:

401 (Não Autorizado)
: Tentativa de acesso não autorizado

400 (Requisição Inválida)
: Tentativa de acessar o servidor web de forma incorreta

403 (Proibido)
: Semelhante a 401, mas nenhuma oportunidade de login estava disponível

404 (Não Encontrado)
: Tentativa de acessar uma página web que não existe

500 (Erro do Servidor Interno)
: Um erro geral e abrangente

Por exemplo, se cometêssemos um erro de digitação em nossa requisição, pedindo para ver a página SNoble_Prize, teríamos um erro 404 (Não Encontrado):

```
not_found_response = requests.get(\
"http://en.wikipedia.org/wiki/SNobel_Prize")
not_found_response.status_code
Out: 404
```

Com nossa resposta 200 OK, da requisição com a grafia correta, vamos ver algumas das informações retornadas. Uma visão geral rápida pode ser obtida com a propriedade headers:

```
response.headers

Out: {
  'date': 'Sat, 23 Oct 2021 23:58:49 GMT',
  'server': 'mw1435.eqiad.wmnet',
  'content-encoding': 'gzip', ...
  'last-modified': 'Sat, 23 Oct 2021 17:14:09 GMT', ...
  'content-type': 'text/html; charset=UTF-8'...
  'content-length': '88959'
  }
```

Isso mostra, entre outras coisas, que a página retornada foi codificada em gzip e possui 87 KB de tamanho, com o content-type de text/html, codificado com Unicode UTF-8.

Como sabemos que o texto foi retornado, podemos usar a propriedade text da resposta para ver o que é:

```
response.text
#Out: u'<!DOCTYPE html>\n<html lang="en"
#dir="ltr" class="client-nojs">\n<head>\n<meta charset="UTF-8"
#/>\n<title>Nobel Prize - Wikipedia, the free
#encyclopedia</title>\n<script>document.documentElement... =
```

Isso mostra que realmente temos nossa página HTML da Wikipédia, com algum JavaScript embutido. Como veremos em "Raspando Dados" na página 136, para dar sentido a esse conteúdo, precisaremos de um analisador para ler o HTML e fornecer os blocos de conteúdo.

Agora que pegamos uma página bruta da web, vamos ver como usar a Requests para consumir uma API de dados da web.

Usando Python para Consumir Dados de uma API da Web

Se os arquivos de dados de que você precisa não estiverem na web, provavelmente haverá uma Interface de Programação de Aplicação (API) fornecendo os dados necessários. Usar isso envolverá fazer uma requisição ao servidor apropriado para recuperar seus dados em um formato fixo ou especificado por você na requisição.

Os formatos de dados mais populares para APIs da web são JSON e XML, embora existam diversos formatos esotéricos. Para fins do visualizador de dados JavaScript, a Notação de Objetos JavaScript (JSON) é obviamente a preferida (consulte "Dados" na página 92). Felizmente, ela está começando a predominar.

Existem abordagens diferentes para criar uma API da web, e por alguns anos houve uma pequena guerra entre as três principais arquiteturas de APIs que habitam a web:

REST
: Abreviação de REpresentational State Transfer, usando uma combinação de verbos HTTP (GET, POST etc.) e Identificadores Uniformes de Recursos (URIs; por exemplo,*/user/kyran*) para acessar, criar e adaptar dados.

XML-RPC
: Um protocolo de chamada de procedimento remoto (RPC) usando codificação XML e transporte HTTP.

SOAP
: Abreviação de Simple Object Access Protocol, usando XML e HTTP.

Essa batalha parece estar se resolvendo em uma vitória para as APIs RESTful, e isso é muito bom. Além de as APIs RESTful serem mais elegantes e mais fáceis de usar e implementar (consulte o Capítulo 13), um pouco de padronização aqui torna muito mais provável que você reconheça e se adapte rapidamente a uma nova API que surgir em seu caminho. Idealmente, você poderá reutilizar código existente. Há um novo ator no cenário GraphQL, que se intitula uma versão melhorada do REST, mas como visualizador de dados, é muito mais provável que você consuma APIs RESTful convencionais.

A maior parte do acesso e manipulação de dados remotos pode ser resumida pelo acrônimo CRUD (criar, recuperar, atualizar, excluir) originalmente cunhado para descrever todas as principais funções implementadas em bancos de dados relacionais. O HTTP fornece verbos correspondentes ao CRUD, como POST, GET, PUT e DELETE, e a abstração REST se baseia nesse uso desses verbos, atuando em um Identificador Uniforme de Recurso (URI).

As discussões sobre o que é ou não é uma interface RESTful adequada podem ser bastante complexas, mas essencialmente o URI (por exemplo, *https://example.com/api/items/2*) deve conter todas as informações necessárias para executar uma operação CRUD. A operação específica (por exemplo, GET ou DELETE) é especificada pelo verbo HTTP. Isso exclui arquiteturas como SOAP, que colocam informações de estado nos metadados do cabeçalho das requisições. Imagine o URI como o endereço virtual dos dados e CRUD como todas as operações que você pode executar nele.

Como visualizadores de dados ansiosos por obter conjuntos de dados interessantes, somos consumidores ávidos aqui, então nosso verbo HTTP de escolha é o GET, e os exemplos a seguir se concentrarão na obtenção de dados de várias APIs da web bem conhecidas. Esperamos que alguns padrões surjam.

Embora as duas restrições de URIs sem estado e o uso dos verbos CRUD sejam restrições agradáveis sobre a forma das APIs RESTful, ainda há muitas variantes sobre o tema.

Consumindo uma API da Web RESTful com Requests

A Requests possui uma série de recursos baseados nos principais verbos de requisição HTTP. Para obter uma boa visão geral, consulte o guia rápido da Requests. Para obter dados, você usará principalmente os verbos GET e POST, sendo que GET é de longe o verbo mais utilizado. O POST permite emular formulários da web, incluindo na requisição detalhes de login, valores de campos etc. Para aquelas ocasiões em que você se encontra preenchendo um formulário da web com, por exemplo, muitos seletores de opções, a Requests torna a automação com POST fácil. O GET abrange praticamente tudo o mais, incluindo as onipresentes APIs RESTful, que fornecem uma quantidade cada vez maior de dados bem formatados disponíveis na web.

Vamos dar uma olhada em um uso mais complexo da Requests, obtendo uma URL com argumentos. A Organização para a Cooperação e Desenvolvimento Econômico (OCDE) fornece alguns conjuntos de dados úteis em seu site. Esses conjuntos de dados fornecem principalmente medidas e estatísticas econômicas para os países membros da OCDE, e esses dados podem servir de base para muitas visualizações interessantes. A OCDE oferece algumas delas, como uma que permite comparar seu país com outros na OCDE.

A API da web da OCDE é descrita nesta documentação, e as consultas são construídas com o nome do conjunto de dados (dsname) e dimensões separadas por pontos, cada uma das quais pode ser um número de valores separados por +. A URL também pode receber parâmetros HTTP padrão iniciados por ? e separados por &:

```
<root_url>/<dsname>/<dim 1>.<dim 2>...<dim n>
/all?param1=foo&param2=baa..
<dim 1> = 'AUS'+'AUT'+'BEL'...
```

Portanto, a seguinte URL é válida:

```
http://stats.oecd.org/sdmx-json/data/QNA ❶
    /AUS+AUT.GDP+B1_GE.CUR+VOBARSA.Q ❷
    /all?startTime=2009-Q2&endTime=2011-Q4 ❸
```

❶ Especifica o conjunto de dados (Contas Nacionais Trimestrais).

❷ Quatro dimensões, por localização, assunto, medida e frequência.

❸ Dados do segundo trimestre de 2009 ao quarto trimestre de 2011.

Vamos construir uma pequena função em Python para consultar a API da OCDE (Exemplo 5-1).

Exemplo 5-1. Criando uma URL para a API da OCDE

```
OECD_ROOT_URL = 'http://stats.oecd.org/sdmx-json/data'

def make_OECD_request(dsname, dimensions, params=None, \
root_dir=OECD_ROOT_URL):
    """ Make a URL for the OECD API and return a response """

    if not params: ❶
        params = {}

    dim_args = ['+'.join(d) for d in dimensions] ❷
    dim_str = '.'.join(dim_args)

    url = root_dir + '/' + dsname + '/' + dim_str + '/all'
    print('Requesting URL: ' + url)
    return requests.get(url, params=params) ❸
```

❶ Você não deve usar valores mutáveis, como {}, para padrões de funções em Python. Consulte este guia do Python para uma explicação dessa armadilha.

❷ Primeiro, usamos uma compreensão de lista em Python e o método `join` para criar uma lista de dimensões, com os membros concatenados com sinais de adição (por exemplo, [*USA+AUS*,...]). O `join` é usado novamente para concatenar os membros de `dim_str` com pontos.

❸ Observe que o método `get da requests` pode receber um dicionário de parâmetros como seu segundo argumento, usando-o para criar a sequência de consulta da URL.

Podemos usar essa função da seguinte forma, para obter dados econômicos dos EUA e da Austrália de 2009 a 2010:

```
response = make_OECD_request('QNA',
    (('USA', 'AUS'),('GDP', 'B1_GE'),('CUR', 'VOBARSA'), ('Q')),
    {'startTime':'2009-Q1', 'endTime':'2010-Q1'})

Requesting URL: http://stats.oecd.org/sdmx-json/data/QNA/
    USA+AUS.GDP+B1_GE.CUR+VOBARSA.Q/all
```

Agora, para analisar os dados, basta verificarmos se a resposta está OK e darmos uma olhada nas chaves do dicionário:

```
if response.status_code == 200:
   json = response.json()
   json.keys()
Out: [u'header', u'dataSets', u'structure']
```

Os dados JSON resultantes estão no formato SDMX, projetado para facilitar a comunicação de dados estatísticos. Não é o formato mais intuitivo, mas muitas vezes os conjuntos de dados têm uma estrutura abaixo do ideal. A boa notícia é que o Python é uma ótima linguagem para organizar os dados. Para a biblioteca pandas do Python (ver o Capítulo 8), existe o pandaSDMX, que atualmente lida com o formato baseado em XML.

A API da OCDE é essencialmente RESTful, com toda a consulta contida na URL e o verbo HTTP GET especificando uma operação de busca. Se uma biblioteca especializada em Python não estiver disponível para usar a API (por exemplo, o Tweepy para o Twitter), é provável que acabe escrevendo algo como o Exemplo 5-1. A Requests é uma biblioteca muito amigável e bem projetada, capaz de lidar com praticamente todas as manipulações necessárias para usar uma API da web.

Obtendo Dados de Países para a Visualização de Dados do Nobel

Existem algumas estatísticas nacionais que serão úteis para a visualização do Prêmio Nobel que estamos construindo em nossa ferramenta. Tamanhos populacionais, códigos internacionais de três letras (por exemplo, GDR, EUA) e centros geográficos são potencialmente úteis quando você está visualizando um prêmio internacional e sua distribuição. O REST countries é um recurso útil da web RESTful com várias estatísticas internacionais. Vamos usá-lo para obter alguns dados.

As requisições para o REST countries seguem a seguinte forma:

```
https://restcountries.com/v3.1/<field>/<name>?<params>
```

Assim como a API da OCDE (consulte o Exemplo 5-1), podemos criar uma função simples para permitir o acesso fácil aos dados da API, assim:

```
REST_EU_ROOT_URL = "https://restcountries.com/v3.1"

def REST_country_request(field='all', name=None, params=None):

    headers={'User-Agent': 'Mozilla/5.0'} ❶

    if not params:
        params = {}

    if field == 'all':
         response = requests.get(REST_EU_ROOT_URL + '/all')
         return response.json()

    url = '%s/%s/%s'%(REST_EU_ROOT_URL, field, name)
    print('Requesting URL: ' + url)
    response = requests.get(url, params=params, headers=headers)

    if not response.status_code == 200: ❷
        raise Exception('Request failed with status code ' \
        + str(response.status_code))

     return response.json() # Dados codificados JSON
```

❶ Geralmente, é uma boa ideia especificar um `User-Agent` válido no cabeçalho da sua requisição. Alguns sites podem rejeitar a requisição sem ele.

❷ Antes de retornar a resposta, certifique-se de que ela contenha um código HTTP OK (200); caso contrário, gere uma exceção com uma mensagem útil.

Com a função `REST_country_request` em mãos, vamos obter uma lista de todos os países que usam o dólar americano como moeda:

```
response = REST_country_request('currency', 'usd')
response
Out:
[{u'alpha2Code': u'AS',
  u'alpha3Code': u'ASM',
  u'altSpellings': [u'AS',
  ...
  u'capital': u'Pago Pago',
  u'currencies': [u'USD'],
  u'demonym': u'American Samoan',
  ...
  u'latlng': [12.15, -68.266667],
  u'name': u'Bonaire',
  ...
  u'name': u'British Indian Ocean Territory',
  ...
  u'name': u'United States Minor Outlying Islands',
  ... ]}]
```

O conjunto de dados completo no REST countries é bastante pequeno, portanto, para facilitar, vamos armazenar uma cópia como um arquivo JSON. Usaremos isso nos próximos capítulos tanto em dataviz exploratórias quando na apresentação de dados:

```
import json

country_data = REST_country_request() # all world data

with open('data/world_country_data.json', 'w') as json_file:
    json.dump(country_data, json_file)
```

Agora que criamos alguns consumidores de API personalizados, vamos dar uma olhada em algumas bibliotecas dedicadas que encapsulam algumas das maiores APIs da web em uma forma fácil de usar.

Usando Bibliotecas para Acessar APIs da Web

A Requests é capaz de negociar com praticamente todas as APIs da web, mas, à medida que as APIs começam a adicionar autenticação e as estruturas de dados se tornam mais complicadas, uma boa biblioteca de wrapper pode evitar muitos problemas e reduzir a tediosa escrituração. Nesta seção, abordarei algumas das bibliotecas de wrapper mais populares para que você tenha uma ideia do fluxo de trabalho e de alguns pontos de partida úteis.

Usando o Google Planilhas

Está se tornando mais comum nos dias de hoje ter conjuntos de dados ao vivo *na nuvem*. Portanto, por exemplo, você pode se encontrar obrigado a visualizar aspectos de uma planilha do Google que é o conjunto de dados compartilhado para um grupo. Minha preferência é extrair esses dados do Google-plex e levá-los para o pandas para começar a explorá-los (consulte o Capítulo 11), mas uma boa biblioteca permitirá que você acesse e adapte os dados *no local*, negociando o tráfego da web conforme necessário.

A *gspread* é a biblioteca Python mais conhecida para acessar planilhas do Google e torna isso relativamente fácil.

Você precisará de credenciais do OAuth 2.0 para usar a API.[3] O guia mais atualizado pode ser encontrado no site dos Desenvolvedores do Google. Seguindo essas instruções, você deve obter um arquivo JSON contendo sua chave privada.

Você precisará instalar o *gspread* e a última biblioteca de clientes do *google-auth*. Veja como fazer com o `pip`:

```
$ pip install gspread
$ pip install --upgrade google-auth
```

Dependendo do seu sistema, você também pode precisar do pyOpenSSL:

```
$ pip install PyOpenSSL
```

Leia a documentação para obter mais detalhes e solução de problemas.

> A API do Google pressupõe que as planilhas que você está tentando acessar sejam de propriedade ou compartilhadas pela sua conta da API, não pela sua conta pessoal. O endereço de e-mail para compartilhar a planilha está disponível no console de desenvolvedores do Google e na chave de credenciais JSON necessária para usar a API. Deve parecer algo como *account-1@My Project...iam.gserviceaccount.com*.

Com essas bibliotecas instaladas, você deverá conseguir acessar qualquer uma de suas planilhas com apenas algumas linhas de código. Estou usando a planilha Microbe-scope como exemplo. O Exemplo 5-2 mostra como carregar a planilha.

[3] O acesso por OAuth1 vem se tornando obsoleto recentemente.

Exemplo 5-2. Abrindo uma planilha do Google

```
import gspread

gc = gspread.service_account(\
                    filename='data/google_credentials.json') ❶

ss = gc.open("Microbe-scope") ❷
```

❶ O arquivo de credenciais JSON é fornecido pelos serviços do Google, geralmente no formato *My Project-b8ab5e38fd68.json*.

❷ Aqui estamos abrindo a planilha pelo nome. As alternativas são `open_by_url` ou `open_by_id`. Consulte a documentação do `gspread` para obter mais detalhes.

Agora que temos nossa planilha, podemos ver as planilhas nela contidas:

```
ss.worksheets()
Out:
[<Worksheet 'bugs' id:0>,
 <Worksheet 'outrageous facts' id:430583748>,
 <Worksheet 'physicians per 1,000' id:1268911119>,
 <Worksheet 'amends' id:1001992659>]

ws = ss.worksheet('bugs')
```

Com a planilha `bugs` selecionada da planilha, o `gspread` permite que você acesse e altere os valores das colunas, linhas e células (supondo que a planilha não seja somente leitura). Portanto, podemos obter os valores da segunda coluna com o comando `col_values`:

```
ws.col_values(1)
Out: [None,
 'grey = not plotted',
 'Anthrax (untreated)',
 'Bird Flu (H5N1)',
 'Bubonic Plague (untreated)',
 'C.Difficile',
 'Campylobacter',
 'Chicken Pox',
 'Cholera',...]
```

Se você receber um erro `BadStatusLine` ao acessar uma planilha do Google com o `gspread`, provavelmente é porque a sessão expirou. Abrir a planilha novamente deve resolver o problema. Esse problema pendente do `gspread` fornece mais informações.

Embora possamos usar a API do *gspread* para criar gráficos diretamente, usando uma biblioteca de gráficos como o Matplotlib, prefiro enviar toda a planilha para o pandas, a poderosa planilha programática do Python. Isso é facilmente alcançado com o `get_all_re-`

cords do gspread, que retorna uma lista de dicionários de itens. Essa lista pode ser usada diretamente para inicializar um DataFrame do pandas (consulte “O DataFrame” na 197):

```
df = pd.DataFrame(ws.get_all_records(expected_headers=[]))
df.info()
Out:
<class 'pandas.core.frame.DataFrame'>
Int64Index: 41 entries, 0 to 40
Data columns (total 23 columns):
                                       41 non-null object
average basic reproductive rate        41 non-null object
case fatality rate                     41 non-null object
infectious dose                        41 non-null object
...
upper R0                               41 non-null object
viral load in acute stage              41 non-null object
yearly fatalities                      41 non-null object
dtypes: object(23)
memory usage: 7.5+ KB
```

No Capítulo 11, veremos como explorar interativamente os dados de um DataFrame.

Usando a API do Twitter com o Tweepy

O advento das mídias sociais gerou muitos dados e um interesse em visualizar as redes sociais, as hashtags de tendência e as tempestades de mídia nelas contidas. A rede de transmissão do Twitter provavelmente é a melhor fonte visualizações de dados legais, e sua API fornece tweets[4] filtradas por usuário, hashtag, datas e similares.

O Tweepy do Python é uma biblioteca do Twitter fácil de usar que oferece recursos úteis, como uma classe StreamListener para transmitir atualizações ao vivo do Twitter. Para começar a usá-la, você precisará de um token de acesso ao Twitter, que pode ser adquirido seguindo as instruções na documentação do Twitter para criar sua aplicação do Twitter. Depois que essa aplicação for criada, você poderá obter as chaves e os tokens de acesso para sua aplicação clicando no link na página da aplicação do Twitter.

Normalmente, o Tweepy requer os quatro elementos de autorização mostrados aqui:

```
# As variáveis de credenciais do usuário para acessar a API do Twitter
access_token = "2677230157-Ze3bWuBAw4kwoj4via2dEntU86...TD7z"
access_token_secret = "DxwKAvVzMFLq7WnQGnty49jgJ39Acu...paR8ZH"
consumer_key = "pIorGFGQHShuYQtIxzYWk1jMD"
consumer_secret = "yLc4Hw82G0Zn4vTi4q8pSBcNyHkn35BfIe...oVa4P7R"
```

Com isso definido, o acesso aos tweets dificilmente poderia ser mais fácil. Aqui, criamos um objeto OAuth auth usando nossos tokens e chaves e o utilizamos para iniciar uma sessão de API. Em seguida, podemos obter os últimos tweets de nossa linha do tempo:

[4] Atualmente, a API gratuita está limitada a cerca de 350 requisições por hora.

```
In [0]: import tweepy

        auth = tweepy.OAuthHandler(consumer_key,\
                                   consumer_secret)
        auth.set_access_token(access_token, access_token_secret)

        api = tweepy.API(auth)

        public_tweets = api.home_timeline()
        for tweet in public_tweets:
            print(tweet.text)

RT @Glinner: Read these tweets https://t.co/QqzJPsDxUD
Volodymyr Bilyachat https://t.co/VIyOHlje6b +1 bmeyer
#javascript
RT @bbcworldservice: If scientists edit genes to
make people healthier does it change what it means to be
human? https://t.co/Vciuyu6BCx h…
RT @ForrestTheWoods:
Launching something pretty cool tomorrow. I'm excited. Keep
...
```

A classe `API` do Tweepy oferece muitos métodos convenientes, que você pode conferir nos documentos do Tweepy. Uma visualização comum é usar um gráfico de rede para mostrar padrões de amigos e seguidores entre subpopulações do Twitter. O método Tweepy `followers_ids` (obter todos os usuários que seguem) e `friends_ids` (obter todos os usuários que estão sendo seguidos) pode ser usado para construir essa rede:

```
my_follower_ids = api.get_follower_ids() ❶

followers_tree = {'followers': []}
for id in my_follower_ids:
    # obtenha os seguidores de seus seguidores
    try:
         follower_ids = api.get_follower_ids(user_id=id) ❷
    except tweepy.errors.Unauthorized:
         print("Unauthorized to access user %d's followers"\
               %(id))

    followers_tree['followers'].append(\
        {'id': id, 'follower_ids': follower_ids})
```

❶ Obtém uma lista dos IDs de seus seguidores (por exemplo, `[1191701545, 1554134420, …]`).

❷ O primeiro argumento para `follower_ids` pode ser um ID de usuário ou nome de tela.

Observe que você provavelmente encontrará erros de limite de taxa se tentar construir uma rede para alguém com mais de cem seguidores (veja este tópico do Stack Overflow para uma explicação). Para superar isso, você precisará implementar algum limite de taxa básico para reduzir a contagem de requisições para 180 a cada 15 minutos. Como alternativa, você pode pagar por uma conta premium do Twitter.

Mapeando os seguidores de seguidores, é possível criar uma rede de conexões que pode revelar algo interessante sobre grupos e subgrupos agrupados em torno de um indivíduo ou assunto específico. Há um bom exemplo de análise do Twitter assim no blog de Gabe Sawhney.

Uma das características mais legais do Tweepy é a classe `StreamListener`, que facilita a coleta e o processamento de tweets filtrados em tempo real. As atualizações ao vivo dos fluxos do Twitter têm sido usadas por muitas visualizações memoráveis (veja esses exemplos do FlowingData e do DensityDesign para se inspirar). Vamos configurar um pequeno fluxo para registrar tweets mencionando Python, JavaScript e dataviz. Vamos apenas imprimir os resultados na tela (em `on_data`) aqui, mas normalmente você os armazenaria em um arquivo ou banco de dados (ou faria ambos com o SQLite):

```
import json


class MyStream(tweepy.Stream):
    """ Customized tweet stream """

    def on_data(self, tweet):
        """Do something with the tweet data..."""
        print(tweet)

    def on_error(self, status):
        return True # mantenha o fluxo aberto

stream = MyStream(consumer_key, consumer_secret,\
                        access_token, access_token_secret)
# Inicie o stream com uma lista de faixas de palavras-chave
stream.filter(track=['python', 'javascript', 'dataviz'])
```

Agora que tivemos um gostinho dos tipos de APIs com os quais você pode se deparar durante a busca por dados interessantes, vamos dar uma olhada na técnica principal que usará se, como frequentemente acontece, ninguém estiver fornecendo os dados desejados de forma organizada e amigável: raspando dados com Python.

Raspando Dados

A raspagem é a principal metáfora usada para a prática de obter dados que não foram projetados para serem consumidos programaticamente da web. É uma metáfora bastante adequada porque raspar muitas vezes se resume a encontrar o equilíbrio certo entre remover muito ou pouco. Criar procedimentos que extraem os dados corretos, da maneira mais limpa possível, das páginas da web, é uma habilidade artesanal e muitas vezes um tanto confusa. Mas a recompensa é o acesso a dados visualizáveis que muitas vezes não podem ser adquiridos de outra forma. Abordado da maneira correta, raspar pode até ter uma satisfação intrínseca.

Por Que Precisamos Raspar

Em um mundo virtual ideal, os dados online seriam organizados em uma biblioteca, com tudo catalogado por meio de um sofisticado sistema decimal Dewey para páginas da web. Infelizmente, para o ávido caçador de dados, a web cresceu organicamente, muitas vezes sem restrições considerando o acesso fácil aos dados para o aspirante a visualizador de dados. Portanto, na realidade, a web se assemelha a um grande monte de dados, parte deles limpa e utilizável (e felizmente essa porcentagem está aumentando), mas a maior parte mal formada e projetada para consumo humano. E os humanos são capazes de analisar o tipo de dados confusos e mal formados que nossos computadores relativamente burros têm problemas para entender.[5]

Raspar é sobre criar padrões que capturam os dados que queremos e deixar o restante para trás. Se tivermos sorte, as páginas da web que contêm os dados terão indicadores úteis, como tabelas nomeadas, identidades específicas em vez de classes genéricas, e assim por diante. Se tivermos azar, esses indicadores estarão ausentes e teremos que recorrer ao uso de outros padrões ou, no pior dos casos, especificadores ordinais como a *terceira tabela* no *div principal*. Obviamente, esses padrões são bastante frágeis e falharão se alguém adicionar uma tabela acima da terceira.

Nesta seção, abordaremos uma pequena tarefa de raspagem para obter os mesmos dados dos ganhadores do Prêmio Nobel. Usaremos o Beautiful Soup, a melhor ferramenta de raspagem do Python, para essa incursão de raspagem leve, deixando as ferramentas mais pesadas do Scrapy para o próximo capítulo.

> O fato de os dados e imagens estarem na web não significa que sejam necessariamente de uso gratuito. Para nossos exemplos de raspagem, usaremos a Wikipédia, que permite o reuso total sob a licença Creative Commons. É uma boa ideia garantir que tudo o que você raspa esteja disponível e, em caso de dúvida, entre em contato com o responsável pelo site. Você pode ser solicitado a citar pelo menos o autor original.

Beautiful Soup e lxml

As principais ferramentas leves de raspagem do Python são o Beautiful Soup e o lxml. Sua sintaxe primária de seleção é diferente, mas, de forma confusa, cada um pode usar os analisadores do outro. O consenso parece ser que o analisador do lxml seja consideravelmente mais rápido, mas o do Beautiful Soup pode ser mais robusto ao lidar com HTML mal

[5] Grande parte da pesquisa moderna de aprendizado de máquina e inteligência artificial (IA) é dedicada à criação de softwares de computador capazes de lidar com dados confusos, ruidosos, difusos e informais, mas, até o momento da publicação deste livro, não há nenhuma solução pronta que eu conheça.

formado. Pessoalmente, achei o lxml bastante robusto e sua sintaxe, baseada em xpaths, é mais poderosa e frequentemente mais intuitiva. Acho que para alguém vindo do desenvolvimento web, familiarizado com CSS e jQuery, a seleção com base em seletores CSS é muito mais natural. Dependendo do seu sistema, o lxml geralmente é o analisador padrão para o Beautiful Soup. Vamos usá-lo nas seções a seguir.

O Beautiful Soup faz parte dos pacotes Anaconda (consulte o Capítulo 1) e é facilmente instalado com o `pip`:

```
$ pip install beautifulsoup4
$ pip install lxml
```

Uma Primeira Investida em Raspagem

Armados com Requests e Beautiful Soup, vamos nos dar uma pequena tarefa de obter os nomes, anos, categorias e nacionalidades de todos os ganhadores do Prêmio Nobel. Começaremos na página principal da Wikipédia sobre o Prêmio Nobel. Ao rolar para baixo, você verá uma tabela com todos os laureados por ano e categoria, o que é um bom começo para nossos requisitos mínimos de dados.

Algum tipo de explorador HTML é praticamente indispensável para a raspagem da web, e o melhor que conheço é a guia "Elementos" do desenvolvedor web do Chrome (consulte "A Guia Elementos" na página 93). A Figura 5-1 mostra os elementos-chave envolvidos na análise da estrutura de uma página web. Precisamos saber como selecionar os dados de interesse, neste caso, uma tabela da Wikipédia, evitando outros elementos na página. Criar bons padrões de seleção é a chave para uma raspagem eficaz, e destacar os elementos DOM usando o inspetor de elementos nos fornece tanto o padrão CSS quanto, com um clique com o botão direito, o xpath. Este último é uma sintaxe especialmente poderosa para seleção de elementos DOM e a base da nossa solução de raspagem de alta qualidade, o Scrapy.

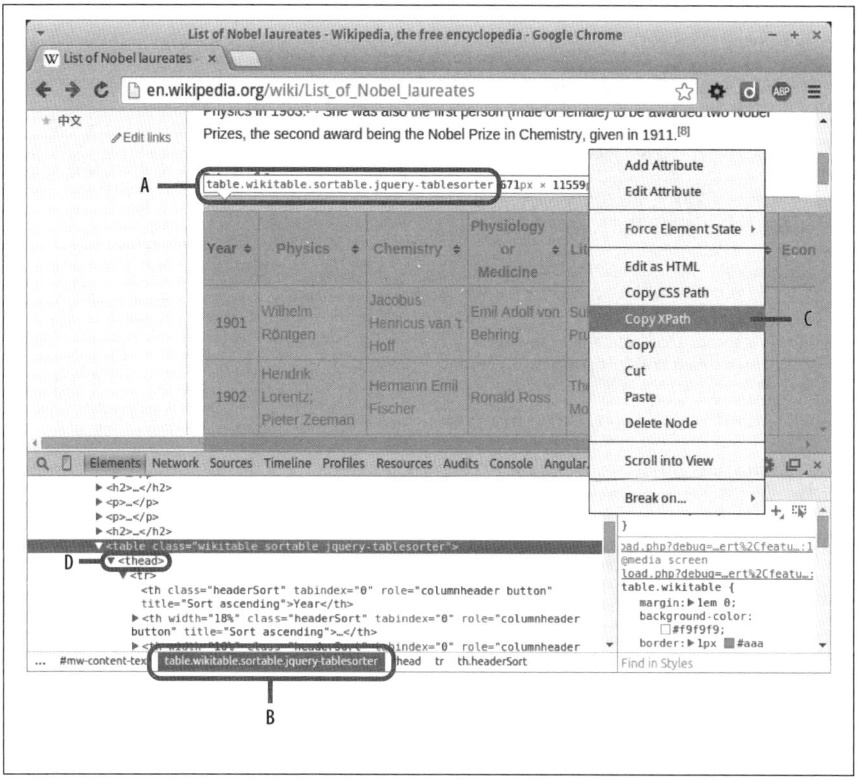

Figura 5-1. Página principal do Prêmio Nobel na Wikipédia: A e B mostram o seletor CSS da tabela wikitable. Ao clicar com o botão direito e selecionar C (Copy XPath), obtemos o xpath da tabela (`//*[@id="mw- content-text"]/table[1]`). D mostra uma tag `thead` gerada pelo jQuery.

Obtendo o Soup

A primeira coisa que você precisa fazer antes de realizar a raspagem na página da web de interesse é analisá-la com o Beautiful Soup, convertendo o HTML em uma hierarquia de tags, ou soup:

```python
from bs4 import BeautifulSoup
import requests

BASE_URL = 'http://en.wikipedia.org'
# A Wikipédia rejeitará nossa solicitação, a menos que adicionemos
# um atributo 'User-Agent' ao nosso cabeçalho http.
HEADERS = {'User-Agent': 'Mozilla/5.0'}

def get_Nobel_soup():
    """ Return a parsed tag tree of our Nobel prize page """
    # Faz uma solicitação à página do Nobel, definindo cabeçalhos válidos
    response = requests.get(
    BASE_URL + '/wiki/List_of_Nobel_laureates',
    headers=HEADERS)
# Retorna o conteúdo da resposta analisada por Beautiful Soup
return BeautifulSoup(response.content, "lxml") ❶
```

❶ O segundo argumento especifica o analisador que queremos usar, ou seja, o lxml.

Com nosso soup em mãos, vamos ver como encontrar as tags de destino.

Selecionando Tags

O Beautiful Soup oferece algumas maneiras de selecionar tags da soup selecionada, com diferenças sutis que podem ser confusas. Antes de demonstrar os métodos de seleção, vamos obter a soup da nossa página do Prêmio Nobel:

```python
soup = get_Nobel_soup()
```

Nossa tabela alvo (veja a Figura 5-1) possui duas classes definidoras, `wikitable` e `sortable` (há algumas tabelas não classificáveis na página). Podemos usar o método `find` do Beautiful Soup para encontrar a primeira tag de tabela com essas classes. `find` recebe o nome da tag como primeiro argumento e um dicionário com classe, ID e outros identificadores como segundo argumento:

```python
In[3]: soup.find('table', {'class':'wikitable sortable'})
Out[3]:
<table class="wikitable sortable">
<tr>
<th>Year</th>
...
```

Embora tenhamos encontrado com sucesso nossa tabela pelas suas classes, esse método não é muito robusto. Vamos ver o que acontece quando alteramos a ordem das nossas classes CSS:

```python
In[4]: soup.find('table', {'class':'sortable wikitable'})
# nada retornado
```

Portanto, o `find` se importa com a ordem das classes, usando a string de classe para encontrar a tag. Se as classes forem especificadas em uma ordem diferente — algo que poderia acontecer durante uma edição HTML, então o `find` falharia. Essa fragilidade torna difícil recomendar os seletores do Beautiful Soup, como `find` e `find_all`. Quando estou fazendo hacks rápidos, acho os seletores CSS do lxml mais fáceis e intuitivos.

Usando o método `select` do soup (disponível se você especificou o analisador lxml ao criá-la), você pode especificar um elemento HTML usando sua classe CSS, ID, entre outros. Esse seletor CSS é convertido para a sintaxe xpath que o lxml usa internamente.[6]

Para obter nossa wikitable, basta selecionar uma tabela no soup, usando a notação de ponto para indicar suas classes:

```
In[5]: soup.select('table.sortable.wikitable')
Out[5]:
[<table class="wikitable sortable">
 <tr>
 <th>Year</th>
 ...
]
```

Observe que o `select` retorna um array de resultados, encontrando todas as tags correspondentes no soup. O lxml fornece o método conveniente `select_one` se estiver selecionando apenas um elemento HTML. Vamos pegar nossa tabela do Nobel e ver quais cabeçalhos ela possui:

```
In[8]: table = soup.select_one('table.sortable.wikitable')

In[9]: table.select('th')
Out[9]:
[<th>Year</th>,
 <th width="18%"><a href="/wiki/..._in_Physics..</a></th>,
 <th width="16%"><a href="/wiki/..._in_Chemis..</a></th>,
 ...
]
```

Como atalho para o `select`, você pode chamar diretamente a tag no soup; portanto, essas duas formas são equivalentes:

```
table.select('th')
table('th')
```

Com o analisador do lxml, o Beautiful Soup fornece uma série de filtros diferentes para encontrar tags, incluindo o simples nome de string que acabamos de usar, busca por expressão regular, uso de uma lista de nomes de tag e outros. Consulte esta lista abrangente para obter mais detalhes.

6 Essa sintaxe de seleção CSS deve ser familiar para qualquer pessoa que tenha usado a biblioteca jQuery do JavaScript e também é semelhante à usada pelo D3.

Além do `select` e do `select_one` do lxml, existem 10 métodos convenientes do Beautiful Soup para pesquisar na árvore analisada. Essencialmente, eles são variantes do `find` e do `find_all` que especificam qual parte da árvore eles pesquisam. Por exemplo, o `find_parent` e o `find_parents`, em vez de procurar descendentes na árvore, procuram as tags pai da tag pesquisada. Todos os 10 métodos estão disponíveis na documentação oficial do Beautiful Soup.

Agora que sabemos como selecionar nossa tabela da Wikipédia e temos os métodos de seleção do lxml, vamos ver como criar alguns padrões de seleção para obter os dados que queremos.

Criando Padrões de Seleção

Depois de selecionarmos com sucesso nossa tabela de dados, agora queremos criar alguns padrões de seleção para raspar os dados necessários. Usando o explorador HTML, podemos ver que os ganhadores individuais estão contidos em células `<td>`, com um link href `<a>` para as páginas de biografia da Wikipédia (no caso de indivíduos). Aqui está uma linha alvo típica com classes CSS que podemos usar como alvos para obter os dados nas células `<td>`:

```
<tr>
 <td align="center">
  1901
 </td>
 <td>
  <span class="sortkey">
   Röntgen, Wilhelm
  </span>
  <span class="vcard">
   <span class="fn">
    <a href="/wiki/Wilhelm_R%C3%B6ntgen" \
       title="Wilhelm Röntgen">
     Wilhelm Röntgen
    </a>
   </span>
  </span>
 </td>
 <td>
  ...
</tr>
```

Se percorrermos essas células de dados, acompanhando sua linha (ano) e coluna (categoria), deveríamos ser capazes de criar uma lista de ganhadores com todos os dados que especificamos, exceto a nacionalidade.

A função `get_column_titles` a seguir raspa nossa tabela para os cabeçalhos das colunas de categoria do Prêmio Nobel, ignorando a primeira coluna de Ano. Frequentemente, a célula do cabeçalho em uma tabela da Wikipédia contém um link da web com a tag `'a'`;

todas as categorias do Nobel se encaixam nesse modelo, apontando para suas respectivas páginas da Wikipédia. Se o cabeçalho não for clicável, armazenamos seu texto e um href nulo:

```
def get_column_titles(table):
    """ Get the Nobel categories from the table header """
    cols = []
    for th in table.select_one('tr').select('th')[1:]: ❶
        link = th.select_one('a')
        # Armazenar o nome da categoria e qualquer link da Wikipedia que ela possua
        if link:
            cols.append({'name':link.text,\
                         'href':link.attrs['href']})
        else:
            cols.append({'name':th.text, 'href':None})
    return cols
```

❶ Percorremos o topo da tabela, ignorando a primeira coluna de Ano ([1:]). Isso seleciona os cabeçalhos das colunas mostrados na Figura 5-2.

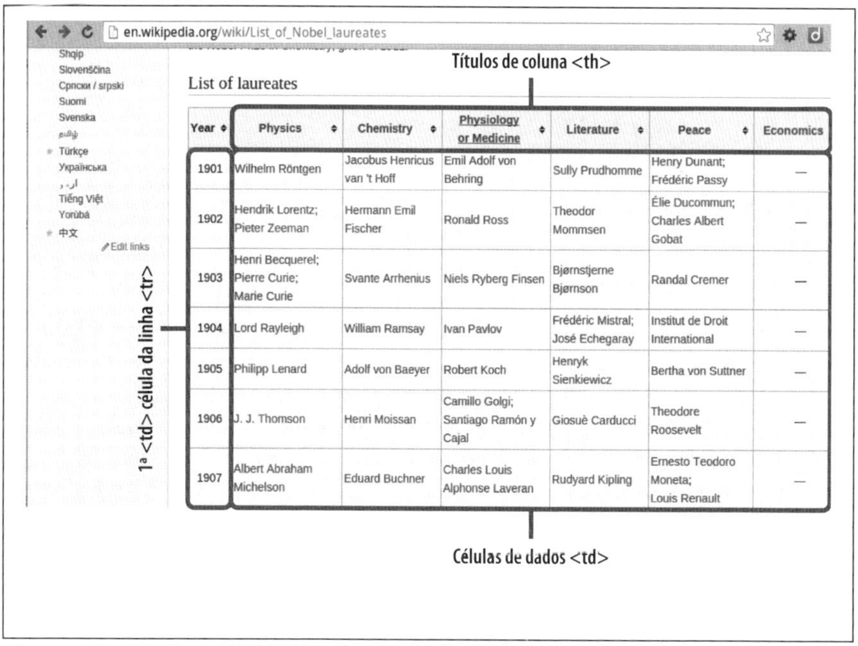

Figura 5-2. Tabela da Wikipédia dos ganhadores do Prêmio Nobel

Vamos garantir que `get_column_titles` está nos dando aquilo que queremos:

```
get_column_titles(table)
Out:
[{'name': 'Physics', \
  'href': '/wiki/List_of_Nobel_laureates_in_Physics'},
 {'name': 'Chemistry',\
  'href': '/wiki/List_of_Nobel_laureates_in_Chemistry'},...
]

def get_Nobel_winners(table):
    cols = get_column_titles(table)
    winners = []
    for row in table.select('tr')[1:-1]: ❶
        year = int(row.select_one('td').text) # Gets 1st <td>
        for i, td in enumerate(row.select('td')[1:]): ❷
            for winner in td.select('a'):
                href = winner.attrs['href']
                if not href.startswith('#endnote'):
                    winners.append({
                        'year':year,
                        'category':cols[i]['name'],
                        'name':winner.text,
                        'link':winner.attrs['href']
                    })
    return winners
```

❶ Obtém todas as linhas de Ano, a partir da segunda, correspondendo às linhas da Figura 5-2.

❷ Encontra as células de dados `<td>` mostradas na Figura 5-2.

Iterando pelas linhas de Ano, pegamos a primeira coluna de Ano e, em seguida, iteramos sobre as colunas restantes, usando `enumerate` para acompanhar nosso índice, que será mapeado para os nomes das colunas de categoria. Sabemos que todos os nomes dos ganhadores estão contidos em uma tag `<a>`, mas que ocasionalmente há tags `<a>` extras começando com um `#endnote`, que filtramos. Por fim, adicionamos um dicionário de ano, categoria, nome e link ao nosso array de dados. Observe que o seletor do ganhador tem um dicionário de `attrs` contendo, entre outras coisas, o href da tag `<a>`.

Vamos confirmar que `get_Nobel_winners` retorna uma lista de dicionários de ganhadores do Prêmio Nobel:

```
get_Nobel_winners(table)
```

```
[{'year': 1901,
  'category': 'Physics',
  'name': 'Wilhelm Röntgen',
  'link': '/wiki/Wilhelm_R%C3%B6ntgen'},
 {'year': 1901,
  'category': 'Chemistry',
  'name': "Jacobus Henricus van 't Hoff",
```

```
 'link': '/wiki/Jacobus_Henricus_van_%27t_Hoff'},
{'year': 1901,
 'category': 'Physiologyor Medicine',
 'name': 'Emil Adolf von Behring',
 'link': '/wiki/Emil_Adolf_von_Behring'},
{'year': 1901,
...}]
```

Agora que temos a lista completa dos ganhadores do Prêmio Nobel e os links para suas páginas da Wikipédia, podemos usar esses links para raspar dados das biografias individuais. Isso envolverá fazer um número considerável de requisições, e isso não é algo que realmente desejamos fazer mais de uma vez. A coisa sensata e respeitosa[7] a se fazer é armazenar em cache os dados que raspamos, permitindo que experimentemos várias raspagens sem precisar retornar à Wikipédia.

Armazenando as Páginas da Web em Cache

É razoavelmente fácil criar de forma rápida um mecanismo de cache em Python, mas muitas vezes é ainda mais fácil encontrar uma solução melhor escrita por outra pessoa e gentilmente doada para a comunidade de código aberto. O Requests possui um bom plug-in chamado `requests-cache` que, com algumas linhas de configuração, cuidará de todas as suas necessidades básicas de cache.

Primeiro, instalamos o plug-in usando o `pip`:

```
$ pip install --upgrade requests-cache
```

O `requests-cache` utiliza monkey patching para substituir dinamicamente partes da API de `requests` em tempo de execução. Isso significa que ele pode funcionar de forma transparente. Basta instalar o cache e depois usar o `requests` normalmente, com todo o cache sendo cuidado automaticamente. Aqui está a forma mais simples de usar o `requests-cache`:

```
import requests
import requests_cache

requests_cache.install_cache()
# use o requests normalmente...
```

O método `install_cache` possui várias opções úteis, incluindo permitir que você especifique o `backend` de cache (`sqlite`, `memory`, `mongdb`, ou `redis`) ou definir um tempo de expiração (`expiry_after`) em segundos para o cache. Portanto, o seguinte cria um cache chamado `nobel_pages` com um backend `sqlite` e páginas que expiram em duas horas (7.200 s):

[7] Ao fazer a raspagem, você está usando a largura de banda da web de outras pessoas, o que, em última análise, custa dinheiro a elas. É apenas uma questão de boas maneiras tentar limitar o número de requisições.

```
requests_cache.install_cache('nobel_pages',\
                              backend='sqlite', expire_after=7200)
```

O `requests-cache` atenderá à maioria das suas necessidades de cache e é super fácil de usar. Para mais detalhes, consulte a documentação oficial, onde você também encontrará um pequeno exemplo de limitação de requisições (request throttling), que é uma técnica útil ao realizar raspagem em massa.

Raspando as Nacionalidades dos Ganhadores

Com o cache em vigor, vamos tentar obter as nacionalidades dos ganhadores, usando os primeiros 50 para o nosso experimento. Uma pequena função chamada `get_winner_nationality()` usará os links dos ganhadores que armazenamos anteriormente para raspar suas páginas e, em seguida, usar a caixa de informações mostrada na Figura 5-3 para obter o atributo `Nationality`.

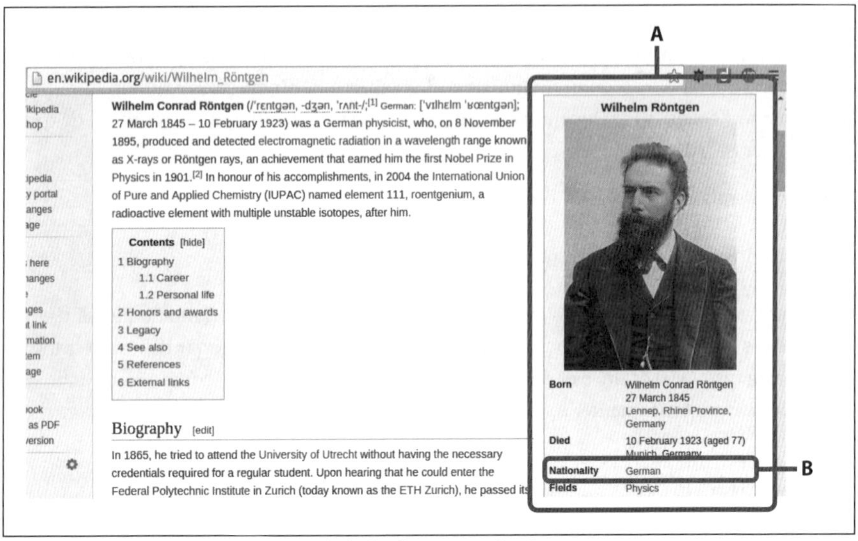

Figura 5-3. Raspando a nacionalidade de um ganhador

> Ao fazer a raspagem, estamos procurando por padrões confiáveis e elementos repetidos com dados úteis. Como veremos, as caixas de informações da Wikipédia para indivíduos não são uma fonte tão confiável, mas clicar em alguns links aleatórios certamente dá essa impressão. Dependendo do tamanho do conjunto de dados é bom realizar algumas verificações experimentais de sanidade. Você pode fazer isso manualmente, mas, como mencionado no início do capítulo, isso não será escalável nem melhorará suas habilidades.

O Exemplo 5-3 pega um dos dicionários de ganhadores que raspamos anteriormente e retorna um dicionário com uma chave `Nationality` se ela for encontrada. Vamos executá-lo nos primeiros 50 ganhadores e ver com que frequência o atributo `Nationality` está ausente.

Exemplo 5-3. Raspar o país do ganhador em sua página de biografia

```
HEADERS = {'User-Agent': 'Mozilla/5.0'}

def get_winner_nationality(w):
    """ scrape biographic data from the winner's wikipedia page """
    response = requests.get('http://en.wikipedia.org' \
                            + w['link'], headers=HEADERS)
    content = response.content.decode('utf-8')
    soup = BeautifulSoup(content)
    person_data = {'name': w['name']}
    attr_rows = soup.select('table.infobox tr') ❶
    for tr in attr_rows:                        ❷
    try:
        attribute = tr.select_one('th').text
        if attribute == 'Nationality':
            person_data[attribute] = tr.select_one('td').text
    except AttributeError:
        pass

return person_data
```

❶ Usamos um seletor CSS para encontrar todas as linhas `<tr>` da tabela com a classe `infobox`.

❷ Percorre as linhas procurando por um campo Nationality.

O Exemplo 5-4 mostra que 14 dos 50 primeiros ganhadores falharam em nossa tentativa de raspar sua nacionalidade. No caso do Institut de Droit International, a afiliação nacional pode não ser relevante, mas Theodore Roosevelt é tão americano quanto possível. Ao clicar em alguns dos nomes, podemos ver o problema (veja a Figura 5-4). A falta de um formato padronizado de biografia significa que sinônimos para Nacionalidade são frequentemente usados, como em Cidadania de Marie Curie; às vezes nenhuma referência é feita, como no caso de Niels Finsen; e Randall Cremer tem apenas uma fotografia em sua caixa de informações. Podemos descartar as caixas de informações como fonte confiável das nacionalidades dos ganhadores, mas, como pareciam ser a única fonte regular de dados resumidos, isso nos leva de volta ao ponto inicial. No próximo capítulo, veremos uma abordagem bem-sucedida usando o Scrapy e uma página inicial diferente.

Exemplo 5-4. Testando as nacionalidades raspadas

```
wdata = []
# testa os 50 primeiros ganhadores
for w in winners[:50]:
    wdata.append(get_winner_nationality(w))
missing_nationality = []
for w in wdata:
    # se estiver faltando 'Nationality', adicione à lista
    if not w.get('Nationality'):
        missing_nationality.append(w)
# lista de resultados
missing_nationality

[{'name': 'Theodor Mommsen'},
 {'name': 'Élie Ducommun'},
 {'name': 'Charles Albert Gobat'},
 {'name': 'Pierre Curie'},
 {'name': 'Marie Curie'},
 {'name': 'Niels Ryberg Finsen'},
 ...
 {'name': 'Theodore Roosevelt'}, ... ]
```

Figura 5-4. Ganhadores sem uma nacionalidade definida

Embora a Wikipédia seja relativamente livre, em termos de produção, onde os dados são projetados para consumo humano, você pode esperar uma falta de rigor. Muitos sites têm armadilhas semelhantes e, à medida que os conjuntos de dados ficam maiores, mais testes podem ser necessários para encontrar as falhas em um padrão de coleta.

Embora nosso primeiro exercício de raspagem tenha sido um pouco artificial para introduzir as ferramentas, espero que ele tenha capturado algo do espírito um tanto confuso da raspagem da web. A busca finalmente abortada por um campo Nacionalidade confiável para nosso conjunto de dados do Prêmio Nobel poderia ter sido evitada com um pouco de navegação na web e busca manual no código HTML. No entanto, se o conjunto de dados fosse significativamente maior e a taxa de falha um pouco menor, então a detecção programática, que se torna cada vez mais fácil à medida que se familiariza com os módulos de raspagem, realmente começa a apresentar resultados.

Este pequeno teste de raspagem foi projetado para introduzir o Beautiful Soup e mostra que coletar os dados que procuramos requer um pouco mais de reflexão, o que muitas vezes é o caso da raspagem. No próximo capítulo, usaremos a arma poderosa Scrapy e, com o que aprendemos nesta seção, coletaremos os dados necessários para a visualização do Prêmio Nobel em nosso livro.

Resumo

Neste capítulo, vimos exemplos das formas mais comuns pelas quais os dados podem ser extraídos da web e inseridos em contêineres Python, bancos de dados ou conjuntos de dados pandas. A biblioteca Requests do Python é o verdadeiro burro de carga para a negociação HTTP e uma ferramenta fundamental em nossa cadeia de ferramentas de dataviz. Para APIs mais simples e RESTful, consumir dados com Requests é apenas questão de algumas linhas de código Python. Para APIs mais complicadas, como aquelas com autorizações potencialmente complicadas, uma biblioteca envoltória como o Tweepy (para o Twitter) pode salvá-lo de muitos problemas. Boas bibliotecas também podem controlar as taxas de acesso e, quando necessário, limitar suas requisições. Isso é uma consideração importante, especialmente quando há possibilidade de colocar em uma lista negra consumidores indesejados.

Também começamos nossas primeiras incursões na raspagem de dados, que muitas vezes é uma solução necessária quando não há uma API disponível e os dados são destinados ao consumo humano. No próximo capítulo, obteremos todos os dados do Prêmio Nobel necessários para a visualização do livro usando o Scrapy do Python, uma biblioteca de raspagem de dados robusta.

CAPÍTULO 6

Raspagem Pesada com o Scrapy

Conforme seus objetivos de raspagem se tornam mais ambiciosos, criar soluções com Beautiful Soup e requisições pode ficar muito confuso muito rapidamente. Gerenciar os dados raspados à medida que as requisições geram mais requisições se torna complicado e, se suas requisições estiverem sendo feitas de forma síncrona, as coisas começam a ficar mais lentas rapidamente. Uma série de problemas que você provavelmente não havia antecipado começa a se manifestar. É nesse ponto que você deseja recorrer a uma biblioteca poderosa e robusta que resolva todos esses problemas e mais. E é aí que entra o Scrapy.

Enquanto o Beautiful Soup é uma ferramenta muito útil para raspagem rápida e básica, o Scrapy é uma biblioteca Python que pode lidar com raspagens de dados em larga escala com facilidade. Ele possui todas as coisas que esperamos, como armazenamento em cache integrado (com tempos de expiração), requisições assíncronas por meio do framework web Twisted do Python, randomização do agente de usuário, e muito mais. O preço por todo esse poder é uma curva de aprendizado um tanto quanto íngreme, que este capítulo pretende suavizar, usando um exemplo simples. Acredito que o Scrapy é uma adição poderosa para qualquer conjunto de ferramentas de dataviz e realmente abre possibilidades para a coleta de dados da web.

Em "Raspando Dados" na página 136, conseguimos raspar um conjunto de dados contendo todos os ganhadores do Prêmio Nobel por nome, ano e categoria. Fizemos uma raspagem especulativa das páginas de biografia dos ganhadores vinculados, o que mostrou que extrair o país de nacionalidade seria difícil. Neste capítulo, elevaremos o nível dos nossos dados do Prêmio Nobel e tentaremos raspar objetos no formato mostrado no Exemplo 6-1.

Exemplo 6-1. Nosso objeto JSON Nobel alvo

```
{
  "category": "Physiology or Medicine",
  "country": "Argentina",
  "date_of_birth': "8 October 1927",
  "date_of_death': "24 March 2002",
  "gender": "male",
  "link": "http:\/\/en.wikipedia.org\/wiki\/C%C3%A9sar_Milstein",
  "name": "C\u00e9sar Milstein",
  "place_of_birth": "Bah\u00eda Blanca ,  Argentina",
  "place_of_death": "Cambridge , England",
  "text": "C\u00e9sar Milstein , Physiology or Medicine, 1984",
  "year": 1984
}
```

Além desses dados, buscaremos raspar as fotos dos ganhadores do prêmio (quando aplicável) e alguns dados biográficos resumidos (ver Figura 6-1). Vamos usar as fotos e o texto do corpo para adicionar um pouco de personalidade à nossa visualização do Prêmio Nobel.

Figura 6-1. Alvos de raspagem para as páginas dos ganhadores do prêmio

Configurando o Scrapy

O Scrapy deve ser um dos pacotes do Anaconda (consulte o Capítulo 1), então você provavelmente já o possui. Se esse não for o caso, você pode instalá-lo com o seguinte comando `conda`:

```
$ conda install -c https://conda.anaconda.org/anaconda scrapy
```

Se não estiver usando o Anaconda, uma rápida instalação do `pip` deve resolver:[1]

```
$ pip install scrapy
```

Com o Scrapy instalado, você terá acesso ao comando `scrapy`. Ao contrário da grande maioria das bibliotecas do Python, o Scrapy é projetado para ser executado a partir da

[1] Consulte os documentos de instalação do Scrapy para detalhes específicos da plataforma.

linha de comando, dentro do contexto de um projeto de raspagem, definido por arquivos de configuração, spiders de raspagem, pipelines e assim por diante. Vamos gerar um projeto novo para a nossa raspagem do Prêmio Nobel, usando a opção `startproject`. Isso vai gerar uma pasta de projeto, então certifique-se de executá-la a partir de um diretório de trabalho adequado:

```
$ scrapy startproject nobel_winners
New Scrapy project 'nobel_winners' created in:
    /home/kyran/workspace/.../scrapy/nobel_winners

You can start your first spider with:
    cd nobel_winners
    scrapy genspider example example.com
```

Conforme a saída do `startproject` diz, você vai querer mudar para o diretório *nobel_winners* para começar a usar o Scrapy.

Vamos dar uma olhada na árvore de diretórios do projeto:

```
nobel_winners
├── nobel_winners
|   ├── __init__.py
|   ├── items.py
|   ├── middlewares.py
|   ├── pipelines.py
|   ├── settings.py
|   └── spiders
|       └── __init__.py
└── scrapy.cfg
```

Como mostrado, o diretório do projeto tem um subdiretório com o mesmo nome e um arquivo de configuração *scrapy.cfg*. O subdiretório *nobel_winners* é um módulo Python (contendo um arquivo *_init_.py*) com alguns arquivos esqueleto e um diretório *spiders*, que conterá seus raspadores.

Estabelecendo os Alvos

Em “Raspando Dados” na página 136, tentamos raspar as nacionalidades dos ganhadores do Prêmio Nobel de suas páginas de biografia, mas descobrimos que elas estavam ausentes ou rotuladas de forma inconsistente em muitos casos (consulte o Capítulo 5). Em vez de obter os dados do país indiretamente, uma pequena pesquisa na Wikipédia mostra um caminho. Existe uma página que lista os ganhadores por país. Os ganhadores são apresentados em listas ordenadas com títulos (veja a Figura 6-2), não em forma de tabela, o que torna um pouco mais difícil recuperar nossos dados básicos de nome, categoria e ano. Além isso, a organização dos dados não é ideal (por exemplo, os títulos dos cabeçalhos de países e as listas de ganhadores não estão em blocos separados úteis). Como veremos, algumas consultas bem estruturadas no Scrapy nos fornecerão facilmente os dados de que precisamos.

A Figura 6-2 mostra a página inicial para nossa primeira spider junto com os elementos-chave que ela segmentará. Uma lista de títulos de nomes de países (A) é seguida por uma lista ordenada (B) de seus cidadãos ganhadores do Prêmio Nobel.

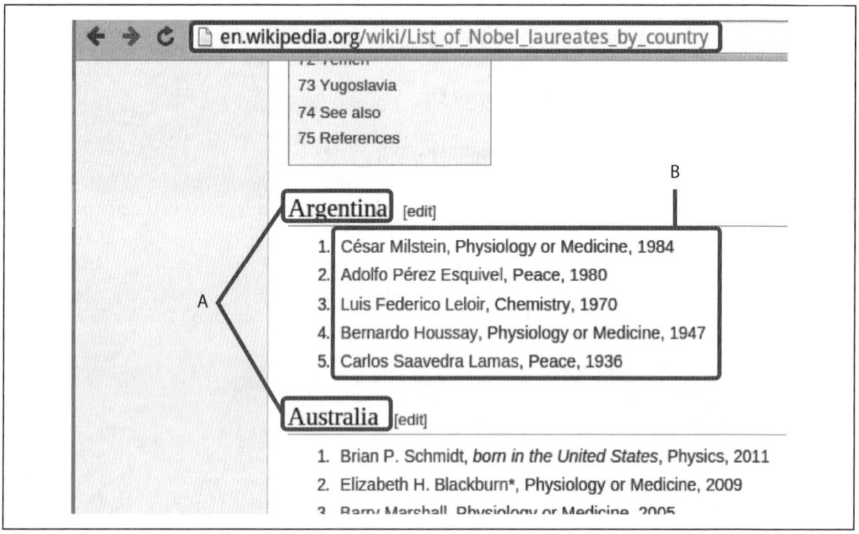

Figura 6-2. Raspando os Prêmios Nobel da Wikipédia por nacionalidade

Para raspar os dados da lista, precisamos iniciar as Ferramentas de Desenvolvedor do nosso navegador Chrome (consulte "A Guia Elementos" na página 93) e inspecionar os elementos-alvo usando a guia Elementos e seu inspetor (lupa). A Figura 6-3 mostra os elementos HTML-chave para nossa primeira spider: títulos de cabeçalho (h2) contendo um nome de país, seguidos por uma lista ordenada (ol) de ganhadores (li).

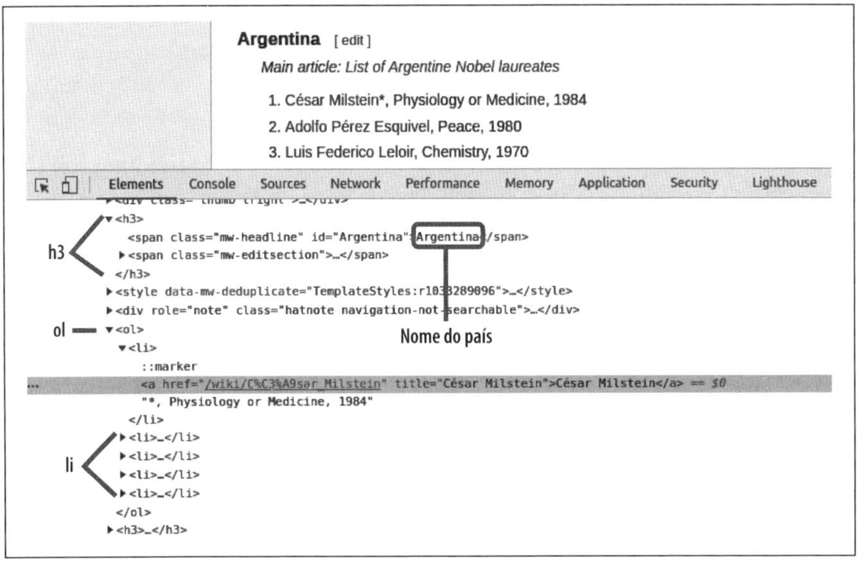

Figura 6-3. Localizando os alvos HTML para a lista da Wikipédia

Segmentando HTML com Xpaths

O Scrapy usa xpaths para definir seus alvos HTML. O xpath é uma sintaxe para descrever partes de um documento X(HT)ML, e embora possa se tornar bastante complicado, os conceitos básicos são simples e diretos e resolvem a tarefa em questão.

É possível obter o xpath de um elemento HTML usando a guia Elementos do Chrome, passando o mouse sobre a fonte desejada, clicando com o botão direito e selecionando "Copiar Xpath". Por exemplo, no caso dos nomes dos países da lista de ganhadores do Prêmio Nobel (h3 na Figura 6-3), selecionar o xpath da Argentina (o primeiro país) resulta no seguinte:

```
//*[@id="mw-content-text"]/div[1]/h3[1]
```

Podemos usar as seguintes regras de xpath para decodificá-lo:

`//E`
: Elemento `<E>` em qualquer lugar do documento (por exemplo, `//img` obtém todas as imagens na página)

`//E[@id="foo"]`
: Seleciona o elemento `<E>` com o ID `foo`

`//*[@id="foo"]`
: Seleciona qualquer elemento com o ID `foo`

`//E/F[1]`
: Primeiro elemento filho `<F>` do elemento `<E>`

`//E/*[1]`
: Primeiro filho do elemento `<E>`

Seguindo essas regras, vemos que nosso título Argentino `//*[@id="mw-content-text"]/div[1]/h3[1]` é o primeiro cabeçalho (h2) filho do primeiro elemento `div` do elemento DOM com o ID `mw-content-text`. Isso é equivalente ao seguinte HTML:

```
<div id="mw-content-text">
  <div>
    <h2>
      ...
    </h2>
  </div>
    ...
</div>
```

Observe que, ao contrário do Python, os xpaths não usam um índice baseado em zero, mas consideram o primeiro elemento como 1.

Testando Xpaths com o Scrapy Shell

Acertar a segmentação do seu xpath é crucial para uma boa raspagem e pode envolver um certo grau de iteração. O Scrapy facilita esse processo ao fornecer um shell de linha de comando, que recebe uma URL e cria um contexto de resposta no qual você pode experimentar seus xpaths, como neste exemplo:

```
$ scrapy shell
  https://en.wikipedia.org/wiki/List_of_Nobel_laureates_by_country


2021-12-09 14:31:06 [scrapy.utils.log] INFO: Scrapy 2.5.1 started
(bot: nobel_winners)
...

2021-12-09 14:31:07 [scrapy.core.engine] INFO: Spider opened
2021-12-09 14:31:07 [scrapy.core.engine] DEBUG: Crawled (200)
<GET https://en.wikip...List_of_Nobel_laureates_by_country>
(referer: None)
[s] Available Scrapy objects:

[s]   crawler  <scrapy.crawler.Crawler object at 0x3a8f510>
[s]   item {}
[s]   request    <GET https://...Nobel_laureates_by_country>
[s]   response   <200 https://...Nobel_laureates_by_country>
[s]   settings   <scrapy.settings.Settings object at 0x34a98d0>
[s]   spider     <DefaultSpider 'default' at 0x3f59190>
```

```
[s] Useful shortcuts:

[s]   shelp()   Shell help (print this help)
[s]   fetch(url[, redirect=True]) Fetch URL and update local objects
(by default, redirects are followed)
[s]   fetch(req)                  Fetch a scrapy.Request and update
[s]   view(response)    View response in a browser

In [1]:
```

Agora temos um shell baseado em IPython com autocompletar de código e realce de sintaxe para testar a segmentação do nosso xpath. Vamos pegar todos os cabeçalhos <h3> na página da Wikipédia:

```
In [1]: h3s = response.xpath('//h3')
```

Os h3s resultantes são uma SelectorList, um objeto list especializado do Python. Vamos ver quantos cabeçalhos temos:

```
In [2]: len(h3s)
Out[2]: 91
```

Podemos pegar o primeiro objeto Selector e consultar seus métodos e propriedades no shell do Scrapy pressionando Tab após adicionar um ponto:

```
In [3] h3 = h3s[0]
In [4] h3.
attrib          get             re                  remove             ...
css             getall          re_first            remove_namespaces  ...
extract         namespaces      register_namespace response            ...
```

Muitas vezes, você usará o método extract para obter o resultado bruto do seletor xpath:

```
In [5]: h3.extract()
Out[6]:
u'<h3>
  <span class="mw-headline" id="Argentina">Argentina</span>
  <span class="mw-editsection">
  <span class="mw-editsection-bracket">
  ...
  </h3>'
```

Isso mostra que nossos cabeçalhos de países começam no primeiro <h3> e contêm um span com a classe mw-headline. Podemos usar a presença da classe mw-headline como filtro para nossos cabeçalhos de países e o conteúdo como nosso rótulo de país. Vamos experimentar um xpath, usando o método text do seletor para extrair o texto do span mw-headline. Observe que usamos o método xpath do seletor <h3>, o que torna a consulta xpath relativa a esse elemento:

```
In [7]: h3_arg = h3
In [8]: country = h3_arg.xpath(\
                             'span[@class="mw-headline"]/text()')\
.extract()
In [9]: country
Out[9]: ['Argentina']
```

O método `extract` retorna uma lista de correspondências possíveis, no nosso caso, a única string `'Argentina'`. Ao iterar pela lista `h3s`, podemos obter os nomes dos países.

Supondo que tenhamos o cabeçalho `<h3>` de um país, agora precisamos obter a lista ordenada `<ol>` dos ganhadores do Nobel que o seguem (Figura 6-2 B). Facilmente, o seletor xpath `following-sibling` pode fazer exatamente isso. Vamos pegar a primeira lista ordenada após o cabeçalho Argentina:

```
In [10]: ol_arg = h3_arg.xpath('following-sibling::ol[1]')
Out[10]: ol_arg
[<Selector xpath='following-sibling::ol[1]' data=u'<ol><li>
<a href="/wiki/C%C3%A9sar_Milst'>]
```

Observar os dados truncados para `ol_arg`, mostra que selecionamos uma lista ordenada. Observe que, mesmo que haja apenas um `Selector`, o `xpath` ainda retorna uma `SelectorList`. Por conveniência, você geralmente apenas seleciona diretamente o primeiro elemento:

```
In [11]: ol_arg = h2_arg.xpath('following-sibling::ol[1]')[0]
```

Agora que temos a lista ordenada, vamos obter uma lista de seus elementos `<li>` membros (a partir de meados de 2022):

```
In [12]: lis_arg = ol_arg.xpath('li')
In [13]: len(lis_arg)
Out[13]: 5
```

Vamos examinar um desses elementos de lista usando o `extract`. Como teste inicial, estamos procurando extrair o nome do ganhador e capturar o texto do elemento de lista:

```
In [14]: li = lis_arg[0] # selecione o primeiro elemento da lista
In [15]: li.extract()
Out[15]:
'<li><a href="/wiki/C%C3%A9sar_Milstein"
        title="C\xe9sar Milstein">C\xe9sar Milstein</a>,
        Physiology or Medicine, 1984</li>'
```

Extrair o elemento de lista mostra um padrão comum: um nome com hiperlink para a página do ganhador na Wikipédia, seguido por uma categoria de vitória separada por vírgula e ano. Uma maneira robusta de obter o nome do ganhador é selecionar o texto da primeira tag `<a>` do elemento de lista:

```
In [16]: name = li.xpath('a//text()')[0].extract()
In [17]: name
Out[17]: 'César Milstein'
```

Muitas vezes é útil obter todo o texto em, por exemplo, um elemento de lista, removendo as várias tags HTML <a>, <span> e outras. O `descendant-or-self` nos dá uma maneira conveniente de fazer isso, produzindo uma lista do texto dos descendentes:

```
In [18]: list_text = li.xpath('descendant-or-self::text()')\
.extract()
In [19]: list_text
Out[19]: ['César Milstein', '*, Physiology or Medicine, 1984']
```

Podemos obter o texto completo juntando os elementos da lista:

```
In [20]: ' '.join(list_text)
Out[20]: 'César Milstein *, Physiology or Medicine, 1984'
```

Observe que o primeiro item de `list_text` é o nome do ganhador, nos dando outra maneira de acessá-lo, por exemplo, se faltasse um hiperlink.

Agora que estabelecemos os xpaths para nossos alvos de raspagem (o nome e o teto do link dos ganhadores do Prêmio Nobel), vamos incorporá-los ao nosso primeiro spider do Scrapy.

Selecionando com Xpaths Relativos

Como acabamos de mostrar, as seleções de `xpath` do Scrapy retornam listas de seletores que, por sua vez, possuem seus próprios métodos `xpath`. Ao usar o método `xpath`, é importante ter clareza sobre as seleções relativas e absolutas. Vamos tornar a distinção clara usando o índice do conteúdo da página do Nobel como exemplo.

O índice tem a seguinte estrutura:

```
<div id='toc'... >
  ...
   <ul ... >
     <li ... >
       <a href='Argentina'> ... </a>
     </li>
     ...
   </ul>
  ...
</div>
```

Podemos selecionar o índice da página da Wikipédia do Nobel usando uma consulta `xpath` padrão na resposta e obtendo o `div` com o ID `toc`:

```
In [21]: toc = response.xpath('//div[@id="toc"]')[0]
```

Se quisermos obter todas as tags de lista <li> de países, podemos usar um xpath relativo no div toc selecionado. Ao observar o HTML na Figura 6-3, vemos que a lista não ordenada ul de países é o primeiro membro da segunda lista de itens do índice principal do conteúdo. Essa lista pode ser selecionada pelos seguintes xpaths equivalentes, ambos selecionando os filhos da seleção atual do toc de forma relativa:

```
In [22]: lis = toc.xpath('.//ul/li[2]/ul/li')
In [23]: lis = toc.xpath('ul/li[2]/ul/li')
In [24]: len(lis)
Out[24]: 81 # o número de países no índice (julho de 2022)
```

Um erro comum é usar um seletor xpath não relativo na seleção atual, que seleciona a partir do documento inteiro, neste caso obtendo todas as tags não ordenadas (<ul>) <li> :

```
In [25]: lis = toc.xpath('//ul/li')
In [26]: len(lis)
OUt[26]: 271
```

Erros cometidos ao confundir consultas relativas e não relativas surgem com frequência nos fóruns, então é bom estar bem ciente da distinção e prestar atenção nesses pontos.

> Obter a expressão xpath correta para o(s) elemento(s) alvo pode ser um pouco complicado, e os casos difíceis podem exigir um aninhamento complexo de cláusulas. O uso de uma folha de referência bem escrita pode ser de grande ajuda aqui, e felizmente existem muitas boas folhas de dicas de xpath. Uma seleção muito boa pode ser encontrada em devhints.io.

Um Primeiro Spider do Scrapy

Armado com um pouco de conhecimento sobre xpath, vamos criar nosso primeiro scraper com o objetivo de obter o país e o texto do link dos ganhadores (Figura 6-2 A e B).

O Scrapy chama seus scrapers de *spiders*, cada um dos quais é um módulo Python colocado no diretório *spiders* do seu projeto. Vamos chamar nosso primeiro scraper de *nwinner_list_spider.py*:

```
.
├── nobel_winners
│   ├── __init__.py
│   ├── items.py
│   ├── middlewares.py
│   ├── pipelines.py
│   ├── settings.py
│   └── spiders
│       |── __init__.py
│       └── nwinners_list_spider.py <---
└── scrapy.cfg
```

Os spiders são subclasses da classe `scrapy.Spider`, e qualquer uma colocada no diretório spiders será automaticamente detectada pelo Scrapy e tornada acessível pelo nome para o comando `scrapy`.

O spider básico do Scrapy mostrado no Exemplo 6-2 segue um padrão que usaremos na maioria dos spiders. Primeiro, criamos uma subclasse `item` do Scrapy para criar campos para os dados extraídos (seção A no Exemplo 6-2). Em seguida, criamos um spider nomeado, subclasse de `scrapy.Spider` (seção B no Exemplo 6-2). Usaremos o nome do spider ao chamar o `scrapy` da linha de comando. Cada spider possui um método `parse`, que lida com as requisições HTTP para uma lista de URLs iniciais contidos em um atributo de classe `start_url`. No nosso caso, a URL inicial é a página da Wikipédia dos laureados com o Prêmio Nobel por país.

Exemplo 6-2. O primeiro spider do Scrapy

```
# nwinners_list_spider.py

import scrapy
import re
# A. Define os dados a serem raspados
class NWinnerItem(scrapy.Item):
    country = scrapy.Field()
    name = scrapy.Field()
    link_text = scrapy.Field()

# B Cria um spider nomeado
class NWinnerSpider(scrapy.Spider):
    """ Scrapes the country and link text of the Nobel-winners. """

    name = 'nwinners_list'
    allowed_domains = ['en.wikipedia.org']
    start_urls = [
        "http://en.wikipedia.org ... of_Nobel_laureates_by_country"
    ]
    # C Um método de análise para lidar com a resposta HTTP
    def parse(self, response):

         h3s = response.xpath('//h3') ❶

         for h3 in h3s:
            country = h3.xpath('span[@class="mw-headline"]'\
            'text()').extract() ❷
            if country:
                winners = h2.xpath('following-sibling::ol[1]') ❸
                for w in winners.xpath('li'):
                    text = w.xpath('descendant-or-self::text()')\
                    .extract()
                    yield NWinnerItem(
                        country=country[0], name=text[0],
                        link_text = ' '.join(text)
                        )
```

❶ Obtém todos os cabeçalhos <h3> na página, a maioria dos quais será os títulos dos países-alvo.

❷ Onde for possível, obtém o texto do elemento filho <span> com a classe `mw-headline` do elemento <h3>.

❸ Obtém a lista dos ganhadores do país.

O método `parse` no Exemplo 6-2 recebe a resposta de uma requisição HTTP para a página do Prêmio Nobel na Wikipédia e fornece itens do Scrapy, que são então convertidos em objetos JSON e anexados ao arquivo de saída, uma matriz JSON de objetos.

Vamos executar nosso primeiro spider para garantir que estamos analisando e coletando corretamente nossos dados do Nobel. Primeiro, navegue até o diretório *nobel_winners* (que contém o arquivo *scrapy.cfg*) do projeto de raspagem. Vamos ver quais spiders de raspagem estão disponíveis:

```
$ scrapy list
nwinners_list
```

Como esperado, temos um spider `nwinners_list` no diretório *spiders*. Para iniciar a raspagem, usamos o comando `crawl` e direcionamos a saída para um arquivo *nwinners.json*. Por padrão, obtemos muitas informações de log em Python acompanhando o crawl:

```
$ scrapy crawl nwinners_list -o nobel_winners.json
2021- ... [scrapy] INFO: Scrapy started (bot: nobel_winners)
...
2021- ... [nwinners_list] INFO: Closing spider (finished)
2021- ... [nwinners_list] INFO: Dumping Scrapy stats:
        {'downloader/request_bytes': 1147,
         'downloader/request_count': 4,
         'downloader/request_method_count/GET': 4,
         'downloader/response_bytes': 66459,
         ...
         'item_scraped_count': 1169, ❶
2021- ...  [scrapy.core.engine] INFO: Spider closed (finished)
```

❶ Raspamos 1.169 ganhadores do Nobel da página.

A saída do scrapy `crawl` mostra 1.169 itens raspados com sucesso. Vamos verificar nosso arquivo de saída JSON para garantir que tudo tenha ocorrido conforme o planejado:

```
$ head nobel_winners.json
[{"country": "Argentina",
  "link_text": "C\u00e9sar Milstein , Physiology or Medicine,"\
  " 1984",
  "name": "C\u00e9sar Milstein"},
 {"country": "Argentina",
  "link_text": "Adolfo P\u00e9rez Esquivel , Peace, 1980",
  "name": "Adolfo P\u00e9rez Esquivel"},
  ...
```

Como você pode ver, temos uma matriz de objetos JSON com os quatro campos principais presentes e corretos.

Agora que temos um spider que coleta com sucesso os dados da lista de todos os ganhadores do Nobel na página, vamos começar a refiná-lo para obter todos os dados que estamos visando para nossa visualização do Prêmio Nobel (veja o Exemplo 6-1 e a Figura 6-1).

Primeiro, vamos adicionar todos os dados que planejamos coletar como campos em nosso `scrapy.Item`:

```
...
class NWinnerItem(scrapy.Item):
    name = scrapy.Field()
    link = scrapy.Field()
    year = scrapy.Field()
    category = scrapy.Field()
    country = scrapy.Field()
    gender = scrapy.Field()
    born_in = scrapy.Field()
    date_of_birth = scrapy.Field()
    date_of_death = scrapy.Field()
    place_of_birth = scrapy.Field()
    place_of_death = scrapy.Field()
    text = scrapy.Field()
...
```

Também faz sentido simplificar um pouco o código e usar uma função dedicada, `process_winner_li`, para processar o texto do link do ganhador. Passaremos um seletor de link e o nome do país para ela e retornaremos um dicionário contendo os dados raspados:

```
...

def parse(self, response):

    h3s = response.xpath('//h3')

    for h3 in h3s:
        country = h3.xpath('span[@class="mw-headline"]/text()')\
        .extract()
        if country:
            winners = h3.xpath('following-sibling::ol[1]')
            for w in winners.xpath('li'):
                wdata = process_winner_li(w, country[0])
                ...
```

Abraçando as Regexes

> Algumas pessoas, quando confrontadas com um problema, pensam: "Já sei, vou usar as expressões regulares". Agora elas têm dois problemas.
>
> — Jamie Zawinskie

A citação anterior é um clássico antigo, mas resume como muitas pessoas se sentem em relação às expressões regulares (regexes). Regexes usam uma sequência de caracteres para definir uma expressão de busca usada para correspondência de strings. Tanto Python quanto JavaScript possuem tratamento incorporado delas.

Em Python, o módulo `re` fornece vários métodos de regex. Uma tarefa comum pode ser encontrar todos os endereços de e-mail em um documento, reconhecendo sequências de e-mail no formato *foo@bar.com*. Vamos criar um regex para encontrá-los, dividindo o processo:[2]

```
In [12]: txt = 'Feel free to contact me at '\
' pyjdataviz@kyrandale.com with any feedback.'

In [13]: re.findall(r'[\w\.-]+@[\w\.-]+', txt)
Out[13]: ['pyjdataviz@kyrandale.com']
```

O método `findall` recebe uma string regex (com um *r* prefixado) como seu primeiro argumento e o texto a ser pesquisado como seu segundo. O padrão de pesquisa de e-mail usa as seguintes regras:

\w	Corresponde a uma string alfanumérica contendo números e letras maiúsculas e minúsculas (a abreviação de regex é [0-9a-zA-Z_])
\	Escapa de um caractere especial
\.	Combina um ponto
-	Combina um hífen
+	Combina uma ou mais strings entre colchetes

Quando combinadas, essas regras correspondem a duas strings conectadas por @ e contendo caracteres alfanuméricos ou pontos ou hifens. Obviamente, esse é um padrão bastante amplo (por exemplo, `.@.` forneceria uma correspondência) que você pode querer refinar. Por exemplo, você poderia usar `r'[\w\.-]@gmail.com` se você estivesse procurando apenas endereços do Gmail.

Embora a sintaxe das regexes possa ser desafiadora no início, a verdade é que a raspagem da web geralmente envolve correspondência de padrões de dados bagunçados e mal especificados, e uma regex é praticamente feita sob medida para mui-

2 Existem algumas ferramentas online úteis para testar regexes, algumas delas específicas à linguagem de programação. O Pyregex é uma boa ferramenta de Python, com uma folha de referência inclusa.

tos dos trabalhos que surgem. Você provavelmente pode contorná-las de alguma maneira, mas aceitá-las tornará sua vida muito mais fácil, e a boa notícia é que um pouco já ajuda muito. Consulte o Exemplo 6-3 para ver alguns exemplos.

O método `process_winner_li` é mostrado no Exemplo 6-3. Um dicionário `wdata` é preenchido com informações extraídas da tag `li` do ganhador, usando algumas regexes para encontrar o ano do prêmio e a categoria.

Exemplo 6-3. Processando um item da lista de ganhadores

```
# ...
import re
BASE_URL = 'http://en.wikipedia.org'
# ...

def process_winner_li(w, country=None):
    """
    Process a winner's <li> tag, adding country of birth or
    nationality, as applicable.
    """
    wdata = {}
    # obtém o endereço do link href da tag <a>
    wdata['link'] = BASE_URL + w.xpath('a/@href').extract()[0] ❶

    text = ' '.join(w.xpath('descendant-or-self::text()')\
         .extract())
    # obtém o nome delineado por vírgula e remova os espaços em branco à direita
    wdata['name'] = text.split(',')[0].strip()

    year = re.findall('\d{4}', text) ❷
    if year:
        wdata['year'] = int(year[0])
    else:
        wdata['year'] = 0
        print('Oops, no year in ', text)

    category = re.findall(
            'Physics|Chemistry|Physiology or Medicine|Literature|'\
            'Peace|Economics',
                text) ❸
    if category:
        wdata['category'] = category[0]
    else:
        wdata['category'] = ''
        print('Oops, no category in ', text)

    if country:
         if text.find('*') != -1: ❹
             wdata['country'] = ''
             wdata['born_in'] = country
         else:
             wdata['country'] = country
             wdata['born_in'] = ''

    # armazene uma cópia da string de texto do link para quaisquer correções manuais
    wdata['text'] = text
    return wdata
```

❶ Para obter o atributo `href` da tag `<a>` do item da lista (`<li><a href=/wiki...> [winner name]</a>...`), usamos o referente do atributo xpath @.

❷ Aqui, usamos `re`, a biblioteca regex interna do Python, para encontrar as strings de ano com quatro dígitos no texto do item da lista.

❸ Outro uso da biblioteca regex para encontrar a categoria do Prêmio Nobel no texto.

❹ Um asterisco após o nome do ganhador é usado para indicar que o país é o país de nascimento do ganhador — não a nacionalidade — no momento do prêmio (por exemplo, `"William Lawrence Bragg*, Physics, 1915"` na lista para Austrália).

O Exemplo 6-3 retorna todos os dados dos ganhadores disponíveis na página principal da Wikipédia Nobel por País, ou seja, o nome, o ano, a categoria, o país (país de nascimento ou país de nacionalidade quando recebeu o prêmio) e um link para as páginas individuais dos ganhadores. Precisaremos usar essas últimas informações para obter essas páginas biográficas e usá-las para extrair nossos dados de destino restantes (consulte o Exemplo 6-1 e a Figura 6-1).

Raspando as Páginas de Biografia Individuais

A página principal da Wikipédia Nobel por País nos forneceu muitos dos nossos dados de destino, mas a data de nascimento, a data de morte (quando aplicável) e o gênero do ganhador ainda precisam ser extraídos. Espera-se que essas informações estejam disponíveis, implícita ou explicitamente, em suas páginas de biografia (para ganhadores de organizações não governamentais). Agora é um bom momento para abrir a guia Elementos do Chrome e dar uma olhada nessas páginas para descobrir como vamos extrair os dados desejados.

Vimos no último capítulo (Capítulo 5) que as caixas de informações visíveis nas páginas dos indivíduos não são uma fonte confiável de informações e muitas vezes, estão totalmente ausentes. Até recentemente,[3] uma tabela `persondata` oculta de dados pessoais (ver Figura 6-4) fornecia acesso bastante confiável a informações como local de nascimento, data de falecimento e outras. Infelizmente, esse recurso útil foi descontinuado.[4] A boa notícia é que isso faz parte de uma tentativa de melhorar a categorização das informações biográficas, dando a elas um espaço dedicado no Wikidata, o armazenamento central da Wikipédia para seus dados estruturados.

[3] O autor foi prejudicado por essa remoção.

[4] Consulte a Wikipédia para uma explicação.

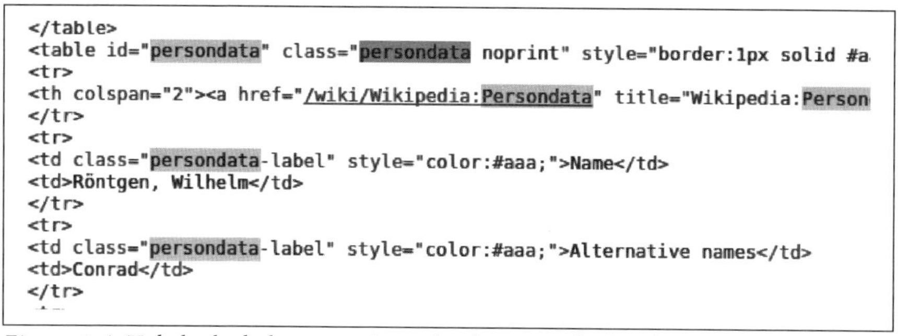

Figura 6-4. Tabela de dados pessoais oculta de um ganhador do Prêmio Nobel

Examinando as páginas de biografias da Wikipédia com a guia Elementos do Chrome, é possível encontrar um link para o item relevante do Wikidata (veja a Figura 6-5), que leva aos dados bibliográficos armazenados em *https://www.wikidata.org*. Ao seguir esse link, podemos extrair os dados que encontrarmos lá, os quais esperamos que sejam a maior parte dos nossos dados-alvo — como datas e locais importantes (veja o Exemplo 6-1).

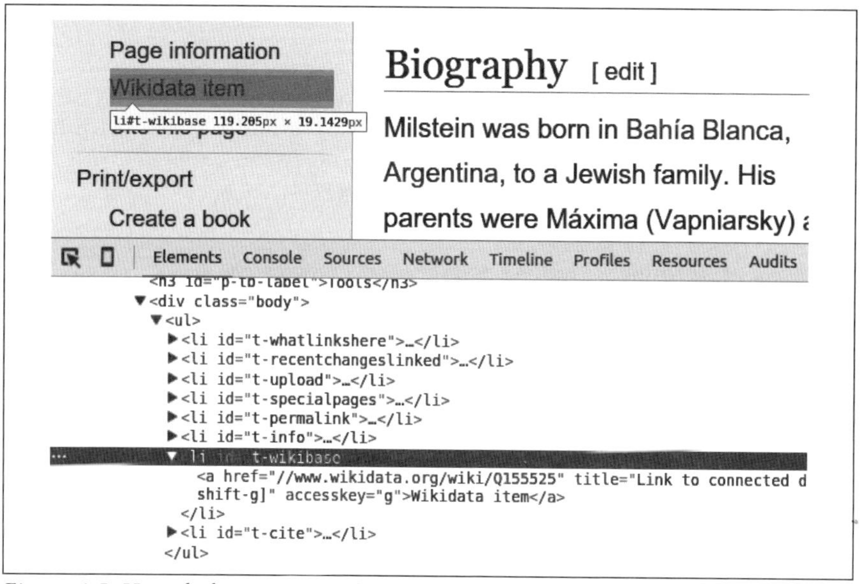

Figura 6-5. Hyperlink para o item do ganhador no Wikidata

Ao seguir o link para o Wikidata, é exibida uma página contendo campos para os dados que procuramos, como a data de nascimento do nosso ganhador do prêmio. Conforme mostrado na Figura 6-6, as propriedades estão embutidas em uma estrutura HTML gerada por computador, com códigos relacionados, que podemos usar como identificadores para extração (por exemplo, a data de nascimento tem o código P569).

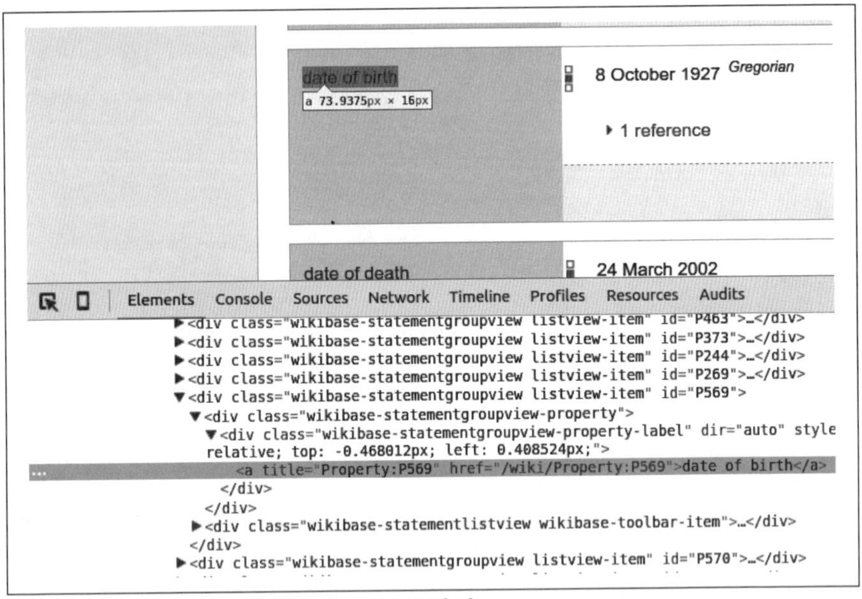

Figura 6-6. Propriedades biográficas no Wikidata

Como mostra a Figura 6-7, os dados reais que queremos, neste caso uma string de data, estão contidos em outra ramificação aninhada do HTML, dentro da respectiva tag de propriedade. Ao selecionar a `div` e clicar com o botão direito, podemos armazenar o xpath do elemento e usar isso para indicar ao Scrapy como obter os dados que ele contém.

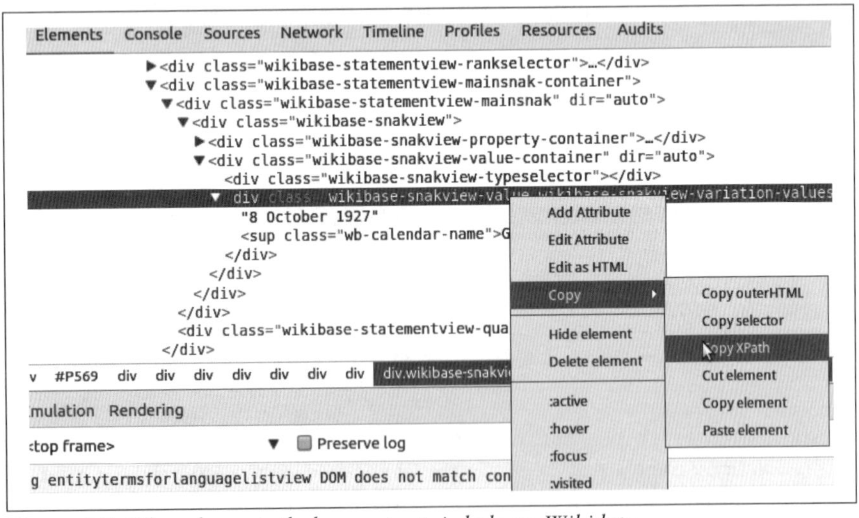

Figura 6-7. Obtendo o xpath de uma propriedade no Wikidata

Agora que temos os xpaths necessários para encontrar nossos alvos de raspagem, vamos juntar tudo e ver como o Scrapy encadeia as requisições, permitindo operações complexas de raspagem em várias páginas.

Encadeando Requisições e Obtendo Dados

Nesta seção, veremos como encadear requisições do Scrapy, permitindo-nos seguir hiperlinks, raspando dados à medida que avançamos. Primeiro, vamos ativar o armazenamento em cache de páginas do Scrapy. Ao experimentar com os alvos de xpath, queremos limitar o número de chamadas à Wikipédia, e é uma boa prática armazenar as páginas obtidas. Ao contrário de alguns conjuntos de dados por aí, nossos ganhadores do Prêmio Nobel mudam apenas uma vez por ano.[5]

Armazenando Páginas em Cache

Como era de se esperar, o Scrapy possui um sistema sofisticado de armazenamento em cache que oferece um controle refinado sobre o armazenamento de páginas (por exemplo, permitindo escolher entre bancos de dados ou sistemas de arquivos como backends, definir a expiração das páginas etc.). Ele é implementando como um middleware habilitado no módulo `settings.py` do nosso projeto. Existem várias opções disponíveis, mas para os propósitos da nossa extração do Nobel, simplesmente definir `HTTPCACHE_ENABLED` como `True` será suficiente:

```
# -*- coding: utf-8 -*-

# Configurações de raspagem para o projeto nobel_winners
#
# Este arquivo contém apenas as configurações mais importantes por
# padrão. Todas as outras configurações estão documentadas aqui:
#
#     http://doc.scrapy.org/en/latest/topics/settings.html
#

BOT_NAME = 'nobel_winners'

SPIDER_MODULES = ['nobel_winners.spiders']
NEWSPIDER_MODULE = 'nobel_winners.spiders'

# Faça o crawling com responsabilidade, identificando
# você (e seu site) no agente do usuário
#USER_AGENT = 'nobel_winners (+http://www.yourdomain.com)'

HTTPCACHE_ENABLED = True
```

Consulte a documentação do Scrapy para obter informações sobre todos os middlewares disponíveis. Tendo ativado o armazenamento em cache, vamos ver como encadear as requisições do Scrapy.

[5] A rigor, há edições sendo feitas continuamente pela comunidade da Wikipédia, mas os detalhes fundamentais devem permanecer estáveis até o próximo conjunto de prêmios.

Gerando Requisições

O método `parse` do nosso spider existente percorre os ganhadores do Nobel, usando o método `process_winner_li` para extrair o país, nome, ano, categoria e campo de biografia-hiperlink. Agora, queremos usar os hiperlinks de biografia para gerar uma requisição do Scrapy que irá buscar as páginas de biografia e enviá-las para um método personalizado de raspagem.

O Scrapy implementa um padrão Pythonico para encadear requisições, usando a instrução `yield` para criar um gerador, permitindo que o Scrapy consuma facilmente quaisquer requisições adicionais de página que fizermos. O Exemplo 6-4 mostra o padrão em ação.

Exemplo 6-4. Gerando uma requisição com o Scrapy

```
class NWinnerSpider(scrapy.Spider):
    name = 'nwinners_full'
    allowed_domains = ['en.wikipedia.org']
    start_urls = [
        "https://en.wikipedia.org/wiki/List_of_Nobel_laureates" \
        "_by_country"
    ]

def parse(self, response):

    h3s = response.xpath('//h3')
    for h3 in h3s:
        country = h3.xpath('span[@class="mw-headline"]/text()')
                  .extract()
        if country:
            winners = h2.xpath('following-sibling::ol[1]')
            for w in winners.xpath('li'):
                wdata = process_winner_li(w, country[0])
                request = scrapy.Request( ❶
                    wdata['link'],
                    callback=self.parse_bio, ❷
                    dont_filter=True)
                request.meta['item'] = NWinnerItem(**wdata) ❸
                yield request ❹

def parse_bio(self, response):
    item = response.meta['item'] ❺
    ...
```

❶ Faz uma requisição à página de biografia do ganhador, usando o link (`wdata[`*`link`*`]`) extraído do método `process_winner_li`.

❷ Define a função de retorno de chamada para lidar com a resposta.

❸ Cria um `Item` do Scrapy para armazenar nossos dados do Nobel e o inicializa com os dados raspados do método `process_winner_li`. Esses dados do `Item` são anexados aos metadados da requisição para permitir que qualquer resposta tenha acesso ao eles.

❹ Ao gerar a requisição, tornamos o método `parse` um gerador de requisições consumíveis.

❺ Esse método lida com o retorno de chamada da requisição do link de biografia. Para adicionar dados raspados ao nosso `Item` do Scrapy, primeiro os recuperamos dos metadados de `response`.

Nossa investigação das páginas da Wikipédia em "Raspando os Dados das Páginas de Biografia Individuais" página de biografia e usá-lo para gerar uma requisição. Em seguida, extrairemos os dados de data, local e gênero da resposta.

O Exemplo 6-5 mostra o `parse_bio` e o `parse_wikidata`, os dois métodos usados para raspar os dados biográficos de nossos ganhadores. O `parse_bio` usa o link do Wikidata extraído para solicitar a página do Wikidata, gerando a `request` que, por usa vez, é retornada no método `parse`. No final da cadeia de requisições, o `parse_wikidata` recupera o item e preenche quaisquer campos disponíveis do Wikidata, finalmente retornando o item para o Scrapy.

```
# ...

    def parse_bio(self, response):

        item = response.meta['item']
        href = response.xpath("//li[@id='t-wikibase']/a/@href") ❶
               .extract()
        if href:
            url = href[0] ❷
            wiki_code = url.split('/')[-1]
            request = scrapy.Request(href[0],\
                          callback=self.parse_wikidata,\ ❸
                          dont_filter=True)
            request.meta['item'] = item
            yield request


    def parse_wikidata(self, response):

        item = response.meta['item']
        property_codes = [ ❹
            {'name':'date_of_birth', 'code':'P569'},
            {'name':'date_of_death', 'code':'P570'},
            {'name':'place_of_birth', 'code':'P19', 'link':True},
            {'name':'place_of_death', 'code':'P20', 'link':True},
            {'name':'gender', 'code':'P21', 'link':True}
          ]
```

Exemplo 6-5. Analisando os dados biográficos dos ganhadores

```
        for prop in property_codes:

            link_html = ''
            if prop.get('link'):
                link_html = '/a'
            # seleciona o div com um ID de código de propriedade
            code_block = response.xpath('//*[@id="%s"]'%(prop['code']))
            # continua se o code_block existe
            if code_block:
            # Podemos usar o css seletor, que possui seleção de classe
            # superior
                values = code_block.css('.wikibase-snakview-value')
            # o primeiro valor corresponde à propriedade do código\
            # (por exemplo, '10 August 1879')
                value = values[0]
                prop_sel = value.xpath('.%s/text()'%link_html)
                if prop_sel:
                    item[prop['name']] = prop_sel[0].extract()

        yield item ❺
```

❶ Extrai o link para o Wikidata identificado na Figura 6-5.

❷ Extrai o `wiki_code` do URL, por exemplo, *http://wikidata.org/wiki/Q155525* → Q155525.

❸ Usa o link do Wikidata para gerar uma requisição com o método `parse_wikidata` da nossa spider como retorno de chamada para lidar com a resposta.

❹ Esses são os códigos de propriedade que encontramos anteriormente (ver Figura 6-6), com nomes correspondentes aos campos do nosso item do Scrapy, `NWinnerItem`. Aqueles com o atributo `True link` estão contidos em tags `<a>`.

❺ Finalmente, retornamos o item, que neste ponto deve ter todos os dados-alvo disponíveis da Wikipédia.

Com a nossa cadeia de requisições em ordem, vamos verificar se o spider está raspando os dados necessários:

```
$ scrapy crawl nwinners_full
2021-... [scrapy] ... started (bot: nobel_winners)
...
2021-... [nwinners_full] DEBUG: Scraped from
         <200 https://www.wikidata.org/wiki/Q155525>
  {'born_in': '',
   'category': u'Physiology or Medicine',
   'date_of_birth': u'8 October 1927',
   'date_of_death': u'24 March 2002',
   'gender': u'male',
   'link': u'http://en.wikipedia.org/wiki/C%C3%A9sar_Milstein',
   'name': u'C\xe9sar Milstein',
   'country': u'Argentina',
   'place_of_birth': u'Bah\xeda Blanca',
   'place_of_death': u'Cambridge',
   'text': u'C\xe9sar Milstein , Physiology or Medicine, 1984',
   'year': 1984}
2021-... [nwinners_full] DEBUG: Scraped from
         <200 https://www.wikidata.org/wiki/Q193672>
 {'born_in': '',
  'category': u'Peace',
  'date_of_birth': u'1 November 1878',
  'date_of_death': u'5 May 1959',
  'gender': u'male',
  'link': u'http://en.wikipedia.org/wiki/Carlos_Saavedra_Lamas',
  ...
```

As coisas parecem estar indo bem. Com exceção do campo `born_in`, que depende de um nome na lista principal de ganhadores do Prêmio Nobel na Wikipédia ter um asterisco, estamos obtendo todos os dados que estávamos procurando. Este conjunto de dados está pronto para ser limpo pelo pandas no próximo capítulo.

Agora que extraímos nossos dados biográficos básicos para os ganhadores do Prêmio Nobel, vamos continuar a extrair nossos alvos restantes, um pouco de texto biográfico e uma imagem do grande homem ou mulher, quando disponíveis.

Pipelines do Scrapy

Para adicionar um pouco de personalidade à nossa visualização do Prêmio Nobel, seria bom ter um pouco de texto biográfico e uma imagem do ganhador. As páginas de biografia da Wikipédia geralmente fornecem essas informações, então vamos raspar esses dados.

Até agora, nossos dados raspados têm sido strings de texto. Para raspar imagens em seus vários formatos, precisamos usar um *pipeline* do Scrapy. Os pipelines fornecem uma maneira de pós-processar os itens que raspamos, e você pode definir quantos pipelines desejar. Você pode escrever o seu próprio ou aproveitar aqueles já fornecidos pelo Scrapy, como o `ImagesPipeline` que iremos utilizar.

Na sua forma mais simples, um pipeline só precisa definir um método `process_item`. Esse método recebe os itens raspados e o objeto spider. Vamos escrever um pequeno pipeline para rejeitar ganhadores do Prêmio Nobel sem gênero (para que possamos omitir prêmios concedidos a organizações em vez de indivíduos) usando nossa spider `nwinners_full` existente para entregar os itens. Primeiro, adicionamos um pipeline chamado `DropNonPersons` ao módulo `pipelines.py` do nosso projeto:

```
# nobel_winners/nobel_winners/pipelines.py

# Defina seus pipelines de itens aqui
#
# Não se esqueça de adicionar seu pipeline à configuração ITEM_PIPELINES
# Conslute: http://doc.scrapy.org/en/latest/topics/item-pipeline.html

from scrapy.exceptions import DropItem


class DropNonPersons(object):
    """ Remove non-person winners """

    def process_item(self, item, spider):
        if not item['gender']:            ❶
            raise DropItem("No gender for %s"%item['name'])
        return item ❷
```

❶ Se nosso item raspado não tiver uma propriedade de gênero no Wikidata, provavelmente é uma organização, como a Cruz Vermelha. Nossa visualização tem como foco ganhadores individuais, então aqui usamos `DropItem` para remover o item do fluxo de saída.

❷ Precisamos retornar o item para outros pipelines ou para salvar pelo Scrapy.

Conforme mencionado no cabeçalho do arquivo `pipelines.py`, para adicionar este pipeline aos spiders do nosso projeto, precisamos registrá-lo no módulo `settings.py`, adicionando-o a um dicionário de pipelines e ativando-o (`1`):

```
# nobel_winners/nobel_winners/settings.py

BOT_NAME = 'nobel_winners'
SPIDER_MODULES = ['nobel_winners.spiders']
NEWSPIDER_MODULE = 'nobel_winners.spiders'

HTTPCACHE_ENABLED = True
ITEM_PIPELINES = {'nobel_winners.pipelines.DropNonPersons':300}
```

Agora que temos o fluxo de trabalho básico para nossos pipelines, vamos adicionar um pipeline útil ao nosso projeto.

Raspando Texto e Imagens com um Pipeline

Agora queremos extrair as biografias e fotos dos ganhadores (ver a Figura 6-1), quando disponíveis. Podemos raspar o texto biográfico usando o mesmo método do nosso último spider, mas as fotos são melhor tratadas por um pipeline de imagens.

Poderíamos escrever nosso próprio pipeline para pegar uma URL de imagem raspada, solicitar da Wikipédia e salvar no disco, mas fazer isso de forma correta requer um pouco de cuidado. Por exemplo, gostaríamos de evitar recarregar uma imagem que foi baixada recentemente ou que não tenha mudado desde então. Alguma flexibilidade na especificação de onde armazenar as imagens é um recurso útil. Também seria bom ter a opção de converter as imagens para um formato comum (por exemplo, JPG ou PNG) ou de gerar miniaturas. Felizmente, o Scrapy fornece um objeto `ImagesPipeline` com todas essas funcionalidades e mais. Este é um dos pipelines de mídia do Scrapy, que inclui um `FilesPipeline` para lidar com arquivos em geral.

Poderíamos adicionar a raspagem de imagens e textos biográficos ao nosso spider `nwinners_full` existente, mas isso está começando a ficar um pouco grande, e separar esses dados de personagens das categorias mais formais faz sentido. Então, vamos criar um novo spider chamado `nwinners_minibio` que reutilizará partes do método `parse` do spider anterior para percorrer os ganhadores do Nobel.

Como de costume, ao criar um spider do Scrapy, nosso primeiro trabalho é obter os xpaths para nossos alvos de extração — neste caso, quando disponíveis, é a primeira parte do texto biográfico dos ganhadores e uma fotografia deles. Para fazer isso, abrimos o Chrome Elements e exploramos o código HTML das páginas de biografia em busca dos alvos mostrados na Figura 6-8.

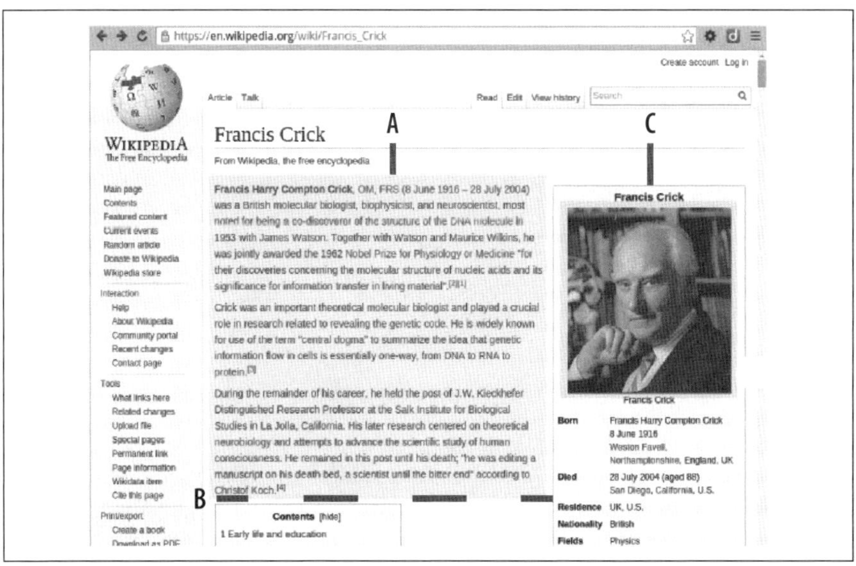

Figura 6-8. Os elementos alvo para nossa raspagem de biografia: a primeira parte da biografia (A) marcada por um ponto de parada (B) e a fotografia do ganhador (C)

Exemplo 6-6. Raspando o texto biográfico

```
<div id="mw-content-text">
  <div class="mw-parser-output">
    ...
    <table class="infobox biography vcard">...</table>
    /* target paragraphs: */
    <p>...</p>
    <p>...</p>
    <p>...</p>
    <div id="toc">...</div>
  ...
  </div>
</div>
```

A investigação com os elementos do Chrome (consulte o Exemplo 6-6) mostra que o texto biográfico (Figura 6-8 A) está contido em parágrafos filhos da `div` com classe `mw-parser-output`, que é filha da `div` com `mw-content-text`. Os parágrafos estão entre uma `table` com classe `infobox` e uma tabela de conteúdo `div` com ID `toc`. Podemos usar os operadores `following-sibling` e `preceding-sibling` para criar um seletor que capture os parágrafos de destino:

```
ps = response.xpath(\
  '//*[@id="mw-content-text"]/div/table/following-sibling::p' ❶
  '[not(preceding-sibling::div[@id="toc"])]').extract() ❷
```

❶ Todos os parágrafos seguintes à primeira tabela no elemento filho `div` do elemento `div` com o ID `mw-content-text`.

❷ Exclua (não) todos os parágrafos que possuem um elemento `div` irmão anterior com o ID `toc`.

Testando isso com o shell do Scrapy mostra consistentemente a captura das mini-biografias dos ganhadores do Nobel.

Explorando mais as páginas dos ganhadores, mostra-se que suas fotos (Figura 6-8 C) estão contidas em uma tabela da classe `infobox` e são as únicas tags de imagem (`<img>`) nessa tabela:

```
<table class="infobox biography vcard">
  ...
      <img alt="Francis Crick crop.jpg" src="//upload..." />
  ...
</table>
```

O xpath `'//table[contains(@class,"infobox")]//img/@src` obterá o endereço de origem da imagem.

Assim como em nosso primeiro spider, primeiro precisamos declarar um `Item` do Scrapy para armazenar nossos dados raspados. Rasparemos o link da biografia e o nome do ganhador, que podemos usar como identificadores para a imagem e o texto. Também precisamos de algum lugar para armazenar nossos `image-urls` (embora só rasparemos uma imagem de biografia, abordarei sobre o caso de múltiplas imagens), as referências de imagens resultantes (um caminho de arquivo) e um campo `bio_image` para armazenar a imagem específica na qual estamos interessados:

```
import scrapy
import re

BASE_URL = 'http://en.wikipedia.org'


class NWinnerItemBio(scrapy.Item):
    link = scrapy.Field()
    name = scrapy.Field()
    mini_bio = scrapy.Field()
    image_urls = scrapy.Field()
    bio_image = scrapy.Field()
    images = scrapy.Field()
...
```

Agora reutilizamos o loop de raspagem sobre nossos ganhadores do Prêmio Nobel (consulte o Exemplo 6-4 para mais detalhes), desta vez enviando uma requisição para nosso novo método `get_mini_bio`, que coletará os URLs das imagens e o texto da biografia:

```
    class NWinnerSpiderBio(scrapy.Spider):

        name = 'nwinners_minibio'
        allowed_domains = ['en.wikipedia.org']
        start_urls = [
            "https://en.wikipedia.org/wiki/List_of_Nobel_" \
            "laureates_by_country"
        ]

    def parse(self, response):

        filename = response.url.split('/')[-1]
        h3s = response.xpath('//h3')

        for h3 in h3s:
            country = h3.xpath('span[@class="mw-headline"]'\
            'text()').extract()
            if country:
                winners = h3.xpath('following-sibling::ol[1]')
                for w in winners.xpath('li'):
                    wdata = {}
                    wdata['link'] = BASE_URL + \
                    w.xpath('a/@href').extract()[0]
                    # Processe a página biográfica do
                    # ganhador com o método get_mini_bio
                    request = scrapy.Request(wdata['link'],
                                callback=self.get_mini_bio)
                    request.meta['item'] = NWinnerItemBio(**wdata)
                    yield request
```

Nosso método get_mini_bio adicionará quaisquer URLs de foto disponíveis à lista image_urls e adicionará todos os parágrafos da biografia até o ponto de parada <p></p> no campo mini_bio do item:

```
    ...
    def get_mini_bio(self, response):
        """ Get the winner's bio text and photo """

        BASE_URL_ESCAPED = 'http:\/\/en.wikipedia.org'
        item = response.meta['item']
        item['image_urls'] = []
        img_src = response.xpath(\
            '//table[contains(@class,"infobox")]//img/@src') ❶
        if img_src:
            item['image_urls'] = ['http:' +\
             img_src[0].extract()]

        ps = response.xpath(
            '//*[@id="mw-content-text"]/div/table/'
            'following-sibling::p[not(preceding-sibling::div[@id="toc"])]')\
            .extract() ❷
        # Concatena os parágrafos da biografia para uma string mini_bio
        mini_bio = ''
        for p in ps:
            mini_bio += p
        # corrige para links wiki
        mini_bio = mini_bio.replace('href="/wiki', 'href="'
                        + BASE_URL + '/wiki"') ❸
        mini_bio = mini_bio.replace('href="#',\
         'href="' + item['link'] + '#"')
        item['mini_bio'] = mini_bio
        yield item
```

❶ Seleciona a primeira (e única) imagem na tabela da classe infobox e obtém seu atributo de origem (src) (por exemplo, <img src='//upload.wikimedia.org/.../Max_Perutz.jpg'...).

❷ Captura nossos parágrafos de mini-biografia em um sanduíche de elementos irmãos.

❸ Substitui os hrefs internos da Wikipédia (por exemplo, */wiki/...*) pelos endereços completos que nossa visualização precisará.

Com nosso spider de raspagem de biografias definido, precisamos criar seu pipeline complementar, que pegará os URLs das imagens coletadas e os converterá em imagens salvas. Usaremos o pipeline de imagens do Scrapy para essa tarefa.

O ImagesPipeline mostrado no Exemplo 6-7 possui dois métodos principais, get_media_requests, que gera as requisições para os URLs das imagens e item_completed, chamado após as requisições terem sido consumidas.

Exemplo 6-7. Raspando imagens com o pipeline de imagens

```
import scrapy
from itemadapter import ItemAdapter
from scrapy.pipelines.images import ImagesPipeline
from scrapy.exceptions import DropItem

class NobelImagesPipeline(ImagesPipeline):

    def get_media_requests(self, item, info): ❶

        for image_url in item['image_urls']:
            yield scrapy.Request(image_url)

    def item_completed(self, results, item, info): ❷

        image_paths = [img['path'] for ok, img in results if ok] ❸

        if not image_paths:
            raise DropItem("Item contains no images")
        adapter = ItemAdapter(item) ❹
        adapter['bio_image'] = image_paths[0]

        return item
```

❶ Isso pega quaisquer URLs de imagens coletados por nosso spider *nwinners_minibio* e gera uma requisição HTTP para o conteúdo delas.

❷ Depois que as requisições dos URLs das imagens foram feitas, os resultados são entregues ao método `item_completed`.

❸ Esta compreensão de lista Python filtra a lista de tuplas de resultados (no formato `[(True, Image), (False, Image) ...]`) para aquelas que foram bem-sucedidas e armazena seus caminhos de arquivo relativos ao diretório especificado pela variável `IMAGES_STORE` em `settings.py`.

❹ Usamos um adaptador de item do Scrapy, que fornece uma interface comum para trabalhar com os tipos de item suportados.

Agora que temos o spider e o pipeline definidos, só precisamos adicionar o pipeline ao nosso módulo `settings.py` e definir a variável `IMAGES_STORE` como o diretório onde queremos salvar as imagens:

```
# nobel_winners/nobel_winners/settings.py

...
ITEM_PIPELINES = {'nobel_winners.pipelines'\
                  '.NobelImagesPipeline':300}
IMAGES_STORE = 'images'
```

Vamos executar nosso novo spider a partir do diretório raiz *nobel_winers* do nosso projeto e verificar sua saída:

```
$ scrapy crawl nwinners_minibio -o minibios.json
...
2021-12-13 17:18:05 [scrapy.core.scraper] DEBUG: Scraped from
    <200 https://en.wikipedia.org/wiki/C%C3%A9sar_Milstein>

{'bio_image': 'full/65ac9541c305ab4728ed889385d422a2321a117d.jpg',
 'image_urls': ['http://upload.wikimedia...
         150px-Milstein_lnp_restauraci%C3%B3n.jpg'],
 'link': 'http://en.wikipedia.org/wiki/C%C3%A9sar_Milstein',
 'mini_bio': '<p><b>César Milstein</b>, <a ...'
             'href="http://en.wikipedia.org/wiki/Order_of_the_...'
             'title="Order of the Companions of Honour">CH</a>'
             'href="http://en.wikipedia.org/wiki/Royal_Society'
             'Society">FRS</a><sup id="cite_ref-frs_2-1" class'...>
             'href="http://en.wikipedia.org/wiki/C%C3%A9sar_Mi'
             '(8 October 1927 - 24 March 2002) was an <a ...>'
             'href="http://en.wikipedia.org/wiki/Argentine" '

...
```

O spider está coletando corretamente mini biografias e, usando sua linha de processamento de imagens, fotos dos ganhadores do Prêmio Nobel. A imagem foi armazenada em `image_urls` e processada com sucesso, carregando o arquivo JPG armazenado no diretório de imagens que especificamos com `IMAGE_STORE` com um caminho relativo (`full/a5f763b828006e704cb291411b8b643bfb1886c.jpg`). O nome do arquivo é convenientemente um hash SHA1 da URL da imagem, o que permite à linha de processamento de imagens verificar a existência de imagens existentes, evitando requisições redundantes.

Uma rápida listagem do nosso diretório de imagens mostra um belo array de imagens de ganhadores do Prêmio Nobel da Wikipédia, prontas para serem usadas em nossa visualização da web:

```
$ (nobel_winners) tree images
images
└── full
    ├── 0512ae11141584da1262661992a1b05dfb20dd52.jpg
    ├── 092a92689118c16b15b1613751af422439df2850.jpg
    ├── 0b6a8ca56e6ff115b7d30087df9c21da09684db1.jpg
    ├── 1197aa95299a1fec983b3dbdeaeb97a1f7e545c9.jpg
    ├── 1f6fb8e9e2241733da47328291b25bd1a78fa588.jpg
    ├── 272cf1b089c7a28ea0109ad8655bc3ef1c03fb52.jpg
    ├── 28dcc7978d9d5710f0c29d6dfcf09caa7e13a1d0.jpg
    ...
```

Conforme veremos no Capítulo 16, colocaremos essas imagens na pasta estática da nossa aplicação web, prontas para serem acessadas via campo `bio_image` do ganhador.

Com nossas imagens e texto da biografia em mãos, raspamos com sucesso todos os alvos que estabelecemos no início do capítulo (consulte o Exemplo 6-1 e a Figura 6-1). Agora é hora de um resumo rápido antes de prosseguirmos para limpar esses dados inevitavelmente sujos com a ajuda do pandas.

Especificando Pipelines com Múltiplos Spiders

Os pipelines habilitados no `settings.py` são aplicados a todos os spiders em nosso projeto Scrapy. Muitas vezes, se você tiver vários spiders, desejará especificar quais pipelines são aplicados em cada spider individualmente. Existem várias maneiras de fazer isso, mas a melhor que vi é usar a propriedade da classe `custom_settings` dos spiders para definir o dicionário `ITEM_PIPELINES` em vez de definir isso no `settings.py`. No caso de nosso spider `nwinners_minibio`, isso significa adaptar a classe `NWinnerSpiderBio` da seguinte forma:

```
class NWinnerSpiderBio(scrapy.Spider):
    name = 'nwinners_minibio'
    allowed_domains = ['en.wikipedia.org']
    start_urls = [
      "http://en.wikipedia.org/wiki"\
      "List_of_Nobel_laureates_by_country"
    ]

    custom_settings = {
        'ITEM_PIPELINES':\
        {'nobel_winners.pipelines.NobelImagesPipeline':1}
    }

    # ...
```

Agora, o pipeline `NobelImagesPipeline` só será aplicado durante a raspagem das biografias dos ganhadores do Prêmio Nobel.

Resumo

Neste capítulo, criamos dois spiders do Scrapy que conseguiram obter o conjunto de dados estatísticos simples de nossos ganhadores do Prêmio Nobel, além de algum texto biográfico (e, quando disponível, uma fotografia para adicionar um pouco de cor às estatísticas). O Scrapy é uma biblioteca poderosa que cuida de tudo o que você pode precisar em um raspador completo. Embora o fluxo de trabalho exija mais esforço para ser implementado do que fazer algumas ações com o Beautiful Soup, o Scrapy tem muito mais poder e se destaca à medida que suas ambições de raspagem aumentam. Todos os spiders do Scrapy seguem a receita padrão demonstrada aqui, e o fluxo de trabalho deve se tornar rotineiro depois de programar alguns.

Espero que este capítulo tenha transmitido a natureza um tanto improvisada e iterativa da raspagem, bem como parte da satisfação silenciosa que se pode obter ao produzir dados relativamente limpos a partir do monte pouco promissor de informações tão frequentemente encontradas na web. A verdade é que, agora e no futuro previsível, a grande maioria dos dados interessantes (o combustível para a arte e a ciência da visualização de dados) está aprisionada em uma forma que é inutilizável para as visualizações baseadas na web nas quais este livro se concentra. A raspagem é, nesse sentido, um esforço emancipador.

Os dados que raspamos, muitos deles editados por humanos, certamente terão alguns erros — desde datas mal formatadas até anomalias categóricas e campos ausentes. Tornar esses dados apresentáveis é o foco dos próximos capítulos baseados no pandas. Mas primeiro, precisamos de uma breve introdução ao pandas e seu componente fundamental, o NumPy.

PARTE III

Limpando e Explorando Dados com o pandas

Nesta parte do livro, na segunda fase do nosso conjunto de ferramentas (veja a Figura III-1), pegamos o conjunto de dados do Prêmio Nobel que acabamos de coletar com o Scrapy no Capítulo 6 e primeiro o limpamos e depois o exploramos em busca de informações interessantes. As principais ferramentas que usaremos são as grandes bibliotecas Python Matplotlib e pandas.

> A segunda edição deste livro está usando o mesmo conjunto de dados do Nobel coletado na primeira edição. Foi considerado que o tempo disponível seria melhor aproveitado escrevendo novo material e atualizando todas as bibliotecas em vez de alterar a exploração e análise. O dataviz geralmente envolve o trabalho com conjuntos de dados mais antigos, e os poucos ganhadores adicionais do Nobel não mudam a substância do material de forma alguma.

O pandas será apresentado nos próximos capítulos, juntamente com o seu bloco de construção, o NumPy. No Capítulo 9, usaremos o pandas para limpar o conjunto de dados no Nobel. Em seguida, no Capítulo 11, em conjunto com a biblioteca de plotagem do Python, o Matplotlib, o usaremos para explorar os dados.

Na Parte IV, veremos como disponibilizar o conjunto de dados do Prêmio Nobel recém-limpo no navegador, usando o servidor web Flask do Python.

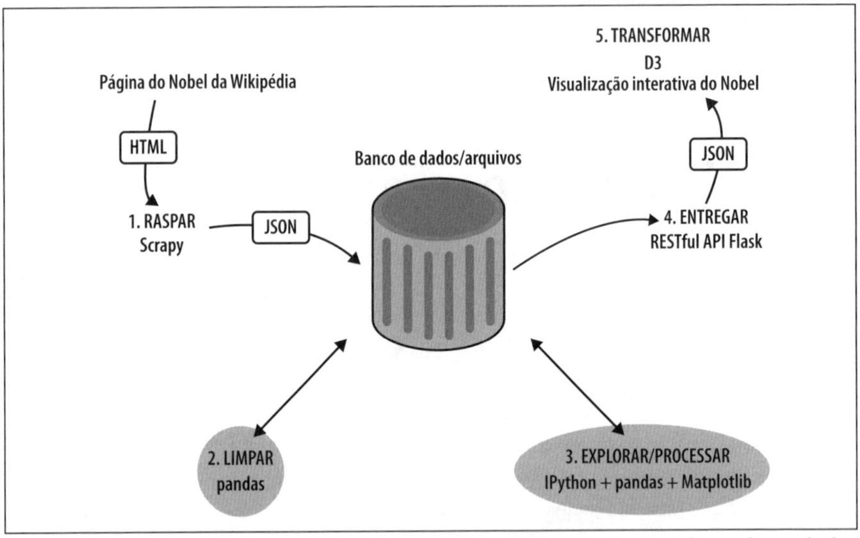

Figura III-1. Nosso conjunto de ferramentas dataviz: limpando e explorando os dados

Você pode encontrar o código para essa parte do livro em seu repositório no GitHub.

CAPÍTULO 7

Introdução ao NumPy

Este capítulo tem como objetivo apresentar a biblioteca NumPy (Numeric Python) para aqueles que não estão familiarizados com ela. O NumPy é o principal bloco de construção do pandas, uma poderosa biblioteca de análise de dados que usaremos nos próximos capítulos para limpar e explorar nosso conjunto de dados do Prêmio Nobel recém-raspado (consulte o Capítulo 6). Uma compreensão básica dos principais elementos e princípios do NumPy é importante se você quiser aproveitar ao máximo o pandas. Portanto, o foco do capítulo é fornecer uma base para a introdução do pandas que será apresentada posteriormente.

O NumPy é um módulo do Python que permite acessar manipulação de arrays multidimensionais de forma muito rápida, implementada por bibliotecas de baixo nível escritas em C e Fortran.[1] O desempenho nativo do Python com grandes quantidades de dados é relativamente lento, mas o NumPy permite realizar operações paralelas em grandes arrays de uma só vez, tornando-o muito rápido. Dado que o NumPy é o principal bloco de construção da maioria das bibliotecas pesadas de processamento de dados em Python, incluindo o pandas, é difícil contestar seu status como peça-chave do mundo do processamento de dados em Python.

Além do pandas, o enorme ecossistema do NumPy inclui o Science Python (SciPy), que complementa o NumPy com módulos científicos e de engenharia avançados, o scikit-learn, que adiciona uma série de algoritmos modernos de aprendizado de máquina em domínios como classificação e extração de características; e muitas outras bibliotecas especializadas que usam arrays multidimensionais do NumPy como seus objetos de dados principais. Nesse sentido, o domínio básico do NumPy pode ampliar enormemente seu alcance em Python no campo do processamento de dados.

A chave para entender o NumPy são seus arrays. Se você entender como eles funcionam e como manipulá-los, então muitas outras coisas devem seguir sem grande esforço.[2] As próximas seções abordarão a manipulação básica de arrays com alguns exemplos de uso

1 A facilidade de uso do script do Python vem ao custo da velocidade bruta. Ao envolver bibliotecas rápidas e de baixo nível, iniciativas como o NumPy visam a uma programação simples e sem falhas e a um desempenho impressionante.

2 O NumPy é usado para implementar matemática muito avançada, portanto, não espere entender tudo o que você vê online — apenas os blocos de construção.

do NumPy, preparando o cenário para a introdução dos conjuntos de dados do pandas no Capítulo 8.

O Array NumPy

Tudo no NumPy é construído em torno de seu objeto `ndarray` multidimensional homogêneo[3]. As operações nesses arrays são realizadas usando bibliotecas compiladas muito rápidas, permitindo que o NumPy supere em muito o desempenho do Python nativo. Entre outras coisas, é possível realizar operações aritméticas padrão nesses arrays, assim como você faria com um `int` ou `float`[4] do Python. No código a seguir, um array inteiro é adicionado a si mesmo tão facilmente e rapidamente quanto a adição de dois inteiros:

```
import numpy as np ❶

a = np.array([1, 2, 3]) ❷
a + a
# output array([2, 4, 6])
```

❶ A maneira padrão de usar a biblioteca NumPy e muito preferida em relação a `"from numpy import *"`.[5]

❷ Converte automaticamente uma lista de números do Python.

Nos bastidores, o NumPy pode aproveitar a computação massivamente paralela disponível em CPUs modernas, permitindo, por exemplo, que matrizes grandes (arrays 2D) sejam processadas em tempos aceitáveis.

As principais propriedades do `ndarray` do NumPy são o número de dimensões (`ndim`), o formato (`shape`) e o tipo numérico (`dtype`). O mesmo array de números pode ser remodelado no local, o que às vezes envolve a alteração do número de dimensões do array. Vamos demonstrar algumas remodelagens com um pequeno array de oito elementos. Usaremos um método chamado `print_array_details` para exibir as principais propriedades do array:

```
def print_array_details(a):
    print('Dimensions: %d, shape: %s, dtype: %s'\
        %(a.ndim, a.shape, a.dtype))
```

Primeiro, criaremos nosso array unidimensional. Como os detalhes impressos mostram, por padrão ele tem um tipo numérico inteiro de 64 bits (`int64`):

[3] Isto significa que o NumPy lida com arrays do mesmo tipo de dados (dtype) em vez de listas Python, por exemplo, que pode ter strings, números, datas etc.

[4] Isso presume que os arrays encontram restrições de formato e tipo.

[5] Importar todas as variáveis de módulo para o seu namespace usando * é quase sempre uma má ideia.

```
In [1]: a = np.array([1, 2, 3, 4, 5, 6, 7, 8])

In [2]: a
Out[2]: array([1, 2, 3, 4, 5, 6, 7, 8])

In [3]: print_array_details(a)
Dimensions: 1, shape: (8,), dtype: int64
```

Usando o método `reshape`, podemos alterar o formato e o número de dimensões de `a`. Vamos remodelar `a` em um array bidimensional composto por dois arrays de quatro elementos:

```
In [4]: a = a.reshape([2, 4])
In [5]: a
Out[5]:
array([[1, 2, 3, 4],
       [5, 6, 7, 8]])

In [6]: print_array_details(a)
Dimensions: 2, shape: (2, 4), dtype: int64
```

Um array de oito elementos também pode ser remodelado em um array tridimensional:

```
In [7]: a = a.reshape([2, 2, 2])

In [8]: a
Out[8]:
array([[[1, 2],
        [3, 4]],

       [[5, 6],
        [7, 8]]])

In [9]: print_array_details(a)
Dimensions: 3, shape: (2, 2, 2), dtype: int64
```

O formato e o tipo numérico podem ser especificados durante a criação do array ou posteriormente. A maneira mais fácil de alterar o tipo numérico de um array é usando o método `astype` para criar uma cópia redimensionada do original com o novo tipo:[6]

[6] Uma forma mais eficiente em termos de memória e mais eficaz envolve manipular a visão do array, mas também envolve alguns passos extras. Veja neste artigo da Stack Overflow alguns exemplos e uma discussão dos prós e contras.

```
In [0]: x = np.array([[1, 2, 3], [4, 5, 6]], np.int32) ❶
In [1]: x.shape
Out[1]: (2, 3)
In [2]: x.shape = (6,)
In [3]: x
Out[3]: array([1, 2, 3, 4, 5, 6], dtype=int32)
In [4]  x = x.astype('int64')
In [5]: x.dtype
Out[5]: dtype('int64')
```

❶ O array converterá uma lista aninhada de números em uma forma multidimensional adequada.

Criando Arrays

Além de criar arrays com listas de números, o NumPy fornece algumas funções utilitárias para criar arrays com um formato específico. `zeros` e `ones` são as funções mais comuns usadas, criando arrays pré-preenchidos. Aqui estão alguns exemplos. Observe que o `dtype` padrão desses métodos é um float de 64 bits (`float64`):

```
In [32]: a = np.zeros([2,3])
In [33]: a
Out[33]:
array([[ 0.,  0.,  0.],
       [ 0.,  0.,  0.]])

In [34]: a.dtype
Out[34]: dtype('float64')

In [35]: np.ones([2, 3])
Out[35]:
array([[ 1.,  1.,  1.],
       [ 1.,  1.,  1.]])
```

O método `empty` mais rápido apenas aloca um bloco de memória sem a sobrecarga de preenchimento, deixando a inicialização por sua conta. Isso significa que você não sabe e não pode garantir quais valores o array tem, ao contrário do `np.zeros`, portanto, use com cuidado:

```
empty_array = np.empty((2,3)) # cria um array não inicializado

empty_array
Out[3]:
array([[  6.93185732e-310,   2.52008024e-316,   4.71690401e-317],
       [  2.38085057e-316,   6.93185752e-310,   6.93185751e-310]])
```

Outra função utilitária útil é a `random`, encontrada junto com alguns irmãos úteis no módulo `random` do NumPy. Isso cria um array aleatório com o formato especificado:

```
>>> np.random.random((2,3))
>>> Out:
array([[ 0.97519667,  0.94934859,  0.98379541], ❶
       [ 0.10407003,  0.35752882,  0.62971186]])
```

❶ Um array 2x3 de números aleatórios dentro do intervalo 0 <= x < 1.

O útil `linspace` cria um número especificado de amostras igualmente espaçadas em um intervalo definido. O `arange` é semelhante, mas usa um argumento de tamanho de etapa:

```
np.linspace(2, 10, 5) # 5 números no intervalo 2-10
Out: array([2., 4.,6., 8., 10.]) ❶

np.arange(2, 10, 2) # de 2 a 10 (exclusivo) com tamanho de etapa 2.
Out: array([2, 4, 6, 8])
```

Observe que, ao contrário do `arange`, o `linspace` inclui o valor superior e que o tipo de dados do array é o `float64` padrão.

Indexação e Fatiamento de Arrays

Arrays unidimensionais são indexados e fatiados de forma semelhante às listas do Python:

```
a = np.array([1, 2, 3, 4, 5, 6])
a[2] # Out: 3
a[3:5] # Out: array([4, 5])
# cada segundo item de 0-4 definido como 0
a[:4:2] = 0 # Out: array([0, 2, 0, 4, 5, 6])
a[::-1] # Out: array([6, 5, 4, 0, 2, 0]), reversed
```

A indexação de arrays multidimensionais é semelhante à forma *1-D*. Cada dimensão tem sua própria operação de indexação/fatiamento e elas são especificadas em uma tupla separada por vírgulas.[7] A Figura 7-1 mostra como isso funciona.

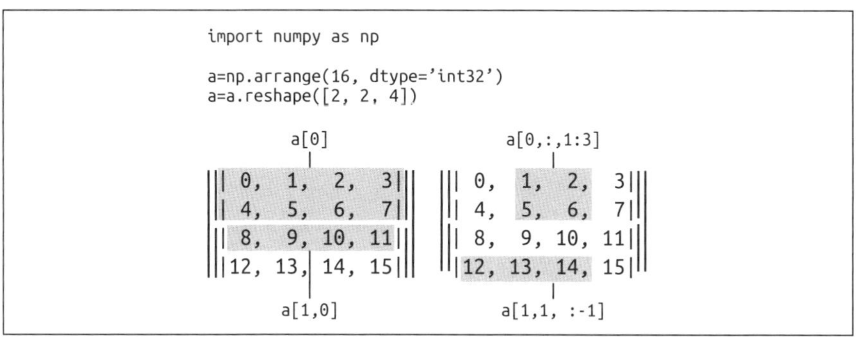

Figura 7-1. Indexação multidimensional com NumPy

[7] Há uma notação de ponto abreviada (por exemplo, `[..1:3]`) para selecionar todos os índices.

Observe que se o número de objetos na tupla de seleção for menor que o número de dimensões, as dimensões restantes serão consideradas totalmente selecionadas (:). Reticências também podem ser usadas como uma forma abreviada para seleção completa de todos os índices, expandindo para o número necessário de: objects. Usaremos um array tridimensional para demonstrar:

```
a = np.arange(8)
a.shape = (2, 2, 2)
a
Out:
array([[[0, 1],
        [2, 3]],

       [[4, 5],
        [6, 7]]])
```

O NumPy possui um método útil chamado `array_equal`, que compara arrays por formato e elementos. Podemos usá-lo para mostrar a equivalência das seguintes seleções de array, considerando o segundo subarray no eixo 0:

```
a1 = a[1]
a1
Out:
array([[4, 5],
       [6, 7]])
```

Testando a equivalência:

```
np.array_equal(a1, a[1,:])
Out: True

np.array_equal(a1, a[1,:,:])
Out: True
# Pegando o primeiro elemento das submatrizes
# array([[0, 2], [4, 6]])
np.array_equal(a[...,0], a[:,:,0])
Out: True
```

Algumas Operações Básicas

Uma das coisas realmente legais sobre os arrays do NumPy é que você pode realizar operações matemáticas básicas (e não tão básicas) de maneira muito semelhante ao que faria com variáveis numéricas normais. A Figura 7-2 mostra o uso de alguns operadores aritméticos sobrecarregados em um array bidimensional. As operações matemáticas simples são aplicadas a todos os membros do array. Observe que onde o array é dividido por um valor de ponto flutuante (2.0), o resultado é automaticamente convertido para um tipo de float (`float64`). A capacidade de manipular arrays tão facilmente quanto números individuais é uma grande vantagem do NumPy e uma parte importante de seu poder expressivo.

```
a=np.arrange([1, 2, 3, 4, 5, 6])
a=a.reshape([2, 3])

                 a + 2        a - 2          a / 2.0
|1, 2, 3|  |2, 4, 6 |  |-1, 0, 1|  |0.5, 1., 1.5|
|4, 5 ,6|  |8, 8, 20|  | 2, 3, 4|  |2., 2.5, 3. |
                                    dtype= float64
```

Figura 7-2. Algumas operações matemáticas básicas em um array bidimensional do NumPy

Operadores Booleanos funcionam de maneira semelhante aos operadores aritméticos. Como veremos no próximo capítulo, esta é uma forma muito útil de criar máscaras booleanas frequentemente usadas no pandas. Aqui está um pequeno exemplo:

```
a = np.array([45, 65, 76, 32, 99, 22])
a < 50
Out[69]: array([ True, False, False,  True, False,  True]
              , dtype=bool)
```

Os arrays também possuem vários métodos úteis, uma seleção dos quais é demonstrada no Exemplo 7-1. Você pode obter uma lista abrangente na documentação oficial do NumPy.

Exemplo 7-1. Alguns métodos de array

```
a = np.arange(8).reshape((2,4))
# array([[0, 1, 2, 3],
#        [4, 5, 6, 7]])
a.min(axis=1)
# array([0, 4])
a.sum(axis=0)
# array([4, 6, 8, 10])
a.mean(axis=1) ❶
# array([ 1.5, 5.5 ])
a.std(axis=1) ❷
# array([ 1.11803399,  1.11803399])
```

❶ Média ao longo do segundo eixo.

❷ O desvio padrão de [0, 1, 2, 3],...

Existem também muitas funções de array incorporadas. O Exemplo 7-2 demonstra uma seleção delas e você encontrará uma lista abrangente das rotinas matemáticas incorporadas do NumPy no site oficial do NumPy.

Exemplo 7-2. Algumas funções matemáticas de array do NumPy

```
# Funções trigonométricas
pi = np.pi
a = np.array([pi, pi/2, pi/4, pi/6])

np.degrees(a) # radianos para graus
# Out: array([ 180., 90., 45., 30.,])

sin_a = np.sin(a)
# Out: array([  1.22464680e-16,   1.00000000e+00, ❶
#               7.07106781e-01,   5.00000000e-01])
# Arredondamento
np.round(sin_a, 7) # arredondar para 7 casas decimais
# Out: array([ 0.,  1.,  0.7071068,  0.5 ])

# Somas, produtos, diferenças
a = np.arange(8).reshape((2,4))
# array([[0, 1, 2, 3],
#        [4, 5, 6, 7]])

np.cumsum(a, axis=1) # soma cumulativa ao longo do segundo eixo
# array([[ 0,  1,  3,  6],
#        [ 4,  9, 15, 22]])

np.cumsum(a) # sem argumento do eixo, o array é achatado
# array([ 0,  1,  3,  6, 10, 15, 21, 28])
```

❶ Observe o erro de arredondamento de ponto flutuante para sin(pi).

Criando Funções de Array

Se você estiver usando o pandas ou uma das muitas bibliotecas de processamento de dados do Python, como SciPy, scikit-learn ou PyTorch, é provável que a estrutura de dados central sendo usada seja o array NumPy. Portanto, a capacidade de criar pequenas funções de processamento de arrays é uma ótima adição ao seu conjunto de ferramentas de processamento de dados e ao conjunto de ferramentas de visualização de dados. Frequentemente, uma breve pesquisa na internet encontrará uma solução em alguma comunidade, mas há muita satisfação em criar sua própria função, além de ser uma ótima maneira de aprender. Vamos ver como podemos aproveitar o array NumPY para calcular uma média móvel. Uma média móvel é uma série de médias baseadas em uma janela móvel dos últimos n valores, onde n é variável, também conhecida como *média móvel*.

Calculando uma Média Móvel

O Exemplo 7-3 mostra as poucas linhas necessárias para calcular uma média móvel em um array NumPy[8] unidimensional. Como você pode ver, é conciso e simples, mas há bastante coisa acontecendo nessas poucas linhas. Vamos analisar um pouco mais detalhadamente.

[8] O NumPy tem um método `convolve`, que é a maneira mais fácil de calcular uma média móvel simples, mas menos instrutiva. Além disso, o pandas tem uma série de métodos especializados para isso.

Exemplo 7-3. Uma média móvel com NumPy

```
def moving_average(a, n=3):
    ret = np.cumsum(a, dtype=float)
    ret[n:] = ret[n:] - ret[:-n]
    return ret[n - 1:] / n
```

A função recebe um array *a* e o número *n* especificando o tamanho da janela móvel.

Primeiro, calculamos a soma cumulativa do array usando o método incorporado do NumPy:

```
a = np.arange(6)
# array([0, 1, 2, 3, 4, 5])
csum = np.cumsum(a)
csum
# Out: array([0, 1, 3, 6, 10, 15])
```

Começando no *en*ésimo índice do array de soma cumulativa, subtraímos o valor *i*-*en*ésimo valor para todo *i*, o que significa que *i* agora tem a soma dos últimos *n* valores de *a*, inclusive. Aqui está um exemplo com uma janela de tamanho três:

```
# a = array([0, 1, 2, 3, 4, 5])
# csum = array([0, 1, 3, 6, 10, 15])
csum[3:] = csum[3:] - csum[:-3]
# csum = array([0, 1, 3, 6, 9, 12])
```

Comparando o array `a` com o array final `csum`, o índice 5 é agora a soma da janela [3, 4, 5].

Como uma média móvel só faz sentido para o índice (*n*–1) em diante, resta apenas retornar esses valores, divididos pelo tamanho da janela *n* para obter a média.

A função `moving_average` leva um pouco de tempo para ser obtida, mas é um bom exemplo da concisão e da expressividade que podem ser alcançadas com os arrays NumPy e o fatiamento de arrays. Você poderia facilmente escrever a função em Python básico, mas provavelmente seria um pouco mais trabalhoso e, principalmente, muito mais lento para arrays de tamanho significativo.

Colocando a função para funcionar:

```
a = np.arange(10)
moving_average(a, 4)
# Out[98]: array([ 1.5,  2.5,  3.5,  4.5,  5.5,  6.5,  7.5])
```

Resumo

Este capítulo apresentou os fundamentos do NumPy, concentrando-se em seu bloco de construção, o array NumPy ou `ndarray`. Ser proficiente com o NumPy é uma habilidade essencial para qualquer pythonista que trabalhe com dados. Ele sustenta a maior parte da stack de processamento de dados hardcore do Python, portanto, só por esse motivo, você já deveria estar familiarizado com suas manipulações de arrays.

Estar confortável com o NumPy facilitará muito o trabalho com o pandas e abrirá o rico ecossistema NumPy de algoritmos científicos, de engenharia, de aprendizado de máquina e estatísticos para seu fluxo de trabalho com o pandas. Embora o pandas oculte seus arrays NumPy por trás de contêineres de dados, como DataFrame e Series, que são adaptados para lidar com dados heterogêneos, esses contêineres se comportam, em sua maior parte, como arrays NumPy e geralmente fazem a coisa certa quando solicitados. Saber que os `ndarrays` estão em seu núcleo também ajuda quando você está tentando estruturar problemas para o pandas — em última análise, a manipulação de dados solicitada tem de funcionar bem com o NumPy. Agora que já temos seus blocos de construção prontos, vamos ver como o pandas estende a matriz homogênea do NumPy para o reino dos dados heterogêneos, onde ocorre grande parte do trabalho de visualização de dados.

CAPÍTULO 8

Introdução ao pandas

O pandas é um elemento-chave em nosso conjunto de ferramentas dataviz, pois o utilizaremos tanto para limpar quanto para explorar nosso conjunto de dados recentemente raspado (consulte o Capítulo 6). O último capítulo apresentou o NumPy, a biblioteca de processamento de arrays do Python que é a base do pandas. Antes de prosseguirmos com a aplicação do pandas, este capítulo apresentará seus conceitos-chave e mostrará como ele interage com arquivos de dados existentes e tabelas de bancos de dados. O restante do aprendizado do pandas ocorrerá durante os próximos capítulos, enquanto você estiver praticando.

Por Que o pandas É Feito Sob Medida para Dataviz

Se pegarmos qualquer dataviz, seja baseada na web ou impressa, é provável que os dados visualizados tenham sido armazenados em algum momento em formato de linhas e colunas em uma planilha como o Excel, um arquivo CSV ou HDF5. Certamente, existem visualizações, como gráficos de rede, para as quais os dados em formatos de linhas e colunas não são a melhor forma, mas elas são minoria. O pandas é feito sob medida para manipular tabelas de dados em formato de linhas e colunas com seu tipo de dados principal, o DataFrame, que pode ser melhor pensando como uma planilha muito rápida e programável.

Por Que o pandas Foi Desenvolvido

Apresentado pela primeira vez por Wes Kinney em 2008, o pandas foi criado para resolver um problema específico — o fato de que, embora o Python fosse ótimo para manipular dados, ele era fraco na área de análise e modelagem de dados, especialmente em comparação com grandes linguagens como o R.

O pandas é projetado para trabalhar com o tipo de dados heterogêneos[1] encontrados em planilhas em formato de linhas e colunas, mas consegue aproveitar a velocidade dos arrays numéricos homogêneos do NumPy, usados por matemáticos, físicos, gráficos computacionais e outros profissionais. Combinado com o Jupyter notebook e a biblioteca de plotagem

1 As colunas em uma planilha típica terão diferentes tipos de dados (dtypes), como floats, data-horário, inteiros etc.

Matplotlib (com bibliotecas auxiliares como a seaborn), o pandas representa uma ferramenta de análise de dados interativa de primeira classe. Por fazer parte do ecossistema do NumPy, a modelagem de dados no pandas é facilmente aprimorada por bibliotecas como a SciPy, statsmodels e scikit-learn, para citar algumas.

Categorizando Dados e Medidas

Na próxima seção, abordarei os conceitos principais do pandas, focando no DataFrame e em como inserir e extrair dados através de bancos de dados comuns, arquivos CSV e SQL. Mas antes, vamos fazer uma pequena digressão para considerar o que realmente queremos dizer com conjuntos de dados heterogêneos com os quais o pandas foi projetado para trabalhar e que são a base dos visualizadores de dados.

É provável que uma visualização, talvez um gráfico de barras ou um gráfico de linhas usado para ilustrar um artigo ou painel da web moderno, apresente resultados de medições no mundo real, como o preço de commodities à medida que mudam ao longo do tempo, mudanças nas precipitações durante um ano, intenções de voto por grupo étnico, e assim por diante. Essas medições podem ser amplamente divididas em dois grupos: valores numéricos e categorias. Os valores numéricos podem ser divididos em medidas nominais e ordinais. Isso resulta em quatro categorias amplas de observações disponíveis para quem visualiza os dados.

Vamos pegar um conjunto de tweets como exemplo para destacar essas categorias de medição. Cada tweet possui vários campos de dados:

```
{
  "text": "#Python and #JavaScript sitting in a tree...", ❶
  "id": 2103303030333004303, ❶
  "favorited": true, ❷
  "filter_level":"medium", ❸
  "created_at": "Wed Mar 23 14:07:43 +0000 2015", ❹
  "retweet_count":23, ❺
  "coordinates":[-97.5, 45.3] ❻
  ...
}
```

❶ Os campos `text` e `id` são indicadores únicos. O primeiro pode conter informações categóricas (por exemplo, a categoria de tweets contendo a hashtag #Python), e o segundo pode ser usado para criar uma categoria (por exemplo, o conjunto de todos os usuários que retweetaram este tweet), mas eles não são campos visualizáveis por si só.

❷ O campo `favorited` é uma informação categórica booleana, dividindo os tweets em dois conjuntos. Isso contaria como uma categoria nominal, pois pode ser contado mas não pode ser ordenado.

❸ O campo `filter_level` também é uma informação categórica, mas é ordenada. Existe uma ordem, baixo→médio→alto, para os níveis de filtro.

❹ O campo `created_at` é um carimbo de data e hora, um valor numérico em uma escala de intervalo. Provavelmente, gostaríamos de ordenar os tweets nessa escala, agora que o pandas faz automaticamente, e também agrupá-los em intervalos maiores, por exemplo, por dia ou semana. Novamente, o pandas torna isso algo trivial.

❺ O campo `retweet_count` também é uma escala numérica, mas é uma escala de razão. Uma escala de razão, ao contrário de uma escala de intervalo, tem um conceito significativo de zero — nesse caso, nenhum retweet. Já o carimbo de data e hora em `created_at`, por outro lado, pode ter uma linha de base arbitrária (por exemplo, unixtime ou o ano 0 do calendário Gregoriano), assim como escalas de temperatura, onde 0 graus Celsius é igual a 273,15 graus Kelvin.

❻ O campo `coordinates`, se disponível, possui duas escalas numéricas, para longitude e latitude. Ambas são escalas de intervalo, pois não faz muito sentido falar em razões de graus.

Portanto, um pequeno subconjunto dos campos de nosso modesto tweet contém informações heterogêneas que abrangem todas as divisões geralmente aceitas de medição. Enquanto os arrays do NumPy são geralmente usados para cálculos numéricos homogêneos, o pandas foi projetado para lidar com dados categóricos, séries temporais e elementos que refletem a natureza heterogênea dos dados do mundo real. Isso o torna uma ótima opção para visualização de dados.

Agora que sabemos o tipo de dados com o qual o pandas foi projetado para lidar, vamos examinar as estruturas de dados que ele utiliza.

O DataFrame

O primeiro passo em uma sessão do pandas geralmente é carregar alguns dados em um DataFrame. Vamos abordar as várias maneiras pelas quais podemos fazer isso em uma seção posterior. Por enquanto, vamos ler nossos dados JSON do arquivo *nobel_winners.json*. A função `read_json` retorna um DataFrame, analisado a partir do arquivo JSON especificado. Por convenção, as variáveis DataFrame começam com `df`:

```
import pandas as pd

df = pd.read_json('data/nobel_winners.json')
```

Com nosso DataFrame em mãos, vamos inspecionar seu conteúdo. Uma maneira rápida de obter a estrutura de linhas e colunas do DataFrame é usar o método `head` para mostrar (por padrão) os cinco primeiros itens. A Figura 8-1 mostra a saída de um Jupyter notebook, com os elementos-chave do DataFrame destacados.

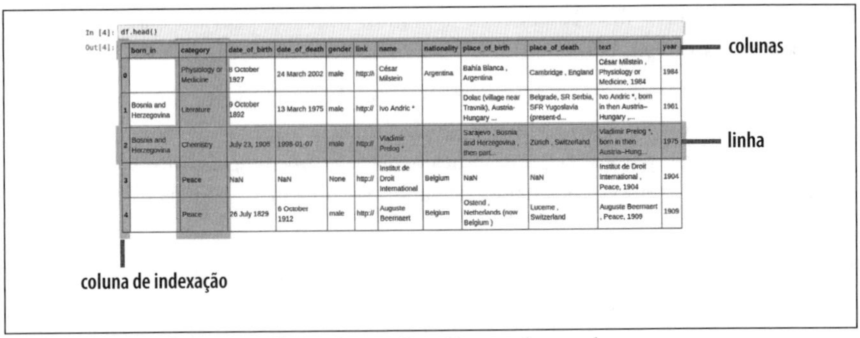

Figura 8-1. Os elementos-chave de um DataFrame do pandas

Índices

As colunas do DataFrame são indexadas por uma propriedade `columns`, que é uma instância de `index` do pandas. Vamos selecionar as colunas mostradas na Figura 8-1:

```
In [0]: df.columns
Out[0]: Index(['born_in', 'category', ... ], dtype='object')
```

Inicialmente, as linhas do pandas têm um único índice numérico (o pandas pode lidar com vários índices, se necessário), que pode ser acessado pela propriedade `index`. Por padrão, é um `RangeIndex` que economiza memória:

```
In [1]: df.index
Out[1]: RangeIndex(start=0, stop=1052, step=1)
```

Além de inteiros, os índices das linhas podem ser strings, `DatetimeIndices` ou `PeriodIndices` para dados baseados em tempo, e assim por diante. Frequentemente, para facilitar as seleções, uma coluna do DataFrame será definida como o índice por meio do método `set_index`. No código a seguir, primeiro usamos o método `set_index` para definir o índice do nosso DataFrame Nobel como a coluna de nome e, em seguida, usamos o método `loc` para selecionar uma linha pelo rótulo do índice (`name`, neste caso):

```
In [2] df = df.set_index('name') ❶
In [3] df.loc['Albert Einstein'] ❷
Out[3]:
                  born_in category      country date_of_birth date_of_death  \
name
Albert Einstein            Physics  Switzerland    1879-03-14    1955-04-18
Albert Einstein            Physics      Germany    1879-03-14    1955-04-18
[...]

df = df.reset_index() ❸
```

❶ Define o índice como a coluna de nome.

❷ Agora, você pode selecionar uma linha pelo rótulo `name`.

❸ Retorna o índice ao estado original baseado em inteiros.

Linhas e Colunas

As linhas e colunas de um DataFrame são armazenadas como Series do pandas, um equivalente heterogêneo da array do NumPy. Essas Series são essencialmente arrays unidimensionais rotulados que podem conter qualquer tipo de dado, desde inteiros, strings e floats até objetos e listas do Python.

Existem duas maneiras de selecionar uma linha do DataFrame. Já vimos o método `loc`, que seleciona pelo rótulo. Também existe o método `iloc`, que seleciona pela posição. Portanto, para selecionar a linha na Figura 8-1, pegamos a linha de número dois:

```
In [4] df.iloc[2]
Out[4]:
name                                    Vladimir Prelog *
born_in                             Bosnia and Herzegovina
category                                       Chemistry
country
date_of_birth                              July 23, 1906
...
year                                                1975
Name: 2, dtype: object
```

Você pode pegar uma coluna do DataFrame usando a notação de ponto[2] ou o acesso convencional por string de palavra-chave. Isso retornará uma Series do pandas com todos os campos da coluna e os índices do DataFrame preservados:

```
In [9] gender_col = df.gender # or df['gender']
In [10] type(gender_col)
Out[10] pandas.core.series.Series
In [11] gender_col.head() # pega os primeiros cinco itens de Series
Out[11]:
0    male #index, object
1    male
2    male
3    None
4    male
Name: gender, dtype: object
```

Selecionando Grupos

Existem várias maneiras de selecionar grupos (ou subconjuntos de linhas do DataFrame. Frequentemente, queremos selecionar todas as linhas com um valor específico em uma coluna (por exemplo, todas as linhas com a categoria Physics). Uma maneira de fazer isso é usar o método `groupby` do DataFrame para agrupar uma coluna (ou lista de colunas) e, em

2 Apenas se a coluna de nome for uma string sem espaços.

seguida, usar o método get_group para selecionar o grupo necessário. Vamos usar esses dois métodos para selecionar todos os ganhadores do Prêmio Nobel em Física:

```
cat_groups = df.groupby('category')
cat_groups
#Out[-] <pandas.core.groupby.generic.DataFrameGroupBy object ...>

cat_groups.groups.keys()
#Out[-]: dict_keys(['', 'Chemistry', 'Economics', 'Literature',\
#                  'Peace', 'Physics', 'Physiology or Medicine'])
 ...

In [14] phy_group = cat_groups.get_group('Physics')
In [15] phy_group.head()
Out[15]:
                 name born_in category  country    date_of_birth  \
13   François Englert          Physics  Belgium  6 November 1932
19         Niels Bohr          Physics  Denmark   7 October 1885
23  Ben Roy Mottelson          Physics  Denmark     July 9, 1926
24          Aage Bohr          Physics  Denmark     19 June 1922
47     Alfred Kastler          Physics   France       3 May 1902
...
```

Outra maneira de selecionar subconjuntos de linhas é usar uma máscara Booleana para criar um novo DataFrame. Você pode aplicar operadores Booleanos a todas as linhas de um DataFrame de maneira semelhante ao que pode fazer com os membros de um array do NumPy:

```
In [16] df.category == 'Physics'
Out[16]:
0      False
1      False
...
1047    True
...
```

A máscara Booleana resultante pode então ser aplicada ao DataFrame original para selecionar um subconjunto de suas linhas:

```
In [17]: df[df.category == 'Physics']
Out[17]:
                         name    born_in category    country  \
13           François Englert             Physics    Belgium
19                 Niels Bohr             Physics    Denmark
23          Ben Roy Mottelson             Physics    Denmark
24                  Aage Bohr             Physics    Denmark
...
1047          Brian P. Schmidt            Physics  Australia   ...
```

Vamos abordar muito mais exemplos de seleção de dados nos próximos capítulos. Por enquanto, vamos ver como criar DataFrames a partir de dados existentes e como salvar os resultados das manipulações do nosso DataFrame.

Criando e Salvando DataFrames

A maneira mais fácil de criar um DataFrame é usar um dicionário Python. É também uma maneira que você provavelmente não usará com muita frequência, já que provavelmente acessará seus dados de arquivos ou bancos de dados. No entanto, tem seus casos de uso.

Por padrão, especificamos as colunas separadamente, no exemplo a seguir criando três linhas com as colunas nome e categoria:

```
df = pd.DataFrame({
     'name': ['Albert Einstein', 'Marie Curie',\
     'William Faulkner'],
     'category': ['Physics', 'Chemistry', 'Literature']
     })
```

Podemos usar o método `from_dict` para permitir o uso de arrays de objetos baseados em registros de nossa preferência. O método `from_dict` possui um argumento `orient` que nos permite especificar dados semelhantes a registros, mas o pandas é inteligente o suficiente para trabalhar com o formato dos dados:

```
df = pd.DataFrame.from_dict([ ❶
     {'name': 'Albert Einstein', 'category':'Physics'},
     {'name': 'Marie Curie', 'category':'Chemistry'},
     {'name': 'William Faulkner', 'category':'Literature'}
    ])
```

❶ Aqui, passamos um array de objetos, cada um correspondendo a uma linha em nosso DataFrame.

Os métodos mostrados produzem um DataFrame idêntico:

```
df.head()
Out:
               name    category
0   Albert Einstein     Physics
1       Marie Curie   Chemistry
2  William Faulkner  Literature
```

Como mencionado, você provavelmente não criará DataFrames diretamente a partir de contêineres do Python. Em vez disso, provavelmente usará um dos métodos de leitura de dados do pandas.

O pandas possui uma variedade impressionante de métodos `read_[format]/to_[format]`, abrangendo a maioria dos casos imagináveis de carregamento de dados, desde CSV passando por HDF5 binário até bancos de dados SQL. Abordaremos o subconjunto mais relevante para o trabalho de dataviz. Para uma lista completa, consulte a documentação do pandas.

Observe que, por padrão, o pandas tentará converter os dados carregados de uma forma sensata. Os argumentos `convert_axes` (tentam converter os eixos para os tipos corretos), `dtype` (adivinham o tipo de dados) e `convert_dates` dos métodos de leitura são todos `True` por padrão. Consulte a documentação do pandas para um exemplo das opções disponíveis, neste caso para ler arquivos JSON em um DataFrame.

Vamos abordar primeiro os DataFrames baseados em arquivos e, em seguida, ver como interagir com bancos de dados (No)SQL.

JSON

Carregar dados de nosso formato JSON preferido é algo trivial no pandas:

```
df = pd.read_json('file.json')
```

Existem vários formatos que o arquivo JSON pode assumir, especificados por um argumento opcional `orient`, sendo uma das opções [`split`, `records`, `index`, `columns`, `values`]. Um array de registros, nosso formato padrão, será detectado:

```
[{"name":"Albert Einstein", "category":"Physics", ...},
{"name":"Marie Curie", "category":"Chemistry", ... } ... ]
```

O padrão para um objeto JSON é `columns`, no formato:

```
{"name":{"0":"Albert Einstein","1":"Marie Curie" ... },
"category":{"1","Physics","2":"Chemistry" ... }}
```

Conforme discutido, para o trabalho de visualização baseado na web, especialmente em D3, arrays JSON baseados em registros são a forma mais comum de passar dados de linhas e colunas para o navegador.

> Observe que você precisará de arquivos JSON válidos para trabalhar com o pandas, pois o método `read_json` e os analisadores JSON do Python em geral tendem a ser bastante rigorosos, e as exceções nem sempre são tão informativas quanto poderiam ser.[3] Um erro JSON comum é não colocar as chaves entre aspas duplas ou usar aspas simples onde são esperadas aspas duplas. Isso é especialmente comum para aqueles que vêm de linguagens onde as aspas simples e duplas são essencialmente intercambiáveis e uma das razões pelas quais você nunca deve construir documentos JSON por conta própria — sempre use uma biblioteca oficial ou respeitável.

[3] Se tiver problemas, tente um subconjunto de seus dados no validador do JSONLint para obter um feedback melhor.

Existem várias maneiras de armazenar DataFrames em JSON, mas o formato que funcionará melhor com qualquer trabalho de dataviz é o array de registros. Essa é a forma mais comum de dados do D3 e a que recomendo para saída do pandas.[4] Salvar um DataFrame como registros em JSON é simplesmente uma questão de especificar o campo `orient` no método `to_json`:

```
df = pd.read_json('data.json')
# ... Executa operações de limpeza de dados
json = df.to_json('data_cleaned.json', orient='records') ❶
Out:
[{"name":"Albert Einstein", "category":"Physics", ...},
{"name":"Marie Curie", "category":"Chemistry", ... } ... ]
```

❶ Substituir o padrão de salvamento para armazenar o JSON como registros adequados para dataviz.

Também temos os parâmetros `date_format` (carimbo de hora e data de época, iso para ISO8601 etc.), `double_precision` e `default_handler` para chamar se o objeto não puder ser convertido em JSON usando o analisador do pandas. Consulte a documentação do pandas para mais detalhes.

CSV

Como convém ao espírito da tabela de dados do pandas, seu manuseio de arquivos CSV é sofisticado o suficiente para lidar com praticamente todos os dados concebíveis. Arquivos CSV convencionais, que são a grande maioria, serão carregados sem parâmetros:

```
# data.csv:
# name,category
# "Albert Einstein",Physics
# "Marie Curie",Chemistry

df = pd.read_csv('data.csv')
df
Out:
              name   category
0  Albert Einstein    Physics
1      Marie Curie  Chemistry
```

Embora possamos esperar que todos os arquivos CSV sejam separados por vírgulas, é comum encontrar arquivos com um sufixo CSV com diferentes delimitadores, como ponto e vírgula ou barras verticais (|). Eles também podem usar formatação idiossincrática para strings que contenham espaços ou caracteres especiais. Nesse caso, podemos especificar

4 O D3 aceita vários outros formatos de dados, como dados hierárquicos (tipo árvore) ou formatos de gráficos de nós e links. Aqui está um exemplo de uma hierarquia de árvore especificada em JSON.

quaisquer elementos não padronizados em nossa requisição de leitura. Usaremos o prático módulo `StringIO` do Python para emular a leitura de um arquivo:[5]

```
from io import StringIO

data = "  `Albert Einstein`| Physics \n`Marie Curie`|  Chemistry"

df = pd.read_csv(StringIO(data),
   sep='|', ❶
   names=['name', 'category'], ❷
   skipinitialspace=True, quotechar="`")

df
Out:
              name   category
0  Albert Einstein   Physics
1      Marie Curie  Chemistry
```

❶ Os campos são separados por barras verticais, não pela vírgula padrão. Aqui fornecemos os cabeçalhos das colunas ausentes.

❷ Temos o mesmo grau de flexibilidade ao salvar arquivos CSV, aqui definindo a codificação como Unicode `utf-8`:

```
df.to_csv('data.csv', encoding='utf-8')
```

Para cobertura completa das opções CSV, consulte a documentação do pandas.

Arquivos do Excel

O pandas usa o módulo `xlrd` do Python para ler arquivos Excel 2003 (*.xls*) e o módulo `openpyxl` para ler arquivos Excel 2007+ (*.xlsx*). Este último é uma dependência opcional que precisa ser instalada:

```
$ pip install openpyxl
```

Documentos do Excel têm várias planilhas nomeadas, cada uma das quais pode ser passada para um DataFrame. Existem duas maneiras de ler uma planilha de dados em um DataFrame. A primeira é criando e, em seguida, analisando um objeto `ExcelFile`:

---

[5] Recomendo usar essa abordagem se você quiser ter uma ideia dos analisadores CSV ou JSON. É muito mais conveniente do que gerenciar arquivos locais.

```
dfs = {}
xls = pd.ExcelFile('data/nobel_winners.xlsx') # carrega o arquivo Excel
dfs['WinnersSheet1'] = xls.parse('WinnersSheet1', na_values=['NA']) ❶
dfs['WinnersSheet2'] = xls.parse('WinnersSheet2',
    index_col=1, ❷
    na_values=['-'], ❸
    skiprows=3 ❹
    )
```

❶ Pegue uma planilha pelo nome e salve em um dicionário.

❷ Especifique a coluna, por posição, a ser usada como rótulos de linha do DataFrame.

❸ Uma lista de strings adicionais para reconhecer como valores NaN.

❹ O número de linhas (por exemplo, metadados) a serem ignoradas antes do processamento.

Alternativamente, você pode usar o método `read_excel`, que é um método de conveniência para carregar várias planilhas:

```
dfs = pd.read_excel('data/nobel_winners.xlsx', ['WinnersSheet1','WinnersSheet2'],
                    index_col=None, na_values=['NA'])
```

Vamos verificar o conteúdo da segunda planilha do Excel usando o DataFrame resultante:

```
In: dfs['WinnersSheet2'].head()
Out:
     category             nationality  year               name  gender
0       Peace                American  1906  Theodore Roosevelt    male
1  Literature            South African  1991     Nadine Gordimer  female
2   Chemistry  Bosnia and Herzegovina  1975     Vladamir Prelog    male
```

A única razão para não usar `read_excel` é se você precisar de argumentos diferentes para ler cada planilha do Excel.

Você pode especificar as planilhas por índice ou nome usando o segundo parâmetro (`sheetname`). O `sheetname` pode ser uma única string de nome ou índice (a partir de 0) ou lista mista. Por padrão, `sheetname` é `0`, retornando a primeira planilha. O Exemplo 8-1 mostra algumas variações. Definir `sheetname` como `None` retorna um dicionário de DataFrames codificado com o nome da planilha.

Exemplo 8-1. Carregando planilhas do Excel

```
# retorna a primeira planilha de dados
df = pd.read_excel('nobel_winners.xls')

# retorna uma planilha nomeada
df = pd.read_excel('nobel_winners.xls', 'WinnersSheet3')

# primeira planilha e planilha nomeada'WinnersSheet3'
df = pd.read_excel('nobel_winners.xls', [0, 'WinnersSheet3'])

# todas as planilhas carregadas em um dicionário codificado por nome
dfs = pd.read_excel('nobel_winners.xls', sheetname=None)
```

O parâmetro `parse_cols` permite que você selecione as colunas da planilha a serem analisadas. Definir `parse_cols` para um valor inteiro seleciona todas as colunas até o ordinal especificado. Definir `parse_cols` como uma lista de inteiros permite que você selecione colunas específicas:

```
# analisa até a quinta coluna
pd.read_excel('nobel_winners.xls', 'WinnersSheet1', parse_cols=4)

# analisa a segunda e a quarta colunas
pd.read_excel('nobel_winners.xls', 'WinnersSheet1', parse_cols=[1, 3])
```

Para mais informações sobre o `read_excel`, consulte a documentação do pandas.

Você pode salvar um DataFrame na planilha de um arquivo Excel com o método `to_excel`, fornecendo o nome do arquivo Excel e o nome da planilha, `'nobel_winners'` e `'WinnersSheet1'`, respectivamente, neste exemplo:

```
df.to_excel('nobel_winners.xlsx', sheet_name='WinnersSheet1')
```

Existem várias opções similares ao `to_csv` cobertas na documentação do pandas. Como o `Panels` do pandas e os arquivos do Excel podem armazenar vários DataFrames, existe um método `to_excel` do `Panel` para escrever todos os seus DataFrames em um arquivo Excel.

Se precisar selecionar vários DataFrames para escrever em um arquivo Excel compartilhado, você pode usar um objeto `ExcelWriter`:

```
with pd.ExcelWriter('nobel_winners.xlsx') as writer:
    df1.to_excel(writer, sheet_name='WinnersSheet1')
    df2.to_excel(writer, sheet_name='WinnersSheet2')
```

SQL

Por preferência, o pandas utiliza o módulo `SQLAlchemy` do Python para a abstração do banco de dados. Se estiver usando o `SQLAlchemy`, você também precisará da biblioteca do driver para o seu banco de dados.

A maneira mais fácil de carregar uma tabela de banco de dados ou os resultados de uma consulta SQL é usando o método `read_sql`. Vamos usar o nosso banco de dados SQLite preferido e ler a tabela winners em um DataFrame:

```
import sqlalchemy

engine = sqlalchemy.create_engine(
                'sqlite:///data/nobel_winners.db') ❶
df = pd.read_sql('winners', engine) ❷
df
Out:
     index                category    country date_of_birth
0     4                   Peace    Belgium    1829-07-26
...
                      name                          place_of_birth
0    Auguste Beernaert  Ostend ,  Netherlands  (now  Belgium )
...
```

❶ Aqui, usamos um banco de dados SQLite existente (baseado em arquivo). O SQLAchemy pode criar mecanismos para todos os bancos de dados comumente usados, por exemplo, *`mysql://USER:PASSWORD@localhost/db`*.

❷ Leia o conteúdo `'nobel_winners'` da tabela SQL em um DataFrame. O `read_sql` é uma conveniência que engloba os métodos `read_sql_table` e `read_sql_query`, fazendo a coisa certa dependendo do seu primeiro argumento.

Escrever DataFrames em um banco de dados SQL é bastante simples. Usando o mecanismo que acabamos de criar, podemos adicionar uma cópia da tabela winners ao nosso banco de dados SQLite:

```
# salva o DataFrame df na tabela SQL nobel_winners
df.to_sql('winners_copy', engine, if_exists='replace')
```

Se você encontrar erros devido a limitações do tamanho do pacote, o parâmetro `chunksize` pode definir o número de linhas a serem gravadas de uma vez:

```
# escreva 500 linhas por vez
df.to_sql('winners_copy', engine, chunksize=500)
```

O pandas fará o que é mais sensato e tentará mapear seus dados para um tipo SQL adequado, inferindo o tipo de dados dos objetos. Se necessário, o tipo padrão pode ser substituído na chamada de carga:

```
from sqlalchemy.types import String
df.to_sql('winners_copy', engine, dtype={'year': String}) ❶
```

❶ Substitua a inferência do pandas e especifique o ano como uma coluna de `String`.

Mais detalhes sobre a interação pandas-SQL podem ser encontrados na documentação do pandas.

MongoDB

Para o trabalho de dataviz, há muito a ser dito sobre a conveniência de bancos de dados NoSQL baseados em documentos, como o MongoDB. No caso do MongoDB, as coisas são ainda melhores, pois ele usa uma forma binária de JSON para seu datastore — chamada BSON, abreviação de Binary JSON. Como o JSON é nossa cola de dados preferida, pois conecta nossa visualização de dados da web ao servidor backend, há uma boa razão para considerar armazenar seus conjuntos de dados no Mongo. Ele também funciona bem com o pandas.

Como vimos, os DataFrames do pandas são convertidos facilmente para o formato JSON e vice-versa. Portanto é muito fácil obter uma coleção de documentos do Mongo em um DataFrame do pandas:

```
import pandas as pd
from pymongo import MongoClient

client = MongoClient() ❶

db = client.nobel_prize ❷
cursor = db.winners.find() ❸
df = pd.DataFrame(list(cursor)) ❹
df ❺
# _
```

❶ Crie um cliente Mongo, usando o host e as portas padrão.

❷ Obtenha o banco de dados `nobel_prize`.

❸ Encontre todos os documentos na coleção `winner`.

❹ Carregue todos os documentos do cursor em uma lista e use-os para criar um DataFrame.

❺ A coleção winners está vazia neste ponto — vamos preenchê-la com alguns dados do DataFrame.

É muito fácil inserir os registros de um DataFrame em um banco de dados MongoDB. Aqui, usamos o método `get_mongo_database` que definimos no Exemplo 3-5 para obter nosso banco de dados `nobel_prize` e salvamos o DataFrame em sua coleção winners:

```
db = get_mongo_database('nobel_prize')

records = df.to_dict('records') ❶
db[collection].insert_many(records) ❷
```

❶ Converte o DataFrame em um `dict`, usando o argumento `records` para converter as linhas em objetos individuais.

❷ Para a versão 2 do PyMongo, use o método `insert`.

O pandas não possui métodos de conveniência do MongoDB comparáveis a `to_csv` ou `read_csv`, mas é fácil lançar algumas funções utilitárias para converter de MongoDB para DataFrames e vice-versa:

```
def mongo_to_dataframe(db_name, collection, query={},\
                       host='localhost', port=27017,\
                       username=None, password=None,\
                        no_id=True):
    """ create a DataFrame from mongodb collection """

    db = get_mongo_database(db_name, host, port, username,\
     password)
    cursor = db[collection].find(query)
    df =  pd.DataFrame(list(cursor))

    if no_id: ❶
        del df['_id']

    return df

def dataframe_to_mongo(df, db_name, collection,\
                       host='localhost', port=27017,\
                       username=None, password=None):
    """ save a DataFrame to mongodb collection """
    db = get_mongo_database(db_name, host, port, username,\
     password)

    records = df.to_dict('records')
    db[collection].insert_many(records)
```

❶ O campo `_id` do Mongo será incluído no DataFrame. Por padrão, remova a coluna.

Após inserir os registros do DataFrame no Mongo, vamos garantir que eles foram armazenados com sucesso:

```
db = get_mongo_database('nobel_prize')
list(db.winners.find()) ❶
[{'_id': ObjectId('62fcf2fb0e7fe50ac4393912'),
  'id': 1,
  'category': 'Physics',
  'name': 'Albert Einstein',
  'nationality': 'Swiss',
  'year': 1921,
  'gender': 'male'},
 {'_id': ObjectId('62fcf2fb0e7fe50ac4393913'),
  'id': 2,
  'category': 'Physics',
  'name': 'Paul Dirac',
  'nationality': 'British',
  'year': 1933,
  'gender': 'male'},
 {'_id': ObjectId('62fcf2fb0e7fe50ac4393914'),
  'id': 3,
  'category': 'Chemistry',
  'name': 'Marie Curie',
  'nationality': 'Polish',
  'year': 1911,
  'gender': 'female'}]
```

❶ O método `find` da coleção retorna um cursor, que convertemos em uma lista Python para ver o conteúdo.

Outra maneira de criar DataFrames é montá-los a partir de uma coleção de Series. Vamos dar uma olhada nisso, aproveitando a oportunidade para explorar as Series com mais detalhes.

Series em DataFrames

As Series são a base dos DataFrames do pandas. Elas podem ser manipuladas independentemente com métodos que espelham aqueles do DataFrame, e podem ser combinadas para formar DataFrames, como veremos na subseção.

A ideia-chave das Series do pandas é o índice. Esses índices funcionam como rótulos para os dados heterogêneos contidos, por exemplo, em uma linha de dados. Quando o pandas opera em mais de um objeto de dados, esses índices são usados para alinhar os campos.

As Series podem ser criadas de três maneiras. A primeira é a partir de uma lista Python ou de um array NumPy:

```
s = pd.Series([1, 2, 3, 4]) # Series(np.arange(4))
Out:
0    1 # index, value
1    2
2    3
3    4
dtype: int64
```

Observe que índices inteiros são criados automaticamente para nossas Series. Se estivéssemos adicionando uma linha de dados a um DataFrame (tabela), gostaríamos de especificar os índices das colunas passando-os como uma lista de inteiros ou rótulos:

```
s = pd.Series([1, 2, 3, 4], index=['a', 'b', 'c', 'd'])
s
Out:
a    1
b    2
c    3
d    4
dtype: int64
```

Observe que o comprimento do array de índice deve ser igual ao comprimento do array de dados. Podemos especificar tanto os dados quanto o índice usando um `dict do` Python:

```
s = pd.Series({'a':1, 'b':2, 'c':3})
Out:
a    1
b    2
c    3
dtype: int64
```

Se passarmos um array de índice junto com o `dict`, o pandas fará o que é sensato, correspondendo os índices ao array de dados. Quaisquer índices não correspondentes serão definidos como `NaN` (não é um número), e quaisquer dados não correspondentes serão descartados. Note que uma consequência de ter menos elementos do que índices é que a série é convertida para o tipo `float64`:

```
s = pd.Series({'a':1, 'b':2}, index=['a', 'b', 'c'])
Out:
a    1.0
b    2.0
c    NaN
dtype: float64

s = pd.Series({'a':1, 'b':2, 'c':3}, index=['a', 'b'])
Out:
a 1
b 2
dtype: int64
```

Por fim, podemos passar um único valor escalar como dados para a Series, desde que também especifiquemos um índice. O valor escalar será então aplicado a todos os índices:

```
pd.Series(9, {'a', 'b', 'c'})
Out:
a   9
b   9
c   9
dtype: int64
```

As Series são como arrays NumPy (`ndarray`), o que significa que podem ser passadas para a maioria das funções do NumPy:

```
s = pd.Series([1, 2, 3, 4], ['a', 'b', 'c', 'd'])
np.sqrt(s)
Out:
a    1.000000
b    1.414214
c    1.732051
d    2.000000
dtype: float64
```

As operações de fatiamento funcionam como aconteceria com listas Python ou arrays `ndarrays`, mas observe que os rótulos do índice são preservados:

```
s[1:3]
Out:
b 2
c 3
dtype: int64
```

Ao contrário dos arrays do NumPy, as séries do pandas podem conter dados de tipos múltiplos. Adicionar duas séries demonstra essa utilidade, com números sendo adicionados enquanto as strings são concatenadas:

```
pd.Series([1, 2.1, 'foo']) + pd.Series([2, 3, 'bar'])
Out:
0          3 # 1 + 2
1        5.1 # 2.1 + 3
2     foobar # strings corretamente concatenadas
dtype: object
```

A capacidade de criar e manipular Series individuais é especialmente importante ao interagir com o ecossistema do NumPy, manipulando dados de um DataFrame ou criando visualizações fora da biblioteca Matplotlib do pandas.

Como as Series são os blocos de construção dos DataFrames, é fácil uni-las para criar um DataFrame, usando o método `concat` do pandas:

```
names = pd.Series(['Albert Einstein', 'Marie Curie'],\
 name='name') ❶
categories = pd.Series(['Physics', 'Chemistry'],\
 name='category')

df = pd.concat([names, categories], axis=1) ❷
df.head()
Out:
              name   category
0  Albert Einstein    Physics
1      Marie Curie  Chemistry
```

❶ Usamos as séries `names` e `categories` para fornecer os dados e os nomes das colunas (a propriedade `name` da série) para um DataFrame.

❷ Concatene as duas Series usando o argumento `axis` com valor `1` para indicar que as Series são colunas.

Além das diversas maneiras de criar DataFrames a partir de arquivos e bancos de dados discutidas anteriormente, você agora deve ter uma base sólida para poder inserir e excluir dados dos DataFrames.

Resumo

Este capítulo estabeleceu uma base para os dois próximos capítulos baseados no pandas. Os conceitos principais do pandas — DataFrame, Index e Series — foram discutidos, e vimos por que o pandas se encaixa tão bem como tipo de dados do mundo real com o qual os visualizadores de dados trabalham, estendendo o `ndarray` do NumPy ao permitir o armazenamento de dados heterogêneos e adicionando um poderoso sistema de indexação.

Com as estruturas de dados principais do pandas em nossas mãos, os próximos capítulos mostrarão como usá-las para limpar e processar o conjunto de dados dos ganhadores do Prêmio Nobel, ampliando seu conhecimento sobre o conjunto de ferramentas do pandas e mostrando como aplicá-lo em um contexto de visualização de dados.

Agora que sabemos como inserir e excluir dados de um DataFrame, é hora de ver o que o pandas pode fazer com eles. Primeiro, veremos como garantir a integridade dos seus dados, descobrindo e corrigindo anomalias, como linhas duplicadas, campos ausentes e dados corrompidos.

CAPÍTULO 9

Limpando Dados com o pandas

Os dois capítulos anteriores apresentaram o pandas e o NumPy, a biblioteca numérica do Python que o pandas estende. Armados com o conhecimento básico do pandas, estamos prontos para começar a fase de limpeza do nosso kit de ferramentas, com o objetivo de encontrar e eliminar os dados sujos em nosso conjunto de dados extraído (consulte o Capítulo 6). Este capítulo também expandirá seu conhecimento sobre o pandas, apresentando novos métodos em um contexto de trabalho.

No Capítulo 8, cobrimos os componentes principais do pandas: o DataFrame, uma planilha programática capaz de lidar com os diferentes tipos de dados encontrados no mundo real, e sua unidade básica, a Series, uma extensão heterogênea do `ndarray` homogêneo do NumPy. Também abordamos como ler e escrever em diferentes repositórios de dados, incluindo arquivos JSON, arquivos CSV, bancos de dados MongoDB e SQL. Agora começaremos a colocar o pandas em ação, mostrando como ele pode ser usado para limpar dados sujos. Vou apresentar os principais elementos da limpeza de dados usando nosso conjunto de dados sujos do Prêmio Nobel como exemplo.

Vou apresentar os conceitos-chave do pandas de forma gradual em um ambiente de trabalho. Primeiro, vamos estabelecer por que a limpeza de dados é uma parte tão importante do trabalho de um visualizador de dados.

Jogando Limpo Sobre Dados Sujos

Acredito que é justo dizer que a maioria das pessoas que entram no campo de visualização de dados subestima, muitas vezes por um fator bastante grande, a quantidade de tempo que gastarão tentando tornar seus dados apresentáveis. A verdade é que obter conjuntos de dados limpos, que sejam um prazer de transformar em visualizações interessantes, pode levar mais da metade do seu tempo. Os dados no mundo real raramente estão impecáveis, muitas vezes carregando as marcas das falhas de entradas manuais incorretas, campos inteiros faltando devido a erros de observação ou análise e/ou formatos de data e hora mistos.

Para este livro, e para criar um desafio adequado, nosso conjunto de dados do Prêmio Nobel foi extraído da Wikipédia, um site editado manualmente com diretrizes bastante informais. Nesse sentido, os dados provavelmente estão sujos — seres humanos cometem erros mesmo quando o ambiente é bastante tolerante. Mas mesmo os dados dos APIs oficiais de, por exemplo, grandes redes sociais, geralmente apresentam falhas, com campos ausentes ou incompletos, marcas de cicatrizes de inúmeras mudanças nos esquemas de dados, erros de entrada intencionais e assim por diante.

Portanto, a limpeza dos dados é uma parte fundamental do trabalho de um visualizador de dados, roubando tempo de todas as coisas interessantes que você preferiria estar fazendo — o que é uma excelente razão para se tornar realmente bom nisso e liberar esse tempo tedioso para atividades mais significativas. E uma grande parte de se tornar bom em limpar dados é escolher o conjunto de ferramentas adequado, é aí que entra o pandas. É uma ótima maneira de fatiar e cortar até mesmo conjuntos de dados bastante grandes[1], e sentir-se à vontade com ele pode economizar muito tempo. É exatamente isso que este capítulo aborda.

Para recapitular, raspamos os dados do Nobel da Wikipédia usando a biblioteca Scrapy do Python (consulte o Capítulo 6) e produzimos um array de objetos JSON no formato:

```
{
  "category": "Physics",
  "name": "Albert Einstein",
  "gender": "male",
  "place_of_birth": "Ulm ,  Baden-W\u00fcrttemberg ,
    German Empire",
  "date_of_death": "1955-04-18",
  ...
}
```

O objetivo deste capítulo é transformar esse array em uma fonte de dados o mais limpa possível antes de explorá-lo com o pandas no próximo capítulo.

Existem muitas formas de dados sujos, sendo as mais comuns:

- Entradas/linhas duplicadas
- Campos ausentes
- Linhas desalinhadas
- Campos corrompidos
- Tipos de dados mistos em uma coluna

Examinaremos agora nosso conjunto de dados do Prêmio Nobel em busca desses tipos de anomalias.

Primeiro, precisamos carregar nossos dados JSON em um DataFrame, como mostrado no capítulo anterior (consulte "Criando e Salvando DataFrames" na página 201). Podemos Abrir o arquivo de dados JSON diretamente:

```
import pandas as pd

df = pd.read_json(open('data/nobel_winners_dirty.json'))
```

1 *Grande* é um termo muito relativo, mas o pandas vai ocupar todo o espaço possível na memória RAM do seu computador, que é onde os DataFrames residem.

Agora que temos nossos dados extraídos sujos em um DataFrame, vamos conseguir uma visão geral do que temos.

Inspecionando os Dados

O DataFrame do pandas possui vários métodos e propriedades que fornecem uma visão rápida dos dados contidos. O mais geral é o `info`, que fornece um resumo organizado do número de entradas de dados por coluna:

```
df.info()
<class 'pandas.core.frame.DataFrame'>
RangeIndex: 1052 entries, 0 to 1051
Data columns (total 12 columns):
 #   Column          Non-Null Count  Dtype
---  ------          --------------  -----
 0   born_in         1052 non-null   object
 1   category        1052 non-null   object
 2   country         1052 non-null   object
 3   date_of_birth   1044 non-null   object
 4   date_of_death   1044 non-null   object
 5   gender          1040 non-null   object
 6   link            1052 non-null   object
 7   name            1052 non-null   object
 8   place_of_birth  1044 non-null   object
 9   place_of_death  1044 non-null   object
 10  text            1052 non-null   object
 11  year            1052 non-null   int64
dtypes: int64(1), object(11)
memory usage: 98.8+ KB
```

Você pode ver que alguns campos não possuem entradas. Por exemplo, embora existam 1.052 linhas em nosso DataFrame, existem apenas 1.040 atributos de gênero. Observe também o útil `memory_usage` — os DataFrames do pandas são armazenados na RAM, portanto, à medida que os conjuntos de dados aumentam de tamanho, esse número indica aproximadamente quão perto estamos dos limites de memória específicos de nossa máquina.

O método `describe` do DataFrame fornece um resumo estatístico útil das colunas relevantes:

```
df.describe()
Out:
              year
count  1052.000000
mean   1968.729087
std      33.155829
min    1809.000000
25%    1947.000000
50%    1975.000000
75%    1996.000000
max    2014.000000
```

Como você pode ver, por padrão, apenas as colunas numéricas são descritas. Já podemos observar um erro nos dados, o ano mínimo sendo 1809, o que é impossível, pois o primeiro Nobel foi concedido em 1901.

O `describe` aceita um parâmetro `include` que nos permite especificar os tipos de dados das colunas (`dtypes`) a serem avaliados. Com exceção do ano, as colunas em nosso conjunto de dados do Prêmio Nobel são todas objetos, que é o `dtype` padrão do pandas, capaz de representar números, strings, datas e muito mais. O exemplo 9-1 mostra como obter as estatísticas delas.

Exemplo 9-1. Descrevendo o DataFrame

```
In [140]: df.describe(include=['object']) ❶
Out[140]:
       born_in  category date_of_birth date_of_death gender  \
count     1052      1052          1044          1044   1040
unique      40         7           853           563      2
top              Physio..    9 May 1947                 male
freq       910       250             4           362    983

                            link                name  \
count                       1052                1052
unique                       893                 998
top     http://eg/wiki/...                 Daniel Kahneman
freq                           4                   2

             country place_of_birth place_of_death  \
count           1052           1044           1044
unique            59            735            410
top     United States
freq             350             29            409
...
```

❶ O argumento `include` é uma lista (ou um único item) de `dtypes` colunares para resumir.

Há muitas informações úteis a serem obtidas na saída do Exemplo 9-1, como o fato de haver 59 nacionalidades únicas, sendo os Estados Unidos o maior grupo com 350 premiados.

Uma curiosidade interessante é que, de 1.044 datas de nascimento registradas, apenas 853 são únicas, o que pode significar várias coisas. Possivelmente, alguns dias auspiciosos viram o nascimento de mais de um laureado ou, vestindo nossos chapéus de limpeza de dados, é mais provável que existam alguns ganhadores duplicados ou que algumas datas estejam incorretas ou tenham apenas o ano registrado. A hipótese de ganhadores duplicados é confirmada pela observação de que, de 1.052 contagens de nomes, apenas 998 são únicas. Certamente, houve alguns ganhadores múltiplos, mas não o suficiente para explicar 54 duplicatas.

Os métodos `head` e `tail` do DataFrame fornecem outra maneira fácil de obter uma rápida noção dos dados. Por padrão, eles mostram as cinco primeiras ou últimas linhas, mas podemos definir o número passando um número inteiro como o primeiro argumento. O Exemplo 9-2 mostra o resultado de usar `head` com nosso DataFrame do Prêmio Nobel.

Exemplo 9-2. Amostrando as cinco primeiras linhas do DataFrame

```
df.head()
Out:
                      born_in                category  date_of_bi..
0                               Physiology or Medicine  8 October 1..
1  Bosnia and Herzegovina                   Literature  9 October 1.. ❶
2  Bosnia and Herzegovina                    Chemistry   July 23, 1..
3                                                Peace            ..
4                                                Peace    26 July 1..

    date_of_death gender                                          ..
0   24 March 2002   male   http://en.wikipedia.org/wiki/C%C3%A..
1   13 March 1975   male            http://en.wikipedia.org/wi..
2      1998-01-07   male       http://en.wikipedia.org/wiki/Vl.. ❷
3             NaN   None  http://en.wikipedia.org/wiki/Institu..
4  6 October 1912   male  http://en.wikipedia.org/wiki/Auguste..

                             name country  \
0                  César Milstein   Argentina
1                    Ivo Andric *               ❶
2                 Vladimir Prelog *
3  Institut de Droit International     Belgium
4                Auguste Beernaert     Belgium
```

❶ Essas linhas têm uma entrada para o campo `born_in` e um asterisco ao lado do nome

❷ O campo `date_of_death` tem um formato de hora diferente das outras linhas.

Os primeiros cinco ganhadores no Exemplo 9-2 mostram algumas coisas úteis. Primeiro, vemos que os nomes nas linhas 1 e 2 são marcados por um asterisco e têm uma entrada no campo `born_in` ❶. Em segundo lugar, observe que a linha 2 possui um formato de `date_of_death` diferente das outras e que existem formato de data e hora de dia-mês e mês-dia no campo de `date_of_birth` ❷. Esse tipo de inconsistência é um problema recorrente para dados editados por seres humanos, especialmente datas e horários. Veremos como corrigir isso com o pandas mais adiante.

O Exemplo 9-1 fornece uma contagem de objetos igual a 1.052 para o campo `born_in`, indicando que não há campos vazios, mas o `head` mostra que apenas as linhas 1 e 2 têm conteúdo. Isso sugere que os campos ausentes são uma string vazia ou espaço, ambos contam como dados para o pandas. Vamos alterá-los para um `NaN` não contabilizado, o que trará mais sentido para os números. Mas primeiro, precisaremos de uma pequena introdução à seleção de dados no pandas.

Índices e Seleção de Dados no pandas

Antes de começarmos a limpar nossos dados, vamos fazer uma rápida revisão da seleção básica de dados no pandas, usando o conjunto de dados do Prêmio Nobel como exemplo.

O pandas indexa por linhas e colunas. Geralmente, os índices das colunas são especificados pelo arquivo de dados, tabela SQL, e assim por diante, mas, como mostrado no último capítulo, podemos definir ou substituir esses índices quando o DataFrame é criado usando o argumento `names` para passar uma lista de nomes de colunas. O índice das colunas é acessível como uma propriedade do DataFrame:

```
# Colunas do nosso conjunto de dados Nobel
df.columns
Out: Index(['born_in', 'category', 'date_of_birth',
...
       'place_of_death', 'text', 'year'], dtype='object')
```

Por padrão, o pandas especifica um índice inteiro baseado em zero para as linhas, mas podemos substituí-lo passando uma lista no parâmetro `index` ao criar o DataFrame ou posteriormente definindo a propriedade `index` diretamente. Com mais frequência, queremos usar uma ou mais[2] colunas do DataFrame como índice. Podemos fazer isso usando o método `set_index`. Se quiser retornar ao índice padrão, você pode usar o método `reset_index`, como mostrado no Exemplo 9-3.

Exemplo 9-3. Definindo o índice do DataFrame

```
# defina o campo de nome como índice
df = df.set_index('name') ❶
df.head(2)
Out:
                                born_in                category  \
name ❷
César Milstein                           Physiology or Medicine
Ivo Andric *    Bosnia and Herzegovina               Literature
...

df.reset_index(inplace=True) ❸

df.head(2)
Out:
             name                born_in                category  \
0  César Milstein                         Physiology or Medicine ❹
1    Ivo Andric *  Bosnia and Herzegovina               Literature
```

❶ Define o índice do DataFrame como a coluna de nome. Defina o resultado novamente em `df`.

❷ As linhas agora são indexadas pelo nome.

❸ Redefine o índice para seu inteiro. Observe que o alteramos diretamente desta vez.

❹ O índice agora é baseado na posição inteiro.

[2] O pandas suporta vários índices usando o objeto `MultiIndex`. Isso proporciona uma maneira muito poderosa de refinar dados de dimensões mais altas. Confira os detalhes na documentação do pandas.

> Existem duas maneiras de alterar um DataFrame ou Series do pandas: alterando os dados no local ou atribuindo uma cópia. Não há garantia de que a alteração no local seja mais rápida, e o encadeamento de métodos requer que a operação retorne um objeto modificado. Geralmente, uso a forma `df = df.foo(...)` para alterações, mas a maioria dos métodos que modificam têm um argumento `inplace` `df.foo(..., inplace=True)`.

Agora que entendemos o sistema de indexação por linhas e colunas, vamos começar a selecionar fatias do DataFrame.

Podemos selecionar uma coluna do DataFrame usando a notação de ponto (quando não há espaços ou caracteres especiais no nome) ou a notação de colchetes. Vamos dar uma olhada na coluna `born_in`:

```
bi_col = df.born_in # or bi = df['born_in']
bi_col
Out:
0
1      Bosnia and Herzegovina
2      Bosnia and Herzegovina
3
...
1051
Name: born_in, Length: 1052, dtype: object

type(bi_col)
Out: pandas.core.series.Series
```

Observe que a seleção da coluna retorna uma Series do pandas, preservando o índice do DataFrame.

DataFrames e Series compartilham os mesmos métodos para acessar linhas/membros. O `iloc` seleciona pela posição inteira e o `loc` seleciona pelo rótulo. Vamos usar `iloc` para pegar a primeira linha do nosso DataFrame:

```
# acesse a primeira linha
df.iloc[0]
Out:
name                                 César Milstein
born_in
category                             Physiology or Medicine
...

# defina o índice como 'name' e acesse por rótulo de nome
df.set_index('name', inplace=True)
df.loc['Albert Einstein']
Out:
                 born_in category     country  ...
name
Albert Einstein           Physics  Switzerland  ...
Albert Einstein           Physics      Germany  ...
...
```

Selecionando Múltiplas Linhas

Podemos usar o fatiamento padrão de arrays do Python com um DataFrame para selecionar várias linhas:

```
# selecione as primeiras 10 linhas
df[0:10]
Out:
                  born_in                   category   date_of_b..
0                            Physiology or Medicine  8 October ..
1  Bosnia and Herzegovina                Literature  9 October ..
...
9                                             Peace      1910-0..
# selecione as últimas quatro linhas
df[-4:]
Out:
     born_in                category      date_of_birth date_..
1048                            Peace  November 1, 1878    May..
1049          Physiology or Medicine         1887-04-10     19..
1050                        Chemistry          1906-9-6      1..
1051                            Peace November 26, 1931       ..
```

A forma padrão de selecionar várias linhas com base em uma expressão condicional (por exemplo, se o valor da coluna `value` for maior que `x`) é criar uma máscara Booleana e usá-la em um seletor. Vamos encontrar todos os ganhadores do Prêmio Nobel após o ano de 2000. Primeiro, criamos uma máscara executando uma expressão Booleana em cada uma das linhas:

```
mask = df.year > 2000 ❶
mask
Out:
0      False
1      False
...
13      True
...
1047      True
1048     False
...
Name: year, Length: 1052, dtype: bool
```

❶ `True` para todas as linhas em que o campo `year` é maior que 2000.

A máscara Booleana resultante compartilha o índice do nosso DataFrame e pode ser usada para selecionar todas as linhas `True`:

```
mask = df.year > 2000
winners_since_2000 = df[mask] ❶
winners_since_2000.count()
Out:
...
year                202 # número de ganhadores desde 2000
dtype: int64

winners_since_2000.head()
Out:
...
                                                 text  year
13                   François Englert , Physics, 2013  2013
32       Christopher A. Pissarides , Economics, 2010  2010
66                             Kofi Annan , Peace, 2001  2001
87                  Riccardo Giacconi *, Physics, 2002  2002
88    Mario Capecchi *, Physiology or Medicine, 2007  2007
```

❶ Isso retornará um DataFrame contendo apenas as linhas onde o array Booleano `mask` é `True`.

O mascaramento Booleano é uma técnica muito poderosa capaz de selecionar qualquer subconjunto dos dados que você precisa. Recomendo estabelecer alguns objetivos para praticar a construção de expressões Booleanas corretas. Geralmente, dispensamos a criação intermediária da máscara:

```
winners_since_2000 = df[df.year > 2000]
```

Agora que podemos selecionar linhas individuais e múltiplas por fatiamento ou usando uma máscara Booleana, nas próximas seções veremos como podemos alterar nosso DataFrame, eliminando dados sujos conforme avançamos.

Limpando os Dados

Agora que sabemos como acessar nossos dados, vamos ver como podemos melhorá-los, começamos pelo que parecem ser campos `born_in` vazios que vimos no Exemplo 9-2. Se observarmos a contagem das colunas `born_in`, ela não mostra nenhuma linha faltando, o que aconteceria se houvesse campos faltando ou `NaN` (não é um número):

```
In [0]: df.born_in.describe()
Out[0]:
count     1052
unique      40
top
freq       910
Name: born_in, dtype: object
```

Encontrando Tipos Mistos

Observe que o pandas armazena todos os dados semelhantes a strings usando o objeto dtype. Uma inspeção rápida sugere que a coluna é uma mistura de strings vazias e nomes de países. Podemos verificar rapidamente se todos os membros da coluna são strings, mapeando a função type do Python para todos os membros usando o método apply e, em seguida, criando um conjunto com a lista resultante de membros da coluna por tipo:

```
In [1]: set(df.born_in.apply(type))
Out[1]: {str}
```

Isso mostra que todos os membros da coluna born_in são strings do tipo str. Agora, vamos substituir quaisquer strings vazias por um campo vazio.

Substituindo Strings

Queremos substituir essas strings vazias por um NaN, para que elas não sejam contadas.[3] O método replace do pandas é especialmente adequado para isso e pode ser aplicado ao DataFrame inteiro ou a uma Series individual:

```
import numpy as np

bi_col.replace('', np.nan, inplace=True)
bi_col
Out:
0                          NaN ❶
1       Bosnia and Herzegovina
2       Bosnia and Herzegovina
3                          NaN
...

bi_col.count()
Out: 142 ❷
```

❶ Nossas strings vazias '' foram substituídas por NaN do NumPy.

❷ Ao contrário das strings vazias, os campos NaN são desconsiderados.

Após substituir as strings vazias por NaNs, obtemos uma contagem real de 142 para o campo born_in.

Vamos substituir todas as strings vazias em nosso DataFrame por NaNs descontados:

```
df.replace('', np.nan, inplace=True)
```

O pandas permite uma substituição sofisticada de strings (e outros objetos) em colunas (por exemplo, permitindo que você crie expressões regulares, que são aplicadas a toda a

[3] Por padrão, o pandas usa o float NaN (não é um número) do NumPy para designar valores ausentes.

Series, geralmente colunas de DataFrame). Vamos dar uma olhada em um pequeno exemplo, usando os nomes marcados com asterisco em nosso DataFrame do Prêmio Nobel.

O Exemplo 9-2 mostrou que alguns dos nossos nomes de ganhadores do Prêmio Nobel estão marcados com um asterisco, indicando que esses ganhadores estão registrados pelo país de nascimento, não pelo país no momento em que ganharam o prêmio:

```
df.head()
Out:
...
                                name country  \
0                    César Milstein   Argentina
1                      Ivo Andric *
2                  Vladimir Prelog *
3   Institut de Droit International     Belgium
4                  Auguste Beernaert     Belgium
```

Vamos nos dar a tarefa de limpar esses nomes removendo os asteriscos e eliminando quaisquer espaços em branco restantes.

As Series do pandas têm um membro útil chamado `str`, que fornece uma série de métodos úteis para a manipulação de strings no array. Vamos usá-lo para verificar quantos nomes estão marcados com asterisco:

```
df[df.name.str.contains(r'\*')]['name'] ❶
Out:
1              Ivo Andric *
2          Vladimir Prelog *
...
1041       John Warcup Cornforth *
1046      Elizabeth H. Blackburn *
Name: name, Length: 142, dtype: object ❷
```

❶ Usamos o método `contains` de `str` na coluna `name`. Observe que temos que escapar do asterisco (`'\*'`) pois é uma expressão regular. A máscara Booleana é, então, aplicada ao nosso DataFrame do Prêmio Nobel e os nomes resultantes são listados.

❷ Das nossas 1.052 linhas, 142 têm um nome que contém `*`.

Para limpar os nomes, vamos substituir os asteriscos por uma string vazia e remover quaisquer espaços em branco dos nomes resultantes:

```
df.name = df.name.str.replace('*', '', regex=True) ❶
# retire o espaço em branco dos nomes
df.name = df.name.str.strip()
```

❶ Remove todos os asteriscos nos campos de nome e retorna o resultado para o DataFrame. Observe que temos que definir explicitamente a flag `regex` como `True`.

Uma verificação rápida mostra que os nomes agora estão limpos:

```
df[df.name.str.contains('\*')]
Out:
Empty DataFrame
```

As Series do pandas Series têm um impressionante número de funções para a manipulação de strings, permitindo que você pesquise e adapte suas colunas de strings. Você pode encontrar uma lista completa delas na documentação da API.

Removendo Linhas

Para recapitular, os 142 ganhadores com campos `born_in` são duplicados, tendo uma entrada na página de biografia da Wikipédia tanto pelo país em que nasceram quando pelo seu país quando receberam o prêmio. Embora o primeiro caso possa formar a base para uma visualização interessante,[4] para nossa visualização queremos que cada prêmio individual seja representado apenas uma vez, então precisamos remover esses duplicados do nosso DataFrame.

Queremos criar um novo DataFrame usando apenas as linhas com um campo `born_in` `NaN` (não é um número). Podemos ingenuamente presumir que uma expressão condicional comparando o campo `born_in` com `NaN` funcionaria aqui, mas, por definição[5] comparações Booleanas `NaN` sempre retornam `False`:

```
np.nan == np.nan
Out: False
```

Portanto, o pandas fornece o método `isnull` para verificar campos descontados (nulos):

```
df = df[df.born_in.isnull()] ❶
df.count()
Out:
born_in              0 # todas as entradas agora vazias
category           910
...
dtype: int64
```

❶ `isnull` produz uma máscara Booleana com `True` para todas as linhas com um campo `born_in` vazio.

A coluna `born_in` não é mais útil, então vamos removê-la por enquanto:[6]

```
df = df.drop('born_in', axis=1) ❶
```

4 Uma visualização interessante poderia ser o mapeamento da migração dos ganhadores do Prêmio Nobel de suas terras natais.

5 Consulte o IEEE 754 e a Wikipédia.

6 Como veremos no próximo capítulo, os campos `born_in` contêm algumas informações interessantes sobre os movimentos dos ganhadores do Prêmio Nobel. Veremos como adicionar esses dados ao conjunto de dados limpo no final deste capítulo.

❶ O método `drop` recebe um único rótulo ou índice (ou uma lista dos mesmos) como primeiro argumento e um argumento `axis` para indicar o índice da linha (`0` e padrão) ou coluna (`1`).

Encontrando Duplicados

Agora, uma rápida pesquisa na internet mostra que 889 pessoas e organizações receberam o Prêmio até 2015. Com 910 linhas restantes, ainda temos alguns duplicados ou anomalias para explicar.

O pandas tem um método útil chamado `duplicated` para encontrar linhas coincidentes. Isso verifica por nome de coluna ou lista de nomes de coluna. Vamos obter a lista de todos os duplicados por nome:

```
dupes_by_name = df[df.duplicated('name')] ❶
dupes_by_name.count()
Out:
...
year            46
dtype: int64
```

❶ `duplicated` retorna um array Booleano com `True` para a primeira ocorrência de quaisquer linhas com o mesmo campo `name`.

Agora, algumas pessoas ganharam o Prêmio Nobel mais de uma vez, mas não 46 vezes, o que significa que cerca de 40 ganhadores estão duplicados. Considerando que a página da Wikipédia, da qual raspamos a lista os ganhadores do prêmio por país, a melhor aposta é que os ganhadores estejam sendo "reivindicados" por mais de um país.

Vamos ver algumas das maneiras pelas quais podemos encontrar duplicados por nome em nosso DataFrame do Prêmio Nobel. Alguns desses métodos são bastante ineficientes, mas é uma maneira interessante de demonstrar algumas funções do pandas.

Por padrão, `duplicated` indica (`True` Booleano) todas os duplicados após a primeira ocorrência, mas definir a opção `keep` como *último* define a primeira ocorrência das linhas duplicadas como `True`. Combinando essas duas chamadas usando um Booleano *ou* (|), podemos obter a lista completa de duplicados:

```
all_dupes = df[df.duplicated('name')\
               | df.duplicated('name', keep='last')]
all_dupes.count()
Out:
...
year            92
dtype: int64
```

Também poderíamos obter todos os duplicados testando se as linhas do nosso DataFrame têm um nome na lista de nomes duplicados. O pandas tem um método útil chamado `isin` para isso:

```
all_dupes = df[df.name.isin(dupes_by_name.name)] ❶
all_dupes.count()
Out:
...
year               92
dtype: int64
```

❶ `dupes_by_name.name` é uma coluna de Series contendo todos os nomes duplicados.

Também podemos encontrar todos os duplicados usando o poderoso método `groupby` do pandas, que agrupa as linhas do nosso DataFrame por coluna ou lista de colunas. Ele retorna uma lista de pares chave-valor o(s) valor(es) da(s) coluna(s) como chave e lista de linhas como valores:

```
for name, rows in df.groupby('name'): ❶
    print('name: %s, number of rows: %d'%(name, len(rows)))

name: A. Michael Spence, number of rows: 1
name: Aage Bohr, number of rows: 1
name: Aaron Ciechanover, number of rows: 1
...
```

❶ `groupby` retorna um iterador de tuplas (nome do grupo, grupo).

Para obter todas as linhas duplicadas, precisamos apenas verificar o comprimento da lista de linhas retornadas pela chave. Qualquer valor maior que um indica duplicatas de nome. Aqui, usamos o método `concat` do pandas, que recebe uma lista de listas de linhas e cria um DataFrame com todas as linhas duplicadas. Um construtor de linha Python é usado para filtrar os grupos com mais de uma linha:

```
pd.concat([g for _,g in df.groupby('name')\ ❶
                     if len(g) > 1])['name']

Out:
121          Aaron Klug
131          Aaron Klug
615     Albert Einstein
844     Albert Einstein
...
489     Yoichiro Nambu
773     Yoichiro Nambu
Name: name, Length: 92, dtype: object
```

❶ Cria uma lista Python filtrando os grupos de linhas `name` para aqueles com mais de uma linha (ou seja, nomes duplicados).

Diferentes Caminhos para o Mesmo Objetivo

Com uma grande biblioteca como o pandas, geralmente há várias maneiras de alcançar o mesmo resultado. Com conjuntos de dados pequenos, como os nossos ganhadores do Prêmio Nobel, qualquer uma delas serve, mas para conjuntos de dados grandes, pode haver implicações significativas de desempenho. Só porque o pandas fará o que você pedir não significa que seja necessariamente eficiente. Com muita manipulação de dados complexa acontecendo nos bastidores, é uma boa ideia estar preparado para ser flexível e atento a abordagens ineficientes.

Ordenando Dados

Agora que temos nosso DataFrame `all_dupes`, contendo todas as linhas duplicadas por nome, vamos usá-lo para demonstrar o método `sort` do pandas.

O pandas fornece um método `sort` sofisticado para as classes DataFrame e Series, capaz de ordenar por vários nomes de coluna:

```
df2 = pd.DataFrame(\
     {'name':['zak', 'alice', 'bob', 'mike', 'bob', 'bob'],\
      'score':[4, 3, 5, 2, 3, 7]})
df2.sort_values(['name', 'score'],\ ❶
        ascending=[1,0]) ❷

Out:
    name  score
1  alice      3
5    bob      7
2    bob      5
4    bob      3
3   mike      2
0    zak      4
```

❶ Ordena o DataFrame primeiro por nome e, em seguida, por pontuação dentro desses subgrupos. Versões mais antigas do pandas utilizam `sort`, agora obsoleto.

❷ Ordena os nomes em ordem alfabética crescente; ordena a pontuação do maior para o menor.

Vamos ordenar o DataFrame `all_dupes` por nome e, em seguida, examinar as colunas de nome, país e ano:

```
In [306]: all_dupes.sort_values('name')\
  [['name', 'country', 'year']]
Out[306]:
                          name         country  year
121                 Aaron Klug    South Africa  1982
131                 Aaron Klug  United Kingdom  1982
844            Albert Einstein         Germany  1921
615            Albert Einstein     Switzerland  1921
...
910                Marie Curie          France  1903
919                Marie Curie          France  1911
706    Marie Skłodowska-Curie           Poland  1903
709    Marie Skłodowska-Curie           Poland  1911
...
650              Ragnar Granit          Sweden  1967
960              Ragnar Granit         Finland  1809
...
396              Sidney Altman   United States  1990
995              Sidney Altman          Canada  1989
...
[92 rows x 3 columns]
```

Esta saída mostra que, como esperado, alguns ganhadores foram atribuídos duas vezes no mesmo ano, com países diferentes. Também revela algumas outras anomalias. Embora Marie Curie tenha ganhado o Prêmio Nobel duas vezes, ela está incluída aqui com as nacionalidades francesa e polonesa.[7] A coisa mais justa a fazer é dividir os méritos entre a Polônia e a França, mantendo o sobrenome composto único. Também encontramos nosso ano anômalo de 1809. Sidney Altman está duplicado e recebeu o ano errado de 1990.

Removendo Duplicados

Vamos proceder removendo os duplicados que acabamos de identificar e começar a compilar uma pequena função de limpeza.

Visualizações Versus Cópias

É muito importante ao trabalhar com o pandas ter clareza se você está alterando uma visualização ou uma cópia do seu DataFrame, Series, e assim por diante. O seguinte parece ser uma maneira natural de alterar o campo `country` (país) de uma linha (de Marie Curie), mas gera um aviso potencialmente confuso:

```
df['country'][709] = 'France' ❶
-c:1: SettingWithCopyWarning:
A value is trying to be set on a copy of a slice from a
DataFrame

See the caveats in the documentation:
    http://pandas.pydata.org/pandas-docs/stable/...
```

7 Embora a França fosse o país de adoção de Curie, ela manteve a cidadania polonesa e deu o nome de seu primeiro isótopo radioativo descoberto, o *polônio*, em homenagem ao seu país natal.

❶ Define o país da linha 709, Marie Curie, de Polônia para França.

Isso fica ainda mais confuso quando você descobre que funcionou conforme esperado:

```
df['country'][709]
Out: 'France'
```

Acontece que tais operações encadeadas são desencorajadas pelos desenvolvedores do pandas, porque é fácil alterar inadvertidamente uma cópia do tipo de dado, e não o original (visualização).[8]

Esses avisos[9] estão lá para encorajar as melhores práticas, que é usar os métodos `loc` (por rótulo) e `iloc` (por posição inteira):

```
df.loc[709, 'country'] = 'France'
```

Alterar linhas por índices numéricos é adequado se você souber que seu conjunto de dados é estável e não espera executar nenhum dos seus roteiros de limpeza novamente. Mas se, como no caso dos nossos dados raspados do Prêmio Nobel, você deseja executar o mesmo roteiro de limpeza em um conjunto de dados atualizado, é muito melhor usar indicadores estáveis (ou seja, pegar a linha com o nome Marie Curie e o ano 1911, e não o índice 919).

Uma maneira mais robusta de alterar o país de uma linha específica é usar valores estáveis da coluna para selecionar a linha, em vez do seu índice. Isso significa que se o valor do índice mudar, o roteiro de limpeza ainda funcionará. Portanto, para mudar o país do prêmio de Marie Curie em 1911 para a França, podemos usar uma máscara Booleana com o método `loc` para selecionar a linha e, em seguida, definir a coluna de país para França. Note que especificamos o Unicode para o ł polonês:

```
df.loc[(df.name == 'Marie Sk\u0142odowska-Curie') &\
      (df.year == 1911), 'country'] = 'France'
```

Além de alterar o país de Marie Curie, queremos remover algumas linhas do nosso DataFrame com base em valores de colunas. Existem duas maneiras de fazer isso: a primeira é usando o método `drop` do DataFrame, que recebe uma lista de rótulos de índice; a segunda é criando um novo DataFrame com uma máscara Booleana que filtra as linhas

[8] Alguns usuários descartam esses avisos como paranoia de babá. Veja a discussão no Stack Overflow.

[9] Eles podem ser desativados com `pd.options.mode.chained_assignment = None # default=`*warn*.

que queremos remover. Se usarmos o `drop`, podemos usar o argumento `inplace` para alterar o DataFrame existente.

No código a seguir, removemos a linha duplicada de Sidney Altman criando um DataFrame com a única linha que desejamos (lembre-se de que os rótulos de índice são preservados) e passando esse índice para o método `drop` e alterando o DataFrame no local:

```
df.drop(df[(df.name == 'Sidney Altman') &\
 (df.year == 1990)].index,
    inplace=True)
```

Outra maneira de remover a linha é usar a mesma máscara Booleana com um *not* (~) lógico para criar um novo DataFrame com todas as linhas, exceto aquela(s) que estamos selecionando:

```
df = df[~((df.name == 'Sidney Altman') & (df.year == 1990))]
```

Vamos adicionar essa alteração e todas as modificações atuais a um método `clean_data`:

```
def clean_data(df):
    df = df.replace('', np.nan)
    df = df[df.born_in.isnull()]
    df = df.drop('born_in', axis=1)
    df.drop(df[df.year == 1809].index, inplace=True)
    df = df[~(df.name == 'Marie Curie')]
    df.loc[(df.name == 'Marie Sk\u0142odowska-Curie') &\
           (df.year == 1911), 'country'] = 'France'
    df = df[~((df.name == 'Sidney Altman') &\
     (df.year == 1990))]
    return df
```

Temos agora uma mistura de duplicados válidos (aqueles poucos ganhadores múltiplos do Prêmio Nobel) e aqueles com países duplos. Para fins de visualização, queremos que cada prêmio conte apenas uma vez, então precisamos descartar metade dos prêmios com países duplos. A maneira mais fácil é usar o método `duplicated`, mas como coletamos os ganhadores em ordem alfabética por país, isso favoreceria as nacionalidades com as primeiras letras no alfabeto. Sem fazer uma quantidade significativa de pesquisa e debate, a maneira mais justa parece ser escolher um deles aleatoriamente e descartá-lo. Existem várias maneiras de fazer isso, mas a mais simples é randomizar a ordem das linhas antes de usar o `drop_duplicates`, um método do pandas que descarta todas as linhas duplicadas depois que a primeira é encontrada ou, com o argumento `take_last` definido como `True`, todas antes do último.

O NumPy possui uma série de métodos muito úteis em seu módulo `random`, dos quais `permutation` é perfeito para randomizar o índice das linhas. Esse método recebe um array (ou índice pandas) de valores e os embaralha. Podemos então usar o método `reindex` do DataFrame para aplicar o resultado embaralhado. Note que descartamos as linhas que compartilham tanto o nome quanto o ano, o que preservará os legítimos ganhadores duplos com anos diferentes para seus prêmios:

```
df = df.reindex(np.random.permutation(df.index)) ❶
df = df.drop_duplicates(['name', 'year'])        ❷
df = df.sort_index()                             ❸
df.count()
Out:
...
year                865
dtype: int64
```

❶ Crie uma versão embaralhada do índice `df` e reindexe o `df` com ela.

❷ Remova todas as duplicatas que compartilham o mesmo nome e ano.

❸ Retorne o índice ordenado por posição inteira.

Se nossa manipulação de dados foi bem-sucedida, deveríamos ter apenas duplicados válidos restantes, ou seja, os tão aclamados ganhadores de prêmio duplos. Vamos listar os duplicados restantes para conferir:

```
In : df[df.duplicated('name') |
             df.duplicated('name', keep='last')]\ ❶
             .sort_values(by='name')\
             [['name', 'country', 'year', 'category']]
Out:
                          name         country  year   category
548          Frederick Sanger  United Kingdom  1958  Chemistry
580          Frederick Sanger  United Kingdom  1980  Chemistry
292              John Bardeen   United States  1956    Physics
326              John Bardeen   United States  1972    Physics
285          Linus C. Pauling   United States  1954  Chemistry
309          Linus C. Pauling   United States  1962      Peace
706  Marie Skłodowska-Curie          Poland  1903    Physics
709  Marie Skłodowska-Curie          France  1911  Chemistry
```

❶ Combinamos os duplicados do início com os do final para obter todos eles. Se estiver usando uma versão mais antiga do pandas, talvez seja necessário usar o argumento `take_last=True`.

Uma rápida pesquisa na internet mostra que temos os quatro ganhadores de prêmio duplos corretos.

Presumindo que eliminamos as duplicatas indesejadas,[10] vamos passar para outros aspectos "sujos" dos dados.

[10] Dependendo do conjunto de dados, a fase de limpeza tem pouca probabilidade de pegar todos os transgressores.

Lidando com Campos Ausentes

Vamos ver como estamos em relação aos campos nulos, contando nosso DataFrame:

```
df.count()
Out:
category           864 ❶
country            865
date_of_birth      857
date_of_death      566
gender             857 ❷
link               865
name               865
place_of_birth     831
place_of_death     524
text               865
year               865
dtype: int64
```

❶ Um campo de categoria ausente

❷ Oito campos de gênero ausentes

Parece que está faltando um campo `category`, o que sugere um erro de entrada de dados. Se você se lembra, ao extrair nossos dados do Prêmio Nobel, verificamos a categoria em relação a uma lista válida (veja o Exemplo 6-3). Uma delas parece ter falhado nessa verificação. Vamos descobrir qual é ela pegando a linha em que o campo de categoria é nulo e mostrando suas colunas de nome e texto:

```
df[df.category.isnull()][['name', 'text']]
Out:
                name                            text
922  Alexis Carrel  Alexis Carrel , Medicine, 1912
```

Salvamos o texto do link original dos nossos ganhadores e, como você pode ver, Alexis Carrel foi listado como ganhador do Prêmio Nobel para `Medicine`, quando deveria ter sido `Physiology or Medicine`. Vamos corrigir isso agora:

```
...
df.loc[df.name == 'Alexis Carrel', 'category'] =\
 'Physiology or Medicine'
```

Também não temos `gender` de oito ganhadores. Vamos listá-los:

```
df[df.gender.isnull()]['name']
Out:
3                          Institut de Droit International
156                                Friends Service Council
267      American Friends Service Committee  (The Quakers)
574                                  Amnesty International
650                                          Ragnar Granit
947                                Médecins Sans Frontières
1000      Pugwash Conferences on Science and World Affairs
1033                   International Atomic Energy Agency
Name: name, dtype: object
```

Com exceção de Ragnar Granit, todas estas são instituições sem gênero (dados ausentes de pessoas). O foco de nossa visualização está nos ganhadores individuais, então vamos removê-los ao estabelecer o gênero de Ragnar Granit[11]:

```
...
def clean_data(df):
...
    df.loc[df.name == 'Ragnar Granit', 'gender'] = 'male'
    df = df[df.gender.notnull()] # remove entradas sem gênero
```

Vamos ver onde essas mudanças nos deixam realizando outra contagem em nosso DataFrame:

```
df.count()
Out:
category          858
date_of_birth     857 # campo ausente
...
year              858
dtype: int64
```

Após remover todas as instituições, todas as entradas devem ter pelo menos uma data de nascimento. Vamos encontrar a entrada faltante e corrigi-la:

```
df[df.date_of_birth.isnull()]['name']
Out:
782     Hiroshi Amano
Name: name, dtype: object
```

Provavelmente porque o Hiroshi Amano é um ganhador muito recente (2014), sua data de nascimento não estava disponível para ser coletada. Uma rápida busca na web nos informa a data de nascimento de Amano, que adicionamos ao DataFrame manualmente:

11 Embora o gênero de Granit não esteja especificado nos dados pessoais, sua biografia na Wikipédia usa o gênero masculino.

```
...
    df.loc[df.name == 'Hiroshi Amano', 'date_of_birth'] =\
    '11 September 1960'
```

Agora temos 858 ganhadores individuais. Vamos fazer uma contagem final para ver onde estamos:

```
df.count()
Out:
category          858
country           858
date_of_birth     858
date_of_death     566
gender            858
link              858
name              858
place_of_birth    831
place_of_death    524
text              858
year              858
dtype: int64
```

Os campos principais de `category`, `date_of_birth`, `gender`, `country`, e `year` estão todos preenchidos, e há uma quantidade adequada de dados nas estatísticas restantes. No geral, há dados limpos suficientes para formar a base de uma visualização rica.

Agora, vamos finalizar tornando nossos campos temporais mais utilizáveis.

Lidando com Horas e Datas

Atualmente, os campos `date_of_birth` e `date_of_death` são representados por strings. Como vimos, as diretrizes informais da edição da Wikipédia levaram a uma variedade de formatos de data e hora. Nos primeiros 10 registros de nosso DataFrame, podemos observar uma impressionante variedade de formatos:

```
df[['name', 'date_of_birth']]
Out[14]:
                          name      date_of_birth
4            Auguste Beernaert       26 July 1829
                                              ...
8            Corneille Heymans      28 March 1892
...                        ...                ...
1047           Brian P. Schmidt  February 24, 1967
1048      Carlos Saavedra Lamas   November 1, 1878
1049           Bernardo Houssay         1887-04-10
1050        Luis Federico Leloir          1906-9-6
1051      Adolfo Pérez Esquivel  November 26, 1931

[858 rows x 2 columns]
```

Para comparar os campos de data (por exemplo, subtraindo o *ano* do prêmio da *date of birth* para obter as idades dos ganhadores), precisamos colocá-los em um formato que permita tais operações. Como era de se esperar, o pandas é bom em analisar datas e horas confusas, convertendo-as por padrão em objetos `datetime64` do NumPy, que têm uma série de métodos e operadores úteis.

Convertendo uma coluna de tempo em `datetime64`, usando o método `to_datetime` do pandas:

```
pd.to_datetime(df.date_of_birth, errors='raise') ❶
Out:
4       1829-07-26
5       1862-08-29
          ...
1050    1906-09-06
1051    1931-11-26
Name: date_of_birth, Length: 858, dtype: datetime64[ns]
```

❶ O padrão `errors` é `ignore`, mas queremos que eles sejam sinalizados.

Por padrão, `to_datetime` ignora erros, mas aqui queremos saber se o pandas não conseguiu analisar uma `date_of_birth`, para termos a oportunidade de corrigi-la manualmente. Felizmente, a conversão é feita sem erros.

Vamos corrigir a coluna `date_of_birth` do nosso DataFrame antes de prosseguir:

```
In: df.date_of_birth = pd.to_datetime(df.date_of_birth, errors='coerce')
```

Ao executar `to_datetime` no campo `date_of_birth`, é gerado um `ValueError`, e um erro inútil, pois não indica qual entrada causou o erro:

```
In [143]: pd.to_datetime(df.date_of_death, errors='raise')
---------------------------------------------------------------
ValueError                      Traceback (most recent call last)
...
    301     if arg is None:

ValueError: month must be in 1..12
```

Uma maneira ingênua de encontrar as datas incorretas seria iterar pelas linhas de dados, e capturar e exibir quaisquer erros. O pandas tem um método útil chamado `iterrows` que fornece um iterador de linhas. Combinado com um bloco `try-except` do Python, isso encontra com sucesso nossas datas problemáticas:

```
for i,row in df.iterrows():
    try:
        pd.to_datetime(row.date_of_death, errors='raise') ❶
    except:
        print(f"{row.date_of_death.ljust(30)}({row['name']}, {i})") ❷
```

❶ Executar `to_datetime` na linha individual e capturar quaisquer erros.

❷ Justificamos à esquerda a data de morte em uma coluna de texto com largura 30 para facilitar a leitura da saída. As linhas do pandas têm uma propriedade de máscara `Name`, então usamos acesso por chave de string com `['name']`.

Isso lista as entradas problemáticas:

```
1968-23-07                (Henry Hallett Dale, 150)
May 30, 2011 (aged 89)    (Rosalyn Yalow, 349)
living                    (David Trimble, 581)
Diederik Korteweg         (Johannes Diderik van der Waals, 746)
living                    (Shirin Ebadi, 809)
living                    (Rigoberta Menchú, 833)
1 February 1976, age 74 (Werner Karl Heisenberg, 858)
```

o que é uma boa demonstração do tipo de erros de dados que você obtém com a edição colaborativa.

Embora o último método funcione, sempre que você se encontrar iterando pelas linhas de um DataFrame do pandas, é recomendável pausar um segundo e tentar encontrar uma maneira melhor, que explore o tratamento de arrays multilinhas, que é um aspecto fundamental da eficiência do pandas.

Uma maneira melhor de encontrar as datas incorretas explora o fato de que o método `to_datetime` do pandas possui um argumento `coerce`, que, se for `True`, converte quaisquer exceções de data em `NaT` (não é uma data), o equivalente temporal do `NaN`. Então podemos criar uma máscara Booleana com base no DataFrame resultante, que possui as linhas de data `NaT`, produzindo a Figura 9-1:

```
with_death_dates = df[df.date_of_death.notnull()] ❶
bad_dates = pd.isnull(pd.to_datetime(\
            with_death_dates.date_of_death, errors='coerce')) ❷
with_death_dates[bad_dates][['category', 'date_of_death',\
'name']]
```

❶ Obtém todas as linhas com campos de data não nulos.

❷ Cria uma máscara Booleana para todas as datas incorretas em `with_death_dates`, verificando os valores nulos (`NaT`) após a conversão mal-sucedida para `NaT`. Para versões mais antigas do pandas, pode ser necessário usar `coerce=True`.

	category	date_of_death	name
150	Physiology or Medicine	1968-23-07	Henry Hallett Dale
349	Physiology or Medicine	May 30, 2011 (aged 89)	Rosalyn Yalow
581	Peace	living	David Trimble
746	Physics	Diederik Korteweg	Johannes Diderik van der Waals
809	Peace	living	Shirin Ebadi
833	Peace	living	Rigoberta Menchú
858	Physics	1 February 1976, age 74	Werner Karl Heisenberg

Figura 9-1. Os campos de data que não puderam ser analisados

Dependendo de quão rigoroso você deseja ser, esses campos podem ser corrigidos manualmente ou convertidos para o equivalente de tempo do NumPy de `NaN`, `NaT`. Temos mais de 500 datas de morte válidas, o que é suficiente para obter algumas estatísticas interessantes sobre o tempo, então vamos executar o `to_datetime` novamente e forçar os erros para nulo:

```
df.date_of_death = pd.to_datetime(df.date_of_death,\
errors='coerce')
```

Agora que temos nossos campos de tempo em um formato utilizável, vamos adicionar um campo para a idade do ganhador ao receber seu Prêmio Nobel. Para obter o valor do ano de nossas novas datas, precisamos informar ao pandas que estamos lidando com um coluna de data, usando o método `DatetimeIndex`. Observe que isso fornece uma estimativa aproximada da idade da premiação e pode estar errada em um ano. Para os propósitos da exploração de dataviz do próximo capítulo, isso é mais do que adequado:

```
df['award_age'] = df.year - pd.DatetimeIndex(df.date_of_birth)\
.year ❶
```

❶ Converta a coluna para um `DatetimeIndex`, um `ndarray` de dados `datetime64` e use a propriedade `year`.

Vamos usar nosso novo campo `award_age` para ver os ganhadores mais jovens do Prêmio Nobel:

```
# use +sort+ para pandas mais antigos
df.sort_values('award_age').iloc[:10]\
        [['name', 'award_age', 'category', 'year']]
Out:
                          name  award_age         category  year
725           Malala Yousafzai       17.0            Peace  2014 ❶
525     William Lawrence Bragg       25.0          Physics  1915
626       Georges J. F. Köhler       30.0  Phys...Medicine  1976
294              Tsung-Dao Lee       31.0          Physics  1957
858     Werner Karl Heisenberg       31.0          Physics  1932
247              Carl Anderson       31.0          Physics  1936
146                 Paul Dirac       31.0          Physics  1933
877           Rudolf Mössbauer       32.0          Physics  1961
226             Tawakkol Karman      32.0            Peace  2011
804            Mairéad Corrigan      32.0            Peace  1976
```

❶ Para ativismo pela educação feminina, recomendaria ler mais sobre a história inspiradora de Malala.

Agora que temos nossos campos de data em um formato manipulável, vamos dar uma olhada na função completa `clean_data`, que resume os esforços de limpeza deste capítulo.

A Função clean_data Completa

Para dados editados manualmente, como conjuntos de dados raspados da Wikipédia, é improvável que você pegue todos os erros de uma só vez. Portanto, espere encontrar alguns durante a fase de exploração dos dados. No entanto, nosso conjunto de dados de Prêmios Nobel parece ser muito utilizável. Vamos considerá-lo suficientemente limpo e o trabalho deste capítulo está concluído. O Exemplo 9-4 mostra as etapas que usamos para realizar essa limpeza.

Exemplo 9-4. A função completa de limpeza do conjunto de dados do Prêmio Nobel

```
def clean_data(df):
    df = df.replace('', np.nan)
    df_born_in = df[df.born_in.notnull()] ❶
    df = df[df.born_in.isnull()]
    df = df.drop('born_in', axis=1)
    df.drop(df[df.year == 1809].index, inplace=True)
    df = df[~(df.name == 'Marie Curie')]
    df.loc[(df.name == 'Marie Sk\u0142odowska-Curie') &\
           (df.year == 1911), 'country'] = 'France'
    df = df[~((df.name == 'Sidney Altman') & (df.year == 1990))]
    df = df.reindex(np.random.permutation(df.index))
    df = df.drop_duplicates(['name', 'year']) ❷
    df = df.sort_index()
    df.loc[df.name == 'Alexis Carrel', 'category'] =\
        'Physiology or Medicine'
    df.loc[df.name == 'Ragnar Granit', 'gender'] = 'male'
    df = df[df.gender.notnull()] # remove prêmios institutionais
```

```
df.loc[df.name == 'Hiroshi Amano', 'date_of_birth'] =\
'11 September 1960'
df.date_of_birth = pd.to_datetime(df.date_of_birth) ❸
df.date_of_death = pd.to_datetime(df.date_of_death,\
errors='coerce')
df['award_age'] = df.year - pd.DatetimeIndex(df.date_of_birth)\
.year
return df, df_born_in ❹
```

❶ Cria um DataFrame contendo as linhas com campos `born_in`.

❷ Remove duplicatas do DataFrame após randomizar a ordem das linhas.

❸ Converte as colunas de data para o tipo `datetime64`, que é mais prático.

❹ Retornamos um DataFrame com o campo `born_in` excluído; esses dados serão utilizados para uma visualização interessante no próximo capítulo.

Adicionando a coluna born_in

Enquanto limpávamos o DataFrame dos ganhadores, removemos a coluna `born_in` (consulte "Removendo Duplicados" na página 230). Como veremos no próximo capítulo, essa coluna contém alguns dados interessantes que podem ser correlacionados com o país dos ganhadores (de origem do prêmio) para contar uma história interessante ou duas. A função `clean_data` retorna os dados `born_in` como um DataFrame. Vamos ver como podemos adicionar esses dados ao nosso DataFrame recém-limpo. Primeiro, leremos nosso conjunto de dados original sujo e aplicaremos nossa função de limpeza de dados:

```
df = pd.read_json(open('data/nobel_winners_dirty.json'))
df_clean, df_born_in = clean_data(df)
```

Agora limparemos o campo de nome do DataFrame `df_born_in`, removendo os asteriscos, espaços em branco extras e, em seguida, removendo quaisquer linhas duplicadas pelo nome. Por fim, definiremos o índice do DataFrame para sua coluna de nome:

```
# limpar coluna de nome: '* Aaron Klug' -> 'Aaron Klug'
df_born_in.name = dfbi.name.str.replace('*', '', regex=False) ❶
df_born_in.name = dfbi.name.str.strip()
df_born_in.drop_duplicates(subset=['name'], inplace=True)
df_born_in.set_index('name', inplace=True)
```

Agora temos um DataFrame df_born_in com o qual podemos fazer consultas por nome:

```
In: df_born_in['Eugene Wigner']
Out:
born_in                                                    Hungary
category                                                   Physics
...
year                                                          1963
Name: Eugene Wigner, dtype: object
```

Agora escreveremos uma pequena função em Python para retornar o campo born_in do nosso DataFrame df_born_in, com base no nome, se ele existir, caso contrário, retornaremos um nan do NumPy:

```
def get_born_in(name):
    try:
        born_in = df_born_in.loc[name]['born_in']
        # Imprimiremos essas linhas como uma verificação de sanidade
        print('name: %s, born in: %s'%(name, born_in))
    except:
        born_in = np.nan
    return born_in
```

Podemos, então, criar uma coluna born_in em nosso DataFrame principal, aplicando essa função get_born_in a cada linha, usando o campo de nome:

```
In: df_wbi = df_clean.copy()
In: df_wbi['born_in'] = df_wbi['name'].apply(get_born_in)
Out:
...
name: Christian de Duve, born in: United Kingdom
name: Ilya Prigogine, born in: Russia
...
name: Niels Kaj Jerne, born in: United Kingdom
name: Albert Schweitzer, born in: Germany
...
```

Por fim, vamos garantir que adicionamos com sucesso a coluna born_in ao nosso DataFrame:

```
In: df_wbi.info()
Out:
<class 'pandas.core.frame.DataFrame'>
Int64Index: 858 entries, 4 to 1051
Data columns (total 13 columns):
 #   Column          Non-Null Count  Dtype
---  ------          --------------  -----
 0   category        858 non-null    object
 ...
 12  born_in         102 non-null    object
dtypes: datetime64[ns](2), int64(2), object(9)
memory usage: 93.8+ KB
```

Observe que, se não houvesse nomes duplicados entre nossos ganhadores do Nobel, poderíamos criar a coluna `born_in` simplesmente definindo o índice de `df` e `df_born_in` como o campo de nome e criando a coluna diretamente:

```
# isso não funcionará com nomes duplicados em nosso índice
In: df_wbi['born_in'] = df_born_in.born_in
Out:
...
ValueError: cannot reindex from a duplicate axis
```

O uso de `apply` pode ser ineficiente para grandes conjuntos de dados, mas ele fornece uma maneira muito flexível de criar novas colunas com base nas existentes.

Mesclando DataFrames

Neste ponto, também podemos criar um banco de dados mesclado com nossos dados limpos `winners` e o conjunto de dados de imagens e biografias que extraídos em "Raspando Texto e Imagens com um Pipeline" na página 175. Isso fornecerá uma boa oportunidade para demonstrar a capacidade de mesclagem de DataFrames do pandas. O código a seguir mostra como mesclar o `df_clean` com o conjunto de dados biográficos:

```
# Ler os dados biográficos do Scrapy em um DataFrame
df_winners_bios = pd.read_json(\
open('data/scrapy_nwinners_minibio.json'))

df_clean_bios = pd.merge(df_wbi, df_winners_bios,\
how='outer', on='link') ❶
```

❶ O método `merge` do `pandas` pega dois DataFrames e os mescla com base em nome(s) de coluna(s) semelhante(s) (`link`, neste caso). O argumento `how` especifica como determinar quais chaves devem ser incluídas na tabela resultante e funciona da mesma forma que as junções do SQL. Neste caso, `outer` especifica um `FULL_OUTER_JOIN`.

Mesclar os dois DataFrame resulta em redundâncias em nosso conjunto de dados mesclado, com mais de 858 linhas de ganhadores:

```
df_clean_bios.count()
Out:
award_age        1023
category         1023
...
bio_image         978
mini_bio         1086
```

Podemos facilmente remover essas redundâncias usando `drop_duplicates` para remover quaisquer linhas que compartilham um campo `link` e `year` após remover quaisquer linhas sem um campo `name`:

```
df_clean_bios = df_clean_bios[~df_clean_bios.name.isnull()]\
.drop_duplicates(subset=['link', 'year'])
```

Uma contagem rápida mostra que agora temos o número correto de ganhadores com imagem para 770 e uma `mini_bio` para todos, exceto um:

```
df_clean_bios.count()
award_age          858
category           858
...
born_in            102
bio_image          770
mini_bio           857
dtype: int64
```

Enquanto limpamos nosso conjunto de dados, vamos verificar qual ganhador está sem o campo `mini_bio`:

```
df_clean_bios[df_clean_bios.mini_bio.isnull()]
Out:
...
                                          link        name  \
229  http://en.wikipedia.org/wiki/L%C3%AA_%C3...  Lê Đức Thọ
...
```

Verifica-se que é um erro Unicode na criação do link da Wikipédia para Lê Đức Thọ, o vietnamita ganhador do Prêmio Nobel da Paz. Isso pode ser corrigido manualmente.

O DataFrame `df_clean_bios` inclui um array de URLs de imagens que extraímos da Wikipédia. Não vamos usá-los, e eles teriam que ser convertidos em JSON para serem salvos no SQL. Vamos remover a coluna `images_url` para tornar nosso conjunto de dados o mais limpo possível:

```
df_clean_bios.drop('image_urls', axis=1, inplace=True)
```

Agora nosso conjunto de dados está limpo e simplificado. Vamos salvá-los em alguns formatos úteis.

Salvando os Conjuntos de Dados Limpos

Agora que temos os conjuntos necessários para nossa próxima exploração com pandas, vamos salvá-los em dois formatos ubíquos em visualização de dados, SQL e JSON.

Primeiro, vamos salvar nosso DataFrame limpo com o campo `born_in` e biografias mescladas em um arquivo usando o prático método `to_json` do pandas:

```
df_clean_bios.to_json('data/nobel_winners_cleaned.json',\
            orient='records', date_format='iso') ❶
```

❶ Definimos o argumento `orient` como `records` para armazenar um array de objetos de linha e especificamos `'iso'` como a codificação de string para o formato de data.

Vamos salvar uma cópia do nosso DataFrame limpo em um banco de dados SQLite `nobel_prize` em um diretório de *dados* local. Usaremos isso para demonstrar a API REST baseada em Flask no Capítulo 13. Três linhas de Python e o método `to_sql` do DataFrame fazem o trabalho de forma sucinta (consulte "SQL" na página 206 para mais detalhes):

```
import sqlalchemy

engine = sqlalchemy.create_engine(\
    'sqlite:///data/nobel_winners_clean.db')
df_clean_bios.to_sql('winners', engine, if_exists='replace')
```

Vamos garantir que criamos o banco de dados com sucesso lendo o conteúdo de volta em um DataFrame:

```
df_read_sql = pd.read_sql('winners', engine)
df_read_sql.info()
Out:
<class 'pandas.core.frame.DataFrame'>
RangeIndex: 858 entries, 0 to 857
Data columns (total 16 columns):
 #   Column         Non-Null Count  Dtype
---  ------         --------------  -----
 0   index          858 non-null    int64
 1   category       858 non-null    object
 2   country        858 non-null    object
 3   date_of_birth  858 non-null    datetime64[ns]
 [...]
 14  bio_image      770 non-null    object
 15  mini_bio       857 non-null    object
dtypes: datetime64[ns](2), float64(2), int64(1), object(11)
memory usage: 107.4+ KB
```

Com nossos dados limpos no banco de dados, estamos prontos para começar a explorá-los no próximo capítulo.

Resumo

Neste capítulo, você aprendeu a limpar um conjunto de dados bastante confuso, produzindo dados que serão muito mais agradáveis de explorar e trabalhar de forma geral. Ao longo do caminho, diversos novos métodos e técnicas do pandas foram apresentados para complementar a introdução básica ao pandas do último capítulo.

No próximo capítulo, usaremos nosso conjunto de dados recém-criado para começar a compreender os premiados com o Prêmio Nobel, seu país, gênero, idade e quaisquer correlações interessantes (ou a falta delas) que possamos encontrar.

CAPÍTULO 10

Visualizando Dados com o Matplotlib

Como um visualizador de dados, uma das melhores maneiras de compreender seus dados é visualizá-los interativamente, utilizando a gama completa de gráficos e plots que evoluíram para resumir e refinar conjuntos de dados. Convencionalmente, os resultados dessa fase exploratória são apresentados como figuras estáticas, mas cada vez mais elas são utilizadas para construir gráficos interativos baseados na web, como as impressionantes visualizações do D3 que você provavelmente já viu (uma das quais construiremos na Parte V).

O Matplotlib do Python e sua família de extensões (como o seaborn, focado em estatísticas) formam um ecossistema maduro e altamente personalizável de plotagem. Os plots do Matplotlib podem ser usados interativamente pelo IPython (nas versões Qt e notebook), proporcionando uma forma muito poderosa e intuitiva de encontrar informações interessantes em seus dados. Neste capítulo, apresentaremos o Matplotlib e uma de suas excelentes extensões, o seaborn.

pyplot e Matplotlib Orientado a Objetos

O Matplotlib pode ser um pouco confuso, especialmente se você começar a explorar exemplos aleatórios na internet. O principal fator complicador é que existem duas maneiras principais de criar plots, que são suficientemente semelhantes para serem confundidas, mas diferentes o suficiente para resultar em muitos erros frustrantes. A primeira maneira usa uma máquina de estado global para interagir diretamente com o módulo `pyplot` do Matplotlib. A segunda abordagem, orientada a objetos, usa a noção mais familiar de classes de figura e eixos para fornecer uma alternativa programática. Vou esclarecer as diferenças entre elas nas próximas seções, mas como uma regra geral, se você estiver trabalhando interativamente com plots individuais, o estado global do `pyplot` é um atalho conveniente. Para todas as outras ocasiões, faz sentido declarar explicitamente suas figuras e eixos usando a abordagem orientada a objetos.

Iniciando uma Sessão Interativa

Utilizaremos um Jupyter notebook para a nossa visualização interativa. Use o seguinte comando para iniciar uma sessão:

```
$ jupyter notebook
```

Você pode então usar um dos comandos mágicos do Matplotlib dentro da sessão do IPython para habilitar a plotagem interativa do Matplotlib. Por si só, `%matplotlib` usará o backend de interface gráfica padrão para criar uma janela de plotagem, mas você pode especificar o backend diretamente. O seguinte deve funcionar no IPython do console padrão e no Qt:[1]

```
%matplotlib [qt | osx | wx ...]
```

Para obter gráficos inline no notebook ou no console do Qt, você pode usar a diretiva `inline`. Observe que, com plots inline, você não pode modificá-los após a criação, ao contrário da janela de plotagem independente do Matplotlib:

```
%matplotlib inline
```

Seja usando o Matplotlib interativamente ou em programas Python, você usará importações semelhantes:

```
import numpy as np
import pandas as pd
import matplotlib.pyplot as plt
```

> Você encontrará muitos exemplos de Matplotlib usando o módulo `pylab`. O `pylab` é um módulo de conveniência que importa em massa `matplotlib.pyplot` (para plotagem) e o NumPy em um único espaço de nomes. O `pylab` está quase obsoleto agora, mas mesmo que não estivesse, eu ainda recomendaria evitar esse namespace e mesclar e importar `pyplot` e `numpy` explicitamente.

Embora o NumPy e o pandas não sejam obrigatórios, o Matplotlib é projetado para funcionar bem com eles, manipulando arrays do NumPy e, por associação, as Series do pandas.

A capacidade de criar plots inline é fundamental para uma interação agradável com o Matplotlib, e alcançamos isso no IPython com a seguinte instrução "mágica"[2]:

```
In [0]: %matplotlib inline
```

[1] Se você tiver erros ao tentar iniciar uma sessão de GUI, tente alterar a configuração de backend (por exemplo, se estiver usando o macOS e `%matplotlib qt` não funcionar, tente `%matplotlib osx`).

[2] O IPython tem um grande número dessas funções para permitir uma série de extras úteis para o interpretador Python básico. Confira-as no site do IPython.

A partir de agora, seus plots do Matplotlib serão inseridos no fluxo de trabalho do IPython. Isso funciona com as versões Qt e notebook. Nos notebooks, os plots são incorporados na célula ativa.

Modificando Plots

No modo inline, após a execução de uma célula do Jupyter notebook ou uma entrada (multilinha), o contexto de desenho é atualizado. Isso significa que você não pode alterar o gráfico de uma célula ou entrada anterior usando o método `gcf` (get current figure), mas deve repetir todos os comandos de plotagem com as adições ou modificações em uma nova célula/entrada.

Plotagem Interativa com o Estado Global do pyplot

O módulo `pyplot` fornece um estado global que podemos manipular interativamente.[3] Isso é destinado a ser usado em exploração interativa de dados e é mais adequado na criação de plots simples, geralmente contendo figuras únicas. O `pyplot` é conveniente, e muitos dos exemplos que veremos o utilizam, mas para plotagens mais complexas, a API orientada a objetos do Matplotlib (que veremos em breve) se destaca. Antes de demonstrar o uso do plot global, vamos criar alguns dados aleatórios para exibir — cortesia do útil método `period_range` do pandas:

```
from datetime import datetime

x = pd.period_range(datetime.now(), periods=200, freq='d')❶
x = x.to_timestamp().to_pydatetime() ❷
y = np.random.randn(200, 3).cumsum(0) ❸
```

❶ Cria um índice `datetime` do pandas com 200 elementos de dias (`d`), começando a partir do tempo atual (`datetime.now()`).

❷ Converte o índice `datetime` em `datetimes` do Python.

❸ Cria três arrays aleatórios de 200 elementos somados ao longo do eixo 0.

Agora temos um eixo y com 200 intervalos de tempo e três arrays aleatórios para os valores complementares do eixo x. Eles são fornecidos como argumentos separados para o método `(line)plot`:

```
plt.plot(x, y)
```

Isso nos dá o gráfico não muito inspirador mostrado na Figura 10-1. Note como o Matplotlib lida naturalmente com um array multidimensional do NumPy.

[3] Isso foi inspirado pelo MATLAB.

Figura 10-1. Gráfico de linha padrão

Embora as configurações padrão do Matplotlib sejam, por consenso geral, menos do que ideais, uma de suas forças é a enorme quantidade de personalização que você pode realizar. É por isso que existe um rico ecossistema de bibliotecas de gráficos que encapsulam o Matplotlib com melhores configurações padrão, esquemas de cores mais atraentes, e muito mais. Vamos ver um pouco dessa personalização em ação usando o Matplotlib padrão para ajustar nosso gráfico.

Configurando o Matplotlib

O Matplotlib oferece uma ampla gama de configurações, que podem ser especificadas em um arquivo `matplotlibrc` ou de maneira dinâmica por meio da variável semelhante a um dicionário `rcParams`. Aqui, alteramos a largura e a cor padrão das linhas do nosso gráfico:

```
import matplotlib as mpl
mpl.rcParams['lines.linewidth'] = 2
mpl.rcParams['lines.color'] = 'r' # red
```

Você pode encontrar um arquivo de exemplo `matplotlibrc` no site principal.

Além de usar a variável `rcParams`, podemos usar o método `gcf` (get current figure) para pegar a figura atualmente ativa e manipulá-la diretamente.

Vamos ver um pequeno exemplo de configuração, definindo o tamanho da figura atual.

Definindo o Tamanho da Figura

Se a legibilidade padrão do seu gráfico for ruim ou a proporção largura-altura for subótima, você desejará mudar o tamanho. Por padrão, o Matplotlib usa polegadas para o tamanho do gráfico. Isso faz sentido quando consideramos os muito backends (geralmente baseados em gráficos vetoriais) em que o Matplotlib pode salvar. Aqui mostramos duas maneiras de usar o `pyplot` para definir o tamanho da figura como oito por quatro polegadas usando `rcParams` e `gcf`:

```
# Duas maneiras de definir o tamanho da figura para 8 por 4 polegadas
plt.rcParams['figure.figsize'] = (8,4)
plt.gcf().set_size_inches(8, 4)
```

Pontos, Não Pixels

O Matplotlib usa pontos, não pixels, para medir o tamanho de suas figuras. Essa é a medida aceita para publicações de qualidade de impressão, e o Matplotlib é usado para fornecer imagens de alta qualidade para publicação.

Por padrão, um ponto tem aproximadamente 1/72 de polegada de largura, mas o Matplotlib permite que você ajuste isso alterando os pontos por polegada (dpi) para qualquer figura gerada. Quanto maior esse número, melhor a qualidade da imagem. Para fins de figuras inline mostradas interativamente durante sessões do IPython, a resolução é normalmente um produto do mecanismo de backend usado para gerar os gráficos (por exemplo, Qt, WxAgg, tkinter). Consulte a documentação do Matplotlib para obter uma explicação dos backends.

Rótulos e Legendas

A Figura 10-1 precisa, entre outras coisas, nos dizer o que as linhas significam. O Matplotlib possui uma prática caixa de legenda para a rotulagem de linhas, que, como a maioria das coisas do Matplotlib, é altamente configurável. Rotular nossas três linhas envolve um pouco de indireção, pois o método `plot` aceita apenas um rótulo, que é aplicado a todas as linhas geradas. De forma útil, o comando `plot` retorna todos os objetos `Line2D` criados. Eles podem ser usados pelo método `legend` para definir rótulos individuais.

Como este gráfico aparecerá em preto e branco (se você estiver lendo a versão impressa deste livro), precisamos de uma maneira de distinguir as linhas além das cores padrão. A maneira mais fácil de fazer isso com o Matplotlib é criar as linhas sequencialmente, especificando valores x e y e um estilo de linha.[4] Vamos fazer nossos estilos de linha sólidos (-), tracejados (--), e tracejado-pontilhados (-.). Observe o uso do índice de coluna do NumPy (ver Figura 7-1):

[4] Você pode encontrar detalhes sobre os estilos de linha do Matplotlib em sua documentação.

```
#plots = plt.plot(x,y)
plots = plt.plot(x, y[:,0], '-', x, y[:,1], '--', x, y[:,2], '-.')
plots
Out:
[<matplotlib.lines.Line2D at 0x9b31a90>,
 <matplotlib.lines.Line2D at 0x9b4da90>,
 <matplotlib.lines.Line2D at 0x9b4dcd0>]
```

O método `legend` pode definir rótulos, sugerir um local para a caixa de legenda e configurar várias outras coisas:

```
plt.legend(plots, ('foo', 'bar', 'baz'), ❶
           loc='best', ❷
           framealpha=0.5, ❸
           prop={'size':'small', 'family':'monospace'}) ❹
```

❶ Define os rótulos para nossos três gráficos.

❷ O uso do local `best` deve evitar o obscurecimento das linhas.

❸ Define a transparência da legenda.

❹ Aqui ajustamos as propriedades da fonte da legenda.[5]

Títulos e Rótulos de Eixos

Adicionar um título e um rótulo para seus eixos é muito fácil:

```
plt.title('Random trends')
plt.xlabel('Date')
plt.ylabel('Cum. sum')
```

Você pode adicionar algum texto com o método `figtext`:[6]

```
plt.figtext(0.995, 0.01, ❶
            '© Acme designs 2022',
            ha='right', va='bottom') ❷
```

❶ A localização do texto é proporcional ao tamanho da figura.

❷ Alinhamento horizontal (`ha`) e vertical (`va`).

O código completo é mostrado no Exemplo 10-1 e o gráfico resultante na Figura 10-2.

[5] Consulte a documentação para mais detalhes.

[6] Consulte o site do Matplotlib para mais detalhes.

Exemplo 10-1. Gráfico de linhas personalizado

```
plots = plt.plot(x, y[:,0], '-', x, y[:,1], '--', x, y[:,2], '-.')
plt.legend(plots, ('foo', 'bar', 'baz'), loc='best,
                   framealpha=0.25,
                   prop={'size':'small', 'family':'monospace'})
plt.gcf().set_size_inches(8, 4)
plt.title('Random trends')
plt.xlabel('Date')
plt.ylabel('Cum. sum')
plt.grid(True) ❶
plt.figtext(0.995, 0.01, '© Acme Designs 2021',
ha='right', va='bottom')
plt.tight_layout() ❷
```

❶ Isso adicionará uma grade pontilhada à figura, marcando os ticks do eixo.

❷ O método `tight_layout` deve garantir que todos os elementos do gráfico estejam dentro da caixa da figura. Caso contrário, você poderá encontrar rótulos de ticks ou legendas truncadas.

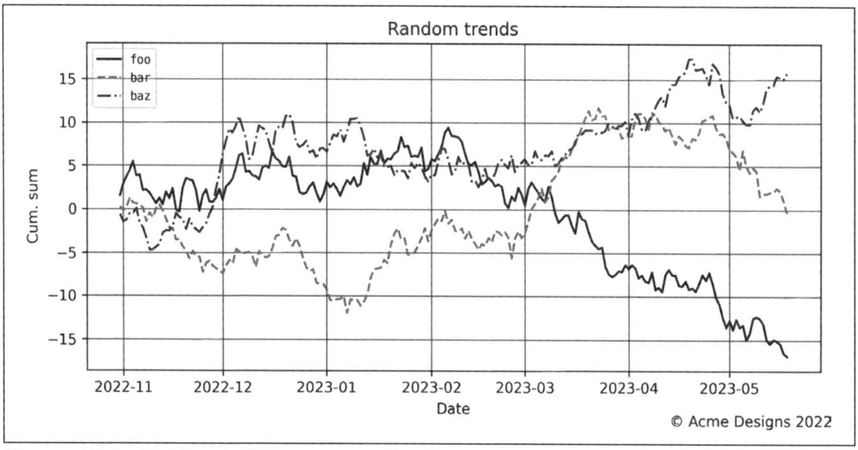

Figura 10-2. Gráfico de linhas personalizado

Usamos o método `tight_layout` no Exemplo 10-1 para evitar que os elementos do gráfico fossem obscurecidos ou truncados. Sabe-se que o `tight_layout` causa problemas em alguns sistemas, especialmente no macOS. Se você tiver algum problema, este tópico de problemas pode ajudar. A partir de agora, a melhor recomendação é usar método `set_tight_layout` na figura atual:

```
plt.gcf().set_tight_layout(True)
```

Salvando Seus Gráficos

Uma área onde o Matplotlib se destaca é ao salvar seus gráficos, fornecendo muitos formatos de saída. Os formatos disponíveis dependem dos backends disponíveis, mas geralmente PNG, PDF, PS, EPS e SVG são compatíveis.[7] PNG significa *Portable Network Graphics* e é o formato mais popular para distribuir imagens na web. Os outros formatos são baseados em vetor, o que permite escalonamento suave sem artefatos de pixelização. Para trabalhos de impressão de alta qualidade, provavelmente é isso que você deseja.

Salvar é simples assim:

```
plt.tight_layout() # força a plotagem em dimensões de figura
plt.savefig('mpl_3lines_custom.svg')
```

É possível definir o formato de maneira explícita usando `format="svg"`, mas o Matplotlib entende o sufixo *.svg*. Para evitar rótulos truncados, use o método `tight_layout`.[8]

Figuras e Abordagem Orientada a Objetos do Matplotlib

Como mostrado anteriormente, manipular interativamente o estado global do `pyplot` funciona bem para esboços rápidos de dados e trabalhos com um único gráfico. No entanto, se você deseja ter mais controle sobre seus gráficos, a abordagem orientada a objetos (OO) de figura e eixos do Matplotlib é a melhor opção. A maioria das demonstrações de plotagem mais avançadas que você vê será feita dessa maneira.

Essencialmente, com o Matplotlib orientado a objetos, lidamos com uma figura, que você pode imaginar como uma tela de desenho com um ou mais eixos (ou gráficos) embutidos. Tanto as figuras quanto os eixos têm propriedades que podem ser especificadas independentemente. Nesse sentido, a abordagem interativa do `pyplot` discutida anteriormente estava plotando para um único eixo de uma figura global.

Podemos criar uma figura usando o método `figure` do `pyplot`:

```
fig = plt.figure(
        figsize=(8, 4), # tamanho da figura em polegadas
        dpi=200, # pontos por polegada
        tight_layout=True, # ajusta eixos, rótulos etc. à tela
        linewidth=1, edgecolor='r' # 1 pixel de largura, borda vermelha
        )
```

Como você pode ver, as figuras compartilham um subconjunto de propriedades do módulo global `pyplot`. Essas propriedades podem ser definidas na criação da figura ou por meio de métodos semelhantes (por exemplo, `fig.text()` em vez de `plt.fig_text()`). Cada figura pode ter vários eixos, cada um dos quais é análogo ao estado de plotagem único e

7 Além de fornecer muitos formatos, ele também entende o modo matemático LaTeX, que é uma linguagem que permite que você use símbolos matemáticos nos títulos, legendas e similares. Esse é um dos motivos pelos quais o Matplotlib é muito apreciado pelos acadêmicos, pois é capaz de produzir imagens com qualidade de revista.

8 Mais detalhes estão disponíveis no site do Matplotlib.

global, mas com a considerável vantagem de que vários eixos podem existir em uma figura, cada um com propriedades independentes.

Eixos e Subplots

O método `figure.add_axes` permite um controle preciso sobre a posição dos eixos dentro de uma figura (por exemplo, permitindo que você insira um gráfico menor dentro do principal). O posicionamento dos elementos do gráfico usa um sistema de coordenadas 0 → 1, onde 1 é a largura ou altura da figura. É possível especificar a posição usando uma lista ou tupla de quatro elementos para definir os limites inferior esquerdo e superior direito:

```
# h = altura, w = largura
fig.add_axes([0.2, 0.2, #[bottom(h*0.2), left(w*0.2),
              0.8, 0.8])# top(h*0.8), right(w*0.8)]
```

O Exemplo 10-2 mostra o código necessário para inserir eixos menores em outros maiores, usando nossos dados de teste aleatórios. O resultado é mostrado na Figura 10-3.

Exemplo 10-2. Uma inserção de gráfico com `figure.add_axes`

```
fig = plt.figure(figsize=(8,4))
# --- Eixos Principais
ax = fig.add_axes([0.1, 0.1, 0.8, 0.8])
ax.set_title('Main Axes with Insert Child Axes')
ax.plot(x, y[:,0]) ❶
ax.set_xlabel('Date')
ax.set_ylabel('Cum. sum')
# --- Eixos Inseridos
ax = fig.add_axes([0.15, 0.15, 0.3, 0.3])
ax.plot(x, y[:,1], color='g') # 'g' para verde
ax.set_xticks([]); ❷
```

❶ Isso seleciona a primeira coluna dos nossos dados y aleatórios do NumPy.

❷ Remove os marcadores e rótulos x do nosso gráfico embutido.

Embora `add_axes` nos dê muitas opções para ajustar a aparência dos nossos gráficos, na maioria das vezes o sistema de layout de grade incorporado no Matplotlib facilita muito a vida.[9] A opção mais simples é usar `figure.subplots`, que permite especificar layouts de linhas e colunas de plots de tamanho igual. Se você quiser uma grade com plots de tamanhos diferentes, o módulo `gridspec` é a melhor solução.

[9] A prática opção `tight_layout` pressupõe subplots com layout de grade.

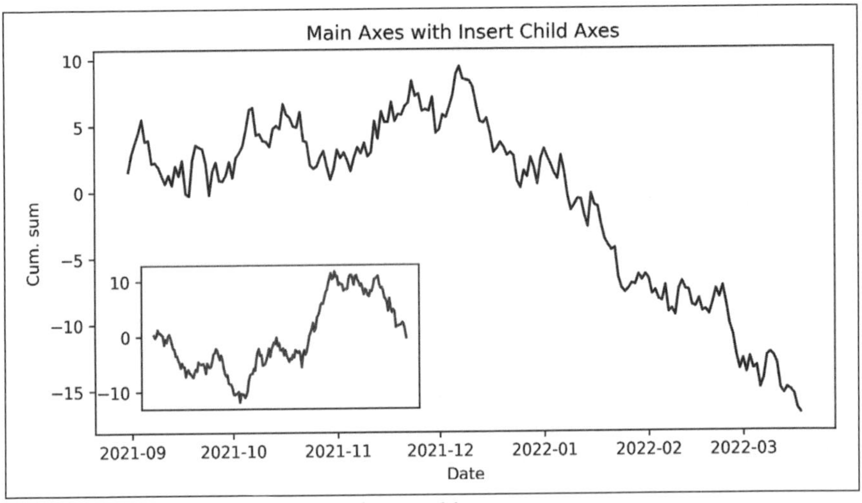

Figura 10-3. Gráfico inserido com figure.add_axes

Chamar `subplots` sem argumentos retorna uma figura com um único eixo. Isso é mais parecido com o uso da máquina de estado `pyplot` mostrada em "Plotagem Interativa com o Estado Global do pyplot" na página 249. O Exemplo 10-3 mostra a figura e os eixos equivalentes à demonstração `pyplot` no Exemplo 10-1, produzindo o gráfico na Figura 10-2. Observe o uso dos métodos "setter" para figuras e eixos.

Exemplo 10-3. Plotagem com única figura e eixo

```
figure, ax = plt.subplots()
plots = ax.plot(x, y, label='')
figure.set_size_inches(8, 4)
ax.legend(plots, ('foo', 'bar', 'baz'), loc='best', framealpha=0.25,
          prop={'size':'small', 'family':'monospace'})
ax.set_title('Random trends')
ax.set_xlabel('Date')
ax.set_ylabel('Cum. sum')
ax.grid(True)
figure.text(0.995, 0.01, '©  Acme Designs 2022',
            ha='right', va='bottom')
figure.tight_layout()
```

Chamar `subplots` com argumentos para o número de linhas (`nrows`) e colunas (`ncols`) (como mostrado no Exemplo 10-4) permite que vários gráficos sejam colocados em um layout de grade (veja os resultados na Figura 10-4). A chamada para `subplots` retorna a figura e um array de eixos, em ordem de linha e coluna. No exemplo, especificamos uma coluna, então `axes` são um único array de três eixos empilhados.

Exemplo 10-4. Usando subplots

```
fig, axes = plt.subplots(
                    nrows=3, ncols=1, ❶
                    sharex=True, sharey=True, ❷
                    figsize=(8, 8))
labelled_data = zip(y.transpose(), ❸
                    ('foo', 'bar', 'baz'), ('b', 'g', 'r'))
fig.suptitle('Three Random Trends', fontsize=16)
for i, ld in enumerate(labelled_data):
    ax = axes[i]
    ax.plot(x, ld[0], label=ld[1], color=ld[2])
    ax.set_ylabel('Cum. sum')
    ax.legend(loc='upper left', framealpha=0.5,
              prop={'size':'small'})
axes[-1].set_xlabel('Date') ❹
```

❶ Especifica uma grade de subplot de três linhas por uma coluna.

❷ Queremos compartilhar os eixos x e y, ajustando automaticamente os limites para facilitar a comparação.

❸ Alterar y para linha-coluna e juntar os dados da linha, rótulos e cores da linha.

❹ Rotula o último dos eixos x compartilhados.

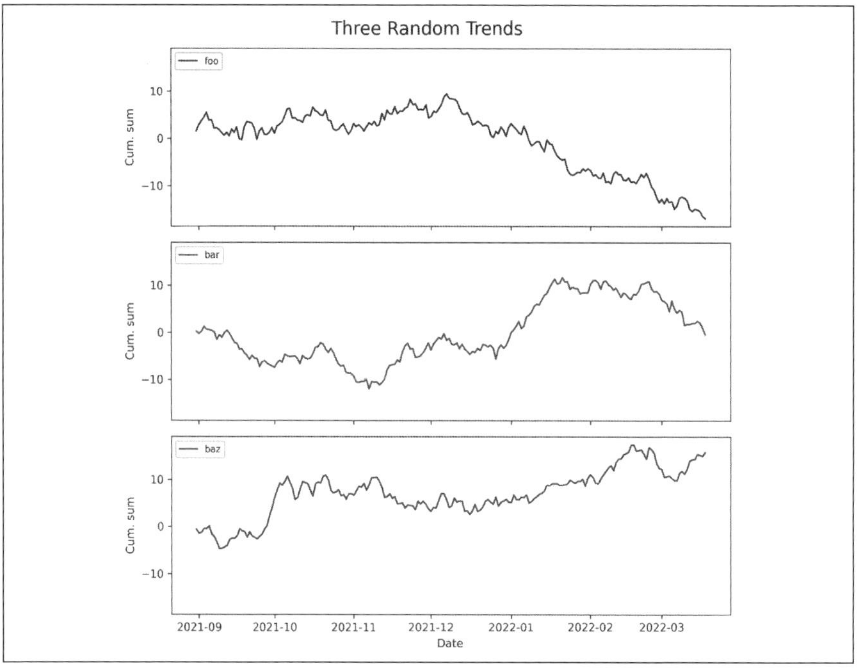

Figura 10-4. Três subplots

Utilizamos o prático método `zip` do Python para produzir três dicionários com dados de linha. O `zip` pega listas ou tuplas de comprimento *n* e retorna *n* listas, formadas pela correspondência dos elementos pela ordem:

```
letters = ['a', 'b']
numbers = [1, 2]
zip(letters, numbers)
Out:
[('a', 1), ('b', 2)]
```

No loop `for`, utilizamos `enumerate` para fornecer um índice `i`, que usamos para selecionar um eixo por linha, usando nossos dados `labelled_data` combinados para fornecer as propriedades do gráfico.

Observe os eixos x e y compartilhados especificados na chamada `subplots` no Exemplo 10-4 (2). Isso permite uma comparação fácil dos três gráficos, especialmente no eixo y agora normalizado. Para evitar rótulos x redundantes, chamamos `set_xlabel` apenas na última linha, usando a prática indexação negativa do Python.

Agora que cobrimos as duas maneiras pelas quais o IPython e o Matplotlib se envolvem de forma interativa, usando o estado global (acessado através de `plt`) e a API orientada a objetos, vamos dar uma olhada em alguns dos tipos de gráficos comuns que usaremos para explorar os conjuntos de dados.

Tipos de Gráficos

Além do gráfico de linhas demonstrado anteriormente, o Matplotlib possui vários tipos de gráficos disponíveis. Agora vou demonstrar alguns dos que são comumente usados na visualização exploratória de dados.

Gráficos de Barras

O humilde gráfico de barras é fundamental para muitas explorações visuais de dados. Como na maioria dos gráficos do Matplotlib, existe uma grande quantidade de personalização possível. Agora, vamos passar por algumas variantes para lhe dar uma ideia.

O código no Exemplo 10-5 produz o gráfico de barras na Figura 10-5. Note que você precisa especificar suas próprias localizações de barras e rótulos. Esse tipo de flexibilidade é adorado pelos entusiastas do Matplotlib mais experientes e é bastante fácil de pegar o jeito. No entanto, é o tipo de coisa que pode se tornar tediosa. É trivial escrever alguns métodos auxiliares aqui, e existem muitas bibliotecas que encapsulam o Matplotlib e tornam as coisas um pouco mais amigáveis para o usuário. Como veremos no Capítulo 11, os gráficos integrados baseados no Matplotlib do pandas são bem mais simples de usar.

Exemplo 10-5. Um gráfico de barras simples

```
labels = ["Physics", "Chemistry", "Literature", "Peace"]
foo_data =   [3, 6, 10, 4]

bar_width = 0.5
xlocations = np.array(range(len(foo_data))) + bar_width ❶
plt.bar(xlocations, foo_data, width=bar_width)
plt.yticks(range(0, 12)) ❷
plt.xticks(xlocations, labels) ❸
plt.title("Prizes won by Fooland")
plt.gca().get_xaxis().tick_bottom()
plt.gca().get_yaxis().tick_left()
plt.gcf().set_size_inches((8, 4))
```

❶ Aqui criamos as localizações das barras do meio, afastadas por duas `bar_width`.

❷ Estamos codificando os valores de x para fins de demonstração — normalmente você vai querer calcular os intervalos dinamicamente.

❸ Isso coloca os rótulos dos marcadores no meio das barras.

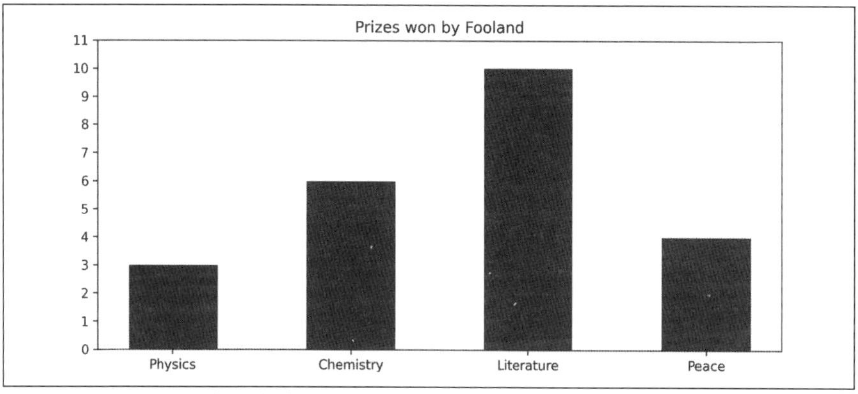

Figura 10-5. Um gráfico de barras simples

Gráficos de barras com vários grupos são particularmente úteis. No Exemplo 10-6, adicionamos alguns dados de países a mais (para uma mítica Terra das Barras) e usamos o método `subplots` para produzir gráficos de barras agrupadas (veja a Figura 10-6). Novamente, especificamos as localizações das barras manualmente, adicionamos dois grupos de barras — desta vez com `ax.bar`. Note que os limites do eixo x dos nossos eixos são automaticamente redimensionados de maneira sensata, em incrementos de 0,5:

```
ax.get_xlim()
# Out: (-0.5, 3.5)
```

Use os métodos de configuração respectivos (`set_xlim`, neste caso) se a autoescala não produzir o visual desejado.

Exemplo 10-6. Criando um gráfico de barras agrupado

```
labels = ["Physics", "Chemistry", "Literature", "Peace"]
foo_data = [3, 6, 10, 4]
bar_data = [8, 3, 6, 1]

fig, ax = plt.subplots(figsize=(8, 4))
bar_width = 0.4 ❶
xlocs = np.arange(len(foo_data))
ax.bar(xlocs-bar_width, foo_data, bar_width,
       color='#fde0bc', label='Fooland') ❷
ax.bar(xlocs, bar_data, bar_width, color='peru', label='Barland')
#--- marcações, rótulos, grades e título
ax.set_yticks(range(12))
ax.set_xticks(ticks=range(len(foo_data)))
ax.set_xticklabels(labels)
ax.yaxis.grid(True)
ax.legend(loc='best')
ax.set_ylabel('Number of prizes')
fig.suptitle('Prizes by country')
fig.tight_layout(pad=2)❸
fig.savefig('mpl_barchart_multi.png', dpi=200) ❹
```

❶ Com uma largura de 1 para nossos grupos de duas barras, essa largura de barra dá um preenchimento de 0,1 barra.

❷ O Matplotlib suporta cores HTML padrão, usando valores hexadecimais ou um nome.

❸ Usamos o argumento `pad` para especificar o preenchimento ao redor da figura como uma fração do tamanho da fonte.

❹ Isso salva a figura com a alta resolução de 200 pontos por polegada.

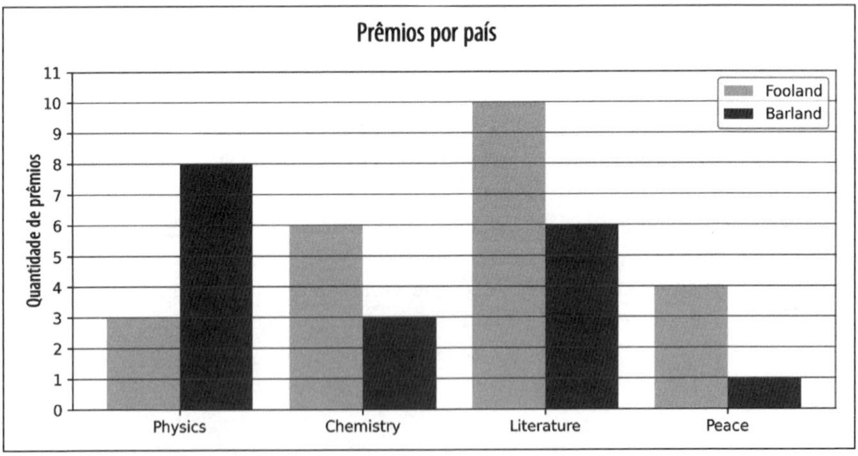

Figura 10-6. Gráficos de barras agrupados

Muitas vezes é útil usar barras horizontais, especialmente se houver muitas delas e/ou se estiver usando rótulos de marcadores, que provavelmente se sobrepõem se forem colocados na mesma linha. Transformar a Figura 10-6 em barras horizontais é bastante simples, exigindo apenas que substituamos o método `bar` pelo seu equivalente horizontal `barh` e troquemos os rótulos dos eixos e os limites (veja o Exemplo 10-7 e o gráfico resultante, a Figura 10-7).

Exemplo 10-7. Convertendo o Exemplo 10-6 para barras horizontais

```
# ...
ylocs = np.arange(len(foo_data))
ax.barh(ylocs-bar_width, foo_data, bar_width, color='#fde0bc',
        label='Fooland') ❶
ax.barh(ylocs, bar_data, bar_width, color='peru', label='Barland')
# --- rótulos, grades e título e, em seguida, salve
ax.set_xticks(range(12)) ❷
ax.set_yticks(ticks=ylocs-bar_width/2)
ax.set_yticklabels(labels)
ax.xaxis.grid(True)
ax.legend(loc='best')
ax.set_xlabel('Number of prizes')
# ...
```

❶ Para criar um gráfico de barras horizontais, usamos `barh` em vez de `bar`.

❷ Um gráfico horizontal requer trocar os eixos horizontais e verticais.

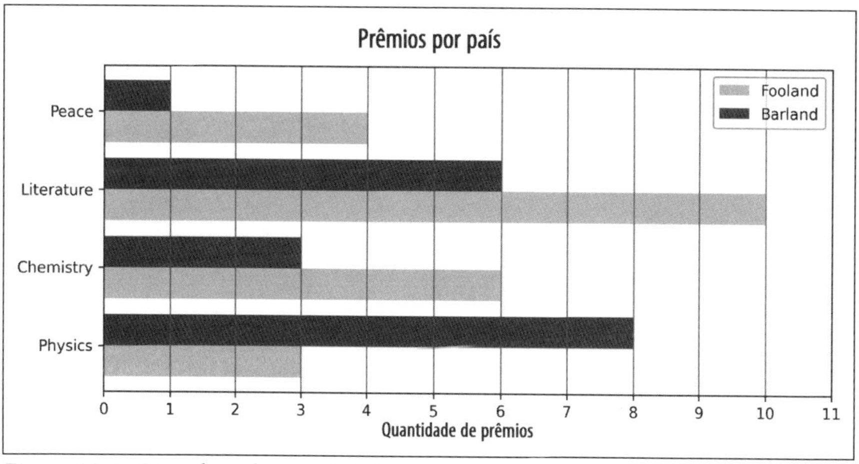

Figura 10-7. Girando as barras de lado

Barras empilhadas são fáceis de fazer no Matplotlib.[10] O Exemplo 10-8 converte a Figura 10-6 para uma forma empilhada; a Figura 10-8 mostra o resultado. O truque é usar o

[10] É questionável se os gráficos de barras empilhadas são uma boa maneira de apreciar grupos de dados. Consulte o blog de Solomon Messing para uma boa discussão e um exemplo de "bom" uso.

argumento bottom em bar para definir a parte inferior das barras elevadas como a parte superior do grupo anterior.

Exemplo 10-8. Convertendo o Exemplo 10-6 para barras empilhadas

```
# ...
bar_width = 0.8
xlocs = np.arange(len(foo_data))
ax.bar(xlocs, foo_data, bar_width, color='#fde0bc', ❶
       label='Fooland')
ax.bar(xlocs, bar_data, bar_width, color='peru',    ❷
       label='Barland', bottom=foo_data)
# --- rótulos, grades e título e, em seguida, salve
ax.set_yticks(range(18))
ax.set_xticks(ticks=xlocs)
ax.set_xticklabels(labels)
# ...
```

❶ Os grupos de barra `foo_data` e `bar_data` compartilham as mesmas posições de x.

❷ A parte inferior do grupo de barras `bar_data` é o topo do `foo_data`, resultando em barras empilhadas.

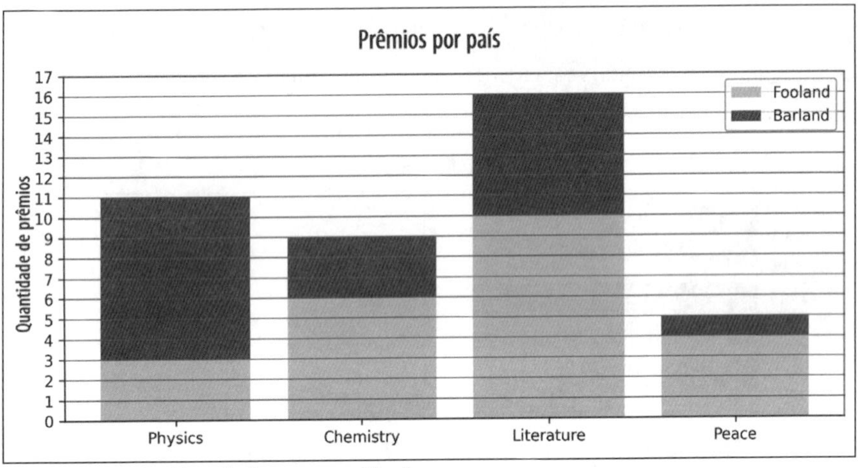

Figura 10-8. Gráfico de barras empilhadas

Gráficos de Dispersão

Outro gráfico útil é o gráfico de dispersão, que utiliza matrizes 2D de pontos com opções para tamanho dos pontos, cor e mais.

O Exemplo 10-9 mostra o código para um rápido gráfico de dispersão, usando dimensionamento automático (autoscaling) do Matplotlib para os limites de x e y. Criamos uma linha ruidosa ao adicionar números aleatórios distribuídos normalmente (sigma de 10). A Figura 10-9 mostra o gráfico resultante.

Exemplo 10-9. Um simples gráfico de dispersão

```
num_points = 100
gradient = 0.5
x = np.array(range(num_points))
y = np.random.randn(num_points) * 10 + x*gradient ❶
fig, ax = plt.subplots(figsize=(8, 4))
ax.scatter(x, y) ❷

fig.suptitle('A Simple Scatterplot')
```

❶ `randn` gera números aleatórios distribuídos normalmente, que escalamos para estarem entre 0 e 10 e aos quais então adicionamos um valor dependente de x.

❷ Os arrays x e y de tamanhos iguais fornecem as coordenadas dos pontos.

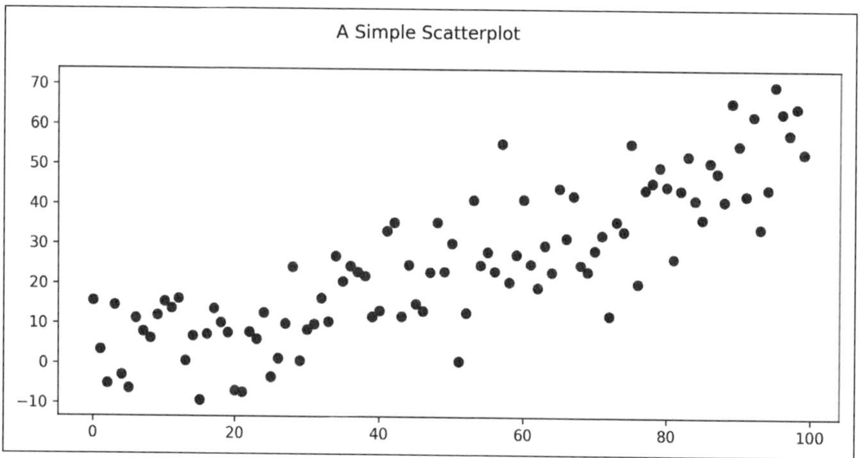

Figura 10-9. Um gráfico de dispersão simples

Podemos ajustar o tamanho e a cor de pontos individuais ao passar um array de tamanhos de marcadores e índices de cor para o mapa de cores padrão atual. Uma coisa a observar, que pode ser confusa, é que estamos especificando a área das caixas delimitadoras dos marcadores, não os diâmetros dos círculos. Isso significa que, se quisermos que os pontos tenham o dobro do diâmetro dos círculos, devemos aumentar o tamanho por um fator de quatro.[11] No Exemplo 10-10, adicionamos informações de tamanho e cor ao nosso gráfico de dispersão simples, resultando na Figura 10-10.

[11] Definir o tamanho do marcador, em vez da largura ou do raio, é, na verdade, um bom padrão, tornando-o proporcional a qualquer valor que estejamos tentando refletir.

Exemplo 10-10. Ajustando o tamanho e a cor dos pontos

```
num_points = 100
gradient = 0.5
x = np.array(range(num_points))
y = np.random.randn(num_points) * 10 + x*gradient
fig, ax = plt.subplots(figsize=(8, 4))
colors = np.random.rand(num_points) ❶
size = np.pi * (2 + np.random.rand(num_points) * 8) ** 2 ❷
ax.scatter(x, y, s=size, c=colors, alpha=0.5) ❸
fig.suptitle('Scatterplot with Color and Size Specified')
```

❶ Isso gera 100 valores de cor aleatórios entre 0 e 1 para o mapa de cores padrão.

❷ Usamos a notação de potência ** para elevar os valores entre 2 e 10, a faixa de largura para nossos marcadores.

❸ Usamos o argumento `alpha` para tornar nossos marcadores meio transparentes.

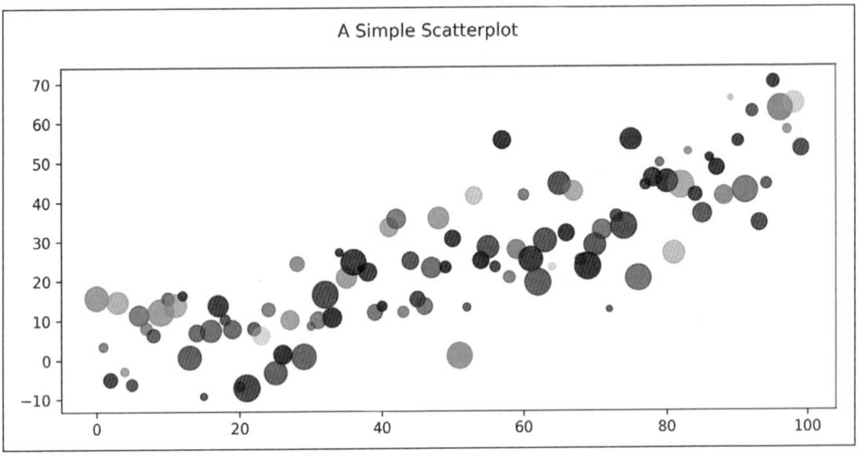

Figura 10-10. Ajustando o tamanho e a cor dos pontos

Mapas de Cores do Matplotlib

O Matplotlib tem uma grande variedade de mapas de cores disponíveis, cuja escolha pode melhorar significativamente a qualidade da sua visualização. Consulte a documentação dos mapas de cores para detalhes.

Adicionando uma linha de regressão

Uma linha de regressão é um modelo preditivo simples da correlação entre duas variáveis, neste caso, as coordenadas x e y do nosso gráfico de dispersão. A linha é essencialmente um melhor ajuste aos pontos do gráfico e adicioná-la a um gráfico de dispersão é uma técnica útil de visualização de dados e uma boa maneira de demonstrar a interação entre Matplotlib e NumPy.

No Exemplo 10-11, a bastante útil função `polyfit` do NumPy é usada para gerar o coeficiente angular e a constante de uma linha de melhor ajuste para os pontos definidos pelos arrays w e y. Em seguida, plotamos essa linha nos mesmos eixos do gráfico de dispersão (ver Figura 10-11).

Exemplo 10-11. Gráfico de dispersão com linha de regressão

```
num_points = 100
gradient = 0.5
x = np.array(range(num_points))
y = np.random.randn(num_points) * 10 + x*gradient
fig, ax = plt.subplots(figsize=(8, 4))
ax.scatter(x, y)
m, c = np.polyfit(x, y ,1) ❶
ax.plot(x, m*x + c) ❷
fig.suptitle('Scatterplot With Regression-line')
```

❶ Utilizamos o `polyfit` do NumPy em 1D para obter a inclinação (`m`) e a constante (`c`) de uma reta de melhor ajuste para nossos pontos aleatórios.

❷ Usamos a inclinação e a constante para traçar uma reta nos eixos do gráfico de dispersão (`y = mx + c`).

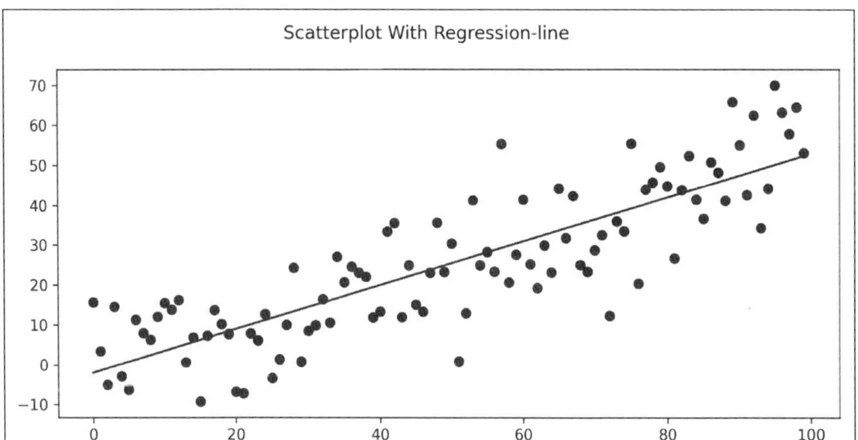

Figura 10-11. Gráfico de dispersão com linha de regressão

Geralmente, é uma boa ideia traçar intervalos de confiança ao fazer uma regressão linear. Isso proporciona uma ideia de quão confiável é o ajuste da linha, com base na quantidade e distribuição dos pontos. Os intervalos de confiança podem ser obtidos com Matplotlib e NumPy, mas é um pouco complicado. Felizmente, existe uma biblioteca construída sobre o Matplotlib que possui funções extras e especializadas para análise estatística e visualização de dados e, na opinião de muitos, possui uma aparência muito melhor do que as configurações padrão do Matplotlib. Essa biblioteca é o seaborn, na qual daremos uma breve olhada agora.

seaborn

Há várias bibliotecas que envolvem os poderosos recursos de plotagem do Matplotlib em uma aparência mais amigável[12] e, o que é importante para nós, visualizadores de dados, funcionam bem com o pandas.

Bokeh é uma biblioteca de visualização interativa voltada para a web, que produz resultados renderizados no navegador e, portanto, funciona muito bem com o IPython notebook. É uma grande conquista, com uma filosofia de design semelhante à do D3.[13]

Mas para o tipo de visualização de dados interativa e exploratória necessária para ter uma ideia dos seus dados e sugerir visualizações, recomendo o seaborn. O seaborn estende o Matplotlib com alguns gráficos estatísticos poderosos e é bem integrado à stack PyData, funcionando bem com o NumPy, o pandas e as rotinas estatísticas encontradas no SciPy e statsmodels.

Uma das coisas boas do seaborn é que ele não oculta a API do Matplotlib, permitindo que você ajuste seus gráficos com as ferramentas abrangentes do Matplotlib. Nesse sentido, ele não substitui o Matplotlib e as habilidades relevantes, mas é uma extensão muito impressionante.

Para trabalhar com o seaborn, basta estender suas importações padrão do Matplotlib:

```
import numpy as np
import pandas as pd
import seaborn as sns # depende do matplotlib
import matplotlib as mpl
import matplotlib.pyplot as plt
```

O Matplotlib fornece vários estilos de plotagem que podem ser invocados chamando um método `use` com uma chave de estilo. Vamos definir o estilo atual como o padrão do seaborn, que fornecerá uma grade cinza sutil aos gráficos:

```
matplotlib.style.use('seaborn')
```

Você pode conferir todos os estilos disponíveis e seus efeitos visuais na documentação do Matplotlib.

12 É de consenso geral que os padrões do Matplotlib não são tão bons e melhorá-los é uma vitória fácil para qualquer wrapper.

13 Tanto o D3 quanto o Bokeh fazem referência ao texto clássico de visualização, *The Grammar of Graphics* (Springer), de Leland Wilkinson.

Muitas das funções do seaborn são projetadas para aceitar um DataFrame do pandas, permitindo que você especifique, por exemplo, os valores da coluna que descrevem os pontos dispersos em 2D. Vamos pegar nossos arrays x e y existentes no Exemplo 10-9 e usá-los para criar alguns dados fictícios:

```
data = pd.DataFrame({'dummy x':x, 'dummy y':y})
```

Agora temos alguns `data` com colunas de valores x (`'dummy x'`) e y (`'dummy y'`). O Exemplo 10-12 demonstra o uso do gráfico de regressão linear dedicado do seaborn, o `lmplot`, que produz o gráfico da Figura 10-12. Observe que para alguns gráficos do seaborn, para ajustar o tamanho da figura, passamos um tamanho (altura) em polegadas e uma relação de aspecto (largura/altura) Observe que, em alguns gráficos do seaborn compartilha o contexto global do `pyplot`.

Exemplo 10-12. Gráfico de regressão linear com seaborn

```
data = pd.DataFrame({'dummy x':x, 'dummy y':y})
sns.lmplot(data=data, x='dummy x', y='dummy y', ❶
           height=4, aspect=2) ❷
plt.tight_layout() ❸
plt.savefig('mpl_scatter_seaborn.png') ❸
```

❶ Os argumentos `x` e `y` especificam os nomes das colunas dos dados do DataFrame que definem as coordenadas dos pontos do gráfico.

❷ Para definir o tamanho da figura, fornecemos a altura em polegadas e uma relação de aspecto de largura/altura. Aqui usaremos uma proporção de dois para melhor se ajustar ao formato da página deste livro.

❸ O seaborn compartilha o contexto global do `pyplot`, permitindo que você salve seus gráficos como faria com os do Matplotlib.

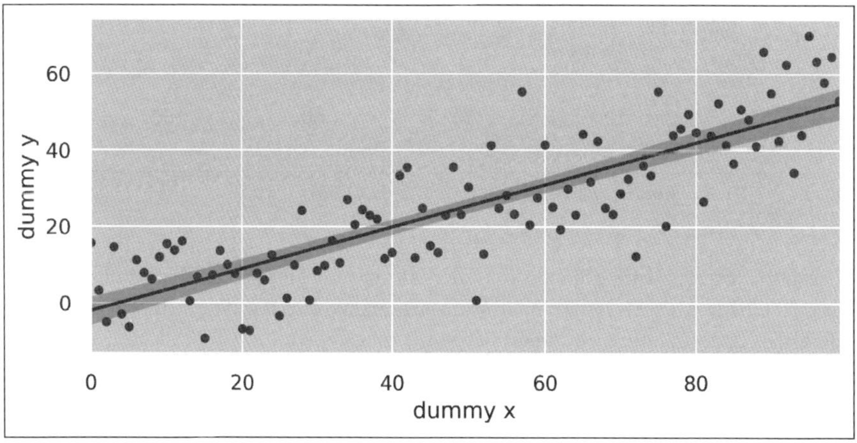

Figura 10-12. Gráfico de regressão linear com seaborn

Como esperado de uma biblioteca que enfatiza gráficos atrativos, o seaborn permite uma grande personalização visual. Vamos fazer algumas alterações na aparência da Figura 10-12 e ajustar o intervalo de confiança para o erro padrão estimado de 68% (veja a Figura 10-13 para o resultado):

```
sns.lmplot(data=data, x='dummy x', y='dummy y', height=4, aspect=2,
           scatter_kws={"color": "slategray"}, ❶
           line_kws={"linewidth": 2, "linestyle":'--', ❷
                     "color": "seagreen"},
           markers='D',❸
           ci=68) ❹
```

❶ Forneça os argumentos-chave do componente do gráfico de dispersão, definindo a cor dos pontos para cinza ardósia.

❷ Forneça os argumentos-chave do componente do gráfico de linha, definindo a largura e o estilo da linha.

❸ Defina os marcadores do gráfico como diamantes usando o código de marcador *D* do Matplotlib.

❹ Definimos um intervalo de confiança de 68%, o erro padrão estimado.

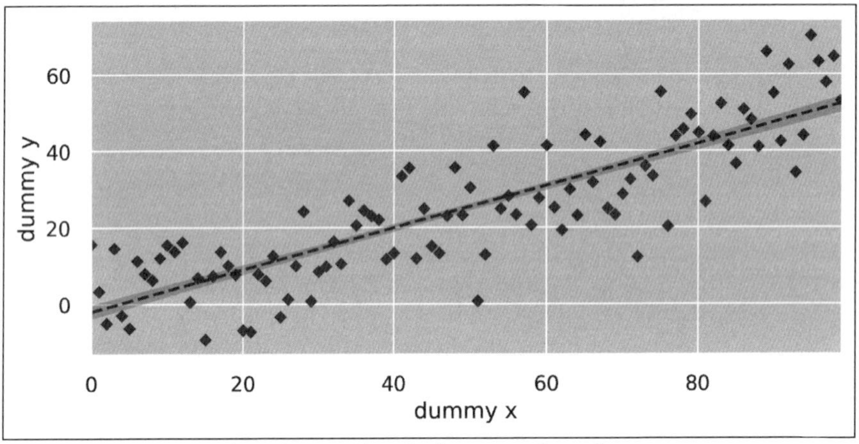

Figura 10-13. Personalizando o gráfico de dispersão do seaborn

O seaborn oferece vários gráficos úteis além do conjunto básico do Matplotlib. Vamos dar uma olhada em um dos mais interessantes, usando o FacetGrid do seaborn para plotar reflexos de dados multidimensionais.

FacetGrids

Frequentemente chamada de plotagem “lattice”ou “trellis”, a capacidade de desenhar várias instâncias do mesmo gráfico em diferentes subconjuntos dos seus dados é uma boa maneira de obter uma visão geral deles. Grandes quantidades de informações podem ser apresentadas em um único gráfico, e as relações entre as diferentes dimensões podem ser rapidamente compreendidas. Essa técnica está relacionada com os pequenos múltiplos (small multiples) popularizados por Edward Tufte.

Os FacetGrids requerem que os dados estejam no formato de um DataFrame do pandas (consulte “O DataFrame” na página 197) e em um formato referido por Hadley Wickham, criador do ggplot2, como “tidy”, o que significa que cada coluna no DataFrame deve ser uma variável e cada linha uma observação.

Vamos usar o Tips, um dos datasets de teste do seaborn,[14] para mostrar um FacetGrid em ação. O Tips é um pequeno conjunto de dados que mostra a distribuição da gorjeta por várias dimensões, como o dia da semana ou se o cliente era fumante.[15] Primeiro, vamos carregar o nosso conjunto de dados Tips em um DataFrame do pandas usando o método `load_dataset`:

```
In [0]: tips = sns.load_dataset('tips')
Out[0]:
     total_bill  tip     sex smoker  day    time  size
0         16.99 1.01  Female     No  Sun  Dinner     2
1         10.34 1.66    Male     No  Sun  Dinner     3
2         21.01 3.50    Male     No  Sun  Dinner     3
3         23.68 3.31    Male     No  Sun  Dinner     2
...
```

Para criar um FacetGrid, especificamos o DataFrame `tips` e uma coluna de interesse, como o status de fumante do cliente. Essa coluna será usada para criar nossos grupos de plotagem. Existem duas categorias na coluna (`'smoker=Yes'` e `'smoker=No'`) o que significa que haverá dois gráficos em nossa grade de facetas. Em seguida, usamos o método `map` da grade para criar vários gráficos de dispersão do tamanho da gorjeta em relação à conta total:

```
g = sns.FacetGrid(tips, col="smoker", height=4, aspect=1)
g.map(plt.scatter, "total_bill", "tip") ❶
```

❶ O método `map` recebe uma classe de gráfico, neste caso `scatter`, e duas dimensões (`tips`) necessárias para esse gráfico de dispersão.

Isso produz os dois gráficos de dispersão mostrados na Figura 10-14, um para cada status de fumante, com gorjetas e contas totais correlacionadas.

14 O seaborn tem vários conjuntos de dados úteis, que você pode encontrar no GitHub.

15 O conjunto de dados do Tips usa o sexo como categoria, enquanto os conjuntos de dados deste livro usam o gênero. No passado, eles tendiam a ser usados de forma intercambiável, mas esse não é mais o caso. Consulte este artigo da Yale School of Medicine para obter uma explicação.

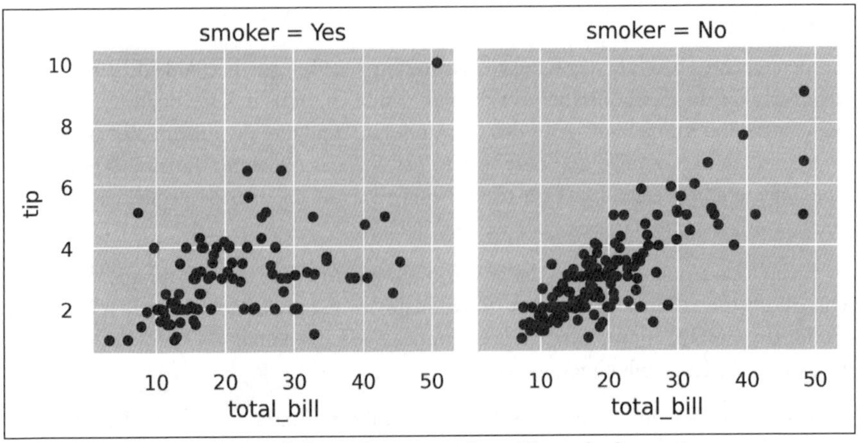

Figura 10-14. Um FacetGrid do seaborn usando gráficos de dispersão

Podemos incluir outra dimensão dos dados `tips` especificando o marcador a ser usado em nossos gráficos de dispersão. Vamos usar um diamante vermelho para as mulheres e um quadrado azul para os homens:

```
pal = dict(Female='red', Male='blue')
g = sns.FacetGrid(tips, col="smoker",
                  hue="sex", hue_kws={"marker": ["D", "s"]}, ❶
                  palette=pal, height=4, aspect=1, )
g.map(plt.scatter, "total_bill", "tip", alpha=.4)
g.add_legend();
```

❶ Adiciona uma cor de marcador (`hue`) para a dimensão `sex` com formas de diamante (`D`) e quadrado (`s`) e usa nossa paleta de cores (`pal`) para torná-las vermelhas e azuis.

Você pode ver o FacetGrid resultante na Figura 10-15.

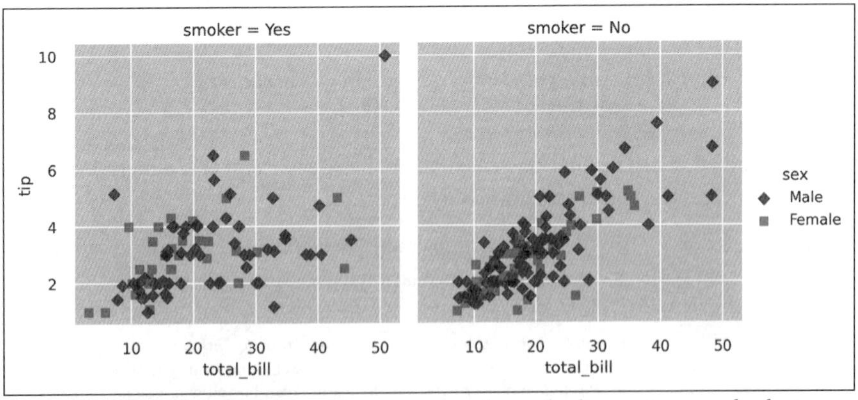

Figura 10-15. Gráfico de dispersão com marcadores de diamante e quadrado para o gênero

Podemos usar linhas, assim como colunas, para criar subconjuntos dos dados por dimensão. Combinar as duas permite, com a ajuda de um `regplot`,[16] explorar cinco dimensões:

```
pal = dict(Female='red', Male='blue')
g = sns.FacetGrid(tips, col="smoker", row="time", ❶
                  hue="sex", hue_kws={"marker": ["D", "s"]},
                  palette=pal, height=4, aspect=1, )
g.map(sns.regplot, "total_bill", "tip", alpha=.4)
g.add_legend();
```

❶ Adiciona uma linha de tempo para separar as gorjetas entre almoço e jantar.

A Figura 10-16 mostra quatro `regplots` produzindo um ajuste de modelo de regressão linear com intervalos de confiança para os grupos de matiz feminina e masculina. Os títulos dos gráficos mostram o subconjunto de dados sendo usado, cada linha tendo o mesmo horário e status de fumante.

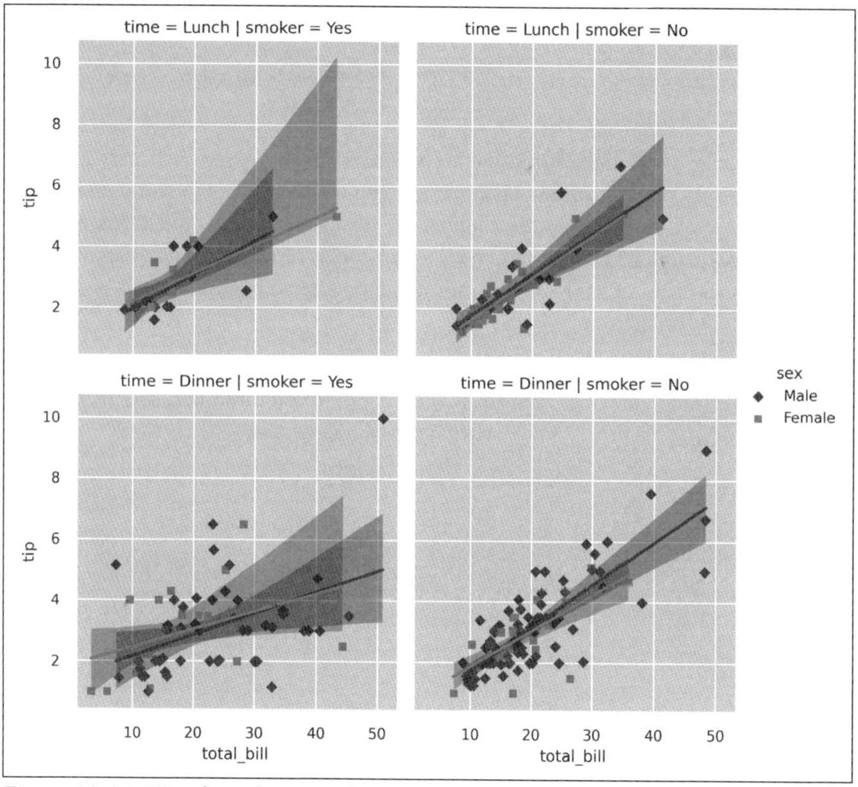

Figura 10-16. Visualizando cinco dimensões

[16] `regplot`, abreviação de gráfico de regressão, é equivalente a `lmplot`, usado no Exemplo 10-12. O último combina `regplot` e FacetGrid para maior conveniência.

Podemos obter o mesmo efeito usando o `lmplot` que vimos no Exemplo 10-12, que encapsula a funcionalidade do FacetGrid e `regplot` para conveniência. O código a seguir produz a Figura 10-16:

```
pal = dict(Female='red', Male='blue')
sns.lmplot(x="total_bill", y="tip", hue="sex",
           markers=["D", "s"], ❶
           col="smoker", row="time", data=tips, palette=pal,
           height=4, aspect=1
           );
```

❶ Observe o uso de uma palavra-chave `markers` em vez do dicionário `kws_hue` que usamos com o gráfico FacetGrid.

O `lmplot` oferece um atalho interessante para produzir `regplots` do FacetGrid, mas o método `map` do FacetGrid permite que você use todo o conjunto de gráficos do seaborn e do Matplotlib para criar gráficos em subconjuntos dimensionais. É uma técnica muito poderosa e uma ótima maneira de explorar seus dados em detalhes.

PairGrids

PairGrids são outro tipo de gráfico bastante legal do seaborn que oferece uma maneira rápida de avaliar dados multidimensionais. Ao contrário dos FacetGrids, não dividimos o conjunto de dados em subconjuntos que são comparados por dimensões designadas. Com os PairGrids, as dimensões do conjunto de dados são todas comparadas em pares em uma grade quadrada. Por padrão, todas as dimensões são comparadas, mas é possível especificar quais delas serão plotadas fornecendo uma lista ao parâmetro `vars` ao declarar o PairGrid.[17]

Vamos demonstrar a utilidade dessa comparação em pares usando o clássico conjunto de dados Iris, mostrando algumas estatísticas vitais para um conjunto contendo membros de três espécies de Iris. Primeiro vamos carregar o conjunto de dados de exemplo:

```
In [0]: iris = sns.load_dataset('iris')
In [1]: iris.head()
Out[1]:
   sepal_length sepal_width  petal_length  petal_width  species
0           5.1          3.5           1.4          0.2   setosa
1           4.9          3.0           1.4          0.2   setosa
2           4.7          3.2           1.3          0.2   setosa
...
```

Para capturar a relação entre as dimensões da pétala e da sépala por espécie, primeiro criamos um objeto `PairGrid`, definimos sua matiz para `species` para então usar seus métodos de mapeamento para criar gráficos dentro e fora da diagonal da grade de pares, produzindo os gráficos da Figura 10-17:

[17] Há também os parâmetros `x_vars` e `y_vars` que permitem especificar grades não quadradas.

```
sns.set_theme(font_scale=1.5) ❶
g = sns.PairGrid(iris, hue="species") ❷
g.map_diag(plt.hist) ❸
g.map_offdiag(plt.scatter) ❹
g.add_legend();
```

❶ Ajusta o tamanho da fonte usando o método `set_theme` do seaborn (consulte a documentação para a lista completa de ajustes disponíveis).

❷ Define os marcadores e as barras secundárias para serem coloridos por espécies.

❸ Coloca histogramas das dimensões das espécies na diagonal da grade.

❹ Usa gráficos de dispersão padrão para comparar as dimensões da diagonal.

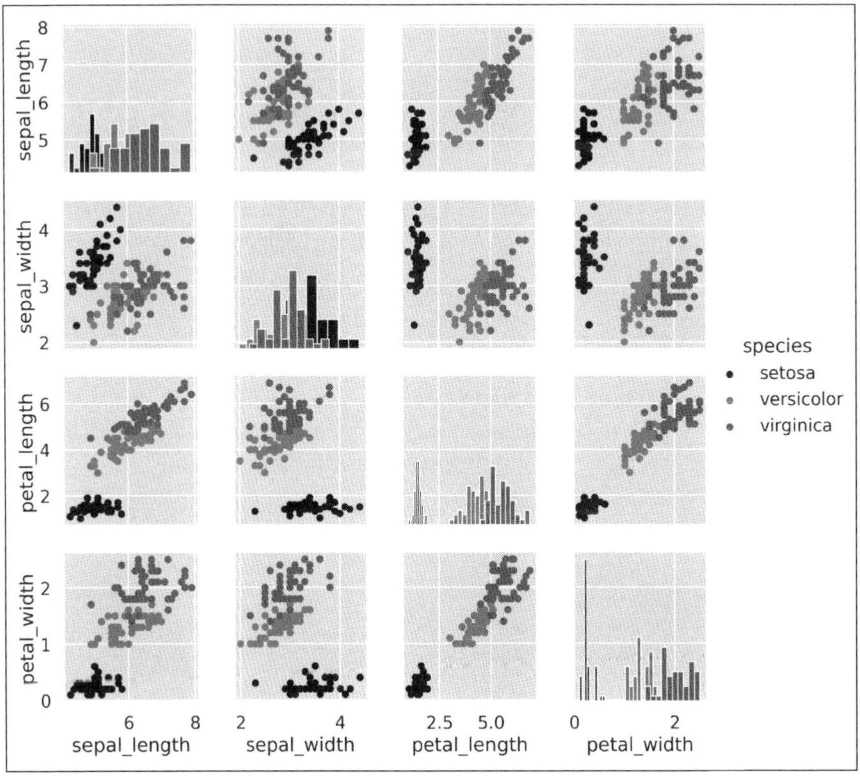

Figura 10-17. Soma das medidas de Iris no PairGrid

Como você pode ver na Figura 10-17, poucas linhas do seaborn são suficientes para criar um conjunto de gráficos informativos que correlacionam as diferentes métricas das Iris. Esse gráfico é conhecido como matriz de gráficos de dispersão e é uma ótima maneira de encontrar correlações lineares entre pares de variáveis em um conjunto multivariado. Da forma que está, há redundância na grade: por exemplo, gráficos para `sepal_width-petal_length` (largura da sépala, comprimento da pétala) e `petal_length-septal_width` (comprimento da pétala, largura da sépala). O `PairGrid` oferece a oportunidade de usar os gráficos redundantes acima ou abaixo da diagonal principal para fornecer uma reflexão diferente dos dados. Confira alguns exemplos na documentação do seaborn para mais informações.[18]

Abordei alguns dos gráficos do seaborn nesta seção, e você verá mais alguns quando explorarmos nosso conjunto de dados do Prêmio Nobel no próximo capítulo. No entanto, o seaborn possui muitas outras ferramentas de plotagem bastante úteis e poderosas, principalmente de natureza estatística. Para investigação adicional, recomento começar com a documentação principal do seaborn.

Há exemplos interessantes, uma API bem documentada e bons tutoriais que devem complementar o que aprendemos neste capítulo.

Resumo

Este capítulo apresentou o Matplotlib, a potência de plotagem do Python. É uma biblioteca extensa e madura, com muita documentação e uma comunidade ativa. Se você tiver uma personalização específica em mente, é provável que haja um exemplo por aí. Recomendaria iniciar um Jupyter notebook e brincar com um conjunto de dados.

Vimos como o seaborn estende o Matplotlib com alguns métodos estatísticos úteis e que muitos consideram ter estética superior. Ele também permite acesso às partes internas da figura e dos eixos do Matplotlib, permitindo personalização completa, se necessário.

No próximo capítulo, usaremos o Matplotlib junto com o pandas para explorar nosso conjunto de dados do Prêmio Nobel recém-raspado e limpo. Usaremos alguns dos tipos de gráficos demonstrados neste capítulo e veremos alguns novos e úteis.

[18] Para os curiosos, há um exemplo de D3 que cria uma matriz de gráfico de dispersão no site *bl.ocks.org*.

CAPÍTULO 11

Explorando Dados com o pandas

No capítulo anterior, limpamos o conjunto de dados do Prêmio Nobel que coletamos da Wikipédia no Capítulo 6. Agora é hora de começar a explorar nosso novo e reluzente conjunto de dados, em busca de padrões interessantes, histórias para contar e qualquer coisa que possa servir de base para uma visualização interessante.

Primeiro, vamos tentar clarear nossas mentes e analisar cuidadosamente os dados em mãos para obter uma ideia geral das visualizações sugeridas. O Exemplo 11-1 mostra a forma do conjunto de dados do Nobel, com dados categóricos, temporais e geográficos.

Exemplo 11-1. Nosso conjunto de dados do Prêmio Nobel limpo

```
[{
 'category': 'Physiology or Medicine',
 'date_of_birth': '8 October 1927',
 'date_of_death': '24 March 2002',
 'gender': 'male',
 'link': 'http://en.wikipedia.org/wiki/C%C3%A9sar_Milstein',
 'name': 'César Milstein'
 'country': 'Argentina',
 'place_of_birth': 'Bahía Blanca,  Argentina',
 'place_of_death': 'Cambridge , England',
 'year': 1984,
 'born_in': NaN
 },
 ...
 ]
```

Os dados no Exemplo 11-1 sugerem várias histórias que podemos querer investigar, entre elas:

- Disparidades de gênero entre os ganhadores do prêmio
- Tendências nacionais (por exemplo, qual país tem mais prêmios em Economia)
- Detalhes sobre os ganhadores individuais, como a idade média ao receber o prêmio ou a expectativa de vida
- Jornada geográfica do local de nascimento ao país adotado usando os campos `born_in` e `country`

Essas linhas de investigação formam a base para as próximas seções, que explorarão o conjunto de dados fazendo perguntas a ele, como "Quantas mulheres além de Marie Curie ganharam o Prêmio Nobel de Física", "Quais países têm mais prêmios per capita em vez de absolutos?" e "Existe uma tendência histórica de prêmios por nação, uma mudança de guarda do velho (ciência) mundo (grandes nações europeias) para o novo (EUA e nações asiáticas em ascensão)?" Antes de começar nossas explorações, vamos preparar nossas ferramentas e carregar nosso conjunto de dados do Prêmio Nobel.

Iniciando a Exploração

Para começar nossa exploração, vamos iniciar um Jupyter notebook a partir da linha de comando:

```
$ jupyter notebook
```

Usaremos o comando mágico `matplotlib` para habilitar a plotagem inline:

```
%matplotlib inline
```

Em seguida, importamos o conjunto padrão de módulos de exploração de dados:

```
import pandas as pd
import numpy as np
import matplotlib.pyplot as plt
import json
import matplotlib
import seaborn as sns
```

Agora faremos alguns ajustes nos parâmetros de plotagem e na aparência geral dos gráficos. Certifique-se de alterar o estilo antes de ajustar tamanhos de figura, fontes e o resto:

```
matplotlib.style.use('seaborn') ❶

plt.rcParams['figure.figsize'] = (8, 4) ❷
plt.rcParams['font.size'] = '14'
```

❶ Usaremos o tema seaborn para nossos gráficos, que é possivelmente mais atraente do que o padrão do Matplotlib.

❷ Define o tamanho padrão de plotagem para oito polegadas por quatro.

No final do Capítulo 9, salvamos nosso conjunto de dados limpo como um arquivo JSON. Vamos carregar os dados limpos em um DataFrame do pandas, pronto para começar a explorar.

```
df = pd.read_json(open('data/nobel_winners_cleaned.json'))
```

Vamos obter algumas informações básicas sobre a estrutura do nosso conjunto de dados:

```
df.info()

<class 'pandas.core.frame.DataFrame'>
RangeIndex: 858 entries, 0 to 857
Data columns (total 13 columns):
 #   Column          Non-Null Count  Dtype
---  ------          --------------  -----
 0   category        858 non-null    object
 1   country         858 non-null    object
 2   date_of_birth   858 non-null    object
 3   date_of_death   559 non-null    object
 4   gender          858 non-null    object
 5   link            858 non-null    object
 6   name            858 non-null    object
 7   place_of_birth  831 non-null    object
 8   place_of_death  524 non-null    object
 9   text            858 non-null    object
 10  year            858 non-null    int64
 11  award_age       858 non-null    int64
 12  born_in         102 non-null    object
 13  bio_image       770 non-null    object
 14  mini_bio        857 non-null    object
dtypes: int64(2), object(13)
memory usage: 100.7+ KB
```

Observe que nossas colunas de datas de nascimento e morte têm o tipo de dados padrão do pandas, que é `object`. Para comparações de datas, precisaremos converter essas colunas para o tipo `datetime64`. Podemos usar o método `to_datetime` do pandas para fazer essa conversão:

```
df.date_of_birth = pd.to_datetime(df.date_of_birth)
df.date_of_death = pd.to_datetime(df.date_of_death)
```

Agora, a execução de `df.info()` deve mostrar duas colunas de datetime:

```
df.info()

...
date_of_birth     858 non-null datetime64[ns, UTC] ❶
date_of_death     559 non-null datetime64[ns, UTC]
...
```

❶ UTC (Tempo Universal Coordenado, em inglês) é o padrão de tempo primário pelo qual o mundo regula relógios e horários. Geralmente, é desejável trabalhar com esse padrão.

O `to_datetime` geralmente funciona sem a necessidade de argumentos adicionais e deve gerar um erro se forem fornecidos dados não baseados em tempo, mas vale a pena verificar as colunas convertidas para ter certeza. No caso do nosso conjunto de dados do Prêmio Nobel, tudo está correto.

Plotagem com o pandas

Tanto as Series quanto os DataFrames do pandas possuem plotagem integrada, que engloba os gráficos Matplotlib mais comuns, alguns dos quais exploramos no último capítulo. Isso torna fácil obter um feedback visual rápido ao interagir com seu DataFrame. E se você deseja visualizar algo um pouco mais complicado, os contêineres do pandas se integram bem com o Matplotlib convencional. Também é possível adaptar os gráficos produzidos pelo pandas usando customizações padrão do Matplotlib.

Vamos ver um exemplo de plotagem integrada do pandas, começando com um gráfico básico da disparidade de gênero nas vitórias do Prêmio Nobel. Notoriamente, o Prêmio Nobel tem sido distribuído de forma desigual entre os gêneros. Vamos ter uma noção rápida dessa disparidade usando um gráfico de barras na categoria de *gênero*. O Exemplo 11-2 gera a Figura 11-1, mostrando a grande diferença, com os homens recebendo 811 dos 858 prêmios em nosso conjunto de dados.

Exemplo 11-2. Usando a plotagem integrada do pandas para ver disparidades de gênero

```
by_gender = df.groupby('gender')
by_gender.size().plot(kind='bar')
```

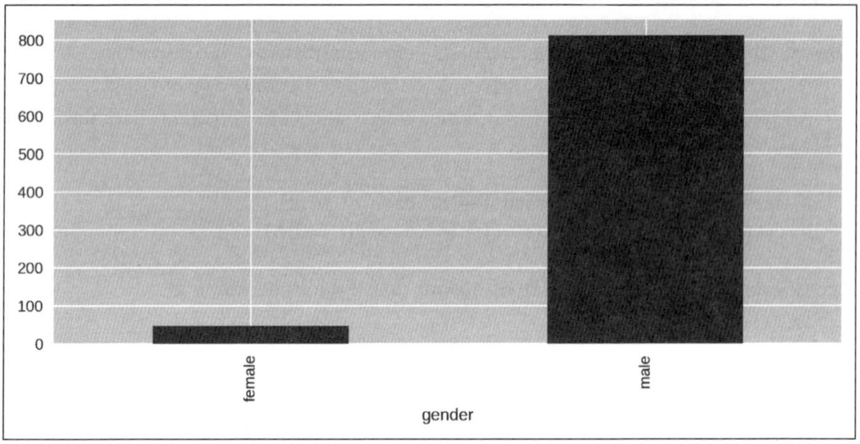

Figura 11-1. Contagem de prêmios por gênero

No Exemplo 11-2, a Series produzida pelo método `size` do grupo de gênero possui seu próprio método `plot` integrado, que transforma os números brutos em um gráfico:

```
by_gender.size()
Out:
gender
female     47
male      811
dtype: int64
```

Além do gráfico de linha padrão, o método `plot` do pandas aceita um argumento `kind` para selecionar entre outros possíveis gráficos. Entre os mais comumente usados estão:

- `bar` ou `barh` (*h* de horizontal) para gráficos de barras
- `hist` para um histograma
- `box` para um box plot
- `scatter` para gráficos de dispersão

Você pode encontrar uma lista completa dos gráficos integrados do pandas na documentação, assim como algumas funções de plotagem do pandas que aceitam DataFrames e Series como argumentos.

Vamos estender nossa investigação sobre as disparidades de gênero e começar a expandir nosso conhecimento em plotagem.

Disparidades de Gênero

Vamos analisar os números de gênero mostrados na Figura 11-1 por categoria de prêmio. O método `groupby` do pandas pode receber uma lista de colunas para agrupar, com cada grupo sendo acessado por múltiplas chaves:

```
by_cat_gen = df.groupby(['category','gender'])

by_cat_gen.get_group(('Physics', 'female'))[['name', 'year']] ❶
```

❶ Obtém um grupo usando uma chave de categoria e gênero:

```
Out:
                        name  year
269    Maria Goeppert-Mayer  1963
612  Marie Skłodowska-Curie  1903
```

Usar o método `size` para obter o tamanho desses grupos retorna uma Series com um `MultiIndex` que rotula os valores por categoria e gênero:

```
by_cat_gen.size()

Out:
category                gender
Chemistry               female      4
                        male      167
Economics               female      1
                        male       74
...
Physiology or Medicine  female     11
                        male      191
dtype: int64
```

Podemos plotar esta Series com múltiplos índices diretamente, usando `hbar` como o argumento `kind` para produzir um gráfico de barras horizontal. Este código produz a Figura 11-2.

```
by_cat_gen.size().plot(kind='barh')
```

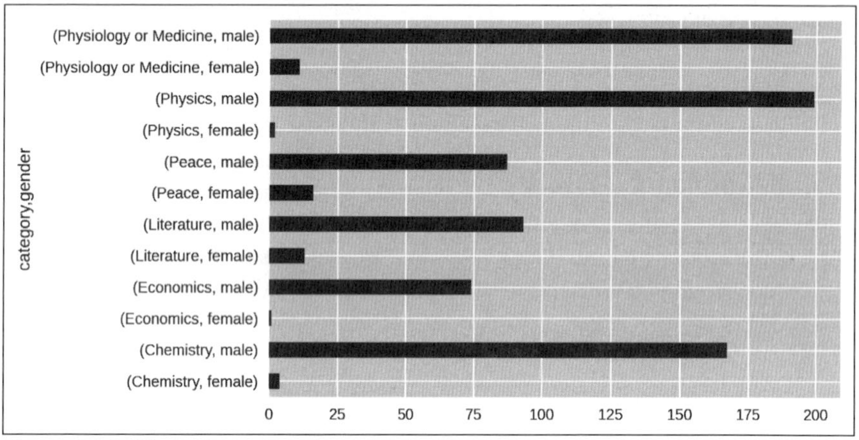

Figura 11-2. Plotando grupos de múltiplas chaves

A Figura 11-2 é um pouco rudimentar e torna a comparação das disparidades de gênero mais difícil do que deveria ser. Vamos refinar nossos gráficos para tornar essas disparidades mais claras.

Desagrupando Grupos

A Figura 11-2 não é o gráfico mais fácil de se interpretar, mesmo que melhoremos a ordenação das barras. Felizmente, a Série do pandas possui um método interessante chamado `unstack` que utiliza os múltiplos índices — nesse caso, gênero e categoria — e os utiliza como colunas e índices, respectivamente, para criar um novo DataFrame. Plotar esse DataFrame nos dá um gráfico muito mais utilizável, já que compara as vitórias de prêmios por gênero. O código a seguir produz a Figura 11-3:

```
by_cat_gen.size().unstack().plot(kind='barh')
```

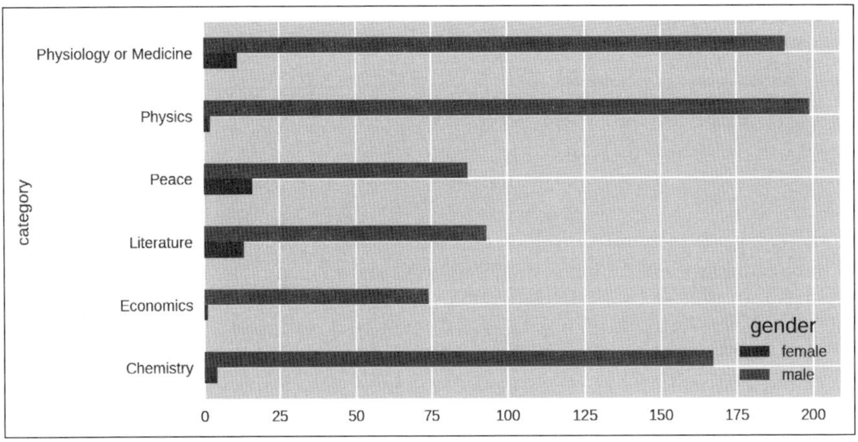

Figura 11-3. Series desagrupada de tamanhos de grupos

A Figura 11-3 mostra uma enorme discrepância entre o número de prêmios masculinos e femininos. Vamos tornar os dados um pouco mais concretos usando o pandas para criar um gráfico mostrando a porcentagem de ganhadoras do sexo feminino por categoria. Também ordenaremos as barras das categorias pelo número de prêmios.

Primeiro, desagruparemos o grupo `by_cat_gen` para produzir um DataFrame `cat_gen_sz`:

```
cat_gen_sz = by_cat_gen.size().unstack()
cat_gen_sz.head()

gender      female  male
category
Chemistry        4   167
Economics        1    74
Literature      13    93
Peace           16    87
Physics          2   199
```

Realizaremos a manipulação com pandas em duas etapas para fins de demonstração, usando duas novas colunas para armazenar nossos novos dados. Primeiro, criaremos uma coluna contendo a proporção de ganhadoras do sexo feminino em relação ao número total de ganhadores:

```
cat_gen_sz['ratio'] = cat_gen_sz.female /\ ❶
                      (cat_gen_sz.female + cat_gen_sz.male)
cat_gen_sz.head()
```

❶ A barra invertida evita que o Python gere um erro, já que se trata de uma operação de divisão.

```
ender        female  male     ratio
category
Chemistry        4   167  0.023392
Economics        1    74  0.013333
Literature      13    93  0.122642
Peace           16    87  0.155340
Physics          2   199  0.009950
```

Com a coluna de proporção em vigor, podemos criar uma coluna contendo a porcentagem de ganhadoras do sexo feminino multiplicando essa proporção por 100:

```
cat_gen_sz['female_pc'] = cat_gen_sz['ratio'] * 100
```

Vamos plotar essas porcentagens femininas em um gráfico de barras horizontal, definindo um limite de x de 100 (%) e ordenando as categorias pelo número de prêmios:

```
cat_gen_sz = cat_gen_sz.sort_values(by='female_pc', ascending=True)
ax = cat_gen_sz[['female_pc']].plot(kind='barh')
ax.set_xlim([0, 100])
ax.set_xlabel('% of female winners')
```

Podemos ver o novo gráfico na Figura 11-4, que mostra claramente a discrepância nos totais de prêmios por gênero.

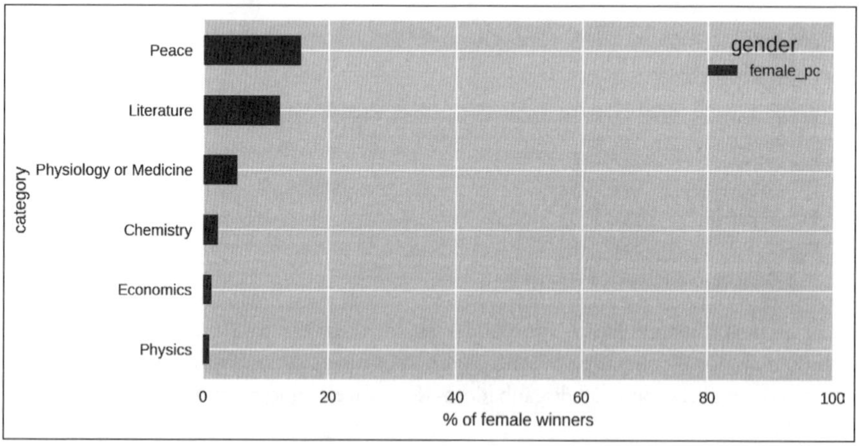

Figura 11-4. Porcentagem de ganhadoras por categoria de prêmio

Ignorando a categoria Economia, uma adição recente e controversa às categorias do Prêmio Nobel, a Figura 11-4 mostra que a maior discrepância no número de ganhadores masculinos e femininos está na categoria Física, com apenas duas ganhadoras do sexo feminino. Vamos nos lembrar quem são elas:

```
df[(df.category == 'Physics') & (df.gender == 'female')]\
    [['name', 'country','year']]
```

```
Out:
                          name        country  year
269     Maria Goeppert-Mayer  United States  1963
612  Marie Skłodowska-Curie         Poland  1903
```

Embora a maioria das pessoas tenha ouvido falar de Marie Curie, que é na verdade uma das quatro ilustres ganhadoras de dois Prêmios Nobel, poucas pessoas conhecem Maria Goeppert-Mayer.[1] Isso é surpreendente, dada a busca por incentivar as mulheres na ciência. Gostaria que minha visualização permitisse que as pessoas descobrissem e aprendessem um pouco sobre Maria Goeppert-Mayer.

Tendências Históricas

Seria interessante ver se houve algum aumento na alocação de prêmios para mulheres nos últimos anos. Uma forma de visualizar isso seria por meio de barras agrupadas ao longo do tempo. Vamos criar um gráfico rápido, utilizando `unstack` como na Figura 11-3, mas usando as colunas de ano e gênero:

```
by_year_gender = df.groupby(['year','gender'])
year_gen_sz = by_year_gender.size().unstack()
year_gen_sz.plot(kind='bar', figsize=(16,4))
```

Na Figura 11-5, o gráfico de difícil leitura produzido, é apenas funcional. A tendência na distribuição de prêmios para mulheres pode ser observada, mas o gráfico possui muitos problemas. Vamos usar a notável flexibilidade do Matplotlib e do pandas para corrigi-los.

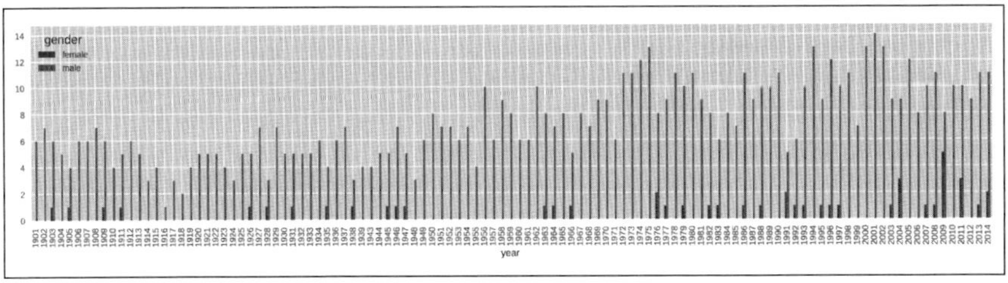

Figura 11-5. Prêmios por ano e gênero

[1] Curiosamente, ninguém que eu tenha perguntado pessoalmente ou em audiências de palestras sabia o nome da outra mulher ganhadora do Prêmio Nobel de Física.

A primeira coisa que precisamos fazer é reduzir o número de rótulos no eixo x. Por padrão, o Matplotlib irá rotular cada barra ou grupo de barras de um gráfico de barras, o que, no caso de cem anos de prêmios, cria uma confusão de rótulos. O que precisamos é da capacidade de diminuir o número de rótulos do eixo conforme desejado. Existem várias maneiras de fazer isso no Matplotlib; vou demonstrar a que considero mais confiável. É algo que você provavelmente vai querer reutilizar, então faz sentido colocá-lo em uma função dedicada. O Exemplo 11-3 mostra uma função para reduzir o número de marcas no eixo x.

Exemplo 11-3. Reduzindo o número de rótulos no eixo x

```
def thin_xticks(ax, tick_gap=10, rotation=45):
    """ Thin x-ticks and adjust rotation """
    ticks = ax.xaxis.get_ticklocs() ❶
    ticklabels = [l.get_text()
                  for l in ax.xaxis.get_ticklabels()] ❶
    # Define os novos locais das marcas e rótulos em um intervalo
    # de tick_gap (default +10+):
    ax.xaxis.set_ticks(ticks[::tick_gap])
    ax.xaxis.set_ticklabels(ticklabels[::tick_gap],
                            rotation=rotation) ❷
    ax.figure.show()
```

❶ Obtém as localizações e rótulos existentes das marcas no eixo x.

❷ Gira os rótulos para melhor legibilidade, por padrão em uma diagonal ascendente.

Além da necessidade de reduzir o número de marcas, o eixo x na Figura 11-5 possui um intervalo descontínuo, faltando os anos de 1939 a 1945 da Segunda Guerra Mundial, durante os quais nenhum Prêmio Nobel foi concedido. Queremos ver essas lacunas, então precisamos definir manualmente o intervalo do eixo x para incluir todos os anos desde o início do Prêmio Nobel até o dia atual.

Os tamanhos atuais do grupo desagrupado usam um índice de ano automático:

```
by_year_gender = df.groupby(['year', 'gender'])
by_year_gender.size().unstack()
Out:
gender  female  male
year
1901       NaN   6.0
1902       NaN   7.0
...
2014        2.0   11.0
[111 rows x 2 columns]
```

Para vermos quaisquer lacunas na distribuição dos prêmios, tudo o que precisamos fazer é reindexar essa Series com uma que contenha a gama completa de anos:

```
new_index = pd.Index(np.arange(1901, 2015), name='year') ❶
by_year_gender = df.groupby(['year','gender'])
year_gen_sz = by_year_gender.size().unstack()
  .reindex(new_index) ❷
```

❶ Aqui, criamos um índice de gama completa chamado `year`, abrangendo todos os anos do Prêmio Nobel.

❷ Substituímos nosso índice descontínuo pelo novo contínuo.

Outro problema com a Figura 11-5 é o número excessivo de barras. Embora tenhamos barras masculinas e femininas lado a lado, parece bastante confuso e possui artefatos de aliasing também. É melhor ter gráficos dedicados para masculino e feminino, mas empilhados para permitir uma comparação fácil. Podemos alcançar isso usando o método de subplot que vimos em "Eixos e Subplots" na página 255, usando os dados do pandas, mas personalizando o gráfico usando nosso conhecimento do Matplotlib. O Exemplo 11-4 mostra como fazer isso, produzindo o gráfico na Figura 11-6.

Exemplo 11-4. Prêmios de gênero empilhados por ano

```
new_index = pd.Index(np.arange(1901, 2015), name='year')
by_year_gender = df.groupby(['year','gender'])

year_gen_sz = by_year_gender.size().unstack().reindex(new_index)

fig, axes = plt.subplots(nrows=2, ncols=1, ❶
            sharex=True, sharey=True, figsize=(16, 8)) ❷

ax_f = axes[0]
ax_m = axes[1]

fig.suptitle('Nobel Prize-winners by gender', fontsize=16)

ax_f.bar(year_gen_sz.index, year_gen_sz.female) ❸
ax_f.set_ylabel('Female winners')

ax_m.bar(year_gen_sz.index, year_gen_sz.male)
ax_m.set_ylabel('Male winners')

ax_m.set_xlabel('Year')
```

❶ Cria dois eixos, em uma grade de duas (linhas) por uma (coluna).

❷ Compartilharemos os eixos x e y, o que tornará as comparações entre os dois gráficos mais sensatas.

❸ Fornecemos o método de gráfico de barras (`bar`) do eixo com o índice contínuo de anos e as colunas de gênero não empilhadas.

A conclusão de nossa investigação sobre as distribuições de gênero é que há uma enorme discrepância, mas, como mostrado pela Figura 11-6, uma ligeira melhoria nos últimos anos. Além disso, com Economia sendo um caso atípico, a diferença é maior nas ciências. Dado o número relativamente pequeno de ganhadoras de prêmios, não há muito mais a ser observado aqui.

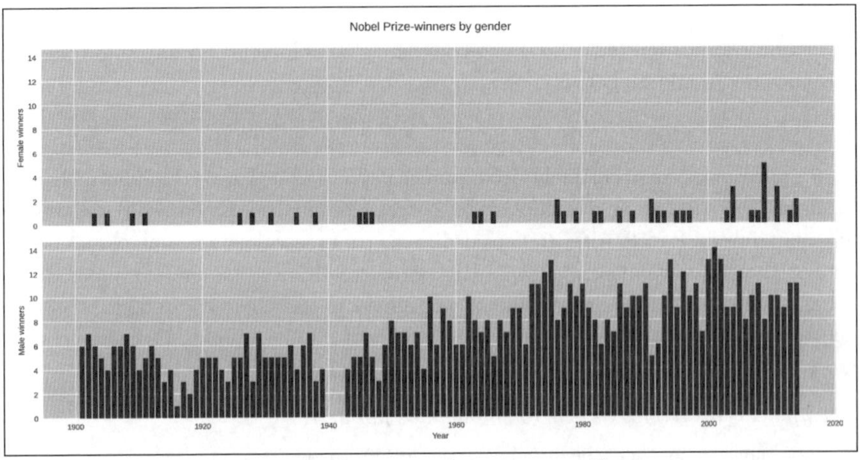

Figura 11-6. Prêmios por ano e gênero, em dois eixos empilhados

Agora, vamos dar uma olhada nas tendências nacionais de vitórias em prêmios e ver se há algum detalhe interessante para visualização.

Tendências Nacionais

O ponto de partida óbvio ao analisar as tendências nacionais é traçar o número absoluto de ganhadores de prêmios. Isso é fácil de fazer em uma linha de código do pandas, dividida aqui para facilitar a leitura:

```
df.groupby('country').size().order(ascending=False)
        .plot(kind='bar', figsize=(12,4))
```

Isso produz a Figura 11-7, mostrando os Estados Unidos com a maior parte dos prêmios.

O número absoluto de prêmios tenderá a favorecer países com grandes populações. Vamos olhar para uma comparação mais justa, visualizando prêmios per capita.

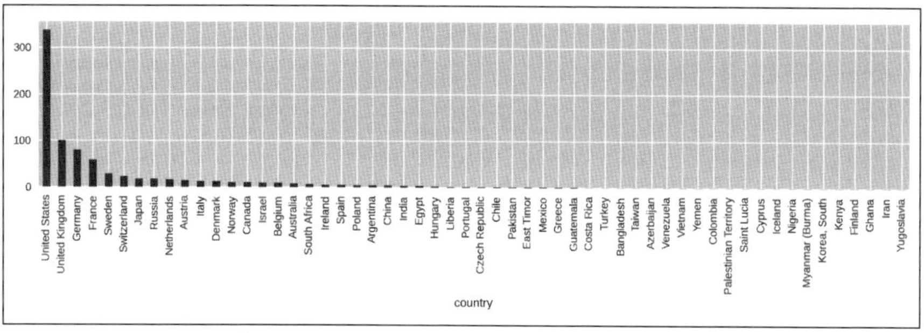

Figura 11-7. Vitórias de prêmios em termos absolutos por país

Ganhadores de Prêmios per Capita

O número absoluto de ganhadores de prêmios tenderá a favorecer países maiores, o que levanta a questão: como os números se comparam se considerarmos os tamanhos das populações? Para testar o número de prêmios per capita, precisamos dividir os números absolutos de prêmios pelo tamanho da população. Em "Obtendo Dados de Países para Visualização de Dados do Nobel" na página 130, baixamos alguns dados dos países da web e os armazenamos como arquivo JSON. Vamos recuperá-lo agora e usá-lo para produzir um gráfico de prêmios em relação ao tamanho da população.

Primeiro, vamos obter os tamanhos do grupos nacionais, com nomes de países como etiquetas de índice:

```
nat_group = df.groupby('country')
ngsz = nat_group.size()
ngsz.index
Out:
Index([u'Argentina', u'Australia', u'Austria', u'Azerbaijan',...])
```

Agora, vamos carregar nossos dados de país em um DataFrame e relembrar os dados que ele contém:

```
df_countries = pd.read_json('data/winning_country_data.json',\
                            orient='index')

df_countries.loc['Japan'] # países indexados por nome

Out:
gini                    38.1
name                   Japan
alpha3Code               JPN
area                377930.0
latlng          [36.0, 138.0]
capital                Tokyo
population         127080000
Name: Japan, dtype: object
```

Nosso conjunto de dados dos países já está indexado pela coluna `name`. Se adicionarmos a ele a Series `ngsz` de tamanhos de grupos nacionais, que também possui um índice de nomes de países, os dois se combinarão nos índices compartilhados, dando ao nosso conjunto de dados dos países uma nova coluna `nobel_wins`. Podemos então usar essa nova coluna para criar `nobel_wins_per_capita`, dividindo-a pelo tamanho da população:

```
df_countries = df_countries.set_index('name')
df_countries['nobel_wins'] = ngsz
df_countries['nobel_wins_per_capita'] =\
    df_countries.nobel_wins / df_countries.population
```

Agora só precisamos ordenar o DataFrame `df_countries` pela nova coluna `nobel_wins_per_cap` e plotar os prêmios Nobel per capita, produzindo a Figura 11-8:

```
df.countries.sort_values(by='nobel_wins_per_capita',\
    ascending=False).nobel_per_capita.plot(kind='bar',\
    figsize=(12, 4))
```

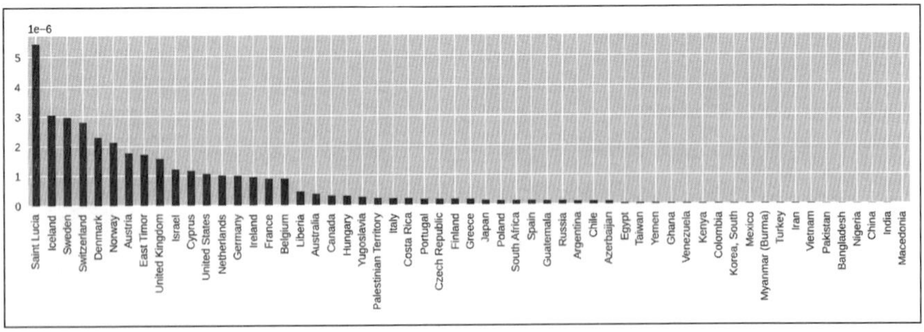

Figura 11-8. Números de prêmios per capita

Isso mostra a ilha caribenha de Santa Lúcia em primeiro lugar. Lar do poeta ganhador do Prêmio Nobel Derek Walcott, sua pequena população de 175 mil habitantes lhe confere um alto número de Prêmios Nobel per capita.

Vamos ver como as coisas se comparam com os países maiores filtrando os resultados para os países que ganharam mais de dois Prêmios Nobel:

```
df_countries[df_countries.nobel_wins > 2]\
        .sort_values(by='nobel_wins_per_capita', ascending=False)\
        .nobel_wins_per_capita.plot(kind='bar')
```

Os resultados na Figura 11-9 mostram os países escandinavos e a Suíça se destacando.

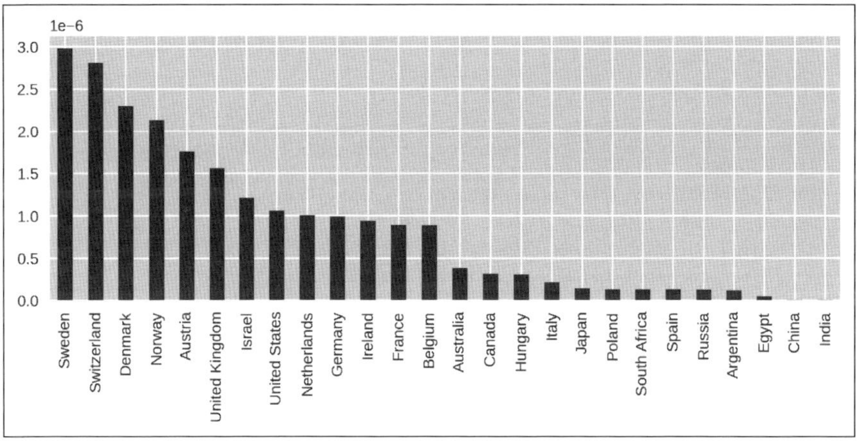

Figura 11-9. Números de prêmios nacionais per capita, filtrados para três ou mais prêmios

Mudar a métrica para contagem de prêmios nacionais de absoluta para per capita faz uma grande diferença. Vamos agora refinar um pouco nossa pesquisa e focar as categorias de prêmios, procurando informações interessantes.

Prêmios por Categoria

Vamos aprofundar um pouco nos dados absolutos de prêmios e analisar as vitórias por categoria. Isso requer agrupamento por país e coluna de categoria, obtenção do tamanho desses grupos, desempilhamento da Series resultante e depois plotagem das colunas do DataFrame resultante. Primeiro, obtenhamos nossas categorias com tamanhos de grupos por país:

```
nat_cat_sz = df.groupby(['country', 'category']).size()
.unstack()
nat_cat_sz
Out:
category      Chemistry  Economics  Literature  Peace  \...
country
Argentina             1        NaN         NaN      2
Australia           NaN          1           1    NaN
Austria               3          1           1      2
Azerbaijan          NaN        NaN         NaN    NaN
Bangladesh          NaN        NaN         NaN      1
```

Em seguida, usamos o DataFrame `nat_cat_sz` para produzir subplots para as seis categorias do Prêmio Nobel:

```
COL_NUM = 2
ROW_NUM = 3

fig, axes = plt.subplots(ROW_NUM, COL_NUM, figsize=(12,12))

for i, (label, col) in enumerate(nat_cat_sz.items()): ❶
    ax = axes[i//COL_NUM, i%COL_NUM] ❷
    col = col.order(ascending=False)[:10] ❸
    col = col.sort_values(ascending=True) ❹
    col.plot(kind='barh', ax=ax)
    ax.set_title(label)

plt.tight_layout() ❺
```

❶ `items` retorna um iterador para as colunas do DataFrame na forma de tuplas (column_label, coluna).

❷ O Python 3 adquiriu o prático operador de divisão de inteiros `//`, que retorna o valor inteiro arredondado para baixo da divisão.

❸ `order` ordena a Series da coluna fazendo primeiro uma cópia. É equivalente a `sort(inplace=False)`.

❹ Tendo cortado os 10 maiores países, agora revertemos a ordem para criar o gráfico de barras, que é plotado de baixo para cima, apresentando os maiores países no topo.

❺ `tight_layout` deve evitar sobreposições de rótulos entre os subplots. Se tiver problemas com `tight_layout`, consulte a parte final de "Títulos e Rótulos de Eixos" na página 252.

Isso produz os gráficos na Figura 11-10.

Alguns aspectos interessantes da Figura 11-10 são o domínio avassalador dos Estados Unidos no Prêmio de Economia, refletindo um consenso econômico pós-Segunda Guerra Mundial, e a liderança da França no Prêmio de Literatura.

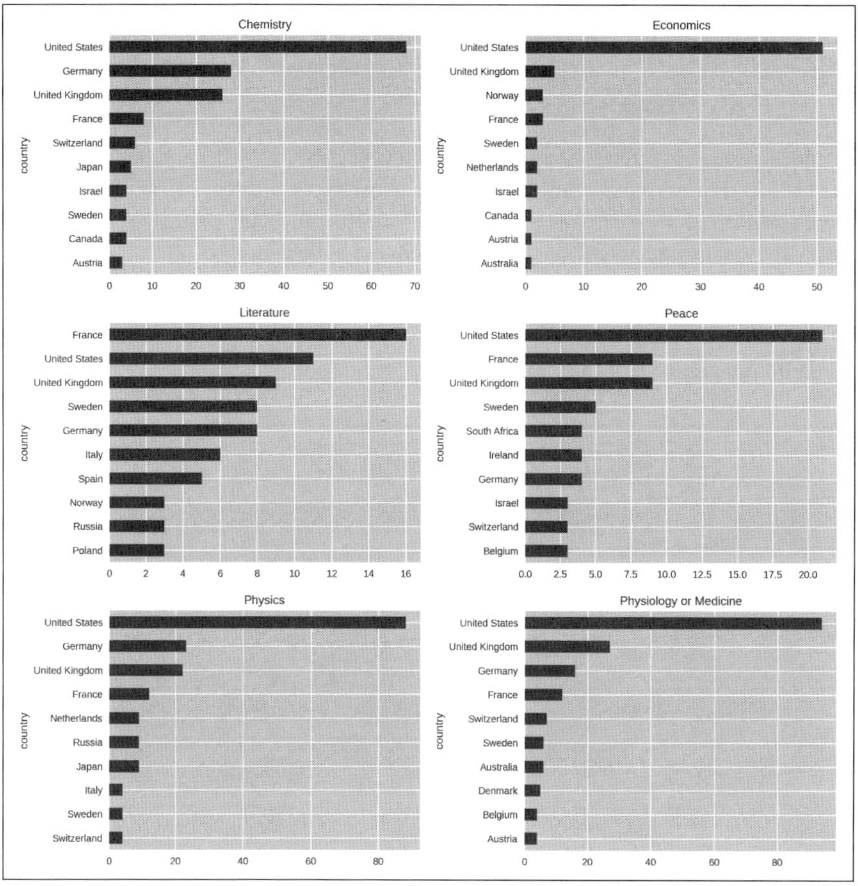

Figura 11-10. Prêmios por país e por categoria

Tendências Históricas na Distribuição de Prêmios

Agora que conhecemos as estatísticas agregadas de prêmios por país, existe alguma tendência histórica interessante na distribuição de prêmios? Vamos explorar isso com alguns gráficos de linha.

Primeiro, aumentaremos o tamanho padrão da fonte para 20 pontos para tornar os rótulos do gráfico mais legíveis:

```
plt.rcParams['font.size'] = 20
```

Vamos analisar a distribuição de prêmios por ano e por país, então precisaremos de um novo DataFrame não empilhado com base nessas duas colunas. Como anteriormente, adicionamos um `new_index` para fornecer anos contínuos:

```
new_index = pd.Index(np.arange(1901, 2015), name='year')

by_year_nat_sz = df.groupby(['year', 'country'])\
    .size().unstack().reindex(new_index)
```

A tendência que nos interessa é a soma cumulativa de Prêmios Nobel por país ao longo de sua história. Podemos explorar ainda mais as tendências em categorias individuais, mas por enquanto vamos olhar para o total geral. O pandas possui um prático método `cumsum` para isso. Vamos pegar a coluna dos Estados Unidos e plotá-la:

```
by_year_nat_sz['United States'].cumsum().plot()
```

Isso produz o gráfico na Figura 11-11.

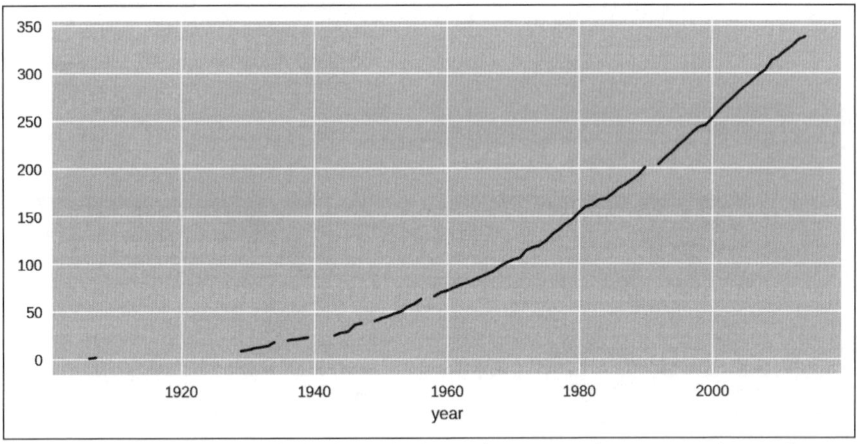

Figura 11-11. Soma acumulada de ganhadores de prêmios dos EUA ao longo do tempo

As lacunas no gráfico de linha são onde os campos estão como `NaN`, anos em que os EUA não ganharam prêmios. O algoritmo `cumsum` retorna `NaN` aqui. Vamos preencher esses espaços com zero para remover as lacunas:

```
by_year_nat_sz['United States'].fillna(0)
    .cumsum().plot()
```

Isso produz o gráfico mais limpo mostrado na Figura 11-12.

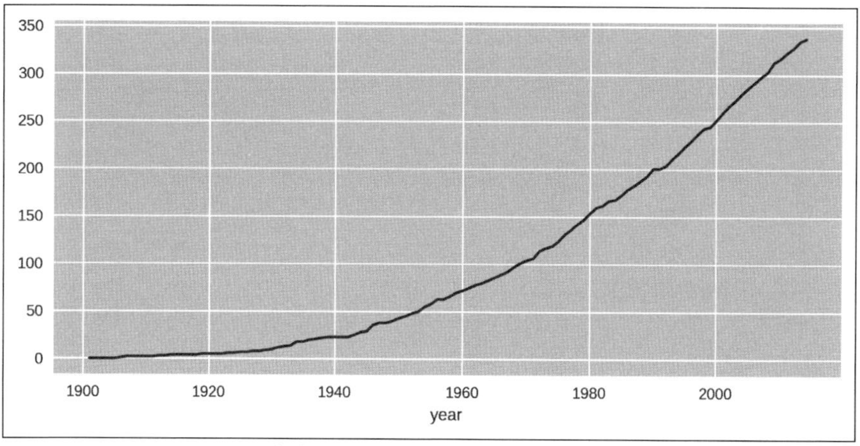

Figura 11-12. Soma acumulada de ganhadores de prêmios dos EUA ao longo do tempo

Vamos comparar a taxa de prêmios dos EUA com a do resto do mundo:

```
by_year_nat_sz = df.groupby(['year', 'country'])
    .size().unstack().fillna(0)

not_US = by_year_nat_sz.columns.tolist() ❶
not_US.remove('United States')

by_year_nat_sz['Not US'] = by_year_nat_sz[not_US].sum(axis=1) ❷
ax = by_year_nat_sz[['United States', 'Not US']]\
    .cumsum().plot(style=['-', '--']) ❸
```

❶ Obtém a lista dos nomes das colunas de países e remove "Estados Unidos"

❷ Usa nossa lista de nomes de países que não são os EUA para criar uma coluna `'Not_US'`, que é a soma de todos os prêmios para os países na lista `not_US`.

❸ Por padrão, as linhas nos gráficos do pandas são coloridas. Para distingui-las no livro impresso, podemos usar o argumento `style` para fazer uma linha sólida (-) e a outra tracejada (--), usando os estilos de linha do Matplotlib (consulte a documentação para mais detalhes).

Este código produz o gráfico mostrado na Figura 11-13.

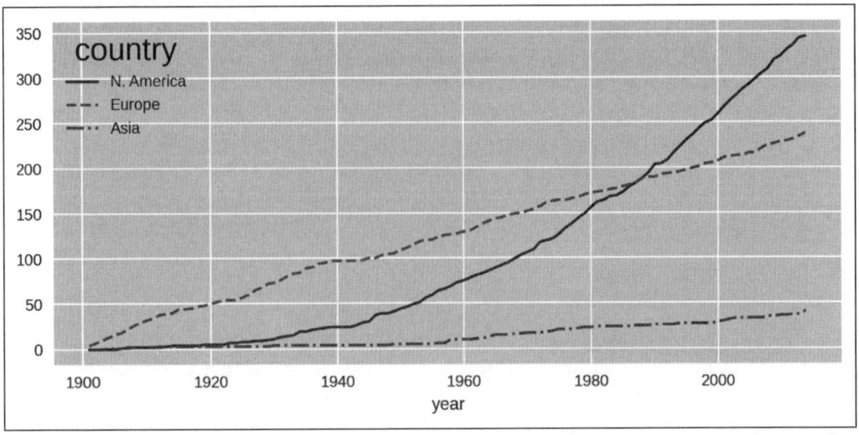

Figura 11-13. Quantidade de prêmios dos Estamos Unidos versus o resto do mundo

Enquanto a coleção `'Not_US'` mostra um aumento constante ao longo dos anos do prêmio, os Estados Unidos mostram um aumento rápido próximo do fim da Segunda Guerra Mundial. Vamos investigar isso mais a fundo, analisando as diferenças regionais. Vamos nos concentrar nos dois ou três maiores ganhadores da América do Norte, Europa e Ásia:

```
by_year_nat_sz = df.groupby(['year', 'country'])\
    .size().unstack().reindex(new_index).fillna(0)

regions = [ ❶
    {'label':'N. America',
      'countries':['United States', 'Canada']},
    {'label':'Europe',
     'countries':['United Kingdom', 'Germany', 'France']},
    {'label':'Asia',
     'countries':['Japan', 'Russia', 'India']}
]

for region in regions: ❷
    by_year_nat_sz[region['label']] =\
        by_year_nat_sz[region['countries']].sum(axis=1)

by_year_nat_sz[[r['label'] for r in regions]].cumsum()\
  .plot(style=['-', '--', '-.']) # estilo de linha sólida, tracejada, traço e ponto ❸
```

❶ Nossa lista de países continentais é criada selecionando os dois ou três maiores ganhadores nos três continentes comparados.

❷ Cria uma nova coluna com um rótulo de região para cada `dict` na lista de `regions`, somando seus membros `countries`.

❸ Plota a soma cumulativa de todas as novas colunas de região.

Isso nos dá o gráfico na Figura 11-14. A quantidade de prêmios da Ásia aumentou ligeiramente ao longo dos anos, mas o ponto principal a ser observado é o grande aumento nos prêmios da América do Norte por volta de meados da década de 1940, ultrapassando uma Europa em declínio em prêmios totais por volta de meados da década de 1980.

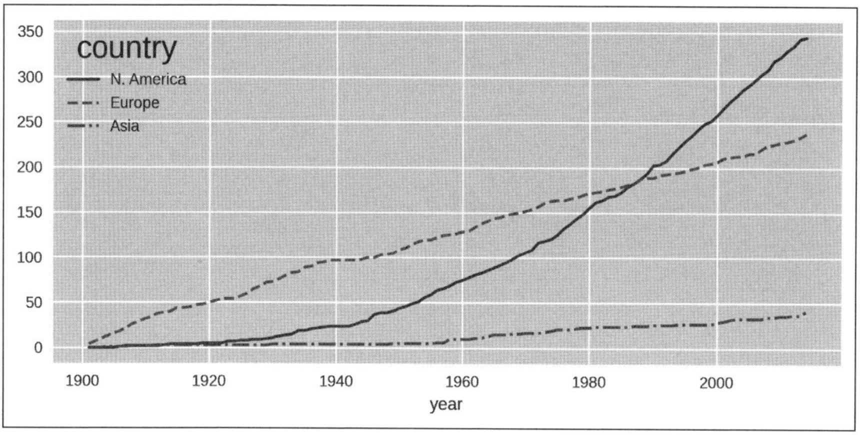

Figura 11-14. Tendências históricas de prêmios por região

Vamos ampliar os detalhes dos gráficos nacionais anteriores resumindo as taxas de prêmios para os 16 maiores ganhadores, excluindo os Estados Unidos:

```
COL_NUM = 4
ROW_NUM = 4

by_nat_sz = df.groupby('country').size()
by_nat_sz.sort_values(ascending=False,\
    inplace=True) ❶

fig, axes = plt.subplots(COL_NUM, ROW_NUM,\ ❷
    sharex=True, sharey=True, ❷
    figsize=(12,12))

for i, nat in enumerate(by_nat.index[1:17]): ❸
    ax = axes[i/COL_NUM, i%ROW_NUM]
    by_year_nat_sz[nat].cumsum().plot(ax=ax) ❹
    ax.set_title(nat)
```

❶ Classifica nossos grupos de países de maiores a menores quantidades de prêmios.

❷ Obtém uma grade 4×4 de eixos com eixos x e y compartilhados para comparação normalizada.

❸ Enumera sobre o índice ordenado a partir da segunda linha (1), excluindo os EUA (0).

❹ Seleciona a coluna de nomes de países `nat` e plota sua soma cumulativa de prêmios no eixo da grade `ax`.

Isso produz a Figura 11-15, que mostra algumas nações como Japão, Austrália e Israel em ascensão histórica, enquanto outras se estabilizam.

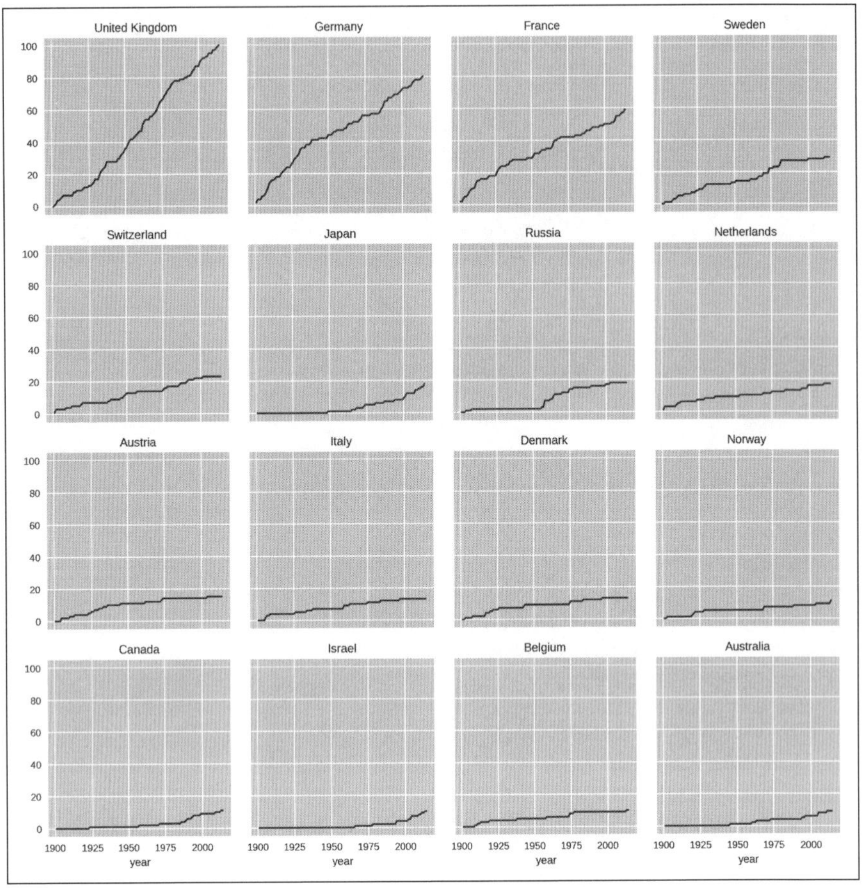

Figura 11-15. Taxas de prêmio para os 16 maiores ganhadores nacionais após os EUA

Outra maneira interessante de resumir as taxas de prêmios nacionais ao longo do tempo é usando um mapa de calor e dividindo os totais por década. A biblioteca seaborn fornece um bom mapa de calor. Vamos importá-la e usar seu método `set` para aumentar o tamanho da fonte de seus rótulos, escalando-os:

```
import seaborn as sns

sns.set(font_scale = 1.3)
```

A divisão dos dados em partes é conhecida como agrupamento, pois cria agrupamentos de dados. O pandas possui um método útil chamado `cut`, exatamente para esse trabalho, que recebe uma coluna de valores contínuos — no nosso caso, os anos do Prêmio Nobel — e retorna intervalos de um tamanho especificado. É possível fornecer o resultado do método `cut` para o método `groupby` do DataFrame e ele agrupará pelo intervalo dos valores indexados. O código a seguir produz a Figura 11-16:

```
bins = np.arange(df.year.min(), df.year.max(), 10) ❶

by_year_nat_binned = df.groupby('country',\
    [pd.cut(df.year, bins, precision=0)])\ ❷
    .size().unstack().fillna(0)

plt.figure(figsize=(8, 8))

sns.heatmap(\
  by_year_nat_binned[by_year_nat_binned.sum(axis=1) > 2],\ ❸
  cmap='rocket_r') ❹
```

❶ Obtém nossos intervalos agrupados por décadas a partir de 1901 (1901, 1911, 1921...).

❷ Divide nossos anos do Prêmio Nobel em décadas usando os intervalos de `bins` com `precision` definida como `0` para obter anos inteiros.

❸ Antes de criar o mapa de calor, filtramos os países com mais de dois Prêmios Nobel.

❹ Usamos o mapa de calor contínuo `rocket_r` para destacar as diferenças. Confira todas as paletas de cores do pandas na documentação do seaborn.

A Figura 11-16 captura algumas tendências interessantes, como o breve florescimento da Rússia na década de 1950, que diminuiu por volta da década de 1980.

Agora que investigamos as nações ganhadoras do Prêmio Nobel, vamos direcionar nossa atenção para os ganhadores individuais. Será que podemos descobrir algo interessante sobre eles usando os dados disponíveis?

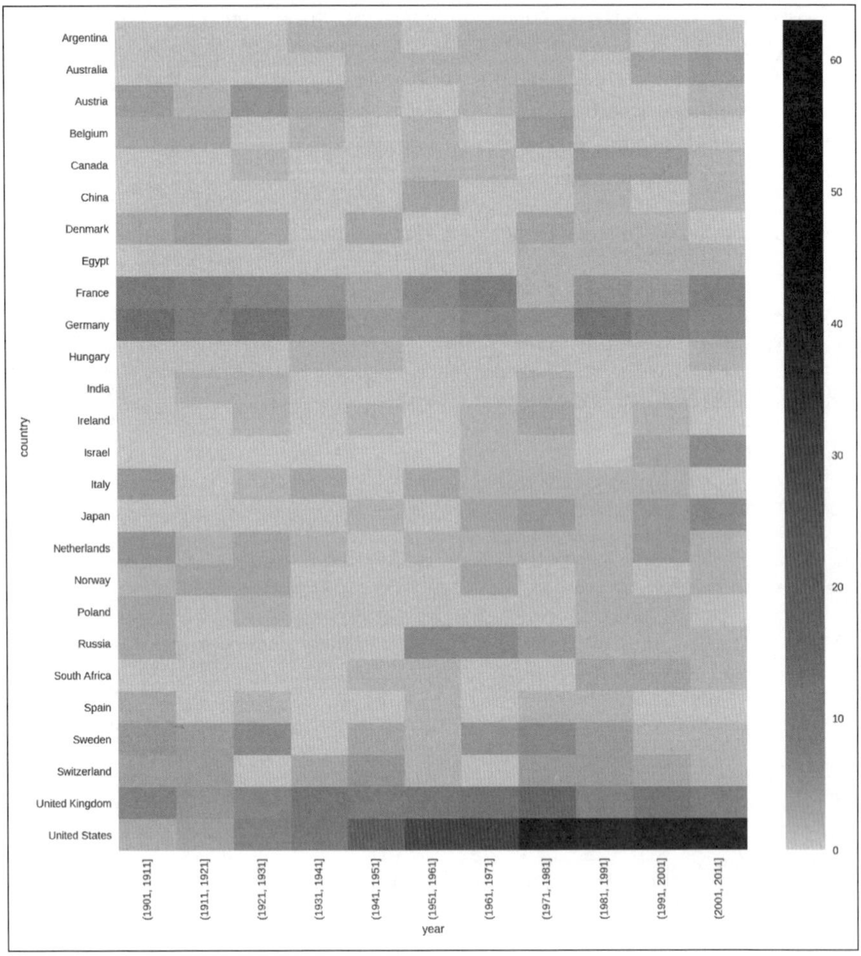

Figura 11-16. Quantidade de prêmios Nobel das nações por década

Idade e Expectativa de Vida dos Ganhadores

Temos a data de nascimento de todos os nossos ganhadores e a data de falecimento de 559 deles. Combinado com o ano em que conquistaram seus prêmios, temos uma quantidade significativa de dados individuais para analisar. Vamos investigar a distribuição de idades dos ganhadores e tentar obter alguma ideia sobre a longevidade dos premiados.

Idade na Época do Prêmio

No Capítulo 9, adicionamos uma coluna 'award_age' ao nosso conjunto de dados do Prêmio Nobel, subtraindo a idade dos ganhadores de seus anos de premiação. Uma maneira rápida e fácil é usar o gráfico de histograma do pandas para avaliar essa distribuição:

```
df['award_age'].hist(bins=20)
```

Aqui, exigimos que os dados de idade sejam divididos em 20 intervalos. Isso gera a Figura 11-17, mostrando que o início dos anos 60 é um momento favorável para o prêmio e, se você não o conquistou até os 100 anos, provavelmente não acontecerá. Observe o valor atípico em torno de 20, que é a agraciada com o Prêmio da Paz aos 17 anos, Malala Yousafzai.

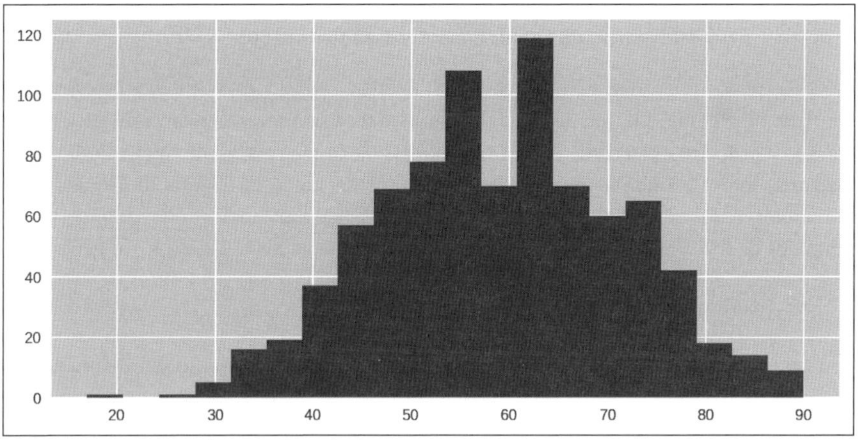

Figura 11-17. Distribuição das idades na época no prêmio

Podemos usar o `displot` do seaborn para ter uma compreensão melhor da distribuição, adicionando uma estimativa de densidade kernel (KDE)[2] ao histograma. A seguinte linha de código produz a Figura 11-18, mostrando que nosso ponto favorável está em torno de 60 anos de idade:

```
sns.displot(df['award_age'], kde=True, height=4, aspect=2)
```

[2] Consulte a Wikipédia para mais detalhes. Essencialmente, os dados são suavizados e uma função de densidade de probabilidade é derivada.

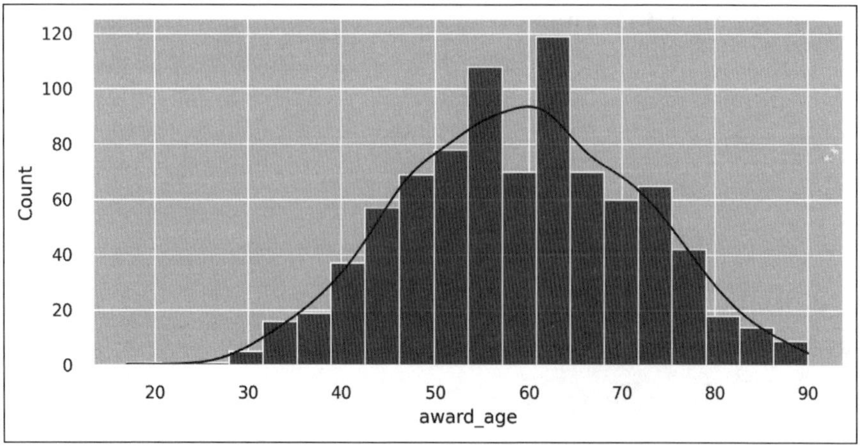

Figura 11-18. Distribuição das idades na época do prêmio com KDE sobreposto

Um box plot é uma boa maneira de visualizar dados contínuos, mostrando os quartis, em que o primeiro e o terceiro marcam as bordas da caixa e o segundo quartil (ou média mediana) marca a linha dentro da caixa. Geralmente, como na Figura 11-19, as linhas horizontais nas extremidades (conhecidas como whisker ends) indicam o máximo e o mínimo dos dados. Vamos usar um box plot do seaborn e dividir os prêmios por gênero:

```
sns.boxplot(df, x='gender', y='award_age')
```

Isso gera a Figura 11-19, que mostra que as distribuições por gênero são semelhantes, com as mulheres tendo uma média de idade ligeiramente mais baixa. Observe que, com bem menos ganhadoras, suas estatísticas estão sujeitas a um grau maior de incerteza.

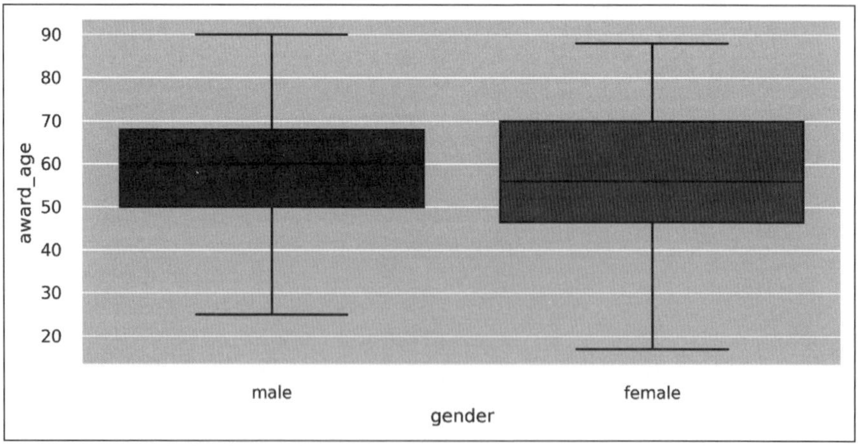

Figura 11-19. Idades dos ganhadores por gênero

O violin plot bastante elegante do seaborn combina o box plot convencional com uma estimativa de densidade de kernel para fornecer uma visão mais refinada da distribuição por idade e gênero. O código a seguir produz a Figura 11-20:

```
sns.violinplot(data=df, x='gender', y='award_age')
```

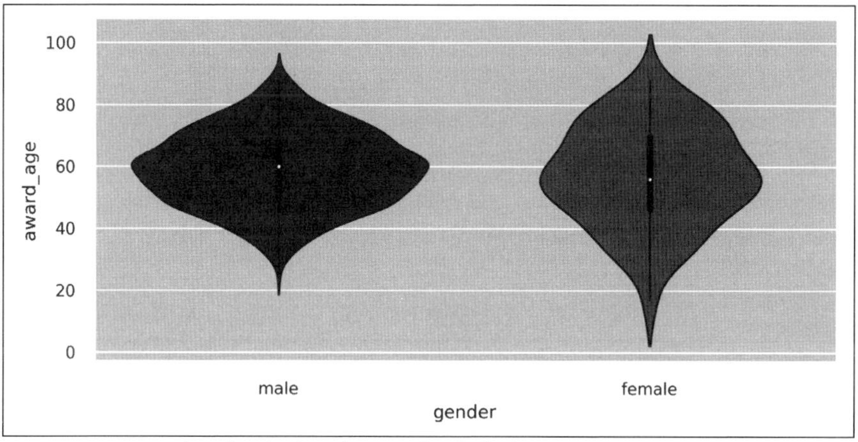

Figura 11-20. Violin plot da distribuição de idade do prêmio por gênero

Expectativa de Vida dos Ganhadores

Agora vamos analisar a longevidade dos ganhadores do Prêmio Nobel, subtraindo as datas de falecimento disponíveis de suas respectivas datas de nascimento. Vamos armazenar esses dados em uma nova coluna `'age_at_death'`:

```
df['age_at_death'] = (df.date_of_death - df.date_of_birth)\
                     .dt.days/365 ❶
```

❶ Dados do tipo `datetime64` podem ser somados e subtraídos de maneira sensata, produzindo uma coluna `timedelta` do pandas. Podemos usar seu método `dt` para obter o intervalo em dias, dividindo isso por 365 para obter a idade no falecimento como um número decimal.

Criamos uma cópia da coluna[3] `'age_at_death'`, removendo todas as linhas vazias com `NaN`. Isso pode então ser usado para criar o histograma e KDE mostrados na Figura 11-21:

```
age_at_death = df[df.age_at_death.notnull()].age_at_death ❶

sns.displot(age_at_death, bins=40, kde=True, aspect=2, height=4)
```

[3] Estamos ignorando os anos bissextos e outros fatores sutis e complicadores na derivação de anos a partir de dias.

❶ Remove todos os `NaN`s para limpar os dados e reduzir erros de plotagem (por exemplo, `distplot` falha com `NaN`s).

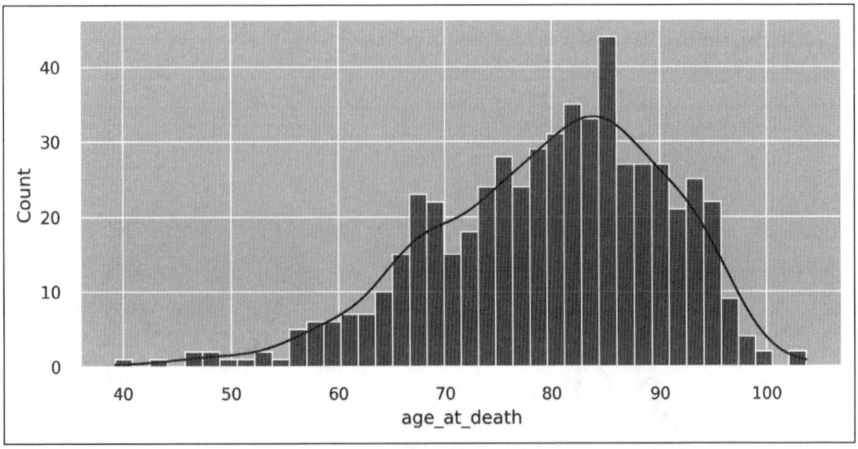

Figura 11-21. Expectativa de vida dos ganhadores do Prêmio Nobel

A Figura 11-21 mostra que os ganhadores do Prêmio Nobel são um grupo notavelmente longevo, com uma idade média no início dos 80 anos. Isso é ainda mais impressionante dado que a grande maioria dos ganhadores são homens, que têm expectativas de vida médias significativamente mais baixas[4] na população em geral do que as mulheres. Um fator contribuinte para essa longevidade é o viés de seleção que vimos anteriormente. Os ganhadores do Prêmio Nobel geralmente não são homenageados até estarem na casa dos 50 e 60 anos, o que elimina a subpopulação que morreu antes de ter a chance de ser reconhecida, elevando as estatísticas de longevidade.

A Figura 11-21 mostra alguns centenários entre os ganhadores do prêmio. Vamos encontrá-los:

```
df[df.age_at_death > 100][['name', 'category', 'year']]
Out:
                      name                category  year
101          Ronald Coase               Economics  1991
328   Rita Levi-Montalcini  Physiology or Medicine 1986
```

Agora vamos sobrepor alguns KDEs para mostrar as diferenças na mortalidade entre os homens e as mulheres premiados:

[4] Dependendo do país, esse período é de cinco a seis anos. Consulte o site Our World in Data para obter algumas estatísticas.

```
df_temp = df_temp[df.age_at_death.notnull()] ❶
sns.kdeplot(df_temp[df_temp.gender == 'male']
    .age_at_death, shade=True, label='male')
sns.kdeplot(df_temp[df_temp.gender == 'female']
    .age_at_death, shade=True, label='female')

plt.legend()
```

❶ Cria um DataFrame com apenas os campos `'age_at_death'` válidos.

Isso produz a Figura 11-22 que, levando em consideração o pequeno número de ganhadoras femininas e a distribuição mais plana, mostra que as médias masculina e feminina são próximas. As ganhadoras do Prêmio Nobel parecem viver vidas relativamente mais curtas do que suas colegas na população em geral.

Figure 11-22. Expectativas de vida dos ganhadores do Prêmio Nobel por gênero

Um gráfico de violino fornece outra perspectiva, mostrada na Figura 11-23:

```
sns.violinplot(data=df, x='gender', y='age_at_death',\
               aspect=2, height=4)
```

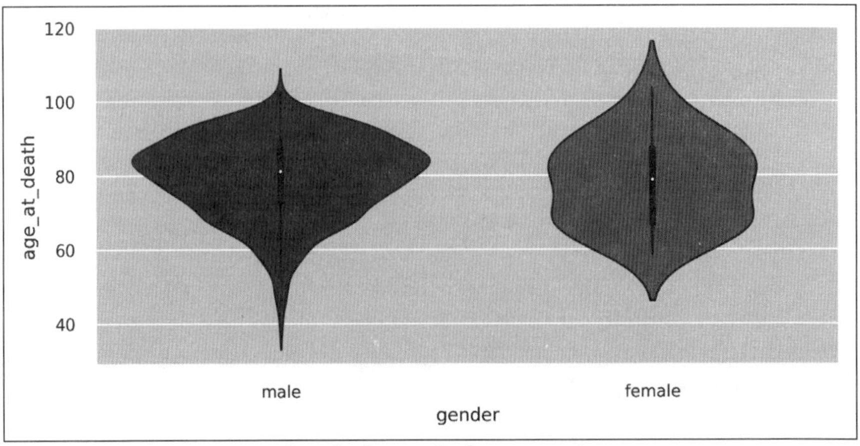

Figure 11-23. Expectativas de vida dos ganhadores por gênero

Aumento das Expectativas de Vida ao Longo do Tempo

Vamos fazer uma pequena análise demográfica histórica para ver se há uma correlação entre a data de nascimento dos ganhadores do Prêmio Nobel e sua expectativa de vida. Vamos usar um dos `lmplots` do seaborn para fornecer um gráfico de dispersão com ajuste de linha e intervalos de confiança (consulte "seaborn" na página 266):

```
df_temp = df[df.age_at_death.notnull()] ❶
data = pd.DataFrame( ❷
    {'age at death':df_temp.age_at_death,
     'date of birth':df_temp.date_of_birth.dt.year})
sns.lmplot(data=data, x='date of birth', y='age at death',
  height=6, aspect=1.5)
```

❶ Cria um novo DataFrame temporário, removendo todas as linhas sem o campo `'age_at_death'`.

❷ Cria um novo DataFrame com apenas as duas colunas de interesse do conjunto refinado. Pegamos apenas o ano a partir de `date_of_birth, usando seu accessor dt.`

Isso produz a Figura 11-24, mostrando um aumento na expectativa de vida de cerca de uma década ao longo da duração do prêmio.

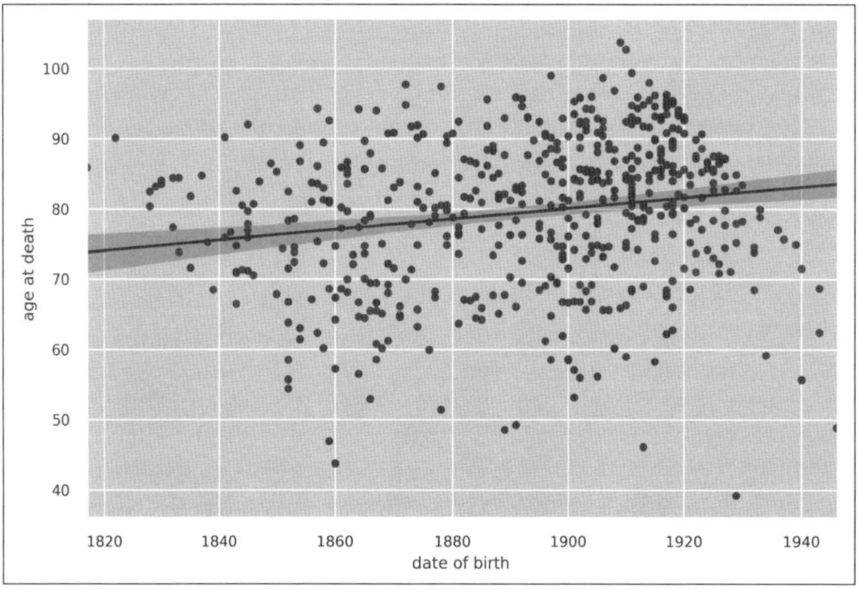

Figura 11-24. Correlação entre data de nascimento e idade no falecimento

A Diáspora do Nobel

Enquanto limpávamos nosso conjunto de dados do Prêmio Nobel no Capítulo 9, encontramos entradas duplicadas registrando o local de nascimento do ganhador e o país no momento da vitória. Preservamos esses dados, o que nos deu 104 ganhadores cujo país no momento da vitória era diferente do país de nascimento. Há uma história a ser contada aqui?

Uma maneira interessante de visualizar os padrões de movimento do país de nascimento dos ganhadores para o país adotado é usando um mapa de calor para mostrar todos os pares `born_in/country`. O seguinte código produz o mapa de calor na Figura 11-25:

```
by_bornin_nat = df[df.born_in.notnull()].groupby(\ ❶
    ['born_in', 'country']).size().unstack()
by_bornin_nat.index.name = 'Born in' ❷
by_bornin_nat.columns.name = 'Moved to'
plt.figure(figsize=(12, 12))

ax = sns.heatmap(by_bornin_nat, vmin=0, vmax=8, cmap="crest",\ ❸
                 linewidth=0.5)
ax.set_title('The Nobel Diaspora')
```

❶ Seleciona todas as linhas com um campo `'born_in'` e forma grupos com base nesse campo e na coluna de país.

❷ Renomeamos o índice de linha e os nomes das colunas para torná-los mais descritivos.

❸ O `heatmap` do seaborn tenta definir os limites corretos para os dados, mas, neste caso, devemos ajustar manualmente os limites (`vmin` e `vmax`) para ver todas as células.

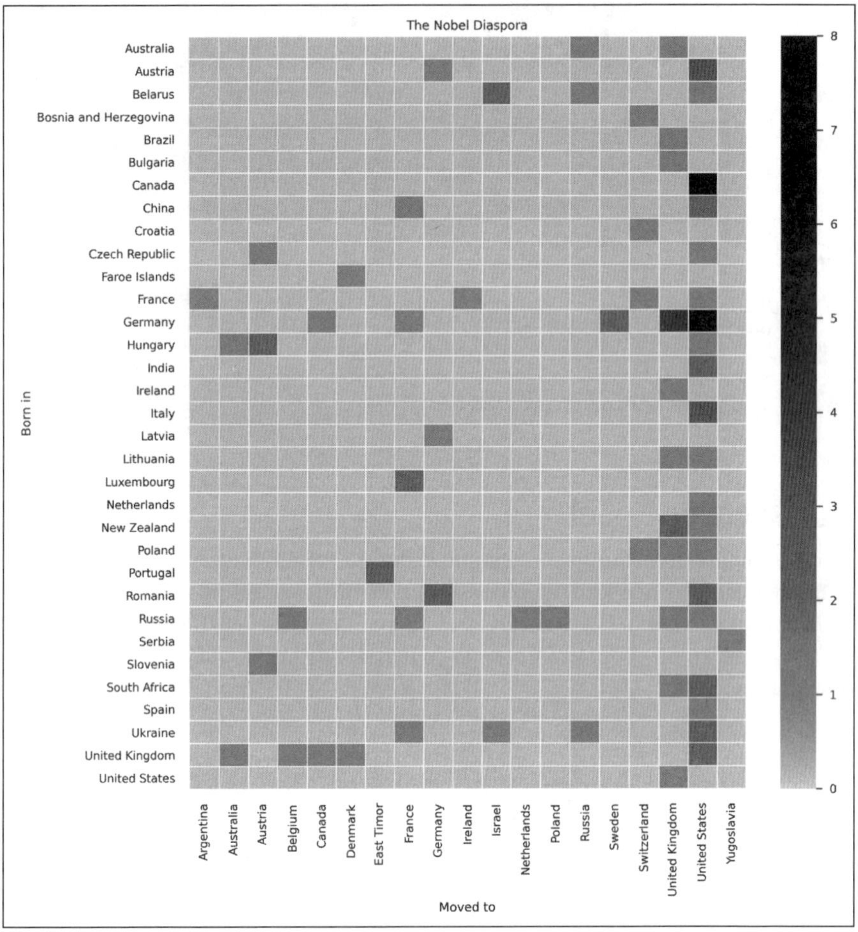

Figura 11-25. A diáspora do Prêmio Nobel

A Figura 11-25 mostra alguns padrões interessantes, que contam uma história de perseguição e refúgio. Primeiro, os Estados Unidos são os destinatários predominantes dos ganhadores do Nobel que se realocaram, seguidos pelo Reino Unido. Note que os maiores contingentes para ambos (exceto o tráfego transfronteiriço do Canadá) são da Alemanha. Itália, Hungria, e Áustria são os próximos maiores grupos. Ao examinarmos os indivíduos nesses grupos, observamos que a maioria foi deslocada como resultado da ascensão de regimes fascistas antissemitas antes da Segunda Guerra Mundial e da crescente perseguição das minorias judaicas.

Para dar um exemplo, todos os quatro ganhadores do Nobel que se mudaram da Alemanha para o Reino Unido eram cientistas de pesquisa alemães com ascendência judaica que se mudaram em resposta à ascensão dos nazistas ao poder:

```
df[(df.born_in == 'Germany') & (df.country == 'United Kingdom')]
    [['name', 'date_of_birth', 'category']]

Out:
                    name date_of_birth                 category
119  Ernst Boris Chain    1906-06-19 Physiology or Medicine
484   Hans Adolf Krebs    1900-08-25 Physiology or Medicine
486           Max Born    1882-12-11                  Physics
503       Bernard Katz    1911-03-26 Physiology or Medicine
```

Ernst Chain foi pioneiro na produção industrial da penicilina. Hans Krebs descobriu o ciclo de Krebs, uma das descobertas mais importantes em bioquímica, que regula a produção de energia das células. Max Born foi um dos pioneiros da mecânica quântica, e Bernard Kats descobriu as propriedades fundamentais das sinapses nos neurônios.

Existem muitos nomes ilustres entre os ganhadores imigrantes. Uma descoberta interessante é o número de ganhadores do prêmio que fizeram parte do famoso Kindertransport, um esforço de resgate organizado que ocorreu nove meses antes do início da Segunda Guerra Mundial e transportou dez mil crianças judias da Alemanha, Áustria, Tchecoslováquia e Polônia para o Reino Unido. Dessas crianças, quatro ganharam um Prêmio Nobel.

Resumo

Neste capítulo, exploramos nosso conjunto de dados do Prêmio Nobel, examinando os principais campos de gênero, categoria, país e ano (do prêmio), em busca de tendências interessantes e histórias que podemos contar ou visualizar. Utilizamos uma quantidade significativa de gráficos no Matplotlib (por meio do pandas) e do seaborn, desde gráficos de barras simples até resumos estatísticos mais complexos, como gráficos de violino e mapas de calor. O domínio dessas ferramentas e de outras no arsenal de gráficos do Python permitirá que você rapidamente compreenda seus conjuntos de dados, o que é um requisito fundamental para criar visualizações com base neles. Encontramos histórias mais do que suficientes nos dados para sugerir uma visualização na web. No próximo capítulo, imaginaremos e projetaremos uma visualização de ganhadores do Prêmio Nobel desse tipo, selecionando os destaques obtidos neste capítulo.

PARTE IV

Entregando os Dados

Nesta parte do livro, veremos como disponibilizar nosso seleto conjunto de dados do Prêmio Nobel, recentemente limpo e explorado, para o navegador, onde o JavaScript e o D3 o transformarão em uma visualização interativa e envolvente (veja a Figura IV-1).

A grande vantagem de usar uma biblioteca de propósito geral como o Python é que podemos facilmente criar um servidor web em algumas linhas impressionantemente concisas, assim como explorar seus dados com poderosas bibliotecas de processamento de dados.

A ferramenta-chave de servidor em nossa caixa de ferramentas é o Flask, o poderoso mas leve framework web do Python. No Capítulo 12, veremos como servir seus dados de forma estática (servindo arquivos do sistema) e dinâmica, geralmente como uma seleção de banco de dados especificada na requisição. No Capítulo 13, veremos como duas bibliotecas baseadas no Flask tornam a criação de uma API web RESTful uma tarefa de apenas algumas linhas de Python.

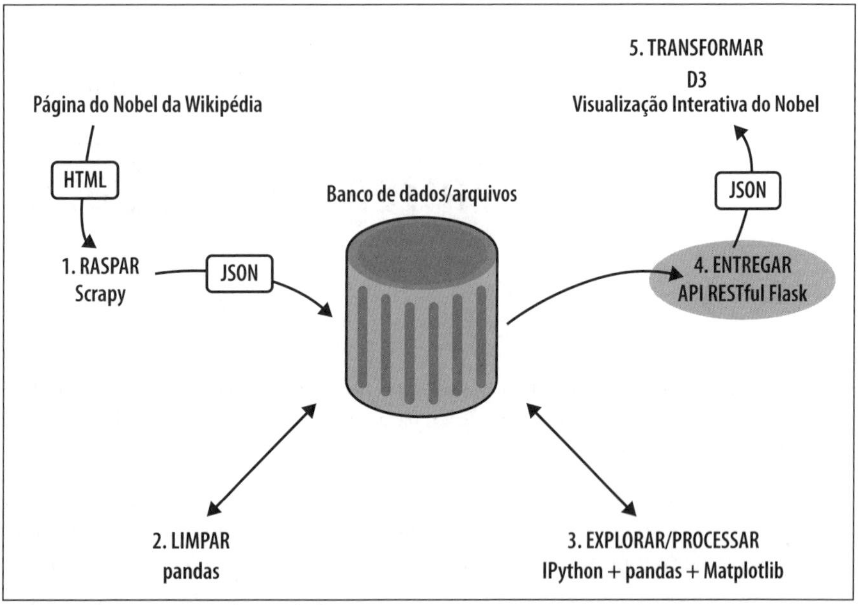

Figura IV-1. Entregando os dados

Você pode encontrar o código para esta parte do livro no repositório GitHub do livro.

CAPÍTULO 12
Entregando os Dados

O Capítulo 6 mostrou como capturar os dados de seu interesse na web usando um raspador web. Utilizamos o Scrapy para buscar um conjunto de dados dos ganhadores do Prêmio Nobel e, em seguida, nos Capítulos 9 e 11, limpamos e exploramos e conjunto de dados do Prêmio Nobel usando o pandas.

Este capítulo mostrará como entregar dados de forma estática ou dinâmica de um servidor Python para o JavaScript no navegador do cliente, usando nosso conjunto de dados do Prêmio Nobel como exemplo. Esses dados são armazenados no formato JSON e consistem em uma lista de objetos de ganhadores do Prêmio Nobel, como o mostrado no Exemplo 12-1.

Exemplo 12-1. Nossos dados do Prêmio Nobel em formato JSON, capturados e depois limpos

```
[
  {
    "category": "Physiology or Medicine",
    "country": "Argentina",
    "date_of_birth": "1927-10-08T00:00:00.000Z",
    "date_of_death": "2002-03-24T00:00:00.000Z",
    "gender": "male",
    "link": "http:\/\/en.wikipedia.org\/wiki\/C%C3%A9sar_Milstein",
    "name": "C\u00e9sar Milstein",
    "place_of_birth": "Bah\u00eda Blanca ,  Argentina",
    "place_of_death": "Cambridge , England",
    "text": "C\u00e9sar Milstein , Physiology or Medicine, 1984",
    "year": 1984,
    "award_age": 57,
    "born_in": "",
    "bio_image": "full/6bf65058d573e07b72231407842018afc98fd3ea.jpg",
    "mini_bio": "<p><b>César Milstein</b>, <a href='http://en.w..."
  }
  ['...']
]
```

Como no restante deste livro, o foco será minimizar a quantidade de desenvolvimento web, para que possamos nos dedicar à tarefa de construir a visualização web em JavaScript.

Uma boa regra geral é tentar fazer o máximo possível de manipulação de dados com Python — é muito menos doloroso do que operações equivalentes em JavaScript. Em seguida, os dados entregues devem estar o mais próximo possível da forma em que serão consumidos (ou seja, para o D3, isso geralmente será um array de objetos JSON, como a que produzimos no Capítulo 9).

Servindo os Dados

Você precisará de um servidor web para processar requisições HTTP do navegador, para os arquivos HTML e CSS estáticos iniciais usados na construção da página web e para quaisquer requisições AJAX subsequentes de dados. Durante o desenvolvimento, esse servidor geralmente estará em execução em uma porta local (na maioria dos sistemas, isso tem um endereço IP de 127.0.0.1). Convencionalmente, um arquivo HTML *index.html* é usado para inicializar o site ou, no nosso caso, a aplicação de página única (SPA) que constitui nossa visualização web.

Os Servidores de Linha Única

Durante o desenvolvimento ou execução de demonstrações que dependem de conteúdo estático, é frequentemente útil, ter um pequeno servidor web que apenas entrega os arquivos HTML, CSS, JavaScript e JSON para um navegador executado localmente, geralmente na porta 8000 ou 8080. O Python oferece uma solução integrada com o módulo `http.server`, que pode ser iniciado a partir do diretório raiz do seu projeto com o seguinte comando:

```
$ python -m http.server 8000
Serving HTTP on 0.0.0.0 port 8000 (http://0.0.0.0:8000/) ...
```

O node fornece uma alternativa com o servidor de desenvolvimento `http-server`, que pode ser instalado usando um `npm install -g http-server` e executado a partir do diretório raiz do seu projeto da seguinte forma:

```
viz $ http-server
Starting up http-server, serving ./
...
Available on:
  http://127.0.0.1:8080
  ...
Hit CTRL-C to stop the server
```

Servir sua SPA com um servidor de linha única pode ser adequado para prototipagem de visualização e esboço de ideias, mas não oferece controle sobre funcionalidades básicas do servidor, como o roteamento e URL ou o uso de modelos dinâmicos. Felizmente, o Python possui um ótimo servidor web que fornece todas as funcionalidades que um visualizador web poderia precisar, sem comprometer nosso objetivo de minimizar o código repetitivo entre nossos dados processados em Python e nossa obra-prima de visualização em JavaScript. O Flask é o mini servidor web em questão e uma adição valiosa à nossa seleção de ferramentas de alta qualidade.

Organizando Seus Arquivos Flask

Como organizar os arquivos do seu projeto é uma daquelas informações realmente úteis que geralmente são negligenciadas em tutoriais e afins, possivelmente porque as coisas podem se tornar opinativas rapidamente e, no final das contas, é uma preferência pessoal. No entanto, uma boa organização de arquivos pode realmente valer a pena, especialmente quando você começa a trabalhar em colaboração.

A Figura 12-1 dá uma ideia aproximada de onde seus arquivos devem ir à medida que você passa do protótipo básico de dataviz JavaScript usando um servidor de linha única rotulado como `basic`, passando por um projeto mais completo rotulado como `basic+`, até uma configuração típica e simples do Flask, rotulada como `flask_project`.

```
basic
├──data.json
├──index.html
└──js
   └──underscore.js

basic+
├──data
│  └──data.json
├──data
│  └──data.json
├──index.html
└──js
   ├──script.js
   └──underscore.js

flask_project
├──config.py
├──server.py
├──static
│  ├──css
│  │  └──style.css
│  ├──data
│  │  └──data.json
│  └──js
│     ├──script.js
│     └──underscore.js
└──templates
   ├──base.html
   ├──chartviz.html
   └──index.html
```

Figura 12-1. Organizando seus arquivos de projeto do servidor

O principal aspecto da organização de arquivos é a consistência. É de grande ajuda ter a posição dos arquivos em sua memória processual.

Servindo Dados com o Flask

Se estiver usando os pacotes Anaconda do Python (consulte o Capítulo 1), então o Flask já está disponível para você. Caso contrário, uma simples instalação `pip` deve torná-lo disponível:

```
$ pip install Flask
```

Com os módulos do Flask em mãos, podemos configurar um servidor com algumas linhas para servir a saudação universal da programação:

```
# server.py
from flask import Flask
app = Flask(__name__)

@app.route("/") ❶
def hello():
    return "Hello World!"

if __name__ == "__main__":
    app.run(port=8000, debug=True) ❷
```

❶ As rotas do Flask permitem direcionar o tráfego da web. Esta é a rota raiz (ou seja, *http://localhost:8000*).

❷ Define a porta local em que o servidor será executado (padrão 5000). No modo de depuração, o Flask fornecerá registros úteis na tela e, em caso de erro, um relatório baseado em navegador.

Agora, basta ir para o diretório que contém o *nobel_viz.py* e executar o módulo:

```
$ python server.py
 * Serving Flask app 'server' (lazy loading)
 * Environment: production
   WARNING: This is a development server. Do not use it in a production deployment.
   Use a production WSGI server instead.
 * Debug mode: off
 * Running on http://127.0.0.1:8000/ (Press CTRL+C to quit)
```

Então você pode abrir o navegador da sua escolha e ver o resultado enfático mostrado na Figura 12-2.

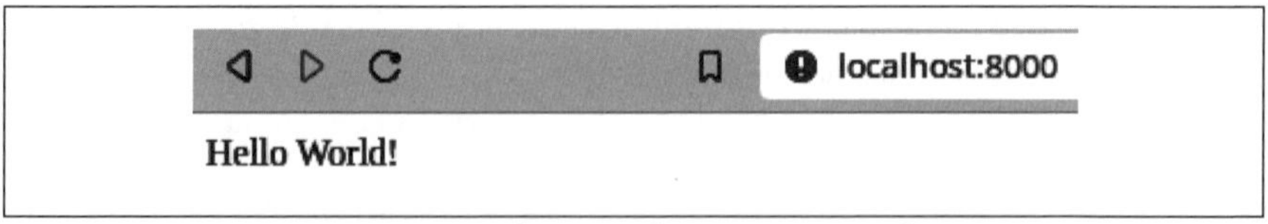

Figura 12-2. Uma mensagem simples enviada para o navegador

Criando Templates com Jinja2

Por padrão, o Flask usa a poderosa e bastante intuitiva biblioteca de modelagem Jinja2, que pode usar variáveis Python para configurar uma página HTML. O código a seguir mostra um pequeno modelo que percorre um array de ganhadores para criar uma lista não ordenada:

```
<!-- testj2.html -->
<!DOCTYPE html>
<meta charset="utf-8">

<body>
  <h2>\{{ heading \}}</h2>
  <ul>
  {% for winner in winners %}
  <li><a href="{{ 'http://wikipedia.com/wiki/'
      + winner.name }}">
    {{ winner.name }}</a>
    {{ ', category: ' + winner.category }}
  </li>
  {% endfor %}
 </ul>
</body>
```

Ao usar o Jinja2 com o Flask, normalmente usamos o método `render_template` para produzir uma resposta HTML a partir de um modelo no diretório de *templates* do projeto (por padrão). Todos os argumentos fornecidos ao `render_template` após a primeira referência de arquivo de modelo são disponibilizados para o modelo. Portanto, com o arquivo *testj2.html* no diretório de templates do nosso projeto, o código a seguir renderizará o modelo quando o usuário visitar o endereço */demolist* address, produzindo a lista mostrada na Figura 12-3:

```
# server_jinja.py
# ...
app = Flask(__name__)
# ...

winners = [
    {'name': 'Albert Einstein', 'category':'Physics'},
    {'name': 'V.S. Naipaul', 'category':'Literature'},
    {'name': 'Dorothy Hodgkin', 'category':'Chemistry'}
]

@app.route('/winners')
def winners_list():
    return render_template('testj2.html',
                           heading="A little winners'  list",
                           winners=winners
                           )
```

Figura 12-3. Uma lista de ganhadores renderizada a partir do template testj2.html

O Jinja2 é uma linguagem de modelagem poderosa e madura, com documentação abrangente, o que a torna adequada para a criação de páginas HTML do lado do servidor.

Como veremos em "Dados Dinâmicos com APIs do Flask" na página 321, o uso de correspondência de padrões com o roteamento do Flask torna fácil lançar uma API web simples. Também é fácil usar modelos para gerar páginas da web dinâmicas, como mostrado na Figura 12-4. Os modelos podem ser úteis em visualizações para compor páginas HTML essencialmente estáticas do lado do servidor, mas geralmente estaremos entregando uma estrutura HTML simples na qual construir uma visualização JavaScript. Com a visualização configurada em JavaScript, o principal papel do servidor (além de fornecer os arquivos estáticos necessários para iniciar o processo) é negociar dinamicamente os dados (geralmente fornecendo-os) com as requisições AJAX do navegador e do JavaScript.

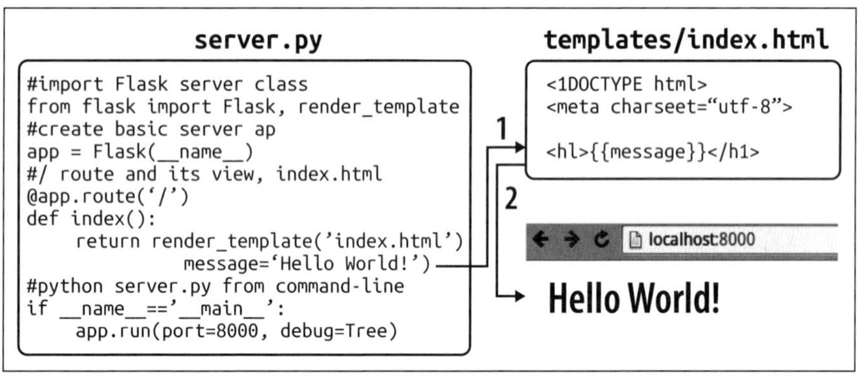

Figura 12-4. (1) Um template index.html é usado para criar uma página da web usando uma variável de mensagem, que é então (2) servida para o navegador

O Flask é perfeitamente capaz de entregar websites completos, com uma poderosa modelagem HTML, blueprints para modularizar sites grandes e suportar padrões de uso comuns, e uma série de plugins e extensões úteis. O guia do usuário do Flask é um bom ponto de partida para aprender mais, e os detalhes da API podem ser encontrados nesta subseção do guia. Os SPAs que caracterizam a maioria das visualizações web não precisam de muitos recursos no servidor para entregar os arquivos estáticos necessários. Nosso interesse principal no Flask é sua capacidade de fornecer servidores de dados simples e eficientes, com APIs web RESTful robustas disponíveis em algumas linhas de Python. Mas antes de mergulharmos em APIs de dados, vamos ver como entregamos e usamos ativos de dados baseados em arquivos, como arquivos JSON e CSV.

Entregando Arquivos de Dados

Muitos sites que não precisam da sobrecarga de dados configurados dinamicamente optam por entregar seus dados em uma forma *estática*, o que basicamente significa que todos os arquivos HTML e, crucialmente, dados (geralmente em formato JSON ou CSV), existem como arquivos no sistema de arquivos do servidor, prontos para serem entregues sem, por exemplo, fazer chamadas a um banco de dados.

Páginas estáticas são fáceis de armazenar em cache, o que significa que sua entrega pode ser muito mais rápida. Isso também pode ser mais seguro, já que essas chamadas de banco de dados podem ser um vetor de ataque comum para hackers maliciosos (por exemplo, ataques de injeção). O preço pago por essa velocidade e segurança aumentadas é uma perda de flexibilidade. Estar limitado a um conjunto de páginas pré-montadas significa proibir interações do usuário que possam exigir combinações multivariadas de dados.

Para o aspirante a visualizador de dados, há uma atração em fornecer dados estáticos. Você pode facilmente criar um projeto independente sem precisar de uma API web e pode entregar seu trabalho (em progresso) como uma única pasta de arquivos HTML, CSS, e JSON.

O exemplo mais simples de visualizações web orientadas por dados com arquivos estáticos provavelmente é aquele visto nos muitos exemplos legais do D3 em *https://bl.ocks.org/mbostock*.[1] Eles seguem uma estrutura semelhante à página básica que discutimos em "Uma Página Básica com Marcadores de Posição" na página 95.

Embora os exemplos usem tags `<script>` e `<style>` para incorporar JavaScript e CSS na página HTML, eu recomendaria manter seu CSS e JavaScript em arquivos separados, onde você obtém as vantagens de um editor com formatação adequada e depuração mais fácil.

O Exemplo 12-2 mostra uma página básica *index.html* orientada por dados com espaços reservados `<h2>` e `<div>` e uma tag `<script>` que carrega um arquivo local *script.js*. Como estamos apenas definindo o estilo `font-family`, incorporaremos o CSS na página. Com nosso conjunto de dados *nobel_winners.json* em um subdiretório de *dados*, isso nos dá a seguinte estrutura de arquivos:

[1] 1 Mike Bostock, criador do D3, é um grande defensor de exemplos. Aqui está uma ótima palestra onde ele enfatiza o papel que os exemplos desempenharam no sucesso do D3.

```
viz
├── data
│   └── nobel_winners.json
├── index.html
└── script.js
```

Exemplo 12-2. Uma página HTML básica com marcadores de posição para dados

```
<!DOCTYPE html>
<meta charset="utf-8">

<style>
  body{ font-family: sans-serif; }
</style>

<h2 id='data-title'></h2>
<div id='data'>
    <pre></pre>
</div>
<script src="lib/d3.v7.min.js"></script>
<script src="script.js"></script>
```

O arquivo de dados estáticos para esses exemplos consiste em um único arquivo JSON (*nobel_winners.json*) localizado em um subdiretório de *dados*. Para consumir esses dados, é necessário fazer uma chamada AJAX em JavaScript para o nosso servidor. O D3 fornece bibliotecas bastante convenientes para fazer chamadas AJAX, com métodos específicos do D3 para formatos `json`, `csv`, e `tsv` sendo mais úteis para visualizadores da web.

O Exemplo 12-3 mostra como carregar dados usando o método `json` do D3 usando uma função de retorno de chamada. Nos bastidores, o D3 está usando a API Fetch do JavaScript para buscar os dados. Isso retorna um JavaScript Promise, que pode ser resolvido usando o método `then`, retornando os dados, a menos que ocorra um erro.

Exemplo 12-3. Usando o método `json` *do D3 para carregar dados*

```
d3.json("data/nobel_winners_cleaned.json")
  .then((data) => {
  d3.select("h2#data-title").text("All the Nobel-winners");
  d3.select("div#data pre").html(JSON.stringify(data, null, 4)); ❶
});
```

❶ O método `JSON.stringify` do JavaScript é uma maneira conveniente de formatar um objeto JavaScript para saída. Aqui, inserimos algum espaço em branco para indentar a saída em quatro espaços.

Se você executar um servidor de uma linha (por exemplo, `python -m http.server`) em seu diretório de visualização e abrir a página local no seu navegador da web, deverá ver algo semelhante à Figura 12-5, indicando que os dados foram entregues com sucesso ao JavaScript, prontos para serem visualizados.

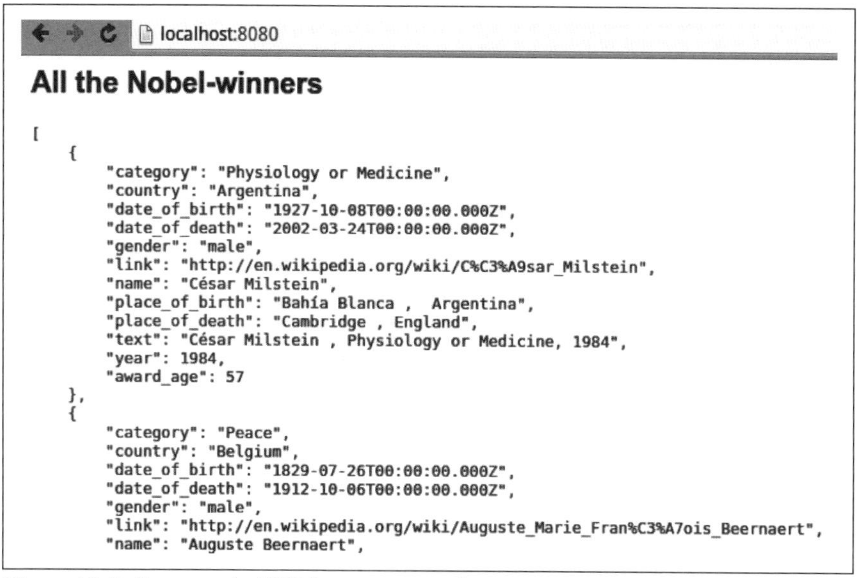

Figura 12-5. Entregando JSON pra o navegador

O conjunto de dados *nobel_winners.json* que estamos usando não é particularmente grande, mas se começássemos a adicionar textos biográficos ou outros dados textuais, ele poderia facilmente crescer a ponto de sobrecarregar a largura de banda do navegador disponível e fazer com que o usuário espere desconfortavelmente. Uma estratégia para limitar os tempos de carregamento é dividir os dados em subconjuntos com base em uma das dimensões. Uma maneira óbvia de fazer isso com nossos dados é armazenar os ganhadores por país. Algumas linhas de código pandas fazem o trabalho de criar um diretório de *dados* adequado:

```
import pandas as pd

df_winners = pd.read_json('data/nobel_winners.json')

for name, group in df_winners.groupby('country'): ❶
    group.to_json('data/winners_by_country' + name + '.json',\
                  orient='records')
```

❶ Agrupa o DataFrame dos ganhadores por `country` e itera sobre o nome do grupo e dos membros.

Isso deve nos fornecer um subdiretório de *dados* `winners_by_country`:

```
$ ls data/winners_by_country
Argentina.json  Azerbaijan.json      Canada.json
Colombia.json   Czech Republic.json  Egypt.json  ...
```

Agora podemos consumir nossos dados por país usando uma pequena função feita sob medida:

```
let loadCountryWinnersJSON = function (country) {
    d3.json("data/winners_by_country/" + country + ".json")
      .then(function (data) {
        d3.select("h2#data-title").text(
          "All the Nobel-winners from " + country
        );
        d3.select("div#data pre").html(JSON.stringify(data, null, 4));
      })
      .catch((error) => console.log(error));
  };
```

A seguinte chamada de função selecionará todos os ganhadores do Prêmio Nobel da Austrália, gerando a Figura 12-6:

```
loadCountryWinnersJSON('Australia');
```

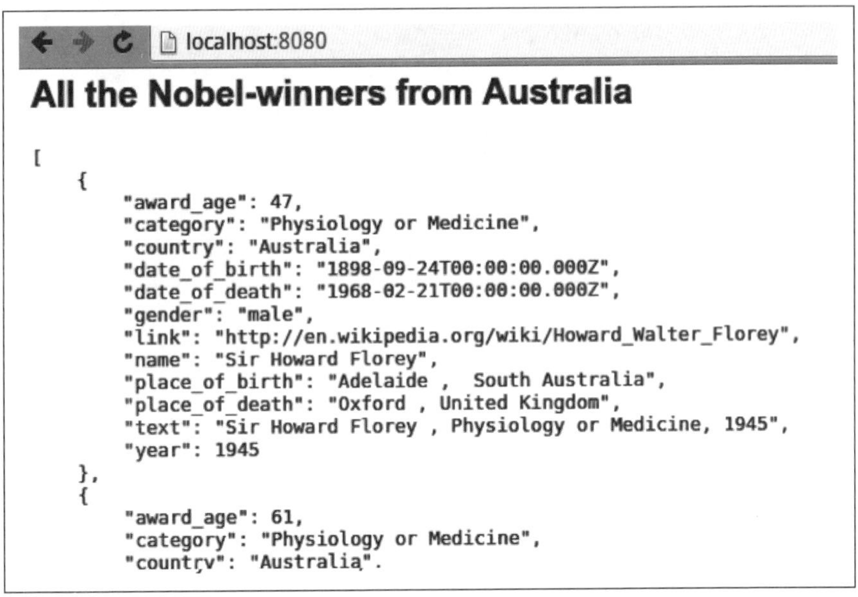

Figura 12-6. Selecionando ganhadores por país

Para a visualização correta, a capacidade de selecionar ganhadores por país pode reduzir a largura de banda de dados e o atraso subsequente, mas e se quisermos ganhadores por ano ou gênero? Cada divisão por dimensão (categórica, temporal etc.) exigiria seu próprio subdiretório, criando uma bagunça de arquivos e toda a necessidade de organização deles. E se quisermos fazer requisições detalhadas de dados (por exemplo, todos os ganhadores do prêmio dos EUA desde 2000)? Neste ponto, precisamos de um servidor de dados que possa responder dinamicamente a tais requisições, geralmente impulsionado pela interação do usuário. A próxima seção mostrará como começar a criar um servidor assim como o Flask.

Dados Dinâmicos com APIs do Flask

Entregar dados para páginas da web com arquivos JSON ou CSV é a base para muitos dos exemplos de dataviz mais impressionantes vistos na web e é perfeito para pequenas demonstrações e protótipos. No entanto, existem limitações no formato, principalmente no tamanho dos conjuntos de dados que podem ser entregues realisticamente. À medida que os conjuntos de dados aumentam de tamanho e os arquivos começam a ultrapassar megabytes, o carregamento da página fica mais lento e a frustração do usuário aumenta a cada giro do carregador. Para muitas visualizações de dados, especialmente painéis ou gráficos exploratórios, faz sentido entregar os dados conforme necessário e em resposta a requisições do usuário geradas por uma interface de usuário de alguma forma. Para esse tipo de entrega de dados, um pequeno servidor de dados muitas vezes é perfeito para o trabalho, e o Flask em Python tem tudo o que você precisa para criar um.

Se estivermos entregando dados dinamicamente, vamos precisar de algum tipo de API para permitir que nosso JavaScript solicite dados.

Um API de Dados Simples com o Flask

Usando o Dataset (consulte "SQL Mais Fácil com Dataset" na página 70), podemos adaptar facilmente nosso servidor existente para um banco de dados SQL. Aqui usamos o Dataset por conveniência e o codificador JSON especializado (consulte o Exemplo 3-2) para converter os datetimes em Python em uma string ISO amigável ao JSON:

```
# server_sql.py
from flask import Flask, request, abort
import dataset
import json
import datetime


app = Flask(__name__)
db = dataset.connect('sqlite:///data/nobel_winners.db')

@app.route('/api/winners')
def get_country_data():
    print 'Request args: ' + str(dict(request.args))
    query_dict = {}
    for key in ['country', 'category', 'year']: ❶
        arg = request.args.get(key) ❷
        if arg:
            query_dict[key] = arg
```

```
    winners = list(db['winners'].find(**query_dict)) ❸
    if winners:
        return dumps(winners)
    abort(404) # recurso não encontrado

class JSONDateTimeEncoder(json.JSONEncoder): ❹
    def default(self, obj):
            if isinstance(obj, (datetime.date, datetime.datetime)):
                return obj.isoformat()
            else:
                return json.JSONEncoder.default(self, obj)

    def dumps(obj):
        return json.dumps(obj, cls=JSONDateTimeEncoder)

    if __name__=='__main__':
        app.run(port=8000, debug=True)
```

❶ Restringe nossas consultas ao banco de dados para chaves nesta lista.

❷ `request.args` nos dá acesso aos argumentos da requisição (por exemplo, `'?country=Australia&category=Chemistry'`).

❸ O método `find` do `dataset` requer que nosso dicionário de argumentos seja descompactado com `**` (ou seja, `find(country='Australia', category='Literature')`). Convertemos o iterador em uma lista, pronta para serialização.

❹ Este é o codificador JSON especializado detalhado no Exemplo 3-2.

Podemos testar esta pequena API com o curl depois de iniciar o servidor (`python server_sql.py`). Vamos obter todos os ganhadores japoneses de Prêmio Nobel em Física:

```
$ curl -d category=Physics -d country=Japan
  --get http://localhost:8000/api/

[{"index": 761, "category": "Physics", "country": "Japan",
"date_of_birth": "1907-01-23T00:00:00", "date_of_death": "1981-09-08T00:00:00",
"gender": "male", "link": "http://en.wikipedia.org/wiki/Hideki_Yukawa",
"name": "Hideki Yukawa", "place_of_birth": "Tokyo , Japan",
"place_of_death": "Kyoto , Japan", "text": "Hideki Yukawa , Physics, 1949",
"year": 1949, "award_age": 42}, {"index": 762, "category": "Physics",
"country": "Japan", "date_of_birth": "1906-03-31T00:00:00",
"date_of_death": "1979-07-08T00:00:00", "gender": "male", ... }]
```

Agora você viu como é fácil começar a criar uma API simples. Existem muitas maneiras de estendê-la, mas para uma prototipagem suja e rápida, esta é uma pequena forma útil.

Mas, e se quisermos paginação, autenticação e uma série de outras funcionalidades que uma API RESTful sofisticada forneceria? No próximo capítulo, veremos como é fácil estender nossa simples API de dados para algo mais poderoso e expansível, usando algumas bibliotecas Python brilhantes como o marmalade.

Usando Entrega Estática ou Dinâmica

Quando usar entrega estática ou dinâmica depende muito do contexto e é uma concessão inevitável. As larguras de banda variam regionalmente e com os dispositivos. Por exemplo, se você está desenvolvendo uma visualização que deve ser acessível a partir de um smartphone em um contexto rural, as restrições de dados são muito diferentes daquelas de um aplicativo de dados interno em uma rede local.

O guia definitivo é a experiência do usuário. Se uma pequena espera no início, enquanto os dados são armazenados em cache, leva a uma visualização de dados JavaScript extremamente rápida, então a entrega puramente estática pode ser a resposta. Se você permite que o usuário corte e fatie um conjunto de dados multivariado grande, isso provavelmente não será possível sem um tempo de espera irritantemente longo. Como uma regra geral e aproximada, qualquer conjunto de dados com menos de 200 KB deve ficar bem com a entrega puramente estática. Conforme se avança para megabytes de dados e além, você provavelmente precisará de uma API impulsionada por banco de dados para buscar seus dados.

Resumo

Este capítulo explicou os rudimentos da entrega de dados estáticos de arquivos no servidor web e a entrega dinâmica de dados, esboçando a base de um servidor web RESTful simples baseado no Flask. Embora o Flask torne a criação de uma API de dados básica bastante trivial, adicionar sinos e apitos como paginação, consultas seletivas de dados e o conjunto completo de métodos HTTP requer um pouco mais de trabalho. Na primeira edição deste livro, recorri a algumas bibliotecas Python de uso único para alcançar o mesmo objetivo, com mais flexibilidade. Também é uma ótima maneira de aprender essas ferramentas, então a construção de uma API RESTful exatamente assim é o tema do próximo capítulo.

CAPÍTULO 13

Dados RESTful com Flask

Em "Uma API de Dados Simples com Flask" na página 321, vimos como construir uma API de dados muito simples com Flask e Dataset. Para muitas visualizações de dados simples, esse tipo de API rápida e básica é suficiente, mas à medida que as demandas de dados se tornam mais avançadas, é útil ter uma API que respeite algumas convenções para recuperação e, às vezes, criação, atualização e exclusão.[1] Em "Usando Python para Consumir Dados de uma API da Web" na página 126, abordamos os tipos de API da web e por que as APIs RESTful[2] estão adquirindo uma merecida proeminência. Neste capítulo, veremos como é fácil combinar algumas bibliotecas do Flask em uma API RESTful flexível.

As Ferramentas para um Trabalho RESTful

Como visto em "Uma API de Dados Simples com Flask" na página 321, os princípios básicos de uma API de dados são bastante simples. Ela precisa de um servidor que aceite requisições HTTP, como GET para recuperação ou métodos mais avançados como POST (para adicionar) ou DELETE. Essas requisições são feitas em rotas como `api/winners` e são tratadas por funções fornecidas. Nessas funções, os dados são recuperados de um banco de dados backend, possivelmente filtrados usando parâmetros de dados (por exemplo, strings como `?category=comic&name=Groucho` anexados às chamadas de URL). Esses dados precisam ser retornados ou serializados em algum formato solicitado, quase sempre baseado em JSON. Para essa viagem de ida e volta dos dados, o ecossistema Flask/Python fornece algumas bibliotecas perfeitas:

- Flask para fazer o trabalho do servidor
- Flask SQLAlchemy, uma extensão do Flask que integra o SQLAlchemy, nossa biblioteca SQL preferida em Python, com mapeador objeto-relacional (ORM)
- Flask-Marshmallow, uma extensão do Flask que adiciona suporte para o marshmallow, uma poderosa biblioteca Python para serialização de objetos

1 Esses métodos de criação, leitura, atualização e exclusão formam o acrônimo CRUD.

2 Essencialmente, RESTful significa que os recursos são identificados por um URI/URL sem estado e armazenável em cache e manipulados por métodos HTTP, como GET ou POST. Veja a versão da Wikipédia e este tópico do Stack Overflow para um pequeno debate.

Você pode instalar as extensões necessárias com o pip:

```
$ pip install Flask-SQLALchemy flask-marshmallow marshmallow-sqlalchemy
```

Criando o Banco de Dados

Em "Salvando os Conjuntos de Dados Limpos" na página 244, vimos como é fácil salvar um DataFrame do pandas no SQL usando o método `to_sql`. Esta é uma maneira muito conveniente de armazenar um DataFrame, mas a tabela produzida não possui um campo de chave primária, que especifica de forma única uma linha da tabela. É uma boa prática ter uma chave primária e, para os fins de criação ou exclusão de linhas por meio de nossa API da web, é praticamente essencial. Por esse motivo, criaremos nossa tabela SQL por outro caminho.

Primeiro, construímos um banco de dados SQLite com SQLAlchemy, adicionando uma chave primária ID à tabela de ganhadores:

```
from sqlalchemy import Column, Integer, String, Text
from sqlalchemy.ext.declarative import declarative_base
from sqlalchemy.orm import sessionmaker

Base = declarative_base()


class Winner(Base):
    __tablename__ = 'winners'
    id = Column(Integer, primary_key=True) ❶
    category = Column(String)
    country = Column(String)
    date_of_birth = Column(String) # datas em formato de string
    date_of_death = Column(String)
    # ...

# crie um banco de dados SQLite e inicie uma sessão
engine = sqlalchemy.create_engine('sqlite:///data/nobel_winners_cleaned_api.db')
Base.metadata.create_all(engine)
Session = sessionmaker(bind=engine)
session = Session()
```

❶ Especificamos a chave primária muito importante para desambiguar nossos ganhadores.

Observe que vamos armazenar as datas como strings para limitar quaisquer problemas na serialização de objetos datetime. Converteremos essas colunas do DataFrame antes de confirmar as linhas no banco de dados:

```
df['date_of_birth'] = df['date_of_birth'].astype(str)
df['date_of_death'] = dl['date_of_death'].astype(str)
df.date_of_birth
#0      1927-10-08
#4      1829-07-26
#5      1862-08-29
..
```

Agora podemos iterar pelas linhas do nosso DataFrame, adicionando-as ao banco de dados como registros de dicionário e, em seguida, confirmar todas elas, de forma relativamente eficiente, como uma transação única:

```
for d in df_tosql.to_dict(orient='records'):
    session.add(Winner(**d))
session.commit()
```

Com nosso banco de dados bem formado em mãos, vamos ver como servir facilmente com o Flask.

Um Servidor de Dados RESTful com Flask

Este será um servidor Flask padrão, semelhante ao visto em "Servindo Dados com o Flask" na página 314. Primeiro, importamos os módulos padrão do Flask, juntamente com as extensões SQLALchemy e marshmallow, e criamos nossa aplicação Flask:

```
from flask import Flask, request, jsonify
from flask_sqlalchemy import SQLAlchemy
from flask_marshmallow import Marshmallow

# inicializar aplicação
app = Flask(__name__)
```

Agora algumas declarações específicas do banco de dados, inicializando o SQLAlchemy com a aplicação Flask:

```
app.config['SQLALCHEMY_DATABASE_URI'] =\
    'sqlite:///data/nobel_winners_cleaned_api_test.db'

db = SQLAlchemy(app)
```

Então podemos usar a instância `db` para definir nossa tabela de ganhadores, subordinada ao modelo declarativo base. Isso corresponde ao esquema usado para criar a tabela de ganhadores na última seção:

```
class Winner(db.Model):
    __tablename__ = 'winners'
    id = db.Column(db.Integer, primary_key=True)
    category = db.Column(db.String)
    country = db.Column(db.String)
    date_of_birth = db.Column(db.String)
    date_of_death = db.Column(db.String)
    gender = db.Column(db.String)
    link = db.Column(db.String)
    name = db.Column(db.String)
    place_of_birth = db.Column(db.String)
    place_of_death = db.Column(db.String)
    text = db.Column(db.Text)
    year = db.Column(db.Integer)
    award_age = db.Column(db.Integer)

    def __repr__(self):
        return "<Winner(name='%s', category='%s', year='%s')>"\
            % (self.name, self.category, self.year)
```

Serializando com marshmallow

O marshmallow é uma pequena biblioteca Python muito útil que faz um trabalho e o faz bem. Para citar a documentação:

> marshmallow é uma biblioteca ORM/ODM/independente de framework para converter tipos de dados complexos, como objetos, para e de tipos de dados nativos do Python.

O marshmallow usa Schemas, semelhantes aos do SQLAlchemy, para possibilitar a desserialização de dados de entrada para objetos de nível de aplicação e validação desses dados de entrada. Para nossos fins aqui, seu recurso-chave é a capacidade de pegar dados de nosso banco de dados SQLite, fornecidos pelo SQLAlchemy, e transformá-los em dados compatíveis com JSON.

Para usar o Flask-Marshmallow, primeiro criamos uma instância do marshmallow (`ma`), inicializada com a aplicação Flask. Em seguida, usamos isso para criar um esquema marshmallow, usando o modelo ganhador do SQLAlchemy como base. O esquema também possui uma propriedade de campos que permite especificar quais campos (do banco de dados) serializar:

```
ma = Marshmallow(app)

class WinnerSchema(ma.Schema):
    class Meta:
        model = Winner
        fields = ('category', 'country', 'date_of_birth', 'date_of_death', ❶
                  'gender', 'link', 'name', 'place_of_birth', 'place_of_death',
                  'text', 'year', 'award_age')

winner_schema = WinnerSchema() ❷
winners_schema = WinnerSchema(many=True)
```

❶ Os campos do banco de dados a serem serializados.

❷ Declaramos duas instâncias de esquema, uma para retornar registros individuais e outra para retornar vários registros.

Adicionando nossas Rotas da API RESTful

Agora que a estrutura está no lugar, vamos criar algumas rotas Flask para definir uma pequena API RESTful. Para um primeiro teste, criaremos uma rota que retorna todos os ganhadores do Nobel em nossa tabela de banco de dados:

```
@app.route('/winners/')
def winner_list():
    all_winners = Winner.query.all() ❶
    result = winners_schema.jsonify(all_winners) ❷
    return result
```

❶ Consulta ao banco de dados para todas as linhas na tabela de ganhadores.

❷ O esquema marshmallow para várias linhas pega o resultado de todos os ganhadores e o serializa para JSON.

Testaremos a API com o comando curl na linha de comando:

```
$ curl http://localhost:5000/winners/
[
  {
    "award_age": 57,
    "category": "Physiology or Medicine",
    "country": "Argentina",
    "date_of_birth": "1927-10-08",
    "date_of_death": "2002-03-24",
    "gender": "male",
    "link": "http://en.wikipedia.org/wiki/C%C3%A9sar_Milstein",
    "name": "C\u00e9sar Milstein",
    "place_of_birth": "Bah\u00eda Blanca ,  Argentina",
    "place_of_death": "Cambridge , England",
    "text": "C\u00e9sar Milstein , Physiology or Medicine, 1984",
    "year": 1984
  },
  {
    "award_age": 80,
    "category": "Peace",  ...
  }...
]
```

Agora temos um ponto de extremidade da API para retornar todos os ganhadores. E quanto à capacidade de recuperar indivíduos por ID (nossa chave primária para a tabela de ganhadores)? Para fazer isso, recuperamos o ID da chamada da API, usando a correspondência de padrões de rota do Flask, e o usamos para fazer uma consulta específica ao banco de dados. Em seguida, serializamos isso para JSON usando nosso esquema marshmallow de linha única:

```
@app.route('/winners/<id>/')
def winner_detail(id):
    winner = Winner.query.get_or_404(id) ❶
    result = winner_schema.jsonify(winner)
    return result
```

❶ O Flask-SQLAlchemy fornece uma mensagem de erro 404 padrão, que pode ser serializada para JSON pelo marshmallow se a consulta for inválida.

O teste com curl mostra o objeto JSON único esperado retornado:

```
$ curl http://localhost:5000/winners/10/
{
  "award_age": 60,
  "category": "Chemistry",
  "country": "Belgium",
  "date_of_birth": "1917-01-25",
  "date_of_death": "2003-05-28",
  "gender": "male",
  "link": "http://en.wikipedia.org/wiki/Ilya_Prigogine",
  "name": "Ilya Prigogine",
  "place_of_birth": "Moscow ,  Russia",
  "place_of_death": "Brussels ,  Belgium",
  "text": "Ilya Prigogine ,  born in Russia , Chemistry, 1977",
  "year": 1977
}
```

Ser capaz de recuperar todos os ganhadores em uma única chamada de API não é particularmente útil. Vamos adicionar a capacidade de filtrar esses resultados com alguns argumentos fornecidos na requisição. Esses argumentos são aqueles encontrados na string de consulta da URL, iniciando com um ? e separados por &s, que seguem o ponto de extremidade, por exemplo, `http://nobel.net/api/winners?category=Physics&year=1980`. O Flask fornece um objeto `request.args` que possui um método `to_dict`, que retorna um dicionário de argumentos da URL.[3] Podemos usar isso para especificar nossos filtros de tabela de dados, que podem ser aplicados como pares chave-valor usando o método `to_filter` do SQLAlchemy, que pode ser aplicado a consultas. Aqui está uma implementação simples:

```
@app.route('/winners/')
def winner_list():
    valid_filters = ('year', 'category', 'gender', 'country', 'name') ❶
    filters = request.args.to_dict()
```

[3] Tecnicamente, as cadeias de consulta de URL formam um multidicionário, que permite várias ocorrências da mesma chave. Para os fins da nossa API, esperamos ter apenas uma instância de cada chave, o que facilita a conversão para um dicionário.

```
    args = {name: value for name, value in filters.items()
            if name in valid_filters} ❷
    # Este loop for faz o mesmo trabalho que a
    # compreensão do dict acima
    # args = {}
    # for vf in valid_filters:
    #     if vf in filters:
    #         args[vf] = filters.get(vf)
    app.logger.info(f'Filtering with the fields: {args}')
    all_winners = Winner.query.filter_by(**args) ❸
    result = winners_schema.jsonify(all_winners)
    return result
```

❶ Estes são os campos nos quais permitiremos filtragem.

❷ Iteramos pelos campos de filtro fornecidos e usamos aqueles válidos para criar nosso dicionário de filtro. Aqui usamos uma compreensão de dicionário do Python para construir o dicionário de argumentos.

❸ Use o desempacotamento de dicionário do Python para especificar os parâmetros do método.

Vamos testar nossa capacidade de filtragem com o curl, usando os argumentos `-d` (dados) para especificar nossos parâmetros de consulta:

```
$ curl -d category=Physics -d year=1933 --get http://localhost:5000/winners/

[
  {
    "award_age": 31,
    "category": "Physics",
    "country": "United Kingdom",
    "date_of_birth": "1902-08-08",
    "date_of_death": "1984-10-20",
    "gender": "male",
    "link": "http://en.wikipedia.org/wiki/Paul_Dirac",
    "name": "Paul Dirac",
    "place_of_birth": "Bristol , England",
    "place_of_death": "Tallahassee, Florida , US",
    "text": "Paul Dirac , Physics, 1933",
    "year": 1933
  },
  {
    "award_age": 46,
    "category": "Physics",
    "country": "Austria",
    "date_of_birth": "1887-08-12",
    "date_of_death": "1961-01-04",
    "gender": "male",
    "link": "http://en.wikipedia.org/wiki/Erwin_Schr%C3%B6dinger",
    "name": "Erwin Schr\u00f6dinger",
```

```
        "place_of_birth": "Erdberg, Vienna, Austria",
        "place_of_death": "Vienna, Austria",
        "text": "Erwin Schr\u00f6dinger , Physics, 1933",
        "year": 1933
    }
]
```

Agora temos uma filtragem bastante detalhada em nosso conjunto de dados de ganhadores, e para muitas visualizações de dados, isso seria suficiente para fornecer um grande conjunto de dados dirigido pelo usuário, buscando dados na API RESTful conforme necessário. A capacidade de enviar ou criar entradas de dados a partir da API ou de um formulário da web é um desses requisitos que surgem de vez em quando e é bom *saber*. Isso significa que você pode usar a API como um pool de dados central e adicionar a ele a partir de várias localizações. Também é muito fácil de fazer com o Flask e nossas extensões.

Enviando Dados para a API

As rotas do Flask recebem um argumento opcional de métodos, que especifica os métodos HTTP aceitos. O verbo GET é o padrão, mas definindo-o como POST, podemos enviar dados para esta rota com o pacote disponível no objeto de requisição, neste caso, como dados codificados em JSON.

Adicionamos outro endpoint `/winners`, com um array `methods` contendo `POST`, e depois usamos os dados JSON para criar um dicionário `winner_data` que é usado para criar uma entrada na tabela de ganhadores. Isso é então adicionado à sessão do banco de dados e finalmente confirmado. A nova entrada é retornada usando a serialização do marshmallow:

```
@app.route('/winners/', methods=['POST'])
def add_winner():
    valid_fields = winner_schema.fields

    winner_data = {name: value for name,
                   value in request.json.items() if name in valid_fields}
    app.logger.info(f"Creating a winner with these fields: {winner_data}")
    new_winner = Winner(**winner_data)
    db.session.add(new_winner)
    db.session.commit()
    return winner_schema.jsonify(new_winner)
```

Testar com o curl retorna o resultado esperado:

```
$ curl http://localhost:5000/winners/ \
    -X POST \
    -H "Content-Type: application/json" \
    -d '{"category":"Physics","year":2021,
         "name":"Syukuro Manabe","country":"Japan"}' ❶
{
  "award_age": null,
  "category": "Physics",
  "country": "Japan",
  "date_of_birth": null,
  "date_of_death": null,
  "gender": null,
  "link": null,
  "name": "Syukuro Manabe",
  "place_of_birth": null,
  "place_of_death": null,
  "text": null,
  "year": 2021
}
```

❶ Os dados de entrada são uma string codificada em JSON.

Talvez mais útil para o gerenciamento de dados seja um endpoint da API que permite atualizar os dados de um ganhador. Para isso, podemos usar o verbo HTTP PATCH chamado em uma URL individual. Assim como no POST para criar um novo ganhador, percorremos o dicionário `request.json` e usamos quaisquer campos válidos, neste caso, todos disponíveis para o serializador do marshmallow, para atualizar os atributos do ganhador por ID:

```
@app.route('/winners/<id>/', methods=['PATCH'])
def update_winner(id):
    winner = Winner.query.get_or_404(id)
    valid_fields = winner_schema.fields
    winner_data = {name: value for name, value
                   in request.json.items() if name in valid_fields}
    app.logger.info(f"Updating a winner with these fields: {winner_data}")
    for k, v in winner_data.items():
        setattr(winner, k, v)
    db.session.commit()
    return winner_schema.jsonify(winner)
```

Aqui usamos este ponto de patch da API para atualizar, para fins de demonstração, o nome e o ano do prêmio de um ganhador do Nobel:

```
$ curl http://localhost:5000/winners/3/ \
    -X PATCH \
    -H "Content-Type: application/json" \
    -d '{"name":"Morris Maeterlink","year":"1912"}'
{
  "award_age": 49,
  "category": "Literature",
  "country": "Belgium",
  "date_of_birth": "1862-08-29",
  "date_of_death": "1949-05-06",
  "gender": "male",
  "link": "http://en.wikipedia.org/wiki/Maurice_Maeterlinck",
  "name": "Morris Maeterlink",
  "place_of_birth": "Ghent ,  Belgium",
  "place_of_death": "Nice ,  France",
  "text": "Maurice Maeterlinck , Literature, 1911", ❶
  "year": 1912
}
```

❶ Os detalhes originais.

Neste ponto, construímos uma API útil e direcionada, capaz de buscar dados de acordo com filtros detalhados e atualizar ou criar ganhadores. Se você quiser adicionar mais endpoints que cubram algumas tabelas de banco de dados adicionais, o boilerplate de roteamento do Flask e os métodos associados podem ficar um pouco confusos. As MethodViews do Flask fornecem uma maneira de encapsular nossas chamadas de API de endpoint em uma única instância de classe, tornando as coisas mais limpas e extensíveis. É fácil transferir nossa API existente para MethodViews e a carga cognitiva reduzida compensará à medida que suas APIs se tornarem mais complexas.

Estendendo a API com MethodViews

Podemos reutilizar a maior parte do código de nossa API, e mudá-lo para MethodViews elimina uma quantidade considerável de boilerplate também. MethodViews encapsulam endpoints e seus métodos HTTP associados (GET, POST etc.) em uma única instância de classe, que pode ser facilmente estendida e adaptada. Para mover nossa tabela de ganhadores para um recurso dedicado, basta transferir os métodos de rota do Flask existentes para uma classe `MethodView` e fazer alguns ajustes menores. Primeiro, precisamos importar a classe `MethodView`:

```
#...
from flask.views import MethodView
#...
```

O modelo SQLAlchemy e os esquemas do marshmallow não precisam ser alterados. Agora criamos uma instância `MethodView` para nossa coleção de ganhadores com métodos para os verbos HTTP relevantes. Podemos reutilizar os métodos de rota existentes. Em seguida, usamos o método add_url_rule da aplicação Flask para fornecer um endpoint, que a visualização manipulará:

```
class WinnersListView(MethodView):

    def get(self):
        valid_filters = ('year', 'category', 'gender', 'country', 'name')
        filters = request.args.to_dict()
        args = {name: value for name, value in filters.items()
                if name in valid_filters}
        app.logger.info('Filtering with the %s fields' % (str(args)))
        all_winners = Winner.query.filter_by(**args)
        result = winners_schema.jsonify(all_winners)
        return result

    def post(self):
        valid_fields = winner_schema.fields
        winner_data = {name: value for name,
                       value in request.json.items() if name in valid_fields}
        app.logger.info("Creating a winner with these fields: %s" %
                        str(winner_data))
        new_winner = Winner(**winner_data)
        db.session.add(new_winner)
        db.session.commit()
        return winner_schema.jsonify(new_winner)

app.add_url_rule("/winners/",
                 view_func=WinnersListView.as_view("winners_list_view"))
```

Para criar métodos HTTP para entradas individuais de tabela, seguimos o mesmo padrão. Adicionaremos um método de exclusão para garantir. As exclusões HTTP bem-sucedidas devem retornar o código HTTP 204 (sem conteúdo) e um pacote de conteúdo vazio:

```
class WinnerView(MethodView):

    def get(self, winner_id):
        winner = Winner.query.get_or_404(winner_id)
        result = winner_schema.jsonify(winner)
        return result

    def patch(self, winner_id):
        winner = Winner.query.get_or_404(winner_id)
        valid_fields = winner_schema.fields
        winner_data = {name: value for name,
                       value in request.json.items() if name in valid_fields}
        app.logger.info("Updating a winner with these fields: %s" %
                        str(winner_data))
        for k, v in winner_data.items():
            setattr(winner, k, v)
        db.session.commit()
        return winner_schema.jsonify(winner)
```

```
    def delete(self, winner_id):
        winner = Winner.query.get_or_404(winner_id)
        db.session.delete(winner)
        db.session.commit()
        return '', 204

app.add_url_rule("/winners/<winner_id>",
                 view_func=WinnerView.as_view("winner_view")) ❶
```

❶ Os argumentos nomeados correspondentes a padrões são passados para todos os métodos do MethodViews.

Vamos usar o curl para excluir um dos ganhadores, especificando uma saída detalhada:

```
$ curl http://localhost:5000/winners/858 -X DELETE -v
*   Trying 127.0.0.1...
* Connected to localhost (127.0.0.1) port 5000 (#0)
> DELETE /winners/858 HTTP/1.1
> Host: localhost:5000
> User-Agent: curl/7.47.0
> Accept: */*
>
* HTTP 1.0, assume close after body
< HTTP/1.0 204 NO CONTENT
< Content-Type: application/json
< Server: Werkzeug/2.0.2 Python/3.8.9
< Date: Sun, 27 Mar 2022 15:35:51 GMT
<
* Closing connection 0
```

Ao usar o MethodViews em endpoints dedicados, eliminamos grande parte do boilerplate de roteamento do Flask e tornamos o código mais fácil de trabalhar e estender. Como exemplo, vejamos como adicionar um recurso de API muito útil, a capacidade de paginar ou dividir dados.

Paginando os Resultados de Dados

Se você tiver conjuntos de dados grandes e antecipar conjuntos de resultados extensos, a capacidade de receber esses dados em partes paginadas é uma característica de API muito útil; para muitos casos de uso, é vital.

O SQLAlchemy possui um método conveniente `paginate` que pode ser chamado em consultas para retornar páginas de dados de um tamanho de página especificado. Para adicionar paginação à nossa API de ganhadores, só precisamos adicionar alguns parâmetros de consulta para especificar a página e o tamanho da página. Usaremos `_page` e `_page-size` e prefixe-os com um sublinhado para distingui-los de quaisquer consultas de filtro que possamos aplicar.

Aqui está o método get adaptado:

```
class WinnersListView(MethodView):

    def get(self):
        valid_filters = ('year', 'category', 'gender', 'country', 'name')
        filters = request.args.to_dict()
        args = {name: value for name, value in filters.items()
                if name in valid_filters}

        app.logger.info(f'Filtering with the {args} fields')

        page = request.args.get("_page", 1, type=int) ❶
        per_page = request.args.get("_per-page", 20, type=int)

        winners = Winner.query.filter_by(**args).paginate(page, per_page) ❷
        winners_dumped = winners_schema.dump(winners.items)

        results = {
            "results": winners_dumped,
            "filters": args,
            "pagination": ❸
            {
                "count": winners.total,
                "page": page,
                "per_page": per_page,
                "pages": winners.pages,
            },
        }

        make_pagination_links('winners', results) ❹

        return jsonify(results)
    # ...
```

❶ Os parâmetros de paginação com valores padrão sensatos.

❷ Aqui usamos o método `paginate` do SQLAlchemy com nossas variáveis de paginação `page` e `per_page`.

❸ Retornamos nossos resultados paginados e qualquer outra coisa que faça sentido. No dicionário de `pagination`, fornecemos feedback útil — a página que está sendo retornada e o tamanho do conjunto de dados total.

❹ Usaremos esta função para adicionar algumas URLs úteis para buscar páginas anteriores ou seguintes.

Por convenção, é útil retornar endpoints de URL para as páginas anteriores e seguintes, para permitir o consumo fácil do conjunto de dados total. Temos uma pequena função `make_pagination_links` para isso, que adiciona essas URLs convenientes ao dicionário de paginação. Usaremos a biblioteca *urllib* do Python para construir a string de consulta de nossa URL:

```
#...
import urllib.parse
#...
def make_pagination_links(url, results):
    pag = results['pagination']
    query_string = urllib.parse.urlencode(results['filters']) ❶

    page = pag['page']
    if page > 1:
        prev_page = url + '?_page=%d&_per-page=%d%s' % (page-1,
                                                        pag['per_page'],
                                                        query_string)
    else:
        prev_page = ''

    if page < pag['pages']: ❷
        next_page = url + '?_page=%d&_per-page=%d%s' % (page+1,
                                                        pag['per_page'],
                                                        query_string)
    else:
        next_page = ''

    pag['prev_page'] = prev_page
    pag['next_page'] = next_page
```

❶ Recriaremos nossa sequência de consulta a partir das consultas de filtro, por exemplo, `&category=Chemistry&year=1976`. O módulo de análise do *urllib* transforma o dicionário de filtros em uma consulta URL formatada corretamente.

❷ Adicione URLs da página anterior e seguinte, quando aplicável, anexando quaisquer consultas de filtro ao resultado.

Vamos usar o curl para testar nossos dados paginados. Vamos adicionar um filtro para obter todos os físicos ganhadores do Prêmio Nobel:

```
$ curl -d category=Physics  --get http://localhost:5000/winners/

{
  "filters": {
    "category": "Physics"
  },
  "pagination": {
    "count": 201,
    "next_page": "?_page=2&_per-page=20&category=Physics", ❶
    "page": 1,
    "pages": 11,
    "per_page": 20,
    "prev_page": ""
  },
  "results": [ ❷
    {
```

```
    "award_age": 81,
    "category": "Physics",
    "country": "Belgium",
    "date_of_birth": "1932-11-06",
    "date_of_death": "NaT",
    "gender": "male",
    "link": "http://en.wikipedia.org/wiki/Fran%C3%A7ois_Englert",
    "name": "Fran\u00e7ois Englert",
    "place_of_birth": "Etterbeek ,  Brussels ,  Belgium",
    "place_of_death": null,
    "text": "Fran\u00e7ois Englert , Physics, 2013",
    "year": 2013
  },
  {
    "award_age": 37,
    "category": "Physics",
    "country": "Denmark",
    "date_of_birth": "1885-10-07",
    "date_of_death": "1962-11-18",
    "gender": "male",
    "link": "http://en.wikipedia.org/wiki/Niels_Bohr",
    "name": "Niels Bohr",
  ...
  }]}
```

❶ Esta é a primeira página, portanto, não há páginas anteriores disponíveis, mas a URL da próxima página é fornecida para facilitar o consumo dos dados.

❷ Um array de resultados contendo os primeiros 20 físicos na tabela de ganhadores.

Com bibliotecas poderosas como marshmallow integradas como extensões do Flask, é fácil criar sua própria API sem precisar recorrer a uma biblioteca dedicada de Flask RESTful, o que, a experiência sugere, pode não estar por perto por muito mais tempo.

Implantando a API Remotamente com o Heroku

Ter um servidor de dados de desenvolvimento local, como o que acabamos de criar, é ótimo para prototipar, testar o fluxo de dados e lidar com todas as visualizações de dados com conjuntos de dados grandes demais para serem confortavelmente consumidos como um arquivo JSON (ou equivalente). Mas isso significa que qualquer pessoa que queira experimentar a visualização precisa executar um servidor de dados local, o que é apenas mais uma coisa com a qual se preocupar. Nestes casos, pode ser muito útil colocar o servidor de dados na web como um recurso remoto. Existem várias maneiras de fazer isso, mas possivelmente a favorita entre os Pythonistas, incluindo eu mesmo, é o Heroku, um serviço em nuvem que torna a implantação de um servidor Flask bastante trivial. Vamos demonstrar isso colocando nosso servidor de dados Nobel na web.

Primeiro, você precisará criar uma conta gratuita no Heroku. Em seguida, será necessário instalar as ferramentas de cliente do Heroku para o seu sistema operacional.

Com as ferramentas instaladas, você pode fazer login no Heroku executando o comando `login` a partir da linha de comando:

```
$ heroku login
heroku: Press any key to open up the browser to login or q to exit
 ›   Warning: If browser does not open, visit
 ›   https://cli-auth.heroku.com/auth/browser/***
heroku: Waiting for login...
Logging in... done
Logged in as me@example.com
```

Agora que você está logado, vamos criar uma aplicação Heroku e implantá-la na web. Primeiro, criamos um diretório de aplicação (*heroku_api*) e colocamos nosso arquivo de API Flask *api_rest.py* nele. Também precisaremos de um arquivo Procfile, um arquivo *requirements.txt* e do banco de dados SQLite `nobel_winners_cleaned_api.db` para ser servido:

```
heroku_api
├── api_rest.py
├── data
|   ├── nobel_winners_cleaned_api.db
├── Procfile
└── requirements.txt
```

O Procfile é usado pelo Heroku para saber o que e como implantar. Neste caso, vamos usar o servidor HTTP WSGI Gunicorn do Python para negociar o tráfego da web com nossa aplicação Flask e executá-lo como uma aplicação Heroku. O Procfile se parece com isso:

```
web: gunicorn api_rest:app
```

Assim como o Procfile, o Heroku precisa saber quais bibliotecas Python instalar para a aplicação. Elas são encontradas no arquivo *requirements.txt*:

```
Flask==2.0.2
gunicorn==20.1.0
Flask-Cors==3.0.10
flask-marshmallow==0.14.0
Flask-SQLAlchemy==2.5.1
Jinja2==3.0.1
marshmallow==3.15.0
marshmallow-sqlalchemy==0.28.0
SQLAlchemy==1.4.26
Werkzeug==2.0.2
```

Com os arquivos de configuração do Heroku no lugar, podemos criar uma aplicação Heroku executando o comando `create` a partir da linha de comando.

Agora, vamos usar o `git` para inicializar um diretório Git e adicionar os arquivos existentes:

```
$ git init
$ git add .
$ git commit -m "First commit"
```

Com o git inicializado, basta criar nossa aplicação Heroku:[4]

```
$ heroku create flask-rest-pyjs2
```

Implantar no Heroku agora está a apenas um `git push` de distância:

```
$ git push heroku master
```

Toda vez que você fizer alterações no código local, basta enviá-las para o Heroku e o site será atualizado.

Vamos testar a API com o curl obtendo a primeira página dos ganhadores de Física:

```
 $ curl -d category=Physics --get
                       https://flask-rest-pyjs2.herokuapp.com/winners/
{"filters":{"category":"Physics"},"pagination":{"count":201,
"next_page":"winners/?_page=2&_per-page=20&category=Physics","page":1,
"pages":11,"per_page":20,"prev_page":""},"results":[{"award_age":81,
"category":"Physics","country":"Belgium","date_of_birth":"1932-11-06",
"date_of_death":"NaT","gender":"male","link":"http://en.wikipedia.org/wiki/
Fran%C3%A7ois_Englert","name":"Fran\u00e7ois Englert", ... }
```

CORS

Para consumir a API a partir de um navegador da web, precisaremos lidar com as restrições de Compartilhamento de Recursos de Origem Cruzada (CORS) nas requisições de dados do servidor. Usaremos uma extensão Flask CORS e a executaremos no modo padrão, permitindo que requisições de qualquer domínio acessem o servidor de dados. Isso só requer a adição de algumas linhas à nossa aplicação Flask:

```
# ...
from flask_cors import CORS
# Init app
app = Flask(__name__)
CORS(app)
```

A biblioteca Flask-CORS pode ser usada para especificar quais domínios têm permissão para acessar quais recursos. Estamos permitindo acesso geral aqui.

4 Você pode fazer isso no painel do Heroku e, em seguida, usar `git remote - <app_name>` para anexar o diretório Git atual à aplicação.

Consumindo a API Usando JavaScript

Para usar o servidor de dados em uma aplicação ou página da web, basta usar o `fetch` para solicitar os dados. Este exemplo consome todos os dados paginados, continuando a buscar páginas até que a propriedade `next_page` esteja vazia:

```
let data
async function init() {
  data = await getData('winners/?category=Physics&country=United States') ❶
  console.log(`${data.length} US Physics winners:`, data)
  // Envie os dados para uma função de gráfico adequada
  drawChart(data)
}

init()

async function getData(ep='winners/?category=Physics'){ ❶
  let API_URL = 'https://flask-rest-pyjs2.herokuapp.com/'
  let data = []
  while(true) {
    let response = await fetch(API_URL + ep) ❷
    .then(res => res.json()) ❸
    .then(data => {
      return data
    })

    ep = response.pagination.next_page
    data = data.concat(response.results) // adicionar os resultados da página
    if(!ep) break // não há próxima página, então interrompe o loop
  }
  return data
}
```

❶ Os dados provenientes do servidor são assíncronos, portanto, usamos funções assíncronas para consumi-los.

❷ `await` aguarda a resolução assíncrona da Promessa, fornecendo seu valor.

❸ Convertemos os dados de resposta em JSON e os passamos para a próxima chamada `then`, que retorna os dados do servidor.

A chamada JS exibe o resultado esperado no console:

```
89 US Physics winners:
[{
    award_age: 42
    category: "Physics"
    country: "United States"
    date_of_birth: "1969-12-16"
    date_of_death: "NaT"
    gender: "male"
    link: "http://en.wikipedia.org/wiki/Adam_G._Riess"
    name: "Adam G. Riess"
    place_of_birth: "Washington, D.C., United States"
    place_of_death: null
    text: "Adam G. Riess , Physics, 2011"
    year: 2011
  }, ...
}]
```

Agora temos uma API de dados RESTful baseada na web que pode ser acessada de qualquer lugar (sujeita às nossas restrições de CORS). Como vimos, a baixa sobrecarga e facilidade de uso tornam o Heroku difícil de ser superado. Ele já existe há algum tempo e se tornou uma configuração muito refinada.

Resumo

Espero que este capítulo tenha demonstrado que, com algumas extensões poderosas, é fácil criar sua própria API RESTful. Seria preciso muito mais trabalho e alguns testes para torná-la um padrão industrial, mas, para a maioria das atribuições de dataviz, esta API forneceria a capacidade de lidar com conjuntos de dados grandes e permitir ao usuário explorá-los livremente. No mínimo, ela mostra o quão fácil é criar rapidamente um servidor de desenvolvimento, permitindo testar rapidamente abordagens de visualização para conjuntos de dados refinados pelo usuário. Painéis de controle são uma área em que esse tipo de busca remota de dados é esperado.

A capacidade de implantar facilmente a API remotamente com o Heroku significa que conjuntos de dados grandes podem ser processados sem a necessidade de executar servidores de dados locais — perfeito para demonstrar dataviz ambiciosas para clientes ou colegas.

PARTE V

Visualizando Seus Dados com D3 e Plotly

Nesta parte do livro, pegamos nosso valioso conjunto de dados do Prêmio Nobel, raspado da web no Capítulo 6 e limpo no Capítulo 9, e o transformamos em uma visualização da web moderna, envolvente e interativa usando a biblioteca Plotly baseada em Python e JS, e o D3, a robusta biblioteca de visualização de dados em JS (veja a Figura V-1).

Abordaremos a realização da dataviz do Prêmio Nobel em D3 em detalhe, adquirindo conhecimento em D3 e JavaScript ao longo do caminho. Primeiro, vamos imaginar como nossa visualização deve ser, usando as perspectivas obtidas no Capítulo 11.

Você pode encontrar o código-fonte em Python e JavaScript para esta visualização no diretório `nobel_viz` do repositório GitHub do livro (consulte "O Código de Acompanhamento" na página 3 para obter detalhes).

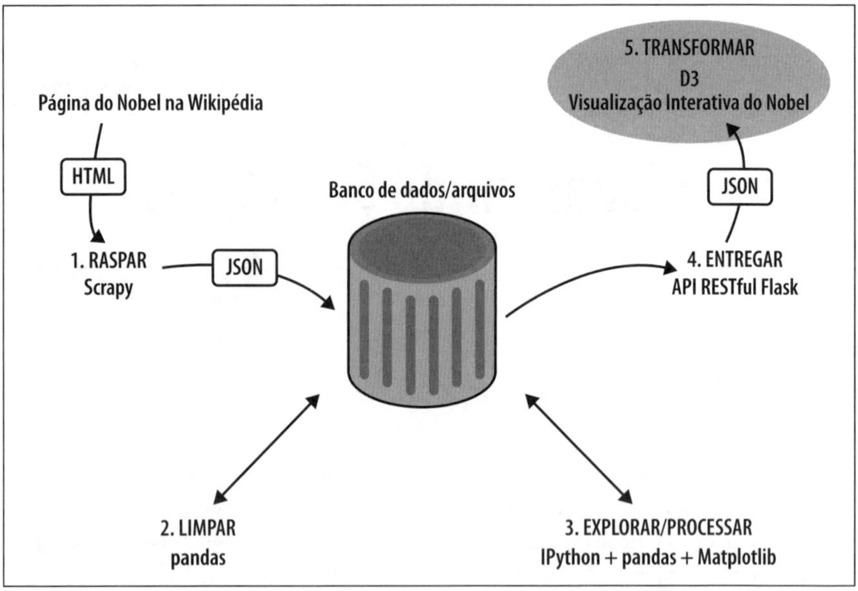

Figura V-1. Nosso conjunto de ferramentas de dataviz: obtendo os dados

Você pode encontrar o código para esta parte do livro no repositório GitHub do livro.

CAPÍTULO 14

Trazendo Seus Gráficos para a Web com o Matplotlib e o Plotly

Neste capítulo, veremos como trazer os frutos da limpeza e exploração de dados feitas com o pandas para a web. Muitas vezes, uma boa visualização estática é uma ótima maneira de apresentar dados, e começaremos mostrando como podemos usar o Matplotlib para fazer exatamente isso. Às vezes, a interação do usuário pode enriquecer significativamente uma visualização de dados — veremos como a biblioteca Plotly do Python pode ser usada para criar visualizações interativas em um Jupyter notebook e transferir essas interações do usuário (UI) e tudo o mais para uma página da web.

Também veremos como aprender a usar a biblioteca Python do Plotly lhe dá competência com uma biblioteca JavaScript nativa, o que pode realmente ampliar as possibilidades da sua dataviz na web. Demonstraremos isso criando algumas interfaces de usuário (UI) simples em JavaScript para atualizar nossos gráficos nativos do Plotly.

Gráficos Estáticos com o Matplotlib

Muitas vezes, o melhor tipo de gráfico para o trabalho é um gráfico estático, onde o controle editorial completo fica com o criador. Uma das vantagens do Matplotlib é sua capacidade de produzir gráficos de alta qualidade em uma ampla variedade de formatos, desde PNGs de alta definição para a web até renderizações SVG, com primitivos vetoriais que se ajustam perfeitamente ao tamanho do documento.

Para gráficos na web, o formato onipresente e recomendado são os gráficos portáteis de rede (PNG), que, como o nome sugere, foram projetados para essa finalidade. Vamos selecionar alguns gráficos da nossa exploração dos Prêmios Nobel (consulte o Capítulo 11) e entregá-los na web como PNGs, criando uma pequena apresentação ao longo do caminho.

Na seção "Tendências Nacionais" na página 286, vimos que medir a quantidade de prêmios nacionais em números absolutos apresentava uma imagem muito diferente de uma medição per capita, levando em consideração o tamanho da população. Produzimos alguns gráficos de barras que mostravam isso. Agora vamos transformar essa descoberta exploratória em uma apresentação. Usaremos gráficos de barras verticais para facilitar a leitura dos nomes dos países.

Pegamos o eixo do Matplotlib retornado pelo método plot do pandas e fazemos algumas adaptações, alterando a cor de fundo para cinza claro (#eee) e adicionando um ou dois rótulos:

```
ax = df_countries[df_countries.nobel_wins > 2]\ ❶
    .sort_values(by='nobel_wins_per_capita', ascending=True)\
    .nobel_wins_per_capita.plot(kind='barh',\ ❷
        figsize=(5, 10), title="Relative prize numbers")
ax.set_xlabel("Nobel prizes per capita")
ax.set_facecolor("#eee")
plt.tight_layout() ❸
plt.savefig("country_relative_prize_numbers.png")
```

❶ Limiar para países com pelo menos três prêmios.

❷ Queremos um gráfico de barras horizontal do tipo `barh`.

❸ O uso do método `tight_layout` reduz as chances de elementos do gráfico serem perdidos na figura salva.

Realizamos a mesma operação para os números absolutos, produzindo dois gráficos de barras horizontais em formato PNG. Para apresentá-los na web, utilizaremos um pouco do HTML e CSS ensinados no Capítulo 4:

```
<!-- index.html -->
<div class="main">
  <h1 class='title'>The Nobel Prize</h1>
  <h2>A few exploratory nuggets</h2>

  <div class="intro">
    <p>Some nuggets of data mined from a dataset of Nobel prize
     winners (2016).</p>
  </div>

  <div class="container" id="by-country-container">

    <div class="info-box">
      <p>These two charts compare Nobel prize winners by
        country. [...] that Sweden, winner by a relative
         metric, hosts the prize.</p>
    </div>

    <div class="chart-wrapper" id="by-country">

      <div class="chart">
        <img src="images/country_absolute_prize_numbers.png" ❶
        alt="">
      </div>
      <div class="chart">
        <img src="images/country_relative_prize_numbers.png"
        alt="">
      </div>
```

```
      </div>
    </div>
  </div>
```

❶ As imagens estão em um subdiretório em relação ao *index.html*.

Após o título, subtítulo e introdução, temos um contêiner principal, dentro do qual existe um `div` chart-wrapper com dois gráficos e uma info-box.

Usaremos um pouco de CSS para dimensionar, posicionar e estilizar o conteúdo. A chave CSS é o uso de flex-boxes para distribuir os gráficos e a info-box em uma linha e torná-los de largura igual, atribuindo ao chart-wrapper um peso flex de dois e à info-box um peso flex de um:

```
html,
body {
  height: 100%;
  font-family: Georgia, serif;
  background: #fff1e5;
  font-size: 1.2em;
}

h1.title {
  font-size: 2.1em;
}

.main {
  padding: 10px;
  padding-bottom: 100px;
  min-width: 800px;
  max-width: 1200px;
}

.container {
  display: flex;
}

.chart-wrapper {
  display: flex; ❶
  flex: 2; ❷
}

.chart {
  flex: 1;
  padding: 0 1.5em;
}
.chart img {
  max-height: 600px;
}
```

```
.info-box {
  font-family: sans-serif;
  flex: 1; ❷
  font-size: 0.7em;
  padding: 0 1.5em;
  background: #ffebd9;
}
```

❶ O gráfico e os filhos da info-box deste contêiner estão sob controle flexível.

❷ O chart-wrapper tem o dobro da largura da info-box.

A Figura 14-1 (à esquerda) mostra a página da web resultante.

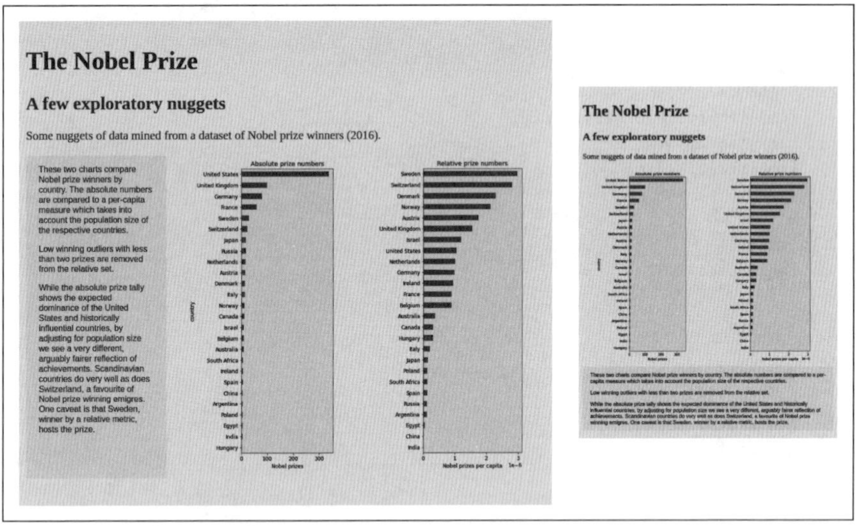

Figura 14-1. Alguns gráficos estáticos

Adaptando a Tamanhos de Tela

Um desafio para o desenvolvimento web moderno e dataviz associada é a adaptação aos diversos dispositivos agora usados para acessar a web. Na maioria das vezes, a capacidade de smartphones e tablets de percorrer e pinçar/dar zoom significa que a mesma visualização pode ser usada em todos os dispositivos. Tornar as visualizações adaptáveis não é fácil e tal processo sofre com a explosão combinatorial rapidamente. Muitas vezes, uma composição de compromisso é a melhor maneira de prosseguir.

No entanto, existem ocasiões em que uma solução fácil pode ser alcançada usando a propriedade `media` de CSS para adaptar o estilo ao tamanho da tela do dispositivo, geralmente usando a largura da tela como gatilho para o uso de estilos especializados. Usaremos a página da web Nobel que acabamos de criar para demonstrar isso.

O layout padrão do gráfico na Figura 14-1 é adequado para a maioria das telas de laptop ou PC, mas à medida que a largura do dispositivo é reduzida, os gráficos e a info-box ficam um pouco desorganizados e a info-box se alonga para conter o texto. Ao acionar uma alteração do flex-box em uma largura definida de 1.000 pixels, podemos tornar a visualização mais fácil de consumir em um dispositivo de tela pequena.

Aqui, adicionamos um gatilho de mídia para aplicar um valor diferente de `flex-direction` a dispositivos com 1.000 pixels ou menos de largura. Em vez de exibir a info-box e os gráficos em uma linha, os exibimos em uma coluna e invertemos a ordem para colocar a info-box na parte inferior. O resultado é mostrado na Figura 14-1 (à direita):

```
/* Quando o navegador tem 1.000 pixels de largura ou menos */
@media screen and (max-width: 1000px) {
  #by-country-container {
    flex-direction: column-reverse;
  }
}
```

Usando Imagens ou Assets Remotos

Você pode usar assets remotos, como imagens hospedadas no Dropbox ou Google, obtendo o link compartilhado e usando-o como a origem da imagem. Por exemplo, as seguintes tags `img` usam imagens do Dropbox para a Figura 14-1 em vez das imagens hospedadas localmente:

```
<div class="chart">
  <img src="https://www.dropbox.com/s/422ugyhvfc0zg99/
  country_absolute_prize_numbers.png?raw=1" alt="">
</div>

<div class="chart">
  <img src="https://www.dropbox.com/s/n6rfr9kvuvir7gi/
  country_relative_prize_numbers.png?raw=1" alt="">
</div>
```

Gerando Gráficos com o Plotly

Para gráficos estáticos, apresentados como PNGs ou SVGs, o Matplotlib é altamente personalizável, embora sua API pudesse ser mais intuitiva. Mas se você deseja que seus gráficos tenham elementos dinâmicos/interativos, como a capacidade de alterar ou filtrar o conjunto de dados com botões ou seletores, então precisará de uma biblioteca de gráficos diferente, e é aqui que entra o Plotly[1].

O Plotly é uma biblioteca de gráficos baseada em Python (e outras linguagens) que, assim como o Matplotlib, pode ser usada durante sessões interativas do Jupyter notebook. Ele

1 O Bokeh é uma boa alternativa.

oferece uma ampla variedade de formas de gráficos, algumas das quais não são encontradas no conjunto de recursos do Matplotlib, e é indiscutivelmente mais fácil de configurar do que o Matplotlib. Por esse motivo, é uma ferramenta útil para se ter, mas onde o Plotly se destaca é na capacidade de exportar esses gráficos, juntamente com qualquer widget interativo com script, para a web.

Como mencionado, as interações do usuário e gráficos dinâmicos muitas vezes são supérfluos, mas mesmo nesse caso o Plotly possui alguns recursos adicionais interessantes, como informações exibidas em tooltips que, por exemplo, fornecem informações específicas sobre um grupo de barras quando o mouse está sobre ele.

Gráficos Básicos

Vamos ver como o Plotly faz as coisas replicando um dos gráficos Matplotlib de "Tendências Históricas na Distribuição de Prêmios" na página 291. Primeiro, vamos criar um DataFrame a partir do conjunto de dados do Prêmio Nobel, mostrando prêmios cumulativos para três regiões geográficas:

```
new_index = pd.Index(np.arange(1901, 2015), name='year')

by_year_nat_sz = df.groupby(['year', 'country'])\
    .size().unstack().reindex(new_index).fillna(0)

# Nossa lista de países continentais criada selecionando os dois
# ou três maiores ganhadores nos três continentes comparados.
regions = [
{'label':'N. America',
'countries':['United States', 'Canada']},
{'label':'Europe',
'countries':['United Kingdom', 'Germany', 'France']},
{'label':'Asia',
'countries':['Japan', 'Russia', 'India']}
]
# Cria uma nova coluna com um rótulo de região para cada dict
# na lista de regiões, somando os seus países membros.
for region in regions:
    by_year_nat_sz[region['label']] =\
    by_year_nat_sz[region['countries']].sum(axis=1)
# Cria um novo DataFrame usando a soma cumulativa
# das novas colunas da região.
df_regions = by_year_nat_sz[[r['label'] for r in regions]].\
    cumsum()
```

Isso nos dá um DataFrame `df_regions` com somas cumulativas em colunas.

```
df_regions
country  N. America  Europe  Asia
year
1901            0.0     4.0   0.0
1902            0.0     7.0   0.0
1903            0.0    10.0   0.0
1904            0.0    13.0   1.0
1905            0.0    15.0   1.0
...             ...     ...   ...
2010          327.0   230.0  36.0
2011          333.0   231.0  36.0
...
```

Plotly Express

O Plotly fornece um módulo chamado `express` que permite criar rapidamente esboços de gráficos, ótimo para iteração exploratória em um notebook. Este módulo possui objetos de alto nível para gráficos de linha, gráficos de barras etc., e pode receber DataFrames do pandas como argumentos, interpretando dados em formato de coluna.[2] O DataFrame regional que acabamos de criar pode ser usado diretamente pelo Plotly Express para construir um gráfico de linha em apenas algumas linhas. Isso produz o gráfico na Figura 14-2 (à esquerda):

```
# carregue o módulo express
import plotly.express as px
# use o método line com um DataFrame adequado
fig = px.line(df_regions)
fig.show()
```

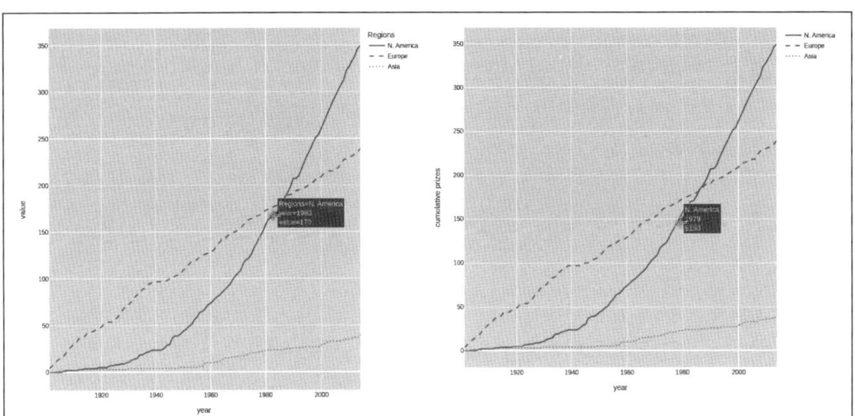

Figura 14-2. Prêmios cumulativos com o Plotly

[2] Você pode facilmente transpor seus DataFrames para a forma colunar necessária usando o operador `T` do DataFrame.

Observe o rótulo do índice de linha que é usado por padrão para o eixo x e o tooltip que aparece ao passar o mouse, mostrando, neste caso, informações sobre a seção da linha.

Outra coisa a observar é que o rótulo da legenda é obtido a partir do índice de agrupamento, neste caso, o país. Podemos corrigir isso facilmente renomeando-o para algo mais sensato, neste caso, `Regions`:

```
fig = px.line(df_regions, labels={'country': 'Regions'})
      line_dash='country', line_dash_sequence=['solid', 'dash', 'dot']) ❶
)
fig.show()
```

❶ O Plotly colore as linhas por padrão, mas para distingui-las na versão impressa em preto e branco deste livro, podemos ajustar seus estilos. Para fazer isso, definimos o argumento `line_dash` para o grupo do país e `line_dash_sequence` para os estilos de linha que desejamos.[3]

O Plotly Express é fácil de usar e traz alguns gráficos inovadores para jogo.[4] Para esboços rápidos de dados, ele concorre com a biblioteca Matplotlib do pandas, que funciona diretamente com DataFrames. No entanto, se você deseja ter mais controle sobre seus gráficos e realmente aproveitar as vantagens do Plotly, recomendo focar o uso de figuras e objetos de gráficos do Plotly. Esta API é mais complexa, mas significativamente mais poderosa. Além disso, é espelhada pela API JavaScript, o que significa que você está essencialmente aprendendo duas bibliotecas — algo muito útil, como veremos mais adiante no capítulo.

Objetos de Gráficos do Plotly

Usar objetos de gráficos do Plotly envolve um pouco mais de código, mas o padrão é essencialmente o mesmo, seja criando gráficos de barras, gráficos de violino, mapas etc. A ideia é usar um array de objetos de gráficos, como pontos dispersos (linhas no modo de linha), barras, velas, caixas etc., como dados para a figura. Um objeto de `layout` é usado para fornecer outras características do gráfico.

O código a seguir produz o gráfico na Figura 14-2 (à direita). Observe o tooltip personalizado ao passar o mouse:

```
import plotly.graph_objs as go


traces = [] ❶
for region in regions:
    name = region['label']
    traces.append(
        go.Scatter(
            x=df_regions.index, # anos
            y=df_regions[name], # prêmios cum.
```

3 Consulte *https://oreil.ly/zUyxK* para conhecer as opções de estilo de linha do Plotly.

4 Consulte o site do Plotly para ver algumas demonstrações.

```
            name=name,
            mode="lines", ❷
            hovertemplate=f"{name}<br>%{{x}}<br>$%{{y}}<extra></extra>" ❸
            line=dict(dash=['solid', 'dash', 'dot'][len(traces)]) ❹
        )
    )
layout = go.Layout(height=600, width=600,\ ❺
    xaxis_title="year", yaxis_title="cumulative prizes")
fig = go.Figure(traces, layout) ❻
fig.show()
```

❶ Criaremos um array de objetos de gráficos de linha para usar como dados da nossa figura.

❷ No modo de dispersão em linha, os pontos dos objetos de dispersão são conectados.

❸ Você pode fornecer um modelo de string HTML que aparecerá ao passar o mouse. As variáveis `x` e `y` naquele ponto são fornecidas.

❹ O objeto `Scatter` tem uma propriedade *`line`* que permite definir várias propriedades de linha, como cor, estilo de linha, forma da linha etc.[5] Para distinguir nossas linhas no livro impresso em preto e branco, queremos definir seu estilo. Para fazer isso, usamos o tamanho (`len`) do array `traces` como índice para um array de estilos, configurando os estilos de linha em sequência.

❺ Assim como nos dados, fornecemos um objeto `layout` que define coisas como a dimensão do gráfico, os títulos do eixo x e muito mais.

❻ Crie uma figura usando nosso array de objetos gráficos e o layout.

Mapeando com o Plotly

Outra das grandes vantagens do Plotly são suas bibliotecas de mapeamento e, especialmente, sua capacidade de integrar o ecossistema Mapbox, um dos recursos de mapeamento baseado em tile mais poderosos para a web. O sistema de tiling do Mapbox é rápido e eficiente e abre a possibilidade de visualizações de mapeamento ambiciosas.

Vamos demonstrar um pouco do mapeamento com o Plotly usando nosso conjunto de dados do Prêmio Nobel e visando visualizar a distribuição global dos prêmios.

Primeiro, criaremos um DataFrame com o total de prêmios por categoria para os países ganhadores e adicionaremos uma coluna `Total` agregando os números das categorias:

[5] Consulte *https://oreil.ly/8UDgA* para obter mais detalhes.

```
df_country_category = df.groupby(['country', 'category'])\
    .size().unstack()
df_country_category['Total'] = df_country_category.sum(1)
df_country_category.head(3) # primeiras três linhas
#category  Chemistry  Economics  Literature  Peace  Physics  \
#country
#Argentina       1.0        NaN         NaN    2.0      NaN
#Australia       NaN        1.0         1.0    NaN      1.0
#Austria         3.0        1.0         1.0    2.0      4.0
#
#category  Physiology or Medicine  Total
#country
#Argentina                    2.0    5.0
#Australia                    6.0    9.0
#Austria                      4.0   15.0
```

Usaremos essa coluna `Total` para definir um limite para as linhas, limitando os países que ganharam o Nobel pelo menos três vezes. Faremos uma cópia dessa seleção para evitar erros no DataFrame do pandas ao tentar modificar uma visualização:

```
df_country_category = df_country_category.\
    loc[df_country_category.Total > 2].copy()
df_country_category
```

Com os totais de prêmios por país em mãos, precisamos de alguns dados geográficos, nomeadamente as coordenadas dos centroides (centros) dos países. Esta é uma oportunidade para demonstrar o Geopy, uma pequena biblioteca Python que faz exatamente esse trabalho, entre muitos outros relacionados à geografia.

Primeiro, instale com o `pip` ou equivalente:

```
!pip install geopy
```

Agora podemos usar o módulo `Nominatim` para fornecer locais com base em nossas strings de nome de país. Criamos um geolocalizador fornecendo uma string de user_agent:

```
from geopy.geocoders import Nominatim

geolocator = Nominatim(user_agent="nobel_prize_app")
```

Usando o localizador geográfico, podemos percorrer alguns países no índice do DataFrame para mostrar os dados geográficos disponíveis:

```
for name in df_country_category.index[:5]:
    location = geolocator.geocode(name)
    print("Name: ", name)
    print("Coords: ", (location.latitude, location.longitude))
    print("Raw details: ", location.raw)
#Name:  Argentina
#Coords:  (-34.9964963, -64.9672817)
#Raw details:  {'place_id': 284427148, 'licence': 'Data ©
#OpenStreetMap contributors, ODbL 1.0. https://osm.org/
#copyright', 'osm_type': 'relation', 'osm_id': 286393,
#'boundingbox': ['-55.1850761', '-21.7808568', '-73.5605371',
#[...] }
```

Vamos adicionar colunas de latitude (`Lat`) e longitude (`Lon`) geográficas ao nosso DataFrame usando nosso geolocalizador:

```
lats = {}
lons = {}
for name in df_country_category.index:
    location = geolocator.geocode(name)
    if location:
        lats[name] = location.latitude
        lons[name] = location.longitude
    else:
        print("No coords for %s"%name)

df_country_category.loc[:,'Lat'] = pd.Series(lats)
df_country_category.loc[:,'Lon'] = pd.Series(lons)
df_country_category
#category   Chemistry  Economics  Literature  Peace  Physics  \
#country
#Argentina        1.0        NaN         NaN    2.0      NaN
#Australia        NaN        1.0         1.0    NaN      1.0
#
#category   Physiology or Medicine  Total        Lat         Lon
#country
#Argentina                     2.0    5.0 -34.996496  -64.967282
#Australia                     6.0    9.0 -24.776109  134.755000
```

Vamos usar alguns marcadores de mapa para refletir o número de prêmios de vários países. Queremos que o tamanho do círculo reflita a soma dos prêmios, então precisaremos de uma pequena função para obter o raio apropriado. Vamos ter um parâmetro `scale` para permitir ajustes manuais do tamanho do marcador:

```
def calc_marker_radius(size, scale=5):
    return np.sqrt(size/np.pi) * scale
```

Assim como nos gráficos básicos, há uma opção de mapeamento no Plotly Express, que permite a criação rápida de mapas usando um DataFrame do pandas. O Express possui um método scatter_mapbox dedicado que retorna um objeto de figura. Aqui, usamos essa figura para fazer algumas atualizações no layout do mapa, usando um dos estilos de mapa gratuitos (carto-positron) fornecidos pelo Plotly (veja a Figura 14-3):

```
import plotly.express as px
init_notebook_mode(connected=True)

size = df_country_category['Total'].apply(calc_marker_radius, args=(16,)) ❶
fig = px.scatter_mapbox(df_country_category, lat="Lat", lon="Lon", ❷
                        hover_name=df_country_category.index, ❸
                        hover_data=['Total'],
                        color_discrete_sequence=["olive"],
                        zoom=0.7, size=size)
fig.update_layout(mapbox_style="carto-positron", width=800, height=450) ❹
fig.update_layout(margin={"r":0,"t":0,"l":0,"b":0})
fig.show()
```

❶ Crie um array de tamanhos para os raios dos marcadores circulares.

❷ O mapa do Mapbox recebe um array de latitudes e longitudes para a colocação dos marcadores, bem como nosso array de tamanhos calculados. O zoom indica a posição da câmera acima da Terra, com 0,7 como uma padronização global padrão.

❸ hover_name fornece o título da dica de mouse e data qualquer informação extra que desejamos, neste caso, a coluna Total.

❹ O Plotly fornece uma série de conjuntos de tiles de estilo de mapeamento gratuitos para uso.

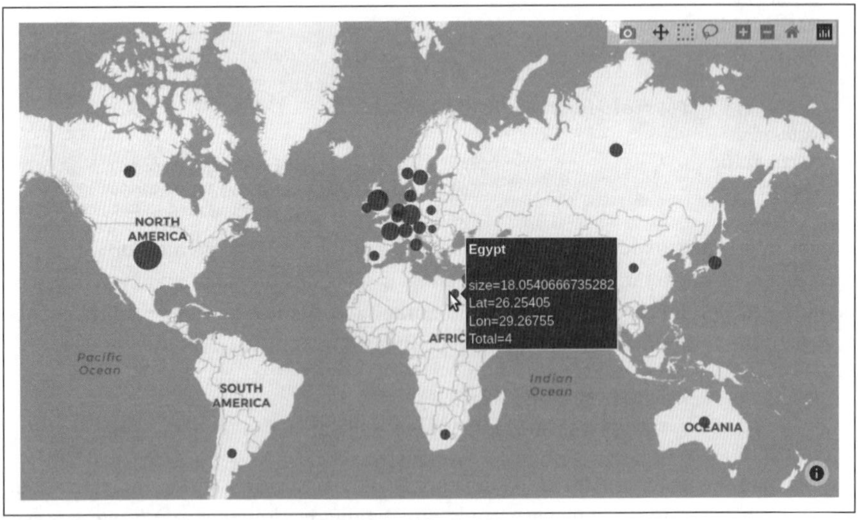

Figura 14-3. Mapeamento rápido com o Plotly Express

Assim como nos gráficos básicos, o Plotly também oferece uma opção de mapeamento mais poderosa de dados+layout que segue a receita familiar, criando um array de *traços* de gráficos e um layout para especificar coisas como caixas de legenda, títulos, zoom do mapa etc. Eis como fazer nosso mapa do Nobel:

```
mapbox_access_token = "pk.eyJ1Ij...JwFsbg" ❶

df_cc = df_country_category

site_lat = df_cc.Lat ❷
site_lon = df_cc.Lon
totals = df_cc.Total
locations_name = df_cc.index

layout = go.Layout(
    title='Nobel prize totals by country',
    hovermode='closest',
    showlegend=False,
    margin ={'l':0,'t':0,'b':0,'r':0},
    mapbox=dict(
        accesstoken=mapbox_access_token,
        # podemos definir os detalhes do mapa aqui, incluindo centro, inclinação e direção.
        # experimente brincar com estes.
#         bearing=0,
# #         center=dict(
# #             lat=38,
# #             lon=-94
# #         ),
#         pitch=0,
        zoom=0.7,
        style='light'
    ),
    width=875, height=450
)

traces = [
            go.Scattermapbox(
            lat=site_lat,
            lon=site_lon,
            mode='markers',
            marker=dict(
                size=totals.apply(calc_marker_radius, args=(7,)),
                color='olive',
                opacity=0.8
            ),
            text=[f'{locations_name[i]} won {int(x)} total prizes'\
                for i, x in enumerate(totals)],
            hoverinfo='text'
             )
]

fig = go.Figure(traces, layout=layout)
fig.show()
```

❶ O Plotly oferece uma série de conjuntos de mapas gratuitos baseados no OpenStreetMap, mas para usar camadas específicas do Mapbox, você precisa obter um token de acesso ao Mapbox. Esses tokens são gratuitos para uso pessoal.

❷ Armazenaremos as colunas e o índice do DataFrame de forma mais amigável para o usuário.

O mapa produzido é mostrado na Figura 14-4 (à esquerda). Observe a dica personalizada, exibida ao passar o mouse. A Figura 14-4 (à direita) mostra o resultado de alguma interação do usuário, movendo e ampliando para destacar distribuições de prêmios europeus.

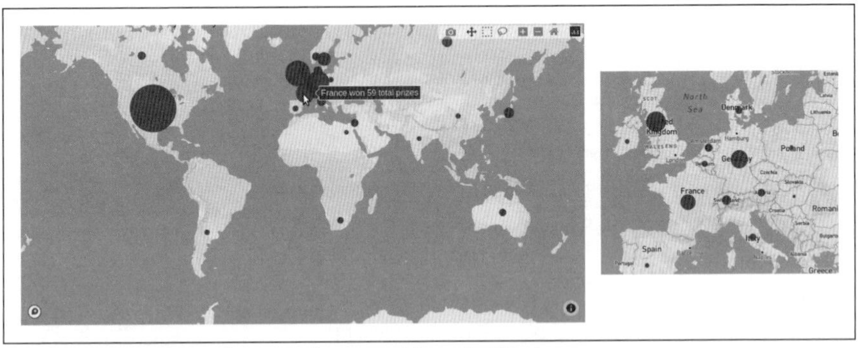

Figura 14-4. Mapeando com objetos gráficos do Plotly

Vamos estender o mapa para adicionar alguns controles personalizados, usando botões para selecionar categorias de prêmios para visualizar.

Adicionando Controles Personalizados com o Plotly

Uma das características interessantes dos mapas interativos do Plotly é a capacidade de adicionar controles personalizados em Python que podem ser portados para a web como controles HTML+JS. A API de controle é um pouco desajeitada, na minha opinião, e limitada a um pequeno conjunto de controles, mas a capacidade de adicionar seletores de conjunto de dados, controles deslizantes, filtros e similares é um grande recurso. Aqui, adicionaremos alguns botões ao nosso mapa Nobel, permitindo que o usuário filtre o conjunto de dados por categoria.

Antes de prosseguir, precisamos substituir os valores não numéricos dos prêmios por país e categoria no DataFrame por zero para evitar erros de rótulos do Plotly. Você pode ver esses valores nas duas primeiras linhas:

```
df_country_category.head(2)
# Out:
#  category   Chemistry  Economics  Literature  Peace  Physics  \
# country
# Argentina       1.0        NaN         NaN    2.0      NaN
# Australia       NaN        1.0         1.0    NaN      1.0
```

Uma única linha do pandas preenche esses NaNs com zero, fazendo a alteração no local:

```
df_country_category.fillna(0, inplace=True)
```

Isso envolverá um padrão ligeiramente diferente do Plotly do que o usado até agora. Primeiro, criaremos nossa figura com `layout` e, em seguida, adicionaremos os traços de dados usando `add_trace`, iterando pelas categorias Nobel e adicionando botões ao array `button` à medida que avançamos.

Em seguida, adicionaremos esses botões ao layout usando seu método `update`:

```
# ...
categories = ['Total', 'Chemistry',   'Economics', 'Literature',\
    'Peace', 'Physics','Physiology or Medicine',]
# ...
colors = ['#1b9e77','#d95f02','#7570b3','#e7298a','#66a61e','#e6ab02','#a6761d']
buttons = []
# ... DEFINIR LAYOUT COMO ANTES
fig = go.Figure(layout=layout)
default_category = 'Total'

for i, category in enumerate(categories):
    visible = False
    if category == default_category: ❶
        visible = True
    fig.add_trace(
        go.Scattermapbox(
            lat=site_lat,
            lon=site_lon,
            mode='markers',
            marker=dict(
                size=df_cc[category].apply(calc_marker_radius, args=(7,)),
                color=colors[i],
                opacity=0.8
            ),
            text=[f'{locations_name[i]} prizes for {category}: {int(x)}'\
                  for i, x in enumerate(df_cc[category])],
            hoverinfo='text',
            visible=visible
             ),
    )
    # Começamos com um array de máscaras Booleanas False, um para cada categoria (inc. Total)
    # Em Python [True] * 3 == [True, True, True]
    mask = [False] * len(categories)
    # Agora definimos o índice da máscara correspondente à categoria atual como True
    # ou seja, o botão 'Chemistry' tem máscara [False, True, False, False, False, False]
    mask[categories.index(category)] = True
    # Agora podemos usar essa máscara bBoleana para adicionar um botão à nossa lista de botões
    buttons.append(
            dict(
                label=category,
                method="update",
                args=[{"visible": mask}], ❷
            ),
    )


fig.layout.update( ❸
    updatemenus=[
        dict(
            type="buttons",
```

```
                direction="down",
                active=0,
                x=0.0,
                xanchor='left',
                y=0.65,
                showactive=True, # show the last button clicked
                buttons=buttons
            )
        ]
)

fig.show()
```

❶ Os conjuntos de marcadores de categoria são inicialmente invisíveis — apenas o `Total` padrão é mostrado.

❷ Usamos a máscara para definir um array de visibilidade para este botão que tornará visíveis apenas os marcadores de dados da categoria associada.

❸ Agora, adicionamos os botões ao nosso layout, ajustando a direção (para baixo) e a posição usando `x` e `y` para colocar o centro do grupo de botões verticalmente, com a caixa de botões ancorada à esquerda.

Clicar em um botão (veja a Figura 14-5) mostra os marcadores de dados associados a essa categoria, aplicando a máscara de visibilidade do botão. Embora isso pareça um pouco estranho, é uma maneira sólida de filtrar os dados ao pressionar o botão. Ao contrário dos controles JavaScript+HTML que veremos mais adiante no capítulo, não há muito que você possa fazer em termos de estilo para os botões.

Figura 14-5. Adicionando controles personalizados a um mapa do Plotly

Do Notebook para a Web com o Plotly

Agora que temos nossos gráficos do Plotly exibidos no notebook, vamos ver como transferi-los para uma pequena apresentação web. Vamos usar a função `plot` do módulo `offline` do Plotly para gerar o HTML+JS incorporável necessário, então vamos primeiro importá-la:

```
from plotly.offline import plot
```

Usando `plot`, podemos criar uma string incorporável a partir da figura que pode ser inserida diretamente na web. Ela contém as tags HTML e JavaScript necessárias para inicializar a biblioteca JavaScript do Plotly e criar o gráfico:

```
embed_string = plot(fig, output_type='div', include_plotlyjs="cdn")
embed_string
#'<div>                        <script type="text/javascript">window.PlotlyConfig
#= {MathJaxConfig: \'local\'};</script>\n        <script src="https://cdn.plot.ly/
#plotly-2.9.0.min.js"></script>                <div
#id="195b2d71-f59d-4f8a-a40a-3b8c797a918b" class="plotly-graph-div"
#style="height:600px; width:600px;"></div>            <script type="text/
#javascript"> [...]    </script>
#</div>'
```

Se organizarmos essa string, veremos que ela se divide em quatro componentes: uma tag `div` HTML com o ID do gráfico e um pouco de JavaScript, contendo a chamada `newPlot` com os dados e o layout passados como parâmetros:

```
<div>
  <!-- (1) Configuração JavaScript Plotly, colocada com arquivo JavaScript (.js) -->
  <script type="text/javascript">window.PlotlyConfig = {MathJaxConfig: 'local'};
  </script>
  <!-- (2) Coloque a parte inferior do arquivo HTML para importar a biblioteca Plotly
          da nuvem (rede de fornecimento de conteúdo) -->
  <script src="https://cdn.plot.ly/plotly-2.9.0.min.js"></script>
  <!-- crie uma div de conteúdo para o gráfico, com tag ID (a ser inflada)
     (3) !! Coloque essa div na seção HTML do code-pen !! -->
  <div id="4dbeae4f-ed9b-4dc1-9c69-d4bb2a20eaa7" class="plotly-graph-div"
      style="height:100%; width:100%;"></div>

  <script type="text/javascript">
    // (4) Tudo dentro desta tag vai para um arquivo JavaScript (.js) -->
    window.PLOTLYENV=window.PLOTLYENV || {};
    // Pegue a tag 'div' acima por ID e chame a API JS do Plotly nela,
    // usando os dados e anotações incorporados
    if (document.getElementById("4dbeae4f-ed9b-4dc1-9c69-d4bb2a20eaa7"))
    {                   Plotly.newPlot("4dbeae4f-ed9b-4dc1-9c69-d4bb2a20eaa7",
                    [{"mode":"lines","name":"Korea, South",
                    "x": [0,1,2,3,4,5,6,7,8,9,10,11,12,...]}])
                };
  </script>
</div>
```

Embora pudéssemos simplesmente colar o HTML+JS em uma página da web e ver o gráfico renderizado, é uma prática recomendada separar as questões de JS e HTML. Primeiro, colocamos a div do gráfico em uma pequena página da web com alguns cabeçalhos, adicionamos alguns contêineres para caixas de informações etc.:

```
<!-- index.html -->
<div class="main">
  <h1 class='title'>The Nobel Prize</h1>
  <h2>Do notebook para a web com Plotly   </h2>

  <div class="intro">
    <p>Algumas pepitas de dados extraídos [...] </p>
  </div>

  <div class="container" id="by-country-container">

    <div class="info-box">
      <p>Este gráfico mostra o número acumulado de prêmios Nobel por região,
       considerando os dois ou três países mais vencedores de cada.[...] </p>
    </div>

    <div class="chart-wrapper" id="by-country">
      <div id="bd54c166-3733-4b20-9bb9-694cfff4a48e" ❶
      class="plotly-graph-div" style="height:100%; width:100%;"></div>
    </div>
  </div>
</div>

<script scr="scripts/plotly_charts.js"></script>
<script src="https://cdn.plot.ly/plotly-2.9.0.min.js"></script> ❷
```

❶ O contêiner `div` produzido pelo Plotly com um ID correspondente ao gráfico JavaScript.

❷ A tag de `script` produzida pelo Plotly para importar a biblioteca de gráficos em JS.

Pegamos o conteúdo das outras duas tags de JavaScript restantes e o colocamos em um arquivo JS *plotly_charts.js*:

```
// scripts/plotly_charts.js
  window.PLOTLYENV=window.PLOTLYENV || {};
  if (document.getElementById("bd54c166-3733-4b20-9bb9-694cfff4a48e")){ ❶
    Plotly.newPlot("bd54c166-3733-4b20-9bb9-694cfff4a48e", ❷
      [{"hovertemplate":"N. America<br>%{x}<br>$%{y}<extra></extra>", ❸
        "mode":"lines","name":"N. America",
        "x":[1901,1902,1903,1904,1905,1906,1907,1908,1909,1910,1911,1912,1913,
             1914,1915,1916,1917,1918,1919,1920,1921,1922,...]
      }])
  }
```

❶ Verifica se a `div` com o ID correto está presente.

❷ O método `newPlot` do Plotly construirá o gráfico no contêiner identificado.

❸ Um array de objetos de gráfico, contendo todos os dados (arrays `x` e `y`) necessários para transferir o gráfico do notebook para a página da web.

Ao carregar a página, o método `newPlot` da biblioteca Plotly é executado usando os dados de incorporação e o layout, e o gráfico é construído com JS no contêiner `div` especificado pelo ID. Isso produz a página da web mostrada na Figura 14-6.

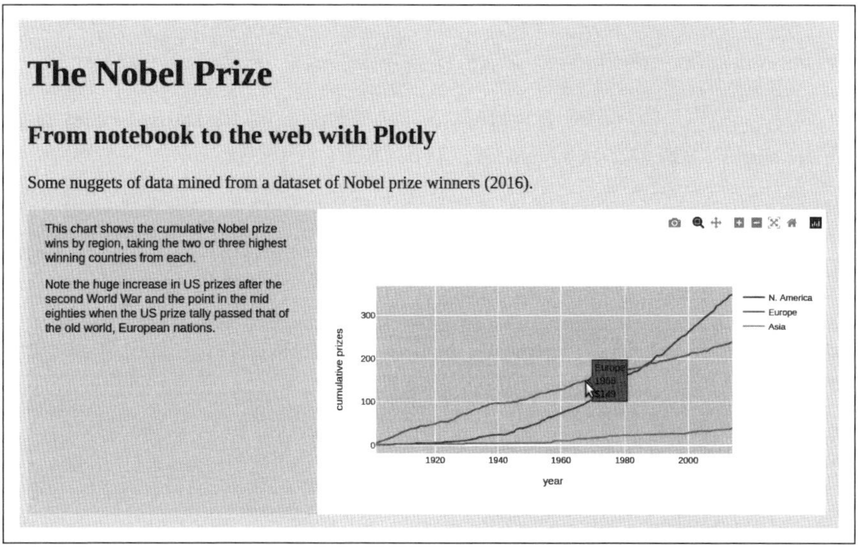

Figura 14-6. Do notebook para a web com o Plotly

Todos os gráficos produzidos em Python com o Plotly podem ser transferidos para a web desta forma. Se você planeja usar mais do que apenas alguns, recomendo ter arquivos JS separados para cada gráfico, pois os dados incorporados podem levar a arquivos muito longos.

Gráficos Nativos em JavaScript com o Plotly

Ser capaz de transferir facilmente um gráfico favorito do notebook para a web é ótimo, mas se for preciso fazer refinamentos, envolve ir e voltar do notebook para o desenvolvimento web. Isso pode ficar irritante depois de um tempo. Uma coisa realmente legal sobre o Plotly é que você está aprendendo uma biblioteca de gráficos JavaScript gratuitamente, por assim dizer. Os padrões de figuras em Python e JS são muito semelhantes, então é fácil tanto converter o código do gráfico de Python para JS quanto começar a escrever gráficos JS do zero. Vamos demonstrar isso convertendo um gráfico seaborn em um gráfico Plotly JavaScript.

Na seção “Idade na Época do Prêmio” na página 299, produzimos alguns gráficos de violino usando o seaborn. Para transferi-los para a web, primeiro precisamos de alguns dados. Um método útil para transferir conjuntos de dados pequenos é converter um conjunto de dados refinado em JSON e copiar a string produzida, colando-a em um arquivo JS e, em seguida, analisando a string em um objeto JS. Primeiro, usamos o pandas para criar um pequeno conjunto de dados com apenas as colunas award_age e gender e, em seguida, produzimos o array JSON de objetos necessário:

```
df_select = df[['gender', 'award_age']]
df_select.to_json(orient='records')
#'[{"gender":"male","award_age":57},{"gender":"male","award_age":80},
#{"gender":"male","award_age":49},{"gender":"male","award_age":59},
#{"gender":"male","award_age":49},{"gender":"male","award_age":46},...}]'
```

Podemos pegar a string JSON, colá-la em um arquivo JS e usar a biblioteca JSON incorporada para analisar a string em um array JS de objetos:

```
let data = JSON.parse('[{"gender":"male","award_age":57}
',{"gender":"male","award_age":80},'
'{"gender":"male","award_age":49},{"gender":"male","award_age":59},'
'{"gender":"male","award_age":48}, ... ]')
```

Com os dados em mãos, precisaremos de um pequeno esqueleto HTML com um contêiner de gráfico, ID award_age, para conter o gráfico Plotly:

```
<div class="main">
  <h1 class='title'>The Nobel Prize</h1>
  <!-- ... -->
    <div class="chart-wrapper">
      <div class='chart' id='award_age'></div> ❶
  </div>

</div>

<script src="https://cdn.plot.ly/plotly-2.9.0.min.js"></script>
```

❶ Usaremos o ID deste contêiner para informar ao Plotly onde construir o gráfico.

Agora podemos construir nosso primeiro gráfico Plotly nativo em JS. O padrão coincide com o visto nos gráficos Plotly em Python em nosso notebook. Primeiro, criamos um array de dados (`traces`) com alguns objetos de gráfico e, em seguida, um layout para fornecer títulos, rótulos, cores etc. Em seguida, usamos `newPlot` para construir o gráfico. A principal diferença em relação ao Python é que o primeiro parâmetro do `newPlot` é o ID do contêiner no qual construir o gráfico:

```
var traces = [{ ❶
  type: 'violin',
  x: data.map(d => d.gender), ❷
  y: data.map(d => d.award_age),
  points: 'none',
  box: {
    visible: true
  },
  line: {
    color: 'green',
  },
  meanline: {
    visible: true
  },
}]

var layout = {
  title: "Nobel Prize Violin Plot",
  yaxis: {
    zeroline: false
  }
}

Plotly.newPlot('award_age', traces, layout); ❸
```

❶ Conforme o padrão usual do Plotly, primeiro criamos um array de objetos de gráfico.

❷ Usamos o método `map` do array JS com funções de seta abreviadas para produzir arrays de gêneros e idades dos ganhadores.

❸ O Plotly renderizará o gráfico em nosso contêiner `div` com o ID `'award_age'`.

O gráfico de violino produzido é mostrado na Figura 14-7.

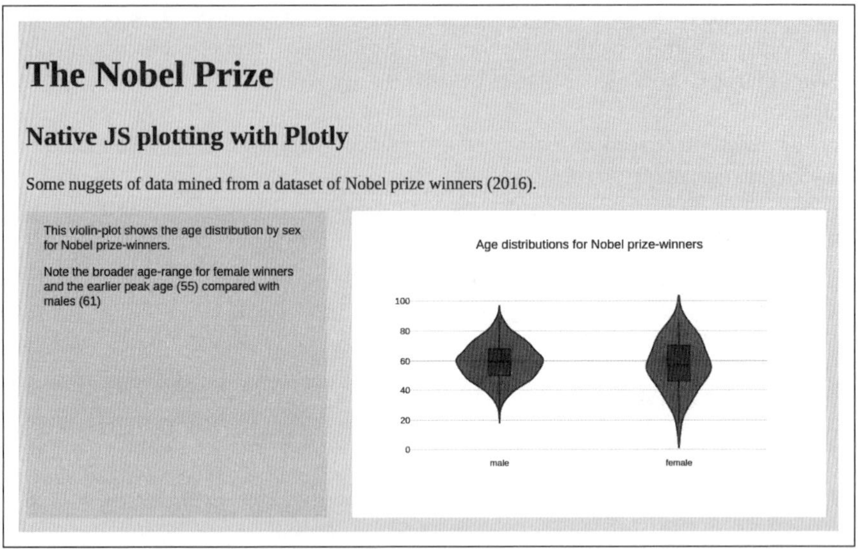

Figura 14-7. Gráfico de violino com o Plotly JS

Como você pode ver, a API JS do Plotly coincide com a API Python e é, no mínimo, mais sucinta. Separar a entrega de dados da construção do gráfico torna a base de código muito mais fácil de trabalhar e significa que ajustes e refinamentos não exigem um retorno à API Python. Para esboços de dados pequenos, a análise de strings JSON faz o trabalho rapidamente.

Mas se você deseja ter conjuntos de dados maiores à disposição e aproveitar ao máximo o contexto da web JS, a entrega padrão de dados é por meio de arquivos JSON.[6] Para conjuntos de dados de alguns megabytes, isso oferece a maior flexibilidade para visualizadores de dados.

Buscando Arquivos JSON

Outra maneira de obter dados para suas páginas da web é exportar um DataFrame para JSON e, em seguida, usar JavaScript para buscá-lo, fazer qualquer processamento adicional necessário e, em seguida, passá-lo para uma biblioteca de gráficos JS nativa (ou D3). Este é um fluxo de trabalho muito flexível e oferece a maior liberdade para visualizações de dados em JS.

A separação de poderes, permitindo que o Python se concentre em sua força de processamento de dados e o JavaScript em sua superior capacidade de visualização de dados, fornece um ponto ideal para visualização de dados e é a maneira mais comum de produzir ambiciosas visualizações de dados na web.

[6] Para uma visualização de dados mais avançada e orientada pelo usuário com grandes conjuntos de dados, um servidor de dados com API é outro caminho.

Primeiro, salvaremos nosso DataFrame de ganhadores do Nobel em JSON usando o método dedicado. Geralmente, queremos os dados na forma de arrays de objetos, o que requer um parâmetro `orient` de `'records'`:

```
df.to_json('nobel_winners.json', orient='records')
```

Com o conjunto de dados JSON em mãos, vamos usá-lo para produzir um gráfico do Plotly usando a API JavaScript, como na seção anterior. Precisaremos de um pouco de HTML, incluindo um contêiner com ID para construir o gráfico e um link de script para importar nosso código JS:

```
<!-- index.html -->
<link rel="stylesheet" href="styles/index.css">

<div class="main">
  <h1 class='title'>The Nobel Prize</h1>
  <!-- ... -->
    <div class="chart-wrapper">
      <div class='chart' id='gender-category'> </div> ❶
    </div>
  </div>
</div>

<script src="https://cdn.plot.ly/plotly-2.9.0.min.js"></script>
<script src="https://cdnjs.cloudflare.com/ajax/libs/d3/7.4.2/d3.min.js"></script>
<script src="scripts/index.js"></script> ❷
```

❶ Usaremos o ID para informar ao Plotly onde construir o gráfico.

❷ Importe o arquivo JS index da pasta de scripts.

Em nosso ponto de entrada JS, usamos o método utilitário `json` do D3 para importar o conjunto de dados de ganhadores do Nobel e convertê-lo em um array de objetos JS. Em seguida, repassamos os dados para uma função `makeChart` onde o Plotly fará sua mágica:

```
// scripts/index.js
d3.json('data/nobel_winners.json').then(data => {
  console.log("Dataset: ", data)
  makeChart(data)
})
```

O console mostra nosso array de ganhadores:

```
[
  {category: 'Physiology or Medicine', country: 'Argentina',
   date_of_birth: -1332806400000, date_of_death: 1016928000000,
   gender: 'male', …},
  {category: 'Peace', country: 'Belgium',
   date_of_birth: -4431715200000, date_of_death: -1806278400000,
   gender: 'male', …}
   [...]
]
```

Na função makeChart, usamos o método rollup muito útil do D3 para agrupar nosso conjunto de dados Nobel por gênero e categoria e, em seguida, fornecemos os tamanhos dos grupos, pegando o comprimento dos arrays de membros retornados:

```
function makeChart(data) {
  let cat_groups = d3.rollup(data, v => v.length, ❶
                      d=>d.gender, d=>d.category)
  let male = cat_groups.get('male')
  let female = cat_groups.get('female')
  let categories = [...male.keys()].sort() ❷

  let traceM = {
    y: categories,
    x: categories.map(c => male.get(c)), ❸
    name: "male prize total",
    type: 'bar',
    orientation: 'h'
  }
    let traceF= {
    y: categories,
    x: categories.map(c => female.get(c)),
    name: "female prize total",
    type: 'bar',
    orientation: 'h'
  }
    let traces = [traceM, traceF]
    let layout = {barmode: 'group', margin: {l:160}} ❹

    Plotly.newPlot('gender-category', traces, layout)
  }
```

❶ A partir do array de objetos ganhadores, grupos de rollup por gênero, depois por categoria, e depois fornecem o tamanho/comprimento do array dos grupos resultantes como um Map JS: {male: {Physics: 199, Economics: 74, ...}, female: {...}}.

❷ Usamos o operador de expansão ... JS para produzir um array a partir das chaves de categoria, que é então ordenada para produzir os valores y do nosso gráfico de barras horizontais.

❸ Mapeamos as categorias ordenadas para seus valores de grupo para fornecer as alturas do gráfico de barras.

❹ Aumentamos a margem esquerda do nosso gráfico de barras horizontais para acomodar rótulos longos.

O gráfico de barras produzido é mostrado na Figura 14-8. Com o conjunto de dados completo de ganhadores do Nobel disponível, é fácil criar uma ampla variedade de gráficos sem precisar mudar de contexto do Python para o JS. A API do Plotly é bastante intuitiva e descobrível, tornando-a uma ótima adição ao conjunto de ferramentas de dataviz. Vamos ver como é fácil estendê-la com alguns controles personalizados em HTML+JS.

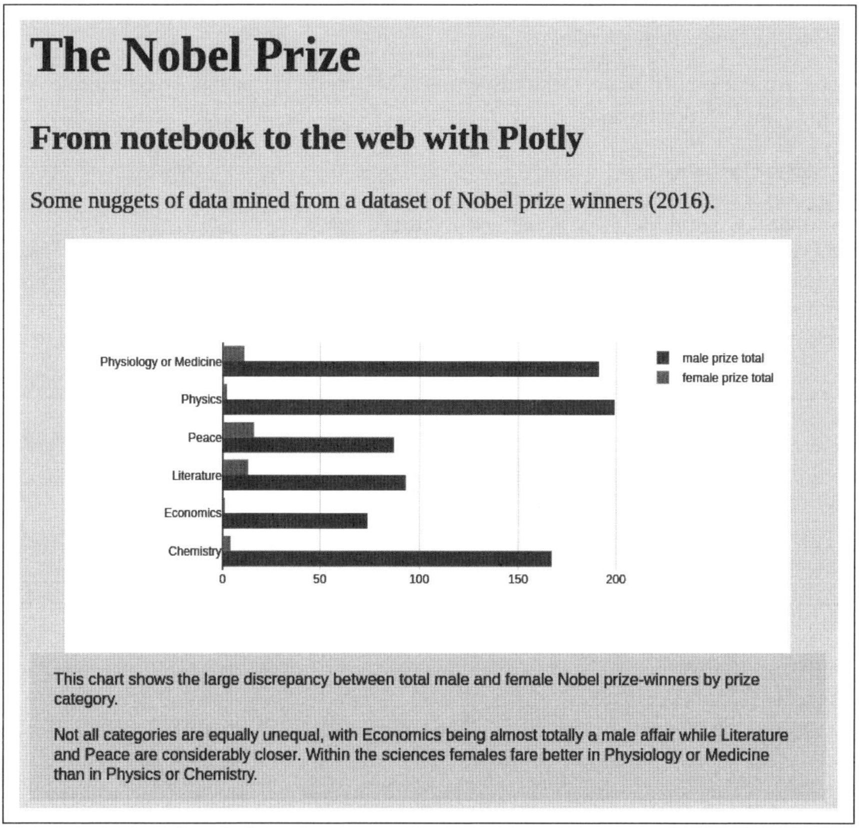

Figura 14-8. Gráfico de barras com o Plotly JS

Plotly Orientado pelo Usuário com JavaScript e HTML

Como vimos em "Adicionando Controles Personalizados com o Plotly" na página 360, o Plotly permite adicionar controles personalizados, como botões ou menus suspensos, em Python, que podem ser transferidos para a web como controles HTML orientados por JS. Embora esta seja uma característica realmente útil do Plotly, ela é um pouco limitada, especialmente em termos de posicionamento e estilo desses widgets. Uma maneira alternativa de atualizar gráficos web do Plotly é usar controles nativos de JS+HTML para alterar os gráficos, filtrar os conjuntos de dados ou adaptar o estilo. Acontece que isso é bastante fácil de fazer e, com um pouco de conhecimento em JS, representa uma configuração de controle mais flexível e poderosa.

Vamos demonstrar alguns controles personalizados de JS usando um dos gráficos que acabamos de construir em "Gráficos Nativos em JavaScript com o Plotly" na página 365. Adicionaremos um menu suspenso para permitir ao usuário alterar o grupo no eixo x exibido. As duas opções óbvias são a divisão existente por gênero e uma que agrupa as idades por categoria de prêmio.

Primeiro, adicionaremos um menu suspenso HTML (`select`) à página e o centralizaremos usando um CSS flex-box:

```
<div class="main">
  <h1 class='title'>The Nobel Prize</h1>
  <h2>Do notebook para a web com o Plotly </h2>

  <!-- ... -->
  <div class="container">
  <!-- ... -->
    <div class="chart-wrapper">
      <div class='chart' id='violin-group'> </div>
    </div>
  </div>

  <div id="chart-controls">

    <div id="nobel-group-select-holder">
      <label for="nobel-group">Group:</label>
      <select name="nobel-group" id="nobel-group"></select> ❶
    </div>

  </div>

</div>
```

❶ Esta tag de seleção contém tags de opção que serão adicionadas com JS e D3.

Um pouco de CSS centralizará qualquer controle no contêiner de controles e ajustará o estilo da fonte:

```
#chart-controls {
  display: flex;
  justify-content: center;
  font-family: sans-serif;
  font-size: 0.7em;
  margin: 20px 0;
}

select {
  padding: 2px;
}
```

Agora que temos algum HTML sobre o qual construir, usaremos um pouco de JS e D3 para adicionar as tags `select` aos nossos controles de grupo. Mas primeiro vamos adaptar a função de gráficos do Plotly para permitir que ela seja atualizada com novos grupos. Os dados JSON são importados como antes, mas agora os dados são armazenados como uma variável local e usados para atualizar um gráfico de violino do Plotly. Esta função `updateChart` usa o método `update` do Plotly para criar o gráfico. Isso funciona como `newPlot`, mas é destinado a ser chamado quando os dados ou o layout mudam, redesenhando eficientemente o gráfico para refletir quaisquer alterações.

Também temos uma nova variável `selectedGroup`, que será usada no menu suspenso `select` para alterar o campo que está sendo plotado:

```
let data
d3.json("data/nobel_winners.json").then((_data) => {
  console.log(_data);
  data = _data
  updateChart();
});

let selectedGroup = 'gender' ❶

function updateChart() {
  var traces = [
    {
      type: "violin",
      x: data.map((d) => d[selectedGroup]), ❶
      y: data.map((d) => d.award_age),
      points: "none",
      box: {
        visible: true
      },
      line: {
        color: "green"
      },
      meanline: {
        visible: true
      }
    }
```

```
  ];

  var layout = {
    title: "Age distributions of the Nobel prizewinners",
    yaxis: {
      zeroline: false
    },
    xaxis: {
      categoryorder: 'category ascending' ❷
    }
  };

  Plotly.update("violin-group", traces, layout); ❸
}
```

❶ A variável `selectedGroup` permite que o grupo no eixo x seja alterado pelo usuário.

❷ Queremos que os grupos de prêmios sejam apresentados em ordem alfabética (começando com *Chemestry*), então faça essa alteração no layout.

❸ Em vez de `newPlot`, chamamos `update`, que tem a mesma assinatura, mas é usado para refletir alterações nos dados (`traces`) ou no layout.

Com o método `updateChart` em mãos, agora precisamos adicionar as opções de seleção e uma função de retorno de chamada a ser chamada quando o usuário alterar o grupo de prêmio:

```
let availableGroups = ['gender', 'category']
availableGroups.forEach((g) => {
  d3.select("#nobel-group") ❶
    .append("option")
    .property("selected", g === selectedGroup) ❷
    .attr("value", g)
    .text(g);
});

d3.select("#nobel-group").on("change", function (e) {
  selectedGroup = d3.select(this).property("value"); ❸
  updateChart();
});
```

❶ Para cada um dos grupos disponíveis, usamos o D3 para selecionar o menu suspenso por ID e anexar uma tag `<option>` com texto e valor definidos como a string de grupo.

❷ Isso garante que a seleção inicial seja o valor de `selectedGroup`, definindo o atributo `selected` como true.

❸ Usamos o D3 para adicionar uma função de retorno de chamada quando uma seleção é feita. Aqui, obtemos o valor da opção (*gênero* ou *categoria*) e o usamos para definir a variável `selectedGroup`. Em seguida, atualizamos o gráfico para refletir essa mudança.

Com a ligação agora completa, temos um menu suspenso de grupo que altera o gráfico de violino para refletir o grupo escolhido. A Figura 14-9 mostra o resultado da seleção do grupo de categorias de prêmios. Observe que o Plotly rotaciona as etiquetas de grupo de categoria para evitar sobreposições.

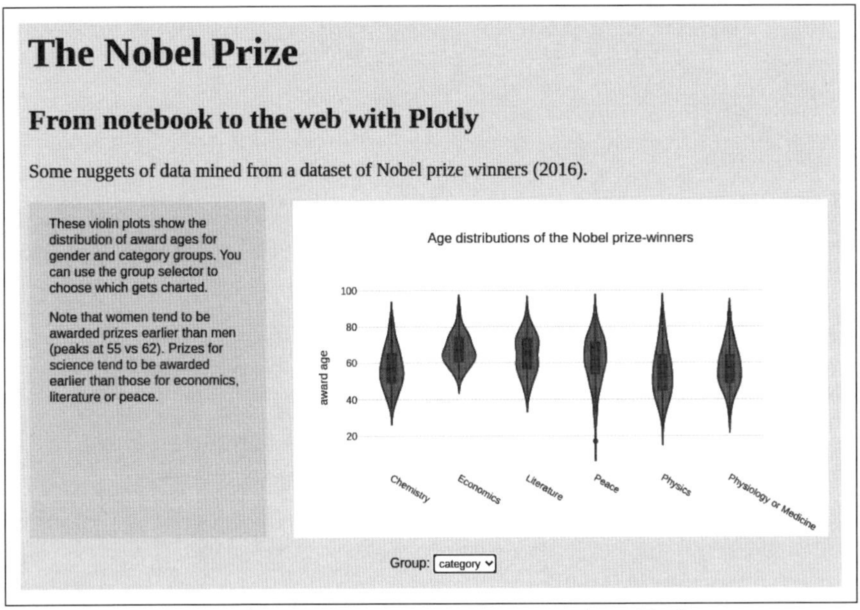

Figura 14-9. Adicionando um menu suspenso para controlar o Plotly

Veremos mais controles HTML em ação nos próximos capítulos, onde botões e caixas de rádio serão demonstrados. Criar controles em JS é muito mais flexível do que as opções orientadas pelo Python, a um pequeno custo de conhecimento em desenvolvimento web.

Resumo

Neste capítulo, vimos como transformar os melhores gráficos de suas explorações no notebook em uma apresentação web. Existem muitas opções disponíveis, desde PNGs estáticos, talvez com algum estilo extra do Matplotlib, até gráficos interativos do Plotly, usando controles personalizados em JavaScript. Os dados podem ser incorporados nas chamadas de gráfico do Plotly, produzidos usando a biblioteca offline do Plotly ou importados como uma string JSON (bom para esboços de dados) ou arquivo.

O Plotly é uma boa biblioteca de gráficos, e ao aprender a API Python, você praticamente aprende também a API JS — uma grande vantagem. Para gráficos convencionais e alguns especializados (por exemplo, aprendizado de máquina), é uma ótima opção. Para algo um pouco mais personalizado ou complexo, o D3 oferece muito mais possibilidades, como veremos nos próximos capítulos.

CAPÍTULO 15

Imaginando uma Visualização Nobel

No Capítulo 13, exploramos o conjunto de dados do Prêmio Nobel, em busca de histórias interessantes para contar com base em aspectos dos dados que deveriam envolver e educar. Encontramos algumas informações interessantes, entre elas:

- Maria Goeppert, a única física mulher, além de Marie Curie, a ganhar um Prêmio Nobel de Física
- O aumento de Prêmios Nobel americanos após a Segunda Guerra Mundial, ultrapassando as contagens em declínio dos três maiores ganhadores europeus: Reino Unido, Alemanha e França
- A diferença na distribuição dos prêmios por continente
- A dominação dos países escandinavos quando as contagens de prêmios são ajustadas para o tamanho da população

Essas e várias outras narrativas requerem tipos específicos de visualização. A comparação dos números de Prêmios Nobel por nação provavelmente é melhor alcançada por meio de um gráfico de barras convencional, enquanto as distribuições geográficas dos prêmios exigem um mapa. Neste capítulo, tentaremos projetar uma visualização moderna e interativa que incorpore algumas das principais histórias que descobrimos ao explorar o conjunto de dados.

Para Quem É?

A primeira consideração ao imaginar uma visualização é o público-alvo. Uma visualização destinada a ser exibida em uma galeria ou museu provavelmente será muito diferente de uma destinada a um painel interno, mesmo que possam usar o mesmo conjunto de dados. A visualização do Prêmio Nobel prevista para este livro tem como principal restrição o ensino de um subconjunto importante de D3 e JavaScript necessários para criar uma visualização web interativa moderna. É uma visualização de dados um tanto informal e deve entreter e informar. Não exige um público especializado.

Escolhendo Elementos Visuais

A primeira restrição em nossa visualização do Prêmio Nobel é que ela seja simples o suficiente para ensinar e fornecer um conjunto das principais habilidades do D3. Mas mesmo que essa restrição não estivesse em vigor, provavelmente seria sensato limitar o escopo de qualquer visualização. Esse escopo depende muito do contexto,[1] mas, como em muitos contextos de aprendizado, menos muitas vezes é mais. Muita interatividade corre o risco de sobrecarregar o usuário e diluir o impacto das histórias que desejamos contar.

Com isso em mente, vamos analisar os elementos-chave que desejamos incluir e como eles serão dispostos visualmente.

Uma barra de menu de algum tipo é essencial, permitindo que o usuário interaja com a visualização e manipule os dados. Sua funcionalidade dependerá das histórias que escolhermos contar, mas certamente fornecerá alguma forma de explorar ou filtrar o conjunto de dados.

Idealmente, a visualização deve exibir cada prêmio por ano, e essa exibição deve se atualizar à medida que o usuário refina os dados por meio da barra de menu. Dado que as tendências nacionais e regionais são de interesse, um mapa deve ser incluído, destacando os países premiados selecionados e fornecendo alguma indicação de sua contagem. Um gráfico de barras é a melhor maneira de comparar o número de prêmios por país, e isso também deve se adaptar dinamicamente a quaisquer mudanças nos dados. Também deve haver uma opção para medir o número absoluto de prêmios por país ou per capita, levando em consideração os respectivos tamanhos da população.

Para personalizar a visualização, devemos ser capazes de selecionar os ganhadores individuais, exibindo qualquer imagem disponível e a breve biografia que obtivemos da Wikipédia. Isso requer uma lista de ganhadores atualmente selecionados e uma janela na qual exibir o indivíduo selecionado.

Os elementos mencionados fornecem amplitude suficiente para contar as principais histórias que descobrimos no último capítulo e, com um pouco de refinamento, devem se encaixar em um formato padrão.[2]

Nossa visualização do Prêmio Nobel utiliza um tamanho fixo para todos os dispositivos, o que significa comprometer dispositivos maiores com resoluções mais altas para acomodar os menores, como smartphones ou tablets de última geração. Eu acredito que, para muitos trabalhos de visualização, um tamanho fixo oferece o controle necessário sobre a colocação específica de blocos de conteúdo visual, caixas de informações, rótulos, e assim por diante. Para algumas visualizações, especialmente painéis com vários elementos, pode ser necessário adotar uma abordagem diferente. O design responsivo da web (RWD)

[1] Um painel especializado, projetado para especialistas, poderia tolerar mais funcionalidades do que uma visualização educacional de uso geral.

[2] Com uma medida de pixels, vale a pena acompanhar as mudanças nas resoluções dos dispositivos. A partir de maio de 2022, praticamente todos os dispositivos acomodarão uma visualização de 1.000×800 pixels.

tenta adaptar o visual e a sensação de sua visualização para otimizá-la para o dispositivo específico. Algumas bibliotecas CSS populares, como o Bootstrap, detectam o tamanho do dispositivo (por exemplo, um tablet com resolução de 1.280x800 pixels) e alteram a folha de estilos aplicada para aproveitar ao máximo o espaço da tela disponível. Especificar um tamanho fixo para sua visualização e usar posicionamento absoluto dentro dela é a melhor abordagem se você precisa de controle preciso sobre a colocação de seus elementos visuais. No entanto, você deve estar ciente dos desafios do RWD, especialmente quando é necessário construir painéis com vários componentes, entre outros.

Agora, vamos definir o visual, a sensação e os requisitos dos elementos individuais de nossa visualização do Prêmio Nobel, começando com o principal controle do usuário, a barra de menus.

Barra de Menus

Uma visualização interativa é conduzida pelo usuário selecionando opções, clicando em elementos, manipulando controles deslizantes e assim por diante. Isso permite que o usuário defina o escopo da visualização, e é por isso que lidaremos com eles primeiro. Nossos controles de usuário aparecerão como uma barra de ferramentas na parte superior da visualização.

Uma maneira padrão de fazer descobertas interessantes é permitir que o usuário filtre os dados em dimensões-chave. As opções óbvias para nossa visualização do Prêmio Nobel são categoria, gênero e país, o foco de nossa exploração no último capítulo. Esses filtros devem ser cumulativos, então, por exemplo, selecionar gênero feminino e categoria Física deve retornar as duas físicas ganhadoras do sexo feminino. Além desses filtros, devemos ter um botão de opção para escolher entre números absolutos e per capita de ganhadores nacionais.

A Figura 15-1 mostra uma barra de menu que atende aos nossos requisitos. Colocada no topo de nossa visualização, ela possui seletores para filtrar as dimensões desejadas e um botão de opção para selecionar nossa métrica de ganhadores nacionais, seja absoluta ou per capita.

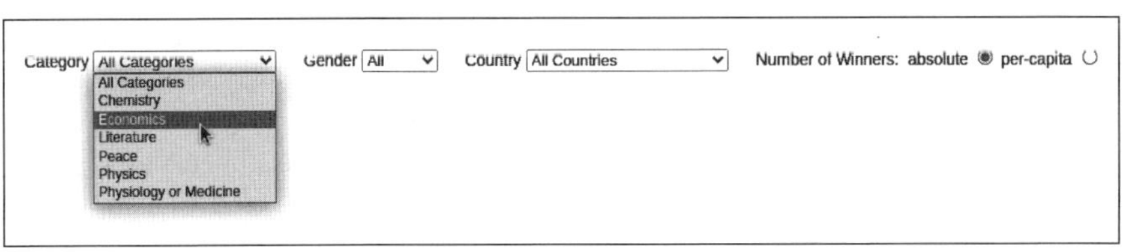

Figura 15-1. Os controles do usuário

A barra de menu ficará sobre o componente-chave de nossa visualização, um gráfico mostrando todos os Prêmios Nobel ao longo do tempo. Vamos descrever isso a seguir.

Prêmios por Ano

O último capítulo mostrou muitas tendências históricas interessantes nos Prêmios Nobel por país. Também vimos que, embora o número de ganhadores do sexo feminino tenha aumentado recentemente, eles estão muito atrás nas ciências. Uma maneira de permitir que essas tendências sejam descobertas é mostrar todos os Prêmios Nobel em uma linha do tempo e fornecer um filtro para selecionar os prêmios por gênero, país e categoria (usando a barra de menu mencionada anteriormente).

Se fizermos nossa visualização com 1.000 pixels de largura, então, com 114 anos de prêmios para cobrir, podemos usar cerca de 8 pixels por prêmio, o suficiente para diferenciá-los. O maior número de prêmios concedidos em um único ano é 14, no ano de 2000, o que dá uma altura mínima para esse elemento de 8x14 pixels, cerca de 120. Um círculo, com código de cores por categoria, é uma boa maneira de representar os prêmios individuais, nos dando um gráfico semelhante ao mostrado na Figura 15-2.

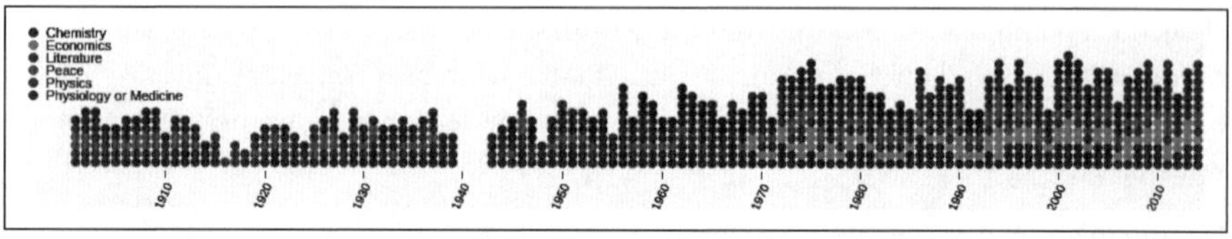

Figura 15-2. Uma linha do tempo dos Prêmios Nobel por ano, codificada por cor por categoria

Os prêmios individuais são a essência da visualização, então colocaremos esta linha do tempo de forma proeminente no topo, acima de nosso elemento central, que deve ser um mapa, refletindo a natureza internacional do prêmio e permitindo ao usuário ver tendências globais.

Um Mapa Mostrando Países Ganhadores do Nobel Selecionados

O mapeamento é uma das principais habilidades do D3, com muitas projeções globais disponíveis, desde o clássico Mercator até apresentações esféricas em 3D.[3] Embora os mapas sejam obviamente envolventes, muitas vezes são usados de maneira inadequada ao apresentar dados não geográficos. Por exemplo, a menos que você seja cuidadoso, áreas geográficas grandes, como países na Europa ou estados dos EUA, tendem a superar os menores, mesmo quando estes têm populações muito maiores. Quando você apresenta informações demográficas, é difícil evitar essa distorção e pode resultar em deturpações.[4]

[3] Essas projeções ortográficas 3D são "falsas" no sentido de que não usam um contexto gráfico 3D, como o WebGL. Há alguns exemplos interessantes de Jason Davies, observablehq e nullschoo.

[4] Consulte xkcd para ver um exemplo.

Mas o Prêmio Nobel é internacional e a distribuição de prêmios por continente é de interesse, tornando um mapa global uma boa maneira de representar os dados filtrados. Se sobrepomos um círculo preenchido no centro de cada país para refletir a medida do prêmio (absoluta ou per capita), evitamos a distorção a favor das massas terrestres maiores. Na Europa, com muitos países relativamente pequenos em termos de área, esses círculos se sobreporão. Ao torná-los ligeiramente transparentes,[5] ainda podemos ver os círculos sobrepostos e, adicionando opacidades, dar uma ideia da densidade de prêmios. A Figura 15-3 demonstra isso.

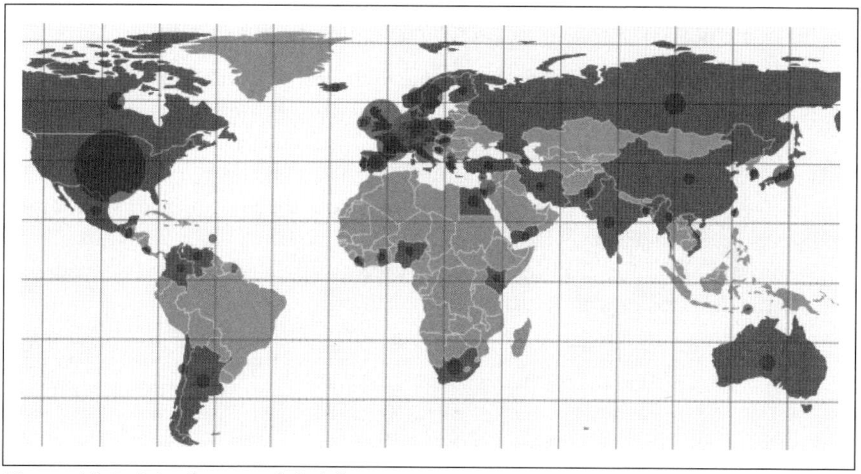

Figura 15-3. Distribuição global de prêmios

Forneceremos uma pequena dica de ferramenta para o mapa, tanto como forma de demonstrar como construir esse componente visual útil quanto para ajudar um pouco na identificação dos países. A Figura 15-4 mostra o que estamos buscando.

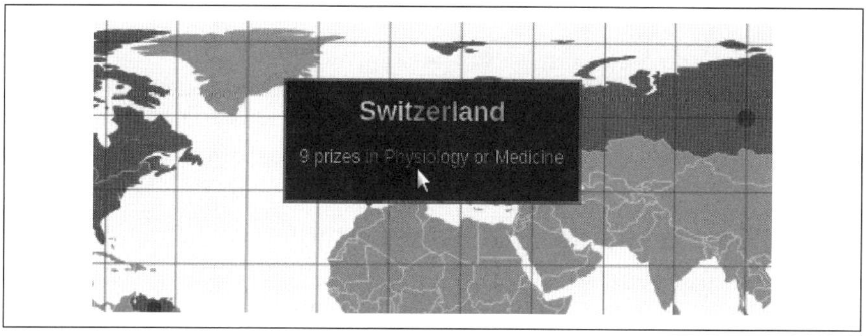

Figura 15-4. Uma dica de ferramenta simples para o nosso mapa do Prêmio Nobel

5 Ajustando o canal alfa no código RGBA com a propriedade CSS opacity, de 0 (nenhum) a 1 (total).

O último dos elementos maiores será colocado abaixo do mapa: um gráfico de barras permitindo ao usuário fazer comparações claras do número de Prêmios Nobel por país.

Um Gráfico de Barras Mostrando o Número de Ganhadores por País

Há muitas evidências de que os gráficos de barras são ótimos para fazer comparações numéricas.[6] Um gráfico de barras reconfigurável dá à nossa visualização muita flexibilidade, permitindo apresentar os resultados da filtragem de dados direcionada pelo usuário, escolha de métrica (ou seja, contagens absolutas versus per capita), e mais.

A Figura 15-5 mostra o gráfico de barras que usaremos para comparar os prêmios de países escolhidos. Tanto as marcações dos eixos quanto as barras devem responder dinamicamente à interação do usuário, guiada pela barra de menu (veja a Figura 15-1). Uma transição animada entre estados do gráfico de barras seria bom e (como veremos em "Transições" na página 438) praticamente vem de graça com o D3. Além de ser atraente, há motivos para pensar que essas transições também são comunicadoras eficazes. Consulte este artigo da Universidade de Stanford sobre a eficácia de transições animadas na visualização de dados para obter algumas informações.

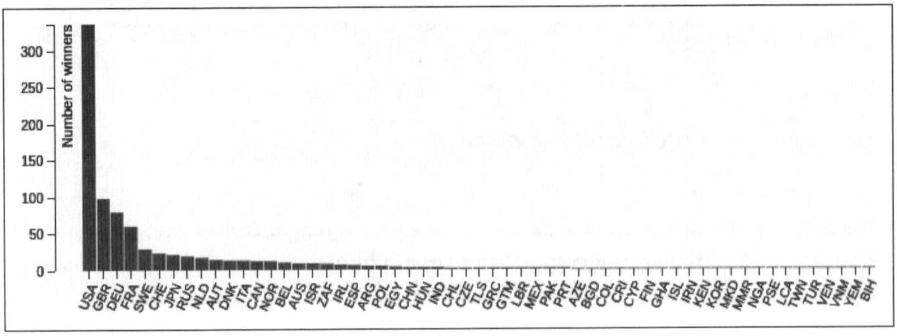

Figura 15-5. Um componente de gráfico de barras

Ao lado do mapa e do gráfico de barras, colocaremos uma lista dos ganhadores selecionados atualmente e uma caixa de biografia, permitindo que o usuário descubra algo sobre os ganhadores individuais.

Uma Lista dos Ganhadores Selecionados

Queremos que o usuário possa selecionar ganhadores individuais, exibindo uma minibiografia e imagem quando disponível. A maneira mais fácil de fazer isso é ter uma caixa de lista, mostrando os ganhadores atualmente selecionados, filtrados a partir do conjunto

[6] Consulte a postagem de blog esclarecedora de Stephen Few.

completo de dados usando os seletores da barra de menu. Ordená-los por ano, em ordem decrescente, é uma opção sensata. E embora pudéssemos permitir que a lista fosse classificada por coluna, parece ser uma complicação desnecessária.

Uma tabela HTML simples com cabeçalhos de coluna deve fazer o trabalho aqui. Ela se parecerá com a Figura 15-6.

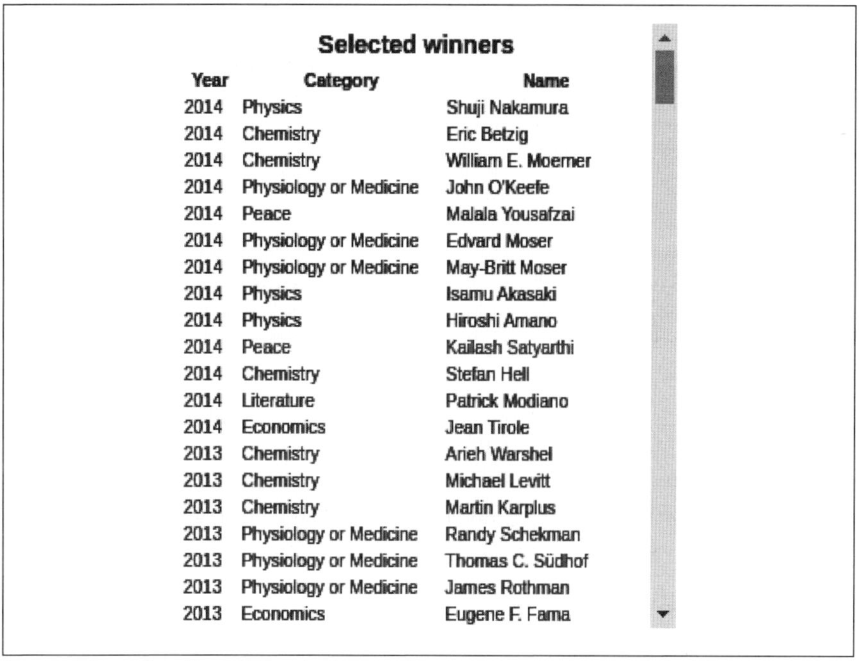

Selected winners

Year	Category	Name
2014	Physics	Shuji Nakamura
2014	Chemistry	Eric Betzig
2014	Chemistry	William E. Moerner
2014	Physiology or Medicine	John O'Keefe
2014	Peace	Malala Yousafzai
2014	Physiology or Medicine	Edvard Moser
2014	Physiology or Medicine	May-Britt Moser
2014	Physics	Isamu Akasaki
2014	Physics	Hiroshi Amano
2014	Peace	Kailash Satyarthi
2014	Chemistry	Stefan Hell
2014	Literature	Patrick Modiano
2014	Economics	Jean Tirole
2013	Chemistry	Arieh Warshel
2013	Chemistry	Michael Levitt
2013	Chemistry	Martin Karplus
2013	Physiology or Medicine	Randy Schekman
2013	Physiology or Medicine	Thomas C. Südhof
2013	Physiology or Medicine	James Rothman
2013	Economics	Eugene F. Fama

Figura 15-6. Uma lista de ganhadores selecionados

A lista terá linhas clicáveis, permitindo ao usuário selecionar um ganhador individual para ser exibido em nosso último elemento, uma pequena caixa de biografia.

Uma Caixa de Minibiografia com Imagem

O Prêmio Nobel é concedido a indivíduos, cada um com uma história para contar. Para humanizar e enriquecer nossa visualização, devemos usar as minibiografias individuais e imagens que coletamos da Wikipédia (consulte o Capítulo 6) para exibir o resultado de selecionar um indivíduo de nosso elemento de lista.

A Figura 15-7 mostra uma caixa de biografia com uma borda superior colorida indicando a categoria do prêmio, com cores compartilhadas pelo nosso gráfico de tempo (Figura 15-2), uma fotografia no canto superior direito (quando disponível) e os primeiros parágrafos da entrada biográfica da Wikipédia.

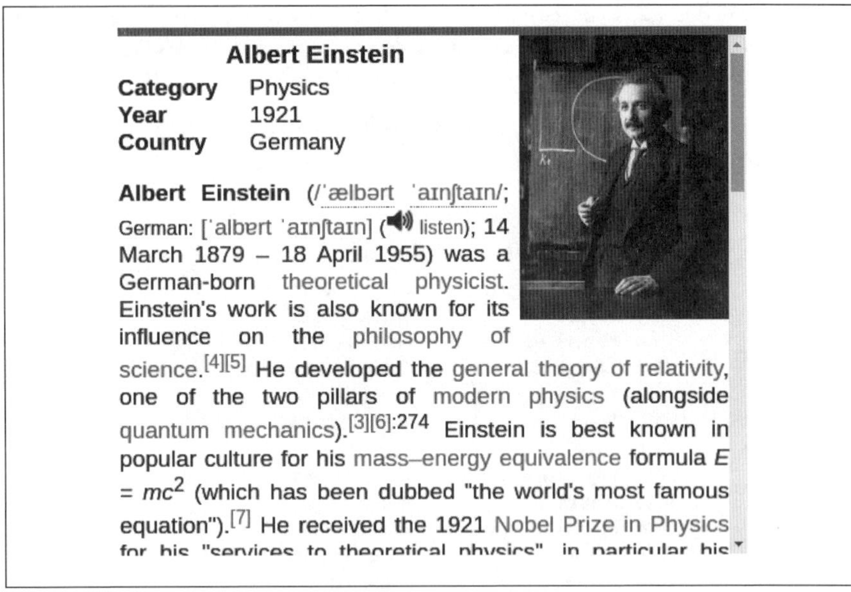

Figura 15-7. Uma minibiografia do ganhador selecionado com imagem, se disponível

A caixa de biografia completa nosso conjunto de componentes visuais. Agora podemos colocá-los juntos em nosso quadro especificado de 1.000x800 pixels.

A Visualização Completa

A Figura 15-8 mostra nossa visualização completa do Prêmio Nobel com os cinco elementos-chave, além dos controles de usuário no topo, dispostos para caber em um quadro de 1.000x800 pixels. Como decidimos que nossa linha do tempo deve ter destaque e o mapa global meio que exigiu o centro, os outros elementos se organizam. O gráfico de barras precisa de largura extra para acomodar as barras etiquetadas de todos os 58 países, enquanto a lista de ganhadores selecionados e a minibiografia se encaixam bem à direita.

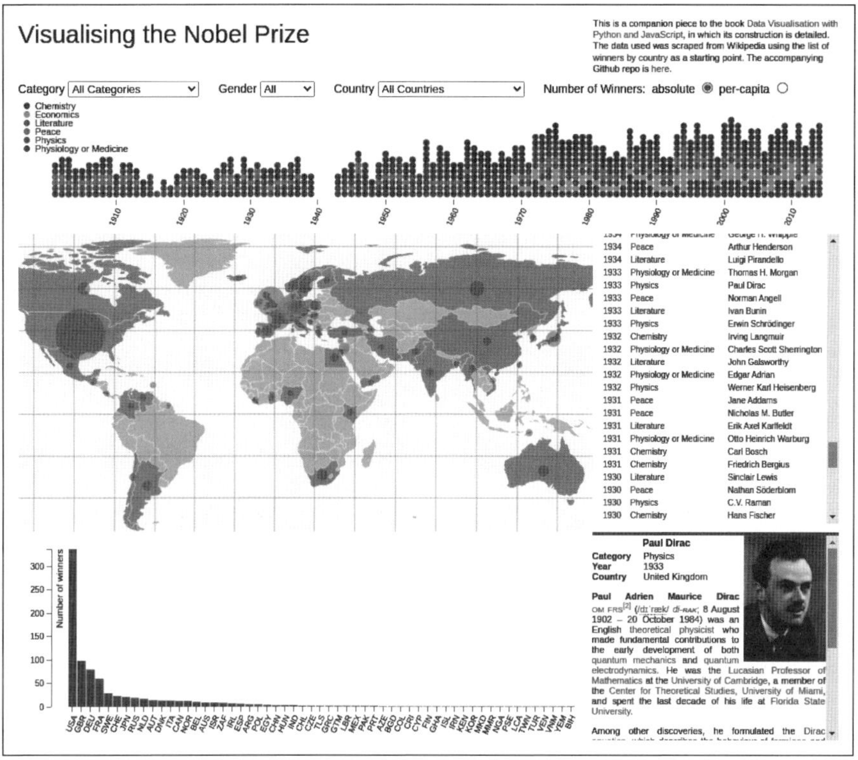

Figura 15-8. A visualização completa do Prêmio Nobel

Vamos resumir nossas ideias antes de prosseguirmos para o próximo capítulo, onde veremos como concretizá-las.

Resumo

Neste capítulo, imaginamos nossa visualização do Prêmio Nobel, estabelecendo um conjunto mínimo de elementos visuais necessários para contar as principais histórias descobertas durante nossas explorações no último capítulo. Esses elementos se encaixam perfeitamente em nossa criação completa, mostrada na Figura 15-8. Nos próximos capítulos, vou mostrar como construir os elementos individuais e como uni-los para formar uma visualização web moderna e interativa. Vamos começar com uma introdução suave ao D3, por meio da simples história de um gráfico de barras.

CAPÍTULO 16
Construindo uma Visualização

No Capítulo 15, usamos os resultados de nossa exploração do conjunto de dados do Prêmio Nobel usando o pandas (consulte o Capítulo 11) para imaginar uma visualização. A Figura 16-1 mostra a visualização que imaginamos, e neste capítulo veremos como começar a construí-la, aproveitando o poder do JavaScript e do D3.

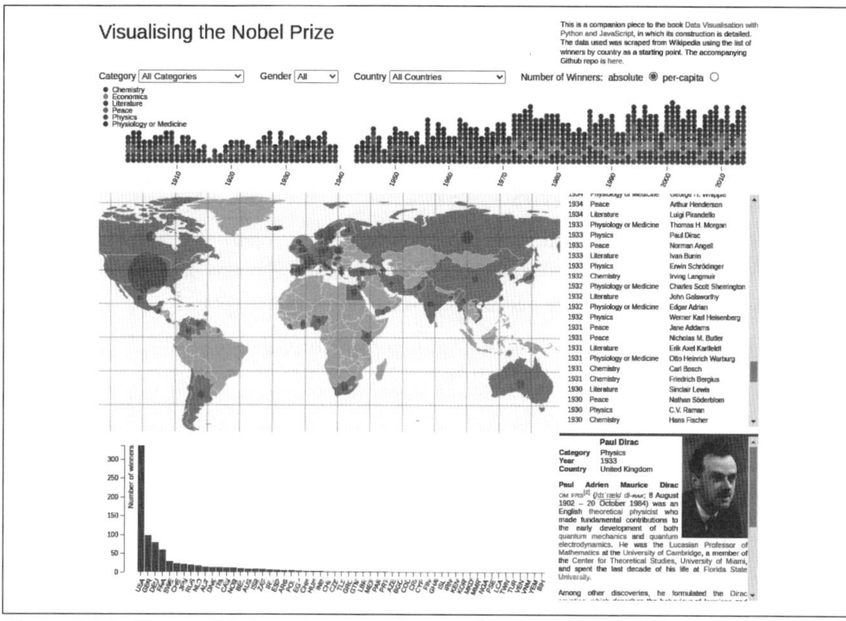

Figura 16-1. Nosso objetivo, uma visualização do Prêmio Nobel

Mostrarei como os elementos visuais que concebemos se combinam para transformar nosso conjunto de dados do Nobel, que foi recentemente limpo e processado, em uma visualização web interativa, que pode ser implantada em bilhões de dispositivos com o simples toque de um botão. Mas antes de entrar nos detalhes, vamos dar uma olhada nos componentes essenciais de uma visualização web moderna.

Preliminares

Antes de começarmos a construir a visualização do Nobel, vamos considerar os componentes principais que serão utilizados e como organizaremos nossos arquivos.

Componentes Principais

Como vimos em "Uma Página Básica com Marcadores de Posição" na página 95, construir uma visualização web moderna requer quatro componentes-chave:

- Um esqueleto HTML no qual basear nossa criação com JavaScript
- Um ou mais arquivos CSS para definir a aparência da visualização de dados
- Os próprios arquivos JavaScript, incluindo quaisquer bibliotecas de terceiros que possam ser necessárias (sendo o D3 nossa maior dependência)
- E, por último, mas não menos importante, os dados a serem transformados, idealmente no formato JSON ou CSV (se os dados forem completamente estáticos)

Antes de começarmos a examinar os componentes da nossa dataviz, vamos configurar a estrutura de arquivos para o projeto de visualização do Prêmio Nobel (Nobel-viz) e estabelecer como iremos fornecer dados para nossa visualização.

Organizando Seus Arquivos

O Exemplo 16-1 mostra a estrutura do diretório de nosso projeto. Por convenção, temos um arquivo index.html no diretório raiz com um diretório estático que contém todas as bibliotecas e recursos (imagens e dados) usados em nossa visualização.

Exemplo 16-1. Estrutura de arquivos do nosso projeto Nobel-viz

```
nobel_viz
├── index.html
└── static
    ├── css
    │   └── style.css
    ├── data          ❶
    │   ├── nobel_winners_biopic.json
    │   ├── winning_country_data.json
    │   ├── world-110m.json
    │   └── world-country-names-nobel.csv
    ├── images
```

```
│   └── winners ❷
│       └── full
│           ├── 002b4f05aa3758e2d6acadde4ed80aa991ed6357.jpg
│           ├── 00d7ed381db8b5d18edc84694b7f9ce14ee57c5b.jpg
│           ├── ...
└── js                ❸
    ├── nbviz_bar.mjs
    ├── nbviz_core.mjs
    ├── nbviz_details.mjs
    ├── nbviz_main.mjs
    ├── nbviz_map.mjs
    ├── nbviz_menu.mjs
    └── nbviz_time.mjs
└── libs
    ├── crossfilter.min.js
    ├── d3.min.js
    └── topojson.min.js
```

❶ Os arquivos de dados estáticos que usaremos, incluindo um mapa-múndi TopoJSON (consulte o Capítulo 19) e os dados dos países que coletamos na web (veja "Obtendo Dados de Países para a Visualização de Dados do Nobel" na página 130).

❷ As fotos dos ganhadores do Prêmio Nobel que coletamos usando o Scrapy em "Raspando Texto e Imagens com um Pipeline" na página 175.

❸ O subdiretório *js* contém nossos arquivos de módulos JavaScript do Nobel-viz (*.mjs*), separados em elementos principais e começando com *nbviz_*.

Servindo os Dados

O conjunto completo de dados do Prêmio Nobel, incluindo as mini biografias que coletamos no Capítulo 6, totaliza cerca de três megabytes de dados, consideravelmente menos quando comprimido para o transporte na web. Segundo os padrões das páginas web modernas, esse não é um volume enorme de dados. Na verdade, o tamanho médio de uma página web está em torno de 2MB a 3MB.[1] No entanto, estamos nos aproximando de um ponto em que poderíamos considerar dividi-lo em pedaços menores que podem ser carregados conforme necessário. Também poderíamos servir os dados de maneira dinâmica de um servidor web (consulte o Capítulo 13) com um banco de dados como o SQLite. Como está, o pequeno inconveniente de um tempo de espera inicial é compensado pelo desempenho rápido depois disso, já que todos os dados são armazenados em cache pelo navegador. Além disso, torna as coisas muito mais simples, tendo apenas uma busca inicial de dados.

Para nossa visualização do Prêmio Nobel, serviremos todos os dados de um diretório de dados (ver Exemplo 16-1, #2), buscados quando a aplicação é inicializada.

---

1 Consulte estas postagens do SpeedCurve e do Web Almanac para ver algumas análises do tamanho médio das páginas da Web.

O Esqueleto HTML

Embora nossa visualização do Prêmio Nobel tenha vários componentes dinâmicos, o esqueleto HTML necessário é surpreendentemente simples. Isso demonstra um tema central do livro — que precisamos de pouquíssimo desenvolvimento web convencional para preparar o terreno para a programação de visualizações de dados.

O arquivo *index.html*, que cria a visualização ao ser carregado, é mostrado no Exemplo 16-2. Os três componentes são:

1. Uma folha de estilo CSS chamada *style.css*, que define fontes, posições de blocos de conteúdo e outros estilos, é importada.
2. Marcadores de posição HTML para nossos elementos visuais com IDs no formato `nobel-[foo]`.
3. O JavaScript; primeiro as bibliotecas de terceiros e, em seguida, nossos scripts originais.

Abordaremos as seções individuais do HTML em detalhes nos próximos capítulos, mas queria que você visse o que é essencialmente o elemento não programático completo da visualização do Prêmio Nobel. Com esse esqueleto no lugar, podemos nos dedicar ao trabalho de programação criativa, algo que o D3 encoraja e se destaca. À medida que se acostuma a definir seus blocos de conteúdo em HTML e a ajustar dimensões e posições com CSS, você descobrirá que gasta cada vez mais tempo fazendo o que mais gosta: manipular dados com código.

Acho útil tratar os marcadores de posição identificados, como o contêiner do mapa `<div id="nobel-map"></div>`, como painéis de *propriedade* de seus respectivos elementos. Configuramos as dimensões e a posição relativa desses quadros no arquivo CSS ou JS[2] principal e os elementos, como nosso mapa dinâmico, se adaptam ao tamanho de seu quadro. Isso permite que um designer que não programa altere a aparência da visualização por meio da estilização CSS.

Exemplo 16-2. O arquivo de acesso index.html para nossa visualização de página única

```
<!DOCTYPE html>
<meta charset="utf-8">
<title>Visualizing the Nobel Prize</title>
<!-- 1. IMPORTAR O ESTILO CSS DA visualização -->
<link rel="stylesheet" href="static/css/style.css"
media="screen" />
<body>
  <div id='chart'>
    <!-- 2. UM CABEÇALHO COM TÍTULO E ALGUMAS INFORMAÇÕES EXPLICATIVAS -->
```

2 Eu aconselharia guardar o estilo com JavaScript para ocasiões especiais, fazendo o máximo possível com o CSS.

```
<div id='title'>Visualizing the Nobel Prize</div>
<div id="info">
  This is a companion piece to the book <a href='http://'>
  Data Visualization with Python and JavaScript</a>, in which
  its construction is detailed. The data used was scraped
  Wikipedia using the <a href=
  'https://en.wikipedia.org/wiki
  /List_of_Nobel_laureates_by_country'>
  list of winners by country</a> as a starting point. The
  accompanying GitHub repo is <a href=
  'http://github.com/Kyrand/dataviz-with-python-and-js-ed-2'>
  here</a>.
</div>
<!-- 3. OS LOCAIS PARA NOSSOS COMPONENTES VISUAIS  -->
<div id="nbviz">
  <!-- INÍCIO DA BARRA DE MENU -->
  <div id="nobel-menu">
    <div id="cat-select">
      Category
      <select></select>
    </div>
    <div id="gender-select">
      Gender
      <select>
        <option value="All">All</option>
        <option value="female">Female</option>
        <option value="male">Male</option>
      </select>
    </div>
    <div id="country-select">
      Country
      <select></select>
    </div>
    <div id='metric-radio'>
      Number of Winners: 
      <form>
        <label>absolute
          <input type="radio" name="mode" value="0" checked>
        </label>
        <label>per-capita
          <input type="radio" name="mode" value="1">
        </label>
      </form>
    </div>
  </div>
  <!-- FIM DA BARRA DO MENU  -->
  <!-- INÍCIO DOS COMPONENTES NOBEL-VIZ -->
  <div id='chart-holder' class='_dev'>
    <!-- LINHA DO TEMPO DE PRÊMIOS -->
    <div id="nobel-time"></div>
    <!-- MAPA E DICA DE FERRAMENTA -->
```

```
        <div id="map-tooltip">
          <h2></h2>
          <p></p>
        </div>
      </div>
      <!-- LISTA DE GANHADORES -->
      <div id="nobel-list">
        <h2>Selected winners</h2>
        <table>
          <thead>
            <tr>
              <th id='year'>Year</th>
              <th id='category'>Category</th>
              <th id='name'>Name</th>
            </tr>
          </thead>
          <tbody>
          </tbody>
        </table>
      </div>
      <!-- CAIXA DE BIOGRAFIA -->
      <div id="nobel-winner">
        <div id="picbox"></div>
        <div id='winner-title'></div>
        <div id='infobox'>
          <div class='property'>
            <div class='label'>Category</div>
            <span name='category'></span>
          </div>
          <div class='property'>
            <div class='label'>Year</div>
            <span name='year'></span>
          </div>
          <div class='property'>
            <div class='label'>Country</div>
            <span name='country'></span>
          </div>
        </div>
        <div id='biobox'></div>
        <div id='readmore'>
          <a href='#'>Read more at Wikipedia</a>
        </div>
      </div>
      <!-- GRÁFICO DE BARRAS DO NOBEL -->
      <div id="nobel-bar"></div>
    </div>
    <!-- FIM DOS COMPONENTES NOBEL-VIZ -->
  </div>
</div>
<!-- 4. OS ARQUIVOS JAVASCRIPT -->
<!-- BIBLIOTECAS JAVASCRIPT DE TERCEIROS, PRINCIPALMENTE D3  -->
<script src="libs/d3.min.js"></script>
```

```
    <!-- ... -->
    <!-- O MÓDULO JAVASCRIPT PRINCIPAL PARA NOSSOS ELEMENTOS NOBEL -->
    <script src="static/js/nbviz_main.mjs" ></script>
</body>
```

O esqueleto HTML (Exemplo 16-2) define a estrutura hierárquica de nossos componentes do Nobel-viz, mas seus tamanhos e posições visuais são definidos no arquivo style.css. Na próxima seção, veremos como isso é feito e analisaremos a estilização geral de nossa visualização.

Estilização CSS

Lidaremos com a estilização dos componentes individuais do nosso gráfico (Figura 16-1) em seus capítulos respectivos. Esta seção abordará o CSS restante, não específico, com maior ênfase no dimensionamento e posicionamento dos blocos de conteúdo de nossos elementos (*painéis*).

O tamanho de uma visualização pode ser uma escolha complicada. Hoje em dia, existem muitos formatos de dispositivos, como smartphones, tablets, dispositivos móveis etc., com uma variedade de resoluções diferentes, como "retina"[3] e full HD (1.920×1.080). Portanto, os tamanhos em pixels são muito mais variados do que costumavam ser, e a densidade de pixels se torna uma métrica mais significativa. A maioria dos dispositivos realiza o dimensionamento de pixels para compensar isso, razão pela qual você ainda pode ler o texto em um smartphone, mesmo que ele tenha o mesmo número de pixels que um monitor de desktop grande. Além disso, a maioria dos dispositivos portáteis possui recursos de zoom e pan, permitindo que o usuário se concentre facilmente em regiões de uma visualização de dados maior. Para a nossa visualização de dados Nobel, escolheremos uma resolução de compromisso de 1.280×800 pixels, que deve ficar bem na maioria dos monitores de desktop e ser utilizável no modo paisagem em um dispositivo móvel, incluindo nossos controles de usuário no topo, com 50 pixels de altura.

Primeiro, definimos alguns estilos gerais que desejamos aplicar a todo o documento usando o seletor `body`; uma fonte sans-serif, um fundo off-white e alguns detalhes de links são especificados. Também definimos a largura da visualização e suas margens:

```
body {
    font-family: "Helvetica Neue", Helvetica, Arial, sans-serif;
    background: #fefefe; ❶
    width: 1000px;
    margin: 0 auto; /* top and bottom 0, left and right auto */
}

a:link {
    color: royalblue;
    text-decoration: none; ❷
}
```

[3] Atualmente, em torno de 2.560×1.600 pixels.

```
a:hover {
    text-decoration: underline;
}
```

❶ Esta cor é um pouco abaixo do branco puro (`#ffffff`) e deve ajudar a tornar a página um pouco menos brilhante e mais agradável aos olhos.

❷ Os hiperlinks sublinhados por padrão parecem um pouco complicados, na minha opinião, então removemos a decoração.

Existem três blocos de conteúdo principais em nosso Nobel-viz, que posicionamos de forma absoluta dentro do div `#chart` (seu pai relativo). Esses são o título principal (`#title`), algumas informações sobre a visualização (`#info`) e o contêiner principal (`#nbviz`). O título e as informações são posicionados visualmente, e o contêiner principal é posicionado a 90 pixels do topo da página para permitir espaço e recebe uma largura de 100% para se expandir ao espaço disponível. O CSS a seguir realiza isso:

```
#nbviz {
    position: absolute;
    top: 90px;
    width: 100%;
}

#title {
    position: absolute;
    font-size: 30px;
    font-weight: 100;
    top: 20px;
}

#info {
    position: absolute;
    font-size: 11px;
    top: 18px;
    width: 300px;
    right: 0px;
    line-height: 1.2;
}
```

O `chart-holder` recebe uma altura de 750 pixels, uma largura de 100% em relação ao pai e uma propriedade de `posição relativa`, o que significa que o posicionamento absoluto de seus painéis filhos será em relação ao canto superior esquerdo dele. A parte inferior de nossos gráficos recebe um preenchimento de 20 pixels:

```
#chart-holder {
    width: 100%;
    height: 750px;
    position: relative;
    padding: 0 0 20px 0; /* top right bottom left */
}

#chart-holder svg { ❶
    width: 100%;
    height: 100%;
}
```

❶ Queremos que os contextos SVG de nossos componentes se expandam para se ajustar aos seus contêineres.

Levando em consideração a restrição de altura de 750 pixels do Nobel-viz, a proporção de largura/altura de dois para o nosso mapa equirretangular[4] e a necessidade de acomodar mais de 100 indicadores circulares de Prêmio Nobel em nosso gráfico temporal, brincar com as dimensões, sugere a Figura 16-2 como uma boa concessão para o tamanho de nossos elementos visuais.

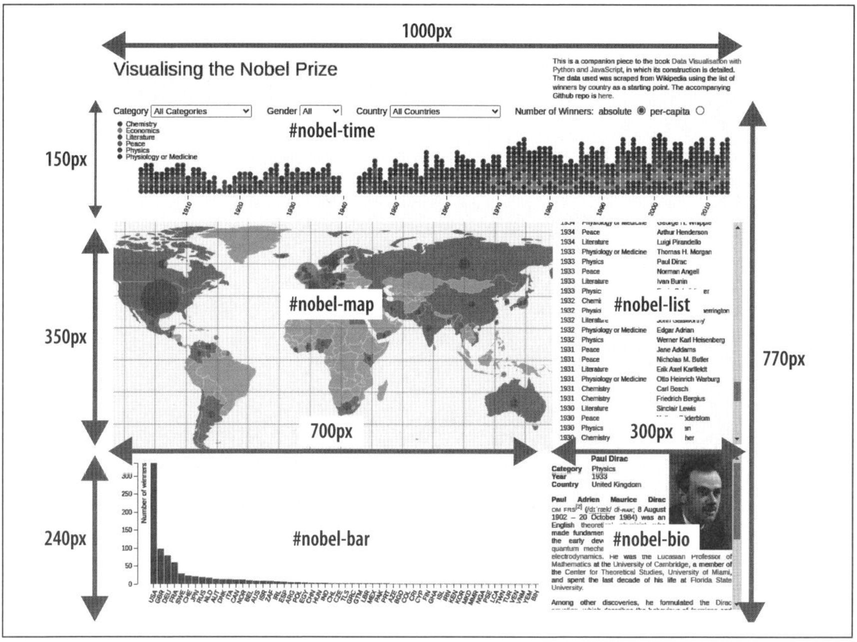

Figura 16-2. Dimensões do Nobel-viz

[4] Consulte "Projeções" na página 463 para obter uma comparação das diferentes projeções geométricas. Dada a restrição de mostrar todos os países ganhadores do Prêmio Nobel, a projeção equirretangular se mostrou mais eficaz.

Este CSS posiciona e dimensiona os componentes conforme mostrado na Figura 16-2:

```
#nobel-map, #nobel-winner, #nobel-bar, #nobel-time, #nobel-list{
    position:absolute; ❶
}

#nobel-time {
    top: 0;
    height: 150px;
    width: 100%; ❷
}

#nobel-map {
    background: azure;
    top: 160px;
    width: 700px;
    height: 350px;
}

#nobel-winner {
    top: 510px;
    left: 700px;
    height: 240px;
    width: 300px;
}

#nobel-bar {
    top: 510px;
    height: 240px;
    width: 700px;
}

#nobel-list {
    top: 160px;
    height: 340px;
    width: 290px;
    left: 700px;
    padding-left: 10px; ❸
}
```

❶ Queremos um posicionamento absoluto, ajustado manualmente, relativo ao contêiner pai `chart-holder`.

❷ A linha do tempo ocupa toda a largura da visualização.

❸ Podemos usar o preenchimento para permitir que os componentes "respirem".

Os outros estilos CSS são específicos para os componentes individuais e serão abordados em seus respectivos capítulos. Com o CSS anterior, temos uma estrutura HTML na qual podemos desenvolver nossa visualização com JavaScript.

O Motor JavaScript

Com uma visualização de qualquer tamanho, é bom começar a impor alguma modularidade desde o início. Muitos dos exemplos de D3 na web[5] são soluções de página única, combinando HTML, CSS, JS e até mesmo dados em uma única página. Embora isso seja ótimo para ensinar por meio de exemplos, à medida que a base de código aumenta, as coisas se deteriorarão rapidamente, tornando as alterações trabalhosas e aumentando a chance de conflitos de espaço de nomes e coisas do tipo.

Importando os Scripts

Incluímos os arquivos JavaScript para nossa visualização usando tags `<script>` colocadas na parte inferior da tag `<body>` em nosso arquivo de entrada *index.html*, como mostrado no Exemplo 16-2:

```
<!DOCTYPE html>
<meta charset="utf-8">
...
<body>
...
  <!-- BIBLIOTECAS JAVASCRIPT DE TERCEIROS, PRINCIPALMENTE BASEADAS EM D3  --> ❶
  <script src="static/libs/d3.min.js"></script>
  <script src="static/libs/topojson.min.js"></script>
  <script src="static/libs/crossfilter.min.js"></script>
  <!-- O JAVASCRIPT PARA NOSSOS ELEMENTOS NOBEL -->
  <script src="static/js/nbviz_main.mjs"></script> ❷
</body>
```

❶ Usamos cópias locais das bibliotecas de terceiros.

❷ O ponto de entrada principal para nossa aplicação Nobel, onde ele solicita seus primeiros conjuntos de dados e inicia a exibição. Este módulo importa todos os outros usados pela visualização.

Redes de Fornecimento de Conteúdo

Uma coisa que você verá com frequência ao examinar as tags de script em páginas de (normalmente) *index.html* é o uso de Redes de Fornecimento de Conteúdo (CDNs) para fornecer bibliotecas cacheáveis eficientemente por meio de um armazenamento central. Portanto, você pode usar a CDN da Cloudflare para importar o D3:app-name:

```
<script src="https://cdnjs.cloudflare.com/ajax/libs/d3/7.3.1/d3.js"></script>
```

As CDNs são uma maneira muito eficiente de importar bibliotecas e, se você estiver usando muitas delas e elas forem relativamente pesadas, isso pode proporcionar benefícios tangíveis. Mas, certamente, para fins de desenvolvimento, é bom usar uma cópia local da biblioteca, e é isso que fazemos, com as três bibliotecas usadas na visualização sendo recuperadas de um subdiretório chamado *libs* dentro da pasta *static*.

---

[5] Veja a coleção no GitHub do D3.

JS Modular com Importações

Na primeira edição deste livro, foi usado um padrão comum, mas um tanto rudimentar, para estabelecer um namespace `nbviz` no qual colocar funções, variáveis, constantes etc., usadas pelos vários componentes da visualização de dados Nobel. Aqui está um exemplo, pois você pode se deparar com padrões semelhantes em outros lugares:

```
/* js/nbviz_core.js
/* global $, _, crossfilter, d3  */ ❶
(function(nbviz) {
    //... MODULES PRIVATE VARS ETC..
    nbviz.foo = function(){ //... ❷
    };
}(window.nbviz = window.nbviz || {})); ❸
```

❶ Definir variáveis como globais evitará que elas acionem erros do JSLint.

❷ Expõe esta função para outros scripts como parte do namespace `nbviz` compartilhado.

❸ Usa o objeto `nbviz` se estiver disponível, e o cria caso contrário.

Cada script JS foi encapsulado com esse padrão e todos os scripts necessários foram incluídos com uma tag `<script>` no ponto de entrada principal *index.html*. Com o suporte a módulos JS compatíveis com vários navegadores, agora temos uma maneira muito mais limpa e moderna de incluir nosso JavaScript com importações modulares, familiar para qualquer desenvolvedor em Python (consulte "Módulos JavaScript" na página 18).

Agora só precisamos incluir nosso módulo JS principal no *index.html*, e ele importará todos os outros módulos necessários:

```
// static/js/nbviz_main.mjs
import nbviz from './nbviz_core.mjs'
import { initMenu } from './nbviz_menu.mjs'
import { initMap } from './nbviz_map.mjs'
import './nbviz_bar.mjs' ❶
import './nbviz_details.mjs'
import './nbviz_time.mjs'
```

❶ Estes são importados para inicializar suas funções de atualização. Veremos como isso funciona mais adiante no capítulo.

Nos próximos capítulos, o JavaScript/D3 usado para criar os elementos da visualização será explicado em detalhes. Primeiro, lidaremos com o fluxo de dados através do Nobel-viz, do servidor (de dados) para o navegador do cliente e dentro do cliente, impulsionado pela interação do usuário.

Fluxo de Dados Básico

Existem muitas maneiras de lidar com dados em um projeto de qualquer complexidade. Para aplicações interativas, e particularmente visualizações de dados, acredito que o padrão mais robusto é ter um objeto de dados central para armazenar em cache os dados atuais. Além dos dados em cache, também temos algumas reflexões ativas ou subconjuntos deste conjunto de dados, armazenados no objeto de dados principal. Por exemplo, em nossa visualização dos Prêmios Nobel, um usuário pode selecionar vários subconjuntos dos dados (por exemplo, apenas os ganhadores na categoria Física).

Se uma reflexão de dados diferente for acionada pelo usuário, como escolher a métrica de prêmio per capita, uma flag[6] é definido (neste caso, `valuePerCapita` é definido como `0` ou `1`). Em seguida, atualizamos todos os componentes visuais, e aqueles que dependem de `valuePerCapita` se adaptam de acordo. O tamanho dos indicadores do mapa muda e o gráfico de barras se reorganiza.

A ideia-chave é garantir que os elementos visuais estejam sincronizados com quaisquer alterações de dados impulsionadas pelo usuário. Uma maneira confiável de fazer isso é ter um único método de atualização (aqui chamado de `onDataChange`) que é chamado sempre que um usuário faz algo para alterar os dados. Este método alerta todos os elementos visuais ativos sobre a mudança nos dados e eles respondem de acordo.

Agora, vamos ver como o código da aplicação se encaixa, começando com as utilidades centrais compartilhadas.

O Código Central

O primeiro arquivo JavaScript carregado é o *nbviz_core.js*. Este script contém qualquer código que possamos querer compartilhar entre os outros scripts. Por exemplo, temos um método `categoryFill` que retorna uma cor específica para cada categoria. Isso é usado tanto pelo componente de linha do tempo quanto como uma borda na caixa de biografia. Este código central inclui funções que podemos querer isolar para testes, ou simplesmente para tornar outros módulos menos bagunçados.

> Frequentemente, na programação, usamos constantes de string como chaves de dicionário e comparativos, e em rótulos gerados. É fácil cair no mau hábito de digitar essas strings quando necessário, mas uma maneira muito melhor é definir uma variável constante em vez disso. Por exemplo, em vez de `'if option === "All Categories"'`, usamos `'if option === nbviz.ALL_CATS'`. Na primeira opção, digitar erroneamente `'All Categories'` não gerará um erro, um acidente esperando para acontecer. Ter uma constante também significa que apenas uma edição é necessária para alterar todas as ocorrências da string. O JavaScript possui uma pa-

6 Em nossa aplicação, estou mantendo as coisas o mais simples possível; à medida que o número de opções de UI aumenta, é sensato armazenar flages, intervalos etc. em um objeto dedicado.

lavra-chave `const` mais recente que torna um pouco mais fácil impor a constância, embora apenas evite que as variáveis sejam reatribuídas. Consulte a documentação do Mozilla para alguns exemplos e uma explicação das limitações de `const`.

O Exemplo 16-3 mostra o código compartilhado entre os outros módulos. Qualquer coisa destinada a ser usada por outros módulos é anexada ao namespace compartilhado `nbviz`.

Exemplo 16-3. Base de código compartilhada em nbviz_core.js

```
let nbviz = {}
nbviz.ALL_CATS = 'All Categories'
nbviz.TRANS_DURATION = 2000 // tempo em ms para nossas transições visuais
nbviz.MAX_CENTROID_RADIUS = 30
nbviz.MIN_CENTROID_RADIUS = 2
nbviz.COLORS = { palegold: '#E6BE8A' } // quaisquer cores nomeadas usadas

nbviz.data = {} // nosso principal armazenamento de dados
nbviz.valuePerCapita = 0 // flag de métrica
nbviz.activeCountry = null
nbviz.activeCategory = nbviz.ALL_CATS

nbviz.CATEGORIES = [
    "Chemistry", "Economics", "Literature", "Peace",
    "Physics", "Physiology or Medicine"
];
// pega uma categoria como Física e retorna uma cor
nbviz.categoryFill = function(category){
    var i = nbviz.CATEGORIES.indexOf(category);
    return d3.schemeCategory10[i]; ❶
};

let nestDataByYear = function(entries) {           ❷
//...
};

nbviz.makeFilterAndDimensions = function(winnersData){
//...
};

nbviz.filterByCountries = function(countryNames) {
//...
};

nbviz.filterByCategory = function(cat) {
//...
};

nbviz.getCountryData = function() {
// ...
};
```

```
nbviz.callbacks = []
nbviz.onDataChange = function () { ❸
  nbviz.callbacks.forEach((cb) => cb())
}

export default nbviz ❹
```

❶ Usamos um dos esquemas de cores incorporados do D3 para fornecer cores de categoria de prêmio. `schemeCategory10` é um array de 10 códigos hexadecimais de cores (`['#1f77b4', '#ff7f0e',...]`), que acessamos usando os índices de categoria.

❷ Este e os métodos vazios seguintes serão explicados em detalhes nos capítulos seguintes em um contexto de uso.

❸ Esta função é chamada quando o conjunto de dados muda (após a inicialização da aplicação, isso é impulsionado pelo usuário) para atualizar os elementos do Nobel-viz. Os retornos de chamada de atualização definidos pelos módulos de componente e armazenados no array `callbacks` são chamados sequencialmente, acionando quaisquer mudanças visuais necessárias. Consulte "Fluxo de Dados Básico" na página 399 para obter detalhes.

❹ O objeto `nbviz`, com funções de utilidade, constantes e variáveis, é a exportação padrão deste módulo, importado por outros módulos, portanto `import nbviz from./nbviz_core`.

Com o código central em mãos, vamos ver como nossa aplicação é inicializada ao buscar recursos estáticos usando os métodos utilitários do D3.

Inicializando a Visualização do Prêmio Nobel

Para iniciar a aplicação, precisamos de alguns dados. Usamos as funções auxiliares `json` e `csv` do D3 para carregar os dados e convertê-los em objetos e arrays JavaScript. O método `Promise.all`[7] é usado para disparar essas buscas de dados simultaneamente, aguardar que todas as quatro sejam resolvidas e, em seguida, entregar os dados para uma função manipuladora especificada, neste caso, `ready`:

```
// static/js/nbviz_main.mjs
//...
  Promise.all([ ❶
    d3.json('static/data/world-110m.json'),
    d3.csv('static/data/world-country-names-nobel.csv'),
    d3.json('static/data/winning_country_data.json'),
    d3.json('static/data/nobel_winners_biopic.json'),
  ]).then(ready)

  function ready([worldMap, countryNames, countryData, winnersData]) { ❷
    // ARMAZENA NOSSO CONJUNTO DE DADOS DO PAÍS
    nbviz.data.countryData = countryData
    nbviz.data.winnersData = winnersData
    //...
}
```

[7] Você pode ler mais sobre o `Promise.all` na documentação do Mozilla.

❶ Dispara solicitações simultâneas para os quatro arquivos de dados. Os arquivos estáticos consistem em um mapa mundial (resolução de 110m) e alguns dados do país que usaremos na visualização.

❷ O array retornado para a função `ready` usa a desconstrução em JavaScript para atribuir os dados sequenciais às respectivas variáveis.

Se nossas solicitações de dados forem bem-sucedidas, a função `ready` recebe os dados solicitados e estamos prontos para começar a enviar dados para os elementos visuais.

Prontos para Começar

Após o término das solicitações adiadas de dados feitas pelo método `Promise.all`, ele chama a função `ready` especificada, passando os conjuntos de dados como argumentos na ordem em que foram adicionados.

A função `ready` é mostrada no Exemplo 16-4. Se os dados forem baixados sem erros, usamos os dados dos ganhadores para criar o filtro ativo (graças à biblioteca Crossfilter) que usaremos para permitir que o usuário selecione subconjuntos dos ganhadores do Nobel com base na categoria, gênero e país. Em seguida, chamamos alguns métodos de inicialização e, finalmente, usamos o método `onDataChange` para acionar o desenho dos elementos visuais da visualização de dados, atualizando o gráfico de barras, o mapa, a linha do tempo, e assim por diante. O esquema na Figura 16-3 mostra a maneira como as mudanças nos dados se propagam.

Exemplo 16-4. A função `ready` é chamada quando as solicitações iniciais de dados são resolvidas

```
//...
function ready([worldMap, countryNames, countryData, winnersData]) {
  // ARMAZENA NOSSO CONJUNTO DE DADOS DO PAÍS
  nbviz.data.countryData = countryData
  nbviz.data.winnersData = winnersData
  // FAZ NOSSO FILTRO E SUAS DIMENSÕES
  nbviz.makeFilterAndDimensions(winnersData) ❶
  // INICIALIZA MENU E MAPA
  initMenu()
  initMap(worldMap, countryNames)
  // ATUALIZAÇÃO DE TRIGGER COM CONJUNTO DE DADOS COMPLETO DOS GANHADORES
  nbviz.onDataChange()
}
```

❶ Este método usa o conjunto de dados do Prêmio Nobel recém-carregado para criar o filtro que usaremos para permitir que o usuário selecione subconjuntos dos dados a serem visualizados. Consulte “Filtragem de Dados com Crossfilter” na página 405 para obter detalhes.

Veremos como o método `makeFilterAndDimensions` (Exemplo 16-4, ❶) funciona quando cobrimos a biblioteca Crossfilter em “Filtragem de Dados com Crossfilter” na página 405. Por enquanto, assumiremos que temos um meio de obter os dados atualmente selecionados pelo usuário por meio de alguns seletores de menu (por exemplo, selecionando todos os ganhadores do sexo feminino).

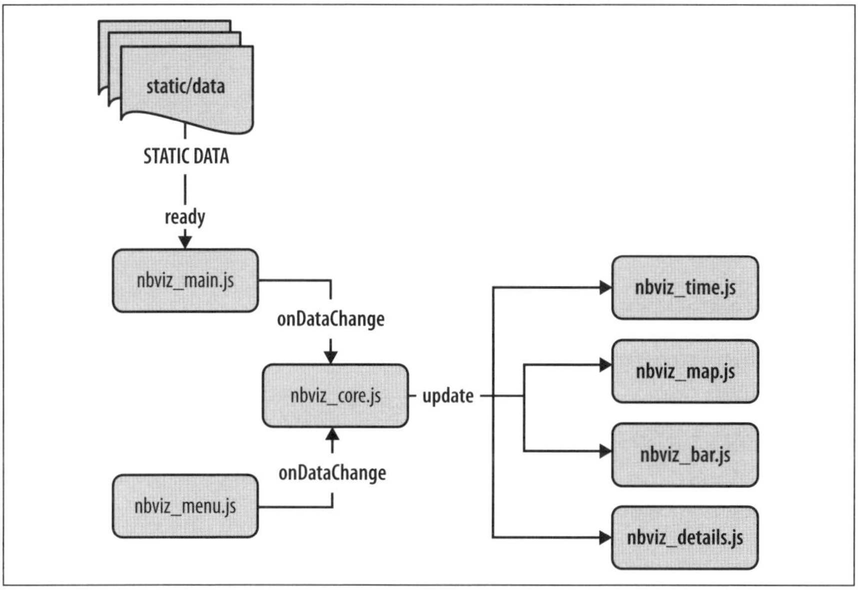

Figura 16-3. O fluxo de dados principal da aplicação

Atualizações Baseadas em Dados

Após a inicialização do menu e do mapa na função `ready` (veremos como isso funciona em seus respectivos capítulos: Capítulo 19 para o mapa e Capítulo 21 para o menu), acionamos uma atualização dos elementos visuais com o método `onDataChange` definido em *nbviz_core.js*. `onDataChange` (veja o Exemplo 16-5) é uma função compartilhada que é chamada sempre que o conjunto de dados exibidos muda em resposta à interação do usuário, ou quando o usuário escolhe uma métrica de prêmio por país diferente (por exemplo, medindo per capita em vez de números absolutos).

Exemplo 16-5. Função chamada para atualizar os elementos visuais quando os dados selecionados são alterados

```
// nbviz_core.js
nbviz.callbacks = [] ❶

nbviz.onDataChange = function () {
  nbviz.callbacks.forEach((cb) => cb()) ❷
}
```

❶ Cada módulo de componente que precisa ser atualizado anexa seu retorno de chamada a este array.

❷ Na mudança de dados, os retornos de chamada dos componentes são chamados sequencialmente, acionando quaisquer mudanças visuais necessárias para refletir os novos dados.

Quando os módulos são importados pela primeira vez, eles adicionam seus retornos de chamada ao array `callbacks` no módulo principal. Aqui está o gráfico de barras, por exemplo:

```
// nbviz_bar.mjs
import nbviz from './nbviz_core.mjs'
// ...
nbviz.callbacks.push(() => {
  let data = nbviz.getCountryData()
  updateBarChart(data) ❶
})
```

❶ Quando a função principal de atualização do núcleo chama esta função de retorno de chamada, os dados do país são usados pela função de atualização local para alterar o gráfico de barras.

O conjunto de dados principal, consumido pela linha do tempo, mapa e gráfico de barras, é produzido pelo método `getCountryData`, que agrupa os ganhadores do prêmio por país e adiciona algumas informações nacionais, nomeadamente o tamanho da população e o código alfabético internacional. O Exemplo 16-6 descreve esse método em detalhes.

Exemplo 16-6. Criando o conjunto de dados do país principal

```
nbviz.getCountryData = function() {
    var countryGroups = nbviz.countryDim.group().all(); ❶

    // faça a bola de dados principal
    var data = countryGroups.map( function(c) { ❷
        var cData = nbviz.data.countryData[c.key]; ❸
        var value = c.value;
        // se for valor per capita então divida pelo tamanho da pop.
        if(nbviz.valuePerCapita){
            value = value / cData.population; ❹
        }
        return {
            key: c.key, // por exemplo, Japão
            value: value, // por exemplo, 19 (prêmios)
            code: cData.alpha3Code, // e.g., JPN
        };
    })
        .sort(function(a, b) { ❺
            return b.value - a.value; // descendente
        });

    return data;
};
```

❶ `countryDim` é uma das dimensões do Crossfilter que usamos (consulte "Filtragem de Dados com Crossfilter" na página 405), fornecendo a chave de grupo e a contagem de valores (por exemplo, `{key:Argentina, value:5}`).

❷ Usamos o método `map` do array para criar um novo array com componentes adicionados de nosso conjunto de dados de países.

❸ Busca dados do país usando nossa chave de grupo (por exemplo, Austrália).

❹ Se a opção `valuePerCapita` estiver ativada, dividimos o número de prêmios pelo tamanho da população do país, obtendo uma contagem de prêmios mais justa e relativa.

❺ Usa o método `sort` do `Array` para classificar o array em ordem decrescente por valor.

Os métodos de atualização de nossos elementos Nobel-viz fazem uso de dados filtrados pela biblioteca Crossfilter. Vamos ver como isso é feito agora.

Filtragem de Dados com Crossfilter

Desenvolvido pelos criadores do D3, Mike Bostock e Jason Davies, o Crossfilter[8] é uma biblioteca altamente otimizada para explorar conjuntos de dados multivariados grandes usando JavaScript. É muito rápido e pode lidar facilmente com conjuntos de dados muito maiores do que o nosso conjunto de dados de Prêmios Nobel. Vamos usá-lo para filtrar nosso conjunto de dados de ganhadores por dimensões de categoria, gênero e país.

A escolha do Crossfilter é um pouco ambiciosa, mas eu queria mostrá-lo em ação, pois, pessoalmente, o considero muito útil. Além disso, ele é a base do *dc.js*, a biblioteca de gráficos D3 muito popular, o que testemunha sua utilidade. Embora o Crossfilter possa ser um pouco difícil de entender, especialmente quando começamos a intersectar filtros dimensionais, a maioria dos casos de uso segue um padrão básico que é rapidamente absorvido. Se você se encontrar tentando filtrar conjuntos de dados grandes, as otimizações do Crossfilter serão uma grande vantagem.

Criando o filtro

Ao inicializar o Nobel-viz, o método `makeFilterAndDimensions` definido em *nbviz_core.js* é chamado a partir do método `ready` em *nbviz_main.js* (consulte "Prontos para Começar" na página 402). O `makeFilterAndDimensions` usa o conjunto de dados de Prêmio Nobel recém-carregado para criar um filtro Crossfilter e algumas dimensões (por exemplo, categoria de prêmio) com base nele.

Primeiro, criamos nosso filtro usando o conjunto de dados de ganhadores do Prêmio Nobel obtido na inicialização. Vamos nos lembrar de como ele se parece:

[8] Consulte esta página do Square para ver um exemplo impressionante.

```
[{
  name:"C\u00e9sar Milstein",
  category:"Physiology or Medicine",
  gender:"male",
  country:"Argentina",
  year: 1984
 },
 {
  name:"Auguste Beernaert",
  category:"Peace",
  gender:"male",
  country:"Belgium",
  year: 1909
 },
 ...
}];
```

Para criar nosso filtro, chamamos a função `crossfilter` com o array de objetos dos ganhadores:

```
nbviz.makeFilterAndDimensions = function(winnersData){
    // ADICIONA NOSSO FILTRO E CRIA DIMENSÕES DE CATEGORIA
    nbviz.filter = crossfilter(winnersData);
    //...
};
```

O Crossfilter funciona permitindo que você crie filtros dimensionais em seus dados. Você faz isso aplicando uma função aos objetos. Na forma mais simples, isso cria uma dimensão com base em uma única categoria — por exemplo, por gênero. Aqui criamos a dimensão de gênero que usaremos para filtrar os Prêmios Nobel:

```
nbviz.makeFilterAndDimensions = function(winnersData){
//...
    nbviz.genderDim = nbviz.filter.dimension(function(o) {
        return o.gender;
    });
//...
}
```

Agora, essa dimensão possui uma ordenação eficiente de nosso conjunto de dados pelo campo de gênero. Podemos usá-lo da seguinte forma, para retornar todos os objetos com gênero feminino:

```
nbviz.genderDim.filter('female'); ❶
var femaleWinners = nbviz.genderDim.top(Infinity); ❷
femaleWinners.length // 47
```

❶ `filter` aceita um único valor ou, quando apropriado, um intervalo (por exemplo, [5, 21] — todos os valores entre 5 e 21). Ele também pode aceitar uma função Booleana dos valores.

❷ Uma vez que o filtro é aplicado, a função `top` retorna o número especificado de objetos ordenados. Especificar `Infinity`[9] retorna todos os objetos de dados filtrados.

O Crossfilter realmente se destaca quando começamos a aplicar vários filtros dimensionais, permitindo-nos fatiar e cortar os dados em qualquer subconjunto que precisarmos, tudo isso alcançado com uma velocidade impressionante.[10]

Vamos limpar a dimensão de gênero e adicionar uma nova, filtrando por categoria de prêmio. Para redefinir uma dimensão,[11] aplique o método `filter` sem argumentos:

```
nbviz.genderDim.filter();
nbviz.genderDim.top(Infinity) //  o Array[858] completo de objetos
```

Agora criaremos uma nova dimensão de categoria de prêmio:

```
nbviz.categoryDim = nbviz.filter.dimension(function(o) {
    return o.category;
});
```

Agora podemos filtrar as dimensões de gênero e categoria em sequência, permitindo-nos encontrar, por exemplo, todas as ganhadoras do Prêmio Nobel em Física:

```
nbviz.genderDim.filter('female');
nbviz.categoryDim.filter('Physics');
nbviz.genderDim.top(Infinity);
// Out:
// [
//  {name:"Marie Sklodowska-Curie", category:"Physics",...
//  {name:"Maria Goeppert-Mayer", category:"Physics",...
// ]
```

Observe que podemos ligar e desligar os filtros seletivamente. Portanto, por exemplo, podemos remover o filtro de categoria Física, o que significa que a dimensão de gênero agora contém todas as ganhadoras do Prêmio Nobel do sexo feminino:

```
nbviz.categoryDim.filter();
nbviz.genderDim.top(Infinity); // Array[47] of objects
```

Em nosso Nobel-viz, essas operações de filtro serão controladas pelo usuário, fazendo seleções na barra de menu superior.

Além de retornar os subconjuntos filtrados, o Crossfilter pode realizar operações de agrupamento nos dados. Usamos isso para obter os agregados de prêmios nacionais para o gráfico de barras e os indicadores de mapa:

---

9 O `Infinity` do JavaScript é um valor numérico que representa o infinito.

10 O Crossfilter foi projetado para atualizar milhões de registros em tempo real, em resposta à entrada do usuário.

11 Isso limpará todos os filtros nessa dimensão.

```
nbviz.genderDim.filter(); // redefinine a dimensão de gênero
var countryGroup = nbviz.countryDim.group(); ❶
countryGroup.all(); ❷

// Out:
// [
//  {key:"Argentina", value:5}, ❸
//  {key:"Australia", value:9},
//  {key:"Austria", value:14},
// ...]
```

❶ O método group recebe uma função opcional como argumento, mas o padrão geralmente é o que se deseja.

❷ Retorna todos os grupos por chave e valor. Não modifique o array retornado.[12]

❸ `value` é o número total de ganhadores do Prêmio Nobel para a Argentina.

Para criar nosso filtro Crossfilter e dimensões, usamos o método `makeFilterAndDimensions`, definido em *nbviz_core.js*. O Exemplo 16-7 mostra todo o método. Observe que a ordem em que os filtros são criados não é importante — sua interseção ainda será a mesma.

Exemplo 16-7. Criando nosso filtro e dimensões Crossfilter

```
nbviz.makeFilterAndDimensions = function(winnersData){
    // ADICIONA NOSSO FILTRO E CRIA DIMENSÕES DE CATEGORIA
    nbviz.filter = crossfilter(winnersData);
    nbviz.countryDim = nbviz.filter.dimension(function(o){ ❶
        return o.country;
    });

    nbviz.categoryDim = nbviz.filter.dimension(function(o) {
        return o.category;
    });

    nbviz.genderDim = nbviz.filter.dimension(function(o) {
        return o.gender;
    });
};
```

❶ Estamos usando as funções completas do JavaScript para ensinar clareza, mas nos dias de hoje, provavelmente seria usada a forma reduzida: `o => o.country`.

Executando a Aplicação de Visualização do Prêmio Nobel

Para executar a visualização do Nobel, precisamos de um servidor web que possa acessar o arquivo *index.html* na raiz. Para fins de desenvolvimento, podemos usar o módulo `http`

[12] Consulte a página do Crossfilter no GitHub.

embutido do Python para iniciar o servidor necessário. No diretório raiz contendo nosso arquivo de índice, execute:

```
$ python -m http.server 8080
Serving HTTP on 0.0.0.0 port 8080 ...
```

Agora abra uma janela do navegador e vá para *http://localhost:8080* e você deverá ver a Figura 16-4.

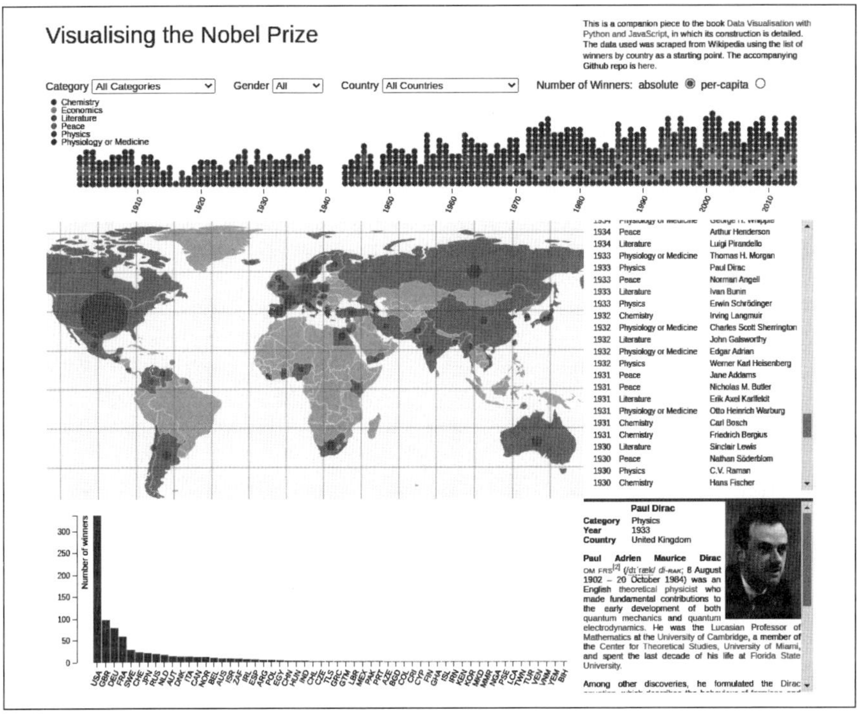

Figura 16-4. A aplicação Nobel-viz finalizado

Resumo

Neste capítulo, esboçamos como implementar a visualização que imaginamos no Capítulo 15. A espinha dorsal foi montada a partir de blocos de construção HTML, CSS e JavaScript, e o feed de dados para a aplicação e o fluxo de dados dentro dele foram descritos. Nos capítulos seguintes, veremos como os componentes individuais de nosso Nobel-viz usam os dados enviados a eles para criar nossa visualização interativa. Começaremos com um grande capítulo, que introduzirá os fundamentos do D3, mostrando como construir o componente de gráfico de barras de nossa aplicação. Isso deve prepará-lo para os próximos capítulos focados no D3.

CAPÍTULO 17

Apresentando o D3 – A História de um Gráfico de Barras

No Capítulo 16, imaginamos nossa visualização do Prêmio Nobel dividindo-a em elementos componentes. Neste capítulo, apresentarei você ao D3 aos poucos, mostrando como construir o gráfico de barras de que precisamos (Figura 17-1).

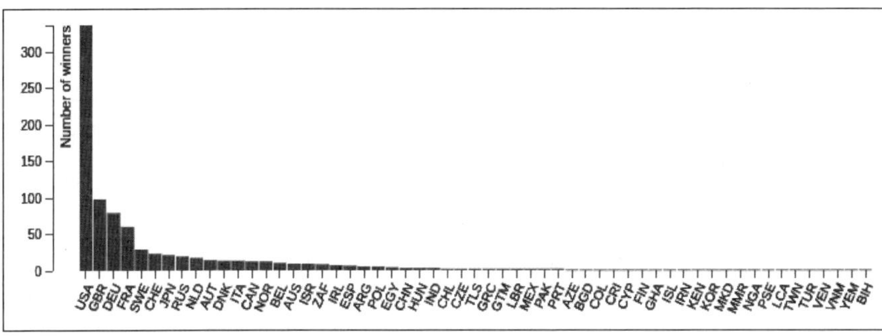

Figura 17-1. O gráfico de barras alvo deste capítulo

O D3 é muito mais do que uma biblioteca de gráficos. É uma biblioteca utilizada para construir bibliotecas de gráficos, entre outras coisas. Então, por que estou lhe apresentando o D3 por meio dessa visualização ultra convencional, o gráfico de barras? Primeiro, porque deve haver um pequeno entusiasmo em criar um do zero pela primeira vez, tendo controle total sobre a aparência do gráfico e sem restrições pelas preferências de uma biblioteca de gráficos específica. E segundo, porque simplesmente é uma ótima maneira de abordar os elementos fundamentais do D3, especialmente a união de dados e o padrão de entrada-saída-remoção, agora encapsulado de forma agradável pelo novo método `join` do D3. Se você colocar esses fundamentos no lugar, estará no caminho certo para usar todo o poder e expressividade que o D3 oferece, produzindo algo mais inovador do que um gráfico de barras.

Usaremos parte do desenvolvimento web abordado no Capítulo 4, especialmente os gráficos SVG que são a especialidade do D3 (consulte "Gráficos Vetoriais Escaláveis (SVG)" na página 105). Você pode experimentar trechos de código usando um editor online como o CodePen ou o VizHub (que também possui uma grande quantidade de exemplos de dataviz curados).

Antes de começarmos a construir o gráfico de barras, vamos considerar seus elementos.

Estruturando o Problema

Um gráfico de barras tem três componentes principais: os eixos, legendas e rótulos, e, é claro, as barras. Como estamos produzindo um componente de gráfico de barras moderno e interativo, precisaremos que os eixos e as barras se transformem em resposta à interação do usuário — ou seja, filtrando o conjunto de ganhadores do prêmio por meio dos seletores principais (veja a Figura 15-1).

Vamos construir o gráfico passo a passo, terminando com as transições do D3, que podem tornar suas criações do D3 mais envolventes e atrativas. Mas primeiro, cobriremos o básico do D3:

- Selecionando elementos DOM na sua página da web
- Obtendo e definindo seus atributos, propriedades e estilos
- Anexando e inserindo elementos DOM

Com esses fundamentos bem estabelecidos, avançaremos para os prazeres da vinculação de dados, onde o D3 começa a mostrar suas habilidades.

Trabalhando com Seleções

As seleções são a espinha dorsal do D3. Usando seletores CSS semelhantes ao jQuery, o D3 pode selecionar e manipular elementos DOM individuais e agrupados. Todas as operações encadeadas do D3 começam selecionando um elemento DOM ou conjunto de elementos usando os métodos `select` e `selectAll`. O `select` retorna o primeiro elemento correspondente; o `selectAll` retorna o conjunto de elementos correspondentes.

A Figura 17-2 mostra exemplos de seleções do D3, usando os métodos `select` e `selectAll`. Essas seleções são usadas para alterar o atributo `height` de uma ou mais barras. O método `select` retorna o primeiro `rect` (ID `barL`) com a classe `bar`, enquanto `selectAll` pode retornar qualquer combinação dos `rects`, dependendo da consulta fornecida.

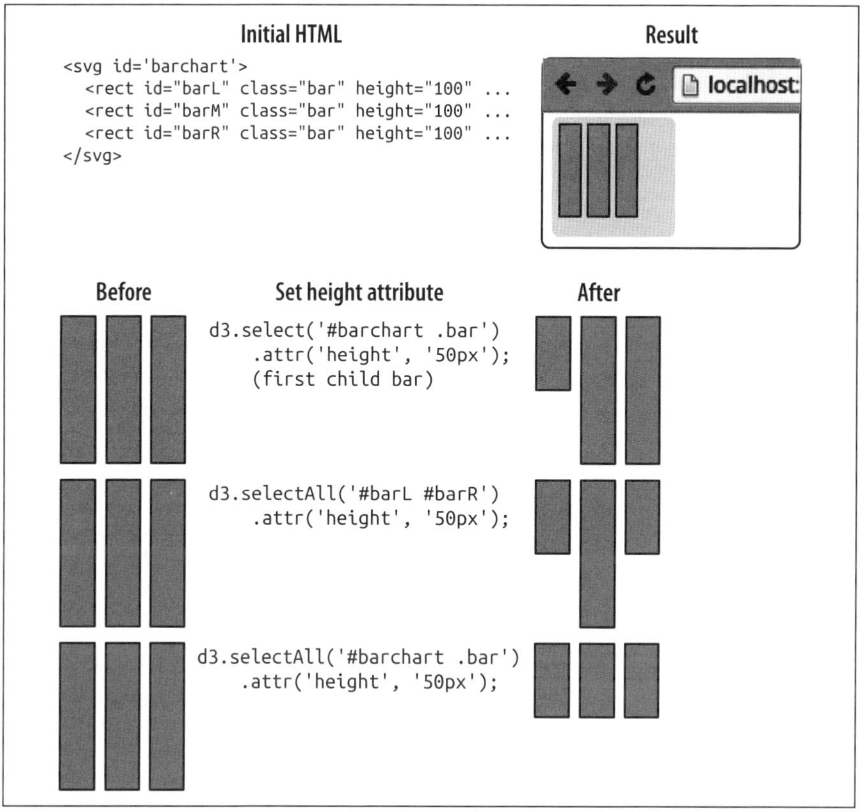

Figura 17-2. Selecionando elementos e alterando atributos: três retângulos são criados com o HTML inicial. As seleções são então feitas e os atributos de altura de uma ou mais barras são ajustados.

Além de definir atributos (as strings nomeadas nos elementos DOM, como `id` ou `class`), o D3 permite definir estilos CSS dos elementos, propriedades (por exemplo, se uma caixa de seleção está marcada), texto e HTML.

A Figura 17-3 mostra todas as maneiras pelas quais um elemento DOM pode ser alterado com o D3. Com esses poucos métodos, é possível alcançar praticamente qualquer aparência que você desejar.

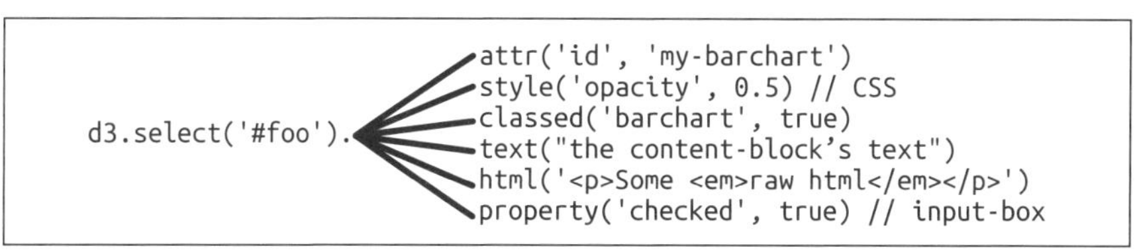

Figura 17-3. Alterando um elemento DOM com o D3

A Figura 17-4 mostra como podemos aplicar estilos CSS adicionando uma classe ao elemento ou definindo um estilo diretamente. Primeiro, selecionamos a barra do meio usando seu ID `barM`. O método `classed` é então usado para aplicar um destaque amarelo (veja o CSS) e definir o atributo `height` como 50 pixels. Em seguida, o método `style` é usado para aplicar um preenchimento vermelho diretamente à barra.

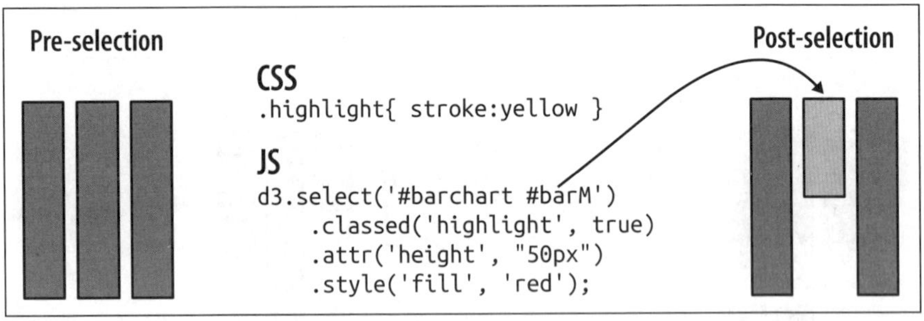

Figura 17-4. Definindo atributos e estilo

O método `text` do D3 define o conteúdo de texto das tags DOM aplicáveis, como `div`, `p`, cabeçalhos `h*` e elementos de texto SVG. Para ver o método `text` em ação, vamos criar um pequeno espaço reservado para o título com um pouco de HTML:

```
<!DOCTYPE html>
<meta charset="utf-8">

<style>font-family: sans-serif;</style>

<body>
  <h2 id="title">title holder</h2>
</body>
```

A Figura 17-5 (antes) mostra a página do navegador resultante.

Agora vamos criar uma classe CSS `fancy-title` com uma fonte grande e negrito:

```
.fancy-title {
    font-size: 24px;
    font-weight: bold;
}
```

Agora podemos usar o D3 para selecionar o título, adicionar a classe `fancy-title` a ele e definir seu texto como Meu Gráfico de Barras [My Bar Chart]:

```
d3.select('#title')
  .classed('fancy-title', true)
  .text('My Bar Chart');
```

A Figura 17-5 (depois) mostra o título ampliado e em negrito resultante.

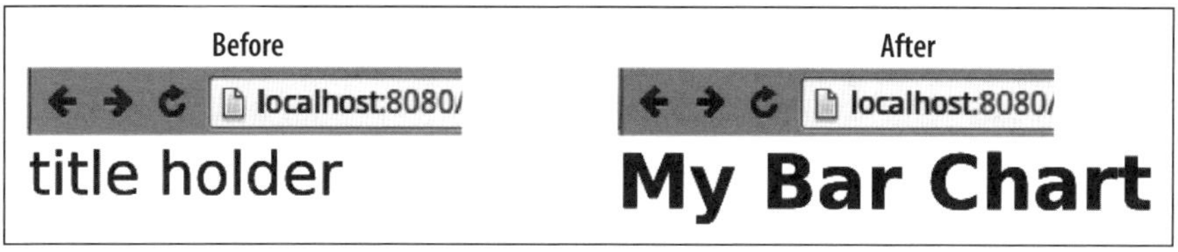

Figura 17-5. Definindo texto e estilo com o D3

Além de definir as propriedades dos elementos DOM, podemos usar seleções para obter essas propriedades. Deixar de fora o segundo argumento de um dos métodos listados na Figura 17-3 permite obter informações sobre a configuração da página da web.

A Figura 17-6 mostra como obter as propriedades-chave de um retângulo SVG. Como veremos, obter atributos como `width` e `height` de um elemento SVG pode ser muito útil para adaptação e ajuste programáticos.

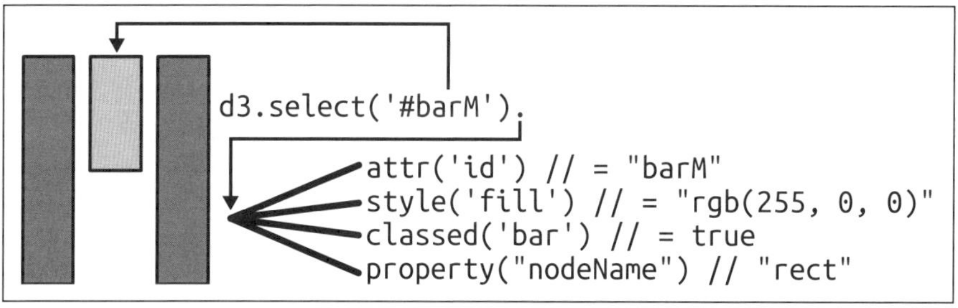

Figura 17-6. Obtendo detalhes de um retângulo de barra

A Figura 17-7 demonstra os métodos getter de `html` e `text`. Depois de criar uma pequena lista (ID `silly-list`), usamos o D3 para selecioná-la e obter várias propriedades. O método `html` retorna o HTML das tags filho `<li>` da lista, enquanto o método text retorna o texto contido na lista, com as tags HTML removidas. Note que para tags pai, a formatação de qualquer texto retornado pode ser um pouco bagunçada, mas talvez seja suficiente para uma ou duas buscas de strings.

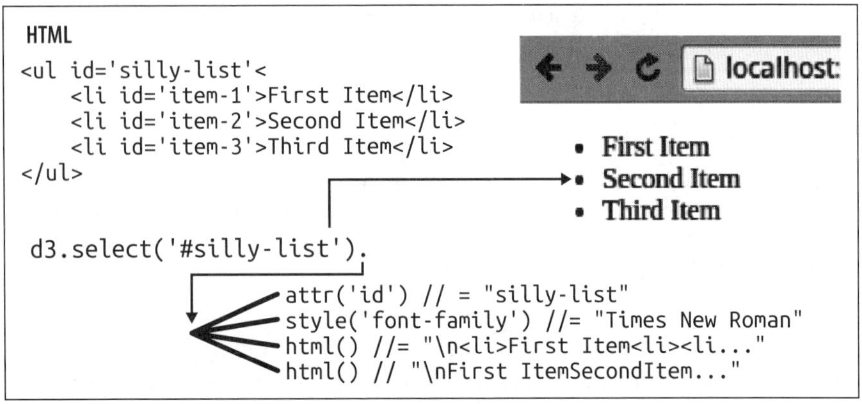

Figura 17-7. Obtendo HTML e texto de uma tag de lista

Até agora, manipulamos os atributos, estilos e propriedades de elementos DOM existentes. Isso é uma habilidade útil, mas o D3 mostra seu potencial quando começamos a criar elementos DOM de maneira programática usando seus métodos `append` e `insert`. Vamos dar uma olhada neles agora.

Adicionando Elementos DOM

Vimos como selecionar e manipular os atributos, estilos e propriedades dos elementos DOM. Agora veremos como o D3 nos permite anexar e inserir elementos, adaptando o DOM de forma programática.

Começaremos com um esqueleto HTML contendo um espaço reservado `nobel-bar`:

```
<!DOCTYPE html>
<meta charset="utf-8">
<link rel="stylesheet" href="style.css" />

<body>
  <div id='nobel-bar'></div>

  <script
    src="https://cdnjs.cloudflare.com/ajax/libs/d3/7.3.1/d3.min.js">
  </script>
  <script type="text/javascript" src="script.js"></script> ❶
</body>
```

❶ O arquivo *script.js* é onde adicionaremos o código JavaScript do nosso gráfico de barras.

Vamos definir o tamanho do elemento `nobel-bar` com um pouco de CSS, colocado em *style.css*:

```
#nobel-bar {
  width: 600px;
  height: 400px;
}

.bar {
    fill: blue; /* barras azuis para o capítulo */
}
```

Geralmente, a primeira coisa que se faz ao criar um gráfico com o D3 é fornecer um quadro SVG para ele. Isso envolve a adição de um elemento `<svg>` a um suporte de gráfico `div` e, em seguida, a adição de um grupo `<g>` ao `<svg>` para conter elementos específicos de gráfico (no nosso caso, as barras do gráfico). Este grupo possui margens para acomodar eixos, rótulos de eixos e títulos.

Obtendo as Dimensões de um Elemento

É muito comum ao programar com o D3, ou em qualquer outra biblioteca de visualização JavaScript, precisar da largura e altura de um elemento SVG ou HTML para usar como base para definir o tamanho de elementos de componente. Uma maneira de fazer isso é usar o componente `style` do D3 para pegar as dimensões CSS e, em seguida, usar a função `parseInt` para obter um valor inteiro:

```
/* CSS: #nobel-bar { width: 600px }; */

var width = parseInt(d3.select('#nobel-bar')
                      .style('width'), 10); ❶
```

❶ O resultado da chamada do método `style` é a string `'600px'`, que podemos converter no número 600 usando a função `parseInt`.

Este método funciona muito bem como regra geral, embora o `parseInt` pareça um pouco improvisado, transformando a string `'600px'` em um número 600. Ele também falhará se a largura for especificada como uma porcentagem do contêiner pai.

Pode-se argumentar que uma abordagem melhor e mais robusta é obter as dimensões da caixa delimitadora do elemento HTML ou SVG em questão. Isso fornece tanto a largura, a altura e a posição relativa do elemento, usando o método `node` para obter o elemento DOM:

```
let ele = d3.select("#chart-holder")
// Para um elemento HTML, começando com a seleção D3 +ele+
let bRect = ele.node().getBoundingClientRect();
// por exemplo, bRect é {width: 600, height: 400, ... }
// Para um elemento SVG use o método getBBox:
let bBox = eleSVG.node().getBBox();
// por exemplo, bBox é {width: 600, height: 400, x: 100, y: 100}
```

Convencionalmente, você especificará a margem do seu gráfico em um objeto `margin` e, em seguida, usará isso e a largura e altura especificadas por CSS do contêiner do gráfico para derivar a largura e altura do grupo do seu gráfico. O JavaScript necessário se parece com o Exemplo 17-1.

Exemplo 17-1. Obtendo as dimensões do nosso gráfico de barras

```
var chartHolder = d3.select("#nobel-bar");

var margin = {top:20, right:20, bottom:30, left:40};

var boundingRect = chartHolder.node()
  .getBoundingClientRect(); ❶
var width = boundingRect.width - margin.left - margin.right,
height = boundingRect.height - margin.top - margin.bottom;
```

❶ Obtém o retângulo delimitador para o painel do nosso gráfico de barras Nobel, usando-o para definir a largura e altura do grupo de contêiner de barras.

Com a largura e altura do nosso grupo de barras em mãos, usamos o D3 para construir o quadro do nosso gráfico, anexando as tags `<svg>` e `<g>` necessárias e especificando o tamanho da tela SVG e a tradução do grupo de barras:

```
d3.select('#nobel-bar').append("svg")
    .attr("width", width + margin.left + margin.right)
    .attr("height", height + margin.top + margin.bottom)
    .append("g").classed('chart', true)
    .attr("transform", "translate(" + margin.left + ","
                                    + margin.top + ")");
```

Isso altera o HTML do bloco de conteúdo `nobel-bar`:

```
...
    <div id="nobel-bar">
      <svg width="600" height="400">
        <g class="chart" transform="translate(40, 20)"></g>
      </svg>
    </div>
...
```

O quadro resultante em SVG é mostrado na Figura 17-8. A largura e altura do elemento `<svg>` são a soma do grupo filho e das margens circundantes. O grupo filho é deslocado usando `transform` para traduzi-lo em `margin.left` pixels para a direita e `margin.top` pixels para baixo (por convenção SVG, na direção y positiva).

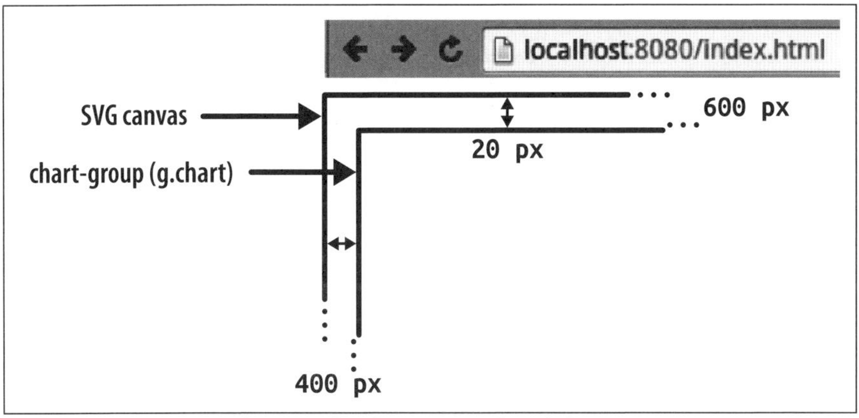

Figura 17-8. Construindo o quadro do nosso gráfico de barras

Com nosso quadro no lugar, vamos usar `append` para adicionar algumas barras. Vamos usar alguns dados fictícios: um array de objetos com as principais premiações de países ganhadores do Prêmio Nobel por número de prêmios:

```
var nobelData = [
    {key:'United States', value:336},
    {key:'United Kingdom', value:98},
    {key:'Germany', value:79},
    {key:'France', value:60},
    {key:'Sweden', value:29},
    {key:'Switzerland', value:23},
    {key:'Japan', value:21},
    {key:'Russia', value:19},
    {key:'Netherlands', value:17},
    {key:'Austria', value:14}
];
```

Para construir um gráfico de barras simples,[1] podemos iterar pelo array `nobelData`, anexando uma barra ao grupo de gráficos à medida que avançamos. O Exemplo 17-2 demonstra isso. Após construir um quadro básico para nosso gráfico, iteramos pelo array `nobelData`, usando os campos `value` para definir a altura da barra e a posição y. A Figura 17-9 mostra como os valores dos objetos são usados para anexar barras ao nosso grupo de gráficos. Observe que, como o SVG usa um eixo y descendente, você precisa deslocar as barras pela altura do gráfico de barras menos a altura da barra para colocar o gráfico de barras da maneira certa. Como veremos mais adiante, usando as escalas do D3, podemos limitar esse tipo de ajuste geométrico.

[1] Lidaremos com eixos, rótulos e afins mais adiante no capítulo, quando colocarmos o D3 em velocidade máxima e começarmos a vincular dados.

Exemplo 17-2. Construindo um gráfico de barras simples com append

```
var buildCrudeBarchart = function() {

    var chartHolder = d3.select("#nobel-bar");

    var margin = {top:20, right:20, bottom:30, left:40};
    var boundingRect = chartHolder.node().getBoundingClientRect();
    var width = boundingRect.width - margin.left - margin.right,
    height = boundingRect.height - margin.top - margin.bottom;
    var barWidth = width/nobelData.length;

    var svg = d3.select('#nobel-bar').append("svg")
        .attr("width", width + margin.left + margin.right)
        .attr("height", height + margin.top + margin.bottom)
        .append("g").classed('chart', true)
        .attr("transform", "translate(" + margin.left + ","
        + margin.top + ")");

    nobelData.forEach(function(d, i) { ❶
        svg.append('rect').classed('bar', true)
            .attr('height', d.value)
            .attr('width', barWidth)
            .attr('y', height - d.value)
            .attr('x', i * (barWidth));
    });
};
```

❶ Itera através de cada um dos objetos em `nobelData`, o método `forEach` fornecendo o objeto e o índice do array para uma função anônima.

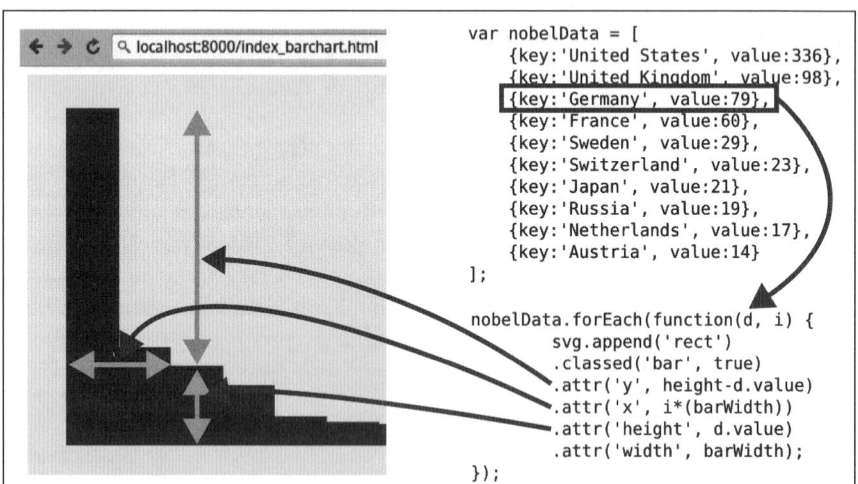

Figura 17-9. Programando um gráfico de barras básico com o D3

A outra maneira pela qual o D3 pode adicionar elementos à árvore DOM é com o seu método `insert`. O `insert` funciona como o `append`, mas adiciona um segundo argumento de seleção para permitir que você coloque elementos antes de uma posição específica em uma sequência de tags, como no início de uma lista ordenada. A Figura 17-10 demonstra o uso do `insert`: os itens de lista na `silly-list` são selecionados da mesma forma que o `append` e, em seguida, um segundo argumento (por exemplo, `':first-child'`) especifica o elemento a ser inserido antes.

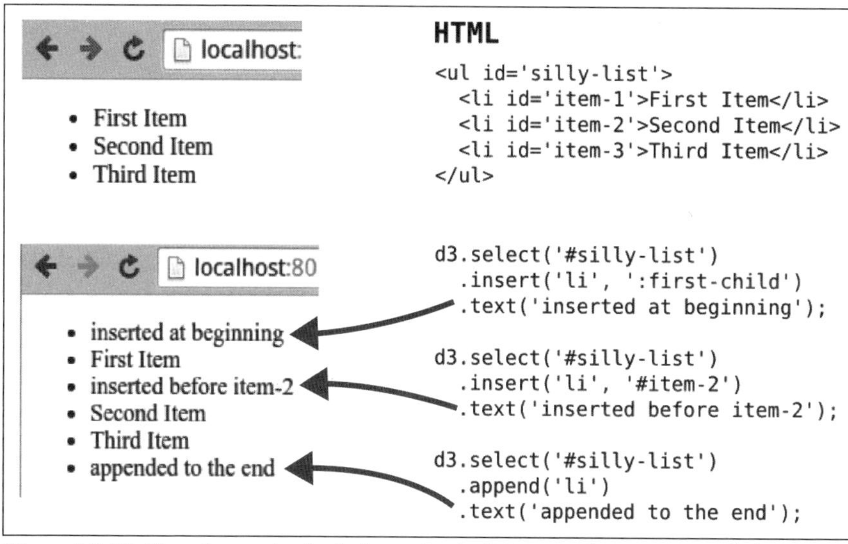

Figura 17-10. Usando o método de inserção do D3 para adicionar itens de lista

Para elementos SVG posicionados diretamente dentro de seu grupo pai usando coordenadas x e y, `insert` pode parecer redundante. No entanto, como discutido na seção "Camadas e Transparência" na página 117, a ordem no DOM é importante em SVG, pois os elementos são sobrepostos, o que significa que o último elemento na árvore DOM sobrepõe qualquer elemento anterior. Veremos um exemplo disso no Capítulo 19, onde temos uma sobreposição de grade (ou `graticule`) para nosso mapa múndi. Queremos que essa grade seja desenhada acima de todos os outros elementos do mapa, então usamos `insert` para colocar esses elementos antes dela.

Nosso gráfico de barras simples na Figura 17-9 está pedindo um pouco de refinamento. Vamos ver como podemos melhorar as coisas, primeiro com os poderosos objetos `scale` do D3 e depois com a maior ideia do D3, a data binding.

Aproveitando o D3

No Exemplo 17-2, construímos um gráfico de barras básico, sem frescuras, com o D3. Este gráfico tinha vários problemas. Primeiro, percorrer o array de dados é um pouco complicado. E se quiséssemos adaptar o conjunto de dados para nosso gráfico? Precisaríamos de alguma maneira de adicionar ou remover barras em resposta e, em seguida, atualizar as barras resultantes com os novos dados e redesenhar tudo. Também precisaríamos continuar dimensionando as medidas das barras em x e y para refletir o número diferente de barras e um valor máximo de barra diferente. Isso já dá bastante trabalho e as coisas podem ficar complicadas rapidamente. Além disso, onde mantemos os conjuntos de dados em constante mudança? Qualquer mudança orientada por dados em nosso gráfico exigiria passar o conjunto de dados, e depois construir um loop para iterar sobre os elementos. Parece que os dados existem fora do fluxo de trabalho encadeado do D3 quando realmente precisam ser parte integrante dele.

A solução para elegantemente integrar nosso conjunto de dados com o D3 reside no conceito de data binding, a maior ideia do D3. Os problemas de dimensionamento são resolvidos por uma das bibliotecas de utilidade mais úteis do D3: a escala. Vamos dar uma olhada nelas agora e depois liberar o poder do D3 com um pouco de data binding.

Medindo com as Escalas do D3

A ideia fundamental por trás das escalas do D3 é um mapeamento de um domínio de entrada para uma faixa de saída. Este procedimento simples pode eliminar muitos dos aspectos mais detalhistas de construir gráficos, visualizações e similares. À medida que você se familiariza com as escalas, encontrará cada vez mais situações onde pode aplicá-las. Dominá-las é um componente-chave para um D3 tranquilo e sem esforço algum.

O D3 fornece muitas escalas, dividindo-as em três categorias principais: escalas quantitativas, ordinais e de tempo[2]. Existem mapeamentos exóticos para atender à maioria das situações concebíveis, mas você provavelmente se achará usando as escalas linear e ordinal na maior parte do tempo.

No uso, as escalas do D3 podem parecer um pouco estranhas porque são parte objeto, parte função. Isso significa que, após criar sua escala, você pode chamar vários métodos nela para definir suas propriedades (por exemplo, `domain` para definir seu domínio), mas também pode chamá-la como uma função com um argumento de domínio para retornar um valor de faixa. O exemplo a seguir deve esclarecer a distinção:

```
var scale = d3.scaleLinear(); // cria uma escala linear
scale.domain([0, 1]).range([0, 100]); ❶
scale(0.5) // returns 50 ❷
```

❶ Usamos os métodos `domain` e `range` da escala para mapear de 0 a 1 para 0 a 100.

❷ Chamamos a escala como uma função com um argumento de domínio de `0.5`, retornando um valor de faixa de `50`.

2 Consulte a página do GitHub do D3 para obter uma lista abrangente.

Vamos dar uma olhada nas duas principais escalas do D3, a escala quantitativa e a escala ordinal, mostrando como as usamos para construir nosso gráfico de barras à medida que avançamos.

Escalas Quantitativas

Uma escala quantitativa do D3 que você geralmente usará ao construir gráficos de linha, gráficos de barras, gráficos de dispersão e similares é a escala `linear`, que mapeia um domínio contínuo para uma faixa contínua. Por exemplo, queremos que as alturas de nossas barras sejam uma função linear dos valores `nobelData`. O intervalo de valores a serem mapeados está entre a altura máxima e mínima das barras em pixels (400 pixels a 0 pixels) e o domínio a ser mapeado está entre o valor concebível mais baixo (0) e, no nosso caso, o maior valor no array (336 ganhadores dos EUA). No código a seguir, primeiro usamos o método `max` do D3 para obter o maior valor em nosso array `nobelData`, usando isso para especificar o final de nosso domínio:

```
let maxWinners = d3.max(nobelData, function(d){
                    return +d.value; ❶
                  });

let yScale = d3.scaleLinear()
                  .domain([0, maxWinners]) /* [0, 336] */
                  .range([height, 0]);
```

❶ Se houver alguma chance, como é comum com dados codificados em JSON, de que o valor seja uma string, o prefixo + o força a um número.

Um pequeno truque a ser observado é que nossa faixa diminui a partir de seu máximo. Isso ocorre porque queremos usá-lo para especificar um deslocamento positivo ao longo do eixo y descendente do SVG para fazer com que o eixo y do gráfico de barras aponte para cima (ou seja, quanto menor a altura da barra, maior o deslocamento y necessário). Por outro lado, você pode ver que a maior barra (o total de ganhadores dos EUA) não é deslocada de forma alguma (veja a Figura 17-11).

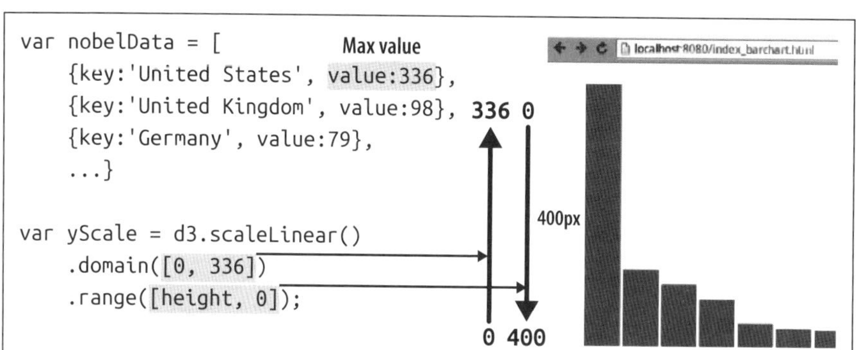

Figura 17-11. Usando a escala linear do D3 para ajustar o domínio e a faixa do eixo y do nosso gráfico de barras

Estamos usando a escala linear mais simples possível para o eixo y do nosso gráfico de barras, mapeando de uma faixa numérica para outra, mas as escalas lineares do D3 podem fazer muito mais. A chave para entender isso é o método `interpolate` do D3.[3] Ele pega dois valores e retorna um interpolador entre eles. Então, para a faixa da nossa `yScale` na Figura 17-11, `interpolate` retorna um `interpolator` numérico para os valores `400` e `0`:

```
var numInt = d3.interpolate(400, 0);

numInt(0); //  400 ❶
numInt(0.5); // 200
numInt(1); //  0
```

❶ Os interpoladores têm um domínio padrão de [0,1].

O método `interpolate` pode lidar com mais do que apenas números. Strings, códigos de cores e até objetos são tratados de forma sensata. Você também pode especificar mais do que dois números para o seu array de domínio — apenas certifique-se de que os arrays de domínio e faixa tenham o mesmo tamanho.[4] Podemos combinar esses dois fatos para criar um mapa de cores útil:[5]

```
var color = d3.scaleLinear()
    .domain([-1, 0, 1])
    .range(["red", "green", "blue"]);

color(0) // "#008000" código hexadecimal do verde
color(0.5) // "004080" azul ardósia
```

As escalas lineares do D3 têm muitos métodos de utilidade úteis e funcionalidades avançadas. Os mapas numéricos provavelmente serão sua escala de trabalho, mas recomendo ler a documentação do D3 para apreciar completamente a flexibilidade das escalas lineares. Naquela página da web, você encontrará outras escalas quantitativas do D3 para atender a quase todas as ocasiões quantitativas:

- Escalas de potência, semelhantes às lineares, mas com transformação exponencial (por exemplo, `sqrt`).
- Escalas logarítmicas, semelhantes às lineares, mas com transformação logarítmica.
- Escalas de quantização, uma variante da linear com um intervalo discreto; ou seja, embora a entrada seja contínua, a saída é dividida em segmentos ou compartimentos (por exemplo, [1, 2, 3, 4, 5]).

---

3 Consulte a documentação do D3 para obter detalhes completos.

4 O D3 truncará o que for maior.

5 O D3 tem muitos mapas de cores incorporados e um sofisticado manuseio de cores com RGB, HCL etc. Veremos alguns deles em ação nos próximos capítulos.

- Escalas de quantis, frequentemente usadas para paletas de cores, são semelhantes às escalas quantize, mas têm domínios e intervalos discretos ou em compartimentos.
- Escalas de identidade, lineares com o mesmo domínio e faixa (um tanto quanto esotéricas).

As escalas quantitativas são ótimas para manipular quantidades de valor contínuo, mas muitas vezes queremos obter valores com base em um domínio discreto (por exemplo, nomes ou categorias). O D3 possui um conjunto especializado de escalas ordinais para atender a essa necessidade.

Escalas Ordinais

As escalas ordinais pegam um array de valores como seu domínio e mapeiam esses valores para faixas discretas ou contínuas, produzindo um único valor mapeado para cada um. Para criar explicitamente um mapeamento um para um, usamos o método `range` da escala:

```
var oScale = d3.scaleOrdinal()
               .domain(['a', 'b', 'c', 'd', 'e'])
               .range([1, 2, 3, 4, 5]);

oScale('c'); // 3
```

No caso do nosso gráfico de barras, queremos mapear um array de índices para uma faixa contínua, fornecendo as coordenadas x das nossas barras. Para isso, podemos usar a escala de banda `scaleBand` `range` ou os métodos `rangeRound`, este último arredondando os valores de saída para pixels individuais. Aqui, usamos o `rangeRound` para mapear um array de números para uma faixa contínua, arredondando para valores de pixel inteiros:

```
var oScale = d3.scaleBand()
               .domain([1, 2, 3, 4, 5])
               .rangeRound([0, 400]);

oScale(3) // 160
oScale(5) // 320
```

Ao construir nosso gráfico de barras original (Exemplo 17-2), usamos uma variável `barWidth` para dimensionar as barras. Implementar espaçamento entre as barras teria exigido uma variável de padding e ajustes necessários no `barWidth` e nas posições das barras. Com a nossa nova escala de banda ordinal, obtemos essas coisas gratuitamente, removendo a complicada escrituração. Chamar o método `bandwidth` da `xScale` fornece as larguras das barras calculadas. Também podemos usar o método `padding` da escala para especificar o espaçamento entre as barras como uma fração do espaço ocupado por cada barra. O valor de `bandwidth` é consequentemente ajustado. Aqui estão alguns exemplos disso em ação:

```
var oScale = d3.scaleBand()
               .domain([1, 2]); ❶

oScale.rangeRound([0, 100]); ❷
oScale(2); // 50
oScale.bandwidth(); // 50


oScale.rangeRound([0, 100]);
oScale.padding(0.1) // pBpBp ❸
oScale(1); // 5
oScale(2); // 52
oScale.bandwidth(); // 42, a largura do padding da barra
```

❶ Armazena a escala com um domínio fixo; útil se anteciparmos a mudança na faixa.

❷ `rangeRound` arredonda os valores de saída para inteiros.

❸ Especificamos um fator de padding (`p`) de `0.1` * espaço alocado para as barras (`B`).

A Figura 17-12 mostra a escala de faixa (x-scale) de banda do nosso gráfico de barras com um fator de padding de `0.1`. A faixa contínua tem 600 pixels, que é a largura do gráfico de barras, e o domínio é um array de inteiros que representam as barras individuais. Como mostrado, fornecer à `xScale` o número de índice de uma barra retorna sua posição no eixo x.

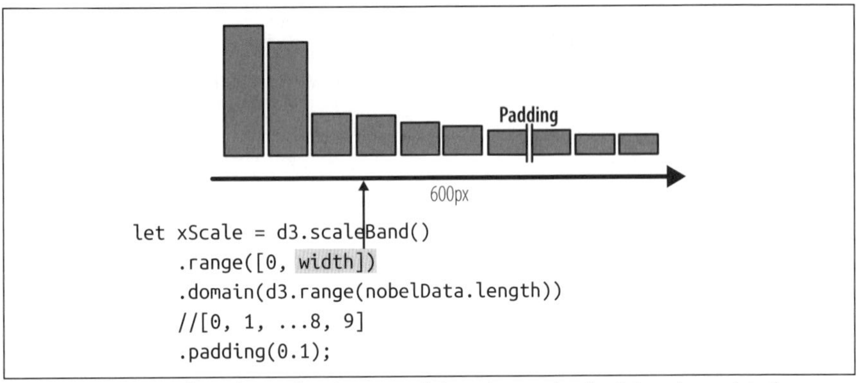

Figura 17-12. Definindo o domínio e a faixa da escala de faixa (x-scale) do nosso gráfico de barras, usando um fator de padding de 0.1

Armados com nossas escalas D3, vamos agora nos voltar para o conceito central do D3, que é vincular dados ao DOM para impulsionar alterações nele.

Liberando o Poder do D3 com a Vinculação/União de Dados (Binding/Joining)

D3 significa *Documentos Orientados por Dados* e, até agora, não temos realmente trabalhado com nossos dados. Para liberar o potencial do D3, precisamos abraçar sua grande ideia, que é a vinculação ou união (ambos os termos são usados online) dos dados em nosso conjunto de dados com seus respectivos elementos DOM e atualização da página da web (documento) com base nessa integração. Esse pequeno passo de unir dados ao DOM possibilita uma quantidade enorme de funcionalidades quando combinado com os métodos mais poderosos do D3, como `enter` e `exit`.

Após várias iterações, o D3 (versão 5 e superiores) agora fornece o método `join`, que simplifica consideravelmente o uso de `enter` e `exit`. O método `join` será o foco deste capítulo.

De maneira a interpretar os milhares de exemplos online que usam os padrões mais antigos de `enter`, `exit`, `remove`, ajuda saber um pouco mais sobre o que está acontecendo nos bastidores quando o D3 une os dados. Consulte o Apêndice A para obter detalhes.

Atualizando o DOM com Dados

Acho que é justo dizer que usar o D3 para atualizar o DOM com novos dados não tem sido particularmente fácil de compreender historicamente (nota de rodapé: Você realmente aprecia isso quando tenta ensinar ou escrever um capítulo de livro sobre isso). Houve uma série de implementações, como o padrão de atualização geral, que passaram por várias formas incompatíveis. Isso significa que muitos exemplos populares na web, usando versões mais antigas do D3, o levarão pelo caminho errado.

> Embora você possa antecipar a construção de gráficos únicos, com um único processo de vinculação de dados, é bom adquirir o hábito de se perguntar: "E se eu precisar mudar os dados dinamicamente?" Se a resposta não for imediatamente óbvia, você provavelmente implementou um design ruim de D3. Pegar-se no ato significa que você pode fazer uma pequena auditoria de código e fazer as alterações necessárias antes que as coisas comecem a se deteriorar. É bom se livrar desse hábito, mas também, porque o D3 é um pouco uma habilidade artesanal, reafirmar constantemente as melhores práticas valerá a pena quando você precisar delas.

A boa notícia é que as versões mais recentes do D3 solidificaram os métodos básicos e os tornaram muito mais simples também. Portanto, usar `enter`, `exit` e `remove`, os três principais métodos do D3 usados na união de dados, agora pode ser feito com um único método `join`, que tem valores padrão razoáveis. Nesta seção, veremos como usar esses quatro métodos para atualizar nosso gráfico de barras em resposta a novos dados, neste caso, países ganhadores do Prêmio Nobel.

Provavelmente, o conceito mais fundamental por trás do D3 é o da união de dados. Em essência, um conjunto de dados (geralmente um array de objetos de dados) é usado para criar alguns elementos visuais, como as barras retangulares de um gráfico de barras. Qualquer alteração nesses dados é refletida em uma alteração na visualização, como o número de barras no gráfico de barras ou as alturas ou posicionamento das barras existentes. Podemos dividir essa operação em três etapas:

1. Criar um elemento visual para qualquer dado que não tenha um usando `enter`.
2. Atualizar os atributos e estilos desses elementos e, se necessário, de quaisquer elementos existentes.
3. Remover quaisquer elementos visuais antigos que não tenham mais dados associados a eles usando os métodos `exit` e `remove`.

Enquanto no passado o D3 exigia que você mesmo implementasse o padrão de atualização, usando `enter`, `exit` e (brevemente) um método `merge`, o novo método `join` combina esses métodos em um pacote intuitivo. Muitas vezes, você pode chamá-lo com um único argumento, especificando o elemento visual a ser unido aos dados (por exemplo, um retângulo SVG ou um círculo), mas também tem um controle mais refinado, permitindo que você passe funções de retorno de chamada `enter`, `exit` e `update`.

Vamos ver como é fácil agora unir dados e elementos visuais, unindo algumas barras horizontais, construídas de retângulos SVG, ao nosso conjunto de dados fictício de Prêmio Nobel. Vamos unir o seguinte conjunto de dados ao grupo de retângulos SVG e usá-lo para criar algumas barras horizontais. Você pode encontrar um exemplo de código funcional no CodePen.

```
let nobelData = [
  { key: "United States", value: 336 },
  { key: "United Kingdom", value: 98 },
  { key: "Germany", value: 79 },
  { key: "France", value: 60 },
  { key: "Sweden", value: 29 },
  { key: "Switzerland", value: 23 },
  { key: "Japan", value: 21 }
];
```

Usaremos um pouco de HTML e CSS para criar um grupo SVG para colocar as barras e uma classe bar com preenchimento azul:

```
<div id="nobel-bars">
  <svg width="600" height="400">
    <g class="bars" transform="translate(40, 20)"></g>
  </svg>
</div>

<style>
.bar {
```

```
    fill: blue;
  }
  </style>
```

Com dados e estrutura HTML em mãos, vamos ver o `join` do D3 em ação. Criaremos uma função `updateBars` que aceitará um array de dados de países e o unirá a alguns retângulos SVG.

A função `updateBars` aceita um array de dados e, inicialmente, o adiciona a uma seleção de classe `bar` usando o método `data`. Conforme visto no Exemplo 17-3, em seguida, ela une essa seleção `bars` a alguns retângulos SVG, usando o método `join`.

Exemplo 17-3. Unindo nossos dados de países a algumas barras SVG

```
function updateBars(data) {
  // selecione e armazene o grupo de barras SVG
  let svg = d3.select("#nobel-bars g");
  let bars = svg.selectAll(".bar").data(data);

  bars
    .join("rect") ❶
    .classed("bar", true) ❷
    .attr("height", 10)
    .attr("width", d => d.value)
    .attr("y", function (d, i) {
      return i * 12;
    });
}
```

❶ Isso une todos os dados de barras existentes aos elementos `rect` SVG.

❷ O método `join` retorna todos os retângulos existentes, que então atualizamos usando os dados vinculados a eles.

Após chamar o método `join`, o D3 faz aquilo que é o mais sensato, usando `enter`, `exit` e `remove` para manter os dados e os elementos visuais em sincronia. Vamos demonstrar isso chamando a função `updateBars` algumas vezes com dados em constante mudança. Primeiro, vamos selecionar os quatro primeiros membros de nosso conjunto de dados do Nobel e usá-los para atualizar as barras:

```
updateBars(nobelData.slice(0, 4));
```

Isso produz as barras mostradas aqui:

Agora vamos atualizar a união de dados, usando apenas os dois primeiros membros do array de dados do Nobel:

```
updateBars(nobelData.slice(0, 2));
```

Chamar este método produz as duas barras mostradas na imagem anterior. Nos bastidores, o controle do D3 removeu os retângulos redundantes que, com um conjunto de dados menor, não estão mais vinculados a nenhum dado.

Agora, vamos na direção oposta e ver o que acontece se usarmos um conjunto de dados maior, desta vez, os seis primeiros membros do array do Nobel:

```
updateBars(nobelData.slice(0, 6));
```

Mais uma vez, o D3 faz aquilo que é esperado (veja a imagem anterior), desta vez, acrescentando novos retângulos para unir aos novos objetos de dados.

Tendo demonstrado que a união do D3 mantém com sucesso os dados e os elementos visuais em sincronia, adicionando e removendo retângulos conforme necessário, temos a base para o nosso gráfico de barras do Nobel.

Montando o Gráfico de Barras

Agora, vamos juntar o que aprendemos neste capítulo e construir os elementos principais do nosso gráfico de barras. Vamos usar as escalas do D3 para isso.

Primeiro, selecionaremos o contêiner para o nosso gráfico de barras pelo ID *#nobel-bar* e usaremos suas dimensões (a partir de `boundingClientRectangle`) e algumas configurações de margem para obter a largura e altura do gráfico:

```
let chartHolder = d3.select('#nobel-bar')
let margin = { top: 20, right: 20, bottom: 35, left: 40 }
let boundingRect = chartHolder.node().getBoundingClientRect()
let width = boundingRect.width - margin.left - margin.right,
height = boundingRect.height - margin.top - margin.bottom
// um pouco de padding à esquerda para o rótulo do eixo y
var xPaddingLeft = 20
```

Agora definiremos nossas escalas usando a largura e altura:

```
let xScale = d3.scaleBand()
  .range([xPaddingLeft, width]) // padding à esquerda para o rótulo y
  .padding(0.1)

let yScale = d3.scaleLinear().range([height, 0])
```

Agora, criaremos nosso grupo de gráfico SVG usando largura, altura e margens e o armazenaremos em uma variável:

```
var svg = chartHolder
    .append('svg')
    .attr('width', width + margin.left + margin.right)
    .attr('height', height + margin.top + margin.bottom)
    .append('g')
    .attr('transform', 'translate(' + margin.left + ',' + margin.top + ')')
```

Com nossa estrutura HTML e SVG em vigor, vamos adaptar a função `updateBars` (ver Exemplo 17-3) para responder às mudanças em nossos dados reais do Nobel. A função de atualização receberá um array de dados no formato:

```
[ {key: 'United States', value: 336, code: 'USA'}
  {key: 'United Kingdom', value: 98, code: 'GBR'}
  {key: 'Germany', value: 79, code: 'DEU'} ... ]
```

Ao ser chamada com novos dados, a função `updateBarchart` primeiro filtra quaisquer países que não tenham ganhado prêmios e, em seguida, atualiza os domínios das escalas x e y para refletir o número de barras/países e o máximo de prêmios ganhos, como visto no Exemplo 17-4.

Exemplo 17-4. Atualizando o gráfico de barras

```
let updateBarChart = function (data) {
  // filtre todos os países com zero prêmios por valor
  data = data.filter(function (d) {
    return d.value > 0
  })
  // altere os domínios de escala para refletir os dados recém-filtrados
  // isso produz um array de códigos de países: ['USA', 'DEU', 'FRA' ...]
  xScale.domain(
    data.map(d => d.code)
  )
  // queremos escalar o maior número de prêmios ganhos, por exemplo, USA: 336
  yScale.domain([
    0,
    d3.max(data, d => d.value)
  ])
// ...
}
```

Com as escalas atualizadas, podemos usar uma união de dados para criar as barras necessárias para os dados fornecidos. Isso é essencialmente o mesmo que a função mostrada no Exemplo 17-3, mas usando escalas para dimensionar as barras e com um método `entry` personalizado, para adicionar uma classe e preenchimento à esquerda para as barras recém-criadas:

```
let bars = svg
    .selectAll('.bar')
    .data(data)
    .join(
      (enter) => { ❶
        return enter
          .append('rect')
          .attr('class', 'bar')
          .attr('x', xPaddingLeft)
      }
    )
    .attr('x', d => xScale(d.code))
    .attr('width', xScale.bandwidth())
    .attr('y', d => yScale(d.value))
    .attr('height', d => height - yScale(d.value))
```

❶ Personalizamos o método `enter` para adicionar uma classe `bar`` ao retângulo. Observe que precisamos retornar o objeto `enter` para uso após a chamada de `join`.

Agora temos um gráfico de barras que responde às mudanças nos dados, iniciadas neste caso pelo usuário. A filtragem dos dados de todos os prêmios de Química mostra o resultado na Figura 17-13. Embora faltem alguns elementos cruciais, o trabalho pesado de construção de um gráfico de barras foi feito. Agora vamos adicionar eixos e alguns efeitos de transição legais para os toques finais.

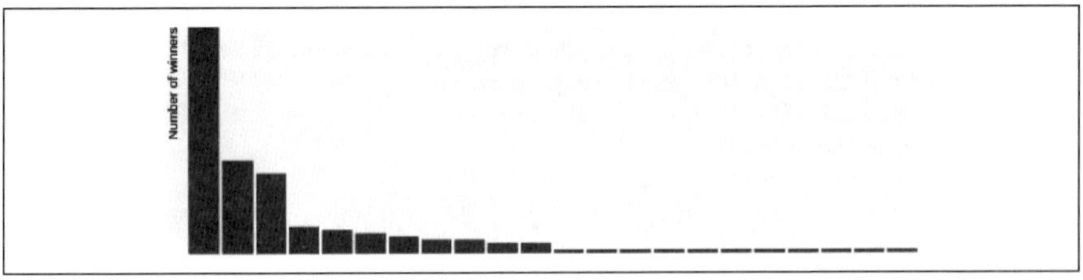

Figura 17-13. Gráfico de barras final

Eixos e Rótulos

Agora que temos um padrão de atualização funcional, adicionaremos os eixos e rótulos de eixos que qualquer gráfico de barras respeitável precisa.

O D3 não oferece muitos elementos de gráfico de alto nível, encorajando você a criar o seu próprio. No entanto, ele fornece um conveniente objeto `axis`, que facilita a criação dos elementos SVG sem precisar criá-los manualmente. É fácil de usar e, como é de se esperar, ele funciona bem com nossos padrões de atualização de dados, permitindo marcas e rótulos de eixos que mudam em resposta aos dados apresentados.

Eixos D3

Os eixos do D3 podem ser confusos no início, parecendo até serem um pouco mágicos. É melhor pensar neles como um complemento[6] que gera o HTML do eixo correto (linhas, marcas, rótulos de marcas etc.) para você e que pode responder de forma sensata às mudanças nos dados (ou seja, se você alterar a faixa das suas escalas, os eixos podem mudar em resposta usando transições suaves que ficam bem legais).

Geralmente, com um eixo do D3, você criará um grupo SVG para segurá-lo e, em seguida, chamará o eixo nele, tendo definido a escala que ele representará. Durante a `call`, o objeto de eixo irá gerar o HTML correto no DOM. Portanto, como uma demonstração simples, o código a seguir descreve uma configuração de gráfico simples com um grupo SVG para `x-axis` e um eixo do D3. Chamar o eixo no grupo do eixo gera as linhas e o texto HTML necessários para um eixo (encontre um exemplo funcional em CodePen).

```
<!DOCTYPE html>
<meta charset="utf-8">
<script src="static/libs/d3.min.js">
</script>
<style>
  svg {
    width: 600px;
    height: 400px
  }
</style>

<body>
  <svg>
    <g id='chart' transform='translate(20,20)'>
      <g id='x-axis'></g>
    </g>
  </svg>
  <script>
    var scale = d3.scaleLinear()
      .domain([0, 10]).range([0, 400]) ❶
    var xaxis = d3.axisBottom().scale(scale) ❷
    d3.select('#x-axis').call(xaxis) ❸
  </script>
</body>
```

❶ Cria uma escala com um domínio de 0 a 10 e uma faixa de 400 (pixels).

❷ Cria um eixo inferior D3, usando a escala recém-definida.

❸ Chamar o eixo D3 em nosso grupo `x-axis` cria o ramo HTML do eixo mostrado na Figura 17-15, que se parece com a Figura 17-14.

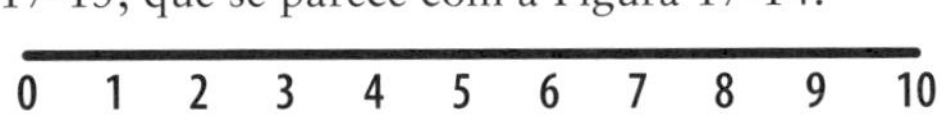

Figura 17-14. Um eixo D3 simples

6 Os eixos seguem um padrão semelhante ao proposto por Mike Bostock em *Towards Reusable Charts*, usando o método `call` dos objetos JavaScript para criar HTML no(s) elemento(s) DOM selecionado(s).

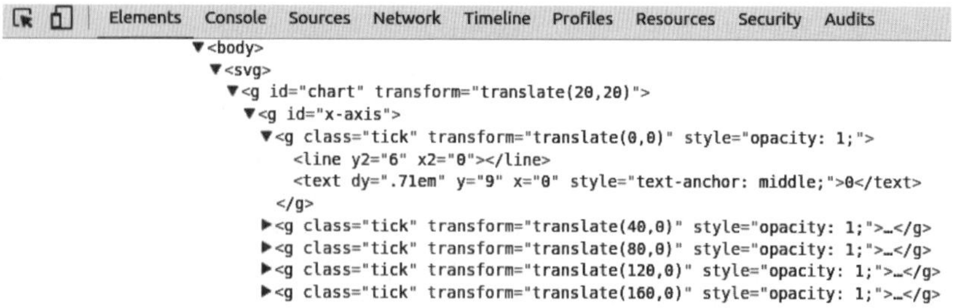

Figura 17-15. A ramificação HTML criada por uma instância do eixo do D3

Usar o método de chamada em uma seleção é uma técnica comum do D3 para criar plugins, como dicas de ferramentas e pincéis. Existem muitos exemplos em *bl.ocks.org*, como este de Charl Botha. A principal lição é que isso não é mágica e é certamente importante que você entenda o básico do que está acontecendo durante esse método de chamada.

Para definir nossos eixos x e y, precisamos saber quais intervalos e domínios queremos que nossos eixos representem. No nosso caso, é o mesmo que os intervalos e domínios das nossas escalas x e y, então fornecemos esses valores para o método `scale` dos eixos. Os eixos D3 também permitem que você especifique sua orientação, que fixará a posição relativa das marcações e rótulos das marcações. No nosso gráfico de barras, queremos o eixo x na parte inferior e o eixo y à esquerda. O nosso eixo x ordinal terá um rótulo para cada barra, mas com o nosso eixo y, a escolha do número de marcações é arbitrária. Dez parece ser um número razoável, então definimos isso usando o método `ticks`. O código a seguir mostra como declaramos os eixos do nosso gráfico de barras:

```
let xAxis = d3.axisBottom().scale(xScale)

let yAxis = d3
  .axisLeft()
  .scale(yScale)
  .ticks(10)
  .tickFormat(function (d) {
    if (nbviz.valuePerCapita) { ❶
      return d.toExponential()
    }
    return d
  })
```

❶ Queremos que o formato dos rótulos das marcações mude com a métrica escolhida, per capita ou absoluta. Per capita produz um número muito pequeno que é melhor representado em forma exponencial (por exemplo, 0.000005 → 5e-6). O método `tickFormat` permite que você pegue o valor de dados em cada marcação e retorne a string de marcação desejada.

Também precisaremos de um pouco de CSS para estilizar os eixos corretamente, removendo o padrão `fill`, definindo a cor do traço como preto e tornando a forma renderizada com nitidez. Também especificaremos o tamanho e a família da fonte enquanto fazemos isso:

```
/* style.css */
.axis { font: 10px sans-serif; }
.axis path, .axis line {
    fill: none;
    stroke: #000;
    shape-rendering: crispEdges;
}
```

Agora que temos nossos geradores `axis`, precisamos de alguns grupos SVG para conter os eixos que eles produzem. Vamos adicionar esses grupos ao nosso seletor `svg` principal como grupos com nomes de classe razoáveis:

```
svg.append("g")
    .attr("class", "x axis")
    .attr("transform", "translate(0," + height + ")"); ❶

svg.append("g")
        .attr("class", "y axis");
```

❶ Conforme a convenção do SVG, o eixo y é medido de cima para baixo, então queremos que nosso eixo x orientado para baixo seja traduzido a partir do topo do gráfico por pixels de altura.

Os eixos do nosso gráfico de barras têm intervalos fixos (a largura e altura do gráfico), mas seus domínios mudarão à medida que o usuário filtra os dados. Por exemplo, o número de barras (países) será reduzido se o usuário filtrar os dados por categoria de Economia: isso mudará o domínio da escala x ordinal (número de barras) e da escala y quantitativa (número máximo de ganhadores). Queremos que os eixos exibidos mudem com essas mudanças de domínios, com uma transição agradável para dar um toque especial.

O Exemplo 17-5 mostra como os eixos são atualizados. Primeiro, atualizamos os domínios de nossas escalas usando os novos dados (A). Esses novos domínios de escala são refletidos quando os geradores de eixos (que estão vinculados a eles) são chamados em seus respectivos grupos de eixos.

Exemplo 17-5. Atualizando os eixos do nosso gráfico de barras

```
let updateBarChart = function(data) {
    // A. Atualize domínios de escala com novos dados
    xScale.domain( data.map(d => d.code) );
    yScale.domain([0, d3.max(data, d => +d.value)])
    // B. Use os geradores de eixos com os novos domínios de escala
    svg.select('.x.axis')
        .call(xAxis) ❶
        .selectAll("text") ❷
```

```
        .style("text-anchor", "end")
        .attr("dx", "-.8em")
        .attr("dy", ".15em")
        .attr("transform", "rotate(-65)");

    svg.select('.y.axis')
        .call(yAxis);
    // ...
}
```

❶ Chamar o `axis` D3 no elemento de grupo do eixo x constrói todo o SVG do eixo necessário nele, incluindo as marcas e os rótulos das marcas. O `axis` D3 usa um padrão interno de atualização para permitir transições para dados recém-vinculados.

❷ Após criar o eixo x, realizamos algumas manipulações SVG nos rótulos de texto gerados. Primeiro, selecionamos os elementos `text` do eixo, os rótulos das marcações. Em seguida, colocamos suas âncoras de texto no final do elemento e movemos um pouco sua posição. Isso ocorre porque o texto é rotacionado em torno de sua âncora e queremos girar em torno do final dos rótulos de países, agora posicionados sob as linhas de marcação. O resultado de nossas manipulações é mostrado na Figura 17-16. Observe que sem a rotação de nossos rótulos, eles se mesclariam uns nos outros.

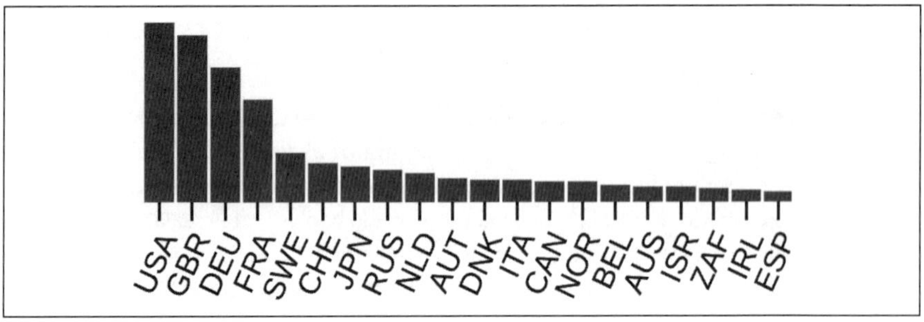

Figura 17-16. Rótulos de marcações reorientados no eixo x

Agora que temos nossos eixos funcionando, vamos adicionar um pequeno rótulo ao eixo x e depois ver como o gráfico de barras lida com nossos dados reais:

```
let xPaddingLeft = 20 ❶

let xScale = d3.scaleBand()
  .range([xPaddingLeft, width])
  .padding(0.1)
//...
svg.append("g")
    .attr("class", "y axis")
    .append("text")
    .attr('id', 'y-axis-label')
    .attr("transform", "rotate(-90)")❷
```

```
    .attr("y", 6)
    .attr("dy", ".71em")❸
    .style("text-anchor", "end")
    .text('Number of winners');
```

❶ Um padding constante à esquerda, em pixels, para acomodar o rótulo do eixo y.

❷ Gira o texto no sentido anti-horário para a posição vertical.

❸ `dy` é uma coordenada relativa [em relação à coordenada *y* especificada anteriormente (6)]. Usando a unidade `em` (relativa ao tamanho da fonte), podemos fazer ajustes convenientes na margem e na linha de base do texto.

A Figura 17-17 mostra o resultado da filtragem do nosso conjunto de dados de ganhadores do Prêmio Nobel para ganhadores em Química, usando nosso filtro seletor de categoria. As larguras das barras aumentam para refletir o número reduzido de países e ambos os eixos se adaptam ao novo conjunto de dados.

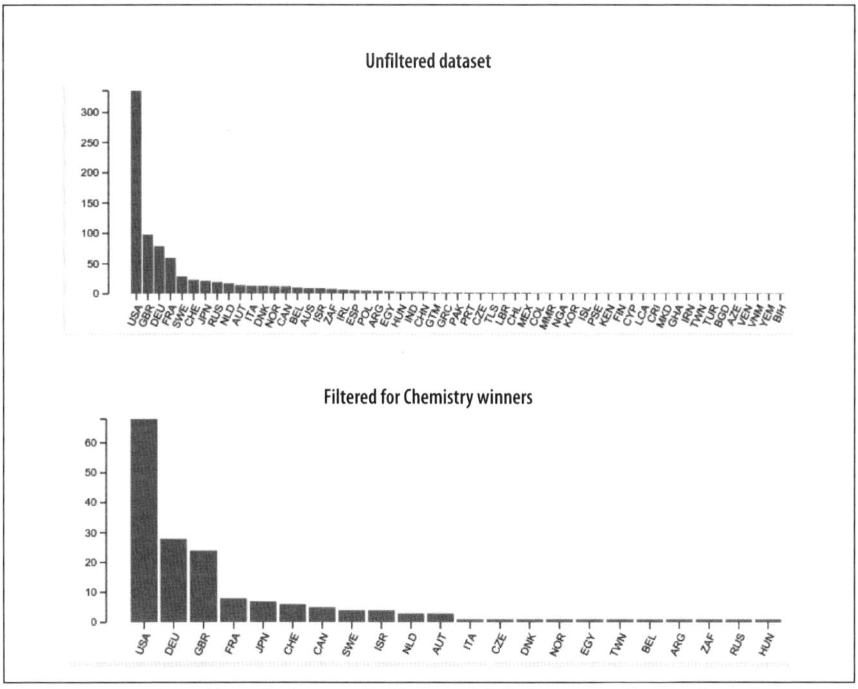

Figura 17-17. O gráfico de barras do Prêmio Nobel antes e depois de aplicarmos o filtro de categoria para ganhadores em Química

Agora temos um gráfico de barras funcional, usando o padrão de atualização para se ajustar às mudanças no conjunto de dados orientados pelo usuário. Mas, embora seja funcional, a transição em resposta à mudança de dados é visualmente brusca, até mesmo dissonante. Uma maneira de tornar a mudança muito mais envolvente e até informativa seria atualizar o gráfico continuamente ao longo de um curto período de tempo, com barras de países preservadas movendo-se de sua posição antiga para a nova, ao mesmo tempo em que adaptam sua altura e largura. Tais transições contínuas realmente dão vida a uma visualização e são vistas em muitas das peças mais impressionantes do D3. A boa notícia é que as transições estão intimamente integradas ao fluxo de trabalho do D3, o que significa que você pode alcançar esses efeitos visuais incríveis com apenas algumas linhas de código.

Transições

No estado atual, nosso gráfico de barras está perfeitamente funcional. Ele responde às mudanças nos dados adicionando ou removendo elementos de barras e, em seguida, atualizando-os usando os novos dados. Mas a mudança imediata de uma representação dos dados para outra parece um pouco brusca e visualmente dissonante.

As transições do D3 proporcionam a capacidade de suavizar a atualização visual de nossos elementos, fazendo com que eles mudem continuamente ao longo de um período de tempo definido. Isso pode ser esteticamente atraente e, ocasionalmente, informativo.[7] O importante é que as transições do D3 podem ser muito envolventes para o usuário, o que é motivo suficiente para querer dominá-las.

A Figura 17-18 mostra o efeito que estamos buscando. Quando o gráfico de barras é atualizado com um novo conjunto de dados selecionado, queremos que as barras de quaisquer países presentes antes e depois da transição se transformem suavemente de suas antigas para novas posições e dimensões.[8] Portanto, na Figura 17-18, a barra da França cresce desde o início até o final da transição — digamos, alguns segundos — com barras intermediárias de largura e altura crescentes. As marcações e rótulos dos eixos também se adaptarão à medida que as escalas x e y mudam.

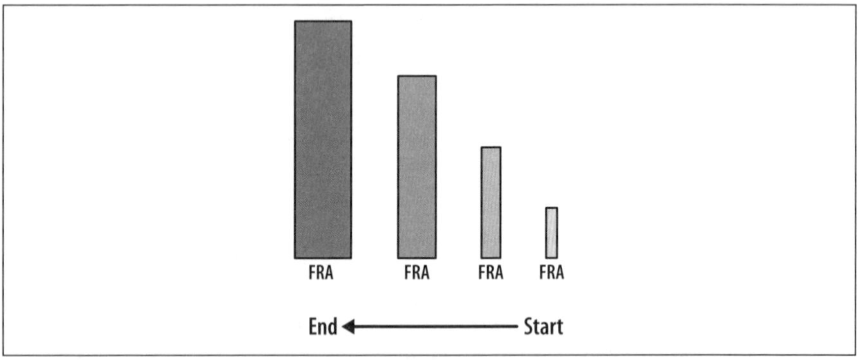

Figura 17-18. Transições suaves de barras na atualização

[7] Por exemplo, quando alteramos nossa medida de prêmios Nobel ganhos por país de absoluto para per capita, a grande quantidade de movimento exibida quando as barras dos países mudam de ordem enfatiza a diferença entre as duas métricas.

[8] Nos círculos de animação e computação gráfica, esse efeito é conhecido como *tweening* (consulte esta página da Wikipédia).

O efeito mostrado na Figura 17-18 é surpreendentemente fácil de se alcançar, mas envolve entender a maneira precisa como os dados são unidos no D3. Por padrão, quando novos dados são vinculados a elementos DOM existentes, isso é feito pelo índice de array. A Figura 17-19 mostra como isso funciona, usando nossas barras selecionadas como exemplo. A primeira barra (B0), anteriormente vinculada aos dados dos EUA, agora está vinculada aos da França. Ela permanece na primeira posição e atualiza seu tamanho e rótulo de marcação. Essencialmente, a barra dos EUA se torna a da França.[9]

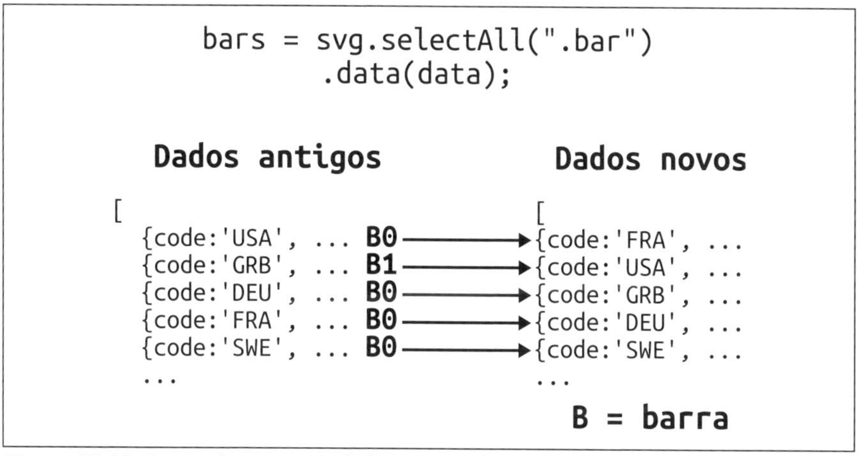

Figura 17-19. Por padrão, novos dados são unidos pelo índice

De maneira a obtermos continuidade durante nossas transições (ou seja, para que a barra dos EUA se mova para sua nova posição enquanto muda para sua nova altura e largura), precisamos que os novos dados sejam vinculados por uma chave única, não pelo índice. O D3 permite que você especifique uma função como segundo argumento para o método de dados, que retorna uma chave dos dados do objeto a ser usada para vincular os novos dados às barras corretas, desde que elas ainda existam. A Figura 17-20 mostra como isso é feito. Agora, a primeira barra (0) está vinculada aos novos dados dos EUA, mudando sua posição pelo índice, bem como sua largura e altura para a da nova barra americana.

9 Veja a bela demonstração de Mike Bostock sobre constância de objetos em seu site.

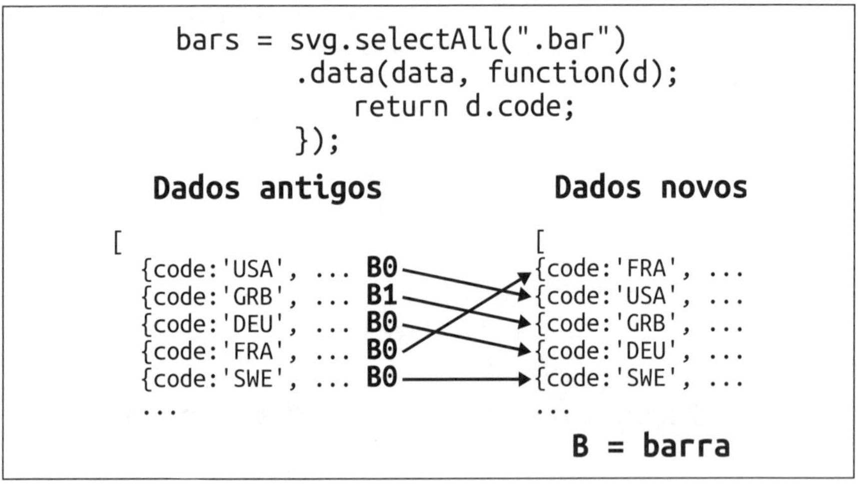

Figura 17-20. Usando uma chave de objeto para unir novos dados

Unir os dados por chave nos fornece os pontos de partida e de chegada corretos para as nossas barras nacionais. Agora, tudo o que precisamos é de um meio de criar uma transição suave entre eles. Podemos fazer isso usando alguns dos métodos mais legais do D3, como `transition` e `duration`. Ao chamar esses métodos antes de alterar nossos atributos de dimensão e posição das barras, o D3 magicamente realiza uma transição suave entre eles, como mostrado na Figura 17-18. Adicionar transições à nossa atualização de gráfico de barras requer apenas algumas linhas de código:

```
// nbviz_core.mjs
nbviz.TRANS_DURATION = 2000 // tempo em milissegundos
// nbviz_bar.mjs
import nbviz from ./nbviz_core.mjs
//...
svg.select('.x.axis')
    .transition().duration(nbviz.TRANS_DURATION) ❶
    .call(xAxis) //...
//...
svg.select('.y.axis')
    .transition().duration(nbviz.TRANS_DURATION)
    .call(yAxis);
//...
var bars = svg.selectAll(".bar")
    .data(data, d => d.code) ❷
//...
let bars = svg.selectAll('.bar')
  .data(data, (d) => d.code)
  .join(
   // ...
  )
```

```
    .classed('active', function (d) {
      return d.key === nbviz.activeCountry
    })
    .transition()
    .duration(nbviz.TRANS_DURATION)
    .attr("x", (d) => xScale(d.code)) ❸
    .attr("width", xScale.bandwidth())
    .attr("y", (d) => yScale(d.value))
    .attr("height", (d) => height - yScale(d.value));
```

❶ Uma transição com duração de dois segundos, que é nossa constante `TRANS_DURATION` de 2000 (ms).

❷ Usando a propriedade `code` do objeto de dados para realizar as junções contínuas de dados.

❸ Os atributos `x`, `y`, `width`, e `height` serão suavemente transformados dos valores atuais para os definidos aqui.

As transições funcionarão na maioria dos atributos e estilos óbvios de um elemento DOM existente.[10]

As transições recém-mostradas realizam uma mudança suave dos atributos do ponto de partida para o ponto final, mas o D3 permite muitos ajustes para esses efeitos. Você pode, por exemplo, usar o método `delay` para especificar o tempo antes de a transição começar. Esse atraso também pode ser uma função dos dados.

Provavelmente, o método extra de transição mais útil é o `ease`, que permite especificar a maneira como os atributos dos elementos são atualizados durante a duração da transição. A função de alívio padrão é `CubicInOut`, mas você também pode especificar coisas como o `quad`, que acelera à medida que a transição avança, ou `bounce` e `elastic`, que fazem praticamente o que diz no nome, dando uma sensação saltitante à mudança. Também há o `sin`, que acelera no início e diminui a velocidade no final. Consulte *easings.net* para uma boa descrição de diferentes funções de alívio e observablehq para uma análise abrangente das funções de alívio do D3, auxiliada por gráficos interativos.

Se as funções de alívio disponíveis no D3 não atenderem às suas necessidades, ou se você estiver se sentindo particularmente ambicioso, como na maioria das coisas do D3, você pode criar a sua própria para se adequar a quaisquer requisitos sutis. O método `tween` fornece o controle refinado de que você pode precisar.

Com um padrão de atualização baseado em junção funcional e algumas transições legais, concluímos nosso gráfico de barras do Nobel-viz. Sempre há espaço para refinamentos, mas este gráfico de barras fará mais do que o trabalho necessário. Vamos resumir o que aprendemos neste capítulo bastante extenso antes de prosseguir para os outros componentes da nossa visualização do Prêmio Nobel.

---

10 As transições só se aplicam a elementos existentes — não é possível esmaecer a criação de um elemento DOM, por exemplo. No entanto, você pode aumentar e diminuir o fade usando o estilo CSS `opacity`.

Atualizando o Gráfico de Barras

Quando o módulo do gráfico de barras é importado, ele acrescenta uma função de retorno de chamada ao array de retornos de chamada no módulo principal. Quando os dados são atualizados em resposta à interação do usuário, essa função de retorno de chamada é chamada e o gráfico de barras é atualizado com os novos dados do país:

```
nbviz.callbacks.push(() => { ❶
  let data = nbviz.getCountryData()
  updateBarChart(data)
})
```

❶ Essa função anônima é chamada no módulo principal quando os dados são atualizados.

Resumo

Este foi um capítulo grande e bastante desafiador. O D3 não é a biblioteca mais fácil de se aprender, mas suavizei a curva de aprendizado dividindo as coisas em partes digestíveis. Reserve um tempo para absorver as ideias fundamentais e, o mais importante, comece a definir pequenos objetivos para estender seu conhecimento do D3. Acredito que o D3 é muito mais uma forma de arte e, mais do que a maioria das bibliotecas, se aprende fazendo.

Os elementos-chave para entender o D3 e aplicá-lo de forma eficaz são o padrão de atualização e a ligação de dados envolvida. Se você compreender isso em um nível fundamental, a maioria das outras habilidades do D3 se encaixará perfeitamente. Concentre-se nos métodos `data`, `enter`, `exit` e `remove`, e certifique-se de realmente entender o que está acontecendo. É a única maneira de avançar a partir de grande parte do estilo de programação do D3 de copiar e colar, que é inicialmente produtivo (devido à abundância de exemplos interessantes disponíveis), mas eventualmente se tornará frustrante. Use o console de desenvolvedor do seu navegador (atualmente, o Chrome e o Chromium têm as melhores ferramentas aqui) para inspecionar os elementos DOM e ver quais dados estão vinculados a eles por meio da variável `data`. Se não corresponder às suas expectativas, você aprenderá muito ao descobrir o porquê.

Agora você deve ter uma base bastante sólida das técnicas principais do D3. No próximo capítulo, iremos desafiar essas novas habilidades com um gráfico um pouco mais ambicioso, a nossa linha do tempo do Prêmio Nobel.

CAPÍTULO 18

Visualizando Prêmios Individuais

No Capítulo 17 você aprendeu o básico do D3, como selecionar e modificar elementos do DOM, como adicionar novos elementos e como aplicar o padrão de atualização de dados, que é o eixo em torno do qual o D3 interativo gira. Neste capítulo, expandirei o que aprendemos até agora e mostrarei como construir um elemento visual bastante inovador, mostrando todos os Prêmios Nobel individuais por ano (Figura 18-1). Esta linha do tempo do Nobel nos permitirá expandir o conhecimento do último capítulo, demonstrando várias novas técnicas, incluindo manipulação de dados mais avançada.

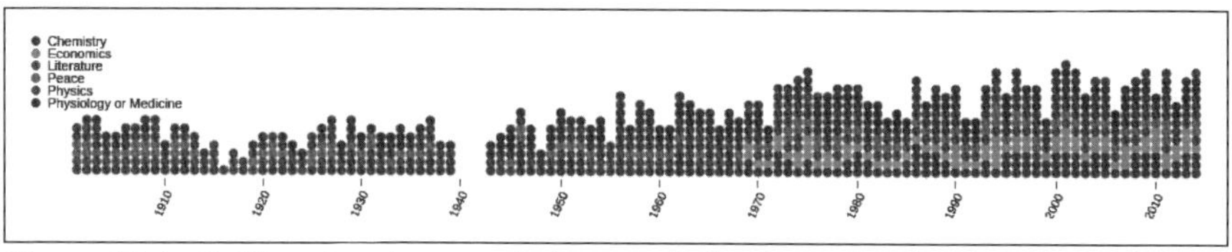

Figura 18-1. Gráfico alvo deste capítulo, uma linha do tempo dos Prêmios Nobel

Vamos começar mostrando como construímos o framework HTML para o nosso gráfico de linha do tempo.

Construindo o Framework

A construção do nosso gráfico alvo é semelhante à do nosso gráfico de barras do Prêmio Nobel, que cobrimos em detalhes no último capítulo. Primeiro, usamos o D3 para selecionar nosso contêiner `<div>` com o ID `nobel-time`, depois usamos a largura e altura do contêiner, junto com nossas margens especificadas, para criar nosso grupo de gráfico `svg`:

```
import nbviz from './nbviz_core.mjs'

let chartHolder = d3.select('#nobel-time');

let margin = {top:20, right:20, bottom:30, left:40};

let boundingRect = chartHolder.node()
  .getBoundingClientRect();
let width = boundingRect.width - margin.left
- margin.right,
height = boundingRect.height - margin.top - margin.bottom;

let svg = chartHolder.append("svg")
        .attr("width", width + margin.left + margin.right)
        .attr("height", height + margin.top
        + margin.bottom)
        .append('g')
          .attr("transform",
                  "translate(" + margin.left + ","
                  + margin.top + ")");
    // ...
})
```

Com o nosso grupo de gráficos svg no lugar, vamos adicionar as escalas e os eixos.

Escalas

Para posicionar os indicadores circulares, usamos duas escalas ordinais (Exemplo 18-1). A escala x utiliza o método rangeRoundBands para especificar um preenchimento de 10% entre os círculos. Como usamos a escala x para definir os diâmetros dos círculos, a altura do intervalo da nossa escala y é ajustada manualmente para acomodar todos os indicadores, permitindo um pequeno padding entre eles. Usamos o rangeRoundPoints para arredondar para coordenadas de pixel inteiro.

Exemplo 18-1. As duas escalas de faixa ordinal do gráfico, para os eixos x e y

```
let xScale = d3.scaleBand()
  .range([0, width])
  .padding(0.1) ❶
  .domain(d3.range(1901, 2015))

let yScale = d3.scaleBand()
  .range([height, 0]).domain(d3.range(15)) ❷
```

❶ Estamos usando um fator de padding de 0,1, que corresponde a aproximadamente 10% do diâmetro de um indicador.

❷ O domínio é [0, ..., 15], sendo 15 o número máximo histórico de prêmios concedidos em um único ano.

Ao contrário do nosso gráfico de barras do último capítulo, tanto os intervalos quanto os domínios deste gráfico são fixos. O domínio do `xScale` são os anos em que o Prêmio Nobel foi concedido, e o do `yScale` vai de zero ao número máximo de prêmios em um determinado ano (14 no ano de 2000). Nenhum desses valores mudará em resposta à interação do usuário, então os definimos fora do método de atualização.

Eixos

Com um máximo de 14 prêmios em um único ano e com um indicador circular para cada um, é fácil contar os prêmios visualmente, se necessário. Diante disso, o foco em fornecer um indicador relativo da distribuição dos prêmios (por exemplo, mostrando o aumento nos prêmios de ciência nos EUA pós-Segunda Guerra Mundial) e o comprimento longo do gráfico, um eixo y é redundante para o nosso gráfico.

Para o eixo x, parece apropriado rotular o início das décadas. Isso reduz a poluição visual e é também a maneira padrão de representar tendências históricas. O Exemplo 18-2 mostra a construção do nosso eixo x, usando o útil objeto `axis` do D3. Substituímos os valores de marcação usando o método `tickValues`, filtrando o intervalo do domínio (1900–2015) para retornar apenas as datas que terminam com zero.

Exemplo 18-2. Criando o eixo x, com rótulos de marcação por década

```
let xAxis = d3.axisBottom()
    .scale(xScale)
    .tickValues(
      xScale.domain().filter(function (d, i) {
        return !(d % 10) ❶
      })
    )
```

❶ Queremos marcar apenas a cada dez anos, então criamos valores de marcação filtrando os valores de domínio da escala x e usando seu índice para selecionar apenas aqueles que são divisíveis por 10. Isso resulta em 0 para módulo (%) 10, ao qual aplicamos o operador Booleano (!) para produzir `true`, que passa pelo filtro.

Isso retorna `true` para os anos que terminam em 0, fornecendo um rótulo de marcação no início de cada década.

Assim como com as escalas, não prevemos que os eixos mudem,[1] então podemos adicioná-los antes de receber o conjunto de dados na função `updateTimeChart`:

[1] O D3 tem alguns pincéis úteis que facilitam a seleção de partes do eixo x ou y. Combinado com transições, esse recurso pode ser uma forma envolvente e intuitiva de aumentar a resolução de grandes conjuntos de dados. Veja um bom exemplo nesta página do *bl.ocks.org*.

```
svg.append("g") // grupo para conter o eixo
    .attr("class", "x axis")
    .attr("transform", "translate(0," + height + ")")
    .call(xAxis) ❶
    .selectAll("text") ❷
    .style("text-anchor", "end")
    .attr("dx", "-.8em")
    .attr("dy", ".15em")
    .attr("transform", "rotate(-65)");
```

❶ Chama nosso eixo D3 no grupo `svg`, com o objeto do eixo cuidando da construção dos elementos do eixo.

❷ Assim como em "Eixos e Rótulos" na página 432, giramos os rótulos de marcação do eixo para colocá-los diagonalmente.

Com os eixos e escalas resolvidos, só precisamos adicionar uma pequena legenda com nossos rótulos de categoria coloridos antes de passar para os elementos interativos do gráfico.

Rótulos de Categoria

O último dos nossos componentes *estáticos* é uma legenda, contendo os rótulos de categoria mostrados na Figura 18-2.

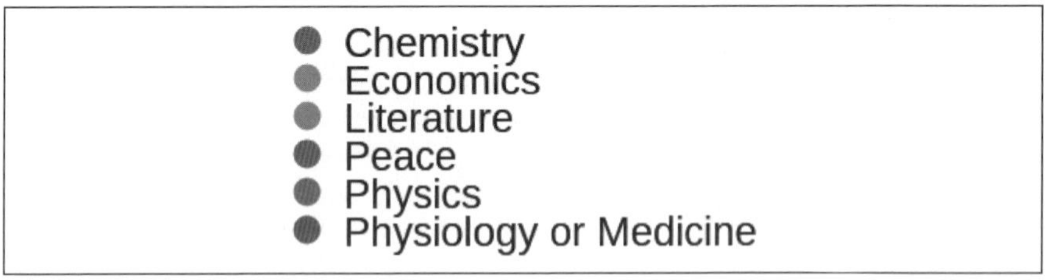

Figura 18-2. Legenda de categorias

Para criar a legenda, primeiro criamos um grupo, com a classe `labels`, para conter os rótulos. Ligamos nossos dados `nbviz.CATEGORIES` a uma seleção `label` neste grupo de rótulos, inserimos os dados vinculados e anexamos um grupo para cada categoria, deslocado no eixo y pelo índice:

```
let catLabels = chartHolder.select('svg').append('g')
        .attr('transform', "translate(10, 10)")
        .attr('class', 'labels')
        .selectAll('label').data(nbviz.CATEGORIES) ❶
        .join('g')
        .attr('transform', function(d, i) {
            return "translate(0," + i * 10 + ")"; ❷
        });
```

❶ Unimos nosso array de categorias (["Chemistry", "Economics", ...]) ao grupo de rótulos usando os métodos padrão data seguidos por métodos join.

❷ Cria um grupo para cada categoria, espaçados verticalmente 10 pixels entre eles.

Agora que temos nossa seleção catLabels, vamos adicionar um indicador circular (semelhante aos vistos na linha do tempo) e um rótulo de texto para cada um dos seus grupos:

```
catLabels.append('circle')
    .attr('fill', (nbviz.categoryFill)) ❶
    .attr('r', xScale.bandwidth()/2); ❷

catLabels.append('text')
    .text(d => d)
    .attr('dy', '0.4em')
    .attr('x', 10);
```

❶ Usamos nosso método compartilhado categoryFill para retornar uma cor com base na categoria vinculada.

❷ O método bandwidth das escalas x retorna a distância entre dois rótulos de categoria. Usaremos metade disso para obter o raio dos nossos marcadores de rótulo circular.

A função categoryFill (Exemplo 18-3) é definida em *nbviz_core.js* e é usada pela aplicação para fornecer cores para as categorias. O D3 fornece uma série de esquemas de cores na forma de arrays de códigos hexadecimais de cores, que podem ser usados como cores de preenchimento do nosso SVG. Você pode ver uma demonstração dos esquemas de cores no Observable. Estamos lidando com categorias, então usaremos o conjunto Category10.

Exemplo 18-3. Configurando as cores das categorias

```
// nbviz_core.js
nbviz.CATEGORIES = [
    "Physiology or Medicine", "Peace", "Physics",
    "Literature", "Chemistry", "Economics"];

nbviz.categoryFill = function(category){
    var i = nbviz.CATEGORIES.indexOf(category);
    return d3.schemeCategory10[i]; ❶
};
```

❶ O schemeCategory10 do D3 é um array de 10 códigos hexadecimais de cores (['#1f77b4', '#ff7f0e',...]) que podemos aplicar usando o índice da categoria do prêmio.

Agora que cobrimos todos os elementos estáticos do nosso gráfico temporal, vamos ver como o organizamos em uma forma utilizável com a biblioteca *nest* do D3.

Aninhando os Dados

Para criar este componente de linha do tempo, precisamos reorganizar nosso array de objetos de ganhadores em uma forma que nos permita vinculá-la aos Prêmios Nobel individuais em nossa linha do tempo. O que precisamos, para tornar esse data binding o mais suave possível com o D3 é um array de objetos de prêmios por ano, com os grupos de anos disponíveis como arrays. Vamos demonstrar o processo de conversão com nosso conjunto de dados de Prêmios Nobel.

O seguinte é o conjunto de dados plano de Prêmios Nobel com o qual começamos, ordenado por ano:

```
[
 {"year":1901,"name":"Wilhelm Conrad R\\u00f6ntgen",...},
 {"year":1901,"name":"Jacobus Henricus van \'t Hoff",...},
 {"year":1901,"name":"Sully Prudhomme",...},
 {"year":1901,"name":"Fr\\u00e9d\\u00e9ric Passy",...},
 {"year":1901,"name":"Henry Dunant",...},
 {"year":1901,"name":"Emil Adolf von Behring",...},
 {"year":1902,"name":"Theodor Mommsen",...},
 {"year":1902,"name":"Hermann Emil Fischer",...},
 ...
];
```

Queremos pegar esses dados e convertê-los para o formato aninhado a seguir, um array de objetos com chaves de ano e valores de ganhadores por ano:

```
[
 {"key":"1901",
  "values":[
   {"year":1901,"name":"Wilhelm Conrad R\\u00f6ntgen",...},
   {"year":1901,"name":"Jacobus Henricus van \'t Hoff",...},
   {"year":1901,"name":"Sully Prudhomme",...},
   {"year":1901,"name":"Fr\\u00e9d\\u00e9ric Passy",...},
   {"year":1901,"name":"Henry Dunant",...},
   {"year":1901,"name":"Emil Adolf von Behring",...}
  ]
 },
 {"key":"1902",
  "values":[
   {"year":1902,"name":"Theodor Mommsen",...},
   {"year":1902,"name":"Hermann Emil Fischer",...},
   ...
  ]
 },
 ...
];
```

Podemos iterar por meio desse array e juntar os grupos de anos, cada um representado por uma coluna de indicadores em nossa linha do tempo.

Podemos utilizar um método utilitário de grupo do D3 para agrupar os Prêmios Nobel por ano. O `group` recebe um array de dados e retorna um objeto agrupado pela propriedade especificada em uma função de retorno, no nosso caso, o ano do prêmio. Portanto, agrupamos nossas entradas por ano da seguinte forma:

```
let nestDataByYear = function (entries) {
   let yearGroups = d3.group(entries, d => d.year) ❶
       // ...
 }
```

❶ Aqui, usamos uma função de lambda do JavaScript moderno, equivalente a `function(d) { return d.year }`.

Esse agrupamento retorna o array de entradas no formato:

```
[ // yearGroups
  {1913: [{year: 1913, ...}, {year: 1913, ...}, ...]},
  {1921: [{year: 1921, ...}, {year: 1921, ...}, ...]},
  ...
]
```

Agora, para converter esse mapa para o array necessário de objetos de chave-valor, vamos utilizar o objeto `Array` do JavaScript e seu método `from`. Passamos nosso mapa `yearGroups` e uma função conversora que recebe os grupos individuais no formato de um array [chave, valores] e os converte em um objeto {chave: chave, valores: valores}. Novamente, estamos usando a sintaxe de atribuição por desestruturação para mapear nossa chave e valores:

```
let keyValues = Array.from(yearGroups, [key, values] => {key, values})
```

Agora temos a função necessária para agrupar nossas entradas ganhadoras do prêmio filtradas por ano no formato de chave-valor exigido:

```
nbviz.nestDataByYear = function (entries) {
  let yearGroups = d3.group(entries, (d) => d.year);
  let keyValues = Array.from(yearGroups, ([key, values]) => {
    let year = key;
    let prizes = values;
    prizes = prizes.sort(
      (p1, p2) => (p1.category > p2.category ? 1 : -1)); ❶
    return { key: year, values: prizes };
  });
  return keyValues;
};
```

❶ Usamos o método `sort` do array JavaScript para classificar os prêmios em ordem alfabética por categoria. Isso facilitará a comparação ano a ano. O `sort` espera um valor numérico positivo ou negativo, que produzimos usando a comparação de strings alfanuméricas Booleanas.

Adicionando os Ganhadores com uma Associação de Dados Aninhada

No capítulo anterior, em "Montando o Gráfico de Barras" na página 430, vimos como o novo método `join` do D3 facilita a sincronização de alterações nos dados, nesse caso o número de prêmios por país, com a visualização desses dados, nesse caso barras em um gráfico de barras. Nosso gráfico de ganhadores por ano é essencialmente um gráfico de barras em que as barras individuais são representadas por prêmios (marcadores circulares). Agora veremos como isso pode ser facilmente realizado usando duas associações de dados e o conjunto de dados aninhados produzido na seção anterior.

Os dados aninhados são primeiro passados de `onDataChange` para o método `updateTimeChart` do nosso gráfico de tempo. Em seguida, usamos nossa primeira associação de dados para criar os grupos de ano, posicionando-os usando nossa escala ordinal x, que mapeou os anos para posições de pixels (ver Exemplo 18-1) e nomeando-os por ano:

```
nbviz.updateTimeChart = function (data) {

  let years = svg.selectAll('.year').data(data, d => d.key) ❶

  years
    .join('g') ❷
    .classed('year', true)
    .attr('name', d => d.key)
    .attr('transform', function (year) {
      return 'translate(' + xScale(+year.key) + ',0)'
    })
    //...
}
```

❶ Queremos associar os dados do ano ao respectivo grupo de colunas pelo ano-chave, não pelo índice padrão do array, que mudará se houver lacunas de ano em nosso array aninhado, como muitas vezes acontecerá para os conjuntos de dados selecionados pelo usuário.

❷ Nossa primeira associação de dados usa o array chave-valores para produzir os grupos de barras de círculo por ano.

Vamos usar a guia Elements do Chrome para ver as alterações que fizemos a partir dessa primeira associação de dados. A Figura 18-3 mostra nossos grupos de ano aninhados adequadamente em seu grupo de gráficos pai.

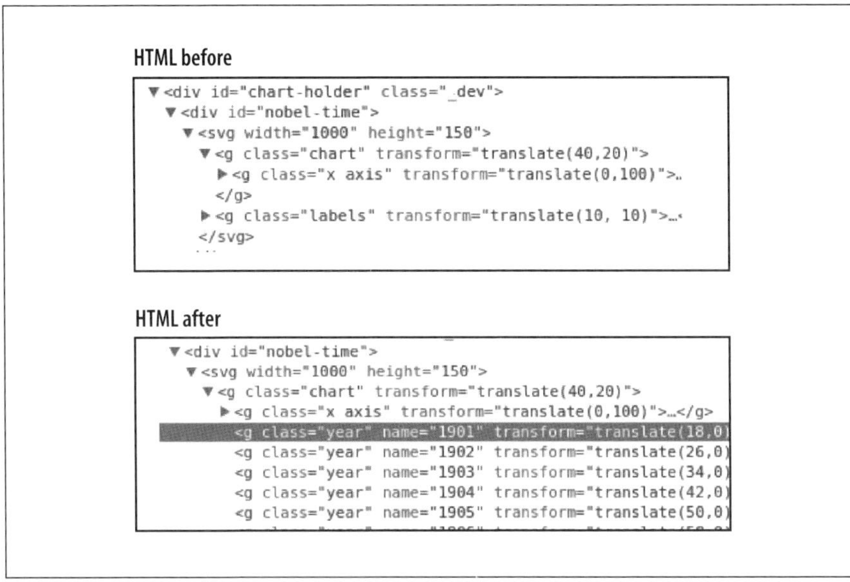

Figura 18-3. O resultado da criação de nossos grupos de ano durante a primeira associação de dados

Vamos verificar se nossos dados aninhados foram vinculados corretamente aos seus grupos de ano respectivos. Na Figura 18-4, selecionamos um elemento de grupo pelo nome do ano e o inspecionamos. Conforme necessário, os dados corretos foram vinculados pelo ano, mostrando um array de objetos de dados para os seis ganhadores do Prêmio Nobel de 1901.

Depois de unir nossos dados de grupo de ano aos seus respectivos grupos, agora podemos unir esses valores aos grupos de marcadores circulares que representam cada ano. A primeira coisa que precisamos fazer é selecionar todos os grupos de ano com os dados chave-valores que acabamos de adicionar e vincular o array de valores (os prêmios desse ano) a alguns espaços reservados de ganhador, que em breve serão unidos a alguns marcadores circulares. Isso é realizado pelas seguintes chamadas do D3:

```
let winners = svg
      .selectAll('.year')
      .selectAll('circle') ❶
      .data(
        d => d.values, ❷
        d => d.name    ❸
      );
```

❶ Vamos criar um marcador circular para cada prêmio no array de valores.

❷ Usaremos o array de valores para criar os círculos com o método join do D3.

❸ Usamos uma chave opcional para rastrear os círculos/ganhadores pelo nome — isso será útil para efeitos de transição, como veremos mais adiante.

Figura 18-4. Verificando os resultados de nossa primeira associação de dados com o console do Chrome

Agora que criamos nossos espaços reservados de círculo com os dados de entrada ganhadores, só resta uni-los a um círculo usando o método `join` do D3. Isso manterá o controle de quaisquer alterações nos dados e garantirá que os círculos sejam criados e destruídos em sincronia. O restante do código impressionantemente sucinto necessário é como se segue no Exemplo 18-4.

Exemplo 18-4. Uma segunda associação de dados para produzir os indicadores de círculo dos prêmios

```
winners
    .join((enter) => {
      return enter.append('circle') ❶
              .attr('cy', height)
    })
    .attr('fill', function (d) {
      return nbviz.categoryFill(d.category) ❷
    })
    .attr('cx', xScale.bandwidth() / 2) ❸
    .attr('r', xScale.bandwidth() / 2)
    .attr("cy", (d, i) => yScale(i));
```

❶ Um método `enter` personalizado é usado para anexar quaisquer novos círculos necessários e dar a eles uma posição padrão de y na parte inferior (y é para baixo em SVG) do gráfico.

❷ Um pequeno método auxiliar retorna uma cor com base na categoria do prêmio.

❸ O grupo do ano já tem a posição correta de x, então só precisamos usar a largura das barras para definir o raio e centralizar o círculo no meio da barra. A escala y é usada para definir a altura da barra pelo índice `i` no array de ganhadores.

O código no Exemplo 18-4 faz o trabalho de construir nosso gráfico de tempo de prêmio, criando novos marcadores de círculo, se necessário, e colocando-os, juntamente com os existentes, em sua posição correta, conforme designado pelo índice do array (ver Figura 18-5).

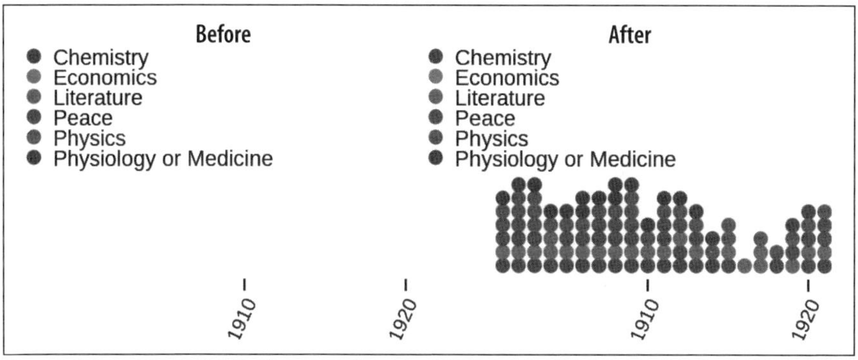

Figura 18-5. O resultado de nossa bem-sucedida segunda associação de dados

Embora tenhamos produzido uma linha do tempo perfeitamente utilizável, que responderá às alterações impulsionadas pelo usuário nos dados, a transição é um pouco brusca e desinteressante.[2] Vamos ver agora uma ótima demonstração do poder do D3: como a adição de duas linhas de código pode criar um efeito visual bastante legal à medida que nossa linha do tempo muda de estado.

Um Pequeno Toque Transicional

Como as coisas estão, quando o usuário seleciona um novo conjunto de dados,[3] o padrão de atualização no Exemplo 18-4 define instantaneamente a posição dos círculos relevantes. O que queremos fazer agora é animar essa reposição, suavizando-a ao longo de alguns segundos.

[2] Conforme discutido em "Transições" na página 438, a transição visual de um conjunto de dados para outro pode ser informativa e dar um senso de continuidade à visualização, tornando-a mais atraente.

[3] Por exemplo, filtrar os prêmios por categoria para mostrar apenas os ganhadores em Física.

Qualquer filtragem orientada pelo usuário deixará ou alguns indicadores existentes (por exemplo, quando selecionamos apenas os prêmios de Química de todas as categorias), adicionará alguns novos (por exemplo, mudando nossa categoria de Física para Química) ou fará ambos. Um caso especial é quando a filtragem não leva a nada (por exemplo, selecionando ganhadoras do Prêmio Nobel de Economia). Isso significa que precisamos decidir o que os indicadores existentes devem fazer e como animar a posição dos novos indicadores.

A Figura 18-6 mostra o que queremos que aconteça ao selecionar um subconjunto dos dados existentes, neste caso, filtrando todos os Prêmios Nobel para incluir apenas os ganhadores de Física. Na seleção da categoria de Física pelo usuário, todos os indicadores, exceto os de Física, são removidos pelos métodos `exit` e `remove`. Enquanto isso, os indicadores de Física existentes iniciam uma transição de dois segundos a partir de sua posição atual para uma posição final, ditada pelo índice do array.

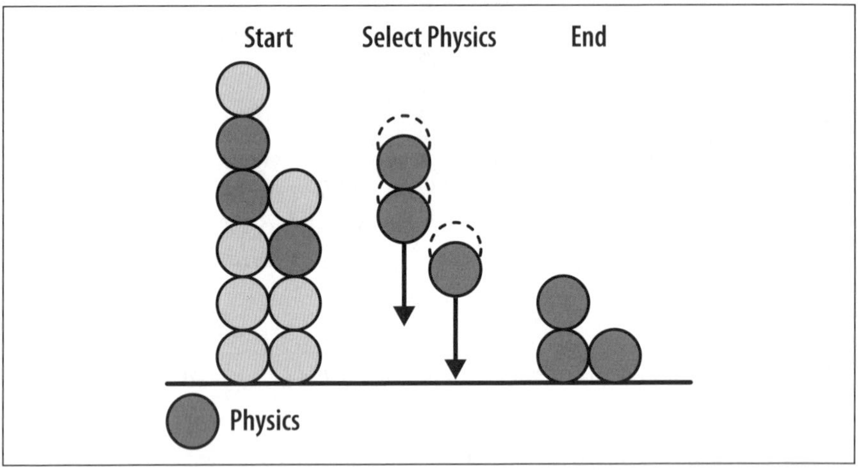

Figura 18-6. Transição ao selecionar um subconjunto dos dados existentes

Você pode ficar surpreso ao descobrir que esses dois efeitos visuais, mover suavemente as barras existentes para seu novo lugar e aumentar quaisquer novas barras a partir da parte inferior do gráfico, podem ser alcançados adicionando apenas duas linhas ao nosso código existente. Isso é um grande testemunho do poder do conceito de junção de dados do D3 e de seu design maduro.

Para alcançar as transições necessárias, adicionamos chamadas aos métodos `transition` e `duration` antes de definir a posição y (atributo *cy*) do marcador circular. Isso suaviza a reposição do círculo, facilitando-a ao longo de dois segundos (2000ms):

```
winners
  .join((enter) => {
    return enter.append('circle').attr('cy', height) ❶
  })
  .attr('fill', function (d) {
    return nbviz.categoryFill(d.category)
  })
  .attr('cx', xScale.bandwidth() / 2)
  .attr('r', xScale.bandwidth() / 2)
  .transition() ❷
  .duration(2000)
  .attr("cy", (d, i) => yScale(i));
```

❶ Quaisquer novos círculos começam na parte inferior do gráfico.

❷ Todos os círculos são suavizados em sua posição y ao longo de uma duração de 2000ms.

Como você pode ver, o D3 torna muito fácil adicionar efeitos visuais interessantes às transições de seus dados. Isso é um testemunho de suas sólidas bases teóricas. Agora temos nosso gráfico de linha do tempo completo, que faz transições suaves em resposta a alterações nos dados iniciadas pelo usuário.

Atualizando o Gráfico de Barras

Quando o módulo de gráfico de tempo é importado, ele acrescenta uma função de retorno de chamada ao array de retornos de chamada no módulo principal. Quando os dados são atualizados em resposta à interação do usuário, essa função de retorno de chamada é chamada e o gráfico de tempo é atualizado com novos dados de país, aninhados por ano:

```
nbviz.callbacks.push(() => { ❶
  let data = nbviz.nestDataByYear(nbviz.countryDim\
             .top(Infinity))
  updateTimeChart(data)
})
```

❶ Esta função anônima é chamada no módulo principal quando os dados são atualizados.

Resumo

Seguindo o gráfico de barras no Capítulo 17, este capítulo estendeu o padrão de atualização, mostrando como usar uma segunda associação de dados em dados aninhados para criar um novo gráfico. É importante enfatizar que essa capacidade de criar visualizações inovadoras é a grande força do D3: você não está vinculado à funcionalidade específica de uma biblioteca de gráficos convencional, mas pode alcançar transformações únicas em seus dados. Como nosso gráfico de barras do Prêmio Nobel mostrou, é fácil construir gráficos dinâmicos convencionais, mas o D3 permite muito mais.

Também vimos como é fácil animar suas visualizações com transformações envolventes, uma vez estabelecido um padrão de atualização sólido.

No próximo capítulo, construiremos o componente de mapa do nosso Nobel-viz usando a impressionante biblioteca topográfica do D3.

CAPÍTULO 19

Mapeamento com D3

Construir e personalizar visualizações de mapas é uma das principais habilidades do D3. Ele possui algumas bibliotecas muito sofisticadas que permitem uma variedade de projeções, desde as comuns, como Mercator e ortográfica, até as mais esotéricas, como a Cônica Equidistante. Parece que o mapeamento é uma espécie de obsessão para Mike Bostock e Jason Davies, os principais desenvolvedores do D3, e a atenção deles aos detalhes é impressionante. Se você tiver um problema de mapeamento, é provável que o D3 possa fazer o trabalho pesado necessário.[1] Neste capítulo, usaremos nosso mapa de visualização do Prêmio Nobel (Nobel-viz) (Figura 19-1) para introduzir os conceitos centrais de mapeamento do D3.

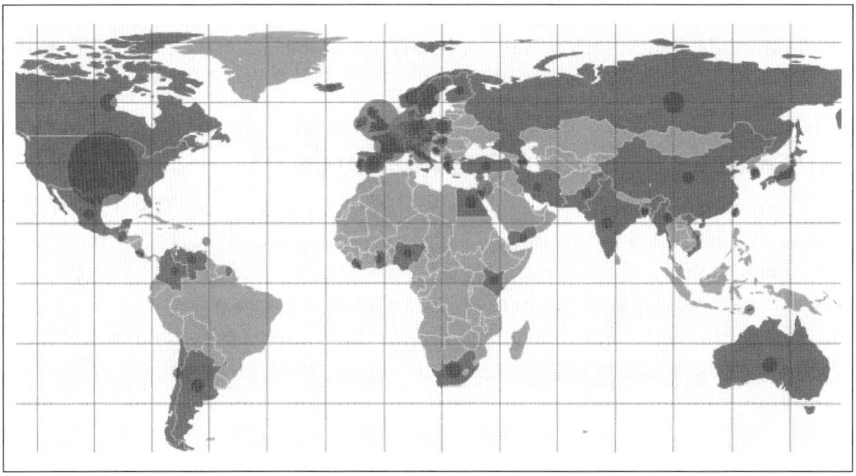

Figura 19-1. Elemento alvo deste capítulo

[1] A matemática das projeções geométricas, por exemplo, pode se tornar complicada rapidamente.

Mapas Disponíveis

O formato de mapeamento mais popular é o antigo shapefile, desenvolvido para software de sistemas de informações geográficas (SIG). Existem muitos programas de desktop gratuitos e proprietários[2] para manipular e produzir shapefiles.

Infelizmente, os shapefiles não foram projetados para a web, que prefere lidar com um formato de mapa baseado em JSON e exige representações pequenas e eficientes para limitar a largura de banda e o atraso relacionado.

A boa notícia é que existem muitas maneiras convenientes de converter shapefiles para nosso formato preferido, TopoJSON[3], o que significa que podemos manipular seus shapefiles no software e depois convertê-los para um formato amigável para a web. A maneira padrão de encontrar mapas para visualização de dados na web é primeiro procurar versões em TopoJSON ou GeoJSON e, em seguida, buscar entre a vasta quantidade de shapefiles disponíveis e, em último caso, criar o seu próprio usando um editor de shapefile ou equivalente. Dependendo de quanta visualização de mapa você pretende fazer, provavelmente haverá uma solução pronta. Para coisas como mapas mundiais ou projeções continentais (por exemplo, o popular Albers USA), geralmente podemos encontrar várias soluções com diferentes graus de precisão.

Para o nosso mapa Nobel, queremos um mapeamento global, mostrando pelo menos todas as 58 nações ganhadoras do Prêmio Nobel, com formas rotuladas para praticamente todas elas. Felizmente, o D3 fornece vários exemplos de mapas mundiais, um com resolução de grade de 50m e outro com uma resolução menor de 110m. O último é adequado para nossos requisitos relativamente simples.[4]

Formatos de Dados de Mapeamento do D3

O D3 utiliza dois formatos de dados geométricos baseados em JSON: GeoJSON e TopoJSON, uma extensão do GeoJSON criada por Mike Bostock que codifica topologia. O GeoJSON é mais intuitivo de ler, mas o TopoJSON é geralmente muito mais eficiente. Normalmente, os mapas são convertidos para TopoJSON para entrega na web, onde o tamanho é uma consideração importante. O TopoJSON é então convertido em GeoJSON via D3 no navegador, para simplificar a criação de caminhos SVG, otimização de recursos, e assim por diante.

> Há um bom resumo das diferenças entre TopoJSON e GeoJSON no Stack Overflow.

[2] Eu uso e recomendo fortemente o QGIS de código aberto.

[3] O topojson.py do Python e o programa de linha de comando TopoJSON.

[4] Como veremos, faltam alguns dos países que receberam o Prêmio Nobel, mas eles são muito pequenos para serem clicáveis e temos as coordenadas de seus centros, o que permite a sobreposição de uma sinalização visual.

Vamos dar uma olhada nos dois formatos agora. Compreender sua estrutura básica é importante e um pouco de esforço nessa área valerá a pena, especialmente à medida que suas iniciativas de mapeamento se tornarem mais ambiciosas.

GeoJSON

Arquivos GeoJSON contêm um objeto `type`, que pode ser Point, MultiPoint, LineString, MultiLineString, Polygon, MultiPolygon, GeometryCollection, Feature ou FeatureCollection. O estilo para os valores do membro tipo deve ser CamelCase, como mostrado aqui. Eles também podem conter um membro `crs`, especificando um sistema de referência de coordenadas específico.

FeatureCollections são os maiores contêineres GeoJSON, e mapas com mais de uma região geralmente são especificados com eles. FeatureCollections contêm um array de recursos, cada elemento dos quais é um objeto GeoJSON de um tipo listado no parágrafo anterior.

O Exemplo 19-1 mostra um típico FeatureCollection contendo um array de mapas de países, cujas fronteiras são especificadas por Polígonos.

Exemplo 19-1. O formato de dados de mapeamento GeoJSON

```
{
  "type": "FeatureCollection", ❶
  "features": [ ❷
    {
      "type": "Feature",
      "id": "AFG",
      "properties": {
        "name": "Afghanistan"
      },
      "geometry": { ❸
        "type": "Polygon",
        "coordinates": [
          [
            [
              61.210817, ❹
              35.650072
            ],
            [
              62.230651,
              35.270664
            ],
            ...
          ]
        ]
      }
    },
    ...
    {
      "type": "Feature",
     "id": "ZWE",
     "properties": {
       "name": "Zimbabwe"
```

```
        },
        "geometry": {
          "type": "Polygon",
          "coordinates": [
            [
              [...] ] ]
        }
      }
    ]
  }
```

❶ Cada arquivo GeoJSON contém um único objeto com um tipo e contém...

❷ ...um array de recursos — neste caso, objetos de país...

❸ ...com geometria poligonal baseada em coordenadas.

❹ Observe que as coordenadas geográficas são fornecidas em pares [longitude, latitude], o inverso da posição geográfica convencional. Isso ocorre porque o GeoJSON usa um esquema de coordenadas [X, Y].

Embora o GeoJSON seja mais conciso do que os shapefiles e esteja no formato JSON preferido, há muita redundância na codificação de mapas. Por exemplo, limites compartilhados são especificados duas vezes, e o formato de coordenadas de ponto flutuante é bastante inflexível e, para muitos trabalhos, preciso demais. O formato TopoJSON foi projetado para resolver esses problemas e produzir uma maneira muito mais eficiente de entregar mapas para o navegador.

TopoJSON

Desenvolvido por Mike Bostock, o TopoJSON é uma extensão do GeoJSON que codifica topologia, unindo geometrias a partir de um conjunto compartilhado de segmentos de linha chamados arcos. Porque eles reutilizam esses arcos, os arquivos TopoJSON são tipicamente 80% menores do que seus equivalentes em GeoJSON! Além disso, adotar uma abordagem topológica para a representação de mapas permite uma série de técnicas que usam topologia. Uma delas é a simplificação de formas com preservação da topologia,[5] que pode eliminar 95% dos pontos do mapa enquanto mantém detalhes suficientes. Cartogramas e coloração automática de mapas também são facilitados. O Exemplo 19-2 mostra a estrutura de um arquivo TopoJSON.

Exemplo 19-2. Estrutura do nosso mapa mundial TopoJSON

```
{
   "type": "Topology",   ❶
   "objects":{            ❷
      "countries":{
        "type": "GeometryCollection",
        "geometries": [{
```

[5] Consulte este site de Mike Bostock para ver um exemplo muito legal.

```
        "_id":24, "arcs":[[6,7,8],[10,11,12]], ... ❸
      ...}]},
      "land":{...},
   },
   "arcs":[[[67002,72360],[284,-219],[209..]], /*<-- arc*/ number 0 ❹
          [[70827,73379],[50,-165]], ...      /*<-- arc number 1*/
       ]
   "transform":{          ❺
      "scale":[
         0.003600036...,
         0.001736468...,
      ],
      "translate":[
         -180,
         -90
      ]
   }
}
```

❶ Objetos TopoJSON têm um tipo `Topology` e devem conter um objeto `objects` e um array `arcs`.

❷ Nesse caso, os objetos são `countries` e `land`, ambos sendo `GeometryCollections` definidos por arcos.

❸ Cada geometria (neste caso, definindo a forma de um país) é definida por um número de caminhos de arco, compreendendo arcos contínuos referenciados pelo seu índice no array de arcos ❹.

❹ Um array de arcos de componente usado para construir os objetos. Os arcos são referenciados por índice.

❺ Números necessários para quantizar posições como inteiros em vez de floats.

O tamanho menor do formato TopoJSON é obviamente uma grande vantagem se você precisa carregá-lo para o seu navegador da web. Muitas vezes, apenas o formato GeoJSON está disponível, então a capacidade de convertê-lo em TopoJSON é uma ferramenta útil. O D3 fornece uma pequena utilidade de linha de comando para fazer exatamente isso. Chamado de `geo2topo`, ele faz parte do pacote TopoJSON e pode ser instalado via `node`.

Convertendo Mapas para TopoJSON

Você pode instalar o TopoJSON via os repositórios do node (consulte o Capítulo 1), usando o sinalizador -g para torná-lo uma instalação global[6]:

```
$ npm install -g topojson
```

[6] Ao instalar globalmente, você pode usar o comando geo2topo em qualquer diretório.

Com o `topojson` instalado, converter um GeoJSON existente em TopoJSON é muito simples. Aqui, chamamos o `geo2topo` a partir da linha de comando em um arquivo GeoJSON *geo_input.json*, especificando um arquivo de saída *topo_output.json*:

```
$ geo2topo -o topo_output.json geo_input.json
```

Alternativamente, você pode direcionar o resultado para um arquivo:

```
$ geo2topo geo_input.json > topo_output.json
```

O `geo2topo` possui várias opções úteis, como a quantização, que permite especificar a precisão de seu mapa. Brincar com essa opção pode resultar em um arquivo muito menor com pouca redução perceptível na qualidade. Você pode ver a especificação completa na referência de linha de comando do geo2topo. Se deseja converter seus arquivos de mapa programaticamente, há uma prática biblioteca Python para a tarefa, *topojson.py*. Você pode encontrá-la no GitHub.

Agora que temos nossos dados de mapa em um formato leve, eficiente e otimizado para a web, vamos ver como usamos o JavaScript para transformá-lo em mapas interativos na web.

D3 Geo, Projeções e Caminhos

O D3 possui uma biblioteca *topojson* do lado do cliente, dedicada ao tratamento de dados TopoJSON. Isso converte o TopoJSON otimizado baseado em arcos no GeoJSON baseado em coordenadas, pronto para ser manipulado por `projections` e `paths` do D3, objetos na biblioteca *d3.geo*.

O Exemplo 19-3 mostra o processo de extração dos recursos GeoJSON necessários para o nosso mapa Nobel a partir do mapa *world-100m.json* em TopoJSON. Isso nos fornece os polígonos baseados em coordenadas que representam nossos países e suas fronteiras.

Para extrair os recursos GeoJSON necessários do objeto `world` do TopoJSON entregue ao navegador, usamos os métodos `feature` e `mesh` do topojson. `feature` retorna o Feature ou FeatureCollection GeoJSON para o objeto especificado e `mesh` o objeto de geometria GeoJSON MutliLineString representando a malha para o objeto especificado.

Os métodos `feature` e `mesh` têm como primeiro argumento o objeto TopoJSON e como segundo argumento uma referência ao recurso que desejamos extrair (território e países no Exemplo 19-3). Em nosso mapa mundial, `countries` é uma FeatureCollection com um array de `features` de países (Exemplo 19-3, ❷).

O método mesh possui um terceiro argumento, que especifica uma função de filtro, recebendo como argumentos os dois objetos de geometria (a e b) compartilhando o arco da malha. Se o arco não for compartilhado, então a e b são iguais, permitindo-nos filtrar as fronteiras externas em nosso mapa mundial (Exemplo 19-3, ❸).

Exemplo 19-3. Extraindo nossas características do TopoJSON

```
// nbviz_main.mjs
import { initMap } from './nbviz_map.mjs'

Promise.all([
   d3.json('static/data/world-110m.json'), ❶
   d3.csv('static/data/world-country-names-nobel.csv'),
   // ...
 ]).then(ready)

function ready([worldMap, countryNames, countryData, winnersData]) {
    // ...
    nbviz.initMap(worldMap, countryNames)
}
// nbviz_map.mjs
export let initMap = function(world, names) {
    // EXTRAIA NOSSOS RECURSOS NECESSÁRIOS DO TOPOJSON
    let land = topojson.feature(world, world.objects.land),
        countries = topojson.feature(world, world.objects.countries)
                      .features, ❷
        borders = topojson.mesh(world, world.objects.countries,
                     function(a, b) { return a !== b; }); ❸
    // ...
}
```

❶ Carregue os dados do mapa usando as funções auxiliares do D3 e envie-os para uma função `ready` para iniciar o gráfico do mapa.

❷ Usa o `topojson` para extrair as características desejadas dos dados do TopoJSON, entregando-os no formato GeoJSON.

❸ Filtramos apenas as fronteiras internas, compartilhadas entre países. Se um arco é usado apenas por uma geometria (neste caso, um país), então a e b são idênticos.

A apresentação de mapas no D3 geralmente segue um padrão. Primeiro criamos uma D3 `projection`, usando uma das muitas e variadas alternativas do D3. Em seguida, criamos um `path` usando essa `projection`. Este `path` é então usado para converter as características e malhas extraídas de nosso objeto TopoJSON em caminhos SVG exibidos na janela do navegador. Vamos agora analisar o rico tópico das D3 `projections`.

Projeções

Provavelmente o principal desafio para mapas, desde o momento em que se percebeu que a Terra é esferoidal, é o de representar um globo tridimensional, ou partes significativas dele, em uma forma bidimensional. Em 1569, o cartógrafo flamengo Gerardus Mercator resolveu esse problema famosamente estendendo linhas do centro da Terra até coordenadas de limite significativas e depois projetando-as em um cilindro circundante. Isso tinha a propriedade útil de representar linhas de curso constante, conhecidas como linhas de rumo, como segmentos de linha reta, uma característica muito útil para os navegadores marítimos que pretendiam usar o mapa. Infelizmente, o processo de projeção distorce distâncias e tamanhos, ampliando a escala à medida que se move do equador para os polos. Como resultado, o continente africano aparece não muito maior que a Groenlândia, quando na realidade é cerca de 14 vezes maior.

Todas as projeções são, como a de Mercator, uma concessão, e o que é ótimo no D3 é que a rica variedade de escolhas significa que você pode equilibrar essas concessões para encontrar a projeção certa para o trabalho.[7] A Figura 19-2 mostra algumas `projections` alternativas para o nosso mapa Nobel, incluindo a projeção equiretangular escolhida para a visualização final. A restrição era mostrar todos os países ganhadores do Prêmio Nobel na janela retangular e tentar maximizar o espaço disponível, especialmente na Europa, onde existem muitos países que são pequenos geograficamente, mas têm uma grande quantidade de prêmios.

Para criar uma `projection` D3, basta usar um dos métodos *d3.geo* aplicáveis:

```
let projection = d3.geoEquirectangular()
// ...
```

As `projections` D3 têm vários métodos úteis. É comum usar o método `translate` para traduzir o mapa pela metade da largura e altura do contêiner, substituindo o padrão de [480, 250]. Você também pode definir a precisão, que afeta o grau de reamostragem adaptativa usada na `projection`. A reamostragem adaptativa é uma técnica inteligente para aumentar a precisão de linhas projetadas e ao mesmo tempo ter um desempenho eficiente.[8] A escala do mapa e a longitude e latitude do centro podem ser definidas pelos métodos `scale` e `center`.

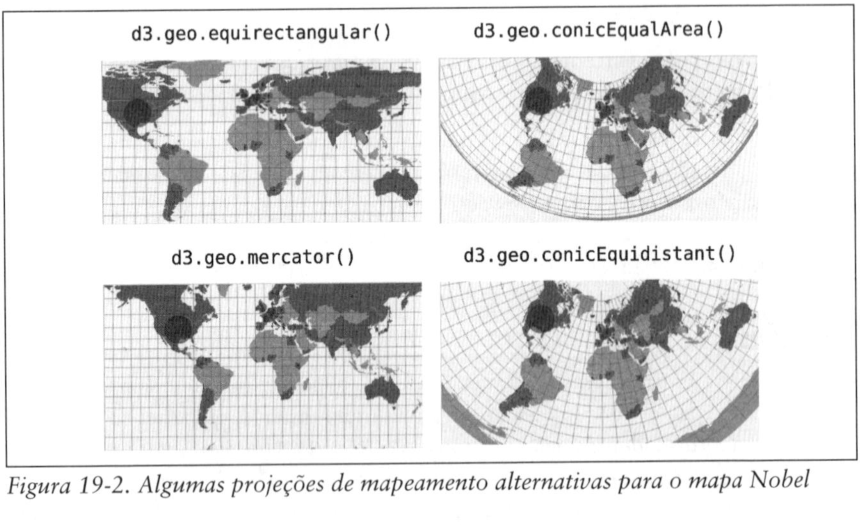

Figura 19-2. Algumas projeções de mapeamento alternativas para o mapa Nobel

[7] O conjunto estendido de projeções do D3 faz parte de uma extensão do D3, não da biblioteca principal.

[8] Consulte *https://oreil.ly/oAppn* para ver uma boa demonstração.

Juntando os métodos `projection`, o código a seguir é usado pelo nosso mapa-mundi equiretangular Nobel-viz. Observe que ele foi ajustado manualmente para maximizar o espaço dado aos países ganhadores do Prêmio Nobel. Os dois polos estão truncados, pois não há ganhadores nem no Ártico nem na Antártica (observe que mapas equiretangulares pressupõem uma proporção largura/altura de 2):

```
let projection = d3.geoEquirectangular()
    .scale(193 * (height/480)) ❶
    .center([15,15]) ❷
    .translate([width / 2, height / 2])
    .precision(.1);
```

❶ Um pouco maior; a altura padrão é 480 e a escala 153.

❷ Centralizado a 15 graus a leste e 15 graus ao norte.

Com nossa `projection` equiretangular definida, vejamos como você a usa para criar um caminho, que por sua vez será usado para criar os mapas SVG.

Caminhos

Depois de escolher uma `projection` apropriada para o seu mapa, você a utiliza para criar um gerador de `path` geográfico D3, que é uma variante especializada do gerador de `path` SVG (`d3.svg.path`). Este `path` recebe qualquer objeto GeoJSON de recurso ou geometria, como uma FeatureCollection, Polygon ou Point, e retorna a string de dados de caminho SVG para o elemento `d`. Por exemplo, com nosso objeto `borders` do mapa, as coordenadas de fronteira geográfica que descrevem um `MultiLineString` são convertidas em coordenadas de caminho para o SVG.

Geralmente, criamos nosso `path` e definimos sua `projection` de uma só vez:

```
var projection = d3.geoEquirectangular()
// ...

var path = d3.geoPath()
            .projection(projection);
```

Normalmente, usamos o `path` como uma função para gerar o atributo `d` para um caminho SVG, usando dados GeoJSON vinculados usando o método `datum` (usado para vincular um único objeto — não um array — e uma forma abreviada para `data([object])`). Portanto, para usar os dados de fronteira que acabamos de extrair usando `topojson.mesh` para desenhar nossas fronteiras de país, usamos o seguinte:

```
// MARCAS DE FRONTEIRA
svg.insert("path", ".graticule") ❶
    .datum(borders)
    .attr("class", "boundary")
    .attr("d", path);
```

❶ Queremos inserir o SVG de fronteiras antes (abaixo) da sobreposição `graticule` (grade) do mapa.

A Figura 19-3 mostra a saída do Console do Chrome para o objeto de fronteiras TopoJSON, extraído de nossos dados de mapa mundial, e o caminho resultante gerado pelo nosso caminho *d3.geo*, usando a projeção equiretangular.

O gerador de caminho geográfico é o esteio das apresentações de mapas do D3. Recomendo experimentar diferentes `projections` com geometrias simples para ter uma ideia das coisas, investigar a impressionante quantidade de exemplos encontrados em *bl.ocks.org* e nos documentos na página do GitHub do D3, e conferir esta ótima pequena demonstração.

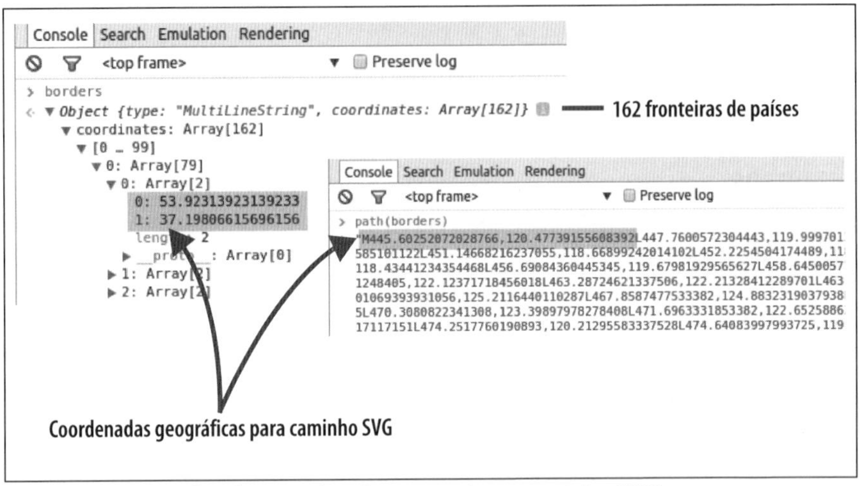

Figura 19-3. Gerador de caminho, da geometria ao caminho SVG

Agora vamos dar uma olhada em um dos componentes úteis do *d3.geo* que você usará em seus mapas, o `graticule` (ou grade do mapa).

graticules

Um componente útil do *d3.geo* e usado em nosso mapa Nobel é o `graticule`, um dos geradores de formas geo.[9] Isso cria uma malha global de meridianos (linhas de longitude) e paralelos (linhas de latitude), espaçados por padrão a cada 10 graus. Quando nosso caminho é aplicado a esse `graticule`, ele gera uma grade devidamente projetada, como mostrado na Figura 19-1.

[9] Consulte o GitHub do D3 para ver uma lista completa.

O Exemplo 19-4 mostra como adicionar um `graticule` ao seu mapa. Observe que se você deseja que sua grade sobreponha os caminhos do mapa, o caminho SVG dela deve vir depois dos caminhos do mapa na árvore DOM. Como você verá, você pode usar o método `insert` do D3 para impor essa ordem.

Exemplo 19-4. Criando um `graticule`

```
var graticule = d3.geo.graticule()
                 .step([20, 20]); ❶

svg.append("path")
    .datum(graticule) ❷
    .attr("class", "graticule")
    .attr("d", path); ❸
```

❶ Crie um `graticule`, definindo o espaçamento da grade em 20 graus.

❷ Observe a abreviação `datum` para dados (`[graticule]`).

❸ Use o gerador de caminho para receber os dados do `graticule` e retornar um caminho de grade.

Agora que temos nossa sobreposição de grade e a capacidade de transformar nosso arquivo de mapa em caminhos SVG com a `projection` necessária, vamos juntar os elementos.

Juntando os Elementos

Usando os componentes `projection`, `path` e `graticule` que discutimos, criaremos agora o mapa básico. Este mapa é destinado a responder aos eventos do usuário, destacando os países representados pelos ganhadores selecionados e refletindo o número de ganhadores com um círculo vermelho preenchido no centro dos países. Lidaremos com essa atualização interativa separadamente.

O Exemplo 19-5 mostra o código necessário para construir um mapa global básico. Ele segue um padrão que agora deve ser familiar, obtendo o `mapaContainer` de seu contêiner `div` (ID `nobel-map`), anexando uma tag `<svg>` a ele e, em seguida, adicionando elementos SVG, que neste caso são caminhos de mapa gerados pelo D3.

Nosso mapa tem componentes fixos (por exemplo, a escolha de projeção e caminho) que não dependem de nenhuma alteração de dados e são definidos fora do método de inicialização `nbviz.initMap`. `nbviz.initMap` é chamado quando a visualização é inicializada com dados do servidor. Ele recebe o objeto `world` do TopoJSON e o usa para construir o mapa básico com o objeto `path`. A Figura 19-4 mostra o resultado.

Exemplo 19-5. Construindo os fundamentos do mapa

```
// DIMENSÕES E SVG
let mapContainer = d3.select('#nobel-map');
let boundingRect = mapContainer.node().getBoundingClientRect();
let width = boundingRect.width
    height = boundingRect.height;
let svg = mapContainer.append('svg');
// NOSSA PROJEÇÃO ESCOLHIDA
let projection = d3.geo.equirectangular()
    .scale(193 * (height/480))
    .center([15,15])
    .translate([width / 2, height / 2])
    .precision(.1);
// CRIA CAMINHO COM PROJEÇÃO
let path = d3.geoPath().projection(projection);
// ADICIONA O GRATICULE
var graticule = d3.geoGraticule().step([20, 20]);
svg.append("path").datum(graticule)
    .attr("class", "graticule")
    .attr("d", path);
// UMA ESCALA DE RAIO PARA NOSSOS INDICADORES CENTRÓIDES
var radiusScale = d3.scaleSqrt()
    .range([nbviz.MIN_CENTROID_RADIUS, nbviz.MAX_CENTROID_RADIUS]);
// OBJETO PARA MAPEAR NOME DO PAÍS PARA OBJETO GEOJSON
var cnameToCountry = {};
// CRIAÇÃO INICIAL DE MAPA, USANDO DADOS DE MAPA BAIXADOS
export let initMap = function(world, names) { ❶
    // EXTRAIR NOSSOS RECURSOS NECESSÁRIOS DO TOPOJSON
    var land = topojson.feature(world, world.objects.land),
        countries = topojson.feature(world, world.objects.countries)
                        .features,
        borders = topojson.mesh(world, world.objects.countries,
                        function(a, b) { return a !== b; });
    // CRIAR NOMES DE PAÍSES DE MAPEAMENTO DE OBJETOS PARA FORMAS GEOJSON
    var idToCountry = {};
    countries.forEach(function(c) {
        idToCountry[c.id] = c;
    });

    names.forEach(function(n) {
        cnameToCountry[n.name] = idToCountry[n.id]; ❷
    });
    // MAPA MUNDIAL PRINCIPAL
    svg.insert("path", ".graticule") ❸
        .datum(land)                 ❹
        .attr("class", "land")
        .attr("d", path)
    ;
    // CAMINHOS DO PAÍS
    svg.insert("g", ".graticule")
        .attr("class", 'countries');
    // INDICADORES DE VALOR DOS PAÍSES
    svg.insert("g")
```

```
        .attr("class", "centroids");
    // LINHAS DE FRONTEIRA
    svg.insert("path", ".graticule")
        .datum(borders)
        .attr("class", "boundary")
        .attr("d", path);

};
```

❶ Objeto `world` do TopoJSON com as características dos países com um array de `names` conectando nomes de países a IDs de características de país (por exemplo, `{id:36, name: 'Australia'}`).

❷ Objeto que, se dado um nome de país-chave, retorna sua respectiva geometria GeoJSON.

❸ Observe que inserimos este caminho antes da grade do `graticule`, mantendo a sobreposição da grade na parte superior.

❹ Usa `datum` para atribuir todo o objeto `land` ao nosso `path`.

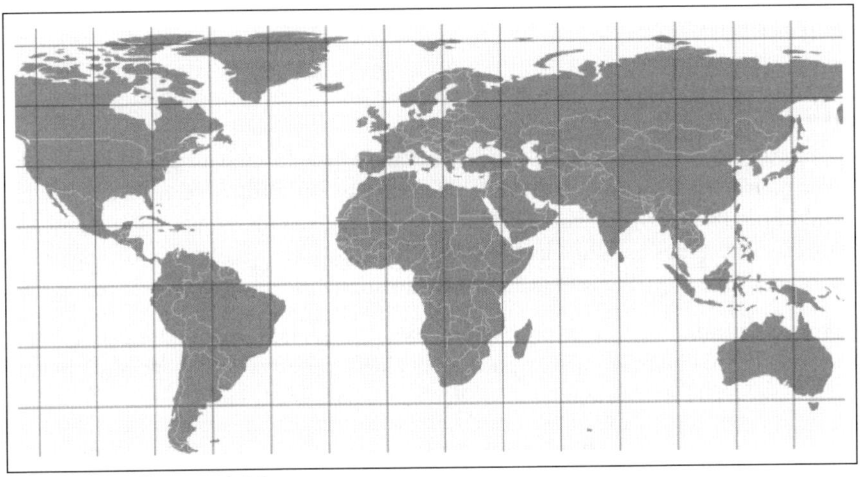

Figura 19-4. O mapa básico

Com nossas formas de mapa no lugar, podemos usar um pouco de CSS para estilizar a Figura 19-4, adicionando um azul-claro para os oceanos e cinza-claro para a terra. O `graticule` é um cinza-escuro semitransparente e as fronteiras dos países são brancas:

```
/* ESTILOS DO MAPA NOBEL */
#nobel-map {
    background: azure;
}

.graticule {
    fill: none;
    stroke: #777;
    stroke-width: .5px;
    stroke-opacity: .5;
}

.land {
    fill: #ddd;
}

.boundary {
    fill: none;
    stroke: #fff;
    stroke-width: .5px;
}
```

Com o mapa SVG montado, vejamos como usamos o conjunto de dados dos ganhadores para desenhar os países ganhadores do Prêmio Nobel e o indicador vermelho para o número de prêmios.

Atualizando o Mapa

A primeira vez que nosso mapa Nobel é atualizado é quando a visualização é inicializada. Neste momento, o conjunto de dados selecionado não está filtrado e contém todos os ganhadores do Prêmio Nobel. Posteriormente, em resposta aos filtros aplicados pelo usuário (por exemplo, todos os ganhadores em Química ou aqueles da França), o conjunto de dados mudará e nosso mapa muda para refletir isso.

Portanto, atualizar o mapa envolve enviar a ele um conjunto de dados dos países ganhadores do Prêmio Nobel com suas premiações atuais, dependendo dos filtros de usuário aplicados. Para fazer isso, usamos um método chamado `updateMap`:

```
let updateMap = function(countryData) { //...
                }
```

O array `countryData` possui a seguinte estrutura:

```
[
  {
   code: "USA",
   key: "United States",
   population: 319259000,
   value: 336 ❶
  },
  // ... mais 56 países
]
```

❶ O número de ganhadores dos EUA no conjunto de dados atualmente selecionado.

Queremos converter este array antes de enviá-lo ao nosso mapa D3. O código a seguir faz esse trabalho, fornecendo um array de objetos de país com propriedades `geo` (a geometria GeoJSON do país), `name` (o nome do país) e `number` (o número de ganhadores do Prêmio Nobel do país):

```
let mapData = countryData
    .filter(d => d.value > 0) ❶
    .map(function(d) {
      return {
        geo: cnameToCountry[d.key], ❷
        name: d.key,
        number: d.value
      }
    });
```

❶ Filtra os países sem ganhadores — exibimos apenas os países ganhadores no mapa.

❷ Usa a chave do país (o nome dele neste caso) para recuperar sua característica GeoJSON.

Queremos exibir um indicador circular vermelho no centro dos nossos países ganhadores, indicando o número de prêmios ganhos. As áreas dos círculos devem ser proporcionais ao número de prêmios ganhos (absoluto ou per capita), o que significa (pela área do círculo = pi × raio ao quadrado) que seu raio deve ser uma função da raiz quadrada desse número de prêmios. O D3 fornece uma escala `sqrt` útil para essa necessidade, permitindo que se defina um domínio (mínimo e máximo número de prêmios neste caso) e um intervalo (raio mínimo e máximo do indicador).

Vamos ver um rápido exemplo da escala `sqrt` em ação. No código a seguir, definimos uma escala com um domínio entre 0 e 100 e um intervalo baseado em zero com uma área máxima de 25 (5 × 5). Isso significa que chamar a escala com 50 (metade do intervalo) deve fornecer a raiz quadrada da metade da área máxima (12,5):

```
var sc = d3.scaleSqrt().domain([0, 100]).range([0, 5]);
sc(50) // retorna 3.5353..., a raiz quadrada de 12.5
```

Para criar nossa escala do raio do nosso indicador, criamos uma escala `sqrt` usando os raios máximo e mínimo especificados em *nbviz_core.js* para definir seu intervalo:

```
var radiusScale = d3.scaleSqrt()
    .range([nbviz.MIN_CENTROID_RADIUS,
    nbviz.MAX_CENTROID_RADIUS]);
```

Para obter o domínio para nossas escalas, usamos este `mapData` para obter o número máximo de ganhadores por país e usamos esse valor como o valor superior do domínio, com `0` como valor inferior:

```
var maxWinners = d3.max(mapData.map(d => d.number))
// DOMÍNIO DA ESCALA INDICADOR DE VALOR
radiusScale.domain([0, maxWinners]);
```

Para adicionar nossas formas de país ao mapa existente, vinculamos o `mapData` a uma seleção no grupo `countries` de classe `country` e implementamos um padrão de atualização (consulte "Atualizando o DOM com Dados" na página 427) para primeiro adicionar quaisquer formas de país necessárias pelo `mapData`. Em vez de remover caminhos de país não vinculados, usamos a propriedade `opacity` do CSS para tornar os países vinculados visíveis e os não vinculados invisíveis. Uma transição de dois segundos é usada para fazer com que esses países apareçam e desapareçam adequadamente. O Exemplo 19-6 mostra o padrão de atualização.

Exemplo 19-6. Atualizando as formas dos países

```
let countries = svg
   .select('.countries').selectAll('.country')
   .data(mapData, d => d.name)
// Use uma junção de dados para tornar os países selecionados visíveis
// e desvanecê-los em TRANS_DURATION milissegundos
 countries
   .join(
     (enter) => {
       return enter
         .append('path') ❶
                 .attr('d', function (d) {
                     return path(d.geo)
         })
         .attr('class', 'country')
         .attr('name', d => d.name)
         .on('mouseenter', function (event, d) { ❷
           d3.select(this).classed('active', true)
         })
         .on('mouseout', function (d) {
           d3.select(this).classed('active', false)
         })
     },
     (update) => update,
     (exit) => { ❸
       return exit
         .classed('visible', false)
         .transition()
         .duration(nbviz.TRANS_DURATION)
         .style('opacity', 0)
     }
   )
   .classed('visible', true)
   .transition() ❹
   .duration(nbviz.TRANS_DURATION)
   .style('opacity', 1)
```

❶ Use os dados GeoJSON para criar formas de mapa de países usando nosso objeto de caminho.

❷ Marcadores de interface do usuário, que definem os caminhos SVG para a classe ativa ao passar o mouse sobre eles. Observe que usamos a palavra-chave `function` aqui, em oposição à notação de seta usual (=>). Isso ocorre porque desejamos usar o D3 para acessar o elemento DOM (região do mapa) inserido pelo mouse usando a palavra-chave `this`, que não está disponível com funções de seta.

❸ Uma função de saída personalizada que desvanece (define a opacidade como 0) a forma do país durante 2000 (`TRANS_DURATION`) milissegundos.

❹ Quaisquer novos países são desvanecidos (opacidade 1) durante 2000 (`TRANS_DURATION`) ms.

Observe que adicionamos uma classe CSS `country` a países recém-inseridos, definindo sua cor como verde-claro. Além disso, os eventos do mouse são usados para classificar o país como ativo se o cursor estiver sobre ele, destacando-o com um verde mais escuro. Aqui estão as classes CSS:

```
.country{
    fill: rgb(175, 195, 186); /* verde-claro */
}

.country.active{
    fill: rgb(155, 175, 166); /* verde-escuro */
}
```

O padrão de atualização mostrado no Exemplo 19-6 fará uma transição suave dos conjuntos de dados antigos para novos, produzidos em resposta a filtros aplicados pelo usuário e passados para a função `updateMap`. Tudo o que precisamos agora é adicionar indicadores circulares igualmente responsivos, centrados nos países ativos e refletindo seu valor atual, seja uma medida absoluta ou relativa (per capita) de sua coleção de Prêmios Nobel.

Adicionando Indicadores de Valor

Para adicionar nossos indicadores circulares de valor, queremos um padrão de atualização que espelhe aquele usado para criar nossos caminhos SVG de país. Queremos vincular ao conjunto de dados `mapData` e anexar, atualizar e remover nossos círculos indicadores de acordo. Assim como com as formas dos países, ajustaremos a opacidade dos indicadores para adicioná-los e removê-los do mapa.

Os indicadores precisam ser colocados no centro de seus respectivos países. O gerador de `path` do D3 fornece uma série de métodos de utilidade úteis para lidar com geometrias GeoJSON. Um deles é o `centroid`, que calcula o centroide projetado para a característica especificada:

```
// Dado o GeoJSON do país (country.geo),
// calcule as coordenadas x, y do centro
var center = path.centroid(country.geo);
// centro = [x, y]
```

Embora o `path.centroid` faça um bom trabalho como regra geral e seja muito útil para rotular formas, limites, e assim por diante, ele pode produzir resultados estranhos, especialmente com geometrias altamente côncavas. Felizmente, os dados de países do mundo que armazenamos em "Obtendo Dados de Países para a Visualização de Dados do Nobel" na página 130 contêm as coordenadas centrais de todos os nossos países ganhadores do Prêmio Nobel.

Primeiro, escreveremos um pequeno método para recuperá-los a partir de um objeto `mapData`:

```
var getCentroid = function(d) {
    var latlng = nbviz.data.countryData[d.name].latlng; ❶
    return projection([latlng[1], latlng[0]]); ❷
};
```

❶ Obtenha a latitude e a longitude do centro do nosso país por nome, usando os dados de países do mundo armazenados.

❷ Use nossa projeção equiretangular para convertê-las em coordenadas SVG.

Conforme mostrado no Exemplo 19-7, vinculamos nossos dados de mapa à seleção de todos os elementos da classe `centroid` no grupo centroides que adicionamos no Exemplo 19-5. Os dados são vinculados por meio da chave `name`.

Exemplo 19-7. Adicionando indicadores de conquista de prêmios aos centroides dos países

```
let updateMap = function(countryData) {
//...
  // VINCULA DADOS DO MAPA COM CHAVE DE NOME
  let centroids = svg
     .select('.centroids').selectAll('.centroid')
     .data(mapData, d => d.name) ❶
  // JUNTA DADOS A INDICADORES DE CÍRCULO
  centroids
    .join(
      (enter) => {
        return enter
          .append("circle")
          .attr("class", "centroid")
          .attr("name", (d) => d.name)
          .attr("cx", (d) => getCentroid(d)[0]) ❷
          .attr("cy", (d) => getCentroid(d)[1])
      },
      (update) => update,
      (exit) => exit.style("opacity", 0)
```

```
        )
        .classed("active",
          (d) => d.name === nbviz.activeCountry)
        .transition()
        .duration(nbviz.TRANS_DURATION) ❸
        .style("opacity", 1)
        .attr("r", (d) => radiusScale(+d.number))
};
```

❶ Vincula os dados do mapa aos elementos de centroides usando a chave `name`.

❷ Usa a função `getCentroid` para retornar as posições em pixels para as geocoordenadas dos centros dos países.

❸ Esta transição de 2000 ms desvanece o marcador circular aumentando sua opacidade, ao mesmo tempo que faz a transição para o novo raio.

Usando um pouco de CSS, podemos tornar os indicadores vermelhos e ligeiramente transparentes, permitindo que os detalhes do mapa e, onde estão densamente agrupados na Europa, outros indicadores sejam visíveis. Se o país for selecionado pelo usuário, usando o filtro de país na barra de interface do usuário, ele é classificado como `active` e recebe uma tonalidade dourada. Aqui está o CSS para fazer isso:

```
.centroid{
    fill: red;
    fill-opacity: 0.3;
    pointer-events: none; ❶
}

.centroid.active {
    fill: goldenrod;
    fill-opacity: 0.6;
}
```

❶ Isso permite que eventos do mouse se propaguem para as formas dos países abaixo dos círculos, permitindo que o usuário ainda clique neles.

Os indicadores de centroides ativos que acabamos de adicionar são o último elemento do nosso mapa de Prêmio Nobel. Agora, vamos dar uma olhada no artigo completo.

Nosso Mapa Finalizado

Com os padrões de atualização de países e indicadores no lugar, nosso mapa deve responder às seleções feitas pelo usuário com uma transição suave. A Figura 19-5 mostra o resultado da seleção de Prêmios Nobel em Economia. Apenas os países ganhadores permanecem destacados, e os indicadores de valor são redimensionados, refletindo o domínio americano nesta categoria.

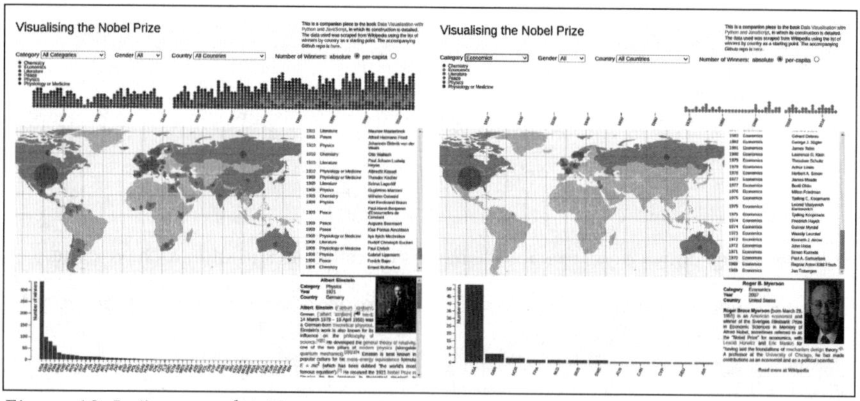

Figura 19-5. (à esquerda) Mostra o mapa com o conjunto completo de dados do Nobel; (à direita) os prêmios são filtrados por categoria, exibindo os ganhadores em Economia (e a predominância dos economistas dos EUA)

O mapa, como está, não é interativo, mas mostra quando um usuário paira sobre um país específico com o mouse, chamando as funções de retorno `mouseenter` e `mouseout` e adicionando ou removendo uma classe `active`. Essas funções de retorno podem ser facilmente usadas para adicionar mais funcionalidades ao mapa, como tooltips ou o uso dos países como filtros de dados clicáveis. Vamos agora usá-las para construir um tooltip simples, para mostrar o país sobre o qual o mouse está pairando e algumas informações simples sobre o prêmio.

Construindo um Tooltip Simples

Tooltips e outros widgets interativos são coisas comumente exigidas por visualizadores de dados e, embora possam se tornar bastante complexos, especialmente se eles próprios forem interativos (por exemplo, menus que aparecem quando o mouse paira sobre eles), existem algumas receitas simples que são muito úteis de se conhecer. Nesta seção, vou mostrar como construir um tooltip simples, mas bastante eficaz. A Figura 19-6 mostra o que estamos tentando construir.

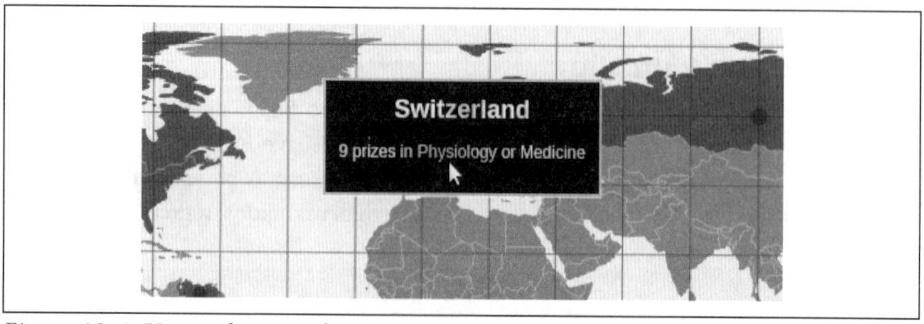

Figura 19-6. Um tooltip simples para o nosso mapa de Prêmios Nobel

Vamos nos lembrar da nossa atualização corrente de `countries`, onde os manipuladores de eventos `mouseenter` e mouseout são adicionados durante uma junção de dados:

```
// ENTRA E ANEXA QUALQUER NOVO PAÍS
countries.join((enter) => {
  return enter.append('path')
  // ...
    .on('mouseenter', function(d) {
        d3.select(this).classed('active', true);
    })
    .on('mouseout', function(d) {
        d3.select(this).classed('active', false);
    })
  })
;
```

Para adicionar um tooltip ao nosso mapa, precisamos fazer três coisas:

1. Criar um tooltip em HTML com espaços reservados para as informações que desejamos exibir — neste caso, o nome do país e o número de vitórias na categoria de prêmio selecionada.
2. Exibir esta caixa HTML sobre o mouse quando o usuário a mover para dentro de um país e ocultá-la quando o usuário a mover para fora.
3. Atualizar a caixa quando exibida usando os dados vinculados ao país sob o mouse.

Criamos o HTML para o tooltip adicionando um bloco de conteúdo à seção do mapa Nobel-viz, com o ID `map-tooltip`, um cabeçalho `<h2>` para seu título e uma tag `<p>` para o texto do tooltip:

```
<!-- index.html  -->
      <!-- ...  -->
        <div id="nobel-map">
          <div id="map-tooltip">
            <h2></h2>
            <p></p>
          </div>
      <!-- ...  -->
```

Também precisaremos de um pouco de CSS para o visual e o estilo do tooltip, adicionado ao nosso arquivo *style.css*:

```
/* css/style.css */
/* DICA DE FERRAMENTA DO MAPA */
#map-tooltip {
    position: absolute;
    pointer-events: none; ❶
    color: #eee;
```

```
        font-size: 12px;
        opacity: 0.7; /* um pouco transparente */
        background: #222;
        border: 2px solid #555;
        border-color: goldenrod;
        padding: 10px;
        left: -999px; ❷
}

#map-tooltip h2 {
        text-align: center;
        padding: 0px;
        margin: 0px;
}
```

❶ Definir `pointer-events` como `none` permite efetivamente clicar em coisas sob o tooltip.

❷ Inicialmente, o tooltip está escondido bem à esquerda (virtual) da janela do navegador, usando um grande índice x negativo.

Com nosso HTML de tooltip no lugar e o elemento oculto à esquerda da janela do navegador (`left`, está -9999 pixels), precisamos apenas estender nossas funções de retorno de `mousein` e `mouseout` para exibir ou ocultar o tooltip. A função `mousein`, chamada quando o usuário move o mouse para dentro de um país, faz a maior parte do trabalho:

```
// ...
countries.join(
    (enter) => {
    .append('path')
    .attr('class', 'country')
    .on('mouseenter', function(event) {

        var country = d3.select(this);
        // não faça nada se o país não estiver visível
        if(!country.classed('visible')){ return; }

        // obtenha o objeto de dados do país
        var cData = country.datum();
        // se houver apenas um prêmio, use 'prize' no singular
        var prize_string = (cData.number === 1)?
            ' prize in ': ' prizes in ';
        // defina o cabeçalho e o texto da dica de ferramenta
        tooltip.select('h2').text(cData.name);
        tooltip.select('p').text(cData.number
            + prize_string + nbviz.activeCategory);
        // defina a cor da borda de acordo com a seleção
        // categoria do prêmio
        var borderColor =
          (nbviz.activeCategory === nbviz.ALL_CATS)?
```

```
            'goldenrod':
            nbviz.categoryFill(nbviz.activeCategory);
        tooltip.style('border-color', borderColor);

        var mouseCoords = d3.pointer(event); ❶
        var w = parseInt(tooltip.style('width')), ❷
            h = parseInt(tooltip.style('height'));
        tooltip.style('top', (mouseCoords[1] - h) + 'px'); ❸
        tooltip.style('left', (mouseCoords[0] - w/2) + 'px');

        d3.select(this).classed('active', true);
    })
    .on('mouseout', function (d) {
      tooltip.style('left', '-9999px') ❹
      d3.select(this).classed('active', false)
    })
  }, // ...
)
```

❶ O método `pointer` do D3 retorna as coordenadas do mouse do objeto `event` (aqui, em relação ao grupo pai do mapa) em pixels, que podemos usar para posicionar o tooltip.

❷ Obtemos a largura e altura calculadas da caixa do tooltip, que foi ajustada para acomodar o título do país e a string do prêmio.

❸ Usamos as coordenadas do mouse e a largura e altura da caixa do tooltip para posicionar a caixa centralizada horizontalmente e logo acima do cursor do mouse (a largura e altura não incluem nossos 10 pixels de preenchimento ao redor da `<div>` do tooltip).

❹ Quando o mouse sai de um país, fazemos o tooltip desaparecer, colocando-o à extrema esquerda do mapa.

Com a função de retorno `mouseenter` escrita, agora só precisamos de uma função de retorno `mouseout` para ocultar o tooltip, colocando-o à extrema esquerda da janela do navegador:

```
countries.join(
    (enter) => {
    .append('path')
    .attr('class', 'country')
    .on('mouseenter', function(event) {
    // ...
    })
    .on('mouseout', function (d) {
      tooltip.style('left', '-9999px') ❶
      d3.select(this).classed('active', false)
    })
  }, // ...
)
```

❶ Quando o mouse sai do país, movemos o tooltip para a extrema esquerda, fora da janela do navegador, e removemos a classe 'ativa' do país, retornando à cor de país padrão.

Com as funções de retorno de `mouseenter` e `mouseout` operando em conjunto, você deverá ver o tooltip aparecendo e desaparecendo onde necessário, como mostrado na Figura 19-6.

Atualizando o Mapa

Quando o módulo do mapa é importado, ele acrescenta uma função de retorno anônima ao array de funções de retorno no módulo principal. Quando os dados são atualizados em resposta à interação do usuário, esta função de retorno é chamada e o gráfico de barras é atualizado com novos dados do país:

```
nbviz.callbacks.push(() => { ❶
  let data = nbviz.getCountryData()
  updateMap(data)
})
```

❶ Esta função anônima é chamada no módulo principal quando os dados são atualizados.

Agora que construímos o componente de mapa de nossa visualização de dados do Nobel, vamos resumir o que aprendemos antes de avançar para mostrar como a entrada do usuário orienta a visualização.

Resumo

O desenvolvimento de mapas com o D3 é uma área rica, com muitas projeções variadas e muitos métodos de utilidade para ajudar na manipulação de geometrias. Mas a construção de um mapa segue um procedimento bastante padrão, como demonstrado no capítulo: primeiro, escolhemos sua projeção — digamos, uma projeção de Mercator ou talvez a projeção cônica de Albers comumente usada para mapear os EUA. Em seguida, usamos esta projeção para criar um gerador de `path` D3, que transforma as características do GeoJSON em caminhos SVG, criando o mapa que vemos. O GeoJSON normalmente será extraído de dados mais eficientes do TopoJSON.

Este capítulo também demonstrou o quão fácil é destacar interativamente seu mapa e lidar com movimentos do cursor. Juntos, o conjunto básico de habilidades deve permitir que você comece a construir suas próprias visualizações de mapeamento.

Agora que construímos todos os nossos elementos gráficos baseados em SVG, vamos ver quão bem o D3 funciona com elementos HTML convencionais, construindo nossa lista de ganhadores e uma caixa de biografia individual.

CAPÍTULO 20

Visualizando Ganhadores Individuais

Queremos que nossa visualização do Prêmio Nobel (Nobel-viz) inclua uma lista dos ganhadores atualmente selecionados e uma caixa de biografia (também conhecida como bio-box) para exibir os detalhes de um ganhador individual (veja a Figura 20-1). Ao clicar em um ganhador na lista, o usuário pode ver seus detalhes na bio-box. Neste capítulo, veremos como construir a lista e a bio-box, como repopular a lista quando o usuário selecionar novos dados (com os filtros da barra de menu) e como tornar a lista clicável.

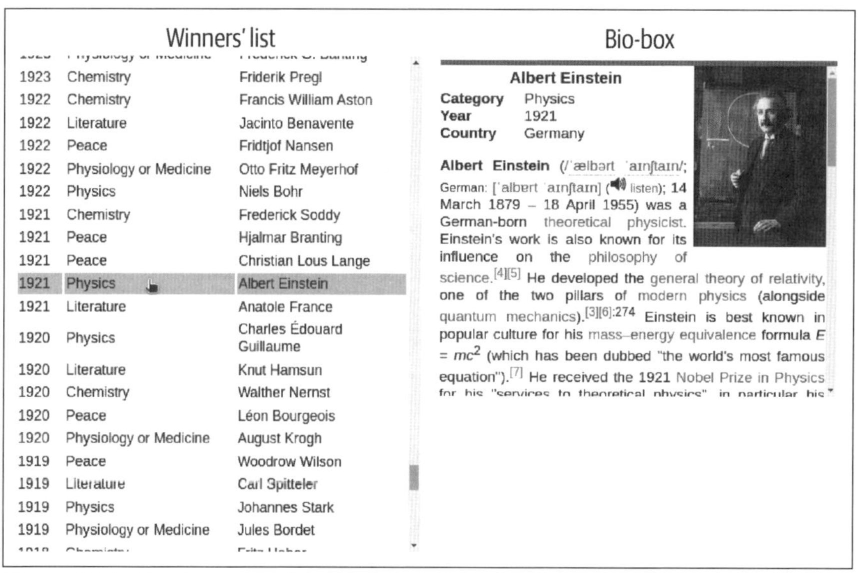

Figura 20-1. Os elementos-alvo deste capítulo

Como este capítulo demonstrará, o D3 não serve apenas para construir visualizações SVG. É possível vincular dados a qualquer elemento DOM e usá-los para alterar seus atributos e propriedades ou suas funções de retorno de evento. A junção de dados do D3 e o tratamento de eventos (realizado através do método on) se encaixam muito bem com interfaces de usuário comuns, como a lista clicável deste capítulo e caixas de seleção.[1]

Vamos lidar primeiro com a lista de ganhadores e como ela é construída com o conjunto de dados dos ganhadores atualmente selecionados.

Construindo a Lista

Construímos nossa lista de ganhadores (veja a Figura 20-1) usando uma tabela HTML com colunas de Ano, Categoria e Nome. O esqueleto básico desta lista é fornecido no arquivo *index.html* do Nobel-viz:

```
<!DOCTYPE html>
<meta charset="utf-8">
<body>
...
    <div id="nobel-list">
      <h2>Selected winners</h2>
      <table>
        <thead>
          <tr>
            <th id='year'>Year</th>
            <th id='category'>Category</th>
            <th id='name'>Name</th>
          </tr>
        </thead>
        <tbody>
        </tbody>
      </table>
    </div>
...
</body>
```

Usaremos um pouco de CSS em *style.css* para estilizar essa tabela, ajustando a largura das colunas e o tamanho da fonte delas:

```
/* LISTA DOS GANHADORES */
#nobel-list { overflow: scroll; overflow-x: hidden; } ❶

#nobel-list table{ font-size: 10px; }
#nobel-list table th#year { width: 30px }
#nobel-list table th#category { width: 120px }
#nobel-list table th#name { width: 120px }
#nobel-list h2 { font-size: 14px; margin: 4px;
text-align: center }
```

[1] Abordaremos as caixas de seleção (como filtros de dados) no Capítulo 21.

❶ `overflow: scroll` corta o conteúdo da lista (mantendo-o dentro do nosso contêiner `nobel-list`) e adiciona uma barra de rolagem para que possamos acessar todos os ganhadores. `overflow-x: hidden` inibe a adição de uma barra de rolagem horizontal.

Para criar a lista, adicionaremos elementos de linha `<tr>` (contendo uma tag `<tr>` para cada coluna) ao elemento `<tbody>` da tabela para cada ganhador no conjunto de dados atual, produzindo algo assim:

```
...
<tbody>
  <tr>
    <td>2014</td>
    <td>Chemistry</td>
    <td>Eric Betzig</td>
  </tr>
  ...
</tbody>
...
```

Para criar essas linhas, o método `updateList` será chamado por nossa função central de `onDataChange` quando a aplicação for inicializada e posteriormente quando o usuário aplicar um filtro de dados e a lista de ganhadores mudar (consulte "Fluxo de Dados Básico" na página 399). Os dados recebidos pelo `updateList` terão a seguinte estrutura:

```
// data =
[{
  name:"C\u00e9sar Milstein",
  category:"Physiology or Medicine",
  gender:"male",
  country:"Argentina",
  year: 1984
  _id: "5693be6c26a7113f2cc0b3f4"
 },
 ...
]
```

O Exemplo 20-1 mostra o método `updateList`. Os dados recebidos são primeiro classificados por ano e, em seguida, após a remoção de quaisquer linhas existentes, são usados para construir as linhas da tabela.

Exemplo 20-1. Construindo a lista de ganhadores selecionados

```
let updateList = function (data) {
  let tableBody, rows, cells
  // Classifique os dados dos vencedores por ano
  data = data.sort(function (a, b) {
    return +b.year - +a.year
  })
```

```
  // selecione o corpo da tabela em index.html
  tableBody = d3.select('#nobel-list tbody')
  // crie linhas de espaço reservado vinculadas aos dados dos ganhadores
  rows = tableBody.selectAll('tr').data(data)

  rows.join( ❶
    (enter) => {
      // crie quaisquer novas linhas necessárias
      return enter.append('tr').on('click', function (event, d) { ❷
        console.log('You clicked a row ' + JSON.stringify(d))
        displayWinner(d)
      })
    },
    (update) => update,
    (exit) => {
      return exit ❸
        .transition()
        .duration(nbviz.TRANS_DURATION)
        .style('opacity', 0)
        .remove()
    }
  )

  cells = tableBody ❹
    .selectAll('tr')
    .selectAll('td')
    .data(function (d) {
      return [d.year, d.category, d.name]
    })
  // Anexe células de dados e defina seu texto
  cells.join('td').text(d => d) ❺
  // Exibe um ganhador aleatório se houver dados disponíveis
  if (data.length) { ❻
    displayWinner(data[Math.floor(Math.random() * data.length)])
  }
}
```

❶ Um padrão de junção agora familiar, usando os dados vinculados dos ganhadores para criar e atualizar os itens da lista.

❷ Quando o usuário clica em uma linha, esta função manipuladora de cliques passará os dados do ganhador vinculados a essa linha para um método `displayWinner`, que atualizará a bio-box conforme necessário.

❸ Esta função personalizada de saída desvanece qualquer linha excedente durante o período de transição de dois segundos, reduzindo sua opacidade a zero antes de removê-las.

❹ Primeiro, usamos os dados de um ganhador para criar um conjunto de dados com ano, categoria e nome, que serão usados para criar as células de dados `<td>` da linha...

❺ ...depois, unimos esse conjunto às células de dados (td) da linha e o usamos para definir seu texto.

❻ Cada vez que os dados são alterados, selecionamos aleatoriamente um ganhador do novo conjunto de dados e o exibimos na bio-box.

Conforme o usuário move o cursor sobre uma linha na nossa tabela de ganhadores, queremos destacar a linha e também mudar o estilo do ponteiro para um cursor para indicar que a linha é clicável. Ambos os detalhes são configurados pelo seguinte CSS, adicionado ao nosso arquivo *style.css*:

```
#nobel-list tr:hover{
    cursor: pointer;
    background: lightblue;
}
```

Nosso método `updateList` chama um método `displayWinner` para construir uma caixa de biografia de um ganhador quando uma linha é clicada ou quando os dados mudam (com uma escolha aleatória). Vamos agora ver como a bio-box é construída.

Construindo a Bio-Box

A bio-box usa um objeto do ganhador para preencher os detalhes de uma pequena mini-biografia. A estrutura HTML da bio-box está fornecida no arquivo *index.html*, consistindo em blocos de conteúdo para os elementos biográficos e um rodapé `readmore` que fornece um link da Wikipédia para mais informações sobre o ganhador:

```
<!DOCTYPE html>
<meta charset="utf-8">
<body>
...
    <div id="nobel-winner">
      <div id="picbox"></div>
      <div id='winner-title'></div>
      <div id='infobox'>
        <div class='property'>
          <div class='label'>Category</div>
          <span name='category'></span>
        </div>
        <div class='property'>
          <div class='label'>Year</div>
          <span name='year'></span>
        </div>
        <div class='property'>
          <div class='label'>Country</div>
          <span name='country'></span>
        </div>
      </div>
      <div id='biobox'></div>
      <div id='readmore'>
```

```
            <a href='#'>Read more at Wikipedia</a></div>
        </div>
    ...
    </body>
```

Um pouco de CSS em *style.css* define as posições dos elementos da lista e da caixa de biografia, dimensiona os blocos de conteúdo e fornece bordas e detalhes de fontes:

```
/* CAIXA DE INFORMAÇÕES DO GANHADOR*/

#nobel-winner {
    font-size: 11px;
    overflow: auto;
    overflow-x: hidden;
    border-top: 4px solid;
}

#nobel-winner #winner-title {
    font-size: 12px;
    text-align: center;
    padding: 2px;
    font-weight: bold;
}

#nobel-winner #infobox .label {
    display: inline-block;
    width: 60px;
    font-weight: bold;
}

#nobel-winner #biobox { font-size: 11px; }
#nobel-winner #biobox p { text-align: justify; }

#nobel-winner #picbox {
    float: right;
    margin-left: 5px;
}
#nobel-winner #picbox img { width:100px; }

#nobel-winner #readmore {
    font-weight: bold;
    text-align: center;
}
```

Com nossos blocos de conteúdo no lugar, precisamos fazer uma chamada à nossa API de dados para obter os dados necessários para preenchê-los. O Exemplo 20-2 mostra o método `displayWinner` usado para construir a caixa.

Exemplo 20-2. Atualizando a caixa de biografia de um ganhador selecionado

```
let displayWinner = function (wData) {
  // armazene o elemento bio-box do ganhador
  let nw = d3.select('#nobel-winner')

  nw.select('#winner-title').text(wData.name)
  nw.style('border-color', nbviz.categoryFill(wData.category)) ❶

  nw.selectAll('.property span').text(function (d) { ❷
    var property = d3.select(this).attr('name')
    return wData[property]
  })

  nw.select('#biobox').html(wData.mini_bio)
  // Adicione uma imagem, se disponível, caso contrário, remova a antiga
  if (wData.bio_image) { ❸
    nw.select('#picbox img')
      .attr('src', 'static/images/winners/' + wData.bio_image)
      .style('display', 'inline')
  } else {
    nw.select('#picbox img').style('display', 'none')
  }

  nw.select('#readmore a').attr( ❹
    'href',
    'http://en.wikipedia.org/wiki/' + wData.name
  )
}
```

❶ Nosso elemento `nobel-winner` tem uma borda superior (CSS: `border-top: 4px solid`), que será colorida de acordo com a categoria do ganhador, usando o método `categoryFill` definido em *nbviz_core.js*.

❷ Selecionamos as tags `<span>` de todas as divs com a classe `property`. Estas estão na forma `<span name=`*`category`*`></span>`. Usamos o atributo `name` da span para recuperar a propriedade correta dos dados do nosso ganhador do Nobel e usá-lo para definir o texto da tag.

❸ Aqui definimos o atributo `src` (origem) na imagem do nosso ganhador, se uma estiver disponível. Usamos o atributo `display` da tag de imagem para ocultá-la (configurando-o como `none`) se nenhuma imagem estiver disponível ou mostrá-la (o padrão é `inline`) se houver.

❹ O nome do nosso ganhador foi obtido da Wikipédia e pode ser usado para acessar a página da Wikipédia dele.

Atualizando a Lista de Ganhadores

Quando o módulo de detalhes (lista de ganhadores e biografia) é importado, ele anexa uma função de retorno de chamada ao array de retornos de chamada no módulo central. Quando os dados são atualizados em resposta à interação do usuário, essa função de retorno de chamada é chamada e a lista é atualizada com novos dados do país, usando a dimensão de país do Crossfilter:

```
nbviz.callbacks.push(() => { ❶
  let data = nbviz.countryDim.top(Infinity)
  updateList(data)
})
```

❶ Essa função anônima é chamada no módulo central quando os dados são atualizados.

Agora que vimos como adicionamos um pouco de personalidade à nossa visualização do Nobel, permitindo que os usuários exibam a biografia de um ganhador, vamos resumir este capítulo antes de seguir para ver como a barra de menu é construída.

Resumo

Neste capítulo, vimos como o D3 pode ser usado para criar construções HTML convencionais, não apenas gráficos SVG. O D3 se adapta igualmente bem à criação de listas, tabelas e outros elementos, assim como à exibição de círculos ou à alteração da rotação de uma linha. Onde quer que haja dados em constante mudança que precisam ser refletidos nos elementos de uma página da web, o D3 provavelmente é capaz de resolver o problema de forma elegante e eficiente.

Com nossa lista de ganhadores e caixa de biografia cobertas, vimos como todos os elementos visuais em nossa visualização Nobel foram construídos. Agora só falta ver como a barra de menu da visualização é construída e como as mudanças que ela permite, tanto nos dados quanto na medida dos prêmios, são refletidas por esses elementos visuais.

CAPÍTULO 21
A Barra de Menu

Os capítulos anteriores mostraram como construir os componentes visuais de nossa visualização interativa do Prêmio Nobel, o gráfico de tempo para exibir todos os ganhadores do Prêmio Nobel por ano, um mapa para mostrar as distribuições geográficas, uma lista para exibir os ganhadores atualmente selecionados e um gráfico de barras para comparar vitórias absolutas e per capita por país. Neste capítulo, veremos como o usuário interage com a visualização usando seletores e botões (veja a Figura 21-1) para criar um conjunto de dados filtrado que é então refletido pelos componentes visuais. Por exemplo, selecionar Física na caixa de seleção de categoria filtrará e exibirá apenas os ganhadores do Prêmio Nobel em Física nos elementos de visualização do Prêmio Nobel (Nobel-viz). Os filtros em nossa barra de menu são cumulativos, portanto, podemos, por exemplo, selecionar apenas as mulheres químicas da França que ganharam o Prêmio Nobel.[1]

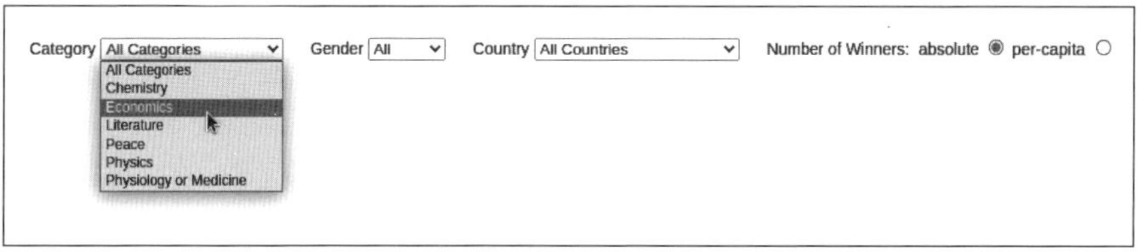

Figura 21-1. Barra de menu alvo deste capítulo

Nas seções a seguir, mostrarei como usar o D3 para construir a barra de menu e como as chamadas de retorno em JavaScript são usadas para responder às mudanças impulsionadas pelo usuário.

Criando Elementos HTML com D3

Muitas pessoas pensam no D3 como uma ferramenta especializada para criar visualizações SVG compostas de primitivos gráficos como linhas e círculos. Embora o D3 seja ótimo para isso (é o melhor que existe), ele também é igualmente competente em criar elementos HTML convencionais, como tabelas ou caixas de seleção. Para complexos HTML

[1] 1 Notavelmente, Marie Curie e sua filha Irène Joliot-Curie possuem essa distinção.

baseados em dados complicados, como menus hierárquicos, as junções de dados aninhadas do D3 são uma maneira ideal de criar os elementos DOM e as chamadas de retorno para lidar com as seleções do usuário.

Vimos no Capítulo 20 como é fácil criar linhas de `table` a partir de um conjunto de dados selecionado ou preencher os detalhes de uma caixa de biografia com os dados de um ganhador. Neste capítulo, mostraremos como popular seletores com opções com base em conjuntos de dados em mudança e como anexar funções de chamada de retorno a elementos de interface do usuário, como seletores e botões do tipo `radio`.

> Se você tiver elementos HTML estáveis (por exemplo, uma caixa de seleção cujas opções não dependam da alteração de dados), é melhor escrevê-los em HTML e depois usar o D3 para anexar quaisquer funções de chamada de retorno necessárias para lidar com a entrada do usuário. Assim como com estilos CSS, você deve fazer o máximo possível em HTML puro. Isso mantém o código mais limpo e é mais fácil para outros desenvolvedores e não desenvolvedores entenderem. Neste capítulo, estendemos um pouco essa regra para demonstrar a criação de elementos HTML, mas em geral, é sempre a melhor abordagem.

Construindo a Barra de Menu

Conforme discutido em "O Esqueleto HTML" na página 390, nossa Nobel-viz é construída em elementos HTML `<div>`, preenchidos com JavaScript e D3. Como mostrado no Exemplo 21-1, nossa barra de menu é construída no `<div>` `nobel-menu`, posicionada acima do portador do gráfico principal, e consiste em três filtros de seleção (pela categoria dos ganhadores, gênero e país) e alguns botões do tipo `radio` para selecionar a métrica de ganhadores do país (absoluta ou per capita).

Exemplo 21-1. O esqueleto HTML para a barra de menu

```
<!-- ... -->
<body>
<!-- ... -->
  <!-- OS LOCAIS PARA NOSSOS COMPONENTES VISUAIS  -->
    <div id="nbviz">
      <!-- INICÍO DA BARRA DE MENU -->
      <div id="nobel-menu">
        <div id="cat-select">
          Category
          <select></select>
        </div>
        <div id="gender-select">
          Gender
          <select>
            <option value="All">All</option>
            <option value="female">Female</option>
```

```
            <option value="male">Male</option>
          </select>
        </div>
        <div id="country-select">
          Country
          <select></select>
        </div>
        <div id='metric-radio'>
          Number of Winners: 
          <form>
            <label>absolute
              <input type="radio" name="mode" value="0" checked>
            </label>
            <label>per-capita
              <input type="radio" name="mode" value="1">
            </label>
          </form>
        </div>
      </div>
      <!-- FIM DA BARRA DE MENU  -->
    <div id='chart-holder'>
  <!-- ... -->
  </body>
```

Agora adicionaremos os elementos da interface do usuário um por um, começando pelos filtros de seleção.

Construindo o Seletor de Categorias

Para construir o seletor de categorias, vamos precisar de uma lista de strings de opções. Vamos criar essa lista usando a lista `CATEGORIES` definida no arquivo *nbviz_core.js:*

```
import nbviz from './nbviz_core.mjs'

let catList = [nbviz.ALL_CATS].concat(nbviz.CATEGORIES) ❶
```

❶ Cria a lista de opções do seletor de categorias `['All Categories', 'Chemistry', 'Economics', … ]` concatenando a lista `['All Categories']` e a lista `['Chemistry', 'Economics', … ]`.

Agora vamos usar essa lista de categorias para criar as tags de opção. Primeiro, usaremos o D3 para selecionar a tag select `#cat-select`:

```
//...
    let catSelect = d3.select('#cat-select select');
```

Com o `catSelect` em mãos, vamos usar um data-join padrão do D3 para transformar nossa lista `catList` de categorias em tags HTML `option`:

```
catSelect.selectAll('option')
   .data(catList)
   .join('option') ❶
   .attr('value', d => d) ❷
   .html(d => d);
```

❶ Após a vinculação de dados, anexe uma `option` para cada membro de `catList`.

❷ Estamos definindo o atributo `value` e o texto de `option` para uma categoria (por exemplo, `<option value="Peace">Peace</option>`).

O resultado das operações `append` anteriores é o seguinte elemento DOM `cat-select`:

```
<div id="cat-select">
  "Category "
  <select>
    <option value="All Categories">All Categories</option>
    <option value="Chemistry">Chemistry</option>
    <option value="Economics">Economics</option>
    <option value="Literature">Literature</option>
    <option value="Peace">Peace</option>
    <option value="Physics">Physics</option>
    <option value="Physiology or Medicine">
    Physiology or Medicine</option>
  </select>
</div>
```

Agora que temos nosso seletor, podemos usar o método `on` do D3 para anexar uma função de chamada de retorno do manipulador de eventos, acionada quando o seletor é alterado:

```
catSelect.on('change', function(d) {
        let category = d3.select(this).property('value'); ❶
        nbviz.filterByCategory(category); ❷
        nbviz.onDataChange(); ❸
    });
```

❶ `this` é a tag select, com a propriedade `value` como a opção de categoria selecionada.

❷ Chamamos o método `filterByCategory` definido em *nbviz_core.js* para filtrar nosso conjunto de dados por prêmios na categoria selecionada.

❸ `onDataChange` aciona os métodos de atualização dos componentes visuais que irão refletir nosso conjunto de dados recém-filtrado.

A Figura 21-2 é um esquema da nossa chamada de retorno de seleção. Selecionar Física chama a função de chamada de retorno anônima anexada ao evento de mudança do nosso seletor. Essa função inicia a atualização dos elementos visuais do Nobel-viz.

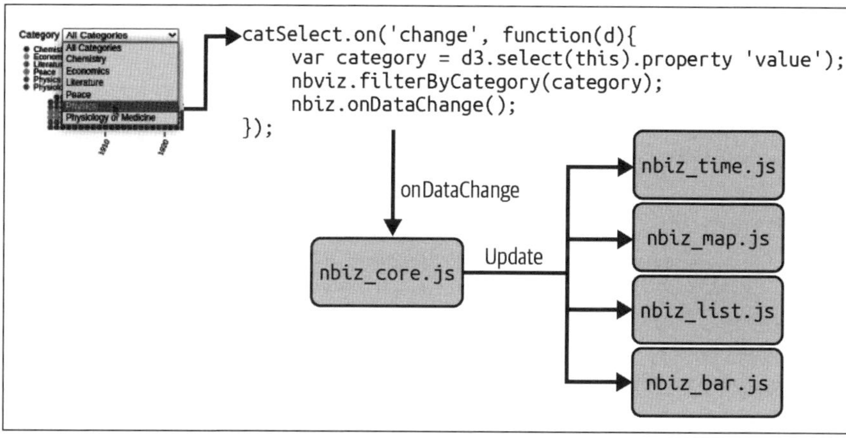

Figura 21-2. A chamada de retorno de seleção de categoria

Dentro da chamada de retorno do seletor de categoria, primeiro chamamos o método `filterByCategory`[2] para selecionar apenas os ganhadores em Física e o método `onDataChange` para acionar uma atualização de todos os componentes visuais. Quando aplicável, eles refletirão os dados alterados. Por exemplo, os indicadores circulares de distribuição do mapa redimensionarão, desaparecendo no caso de países sem ganhadores do Nobel em Física.

Adicionando o Seletor de Gênero

Já adicionamos o HTML para nosso seletor de gênero e suas opções na descrição da barra de menu em *index.html*:

```
<!-- ... -->
        <div id="gender-select">
          Gender
          <select>
            <option value="All">All</option>
            <option value="female">Female</option>
            <option value="male">Male</option>
          </select>
        </div>
<!-- ... -->
```

Tudo o que precisamos fazer agora é selecionar a tag `select` de gênero e adicionar uma função de chamada de retorno para lidar com as seleções do usuário. Podemos fazer isso facilmente usando o método on do D3:

2 Definido no script *nbviz_core.js* script.

```
d3.select('#gender-select select')
    .on('change', function(d) {
        let gender = d3.select(this).property('value');
        if(gender === 'All'){
            nbviz.genderDim.filter(); ❶
        }
        else{
            nbviz.genderDim.filter(gender);
        }
        nbviz.onDataChange();
    });
```

❶ Chamar o filtro da dimensão de gênero sem um argumento o redefine para permitir todos os gêneros.

Primeiro, selecionamos o valor da opção do seletor. Em seguida, usamos esse valor para filtrar o conjunto de dados atual. Por fim, chamamos `onDataChange` para acionar quaisquer alterações nos componentes visuais do Nobel-viz causadas pelo novo conjunto de dados.

Para posicionar a tag `select` de gênero, usamos um pouco de CSS, dando a ela uma margem esquerda de 20 pixels:

```
#gender-select{margin-left:20px;}
```

Adicionando o Seletor de País

Adicionar o seletor de país é um pouco mais complicado do que adicionar os de categoria e gênero. A distribuição dos Prêmios Nobel por país possui uma cauda longa (veja a Figura 17-1), com muitos países tendo um ou dois prêmios. Poderíamos incluir todos eles em nosso seletor, mas isso o tornaria bastante longo e complicado. Uma maneira melhor é adicionar grupos para os países com um ou dois ganhadores, mantendo o número de opções selecionáveis gerenciável e adicionando um pouco de narrativa ao gráfico, ou seja, as distribuições de pequenos ganhadores ao longo do tempo, o que poderia dizer algo sobre as tendências de mudança na alocação do Prêmio Nobel.[3]

Para adicionar nossos grupos de países com um ou dois ganhadores, precisaremos da dimensão de país filtrada para obter os tamanhos dos grupos por país. Isso significa criar o seletor de país após o carregamento de nosso conjunto de dados do Prêmio Nobel. Para fazer isso, colocamos ele em um método `nbviz.initUI`, chamado em nosso script principal *nbviz_main.js* depois que as dimensões do crossfilter foram criadas (consulte "Filtragem de Dados com Crossfilter" na página 405).

O código a seguir cria uma lista de seleção. Países com três ou mais ganhadores têm sua própria opção de seleção, abaixo da opção Todos os Ganhadores. Ganhadores de um ou

[3] Isso mostra que, entre os ganhadores individuais, o Prêmio Nobel da Paz predomina, seguido pelo de Literatura.

dois países são adicionados às respectivas listas, que serão usadas para filtrar o conjunto de dados se o usuário selecionar Países com Um Único Ganhador ou Países com Dois Ganhadores nas opções do seletor.

```
export let initMenu = function() {
    let ALL_WINNERS = 'All Winners';
    let SINGLE_WINNERS = 'Single Winning Countries';
    let DOUBLE_WINNERS = 'Double Winning Countries';

    let nats = nbviz.countrySelectGroups = nbviz.countryDim
        .group().all() ❶
        .sort(function(a, b) {
            return b.value - a.value; // descendente
        });

    let fewWinners = {1:[], 2:[]}; ❷
    let selectData = [ALL_WINNERS];

    nats.forEach(function(o) {
        if(o.value > 2){ ❸
            selectData.push(o.key);
        }
        else{
            fewWinners[o.value].push(o.key); ❹
        }
    });

    selectData.push(
        DOUBLE_WINNERS,
        SINGLE_WINNERS
    );
    //...
})
```

❶ Array de grupos ordenados no formato ({key:"United Sates", value:336}, ...) onde value é o número de ganhadores daquele país.

❷ Um objeto com listas para armazenar ganhadores únicos e duplos.

❸ Países com mais de dois ganhadores têm seu próprio espaço na lista selectData.

❹ Países com um ou dois prêmios são adicionados às suas respectivas listas com base no tamanho do grupo (valor) de 1 ou 2.

Agora que temos nossa lista selectData com os arrays fewWinners correspondentes, podemos usá-la para criar as opções para o nosso seletor de países. Primeiro, usamos o D3 para pegar a tag select do seletor de países e depois adicionamos as opções a ela usando a vinculação de dados padrão:

```
let countrySelect = d3.select('#country-select select');
countrySelect
    .selectAll("option")
    .data(selectData)
    .join("option")
    .attr("value", (d) => d)
    .html((d) => d);
```

Com nossas opções `selectData` anexadas, o seletor parece com a Figura 21-3.

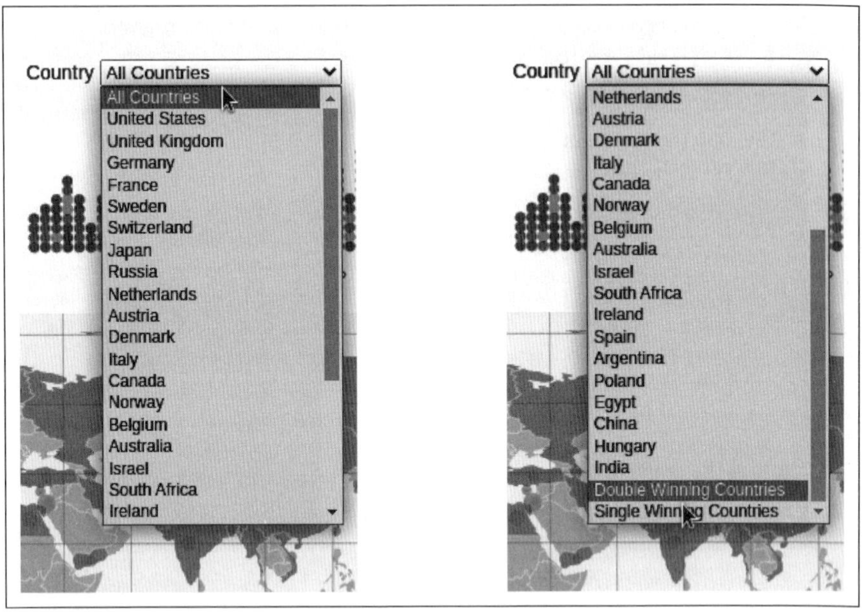

Figura 21-3. Seletor para prêmios por país

Agora tudo o que precisamos é de uma função de retorno de chamada, acionada quando uma opção é selecionada, para filtrar nosso conjunto de dados principal por país. O código a seguir mostra como isso é feito. Primeiro, obtemos a propriedade `value` do select (1), um país ou um dos valores `ALL_WINNERS`, `DOUBLE_WINNERS`, ou `SINGLE_WINNERS`. Em seguida, construímos uma lista de países para enviar ao nosso método de filtro nacional, `nbviz.filterByCountries` (definido em *nbviz_core.js*):

```
countrySelect.on('change', function(d) {

        let countries;
        let country = d3.select(this).property('value');

        if(country === ALL_WINNERS){ ❶
            countries = [];
```

```
        }
        else if(country === DOUBLE_WINNERS){
            countries = fewWinners[2];
        }
        else if(country === SINGLE_WINNERS){
            countries = fewWinners[1];
        }
        else{
            countries = [country];
        }

        nbviz.filterByCountries(countries); ❷
        nbviz.onDataChange(); ❸
    });
```

❶ Esses condicionais criam um array `countries`, dependendo da string `country`. Este array está vazio, com um único valor ou com um dos arrays `fewWinners`.

❷ Chama `filterByCountries` para filtrar nosso conjunto de dados principal de ganhadores do Nobel usando o array de países.

❸ Aciona uma atualização para todos os elementos do Nobel-viz.

A função `filterByCountries` é mostrada no Exemplo 21-2. Um argumento `country Names` vazio redefine o filtro; caso contrário, filtramos a dimensão do país `country Dim` para todos os países em `countryNames` ❶.

Exemplo 21-2. Função de filtro por países

```
nbviz.filterByCountries = function(countryNames) {

    if(!countryNames.length){ ❶
        nbviz.countryDim.filter();
    }
    else{
        nbviz.countryDim.filter(function(name) { ❷
            return countryNames.indexOf(name) > -1;
        });
    }

    if(countryNames.length === 1){ ❸
        nbviz.activeCountry = countryNames[0];
    }
    else{
        nbviz.activeCountry = null;
    }
};
```

❶ Redefine o filtro se o array `countryNames` estiver vazio (o usuário escolheu Todos os Países).

❷ Aqui, criamos uma função de filtro em nossa dimensão de país crossfilter, que retorna true se um país estiver na lista de countryNames (contendo um único país ou todos os ganhadores únicos ou duplos).

❸ Mantém um registro de qualquer país único selecionado para — por exemplo, destacá-lo no mapa e no gráfico de barras.

Agora que construímos os seletores de filtro para nossas dimensões de categoria, gênero e país, tudo que precisamos fazer é adicionar a função de retorno de chamada para lidar com as mudanças no botão de rádio de métricas de premiação.

Conectando o Botão de Rádio da Métrica

O botão de rádio da métrica já foi construído em HTML, consistindo em um formulário com entradas radio:

```
<div id='metric-radio'>
  Number of Winners:  ❶
  <form>
    <label>absolute
      <input
       type="radio" name="mode" value="0" checked> ❷
    </label>
    <label>per-capita
      <input type="radio" name="mode" value="1">
    </label>
  </form>
</div>
```

❶   é usado para criar um espaço não quebrável entre o formulário e seu rótulo.

❷ As entradas do tipo radio que compartilham o mesmo nome (mode, neste caso) são agrupadas e ativar uma desativa todas as outras. Elas são diferenciadas pelo valor (0 e 1, neste caso). Aqui, usamos o atributo checked para ativar o valor 0 inicialmente.

Com o formulário do botão de rádio no lugar, precisamos apenas selecionar todas as suas entradas e adicionar uma função de retorno de chamada para lidar com pressionamentos de botões que desencadeiem uma mudança:

```
d3.selectAll('#metric-radio input').on('change', function() {
        var val = d3.select(this).property('value');
        nbviz.valuePerCapita = parseInt(val); ❶
        nbviz.onDataChange();
    });
```

❶ Atualize o valor de valuePerCapita antes de chamar onDataChange e desencadear uma nova representação dos elementos visuais.

Estamos armazenando o estado atual do botão com nosso inteiro `valuePerCapita`. Quando o usuário seleciona um botão de rádio, esse valor é alterado e uma nova representação com a nova métrica é acionada com `onDataChange`.

Agora temos os elementos da barra de menus para nossa Nobel-viz, permitindo que os usuários refinem o conjunto de dados exibido e se aprofundem em subconjuntos que mais lhes interessam.

Resumo

Neste capítulo, vimos como adicionar seletores e elementos de botão de rádio à nossa visualização do Prêmio Nobel. Existem várias outras tags HTML de interface do usuário, como grupos de botões, grupos de caixas de seleção, selecionadores de tempo e botões simples. No entanto, implementar esses controladores envolve os mesmos padrões mostrados neste capítulo. Uma lista de dados é usada para anexar e inserir elementos DOM, definindo propriedades quando apropriado, e funções de retorno de chamada são vinculadas a quaisquer eventos de alteração. Este é um método muito poderoso que se integra muito bem com os idiomas D3 (e JS), como encadeamento de métodos e funções anônimas. Rapidamente se tornará uma parte muito natural do seu fluxo de trabalho com D3.

CAPÍTULO 22
Conclusão

Embora este livro tenha uma narrativa orientadora — a transformação de algumas páginas HTML básicas da Wikipédia em uma visualização web interativa e moderna em JavaScript — ele foi projetado para ser consultado conforme necessário. As diferentes partes são autônomas, permitindo a existência do conjunto de dados em suas várias etapas e podendo ser usadas independentemente. Vamos fazer uma breve recapitulação do que foi abordado antes de passarmos para algumas ideias para trabalhos futuros de visualização.

Recapitulação

Este livro foi dividido em cinco partes. A primeira parte introduziu um conjunto de ferramentas básicas de Python e JavaScript para dataviz, enquanto as quatro seguintes mostraram como obter dados brutos, limpá-los, explorá-los e finalmente transformá-los em uma visualização web moderna. Esse processo de refinamento e transformação teve como base um desafio de dataviz: transformar uma lista de Prêmios Nobel da Wikipédia bastante básica em algo mais envolvente e informativo. Vamos resumir as principais lições de cada parte agora.

Parte I: Caixa de Ferramentas Básica

Nosso conjunto de ferramentas básicas consistiu em:

- Uma ponte de aprendizado de idiomas entre Python e JavaScript. Isso foi projetado para suavizar a transição entre os dois idiomas, destacando suas muitas semelhanças e preparando o cenário para o processo bilíngue de visualização de dados modernos. O Python e o JavaScript têm muito em comum, tornando a transição entre eles menos estressante.
- Ser capaz de ler e escrever nos principais formatos de dados (por exemplo, JSON e CSV) e em bancos de dados (SQL e NoSQL) com facilidade é uma das grandes vantagens do Python. Vimos como é fácil passar dados em Python, traduzindo formatos e mudando de banco de dados conforme necessário. Esse movimento fluido de dados é o principal lubrificante de qualquer cadeia de ferramentas de visualização de dados.

- Cobrimos as habilidades básicas de desenvolvimento web (webdev) necessárias para começar a produzir visualizações de dados modernas e interativas baseadas em navegadores. Ao focarmos o conceito de aplicação de página única em vez de construir sites completos, minimizamos o desenvolvimento web convencional e colocamos ênfase na programação de suas criações visuais em JavaScript. Uma introdução aos Gráficos Vetoriais Escaláveis (SVG), o principal bloco de construção das visualizações do D3, preparou o terreno para a criação de nossa visualização de Prêmio Nobel na Parte V.

Parte II: Obtendo Seus Dados

Nesta parte do livro, vimos como obter dados da web usando Python, presumindo que um arquivo de dados limpo e utilizável não tenha sido fornecido ao visualizador de dados:

- Se tivermos sorte, um arquivo limpo em um formato de dados facilmente utilizável (ou seja, JSON ou CSV) estará em um URL aberto, a apenas uma requisição HTTP de distância. Alternativamente, pode haver uma API web dedicada para seu conjunto de dados, com sorte uma RESTful. Como exemplo, analisamos o uso da API do Twitter (via biblioteca Tweepy do Python). Também vimos como usar planilhas do Google, um recurso amplamente utilizado para compartilhamento de dados na visualização de dados.
- As coisas ficam mais complicadas quando os dados de interesse estão presentes na web em formato legível por humanos, frequentemente em tabelas HTML, listas ou blocos de conteúdo hierárquico. Nesse caso, é necessário recorrer à *raspagem*, obtendo o conteúdo HTML bruto e, em seguida, usando um analisador para tornar seu conteúdo incorporado disponível. Vimos como usar a biblioteca de raspagem Beautiful Soup do Python e a muito mais poderosa e robusta Scrapy, a maior estrela no firmamento da raspagem em Python.

Parte III: Limpando e Explorando Dados com o pandas

Nesta parte, utilizamos o poderoso programa de planilhas programáticas do Python, o pandas, para resolver o problema de limpar e explorar conjuntos de dados. Primeiro, vimos como o pandas faz parte do ecossistema NumPy do Python, aproveitando o poder de bibliotecas de processamento de arrays de baixo nível muito rápidas e poderosas, tornando-as acessíveis. O foco foi no uso do pandas para limpar e, em seguida, explorar nosso conjunto de dados do Prêmio Nobel:

- A maioria dos dados, mesmo aqueles que vêm de APIs web oficiais, está suja. E torná-los limpos e utilizáveis ocupará muito mais do seu tempo como visualizador de dados do que você provavelmente planejou. Usando o conjunto de dados do Nobel como exemplo, limpamos progressivamente, procurando datas duvidosas, tipos de dados anômalos, campos ausentes e toda sujeira comum que precisa ser limpa antes de começar a explorar e, em seguida, transformar seus dados em uma visualização.

- Com nosso conjunto de dados do Prêmio Nobel limpo (na medida do possível) em mãos, vimos como é fácil usar o pandas e o Matplotlib para explorar dados de forma interativa, criando facilmente gráficos embutidos, fatiando os dados de todas as maneiras e obtendo uma compreensão geral, enquanto procuramos por aquelas informações interessantes que desejamos apresentar com a visualização.

Parte IV: Entregando os Dados

Nesta parte, vimos como é fácil criar uma API de dados mínima usando o Flask para entregar dados tanto estaticamente quanto dinamicamente para o navegador da web.

Primeiro, vimos como usar o Flask para servir arquivos estáticos e, em seguida, como criar sua própria API de dados básicos, fornecendo dados de um banco de dados local. O minimalismo do Flask permite criar uma camada de entrega de dados muito fina entre os resultados de seu processamento de dados em Python e sua eventual visualização no navegador. A beleza do software de código aberto é que frequentemente encontramos bibliotecas robustas e fáceis de usar que resolvem o problema melhor do que poderíamos. No segundo capítulo desta parte, vimos como é fácil usar as melhores bibliotecas Python (Flask) para criar uma API RESTful robusta e flexível, pronta para servir seus dados online. Também cobrimos a fácil implantação online deste servidor de dados usando Heroku, um dos favoritos dos Pythonistas.

Parte V: Visualizando Seus Dados com o D3 e o Plotly

No primeiro capítulo desta parte, vimos como levar os resultados de sua exploração orientada pelo pandas, na forma de gráficos ou mapas, e colocá-los na web, onde eles pertencem. O Matplotlib pode produzir gráficos estáticos de padrão de publicação, enquanto o Plotly traz controles de usuário e gráficos dinâmicos para a mesa. Vimos como pegar um gráfico do Plotly diretamente de um Jupyter notebook e colocá-lo em uma página da web.

Acredito que seja justo dizer que adotar o D3 foi a parte mais ambiciosa deste livro, mas eu estava determinado a demonstrar a construção de uma visualização multi-elementos, como aquela que você pode acabar sendo contratado para fazer. Uma das alegrias do D3 é a enorme quantidade de exemplos que podem ser encontrados facilmente online, mas a maioria deles demonstra uma única técnica e há poucos mostrando como orquestrar múltiplos elementos visuais. Nestes capítulos de D3, vimos como sincronizar a atualização de uma linha do tempo (apresentando todos os Prêmios Nobel), um mapa, um gráfico de barras e uma lista à medida que o usuário filtrava o conjunto de dados do Prêmio Nobel ou mudava a métrica de premiação (absoluta ou per capita).

O domínio dos temas centrais demonstrados nestes capítulos deve permitir que você solte sua imaginação e aprenda fazendo. Recomendo escolher dados sobre um assunto do seu interesse e projetar uma criação D3 em torno deles.

Progresso Futuro

Como mencionado, os ecossistemas de processamento e visualização de dados em Python e JavaScript estão incrivelmente ativos no momento e estão se desenvolvendo a partir de uma base muito sólida.

Enquanto a aquisição e limpeza de conjuntos de dados aprendida na Parte II e no Capítulo 9 melhoram incrementalmente, ficando mais fáceis à medida que suas habilidades se aprimoram (por exemplo, suas habilidades com o pandas), o Python está lançando novas e poderosas ferramentas de processamento de dados sem reservas. Há uma lista bastante abrangente na wiki do Python. Aqui estão algumas ideias que você pode querer usar para criar algumas visualizações.

Visualização em Mídias de Redes Sociais

O advento das mídias sociais forneceu uma grande quantidade de dados interessantes, frequentemente disponíveis por meio de uma API web ou facilmente raspáveis. Existem também coleções curadas de dados de mídia social, como a Coleção de Conjuntos de Dados de Redes Grandes de Stanford ou a coleção UCIrvine. Esses conjuntos de dados podem fornecer um terreno de teste fácil para aventuras em visualização de redes, uma área cada vez mais popular.

As duas bibliotecas Python mais populares para análise de redes são graph-tool e NetworkX. Enquanto o graph-tool é mais otimizado, o NetworkX é possivelmente mais amigável ao usuário. Ambas as bibliotecas produzem gráficos nos formatos comuns GraphML e GML. O D3 não pode ler diretamente arquivos GML, mas é bastante fácil convertê-los para um formato JSON que ele pode ler. Você encontrará um bom exemplo disso neste post de blog, com código complementar no GitHub. Observe que na versão 4 do D3, a API forceSimulation mudou. Você pode encontrar uma introdução suave à nova API, que usa um objeto `forceSimulation` para acompanhar as coisas, no Pluralsight.

Visualizações de Aprendizagem de Máquina

A aprendizagem de máquina está muito em voga no momento, e o Python oferece um conjunto fantástico de ferramentas que permitem começar a analisar e minerar seus dados com uma ampla variedade de algoritmos, desde os supervisionados até os não supervisionados, desde algoritmos de regressão básicos (como regressão linear ou logística) até coisas mais esotéricas e de ponta, como a família de algoritmos de ensemble, como o random forest. Veja este tour pelas diferentes variedades de algoritmos.

Um destaque entre o conjunto de aprendizado de máquina do Python é o scikit-learn, que faz parte do ecossistema NumPy, também se baseando em SciPy e Matplotlib. O scikit-learn fornece um recurso incrível para mineração eficiente de dados e análise de dados. Algoritmos que apenas alguns anos atrás levariam dias ou semanas para serem criados estão disponíveis com uma única importação, bem projetados, fáceis de usar e capazes de obter resultados úteis em algumas linhas de código.

Ferramentas como o scikit-learn permitem que você descubra correlações profundas em seus dados, se elas existirem. Há uma ótima demonstração no R2D3 que tanto introduz algumas técnicas de aprendizado de máquina quanto usa o D3 para visualizar o processo e os resultados. É um ótimo exemplo da liberdade criativa que o domínio do D3 proporciona e da forma como as boas visualizações de dados na web estão expandindo os limites, criando visualizações inovadoras que envolvem de uma forma que antes não era possível — e, é claro, estão disponíveis para todos.

Há uma ótima coleção de IPython (Jupyter) notebooks para estatísticas, aprendizado de máquina e ciência de dados no repositório do IPython GitHub. Muitos deles demonstram técnicas de visualização que podem ser adaptadas e estendidas em seus próprios trabalhos.

Considerações Finais

As sugestões na seção anterior abordam apenas de forma superficial aonde podemos levar as novas habilidades de visualização de dados em Python e JavaScript. Espero que este livro tenha fornecido uma base sólida sobre a qual construir seus esforços de visualização de dados na web para os muitos empregos agora abertos na área ou apenas para satisfazer um desejo pessoal. A capacidade de aproveitar as capacidades imensamente poderosas de manipulação de dados e habilidades gerais do Python para as bibliotecas de visualização cada vez mais poderosas e maduras do JavaScript (com o D3 em destaque aqui) representa o conjunto de visualização de dados mais rico que conheço. As habilidades nessa área já são muito valorizadas, mas o ritmo das mudanças e o tamanho do interesse estão aumentando rapidamente. Espero que você ache este campo emocionante e emergente tão gratificante quanto eu.

APÊNDICE A

Padrão enter/exit do D3

Conforme mostrado em "Atualizando o DOM com Dados" na página 427, o D3 agora possui um método `join` para substituir a antiga implementação de junção de dados usando padrões baseados nos métodos `enter`, `exit` e `remove`. O método `join` é uma ótima adição ao D3, mas existem milhares de exemplos online que usam os antigos padrões de junção de dados. Para usá-los/convertê-los, é útil entender um pouco mais sobre o que está acontecendo nos bastidores quando o D3 faz a junção de dados.

Para demonstrar a junção de dados do D3, vamos analisar o que acontece quando o D3 faz a junção de dados. Vamos começar com nosso gráfico sem barras, com um canvas SVG e um grupo de gráficos em operação:

```
...
    <div id="nobel-bar">
      <svg width="600" height="400">
        <g class="chart" transform="translate(40, 20)"></g>
      </svg>
    </div>
...
```

Para fazer a junção de dados com o D3, primeiro precisamos de alguns dados no formato correto. Geralmente, será um array de objetos, como os dados `nobelData`:

```
var nobelData = [
    {key:'United States', value:336},
    {key:'United Kingdom', value:98},
    {key:'Germany', value:79},
    ...
]
```

A junção de dados do D3 é feita em duas etapas. Primeiro, adicionamos os dados a serem unidos usando o método `data` e, em seguida, realizamos a junção usando o método `join`.

Para adicionar nossos dados Nobel a um grupo de barras, fazemos o seguinte. Primeiro, selecionamos um contêiner para nossas barras, neste caso, nosso grupo SVG com a classe `chart`.

Em seguida, definimos o contêiner, neste caso, um seletor CSS da classe `bar`:

```
var svg = d3.select('#nobel-bar .chart');

var bars =  svg.selectAll('.bar')
              .data(nobelData);
```

Agora chegamos a um aspecto ligeiramente contra-intuitivo do método `data` do D3. Nosso primeiro `select` retornou o grupo `chart` em nosso canvas SVG `nobel-bar`, mas o segundo `sellectAll` retornou todos os elementos com a classe `bars`, das quais não há nenhuma. Se não há barras, a que exatamente estamos vinculando os dados? A resposta é que nos bastidores, o D3 está cuidando disso, e o objeto `bars` retornado por `data` sabe quais elementos do DOM foram vinculados ao `nobelData` e, igualmente crucial, quais não foram. Agora veremos como fazer uso desse fato usando o fundamental método `enter`.

O Método enter

O método `enter` do D3 (e seu irmão, `exit`) é a base do poder e expressividade do D3, mas também é a raiz de muita confusão. Embora o método `join`, mencionado anteriormente, simplifique as coisas, vale a pena entender o `enter` se você realmente quiser que suas habilidades com o D3 cresçam. Vamos apresentá-lo agora, com uma demonstração muito simples e detalhada.

Começaremos com uma pequena demonstração canonicamente simples, adicionando um retângulo de barra para cada membro dos nossos dados do Prêmio Nobel. Usaremos os seis primeiros países ganhadores do Prêmio Nobel como nossos dados vinculados:

```
var nobelData = [
    {key:'United States', value:200},
    {key:'United Kingdom', value:80},
    {key:'France', value:47},
    {key:'Switzerland', value:23},
    {key:'Japan', value:21},
    {key:'Austria', value:12}
];
```

Com nosso conjunto de dados em mãos, vamos primeiro usar o D3 para pegar o grupo de gráficos, salvando-o em uma variável `svg`. Usaremos isso para fazer uma seleção de todos os elementos da classe `bar` (nenhum no momento):

```
var svg = d3.select('#nobel-bar .chart');

var bars = svg.selectAll('.bar')
    .data(nobelData);
```

Agora, embora a seleção `bars` esteja vazia, nos bastidores, o D3 manteve um registro dos dados que acabamos de vincular a ela. Neste ponto, podemos usar esse fato e o método `enter` para criar algumas barras com nossos dados. Chamar `enter` na nossa seleção de barras retorna uma subseleção de todos os dados (`nobelData`, neste caso) que não foram vinculados a uma barra. Como não havia barras na seleção original (nosso gráfico estava vazio), todos os dados estão desvinculados, então `enter` retorna uma seleção de entrada (essencialmente nós de espaço reservado para todos os dados não vinculados) de tamanho seis:

```
bars = bars.enter(); # retorna seis nós de espaço reservado
```

Podemos usar os nós de espaço reservado em `bars` para criar alguns elementos DOM — no nosso caso, algumas barras. Não nos preocuparemos em posicioná-los da maneira certa (o eixo y é convencionalmente de cima para baixo na tela), mas usaremos os valores e índices dos dados para definir a posição e a altura das barras:

```
bars.append('rect')
    .classed('bar', true)
    .attr('width', 10)
    .attr('height', function(d){return d.value;}) ❶
    .attr('x', function(d, i) { return i * 12; });
```

❶ Se você fornecer uma função de retorno de chamada para os métodos de configuração do D3 (`attr`, `style` etc.), o primeiro e o segundo argumentos fornecidos são o valor do objeto de dados individual (por exemplo, `d == {key: 'United States', value: 200}`) e seu índice (`i`).

Usar as funções de retorno de chamada para definir a altura e a posição x (permitindo um espaçamento de 2 px) das barras e chamar `append` na nossa seleção de seis nós produz a Figura A-1.

Figura A-1. Criando algumas barras com o método `enter` do D3

Eu recomendo que você geralmente use a guia Elementos do Chrome (ou equivalente) para investigar o HTML que seu D3 está produzindo. Investigar nosso mini gráfico de barras com Elementos mostra a Figura A-2.

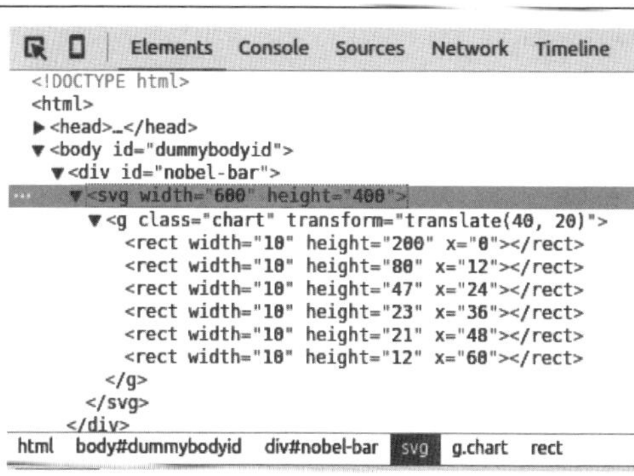

Figura A-2. Usando a guia Elementos para ver o HTML gerado por enter e append

Vimos o que acontece quando chamamos `enter` em uma seleção vazia. Mas o que acontece quando já temos algumas barras, que teríamos em um gráfico interativo com um conjunto de dados variável e orientado pelo usuário?

Vamos adicionar algumas retângulos da classe `bar` ao nosso HTML inicial:

```
<div id="nobel-bar">
  <svg width="600" height="400">
    <g class="chart" transform="translate(40, 20)">
      <rect class='bar'></rect>
      <rect class='bar'></rect>
    </g>
  </svg>
</div>
```

Agora, se realizarmos a mesma vinculação de dados e entrada como antes, ao chamar `data` em nossa seleção, os dois retângulos reservados se vinculam aos dois primeiros membros de nosso array `nobelData` (ou seja, `[{key: 'United States', value: 200}, {key: 'United Kingdom', value:80}]`). Isso significa que `enter`, que retorna apenas espaços reservados de dados não vinculados, agora retorna apenas quatro espaços reservados, associados aos últimos quatro elementos do array `nobelData`:

```
var svg = d3.select('#nobel-bar .chart');

var bars = svg.selectAll('.bar')
    .data(nobelData);

bars = bars.enter(); # retorna quatro nós de espaços reservados
```

Agora, se chamarmos `append` nas barras já inseridas, como antes, obtemos o resultado mostrado na Figura A-3, exibindo as últimas quatro barras (observe que elas mantêm seu índice `i`, usado para definir suas posições x) renderizadas.

Figura A-3. Chamando `enter` e `append` com barras já existentes

A Figura A-4 mostra o HTML gerado para as últimas quatro barras. Como veremos, os dados dos dois primeiros elementos estão agora vinculados aos dois nós fictícios que adicionamos ao grupo de barras inicial. Apenas não os usamos ainda para ajustar os atributos desses retângulos. A atualização de barras antigas com novos dados é um dos elementos-chave do padrão de atualização que veremos em breve.

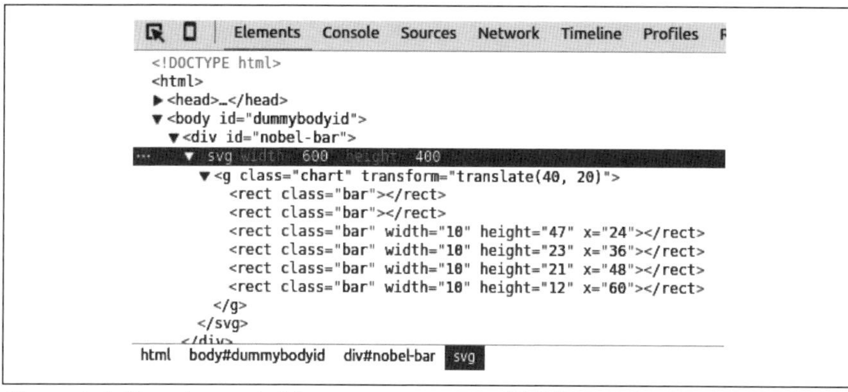

Figura A-4. Usando a guia Elementos para ver o HTML gerado por `enter` *e* `append` *em uma seleção parcial*

Para enfatizar, entender o `enter` e o `exit` (e `remove`) é vital para um progresso saudável com o D3. Brinque um pouco, inspecione o HTML que está produzindo, insira um pouco de dados e, em geral, se suje um pouco, aprendendo os detalhes. Vamos dar uma olhada em acessar os dados vinculados antes de avançar para o padrão de atualização do D3.

Acessando os Dados Vinculados

Uma boa maneira de ver o que está acontecendo no DOM é usar o inspetor HTML e o console do seu navegador para rastrear as alterações feitas pelo D3. Na Figura A-1, usamos o console do Chrome para examinar o elemento `rect` que representa a primeira barra na Figura A-3, antes de os dados terem sido vinculados e após o `nobelData` ter sido vinculado às barras usando o método `data` do D3. Como você pode ver, o D3 adicionou um objeto `data` ao elemento `rect` com o qual ele armazena seus dados vinculados — neste caso, o primeiro membro de nossa lista `nobelData`.

O objeto `data` é usado pela lógica interna do D3 e, fundamentalmente, os dados nele contidos são disponibilizados para funções fornecidas aos métodos de atualização, como `attr`.

Vamos dar uma olhada em um pequeno exemplo de como usar os dados no objeto `data` de um elemento para definir seu atributo `name`. O atributo `name` pode ser útil para fazer seleções específicas com o D3. Por exemplo, se o usuário selecionar um país específico, agora podemos usar o D3 para obter todos os componentes com nomes correspondentes e ajustar seu estilo, se necessário. Usaremos a barra com dados vinculados na Figura A-5 e definiremos o nome usando a propriedade `key` de seus dados vinculados:

```
let bar = d3.select('#nobel-bar .bar');

bar.attr('name', function(d, i){ ❶

    let sane_key = d.key.replace(/ /g, '_'); ❷

    console.log('__data__ is: ' + JSON.stringify(d)
    + ', index is ' + i)

    return 'bar__' + sane_key; ❸
    });
// saída do console:
// __data__ is: {"key":"United States","value":336}, index is 0
```

❶ Todos os métodos de configuração do D3 podem aceitar uma função como segundo argumento. Essa função recebe os dados (`d`) vinculados ao elemento selecionado e sua posição no array de dados (`i`).

❷ Usamos uma expressão regular (regex) para substituir todos os espaços na chave pelo caractere sublinhado (por exemplo, United States → United_States).

❸ Isso definirá o atributo `name` da barra como `'bar United_States'`.

Todos os métodos de configuração listados na Figura 17-3 (`attr`, `style`, `text` etc.) podem aceitar uma função como segundo argumento, que receberá os dados vinculados ao elemento e o índice do array do elemento. O retorno dessa função é usado para definir o valor da propriedade. Como veremos, as alterações nas visualizações interativas dos conjuntos de dados serão refletidas quando vinculamos os novos dados e, em seguida, usamos esses métodos funcionais para adaptar atributos, estilos e propriedades conforme necessário.

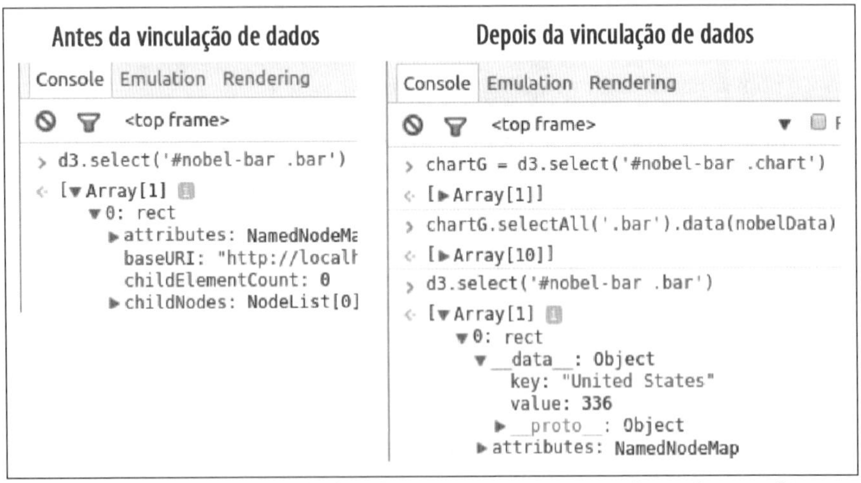

Figura A-5. Usando o console do Chrome para mostrar a adição de um objeto `__data__` após a vinculação de dados usando o método `data` do D3

Índice